数学大师

从 芝 诺 到 庞 加 莱

MEN

O F 〈上〉

MATHEMATICS

［美］埃里克·坦普尔·贝尔 著

金 歌 译

团结出版社

图书在版编目（CIP）数据

数学大师：数学名人传 /（美）埃里克·坦普尔·贝尔著；金歌译. —— 北京：团结出版社，2022.10

ISBN 978-7-5126-9291-6

Ⅰ.①数… Ⅱ.①埃… ②金… Ⅲ.①数学家—列传—世界 Ⅳ.①K816.11

中国版本图书馆CIP数据核字（2022）第011086号

出版：团结出版社

（北京市东城区东皇城根南街84号 邮编：100006）

电话：（010）65228880 65244790（传真）

网址：www.tjpress.com

Email：zb65244790@vip.163.com

经销：全国新华书店

印刷：北京天宇万达印刷有限公司

开本：145×210 1/32

印张：24.25

字数：559千字

版次：2022年10月 第1版

印次：2022年10月 第1次印刷

书号：978-7-5126-9291-6

定价：98.00元（全2册）

致　谢

在接下来的章节里，如果每一处关于历史事实的陈述都要有据可循的话，没有大量的注释是不可能做到的。但是在院校大型图书馆的馆藏之外，我便很难再找到参考资料，找到的大部分材料也都是用外文所著。为了寻找某位大师一生当中的重要时间点和他的主要事迹，我参考了（现代人的）讣告。学术团体的会议记录中会留有这些讣告，而我要找的人就是这个团体中的一员。其他有关详情则是从数学家们的来往信件，以及他们的论文集中获取的。除了刚才提到的这几种特殊来源之外，下列两本参考书目也是尤为重要的出处。

1)《数学年鉴》[1]中（数学历史部分）所收录的大量历史记录和论文。

2)《数学文献》[2]中所收录的大量历史记录和论文。

只有三个内容的出处鲜为人知，需要我在此进行一下特别的说明。伽罗瓦的生平是依据P·迪皮依在《高等师范学校科学纪事》[3]（1896年，第13卷第3组）中的经典描述，以及朱尔·塔内里编辑的注释得到的。魏

---

1. 原文为德语：*Jahrbuch über die Fortschritte der Mathematik*。（译者注）
2. 原文为法语：*Bibliotheca Mathematica*。（译者注）
3. 原文为法语：*Annales Scientifiques de l'École Normale Supérieure*。（译者注）

尔斯特拉斯和索尼娅（或索菲）·柯瓦列夫斯卡娅之间的通信则被米塔－列夫勒发表在《数学学报》[1]当中［部分内容也被发表在了《第二届国际数学家大会论文集（巴黎，1902)》[2]中］。而关于高斯的详细资料是从W·萨托里乌斯·冯·瓦尔特斯豪森所写的《记忆中的高斯（莱比锡，1856)》[3]一书中摘录的。

　　如果说本书中每一处日期和专有名词的拼写都是正确的，未免有些草率。标注上日期主要是为了方便读者了解人物的大致年纪，他做出自己最初的创造性成果时是多大岁数。至于专有名词的拼写，我承认自己在面对同一个概念的不同拼写时会感到很无助，比如，瑞士有个叫作巴塞尔的小镇，它的名字有Basel、Bâle、Basel等种写法。另外，还有一个小镇叫作乌岑多尔夫，可以被写作Utzendorff或是Uitzisdorf，而每种拼写方式都曾受到过某方面权威的认证。当我必须在詹姆斯（James）和约翰（Johann）、沃尔夫冈（Wolfgang）和福尔考什（Farkas）之间做取舍时，我通常会选择其中较简便的写法，同时从另一方面对这个人的身份予以确定。

　　在我的上一本著作《探索真理》（1934）当中，我有幸能够对埃德温·哈勃博士和他的妻子格雷斯致以我最真诚的谢意，因为他们为我提供了十分宝贵的帮助。尽管书中所有的陈述都是由我一个人负责，但是在某些领域中我并不敢自称为专家，从两位相关领域的专家那里得到学术上的批评（即便我并不总是从中获益），对我来讲帮助很大，我相信他们

---

1. 原文为法语：*Acta Mathematica*。（译者注）
2. 原文为法语：*Comptes Rendus du 2me Congrès international des Mathématiciens*。（译者注）
3. 原文为德语：*Gauss zum Gedächtniss*。（译者注）

的建设性意见也弥补了我自身的不足。摩根·沃德博士也对一些章节提出了批评意见，并在他所擅长的事情上给出了许多有用的建议。托比一如既往地为此书做出了很大的贡献，为了感谢她所提供的帮助，我谨以此书献给托比（如果她愿意接受的话）——这里的军功章有她的一半。

另外，本书的插图由尤金·爱德华兹先生精准绘制而成。

最后，我想感谢在各所图书馆中工作的员工，在我借阅珍藏版书籍和珍贵的文献资料时，他们给予了我慷慨的帮助，尤其是斯坦福大学、加利福尼亚大学、芝加哥大学、哈佛大学、布朗大学、普林斯顿大学、耶鲁大学、约翰·克里勒图书馆（芝加哥），以及加州理工学院，特别向这些图书馆的管理员致以我的感谢。

E·T·贝尔

目 录

第一章　概　述

　　为使读者在阅读后文时更加顺畅。现代数学的开端。数学家是普通人吗？无知的效仿。数学的发展无穷无尽。先驱者与侦察兵。一条将我们带出迷宫的线索。连续与离散。极其罕见的常识。鲜活的数学还是含混的神秘主义？数学史上的四个伟大时期。我们自己的黄金时代。

　　本章的内容实际上是本书的序言，我将序写作一章概述，希望引导那些习惯将序言跳过的读者，至少先把分隔线之前的内容读完再去了解一些伟大数学家的故事，这样读起后面的内容来会更加顺畅。我想在此强调一下，从任何意义上来讲，这本书都不是一部数学史，也并非意在讲述数学历史的某些阶段。

　　书中所介绍的数学家的生活，是写给广泛读者群，以及一些对创立现代数学的数学家是什么样的人感到好奇的读者。当今数学已经发展出了庞大的分支，我们的目标是逐渐揭开统治着这些分支的主导思想，并通过了解提出这些思想的伟人和他们的生活来达到这一目的。

　　在为本书选择收录的人物时我考虑了以下两个标准：他的研究成果对现代数学的重要性；他的生活和品性所彰显出来的个人魅力。有些数学家从两方面来看都有资格入选，比如帕斯卡、阿贝尔和伽罗瓦；

另外一些数学家，像高斯和凯莱，虽然他们的生平都很有意思，但是将他们收入书中主要还是基于第一点上的考虑。若在纪念某一项数学发展进程时涉及几位候选人，用上述标准进行选择又产生了冲突或是无法取舍的结果时，那么我会优先考虑第二点，因为，在这里，我们首先关心的是数学家的人格。

近年来，全民中涌起了一股巨大的科学浪潮，人们尤其对物理学产生了浓厚的兴趣，它使我们看待宇宙的哲学观发生了骤变。市面上大量地涌现出用尽可能通俗的语言说明科学最近进展的优秀作品，它们缩小了专业领域的科学家与在其他领域谋生的非科学从业者之间的差距。在这类作品中，尤其是在有关于相对论和现代量子理论的作品中，很多都出现了不能指望大众读者会熟悉的名字——比如说高斯、凯莱、黎曼和埃尔米特。有了对于这些人的了解，知道他们为1900年以来物理学科的迅猛发展所做出的贡献，贴近了他们丰富的个性，我们才能更真实地看待科学上的辉煌成就，为这些科学成果赋予一层新的含义。

伟大的数学家在科学思想和哲学思想的进程中所起的作用，不亚于哲学家与科学家本身。在此后的各章中，我会以数学大师们所处时代中盛行的问题为背景，将他们在时代背景下的生活呈现出来，目的是刻画出他们在科学和哲学思想方面产生的主要影响。重点全部都在现代数学上，也就是说，重点在于对活跃于当下的、富有创造力的科学和数学仍起到至关重要作用的那些伟大而简洁的数学主导思想。

我们一定不能把它理解为数学的唯一功用就是为科学服务，把它当作"科学的仆人"是不可取的。数学也曾被称为"科学王国的女王陛下"。即便看上去女王有时候在向科学乞讨，那她也是在以一种很高傲的姿态讨要，面对这位比她富有的科学姐姐，她既不会低声请求，也不会贸然接受她的好处，她所得到的她必偿付。数学本身有自己的见解和智慧，超越了数学在科学上任何一种可能的应用。对于每一个瞥见了数学真谛的聪明人，她也会慷慨地予以奖励。这并不是为了艺术而艺术的陈旧教条，这是在人道主义精神上所做的艺术。毕竟，科学的全部目的并不在于科技——天晓得我们已经有了太多的机器。科学还要探索一个无论人类如何想象都无法企及、对我们的物质存在也不会产生丝毫影响的未知世界。所以，我们也应当留意那些让伟大的数学家满怀热忱的东西，试着去理解它们内在的美丽。

据说，柏拉图在他的学院入口处刻下了"不懂几何学的人禁止入内"的字样，对于本书则没有这样的限制，不过下面这句提示或许能帮助过于认真的读者省去一些不必要的烦恼：本书的主旨在于讲述现代数学缔造者的生活和性格，重要的并不是穿插在字里行间的少量公式和图表。从成千上万名数学家共同缔造的整个庞大又复杂的体系中，提炼出来的是简洁、易懂的现代数学的基本思想，它没有任何门槛，任何一位智力正常的人都能够很好地接受。拉格朗日（接下来我们会看到）相信，一位数学家对着自己出门之后在大街上碰到的第一个人，都要能将自己的工作成果高效地讲解清楚，直到他对这个理论的表述达到如此清晰的地步，他才算真正将这个理论理解透彻。

当然这是一种理想化的比喻，并不总是能够实现，但是这会让人联想起在拉格朗日说出这番话的几年以前，牛顿的万有引力"定理"对于受过高等教育的人来说都还是难啃的谜题。昨天，牛顿"定理"已经成为大家司空见惯的理论，每一位受过教育的人都认为它是简单且正确的；今天，爱因斯坦相对论的万有引力理论正处在十八世纪初期牛顿

"定理"的位置; 到了明天或后天, 爱因斯坦的理论就会像昨天的牛顿"定理"一样, 看上去"理所当然"。随着时间的流逝, 拉格朗日的想法并非不能够企及。

另一位伟大的法国数学家, 他意识到自己在阅读这些理论时所遇到的困难并不比自己的读者少, 就劝告认真的人不要在困难的地方过分纠缠, 而要"继续读下去, 自然会收获信心"。简言之, 当遇到太专业的公式、图表或是文字表述时, 就将它跳过。后面还大有天地。

数学系的学生对"缓慢发展"现象会比较熟悉, 或叫作潜意识同化: 第一次接触某种新知识时会涉及其中大量的细节问题, 这些细节会让人混乱得无所适从, 在脑海里也留不下对于整体的一个比较连贯的印象。休息一会儿之后再回过头来看, 我们会发现所有的内容都按其重要性被归放在了恰当的位置——就像电影的蒙太奇。大部分真正研究分析几何学的人在刚开始的时候都会经历类似的阶段。不过对于微积分来讲, 由于它的目的在一开始就很清楚地阐明了出来, 所以人们通常接受得比较快。即便是专业的数学家在看其他人的研究成果时也经常先进行大致的浏览, 获取整体内容的大意之后, 再集中精力于他们感兴趣的细节。并不像我们上学时眼睛里不揉沙子的老师曾告诉我们的那样, 跳读就是个坏习惯, 它其实是一种合情合理的、行之有效的办法。

采用了明智的跳读方法之后, 我相信, 理解本书全部内容所需要的数学知识, 老实说只要学过高中数学课程就足够了。本书中经常会介绍到比高中数学深奥很多的问题, 但是无论在哪个章节, 我都会对它们进行充分的描述, 以便每一位具有高中数学水平的读者都能够接受。对于介绍数学家时论及的他们曾提出的一些最重要的思想——比如组群、多维空间、非欧几何、符号逻辑（数理逻辑）等——不需要高中数学的水平就足以理解它们的基本概念。读者只需要带着兴趣、专心地投入到这本书里来就够了。将这样一些现代数学思想中新鲜的想法同化到自己的思维里，这种感觉就像烈日炎炎下喝到一杯冷饮一样沁人心脾，就像任何一门艺术一样令人亢奋。

为了方便阅读，我会在必要的时候将重要的概念予以重复，也会不时加入对前文章节的引用。

读者无须按各章的顺序阅读。事实上，具有理性思维或哲学思维的人会更倾向于首先阅读最后一章。除去少量为了适应社会背景所做的微调之外，各章都是遵循时间次序排列的。

即便是本书所提到的数学家当中最不多产的一位，让我将他所有的工作成果一一列举都是不可能的，这样做对广大读者来说也不会有很好的效果。更何况，哪怕是古代最伟大的数学家，他们的大部分理论在现在看来也只剩下了历史价值，都已经被推广到更一般的概念上了。所以，对于书中每一位大师我仅给出了一些他们提出的非常新颖的理论，根据这些理论的原创性以及在现代思想中的重要性将它们筛选了出来。

在所论述的课题中，我们会提到下面一些大众普遍（尤其）会感兴趣的问题：现代意义上的无限准则（第2章、第29章）；数学概率的起源（第5章）；组群的概念和重要意义（第15章）；不变量的意义（第21章）；非欧几何（第16章、第14章的部分内容）；广义相对论的数学起源（第26章的最后部分）；普通整数的性质（第4章）及其现代推广（第25章）；虚数——如$\sqrt{-1}$的意义和用途（第14章、第19章）；符号逻辑（第23章）。另外，如果有人想了解数学分析方法的威力，尤其是应用到科学上的数学方法，阅读微积分的相关内容（第2章、第6章）就会有所感悟。

现代数学起始于两项伟大的进展：分析几何和微积分。前者在1637年形成了具体的理论，后者大约在1666年产生，不过直到十年之后才被发表出来，进入公众的视野。尽管分析几何背后的想法幼稚而简单，但是它的方法却非常有效，连普通的十七岁男孩儿都能通过运用这个方法，对困扰欧几里得、阿基米德、阿波罗尼乌斯——这些希腊最伟大的几何学家的难题给出证明。而笛卡尔就是最终提炼出这一伟大方法的数学家，他的一生是极其充实且丰富多彩的。

说到笛卡尔是分析几何的创始人，我们并没有在说这个全新的方法经过他一个人的脑子就可以全副武装。在他之前的许多人都曾在这个新理论上取得过重大的进展，最后轮到笛卡尔来迈出这最后一步，将这个方法真正地作为一台切实可行的机器制造了出来，用于几何问题的证明、发现和创造。不过，即便是笛卡尔也一定要与费马分享这份殊荣。

现代数学上的进展大多也都是如此。一个新的概念在几代人的时间里都是"悬而未决"的，直到某一个人的出现——有时会是两三个人一起出现——他清晰地看到了他的前辈所忽略的关键细节，于是新的理论就此诞生。就拿相对论来说，有人认为这是闵可夫斯基的天才想法所流传下来的伟大发现。而事实上，创立相对论的并不是闵可夫斯基，而是爱因斯坦。"当时的情况若不是这样的话，某某人也会提出这样的理论"，这样的说法似乎毫无意义。如果物理宇宙不是现在这副样子，或者如果我们有什么超能力的话，任何人都能轻轻松松跳上月球，但事实是我们跳不上去。

不过，在一些其他情况中，伟大进展的荣誉并不总是公正地归于应得的人，第一个将新方法的威力发挥出来的人有时会比发明这一方法的人名声还大。比如，对于非常重要的微积分的问题似乎就是这样。自阿基米德就有了整数积分序列的极限和这一基本概念，他不仅产生了这个想法，还证明了自己可以将它应用。阿基米德在解决他遇到的其中一个问题上也采用了微分学的方法。当我们进入到牛顿和莱布尼茨所在的十七世纪，微积分的历史就变得极其复杂了。在牛顿和莱布尼茨将这一方法脚踏实地地运用之前，微积分已不仅仅是一个"悬而未决"的新方法。费马确实运用过它，他曾独立于笛卡尔，创造出笛卡尔坐标几何学的方法。尽管有诸如此类不容置疑的事实，我们也应当按照传统，将大多数人认为的他当具有的荣誉归给每一位伟大的先驱者，即便归给他的荣誉有可能比他应得的多，我们也要在所不惜。因为，毕竟我们已经远离了这些大师和他们的拥护者所处的年代，当时发现这些理论的优先级是引发激烈争执的舌战的原因，而现在，这个先后顺序已逐渐失去它恼人的重要地位了。

从未真正了解过任何一位数学家的人，在看到数学家的故事时或许会很惊讶，因为对于普通读者来说，数学家这个群体比其他领域的脑力工作者看上去还要陌生。放到小说里面，数学家这个角色的出场次数也比他的表哥科学家要少得多。若他确实出现在小说或银幕中，他也很容易被人们当作一位完全缺乏常识又不修边幅的梦想家——是作品中引人发笑的调剂罢了。在现实生活中，他是一个怎样的人呢？只有具体了解了这些伟大数学家是什么样的人，他们又过着怎样的生活，我们才会意识到我们一贯以为的数学家形象是一个荒诞的谎言。

说来也奇怪，并不是所有的数学巨匠都曾在学院或大学里担任教授。相当一部分数学家是职业军人，另外一部分是从神学、法律、医学进入数学界的，其中一位最伟大的数学家还曾充当过狡诈外交官的角色，为了本国的利益而说过谎。还有几位数学家根本没有工作。更奇怪的是，也并不是所有的数学系教授都是数学家。不过，关于这一点，只要想想普遍拿着丰厚薪水的文学教授与在阁楼里快要饿死的诗人之间的鸿沟，我们也就没什么可惊讶的了。

下文所讲述的数学家的生活，给我们的感觉至少是数学家和普通人没什么两样——有时他们还会比普通人更加苦闷。在日常的社会交往中，数学家中的大多数表现是正常的。当然，数学界也有举止古怪的人，但百分比并不高于商界或其他行业。就整体而言，大数学家们是一群多才多艺的、精力充沛的、机敏警觉的人，他们对数学之外的很多事情都充满着强烈的兴趣。如果到了战场上，他们也会是全力以赴的战士。通常来讲，大数学家们还都是些难缠的客户，他们总能在把收到的货物退回去的同时还顺带赚取些复利。除此之外，他们就是取得了巨大成就的天才，与大部分有天赋的人相比，区别只在于他们对于从事数学工作有着难以抑制的冲动。数学家中偶尔也会冒出来几位十分能干的行政官员（现在法国有几位数学家仍然从事着政界工作）。

大数学家们的政治立场，从反动保守主义到激进自由主义无所不包。或许可以认为，从整体上来看，他们的政治观点都略微左倾。他们的宗教信仰则涵盖了从最狭义的正统宗教——有时会逐渐陷入最黑暗的盲从——至最完全的怀疑主义中所有的派别。有些数学家对于他们毫不知情的事情仍会武断且肯定地宣称自己的主张，但是大部分数学家更愿意附和伟大的拉格朗日所说过的话："我不知道。"

还有一个我被要求在此提及的问题，就是大数学家们在性生活上有什么共通点——我理解一些作家和演员（有些是好莱坞演员）问到的是这个意思。这些人尤其想知道大数学家当中有多少是性反常的——很低俗的问题，或许是不太文雅，但是在这个对数学家在这方面颇具成见的时代，我们有足够的理由对此给出一个严肃的回答。答案是，没有一个是不正常的。有些大数学家过着独身的生活，但这通常是因为经济上的拮据，他们中的大部分人都幸福地结了婚，并以高水准且智慧的方式养育了自己的孩子。顺带一提，这些孩子通常也天资过人。处于旧时代中的数学大师有几位还曾有自己的情妇，这是他们那个年代流行的风俗。这里提到的唯一一位，在生活上能够提起弗洛伊德爱好者们些许兴趣的数学家，是帕斯卡。

　　回过头来再细数数学家的荧幕形象，我们会发现邋遢的着装并不是大数学家们一成不变的标配。在我们已知的甚详的漫长的数学史中，数学家们对他们外表的关注自始至终与其他众行业的人别无二致。有些数学家会对衣着特别考究，也有些数学家会比较不修边幅，而大部分人的穿着普通且得体。如果现在有一位偏好奇装异服、长发飘飘、戴着一顶黑色墨西哥宽檐帽或者穿着其他彰显个性的单品的人，一本正经地告诉你他是一位数学家，那么你可以很有把握地认为他是个曾当过心理学家的数字命理学家。

　　另一个人们很感兴趣的话题是数学大师的心理特质。在之后的一章中，庞加莱会告诉我们一些数学创造方面的心理学。但是这个问题并没有一个大致的答案，除非心理学家之间先叫停矛盾，达成一个统一的意见。整体而言，大数学家的生活比那些疲于奔命的普通人的生活更丰富，也更有活力。这种丰富并不完全在于他们喜欢智力上的挑战。一些大数学家曾经历过他们所不能承受的身体上的危险和刺激，他们当中有的还成为了关系无法缓和的仇人——或者说成为了争论的死对头，本质上都是一个意思。据说许多大数学家在他们正当年的时候都热衷于争吵，这当然不是件好事，不过也当属人之常情。在明白这种利害关系的情况下，这些人经历了性格怯懦的人从未有过的体会："僵持当受咒诅，和平应受祝福"。虔诚的天主教徒威廉·布莱克在他的《地狱箴言》中所写的这句话恰好应景。

这让我们想起（读到本书中一些数学家的行为时）我们产生的一个印象，这似乎是数学家们的典型特征——他们一点就着的坏脾气。在了解了这些数学大师的生活之后，我们会发觉，伟大的数学家更容易以为别人在剽窃、诋毁他的工作，也没有给予他足够的荣誉，于是他为了争夺自己想象中的权益而开始争吵。那些本应当超脱于争夺战之外的大师看起来也会义无反顾地加入对科学成果优先权的争夺战中，控诉他们的竞争对手剽窃了自己的工作成果。我们将会看到许多不诚实的行为，它们将打消我们对"追求真理必会使人诚实"这种观点根深蒂固的信仰。不过，数学会让一个人脾气变坏又乐于争吵，对此我们也找不出确凿的证据。

另一个类似的"心理"共性则更令人感到不快。嫉妒被抬升到了一个更高的层次。即便是对于不掺杂任何个人情感的纯数学，狭隘的民族主义以及国家之间的猜忌也曾严重阻碍了探索和发现的历史进程，人们甚至几乎无法触碰到一些重要历史事件的真相，也无法对这些事件中一个人对现代思想所做的贡献到底有多大意义给出一个公正的评价。有些人试图客观地记述本民族和本国家、地区之外的科学家的工作和生活，然而种族狂热——尤其在当今时代——给这样的工作带来了重重困难。

只有通过一位中国历史学家之笔才能对西方数学家进行公正的记述，从而将错综复杂的发展进程中，每个人和每个国家应得的荣誉公正地归予他们。只有他一个人具有足够的耐心和超脱尘世的心境，去理清这被离奇歪曲的发现史，揭开各样隐藏在我们西方人自我标榜之下的真实情况。

即便把目光聚焦到现代数学，我们还是会面临一个选择问题，无论如何都要解决。在阐述本书采用的方案之前，我们会想要估计一下详细记录一段数学史的工作量有多大。这段历史的规模堪比任何一个重要历史时期发生的重大政治事件，其规模不亚于法国大革命或是美国独立战争。

当我们开始顺着一条时间线对数学史抽丝剥茧时，一种沮丧的感觉油然而生，数学本身像一片巨大的墓地，不断地把之后将流芳百世的、逝去的新人收纳其中。而对这些新加入的人物加以记述时，我们要像对待数学史中几位被我们铭记了5000年的人一样，一定要让他们看上去还保持着生前充沛的活力。事实上，最好能营造出一种他们依然活在世上的幻觉。这种假象必须非常自然，让哪怕最具批判性的考古学家游走在这片墓地中时，也能和在世的数学家产生同样的慨叹：数学上的真理是永不磨灭的。昨日如此，今日如此，亘古亦是如此。正是被记录下来的这些形成了永恒真理的内容，是人类循环往复（生、死、衰落）背后永恒不变的一隅。这些内容或许就是真相。许多人，尤其是那些老一辈的数学家，都将其视为真理。

但是仍保持着自身的活力、在现代研究中仍起到重要作用的数学发明数量惊人，使阅读数学史的读者很快被这庞大的数量搞得不知所措，而对于其他任何领域的科学探索，过去的发现在经过成百上千年之后，就不会再保持这种生命力了。

所有法国大革命或是美国独立战争中出现的重大事件，都集中在不到一百年的时间，其中有突出贡献值得被记录的将领也都不超过五百位。但是，当我们回顾数学历史时，我们所知道的那些为数学做出过至少一项突出贡献的人物所组成的大军很快便没了队形，挤作一团。为了从我们这里博得一些美言，使他们不致被后人忘却，这6000到8000个名字争相往前挤，而一旦其中更为激进的领头人受到了我们的认可，评判这一众喧闹人群中谁应当被铭记、谁又注定被遗忘的标准，就基本上是随意的且无任何逻辑可言的了。

描述物理学发展史就不会出现这种问题。物理学也应该追溯到远古时期，不过对于大部分物理学内容来说，350年就是一个足够长的跨度，能涵盖所有对现代思想起到重要影响的事件。但是，如果有人试图为数学史和数学家做出全面而合理的评判，那么留给他施展自己这方面才华的空间足有漫长的6000年，在他面前还簇拥了6000到8000位诉求者，为了获得特殊的关注和不能实现的公平而向他呼求。

当我们终于接近自己所处的年代时，问题就变得更令人绝望了。这并非由于我们与前两个世纪的人更为贴近，而是由于一个（在专业数学家之间）众所周知的事实，十九世纪，乃至二十世纪，是有史以来最伟大的数学时代。古希腊人的数学成就相比于十九世纪的数学，就像是熊熊篝火旁的微弱烛光。

我们当循着哪条线索才能走出这个由数学发现所构成的迷宫呢？其实主线已经为我们指明：这条主线从过去渐被遗忘的历史，延伸到那些在当今统治着庞大数学帝国的主导思想——而这些主导思想在未来又会被赶下王座,将位置留给推广到更一般的概括思想。循着这条主线,我们将会略过理论的发展者,更多地关注于理论的创始人。

无论哪一门科学,它的进程都需要发明者和完善者的参与。除了带上几位侦察兵辅佐其右之外,每一位探险家也一定要有一些追随者,将他的发现广而告之。但是对于大部分人来说,公平与否是无关紧要的事,第一个发现新大陆的探险家才具有更鲜明的性格,即便他自己只蹒跚向前迈出了一小步。因此,我们最好予以创始人更多的关注,而将发展者放在其次。幸而历史是正义的,大部分伟大的数学创始人也都是无可匹敌的发展者。

即使有了这样的限制,对于未曾游历过历史的人来说,这条由过去延伸至现在的路径仍不甚明朗。那么,我们在此简要地叙述一下,贯穿整个数学史的主线究竟是什么。

从最早的时期开始,两个相互对立、有时又相互促进的势头就已经统治了所有与数学相关的发展。大致来讲,这两方面分别是离散与连续。

离散试图依据原子论的方式,用有差别、可辨认的独立元素,比如一堵墙的砖块,或是1, 2, 3……这些数字,对所有自然现象以及全部数学理论给予相应的描述。连续则在探索用赫拉克利特[1]"万物皆流"的神秘公式来理解自然现象——比如行星的运行轨迹、电流、潮汐的起落,以及其他许许多多哄骗着我们相信自己认识自然的现象。时至今日(正如我们在最后一章将会看到的),"流形"或者与其等价的"连

1.赫拉克利特(Heraclitus,约前544年-前483年),古希腊哲学家。他是一位富有传奇色彩的哲学家,是爱菲斯学派的创始人。(译者注)

续"是非常模糊的概念，以致它们的概念几乎失去了意义，但是我们暂时先不讨论这个问题。

直觉上我们以为自己了解"连续运动"的含义——一只鸟或是一颗子弹从空中掠过，或是一滴雨滴从天上掉下来就是连续运动。这种运动是顺畅的；它不是跳跃进行的；它是非断开的。在连续运动中，或者更一般地，在连续本身的概念里，分离化的数字1, 2, 3……并不是表达数学的恰当形象。例如，一条直线段上所有的点之间就没有如此清晰的划分，它们并不是像1, 2, 3……这组数列一样，序列中每个数字与相邻数字的间隔相同（即公差为1；1+2=3, 1+3=4, 等等）；对于直线段上的任意两点，无论它们距离彼此有多近，我们总能找到另一个点，或者我们总能想象出它们之间还存在另一个点：这里不存在从一个点到"下一个点"的"最短"步长。事实上，根本就没有下一个点的概念。

当牛顿、莱布尼茨以及后续的数学家用他们的方式发展了后者——也就是连续、"不存在下一个"的概念之后，这个概念就进入到了微积分的无限领域中，开始了它在科学与科技方面数不胜数的应用，这所有的一切在今天被称为数学分析。而另一个概念——基于1, 2, 3……序列的离散模式，则被应用于代数、数论以及符号逻辑的领域。几何学对于连续和离散均有涉猎。

当今数学的主要任务就是将连续与离散和谐统一起来，涵盖在一门综合性的数学中，并使这两个概念里模糊不清的地方得以消除。

或许，强调与现代数学思想相关的前辈，而不提及在数学史上迈出第一步、也可能是最艰难一步的先驱们，对于我们的前人来讲是不公正的。但是，人们在十七世纪之前所得到的一切有用的数学，几乎都逃脱不了这两种命运：要么它已被极大地简化，成为现在学校通用教程的一部分；要么它在很久以前就被涵盖在更普遍的研究领域中，成为其中的细节部分。

这些我们现在看起来简单得如同常识一样的事情——比如书写数字时用到的数值的"进位制"，以及为完成进位制必要的收尾工作而引入到书写中的符号"零"——在人们发明它们时却耗费了多到难以想象的精力。即便是蕴含数学思想本质的更简单的事情——抽象和概括，也一定要经过几个世纪的挣扎才能创造出来，而它们的创始人已经销声匿迹，没有留下一点儿有关他们生活和性格的线索。举个例子，伯特兰·罗素[1]观察到，"人们一定花了许多年的时间才发现'一对'野鸡和'两天'都是数字'2'的个例"。继而又历经了大约二十五个世纪的文明，罗素对"2"或是任何一个基数的逻辑定义才得以形成（记录在下册最后一章中）。

再拿点的概念来举例，这个我们在学校刚开始学习几何时就（错误地）以为自己完全理解的概念，一定是在原始人成为洞穴绘图艺术家的职业生涯后期才出现的。一位英国数学家霍勒斯·兰姆[2]说过，他愿意"为发明数学上的点的不知名数学家立一块纪念碑，数学上的点作为抽象的至高典范，从一开始就已经成为了科学工作的必要条件"。

顺便一提，到底是谁发明了数学上的点呢？从某种意义上说，他

---

1. 伯特兰·罗素（Bertrand Arthur William Russell，1872-1970），英国哲学家、数学家、逻辑学家、历史学家、文学家，分析哲学的主要创始人，世界和平运动的倡导者和组织者。1950年获得诺贝尔文学奖，主要作品有《西方哲学史》《哲学问题》《心的分析》《物的分析》等。（译者注）
2. 霍勒斯·兰姆（Horace Lamb，1849-1934）英国数学家、力学家。（译者注）

是兰姆口中的被遗忘的人；从另一方面来讲，欧几里得[1]给出过他对点的定义，"一个点就是既无部分也无大小"；还有第三重意义，笛卡尔发明了他的"点坐标系"；到了最后，正如几何学家现在通常所表述的，几何学中神秘的"点"连带那位被遗忘的人以及他的各位神明都已经被永远地置诸脑后了，取而代之的是某个更实用的东西——一组按一定顺序写下的数字序列。

这最后一重意义是一种现代抽象性和精确度的体现，数学在不断地向这两个方向奋进，但是当数学达到了一定程度的抽象性和精确度后，人们才发现需要更高程度的抽象性和更严格的精确度才能够清楚地理解当下的数学。我们现代人所理解的"点"的概念无疑将发展成一种更抽象的东西。也确实如此，今天用来描述"点"的这些"数字"约在本世纪伊始便开始化为泡沫，与此同时焕发出纯逻辑的理性光芒，而纯逻辑接下来也似乎将幻化在某种更罕见、更抽象的东西中。

那么，这样的说法就不一定正确了：只要一步一步跟随前辈留下的脚印重新走过，就能够确保我们理解过去和现在的数学概念。毫无疑问，沿着这条引发出我们现在观点的路径追溯回去，这件事本身就具有无穷乐趣。不过，从我们现在所立足的山顶回眸一眺，能够更快地了解来时的地形。曾经的失足、曲折的行径，还有不通的死路全都在遥远的距离下消失在视野中，我们能看到的只有那些笔直地通向过去的宽阔道路，而过去的人们被笼罩在不确定性和猜想的迷雾下，在这些主干道上曾迷失了。相比于那些伟岸的身影在雾气中若隐若现的人，空

1.欧几里得（Euclid，约公元前330年－前275年），古希腊数学家，被称为"几何之父"。他最著名的著作《几何原本》是欧洲数学的基础，在书中他提出了五大公设。（译者注）

间、数字，甚至时间，对于现在的我们都不再如此重要。

公元前六世纪，一位毕达哥拉斯学派[1]的人曾吟诵过："保佑我们吧，神圣的数字，神和人皆由汝而生。"十九世纪，一位康德学派的人会自信地把"空间"叫作"纯粹的直觉"。十年前一位数学天文学家会宣称，宇宙的伟大缔造者是一位纯数学家。上述深刻的表述中最值得注意的一点在于，比我们更聪明的一批人曾一度认为这些想法是有道理的。

但是对于一位现代数学家来说，这样极具概括性的话是毫无意义的。不过，数学除了自称为神与人的普世创造者之外，它还获得了一些更实在的东西，就是人们对于数学的信仰，以及人们坚信它有为人类创造价值的能力。

我们的观念已经发生了改变——并且这种变化仍在继续。对于笛卡尔所说的"给我空间和运动，我将会给你一个世界"，今天的爱因斯坦或许会反驳道，你需要的条件太多了。事实上这个命题也是毫无意义的：如果一开始没有一个"世界"——物质——那么"空间"和"运动"便都不存在。十七世纪，为了平息神秘的 $\sqrt{-1}$ 所引发的动荡，莱布尼茨[2]的混乱神秘主义曾经说过："圣灵为人类的研究奇迹创造了一个至高的出口，它预示着人们将会完美地解决存在与不存在之间的平衡

<hr>

1. 毕达哥拉斯学派亦称"南意大利学派"，前 600 年－前 500 年古希腊哲学家毕达哥拉斯及其信徒组成的学派。他们多是自然科学家，把美学视为自然科学的一个组成部分。（译者注）
2. 莱布尼茨（Gottfried Wilhelm Leibniz，1646-1716），德国哲学家、数学家，历史上少见的通才，被誉为十七世纪的亚里士多德。（译者注）

问题，我们将其称为负一的虚【平方】根。"在19世纪40年代，哈密顿[1]创造了数偶的概念，任何一位聪明的孩子都能够理解并且运用数偶，它为数学与科学做出了徒有其名的"虚数"所有应该做却不曾做的事。十七世纪莱布尼茨所说的神秘的"不存在"因为数偶才变成了如ABC般显而易见的"存在"。

这是一种缺失吗? 还是当一位现代数学家历遍公设法去捕捉一种难以捉摸的"感觉"时，遗漏了某些有价值的东西呢? 无线电波的发现者，海因里希·赫兹[2]，是这样描述的:"人们无法逃避这种感觉，这些数学公式就是一种独立的存在，具有它们自己的智慧。它们比我们更聪明，甚至比发现这些公式的人还要聪明，我们从这些公式中得到的比我们一开始赋予它们的还要多。"

任何一位称职的数学家都会理解赫兹的感觉，但是他也会倾向于相信，鉴于新大陆和无线电被发现的情形，发电机和数学被发明出来就是用来做我们让它们去做的事。我们依旧可以身处梦境，但是我们不必刻意去做噩梦。如果正如查理·达尔文所说，"数学似乎要赋予人类一种新的感官"，那么这种意识当是通识的升华，并不是物理学家兼工程师开尔文勋爵所宣称的，数学只是常识这么简单。

相比于维护柏拉图的"上帝是位几何学家"，或是拥护雅可比的"上帝是位算数学家"，难道不是暂且同意伽利略的"大自然这本伟大的书是用数学符号写就的"，然后便就此罢休才更贴近我们的思维习

1.哈密顿（William Rowan Hamilton，1805-1865），爱尔兰数学家、物理学家，对四元数有很大的贡献。（译者注）
2.海因里希·赫兹（Heinrich Rudolf Hertz，1857-1894），德国物理学家，于1888年首先证实了电磁波的存在。因其对电磁学有很大的贡献，故频率的国际单位制单位以他的名字赫兹命名。（译者注）

惯吗？如果我们想要用现代科学的批判性眼光来审视大自然之书的符号，我们很快便会觉察到，是我们自己写下了这本书，是我们使用了特殊的字体，因为我们发明它就是为了符合我们自己的理解。或许有一天，我们会发现一种比数学更具表现力的速记法来记录我们在物质世界中获得的经验——除非我们接受了科学神秘主义的信条，相信一切物质的本质就是数学的，并非是我们为了方便用数学语言对其进行了描述而已。如果像毕达哥拉斯所说的"数字统治着宇宙"，那么我们只是将数字推上了王座，因为统治数字的还是我们自己。

当一位现代数学家在与他人交流数学在他内心中激荡起的感觉时，一时间没有用他的语言，那么他不会附和毕达哥拉斯和金斯的言论，而会引用大约二十五年前伯特兰·罗素说过的一句话："对数学正确的看法是，它不仅具有真理，还具有极致的美感——这种美是冷峻、朴素的，就像一座雕塑。它并没有触动我们内心柔软的地方，也不像绘画或音乐那样用华丽俘获我们的心，但是它是极致纯粹的，并且它能够做到一种严格的完美，只有最伟大的艺术才能够将完美表现得如此严苛。"

另外一点，自从罗素赞扬了数学之美之后，近几年，那些对数学"真理"的概念熟悉后发生变化的人，或许都会提到"铁一般的耐力"，当一些人试图去理解数学的意义时便获得了这样的品质。如果一些爱好者受到了责难，在许多人看来，他将自己的生命耗费在对于美的自私追求上，而这种美又不能直接反映在其他人的生活中，那么他可以引用庞加莱的一句话，"为了数学而数学。"人们被这样的逻辑所震惊，不过就像"如果人生不过是苦难，为了生活而生活"一样的道理。

为了评价现代数学与古典数学相比取得了怎样的成就，我们可以首先只考察1800年之后所做的大量工作，与1800年之前所做的工作进行比较。最包罗万象的数学史要算莫里茨·康托尔的《数学史》[1]，三册印得密密麻麻的大部头（第四册与人合著，作为对前三册的增补）。四册总共有大约3600页。康托尔所写的只是一个发展史的纲要，他无意详述书中所提到的贡献，也没有对专业术语进行解释，以便非专业人士也能够理解整个历史的发展进程，人物传记的内容也十分精炼。这部历史是为受过一些技术训练的人所写的。这段数学史结束在了1799年——恰好是现代数学开始自由发展的年代。如果以相同的配置，只撰写十九世纪的数学史纲会有多少呢？有人曾估计，要讲述这段数学史需要康托尔著作篇幅的十九到二十册，也就是大约17000页。按照这个比例，十九世纪所贡献的数学知识大约是整个历史进程的五倍之多。

　　1800年之前一直到历史模糊的开端，这段时期比较明显地分裂成了两段。分隔点发生在1700年左右，主要是因为艾萨克·牛顿（1643-1727）的出现。牛顿在数学上最大的对手是莱布尼茨（1646-1716）。按照莱布尼茨的说法，直至牛顿时期，数学所包含的所有内容中较为重要的一半都归功于牛顿。这是按照牛顿一般方法的成就所做的估计，并不是依据牛顿的大量工作成果所做的评判。《自然原理》依然被评价为一个人对科学思想所做出过的最大贡献。

　　继续回溯到1700年以前的时期，我们发现没有什么能比得上牛顿的理论，直到我们来到了古希腊的黄金年代——这一步跨越了将近2000年。从公元前600年再向前追溯，我们又迅速进入到一片阴霾中，直到古埃及时期才短时间重见了光明。最后，我们来到了数学史上的

1.原文为德语，*Geschichte der Mathematik*。（译者注）

第一个伟大的时代——大约公元前2000年的幼发拉底河流域。

位于古巴比伦的苏美尔人后裔似乎是数学史上的第一批"现代人"。确实，他们进军代数方程的阵势比希腊人在他们的黄金时代所做的一切都更符合我们所理解的代数精神。相比于这些古巴比伦人在代数上的技巧，更为重要的是——从他们的成果中可以看到——他们认识到了证明在数学中的必要性。而直到不久以前，人们还认为是希腊人首先认识到数学命题需要证明。这是人类最重要的进展之一。遗憾的是，这一步迈出得太早了，以至于对我们自己的文明而言，它并没有做出什么特殊的贡献——除非希腊人有意识将其延续下来，也很有可能他们就是这样做的。不过，希腊人对于他们的祖先并不是很有肚量。

于是，数学史被划分成了四个伟大的时代：古巴比伦时代、希腊时代、牛顿时代（暂且给1700年左右的一段时间起个名字），以及近现代，从约1800年起始延续到今天。称职的裁判员们把最后一个时期称为数学的黄金年代。

时至今日，数学发明（如果你愿意的话，也可以说成是数学发现）比以往更大步地前行。显然，唯一能阻止它前进的是我们曾乐于称之为文明的东西发生了全线崩塌。如果这一天真的到来，数学就会再次遭遇古巴比伦陷落之后它所经历的情形，被埋藏在地下几个世纪；但是，如果就像人们所说的——历史再次重演，当我们对春回大地的日子翘首以盼，在我们和我们所做的一切蠢事被忘却了很长一段时间之后，人们必将迎来比以往任何时候都更加清新、更加纯净的春日时光。

第二章　蕴含现代思想的古代人物

芝诺、欧多克斯、阿基米德

现代的古代人与古代的现代人。毕达哥拉斯，伟大的神秘主义者，更伟大的数学家。证明还是直觉？现代分析的主根。一个乡下人扰乱了哲学家。芝诺的未解之谜。柏拉图贫穷的年轻朋友。无穷的穷举。有用的圆锥形。阿基米德，贵族，古代最伟大的科学家。有关他的生活和品格的传说。他的发现以及对现代性的主张。一个坚强的罗马人。阿基米德的失败与罗马的胜利。

要领会我们自己的数学黄金时代，我们首先要对少数几个伟大又简单的指导思想有一个很好的认识，这些天才的思想在很久以前便为我们铺设好了道路。我们也应当对三位希腊人的生活和工作成果有所了解，他们是：芝诺（公元前495-前435）、欧多克斯（公元前408-前355）和阿基米德（公元前287-前212）。欧几里得在很久之后才得到人们的注意，到那时他最好的作品才获得人们的认可。

芝诺和欧多克斯是当今盛行的两大对立数学思想流派的代表人物，即否定性批判（Critical-destructive）与建设性批判（Critical-constructive）。如他们十九世纪和二十世纪的后继者，芝诺和欧多克斯都具备尖锐的批判性思维。当然也可以反过来说，数学分析——无穷理论和连续理论——的现代批判家，克罗内克（1823–1891）以及布劳威尔（1881–1966）持有与芝诺一样的古老论点；而现代连续理论与无穷理论的创造者，魏尔斯特拉斯（1815–1897）、戴德金（1831–1916）以及康托尔（1845–1918）与欧多克斯在认知上是同时代的人。

古代最伟大的智者——阿基米德，是彻彻底底的现代人。他和牛顿一定能完全理解对方，如果阿基米德能听到现在数学和物理的研究生课程，那他一定会比爱因斯坦、玻尔、海森堡和狄拉克更理解他们自己的理论。在所有的古代人中，阿基米德是唯一一位惯于让自己的思维不受限制的人，而当今伟大的数学家们走在前人历尽二十五个世纪所铺平的道路上，才允许自己拥有这来之不易的自由思想。这是因为，那些听信了哲学家的话而不敢轻举妄动的几何学家们在数学发展的道路上设置了障碍，而所有希腊人中，唯独阿基米德一人具有足以跨越这些障碍的强健体魄。

在全人类史上三位"最伟大"数学家的榜单中，无一例外都会囊括阿基米德的名字。通常和他的名字出现在一起的另外两位是牛顿（1642–1727）和高斯（1777–1855）。若是考虑这些数学大师各自所生存的年代里数学和物理学相对重要性的盈缺，以及在他们的时代背景下评估他们所做出的成就的大小，有些人会将阿基米德放在首位。如果当初希腊数学家和科学家们追随的是阿基米德，而不是欧几里得、柏拉图和亚里士多德，他们或许在两千年前就轻而易举地预见到十七世纪以笛卡尔（1596–1650）和牛顿为开端的现代数学时代，以及同样是在十七世纪由伽利略（1564–1642）拉开序幕的现代物理学时代。

毕达哥拉斯

这三位现代先驱者的身后,毕达哥拉斯(公元前569?–前500?)被半神话了的身影隐约可见,他是神秘主义者、数学家,也用尽了自己被自我局限的能力来探索自然,"他的十分之一是天才的想法,十分之九是纯粹的捏造"。他的生活已经成为一则神话,充满了种种令人难以置信的传说,但是这其中只有一点对于数学的发展进程来说是重要的,有别于他为支持自己的宇宙预测观点所提出的匪夷所思的数字神秘论:他周游埃及,从神父那里学到了很多,更加坚定了他的信仰;他又造访了古巴比伦,继续做着他在埃及所做的事;之后,他在意大利南部的克罗顿成立了一个秘密兄弟会,从事高级数学思辨,以及身体、心理、道德和伦理方面的荒谬预测;所有这一切之后,他在数学上做出了整个数学史上最伟大的两个贡献。根据一个版本的传说,政治上和宗教上的盲信者鼓动群众反对毕达哥拉斯试图对他们进行的启蒙教化,这些人在他的学派中放了火,毕达哥拉斯因此葬身火海。世界的荣耀就这样消失了[1]。

在毕达哥拉斯之前,人们没有清楚地意识到证明必须从假设开始。毕达哥拉斯坚持在发展几何之前要先制定好公理和公设,此后在公理基础上进行完善的演绎推理,从而发展出整个几何学。根据一直以来的传统判断,毕达哥拉斯是第一位这样坚持的欧洲人。依照现在的习惯,自此我们将用"公设"代替"公理",因为"公理"会让我们习惯

---

1. 原文拉丁文,Sic transit gloria mundi。(译者注)

性地和"不证自明，必然真理"联系起来，而"公设"就不会产生这样不利的联想，公设是由数学家本身设立的任意一种假设，并不是全能神上帝所制定的。

于是，毕达哥拉斯将证明引入到数学中，这便是他最伟大的成就。在他以前，几何学大部分都是拇指规则[1]，在还没有明确这些规则间的相互联系和说明的情况下就凭经验得到了几何学，对于相当少量的公设就推演出几何学的全部内容，人们也没有产生丝毫的怀疑。现在，证明通常被人们理所当然地当作数学的精髓，我们甚至很难想象出在数学论证以前最基本的事情是什么。

毕达哥拉斯第二个卓越的数学贡献给我们带来了"威胁到生存"的问题。这是一个使他感到羞辱并将他打垮的发现，他发现1，2，3……这样普通的整数不足以构建出数学了，即便对于他所了解的基础数学形式也是不够的。在得到这一重大发现之前，他曾像一位受到启示的先知一样宣讲整个自然界乃至整个宇宙：物理、形而上学[2]、精神、道德、数学——一切的一切——都是建立在整数1，2，3……的离散模式之上，并且只能用上帝给我们的这些砖块进行诠释。他的确说过，上帝就是"数字"，这里的数字代表普通的整数。这无疑是一个极好的概念，简单得美好，但是它和柏拉图的"上帝是位几何学家"、雅可比的"上帝是位算数学家"、金斯的"宇宙的伟大建筑师现在开始以一位数学家的形象出现"这样的附和一样，是没有实际意义的。一个无法破解的数学矛盾击败了毕达哥拉斯的离散哲学、数学和形而上学。但是，与

---

1. 木匠不用尺子，而直接伸出拇指测量木材的长度，比喻靠直觉和经验做判断。（译者注）
2. 即对世界本质的研究，研究一切存在以及现象的原因和本源。（译者注）

他的后继者不同，毕达哥拉斯最终接受了这样的失败——他也曾努力压制这一击垮他信仰的发现，但并没有成功。

对他的理论根基造成冲击的是：不可能找到这样两个整数，使一个整数的平方等于另一个整数平方的二倍。任何一位学过几天代数的人都可以通过一个简单的论证证明这件事，甚至将初等算数理解透彻的人也能够轻易做到[1]。事实上，毕达哥拉斯是在几何中发现他的绊脚石的：正方形直角边的平方与它对角线的平方之比不能用任何两个整数的比值表示出来。这与上述两个整数平方的说法是等价的。再换一种形式，我们可以表述为"2的平方根是无理数"。也就是说，2的平方根不等于任何整数或是两个整数相除得到的纯小数，也不等于任何整数与纯小数之和。因此，即便是如同正方形对角线这样一个简单的几何概念，就公然对抗了1，2，3……这样的整数，也否定了早期毕达哥拉斯的哲学。几何上我们能够轻而易举地构建一条对角线，但是我们无法用任何有限数字的标尺来测量它。这样的局限性迫切又明确地带来了无理数和无穷过程（没有终止的过程），它们似乎在疯狂地暗示以引起数学家们的注意。因此，通过学校所教授的方法或是更有效的方式，都可以将2的平方根计算到小数点后的任意有限数位，而这些小数永远不会出现"重复"（比如如果将 $\frac{1}{7}$ 写成小数，数字会出现循环），也永远不会终止。基于这个发现，毕达哥拉斯找到了现代数学分析的主根。

---

1. 令 $a^2=2b^2$，其中，为了不失一般性，a，b 是没有任何一个比 1 大的公因子的整数（如果有比 1 大的公因子，则可以从题设的方程中消去）。如果 a 是一个奇数，我们可以直接看出矛盾，因为 $2b^2$ 是一个偶数；如果 a 是一个偶数，比如说 $2c$，那么代入可以得到 $4c^2=2b^2$，即 $2c^2=b^2$，所以 b 是一个偶数。因此，a，b 具有公因子 2，又与题设矛盾。（作者注）

这个简单的事情所引发的问题，尚未得到一个让所有数学家都满意的解决方式。这些问题关系到无穷（无尽的、不可数的）、极限和连续的数学概念，这些概念是现代分析的基础。人们一直以为，这些显然不可或缺的概念一次又一次地溜进数学中的矛盾和诡辩是无法彻底消除的，它们在隐匿了一两代之后还会再现，只是换汤不换药罢了。我们将在当代数学中遇见这些问题，它们较以往更加活跃。接下来就是这种情况中一个极其简单又直观的图片。

假设在一条两英寸长的线段上，有一个"点"在其上"连续""运动"。难点就隐藏在带引号的词语中。如果不分析这些词语，我们很容易认为自己理解了它们的含义。现在在线段的左端点标注上0，在右端点标注上2。0与2的中点处自然是1；0与1的中点处我们标记上 $\frac{1}{2}$；0与 $\frac{1}{2}$ 的中点处我们标记上 $\frac{1}{4}$，以此类推。同样地，在1与2的中间我们标记上 $1\frac{1}{2}$，在 $1\frac{1}{2}$ 与2的中间我们标记上 $1\frac{3}{4}$，以此类推。接下来，我们用同样的方式，标记上 $\frac{1}{3}$，$\frac{2}{3}$，$1\frac{1}{3}$，$1\frac{2}{3}$ 的位置，然后再将得到的线段分割成更短的等长线段。最终，"在想象里"，我们可以做到对大于0小于2的所有分数和带分数都执行一次。那么，构想出来的分割点就是0到2之间所有的有理数。这些点有无穷多个。那么，它们完全"覆盖"了整条线段吗？不是。2的平方根对应着其中的哪个点呢？没有对应的点，因为通过任何一个整数与整数之比都无法得到这个平方根。但是，2的平方根显然是某种"数字"[1]，与它相对应的点落在1.41与1.42之间的某个位

1.这种假设的本质缺陷是明显的。（作者注）

置, 如果愿意的话, 我们还可以继续缩小它所在的范围。要想将这条线段完全覆盖, 我们不得不想象出或发明出比有理数更无尽的"数字"。这意味着, 我们接受了这条线段是连续的, 并且假设线段上的每个点都对应且唯一对应着一个"实数"。我们还可以把类似的想象推广到整个平面或是更高维的空间中, 不过目前来讲用线段就足以说明情况。

诸如此类的简单问题不久就引发了非常严重的困难。正是由于这些困难, 希腊人就像我们一样, 被分割成了两个不可调和的派别: 一个派别选择在它的数学轨道上停滞不前, 拒绝进入到分析学领域——积分学, 到时候我们会对此稍加讨论; 另一个派别试图克服困难, 并成功地说服自己做到了这一点。那些停滞不前的人虽有过错, 但他们不犯错误, 是既匮乏真理也没有错误; 那些继续前进的人发现了许多对数学和笼统意义上的理性思考都具有极大意义的东西, 但是, 恰如在我们所处时代的事态发展一样, 其中不乏一些人会面临毁灭性的批判。我们在最早的时期就遇见了这样两种鲜明而对立的思想: 一类是无可非议地持小心谨慎态度的人, 他们因为脚下的土地发生动摇而踌躇不前; 另一类是勇敢的先驱者, 他们越过沟壑去寻找宝藏, 而在另一边也是更安全的。我们首先会聚焦到一位拒绝越过鸿沟的人身上。就其敏锐思维的洞察性来讲, 在我们到达二十世纪遇到布劳威尔[1]之前还没有人能与之匹敌。

1.布劳威尔 (1881-1966), 荷兰数学家。1904年毕业于阿姆斯特丹大学。后在G.曼诺利的影响下, 开始接触拓扑学和数学基础。1912年为阿姆斯特丹大学教授, 同年为荷兰皇家科学院院士。他强调数学直觉, 坚持数学对象必须可以构造, 被视为直觉主义的创始人和代表人物。(译者注)

芝诺

埃里亚的芝诺(公元前495–前435)是哲学家巴门尼德[1]的友人，当芝诺与他的主顾造访雅典时，他创造了四个让哲学家们哑口无言的天真悖论，使自鸣得意的哲学家们受到了打击。据说，芝诺是一位自学成才的乡下男孩儿。这里我们不去揣摩他创造这些悖论的目的是什么——对此，权威人士的意见分歧很大——我们只是来陈述它们。从这些悖论中我们会很明显地看到，芝诺一定会反对我们刚才所说的对两英寸线段所进行的"无穷分割"。从他的前两个悖论，二分法与阿基里斯中，我们将体会到这一观点。不过，在后两个悖论中，他又用同样激烈的态度反对了与之相反的假设，也就是这条线段是不可被"无穷分割"的，而是由一组可用1, 2, 3……来数尽的离散点所组成的。四个悖论一起搭建了一堵铜墙铁壁，使数学上的进展看似不再可能。

第一，二分法悖论。运动是不可能的，因为无论物体如何运动，一定会先到达路径中的中点，再到达终点。而在它到达中点前，一定要先到达四分之一点，如此这般，无穷无尽。因此，运动甚至连开始都不可能。

第二，阿基里斯悖论。阿基里斯在追逐位于前方的一只正在爬行

1.巴门尼德（Parmenides of Elea，约公元前515年至前5世纪中叶以后），是一位诞生在爱利亚（南部意大利沿岸的希腊城市）的古希腊哲学家。他是前苏格拉底哲学家中最有代表性的人物之一。他是爱利亚学派的实际创始人和主要代表者。他是色诺芬尼的学生，同时也受到毕达哥拉斯派成员的影响。主要著作是用韵文写成的《论自然》，如今只剩下残篇，他认为真实变动不居，世间的一切变化都是幻象，因此人不可凭感官来认识真实。（译者注）

的乌龟，但是他永远也无法超越这只乌龟。因为他必须首先到达乌龟的起始位置，而当他到达这个位置时，乌龟已经从这个点离开了，所以乌龟仍然领先。如此这般，我们很容易明白这只乌龟总是在前面。

现在看另一方面。

箭的悖论。一直运动的箭在任何一个瞬间都是既静止又非静止的，也就是既静止又运动。如果这一瞬间是不可再分的，那么这支箭就不能运动，因为如果它是运动的，那么立即可以将瞬间分割。但是，一段时间是由瞬间所组成的。虽然这支箭不能在每个瞬间运动，但是它可以在任何一个时间段内运动。因此，箭总是保持静止。

体育场悖论。"为了证明一半时间可以和二倍时间相等。考虑三组物体。

	第一组位置					第二组位置			
(1)	0	0	0	0	(1)		0	0	0	0	
(2)	0	0	0	0	(2)	0	0	0	0		
(3)	0	0	0	0	(3)			0	0	0	0

其中，(1)组的物体保持静止，另外(2)组和(3)组的两个物体以相同的速度向相反的方向运动。一段时间之后，它们都处于历程的同一阶段，(2)超过(3)中的物体数量是(1)超过(3)中物体数量的二倍。因此，若要完全超过(1)组物体所需的时间是超过(3)组物体的两倍。但是，(2)组和(3)组回到(1)组位置的时间是相同的。因此，二倍的时间与时间的一半相等"(伯内特的译文)。将(1)组物体想象成一组圆柱形的篱笆桩会有助于理解。

用非数学术语来说，以上这些是连续和无限双方早期的格斗手所面临的困难。在大约二十年前的书中写道，康托尔创造的"正无穷大理论"，以及欧多克斯、魏尔斯特拉斯、戴德金发明的诸如根号2一类的"无理"数，已经将所有这些问题一次性彻底地解决了。这个观点并不会被今天所有的数学思想流派所接受。所以，思考芝诺问题的同时，我们其实是在讨论我们自己的分歧。想对芝诺有更多了解的人可以去参考柏拉图的《巴门尼德篇》[1]。在此，我们只提一句，芝诺最后由于叛国或者诸如此类的事掉了脑袋，接下来我们将话题转到那些没有因他的观点而掉脑袋的人身上。芝诺背后的追随者对数学的发展所做甚微，虽然这些人的后继者也做出了许多撼动数学基础的事情。

欧多克斯

尼多斯的欧多克斯（约公元前408-前355年）继承的只是芝诺留给世界的一片混乱。正如许多在数学上名垂青史的人一样，欧多克斯度过了他穷困潦倒的青少年时代。欧多克斯在世时，柏拉图正值鼎盛时期，当他去世时，亚里士多德大约三十岁。这两位古代主要的哲学家——柏拉图和亚里士多德，都非常担心芝诺给数学推理所带来的疑云，而欧多克斯用他卫冕"希腊数学之王"的比例论缓和了这样的紧张事态，一直维持到十九世纪七八十年代。

欧多克斯年轻时从塔兰托移居雅典，在塔兰托他师从于阿基塔斯（Archytas，公元前428-前347），一流的数学家、行政官员和士兵。当他

1.《巴门尼德篇》系柏拉图晚年作品，他是在不断地对自己的学说进行修正，将批判的矛头指向自身，借用巴门尼德之口揭示他早年"理念论"的困境，批判的内容主要是事物与形象分离问题。（译者注）

到了雅典，欧多克斯很快便遇见了柏拉图。由于他没钱住在学院附近，欧多克斯便每天从比雷埃夫斯港往返跋涉，那里的鱼和橄榄油都很便宜，碰到对的人家，一个微笑便可以留宿一晚。

尽管在技术层面上柏拉图本身并不是一位数学家，但是人们会称他为"创造数学家的人"。无可否认，他确实激发了无数位比他自己更厉害的数学家，让他们创造出了一些真正意义上的数学。正如我们将要看到的，他对数学发展总的影响可能是有害的，但是他慧眼识出了欧多克斯的才能，并成为了他忠实的朋友，只是后来，他对自己才华横溢的徒弟表现出了嫉妒才结束了这段友谊。据说柏拉图和欧多克斯曾一起去埃及旅行。若果真如此，欧多克斯似乎不像他的前辈毕达哥拉斯那样容易轻信，但是柏拉图却因为吸收了大量东方数字神秘主义的思想，而接受了这些影响。欧多克斯发觉自己在雅典不受欢迎，于是最终定居在基齐库斯并在那里教书，度过了自己的晚年。他研习医学，据说除了数学方面的成就之外，他还曾担任过执业医师和国会议员。好像这一切还不够他忙的，他又对天文学进行了认真的研究，并在这个领域做出了卓越的贡献。在他的科学观点中，他比那些拘泥于文字、卖弄哲思的同时代人要超前几个世纪。就像伽利略和牛顿一样，他轻视那些不能通过观测和经验来验证的物理宇宙猜测。他曾说，如果登上太阳就能让他弄清楚太阳的形状、尺寸和性质，那么他很乐意重蹈法厄同[1]的覆辙，但是在登上太阳之前他不愿做出猜测。

我们可以通过一个很简单的问题了解欧多克斯都做了些什么。长

1.法厄同是希腊神话中太阳神赫利俄斯之子，曾驾驶父亲的四轮马车，几乎将地球毁于大火，最后自己葬身火海。（译者注）

乘以宽便得到一个矩形的面积。尽管这件事听上去很简单,但除非这两边都能用有理数丈量,否则就会带来很严重的困难。先抛开这些具体的困难,我们会在接下来的这类最简单的问题中,比如计算曲线的长度、曲面的面积,或是曲面所围成的体积中看到它们以一种更明显的形式出现。

任何一位想要证明自己数学才能的天才年轻人,都可以试着对这些问题给出一种解法。比如任意给定半径的圆周长公式,假设他从未在学校见过它的证明过程,那么他该如何对这个公式给出一个严谨的证明呢?完全凭借一己之力解决这个问题的人则可以毫不夸张地将自己称为第一流的数学家。一旦我们超脱了直线和平面所界定的图形,我们便一头撞进了充斥着连续的问题、无穷的谜语和无理数的迷宫所组成的世界。为了解决这类问题,欧多克斯给出了第一个逻辑上令人满意的方式,欧几里得也让这一解法在他的《几何原本》的第五卷中得以重现[1]。在欧多克斯用以计算面积和体积的穷竭法中,他表示我们不需要假设"无穷小量"的"存在"。通过对给定量进行连续分割,我们就可以得到一个想要多小就有多小的量,这样便足以满足我们在数学上的需要。

最后,我们用欧多克斯对等比例给出的一个划时代的定义来结束对他的论述,这个定义使数学家们能够像处理有理数一样,对无理数进行严谨的计算。从本质上讲,它就是无理数一个现代理论的起点。

"设有四个(大小相等的)量[2],令第一个量和第三个量乘以一个

---

1. 欧多克斯的著作已经失传。(译者注)
2. 此处括号内容为译者添加。(译者注)

任意的等倍量（既相同的倍数），令第二个量和第四个量乘以另外一个任意的等倍量，第三个量的倍数若大于、等于，或是小于第四个量的倍数，则相应的有第一个量的倍数大于、等于，或是小于第二个量的倍数，那么第一个量与第二个量之比等于第三个量与第四个量的比值。"

阿波罗尼乌斯

在那些工作成果对1600年以后的数学产生了影响、我们又尚未提到的希腊人中，只有阿波罗尼乌斯有必要在此提及。阿波罗尼乌斯（约公元前260？-前200？）按照欧几里得的方式发展了几何学——现在我们仍然在把这个方法教给倒霉的孩子们——并且在欧几里得（约公元前330？-前275？）留下的状态上发展了很多。阿波罗尼乌斯是一位综合而"纯粹"的几何学家，在十九世纪的施泰纳出现之前，在这一类型的几何学家中无人可与之匹敌。

假设一个以圆形为基准的圆锥从它的顶点向两个方向无限延展，它被一个平面所截，那么平面与圆锥表面的相交曲线则被称为圆锥曲线。圆锥曲线有五种可能的类型：椭圆；双曲线，有两条分支；抛物线，真空中投掷物的轨迹；圆；一对相交的直线。其中，根据柏拉图的公式，椭圆、抛物线和双曲线是"机械曲线"。也就是说，仅使用直尺和圆规无法作出这些曲线的图形，尽管用尺规画出其中某一条曲线上的任意多个点是很容易的事。阿波罗尼乌斯和他的后继者对于圆锥曲线几何学的研究达到了近乎完美的境地，而圆锥曲线的几何学也被证实对于十七世纪的天体力学以及其日后的发展最为重要。确实，如果没有希腊的几何学家们走在开普勒前面，牛顿就不一定能够想到他的万有引力定律了，因为是开普勒用他对行星轨道的巧妙计算，艰难地为牛顿铺设了道路。

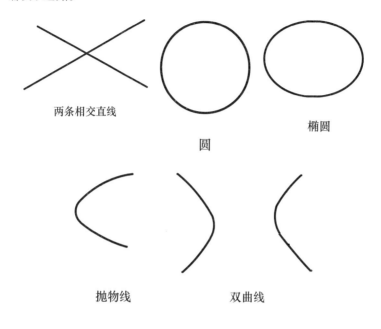

两条相交直线

圆

椭圆

抛物线　　　　双曲线

阿基米德

　　在希腊化时代的希腊人和中世纪[1]的阿拉伯人中，阿基米德就像19世纪的高斯和17、18世纪的牛顿在他们的同代人和追随者心目中的形象一样，深受众人的敬畏和崇敬。阿基米德是所有人之中当之无愧的领袖，人们称呼他为"长老""智者""大师"，或是"伟大的几何学家"。追忆他所生活的年代，是公元前287至公元前212年。由于普卢塔

1.欧洲历史传统上划分为史前时代、古典时代、中世纪和近现代，古典时代又分为古希腊时期、希腊化时期和古罗马时期。阿基米德属于古希腊后期的希腊化时期，之后阿拉伯人在中世纪发展了古希腊的自然科学。（译者注）

克的记载，阿基米德的死因比他的生平更广为人知，而普卢塔克作为一名典型的历史传记作家，从他的历史观点来看，他显然认为这位数学国王的角色还没有罗马军人马塞勒斯重要，所以里面对阿基米德生活的记述只是一带而过，篇幅就像厚和噎人的三明治里一片片像纸一样薄的火腿那样少得可怜，看上去似乎有失公正。不过，对阿基米德的记述却成为了马塞勒斯到现在还能被人记住——或是咒骂的主要原因。在阿基米德之死中，我们将会看到一个粗鲁又现实的文明对于一个比它更伟大却被它毁灭的帝国所造成的第一次冲击——那时，罗马将迦太基城的大半都夷为了平地，到处是胜利的喜悦和穿着贵族紫袍的勇士，他们继而进攻了希腊，乘胜摧毁这方脆弱的土地。

　　阿基米德在物质和精神上都是富有的。他是天文学家菲迪亚斯之子，出生于西西里岛的叙拉古，据说他与叙拉古的君主（或国王）希隆二世还有血缘关系。无论事实与否，他与希隆国王和他的儿子格隆私下里确实交好，这两位王室对这位数学国王也十分钦佩。在对待一些问题的态度上，阿基米德本身的贵族气质展露无疑，这些问题在今天被称为应用科学。尽管他是一直以来最伟大的机械天才之一——就算不是最伟大的，我们想想贵族身份的阿基米德根本没有必要做这些事情，便能体会到他的伟大——但是他真心看不上他自己的实用发明。从某种角度来说，他这样认为是有道理的。阿基米德在应用力学领域所做的成就可以被写进书中。从我们所偏爱的机械角度来看待这些发明是伟大的，但是这些光辉完全被他在纯数学领域的贡献所掩盖。我们首先来看看有关于他的一些不为人知的事实，以及关于他性格的一些传说。

　　据传，阿基米德是博物馆里的一个完美标本，演绎了众人眼中数学家该有的样子。就像牛顿和哈密顿一样，当他沉浸在自己的数学思考中时会废寝忘食。在不注意着装方面他甚至超过了牛顿，因为他在洗澡时，观察到自己漂浮在浴缸中的身体，从而有了他最著名的发现——漂浮物体在液体中所减轻的重量，等于被排开液体的重量，于是他从浴缸中跳了出来，一丝不挂地冲到了叙拉古城的街上，高呼着"Eureka, eureka!（我找到答案了，我找到答案了!）"他所找到的正是流体静力学第一定律。故事背景是这样的，一位偷奸耍滑的金匠在为希隆制造皇冠时将一些金子替换成了银子，这位君主心存猜忌，便把鉴定真伪的问题交给了阿基米德。现在任何一位高中生都知道如何解决这个问题，通过一个简单的实验和一些简单的计算得到它的密度就可以了。"阿基米德定律"和它不计其数的实际应用对于今天的年轻人和造船工程师来讲也驾轻就熟，但是第一个透过事物看到本质的人有的是非同一般的洞察力。我们并不确切地知道这位金匠是否真的有罪，但是为了故事的戏剧性，通常就以判定有罪而结尾。

阿基米德另外一句流传了几个世纪的呐喊，就是"给我一个支点，我便能撬动地球"（他的原话是多利安语，" $π\hat{α} β\hat{ω} καὶ κινῶ τὰν γᾶν$ "）。当他夸下海口时，正被他自己发现的杠杆定律深深地触动着。这句话可以是某个现代科研所的完美座右铭，不过奇怪的是它并没有被人们采纳。这句话还有一个希腊语的更好版本，不过表达的意思是相同的。

阿基米德的怪癖之一和另一位伟大的数学家魏尔斯特拉斯的怪癖很像。据魏尔斯特拉斯的姐姐说，当他还是一名年轻的学校老师时，如果他的视野范围内任何一个地方有一平方英尺的空白墙纸或是一块干净的袖口，便不能把一支铅笔放心地交给他。阿基米德只有过之而无不及。在他年轻时，沙土地面或是布满灰尘的光滑硬地板都是他常用的"黑板"。阿基米德有他自己的办法。他会坐在炉火前，耙出里面的炉灰在上面写写画画；当他从浴室走出来后，他会按照当时的习俗在身上涂上橄榄油，还没等他穿上衣服，他便又沉浸在用指尖在自己涂了油的皮肤上画出的图形中了。

阿基米德是一只孤独的雄鹰。他年轻的时候在埃及的亚历山大城有过一段很短的学习生涯，并在那里结交到两位相伴一生的朋友，一位是很有天赋的数学家科农，阿基米德对他的人品和智慧都有着很高的赞誉。另一位是埃拉托色尼，他同样是一位很好的数学家，却是一副花花公子的作风。这两个人，尤其是科农，似乎是与阿基米德同时代的人当中唯一让他觉得能够分享自己的想法，并且让他确信能够理解这些想法的人。他通过信件将自己的一些出色的工作成果都告诉了科农。当科农死后，阿基米德便与多西修斯——科农的一位学生联络。

撇开阿基米德在天文学和力学发明领域伟大的贡献不谈，我们对阿基米德为纯数学和应用数学领域增添的原则进行一个浅显且不甚全面的总结。

他发明了计算曲面图形面积和计算曲面围成体积的通法，并且将这些方法应用到许多特例中，这些特例包括圆、球、任意一段抛物线、一条螺旋线上两个半径和两段相邻螺旋线所围成的面积、部分球面，以及矩形、三角形、抛物线、双曲线、椭圆绕各自主轴旋转所形成的部分二次曲面（旋转形成的二次曲面分别是：圆柱面、圆锥面、抛物面、双曲面和回转椭球面）。他给出了一种计算 π 值的方法（一个圆的周长与它的直径之比），将 π 值确定在 $3\frac{1}{7}$ 到 $3\frac{10}{71}$ 之间；他还给出了一些近似方法来计算平方根，这些方法证明他预言了印度发明的无限循环小数。在算数上，他发明了进位制，这样，无论多大的数字都能够被人们书写下来，这项发明远比希腊不科学的计数方式厉害得多，希腊是用符号数字来书写，甚至于描述大数的。在力学上，他提出了一些基本的假设并发现了杠杆定律，同时将他的力学原理（杠杆定律）应用到几个不同形状平面的面积计算和不同形状立体的重心计算上面。他创建了整个流体静力学，并应用这些原理确定了几种漂浮物体的静止和平衡位置。

阿基米德所创造的并非一件杰作，他创造的杰作不胜枚举。他怎么做到这一切的呢？阿基米德得出他的精彩结论所运用的"方法"是什么呢？他极其精炼、富于逻辑的阐述没有为我们提供任何线索。但是在1906年，一位希腊数学史学家兼学者J·L·海伯格[1]，在君士坦丁堡得到一个重大发现，他找到了一篇阿基米德写给他的好友埃拉托色尼的论文：《论力学定理和方法》，在这篇手稿被发现之前人们以为它已在人间"蒸发"。在这篇文章中，阿基米德解释了他的思考过程，如何通过将一个面积未知的图形与一个面积已知的图形做重量比较，或是将一个体积未知的立体与一个体积已知的立体做重量对比，从而推导出他所找寻的事实。一旦知道了这个事实，接下来在数学上给出证明（对他而言）也就比较容易了。简而言之，他运用了他的力学知识发展了他的数学。这便是现代人对他的评价之一：他运用了他能想到的一切办法作为他攻陷这些问题的武器。

---

1. J·L·海伯格在伊斯坦布尔的教堂图书馆里发现了一册羊皮书卷，细心的海伯格在"祈祷文"下发现了一些数学符号和文字，他将辨认出来的大约三分之二的内容重新抄录了一遍，并以《阿基米德方法》为名刊行于世。（译者注）

对于一位现代人来说，情场如战场，任何手段皆可行，在数学中也是一样。但是，对于许多古时候的人来说，数学是按照哲学化思想的柏拉图强加给人的呆板规则所进行的一场了无生趣的游戏。根据柏拉图的说法，只允许用直尺和圆规作为几何画图的工具。这就难怪"古代三大问题"——三等分一个角；造一个立方体，使它的体积是给定立方体体积的二倍；造一个正方形，使得它的面积等于给定圆的面积——会让几个世纪的古典几何学家都想破了脑袋。这些问题没有一个是只用直尺和圆规就能解决的，不过对于第三个问题的论证十分困难，直到1882年才终于给出这个表述的证明。所有需要借助其他工具才能完成的图形都被称为"机械的"，由于某种只有柏拉图和他的几何上帝才理解的神秘缘故，这些图形在人们看来十分低俗不堪，在人们崇尚的几何学中是被严格禁止的。直到笛卡尔在柏拉图去世的1985年后发表了他的分析几何学，几何学才得以从柏拉图式[1]的束缚中逃脱出来。当然，柏拉图是在阿基米德出生前60年或是更早的时候就已去世，所以我们不能因他没有领悟到阿基米德方法中的变通和自由就指责他。反过来讲，好比柏拉图认为几何学的缪斯女神当有的样子是身穿紧身胸衣的，而正因阿基米德并不欣赏在这种概念严格约束下的旧时女子，所以只有阿基米德当受赞誉。

1.柏拉图式代指理想化、不切实际的想法。（译者注）

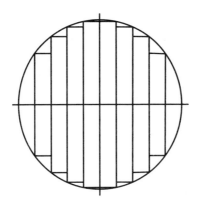

　　阿基米德带有现代色彩的第二点主张同样建立在他的方法的基础上。他比牛顿和莱布尼茨早2000多年就创造了积分学，并在他解决其中一个问题时又比这两位提早发明了微分学。这两种运算一起构建了我们众所周知的微积分，人们称这门学科为有史以来数学为了探索物理宇宙所发明的最强大工具。就拿一个简单的例子来说，假设我们要求一个圆的面积，除了其他的方法之外，我们还可以将这个圆切割成任意数量的等宽的平行条带，通过与长度垂直方向的修剪将这些条带的圆弧端部切掉，使得去掉部分的总量尽可能地少，之后将所有剪切好的长方形面积加在一起。这便给出了一个所求面积的近似值。通过无限地增加条带的数量，并取和的极限值，我们便得到了圆的面积。这一求和取极限的过程（上述描述比较粗略）就叫作积分运算。采取这种无穷个数字和的方法就叫作积分学。在求解一段抛物线围成的面积以及其他问题中，阿基米德正是运用了积分学。

　　阿基米德运用微分学解决的问题是，在螺旋线任意给定的点上作一条切线，如果这条切线与任意给定直线的夹角是已知的，那么我们可以很容易画出这条切线。因为对于通过一个定点画出给定直线的平行线，我们已经有一种简单的作图方法了。从几何上来讲，找到上述夹角（不仅仅是对螺旋线来说的，对任意曲线都成立）就是微分学中的主要问题。阿基米德对他的螺旋线给出了解答。阿基米德的螺旋线是一个点的曲线运动轨迹，这个点沿着一条直线做匀速运动的同时绕这条直线上的一个定点做匀角速运动。如果哪位还没有学习过微积分的人觉得阿基米德的这个问题很简单，那他不妨在求解时给自己记录一下时间。

如果阿基米德能够将他所思所想的一切都交代完全，那么他就会享有属于数学家的平静的一生。他生命中所遭遇的动荡和悲剧全部都集中在他的晚年。公元前212年，第二次布匿战争水深火热地进行着。罗马与迦太基都全力以赴地攻占对方的领地，而阿基米德所在的城市叙拉古城就坐落在罗马舰队的航路附近，让罗马人心痒痒。为什么不去围攻这个城市呢？于是，他们就这样做了。

那位罗马将领马塞勒斯自以为很了不起（或是用普卢塔克的说法"一意孤行"），他宁愿相信自己"战备"是卓越的，也不愿相信谋士们的忠言，并预测这场战争会速战速决。让他满怀信心、引以为傲的装备是一种原始的大炮，架在由八艘帆船捆绑在一起支撑着的古钢琴形状的高台上。胆小些的城民若是看见这支传说中的混合舰队兵临城下，估计直接就把城门的钥匙交给马塞勒斯了。但是，希隆并没有这样做。他也做好了战争的准备，他的对策是没有想象力的马塞勒斯做梦都不曾想到的。

对应用数学本身持轻蔑态度的阿基米德，似乎在和平时期对希隆的强烈要求还是有所屈服，做过令这位君王满意的演示实验，说明数学家有些时候也能够成为具有毁灭性的实战家。为了让他的朋友们相信数学所能做的不仅仅是抽象的演绎，阿基米德曾用自己的杠杆定律和滑轮定律设计了一艘满载船只的操纵装置。当战争的黑云开始聚集，不祥的氛围近在咫尺的时候，希隆想起了这项伟大的壮举，他乞求阿基米德为迎战马塞勒斯预备一次有力的反击。阿基米德再一次停下了手中的研究工作而帮助了他的朋友，他为自己组建了一支全机械组成的迎战队伍来抵挡野蛮的罗马人。当他们兵临城下后，阿基米德设计的精巧的令人不寒而栗的残暴机器已静候他们多时。

自欺欺人的马塞勒斯的声誉同八艘五排桨大船上背负的古钢琴状龟壳一样，没坚持多久便毁于一旦。一颗颗重量超过250公斤的石弹接连不断地从阿基米德设计的巨型投石机上投射出去，砸烂了这个笨重的装置。鹤状起重机的喙和铁爪向着驶来船只的方向探出城墙外，抓住它们之后把它们甩来甩去，使它们沉入海中或是撞碎在峭壁上。罗马人的陆军也好不到哪儿去，完全被阿基米德的大炮所压制住。为了掩人耳目，马塞勒斯在官方公报上将自己的溃败掩饰为撤退到预先准备的后方位置，然后撤回兵力以与他的手下们商议对策。由于他无法重整失魂落魄的军队向这些可怕的城墙发起进攻，这位著名的罗马将领败下阵来。

最后的结果证明马塞勒斯还是具备一点儿军事常识的，他当天并没有进一步下令"反过头去对城墙发起进攻"，而是放弃了任何正面进攻的想法，先占领了后方的迈加拉，最终从后面偷袭了叙拉古。这一次他走运了。愚蠢的叙拉古人为纪念阿耳特弥斯而举办的宗教庆典正进行到一半，人们个个把酒言欢。战争和信仰调和在一起的鸡尾酒总是那么的苦不堪言，正在庆祝的叙拉古人着实不堪一击。等他们清醒过来的时候发现，大屠杀已经达到最白热化的程度。阿基米德也在这次屠杀中流血丧生。

当一位罗马士兵的身影挡住了他在灰尘上画的图形时，阿基米德才第一次意识到自己的城市被一帮土匪占领了。根据一个版本的记述，这位士兵踩在了图形上，阿基米德很生气，急切地叫喊着："别弄坏了我的圆！"另一个说法是，阿基米德拒绝在思考出自己问题的答案之前跟着这位士兵去见马塞勒斯，没有遵从他的命令。不管是哪种情形，这位士兵勃然大怒，拔出了他的荣誉之剑，刺死了这位手无寸铁的75岁高龄的几何学家。阿基米德就这样死了。

引用怀特海的一句话："没有哪一个罗马人是因为对一个数学图形陷入了沉思而丢掉性命的。"

第三章 一位绅士、军人和数学家
笛卡尔

童年的美好。自幼便是哲学家却并未自命不凡。躺在床上有难以估量的好处。质疑权威令他精神振奋。在战争中寻求宁静。一场噩梦带来的转变。揭开了解析几何的真相。更多的杀戮。喜欢马戏团，嫉妒一位同行，虚张声势，与人方便的女相好。地狱面目可憎，教堂值得崇敬。一对红衣主教的拯救。罗马教皇的故步自封。20年的隐居生活。《方法》。出名的苦恼。对伊丽莎白的溺爱。笛卡尔对她的真实想法。自以为是的克里斯蒂娜。她给笛卡尔带来的灾难。笛卡尔几何富于创造力的简洁性。

"唯有安宁与平静是我所求。"这句话出自一位将数学扭转到新的航道，又改变了科学的历史进程的人。在他忙碌的一生中，勒内·笛卡尔总是被迫在军营里寻找他所寻求的安宁，总是不得不避开好奇又苛刻的友人们，在闭关冥想中寻找他所渴望的平静。这样单单渴望着安宁与平静的他却于1596年3月31日出生在法国图尔市附近的拉埃耶镇上，在欧洲这片正经历着宗教与政治的痛苦变革而战火纷飞的土地上生活。

他所处的时代与我们的时代并没有什么不同。旧时的规则正在迅速地消亡，新的秩序还未建立。中世纪掠夺成性的贵族、国王以及皇家子弟培养出一大群以堂而皇之的抢劫为政治纲要的统治者，而且其中的大部分人心智也就跟马童相当。若我臂力之强可夺尔之物，则当属君者，亦即我之矣。这或许才是被称为文艺复兴后期的这段欧洲辉煌历史时期的真实写照，但是它恰恰说明，源于切身的经历，我

笛卡尔

们自己对于在一个文明社会中规则应当是怎样的价值标准在不断变化着。

在笛卡尔生活的时代，强取豪夺的战争之上还沉积着大量盲目和狭隘的宗教观念，这些历史遗留物催化了日后更多的争战，使平心静气的科学探索成为了一项铤而走险的事业。除了所有这一切之外，人们对在各个方面的基本卫生常识的无知更是雪上加霜。单看卫生条件，富人的豪宅就像肮脏又愚昧的穷人所委身的贫民区一样污秽，频发的瘟疫才得以对穷人、富人一视同仁，与时下纷繁的战火一起将高出生率的人口一直控制在饥荒限度以内。昔日这幅美好我不想多说。

但从这一时期人类为世间留下的非物质永恒遗产的角度来看，成绩单还是比较喜人的。笛卡尔所处的时代诚然是斑驳的文明史上知识盛产的伟大时代之一。要稍微列举几位生活时代与笛卡尔有交集的杰出人物的话，我们会想起与他同时代的数学家，费马和帕斯卡；莎士比亚去世时笛卡尔是20岁；笛卡尔在伽利略逝世后8年离世，而笛卡尔去

世时牛顿8岁；密尔顿出生时笛卡尔12岁；血液循环的发现者哈维，在笛卡尔逝世后7年离世；发现电磁学的吉尔伯特逝世时笛卡尔7岁。

勒内·笛卡尔出生在一个传统的贵族家庭。尽管勒内的父亲并不算富有，但是他的家境还算宽裕，他的儿子们也是生来注定要继承绅士的事业，为法国服务的人——所谓位高则任重。勒内是其父与第一任妻子让娜·布罗沙尔所生的第三个孩子，也是最后一个孩子，他的母亲在勒内出生几天后便去世了。他的父亲似乎是一位少有的心思细腻的人，他尽其所能做各种事情弥补孩子们没有母亲的缺失。后来一位优秀的乳母取代了母亲的位置，再婚的父亲也一直用理解与关注留心家里这位"小哲学家"的成长，他总是对日光之下万物的原理感到好奇，也总爱对乳母告诉他的一切关于天堂的事情刨根问底。笛卡尔并不算是一个早熟孩子的典型，只是他自幼体弱多病，迫使他把精力都用在了满足自己的求知欲上。

由于勒内身体的羸弱，他的父亲便没有让他上学。不过这个男孩儿自发地探索求知，他的父亲也很明智地任由他去做自己喜欢的事情。笛卡尔八岁时，他的父亲决定让他接受正规教育，不能再拖下去了。经过许多用心的调查之后，他选择了位于拉弗莱什的耶稣会学院作为儿子的理想院校。院长沙莱神父一眼就喜欢上了这位面色苍白又平易近人的小男孩儿，为他的情况安排了特殊的学习。院长明白要培养这个男孩儿的心智必须先增强他的体质，又留意到笛卡尔需要的休息时间似乎比同龄的一般男孩儿多很多，于是告诉他，早晨他愿意在床上躺到多晚都可以，除非他想去教室和同学们在一起，不然他不必离开自己的房间。因此，除了他人生将尽的那段不幸的时光以外，笛卡尔终生保持着这个习惯，当他想要思考时，就躺在床上度过他的早晨。当人到中年的笛卡尔回忆起他在拉弗莱什的学习生活时，他肯定地说，那些漫长而安静的早晨所做的无声冥想正是他哲学和数学思想真正的发源地。

他顺利地完成了学业，成为了一名精湛的古典学者。依照当时的教育传统，笛卡尔也在拉丁语、希腊语以及修辞学上花费了许多精力。不过这些只是他所注重的一部分，他的老师们本身都是出入上流社会的人，他们的任务是将他们负责管理的男孩子们培养成各个领域中的"绅士"——当然，现在成为绅士的标准已经不那么严苛，在当时这个概念相当于社会的中流砥柱。1612年8月，当十七岁的笛卡尔从学校毕业时，他与沙莱神父已成为一生的挚友，也几乎能在社会上站住脚了。沙莱只是笛卡尔在拉弗莱什结交到的许多朋友之一，还有一位名叫梅森（之后也成为了一名神父），这位在科学与数学领域著名的业余爱好者曾是笛卡尔年长的密友，之后成为了他的科学代理人以及保护他不受搅扰的重要人物。

笛卡尔卓尔不群的天赋在他还在上学时就显露出来了。早在十四岁的时候，躺在床上思考的他便开始对他所掌握的"人文科学"产生了质疑，这些知识的人文意义十分匮乏，而且显然不是能够帮助人类掌管自然、指导自己命运的学问。试图让他盲目接受的哲学、伦理和道德上的权威性教条开始呈现出毫无根据的迷信的一面。笛卡尔坚持自己自幼质疑权威的习惯，开始直截了当地对所谓的证明和诡辩逻辑提出疑问，而这些是虔诚的耶稣会教士们为了让善于推理的他接受教条才特意给出的。由此，他很快产生了一个基础设问，而这一问题将激发出他毕生的事业：我们是如何认知事物的？更进一步来说，这或许也是更重要的一点，如果我们不能确切地说我们已经认知了一些事物，我们又何从去发掘那些我们有可能能够认知得到的事物呢？

离开学校以后，笛卡尔进行了比以往更长时间、更深刻，也更忘我的思索。他通过冥想收获的第一颗果实是理解了一个诡异的真理：中世纪哲学家所提出的、至今在人文学教育中仍坚持沿用的伟大方法——也就是逻辑，它本身就像一头骡子一样，对于任何富有创造性的人类意图一点儿用处都没有。他得出的第二条结论与第一条也密切相关：相比于数学的证明——这于他的意义就像一只空中坠落的小鸟忽然发现自己有翅膀一样——什么哲学、伦理、道德，不过是艳俗的冒牌货或是华丽的骗局。他继而问道，我们又该如何去认知事物呢？答案是要通过科学的方法，只不过笛卡尔用的是另一种说法：通过受控实验，以及对这些实验结果加以严格的数学推断。

或许有些人会问，他从自己的理性怀疑主义中得到了些什么？他得到了一个事实，并且只有这唯一的事实："我是存在的。"用笛卡尔的话来说，"Cogito ergo sum（我思故我在）"。

笛卡尔到了18岁的时候，彻底厌烦了他曾花费许多努力所进行的枯燥乏味的研究。他决定去见见世面，从鲜活的生命中汲取些营养，而不只是从纸墨印刷品中学习知识。幸而他家境富裕，想做什么就可以着手去实施。童年和青年时期长时间在室内的修养激发了一种无可厚非的代偿性作用，使他现在沉浸在了像他这个年纪和身份的普通年轻男孩子们所该有的快乐中，并且迫不及待地去体验更多的乐趣。他离开了父亲的庄园——那让人感到压抑的、有节制的生活，与其他几个渴望自由的年轻人一起，在巴黎住了下来。当时赌博还是绅士所炫耀的一项资本，笛卡尔对赌博也极其狂热——也从中赢了不少。无论他做什么事，他都会全力以赴。

这个阶段并没有持续多久。笛卡尔厌倦了这些淫秽下流的同伴们，他悄悄地离开，在现在位于圣-日耳曼郊区的一间朴素又舒适的出租房安顿下来，两年间一直让自己潜心于数学研究。不过他寻欢作乐的行为最终使他暴露了，他那些愚蠢的朋友大吵大闹着过来找他。而这位专心致志的年轻人抬起了头，认出了这些朋友，也看出他们全都只是让人无法忍受的讨厌鬼。为了获得片刻的安宁，笛卡尔决定去参军。

他的第一段军队生活就这样开始了。他首先去了荷兰的布雷达，在杰出的奥兰治亲王莫里斯的带领下接受训练。笛卡尔原本希望在亲王的率领下参加战争，失望之余，他对军营里的平静生活感到了厌恶。这里恐怕要变得和喧嚣的巴黎没什么两样，于是他很快动身赶往德国。在职业生涯的这个阶段，他第一次显露出一个未能免俗的弱点，在这件事上他之后也一直没有长大。就像马戏团在哪儿表演就跟到哪儿的小男孩儿一样，笛卡尔抓住每一次有利的时机去观赏盛大的场面。这会儿在法兰克福正好要举办一场仪式，斐迪南二世将要在那里加冕。笛卡尔及时赶到，将整场洛可可式华丽的表演一览无余。获得了极大的满足感之后，他又一次开始了在事业上的寻求。他加入了巴伐利亚选帝侯（马克西米利安二世）的军队，当时这支军队正准备向波希米亚发动战争。

这只军队默默地驻守在多瑙河河岸上名叫诺伊堡的小村庄附近的冬季营地里。这里给了笛卡尔许多他一直以来所寻求的安宁与平静，无人搅扰的环境让他找回了自我。

笛卡尔"浪子回头"的故事——如果这样说合适的话——情节十分离奇。在圣马丁节前夜，1619年11月10日，笛卡尔做了三个恍如现实的梦，他说正是这三个梦改变了他的人生轨迹。他的传记作者（巴耶）记述了圣马丁节庆祝会上觥筹交错的景象，他推测笛卡尔当晚就寝时还未完全从醉酒中清醒过来。而笛卡尔自己认为做这几个梦完全是出于另外的原因，他强调在出现这次人生升华的体验之前已经三个月没碰过酒了。我们也没有理由质疑他的话。这些梦也惊人的一致，和一场寻欢作乐过后，尤其是灌了一肚子酒精之后做出来的梦完全不同（这方面经验的专家如是说）。从表面上看它们很容易解释：做梦者渴望过一种理性的生活，但他也意识到在现实生活中所做的努力都徒劳无益，于是在潜意识里对这种冲突给出了解决方案。不用说，弗洛伊德学派对这些梦也做过解析，但是任何一种经典维也纳风格的分析似乎都无法对解析几何的发明给出更多的解释，而这当中的联系才是我们最感兴趣的地方。一些神秘的或是宗教上的解释对此似乎也无多大裨益。

在第一个梦中，笛卡尔被一股邪风吹起，从他的教堂或是学校这种安全的地方刮到了另一个风力无法撼动的建筑里；在第二个梦中，他发现自己正带着毫无封建迷信的科学视角观测一场可怕的风暴，并且他还意识到，一旦自己看清了它的面目，风暴就不能对他造成伤害；在第三个梦中，他梦到自己正在背诵奥索尼厄斯的一首诗，第一句是："Quod vitae secatabor iter?（人生的道路我要怎么走？）"

还有更多的信息。除了上述内容之外，笛卡尔说自己当时充满了"激情"（可能是出于制造神秘的目的），并且在第二个梦境中，还向他揭示了一把能打开自然界宝藏之屋的魔法钥匙，于是奠定了所有科学的真正基础，至少这一部分成为了他的财富。

这把非凡的钥匙到底是什么？笛卡尔本人似乎并未向任何人明确地描述过，不过人们通常认为，它就是代数在几何中的应用。简言之，就是解析几何。用更一般的说法，就是数学对于自然现象的探索。而在这一方面，今日的数学、物理就是体系当中发展得最完善的一个例子。

因此，1619年11月10日成为了解析几何公认的诞生日，从而也成为了现代数学的发源日。等这个方法发表出来又过去了18年。与此同时，笛卡尔继续着他的军人生涯。数学应当以他的名义感谢战神马尔斯，感谢他在布拉格战役中没有让半颗子弹打进他的脑袋。而将近三个世纪之后的二十几位有前途的年轻数学家就没这么幸运了，正是因为笛卡尔的梦境所启示的这门科学的发展。

这位22岁的年轻士兵现在忽然意识到一件之前从来没想过的事情，如果他要发现真理，那么他必须先将从其他人那里得到的所有想法都剔除干净，然后仰仗对自己精神思想锲而不舍的追问为他指明方向。他从权威获得的所有知识都必须被扔到一旁，他继承下来的道德思想与理论思想所组建的根基也必须被摧毁瓦解，之后仅用人类理智的原始、质朴的力量将这一切重建，这样的根基才是更持久的。为了让自己的良心得到慰藉，他向圣母玛利亚祷告，祈求她在自己这项异教的事业上予以帮助。他一面渴望着她的庇佑，起誓会去洛雷特圣母教堂朝圣，一面毫不犹豫地对信仰中公认的真理进行了言辞激烈的、毁灭性的批判。无论如何，当他一有合适的契机就去履行自己的这部分职责。

与此同时，他还继续在部队生活，并于1620年春天在布拉格战役中体验到了真正的战斗。笛卡尔与获得胜利的其他人一起唱着感谢上帝的赞美诗入了城。在惊恐的难民之中，其中一位是四岁的伊丽莎白公主[1]，后来她成为了笛卡尔最喜爱的弟子。

---

1. 莱茵地区的帕拉丁选帝侯、波希米亚国王腓特烈之女，也是英国国王詹姆斯一世的外孙女。（作者注）

最后，在1621年的春天，笛卡尔对于战争已经到了忍无可忍的地步。他与另外几个爱闯荡、有教养的士兵一起，随奥地利人到了特兰西瓦尼亚，试图在除了战场的其他方面寻求荣誉并获得成就。但是，他若此刻结束战争生涯，哲学的时机也尚未成熟。巴黎的瘟疫和对抗胡格诺派的战争使法国的情况比奥地利还要糟糕。而北欧既和平又干净，于是笛卡尔决定到那里看看。直到笛卡尔乘船去东弗里西亚之前，一切都进展得还算顺利，但他此时遣散了所有随同的人，只留了一位保镖在身边。这对于图财害命的船员来说可是个天赐良机。他们决定对这位富有的乘客下手，袭击他的头部，抢完他的钱，再把他的尸体扔到海里喂鱼。可惜的是，笛卡尔听得懂他们的语言，计划没有得逞。他瞬间拔出了他的剑，逼他们把船划回了岸边，于是解析几何又一次逃脱了战争、谋杀以及危难等诸多事故的魔爪。

接下来的几年笛卡尔在走访荷兰以及雷恩中平静地度过了，雷恩是笛卡尔的父亲生活的地方。这一年的年底他回到了巴黎，回到了这个因为他的内敛性格以及多少有些与众不同的面孔，人们就立马认定他是罗希克鲁斯会员[1]而对他不怀好意的地方。笛卡尔无视这些流言，他理性地思考，参与政治游戏，为的是在军队里为自己谋取一个职位。而当他未能如愿时也并没有非常失望，因为他被准许自由地出入罗马，在那里他欣赏到了他曾亲眼见过的最华丽的场面，也就是由天主教会每隔25年举办一次的庆典。这段在意大利发生的插曲对笛卡尔心智的成熟起到了重要作用，原因有两点。只要不是触及普通人的部分，他的

---

1. 罗希克鲁斯会员（Rosicrucian），自称是17与18世纪流行的一种秘密结社的会员，此秘密团体有各种秘传的知识和力量，并宣扬宗教的神秘教义。（译者注）

哲学理念就会一直对地位低的人抱有偏见，里面充斥着这位困惑的哲人踏遍欧洲的各个角落所看到的、人类为了得到教皇的祝福所行的恶事。笛卡尔没能见到伽利略也对他产生了同样重要的影响。但凡笛卡尔这位数学家的哲人做派更多一些，去拜会现代科学之父并与他交谈上一两个星期，那么他对物理宇宙的猜想或许就不会如此异想天开。笛卡尔从他的意大利之行中得到的全部都是对这位举世无双的同代人的嫉妒与不甘。

结束在罗马的假期之后，他马上与萨瓦公爵一起投身到另一场血腥的战斗之中，鉴于他在战争中的卓越表现，他被任命为中将。但是他有足够的理智，他拒绝了这项任命。笛卡尔回到了红衣主教黎塞留和虚张声势的达塔尼昂统治时期的巴黎——达塔尼昂几乎完全是位虚构出来的人物，而关于黎塞留的传说还不及一出戏剧可信——并在此定居了三年，进行深入的思考。尽管他有着十分深刻的思想，但是他并不是身穿脏罩衫的灰胡子学者的形象，他是社会上最衣冠楚楚、穿着考究的一类人，他身着时尚的塔夫绸衣服，再佩戴上一把与他的绅士地位相称的剑。作为整个高雅装扮最后的点睛之笔，他还要戴上一顶巨大的鸵鸟羽毛宽檐帽。穿戴上这些，他便可以对付在教堂、公共场所和大街上大量出没的杀手了。一次，一个喝醉酒的乡巴佬对笛卡尔美丽的晚伴出言不逊，这位气急败坏的哲学家于是用十分达塔尼昂式的灵活舞剑步伐对这个冒失鬼步步紧逼，打飞了他手中的剑，却饶了他的性命，倒不是因为他现在不堪一击，而是因为他太肮脏了，不配在一位美丽的女士面前流血殒命。

既然提到了笛卡尔的一个女性朋友，在这里只再提两位，其余的我们暂且不谈。笛卡尔很喜欢女人，还和其中一位生了一个女儿。这个孩子的夭折给他带来了很大的打击。或许他始终没有结婚的原因，正如他对另一位想和他结婚的女人所解释的那样，比起佳人他更喜欢真理。不过，有更大的可能性是因为他已经算计得很清楚，他才不想让什么肥胖、富有的荷兰寡妇剥夺掉他平静与安宁的生活。笛卡尔只是一般的富有，但是他很知足。因为这种想法，人们曾说他冷漠与自私。或许比较公正的评价是，他知道自己要的是什么，并且深知自己目标的重要性。他并不是吝啬，而是生活习惯适度且有节制，他从不强迫家里人接受他偶尔为自己制定的、斯巴达式清苦的养生之道。他的仆人非常爱他，他也会去关心很久以前曾在他这里工作的仆人，了解他们的近况。笛卡尔临终时照顾他的男孩儿因主人的逝世而伤心欲绝了很长时间。所有这些听上去都不像是在说笛卡尔是个自私的人。

人们还曾指责笛卡尔不信神，再没有什么比这项罪名更歪曲事实的了。尽管他是理性的怀疑主义者，但是他的宗教信仰由衷得单纯。的确，信仰在他心中的意义就如同将信仰带给他的乳母一样。他说过，向信仰寻求依靠就像依附在母亲的身边，会给他的心灵带来同等的慰藉。有时候，一个理性的头脑归根结底是理性与非理性最难以言状的结合。

笛卡尔还有一个毛病会对他的每一个行为都造成影响，直到有了粗犷的军队纪律的约束，他才逐渐将它克服。由于他童年时体质差，周围人对他的照顾更加悉心谨慎，这让他患上了严重的疑病症，多年来他一直被死亡压抑的恐惧所笼罩。毫无疑问，这就是让他开展生物学研究工作的渊源。到了中年，他才可以由衷地说，大自然是最好的医师，而克服对死亡的恐惧是保持健康的秘诀。他不再焦躁地寻找延年益寿的方法了。

笛卡尔在巴黎平静思考的三年是他一生中最幸福的时光。伽利略用他的简易望远镜做出的惊人发现，使欧洲半数的自然哲学家都把时间打发在了透镜上。笛卡尔也在这上面自娱自乐，但是没有做出什么旷世的发现。他的天赋本质上在于数学与抽象思维。在此期间他所做出的一项发现，即力学中的虚速度原理[1]，至今在科学上仍有着重要的应用。这着实是第一流的科研成果。笛卡尔发觉没什么人理解或重视这个理论，便放弃了抽象的问题，转而研究在他看来比所有学科都更加高深的人类学。但是后来，他对此平淡地表示，他很快发现与自认为对几何理解透彻的人数相比，了解人性的人少之又少。

到此为止，笛卡尔还什么都不曾发表过。而他急剧攀升的声誉又招引来一大群上流社会的半吊子学者，笛卡尔便再一次回归战场以求安宁与平静，这次是跟随法国国王围攻拉罗谢尔城。在这里，他遇到了那位有着十足人格魅力的老流氓——红衣主教黎塞留，令他印象深刻的并不是红衣主教的狡诈，而是他的神圣感，此人后来还为笛卡尔提供了一次帮助。战争以胜利告终，笛卡尔完好无损地回到了巴黎，这一回他要承受的是他的第二次蜕变，再也不在无意义的事上浪费时间。

现在（1628年）他32岁，要不是有奇迹般的好运气庇佑着他，他的身体可能遭受了重创，他的思想也可能早已被人遗忘。拉罗谢尔战场上一颗打飞的子弹便可以轻而易举地剥夺笛卡尔所有值得怀念的东西，他终于认识到，如果他真的要实现他的理想，那么此时此刻启程的时候到了。两位红衣主教——德贝律尔（De Bérulle）和德巴涅（De

---

1.这是理论力学中分析静力学的概念，为了计算方便，设想约束瞬间"凝固"，质点保持原有位置不变时，约束允许发生的可能速度。因它是一种可能情况而不是真实速度，所以叫作"虚速度"。（译者注）

Bagné），把笛卡尔从他那消极淡漠、无所作为的状态中唤醒，尤其在前者的劝说下，他们成功诱导笛卡尔将他的思想公之于众。为此，科学界欠他们一个永远无法偿还的人情。

当时，天主教的神职人员受过良好的教育，并且无比热爱科学，比起盲从的新教徒来讲这些还是令人欣慰的，毕竟新教徒的偏执使科学在德国已然销声匿迹。与德贝律尔和德巴涅结识后，笛卡尔在他们亲切的鼓励下像一朵玫瑰一样绽放出了自己的光彩。特别是有一次，在德巴涅的晚宴上，笛卡尔对一位叫M·德尚多（M. de Chandoux）的人毫无保留地谈论了他的新哲学（这个人后来因伪造罪被处以绞刑——但愿这不是笛卡尔传授的诡辩论的内容所导致的结果）。为了说清一个难点，区别真理与谬误，笛卡尔给出了12个无懈可击的论点，并指出在那些颠扑不破的真理论点中存在的错误。反之，对于那些公认的错误论点也同样指出了其中存在的真理。被弄得莫名其妙的听众问道，那么，区区人类该如何将真理同谬误区分开呢？笛卡尔便透露，他（自认为）有一个来源于数学的绝对可靠的办法，能够帮助我们得到想要的答案。他说道，他希望并且有计划向众人展示，通过借助一些机械发明的手段，他的方法能够怎样被应用到科学和人类福祉的事业当中。

笛卡尔曾向德贝律尔描述过从哲学思辨的高峰看下去地上万国的景象是多么美好，而德贝律尔被这番景象深深地触动了。他明确地告诉笛卡尔，将他的发现与世人分享是他对上帝应尽的责任，还威胁他说，如果他不这样做就要遭受炼狱——或者至少也会失去进入天堂的机会。作为一名虔诚听从上帝旨意的天主教徒，笛卡尔不可能拒绝这样的恳求。他决定发表自己的著作。这便是发生在他32岁时的第二次蜕变。为了将他的决定变成现实，他立即动身去了荷兰，那里清冷的气候对他较为适宜。

接下来的二十年间他在荷兰四处流浪，从未在某一个地方居住过很长时间，他是生活在不知名的小村庄、乡村旅馆还有大城市偏僻角落里的一位寡言少语的隐士，同时采用自己的方式与欧洲顶尖的知识分子进行着大量科学与哲学上的书信往来，这些信件都通过他在拉弗莱什学生时期交到的一位值得信赖的朋友——梅森神父，代为转交，只有他一个人知道笛卡尔任何时候的秘密住址。距离巴黎不远的最小兄弟会（Minims）修道院的客厅（通过梅森的工作）成为了交换疑惑、数学问题、科学与哲学理论、反对意见以及回复内容的场所。

在荷兰这段长期漂泊的日子里，笛卡尔忙于大量哲学与数学之外的研究工作。光学、化学、物理学、解剖学、胚胎学、药理学、天文观测以及气象学，还包括对于彩虹的研究，所有这一切都在召唤着笛卡尔，想要在他的无休生活中占据一席之地。现如今任何一个人若将他的精力分散到如此多样化的杂事上，他只能成为一个虚度时光的半吊子。但是在笛卡尔的时代却不是这样，一个天赋异禀的人在几乎每一门他想要尝试的领域里都期待着能找到些感兴趣的课题。笛卡尔遇到的每一件事也都会对他有所启发。他在一次去英国的短期旅行中了解到磁针的神秘现象，磁性立刻就被纳入他广泛的哲学中。神学上的猜想同样引起了他的注意。在整个理论建立的过程中，他的思想一直被早年所受教育的梦魇所笼罩。就算他能够摆脱这些给他带来的影响，他却不想这样做。

笛卡尔搜罗到的所有知识以及他一切的所思所想都被涵盖到一本宏伟的著作：《论世界》（*Le Monde*）中。1634年，此时的笛卡尔正值38岁，这本著作正在进行最后的修订。它将作为新年礼物送给梅森神父。梅森已经预览了许多节选章节，但是他还没看到过这部匠心之作的全貌。没有亵渎的意思，但是《论世界》或许称得上这样的评价：《创世记》的作者若是像笛卡尔一样对科学与哲学知之甚详，那么他早就该把它写出来了。笛卡尔试图对神创造天地给出他自己的解释，来弥补一些读者读到上帝用六天创造世界的圣经故事时所感受到的缺失，即，缺乏一种合理性解释。从300年后的今天来看，在《创世记》与笛卡尔之间似乎没有什么好选择的。我们也难以想象得到，像《论世界》这样一本书竟会让一位主教或是教皇勃然大怒、暴跳如雷。事实上，所有人都不曾想这么多，但是笛卡尔却清楚地意识到了这一点。

笛卡尔对神职、法官的判断力心知肚明。他也知道伽利略的天文学研究，以及这个无所畏惧的人在支持哥白尼学说上取得的胜利。事实上，他一直焦急地等待着读到伽利略最新的著作，再将自己的书做最后的润色。但是，他并没有收到朋友答应寄给他的副本，取而代之的是一条令人瞠目的消息：尽管伽利略已届70岁的高龄，并且与势力雄厚的托斯卡纳公爵之间有着真挚的友谊，但是他还是被送上了宗教法庭，并被迫（于1633年6月22日）双膝跪地，发誓放弃哥白尼学说：地球绕着太阳转这个异端邪说。伽利略若是拒绝放弃他的科学知识在他身上会发生什么，笛卡尔只能猜测了，但是一时间布鲁诺、瓦尼尼、康帕内拉这些名字全都浮现在了他的脑海中。

笛卡尔吓坏了。在他自己的书中，他自然、详细地对哥白尼体系进行了阐述。他自己的语言比哥白尼或是伽利略有机会发表出来的言论还要大胆得多，因为他还对科学的神学化感兴趣，而他们并未涉及。他证明了既存宇宙的"必然性"，并对此十分满意，他认为自己解释了无论上帝曾创造了多少个不同的宇宙，它们一定都会受到"自然规则"的制约，早晚都会符合"必然"的形态并演变成宇宙真实存在的样子。简言之，笛卡尔在用他所具备的科学知识对自然界以及上帝的规则进行大量更深入的探索，这是《创世记》的作者以及神职人员做梦都不曾想到过的。如果伽利略因自己温和又保守的反教言论都要被迫下跪的话，笛卡尔又能指望些什么呢？

如果认为阻止笛卡尔发表《论世界》的原因只是恐惧，那就将一部分更重要的真相忽略掉了。他不仅仅是害怕——任何神志正常的人面对这样的事都会惧怕，而他是被深深地伤害了。他坚信哥白尼体系的真实性就像他确信自己的存在一般。但是，他对教皇永无谬误论也坚信不疑。现在教皇因反对哥白尼学说而让自己像头蠢驴，这便是他的第一反应。接着，他学习过的诡辩论跳出来帮忙。或许通过某种方式，通过某种常人无法理解的超能力的神秘合成，教皇和哥白尼都可以被证实是正确的。笛卡尔满怀信心地祈求并期待着，有朝一日，从这个尚未晓谕人类的毗斯迦山上眺望，他便可以在哲学上平静地看待这个显而易见的冲突，矛盾也会在和谐闪耀的光辉下消失不见。让他放弃主教或是哥白尼无论如何是不可能的。所以，他将自己的书压在了手里，对教皇永无谬误论以及哥白尼理论的真实性仍继续持有他的信仰。为了对他潜意识中的自尊心做一些补偿，他决定还是应当在自己死后将《论世界》出版。那时教皇或许也已离世，这个矛盾就不攻自破了。

笛卡尔把他决定不出版的著作的范围扩大到自己所有的工作成果上。不过在1637年，也就是笛卡尔41岁时，在朋友们的劝说下他对此勉为其难的态度有所改观，他们继而诱导他允许出版他的一部杰作，这部书的书名译作《关于科学中正确运用理性和追求真理的方法论的谈话。进而，关于这一方法的论文，屈光学、气象学、几何学》。这部著作又被简称为《方法谈》，发表于1637年6月8日。于是，这一天就成为了解析几何面世的日子。在说明解析几何在哪些方面优于希腊的综合几何学之前，我们还是先讲完其作者的生平。

解释完这些让笛卡尔推迟出版的原因，现在不妨讲讲他生活中美好的一面来平缓一下心情。

令笛卡尔心存恐惧而实际上从未与他为敌的教会，现在非常慷慨地向他给予帮助。红衣主教黎塞留施予笛卡尔无论法国境内或境外的出版特权，任何他想写的东西都可以出版。(不过说到这儿我们可能会问，红衣主教黎塞留或是其他任何一个人又有什么权利、权柄还是其他的什么，能够指导一位哲人和科学家什么该发表，什么又不该发表呢？）但是，在荷兰的乌得勒支城，新教的神学家严厉谴责笛卡尔的著作是无神论的，威胁到被称为"国家"的神秘存在。开明的奥兰治王子却把他的权重偏向了笛卡尔这边，尽可能地对他予以支持。

1641年的秋天以来，笛卡尔一直在荷兰靠近海牙的一个平静的小村庄生活，被流放至此的伊丽莎白公主现在也出落成了敏而好学的大姑娘，和她的母亲一起在乡下定居。这位公主看上去确实有着过人的学习天赋。在掌握了六种语言又消化了大量的文学作品之后，她转而学习数学和科学，希望从中汲取更多的营养。对于这位杰出的年轻女性不同寻常的胃口，有一种说法是她将对爱情的失望化作了对知识的渴求。不论数学还是科学都无法让她感到满足。直到读到了笛卡尔的书，她知道，她已寻到了那剂能填补她心中痛苦的空虚感的解药——笛卡尔。尽管这位哲学家多少有些不太情愿，二人的会面还是安排了下来。

之后确切地发生了什么就很难了解了。笛卡尔是一位有教养的人，即便是对最没有权势的王子或公主也保持着皇室统治时代一位绅士该有的敬畏和礼数。他的书信是谦恭、谨慎的典范，但是不知何故，听上去总不像实话。比起他给这位一心扑在他本人和他死后出版物上面的热切的学生写信时，或是向别人谈论起她时说过的一大堆不着边际的奉承话，一句偶然间写下的负面评价或许更能反映他对伊丽莎白公主聪慧程度的真实想法。

伊丽莎白坚持让笛卡尔给她上课，他在正式场合也表示"她是我所有学生中唯一一个能完全理解我的著作的人"。毋庸置疑，他以一种父亲般的、又像是皇室的宠物猫看待女主人般的感情由衷地喜欢她，只是，如果相信他对待所说的话都像对待事实的科学陈述那样严谨，那可真是容易轻信别人到极点了。当然，除非他这样说是在调侃自己的哲学理论则另当别论。伊丽莎白可能已经理解了大部分，因为事实上似乎只有哲学家才能完全理解他自己的哲学理论，尽管任何一个傻瓜都敢说自己能做到。总之，他并没有向她求婚，就目前我们所了解到的，她也并未向他求婚。

在笛卡尔向她阐明过的自己的哲学理论中，有一部分就是解析几何学的方法。初等几何里的某一种问题能被纯几何方法轻易地求解，虽然它看上去相当简单，但是用严格的笛卡尔坐标法在解析几何里求解就十分骇人了。这个问题就是做出任意给定的、圆心不在同一条直线上的三个圆的公切圆（与三圆相切）。一共有8种可能的答案。这个问题是不适合用笛卡尔几何最初形态来蛮力解决的典型例子。伊丽莎白用笛卡尔的方法解决了它。他让她来做这道题未免也有些残忍。笛卡尔看完她的解法后给出的评价，任何一位数学家一听就知道是怎么回事。而她还为自己的成绩沾沾自喜呢，这个被蒙在鼓里的可怜女孩儿。

笛卡尔的评价是：他不会着手实行她的解法，真的花上将近一个月的时间画出所求的相切圆。如果这句话都没有流露出他对她数学天赋的评价，那也不可能把话说得更直白了。把话点明是个不善良的事，尤其是现在她没能抓住重点，他也早就知道她会出现这样的情况。

伊丽莎白离开荷兰后，直到将近笛卡尔去世的那一天，她一直与他保持着联络。他的信件里饱含着美好与真诚，不过我们倒是宁愿相信他没有被皇室的光环照得意乱情迷。

1646年，笛卡尔在荷兰的埃格蒙德过着幸福的隐居生活，在那里思考、种一小朵花、与欧洲的知识分子们保持着不计其数的书信往来。他最伟大的数学成就已经达成，但是他依然继续保持着对数学问题的思考，观点总是深刻而新颖。一个引起他兴趣的难题便是芝诺的阿基里斯和乌龟（阿基里斯悖论）。他对此悖论的解释并不能在今天被广泛地接受，但是在那个时代仍十分巧妙。他当时50岁，已经世界闻名，真实的名气比他一度想达到的还要高很多。他一生中无时无刻不在渴望着的安宁与平静还是没能被他抓住。他继续做着伟大的工作，但生活可不会简简单单让他不受搅扰地完成每一件他所想的事情。瑞典女王克里斯蒂娜听闻了他的事迹。

这位多少有些男子气概的年轻女孩儿时年19岁，此时她已是一位颇具能力的统治者，据传也是一位优秀的古典学者（这要更晚些），一位身体瘦长却有着炼狱般耐受力的运动健将，一位冷酷无情的女猎人，一位把在马背上无休骑行10小时看作稀松平常的老练骑手，最后才是一位像瑞典伐木工人一样对寒冷无动于衷的坚强女性。除了上述所有的特征之外，她还对脸皮不那么厚的人所介意的事十分迟钝。她自己吃得很节省，她的侍臣们吃得也很朴素。她就像一只冬眠的青蛙，能在瑞典隆冬之际在没生炉火的图书馆里坐上几个小时，她的奉承者们用冻得打架的唇齿哆嗦着请求她把所有窗户敞开，让欢快的雪花也飘进来。她注意到她的内阁总是附会她的意见，但她并没有感到于心不安。她清楚所有应该知道的事情，她的大臣和导师会告诉她。由于她每天只睡5个小时，所以一天之内她的马屁精们得围着她转19个小时不停歇。这位可怕的女人看到笛卡尔哲学的那一刻，决定要将这个可怜的沉睡魔王据为己有，用作她自己私人的指导老师。到目前为止，她学到的所有东西使她产生了空虚感，渴望了解更多。和博学的伊丽莎白一样，她知道，只有大量来自哲学家本人的哲学洗礼才能缓和她对知识和智慧狂热的渴求。

但是，由于笛卡尔把令人遗憾的势力面孔作为他惯常的伪装，所以估计得等到90岁他没牙、没头发、没思想，什么都没有的时候才能拒绝克里斯蒂娜女王殷切的邀请。笛卡尔坚守到1649年的春天，她派了海军上将弗莱明率船来接他。这位不情愿的哲学家让他们耐心等待，全班人马也痛快地悉听尊便。到了10月，笛卡尔妥协了。于是，他恋恋不舍地环视了一圈自己的小花园，锁上门，离开了埃格蒙德的家，再也没回来过。

他在斯德哥尔摩的受欢迎程度虽比不上皇室，但也是十分热烈了。笛卡尔不在宫殿中生活，这在很大程度上解救了他。但是，好心的友人沙尼特一家对他无休止的纠缠，让他对保留一丁点儿隐私所怀的最后一点儿幻想都破灭了。他们坚持让笛卡尔和他们住到一起。沙尼特和笛卡尔来自同一个国家，事实上他是一位法国大使。本来一切都进展得很顺利，因为沙尼特一家可以说是最细心周到的人家了，可是不懂人情世故的克里斯蒂娜固执的脑袋里又冒个想法：对于像她一样忙碌、有着坚韧品格的年轻女子来说，应该在凌晨五点钟学习哲学。笛卡尔显然愿意用基督教国家中所有任性女王的青睐交换一个月在拉弗莱什耶稣会学院梦寐以求的床上时光，在那里开明的沙莱校长还会在暗中确保他没有起得太早。但是，每当在这个对他而言有些反人类的时间点，在外面还漆黑一片的时候，他还是尽职尽责地从床上爬起，登上来接他的马车，一路穿过斯德哥尔摩最人迹罕至、狂风呼啸的广场去往皇宫。在那里，克里斯蒂娜正坐在寒冷刺骨的图书馆里急不可耐地等待着她的哲学课在凌晨五点准时开始。

据这里最早的居民说，在他们的记忆中斯德哥尔摩的冬天从未如此严寒过。这位克里斯蒂娜似乎缺少正常人类的皮肤和神经系统。她对此一点儿都没有察觉，还是让笛卡尔毫不退缩地坚守可怕的约定时间。他试图在下午躺下来弥补他休息时间的不足，她很快便打消了他的念头。瑞典皇家科学院正忙于执行她所安排的众多活动，笛卡尔又从床上被拖下来辅助这些任务顺利出产。

不久，朝臣们就都心知肚明，笛卡尔与他们的女王在这些冗长的会议中所谈论的不仅是哲学。这位倦怠的哲学家现在意识到，他的两只脚都踏进了一个嗡嗡作响的大马蜂窝中，这些马蜂一有机会便不分时间地点地叮咬着他。而这位女王要么是太神经大条，注意不到她的新欢身上正发生着什么变化，要么就是太精明，打算借助哲学家的手给她的朝臣一个下马威。无论是哪种情况，为了让背地里不怀好意地说着"崇洋媚外"的人住嘴，她决定让笛卡尔成为瑞典人。皇家颁布给笛卡尔一块地产。陷入沼泽地的他绝望地挣扎着，可每动一下都只会让他陷得更深。到了1650年1月初，沼泽已经没到了他的脖颈，唯有粗蛮反抗所创下的奇迹才是他仅剩下的让自己获得永恒解脱的一点儿希望。尽管他在给自己效忠的伊丽莎白写的一封信里说了很多，但是他骨子里对皇室的崇拜让他无法迫使自己说出那些能让他飞回荷兰的咒语，他只能用简略的敬语表达自己的意思。他偶然在一节课里插入了一段希腊语。令他惊讶的是，笛卡尔发现这位自诩是古典学者的克里斯蒂娜还在跟幼稚的语法较劲，而这些语法，笛卡尔说，当他还是个孩子的时候就学会了。此事过后，他对于她的智力的评价很低，只流于表面的尊敬。之后发生的事也没有让她显得很聪明，在他毅然决然地拒绝让自己成为一个骗子，在他那个年纪让他尝试了瑞典长矛兵的庄严舞蹈之后，她又坚持让他出于礼节为她宴请的宾客跳一支芭蕾。

不久，沙尼特因肺部发炎病得很重，笛卡尔照顾了他。沙尼特康复后，笛卡尔又因同样的疾病病倒了。惊慌的女王派去了医生，笛卡尔命令他们都从房间里出去。他的病情逐渐恶化。由于他虚弱到无法分清谁好谁坏，他最后同意由最执着的一位医生，也是他自己的朋友为他放血，这个医生一直在他周围徘徊着等待这次机会。这几乎要了笛卡尔的命，但他还留着一口气。

他善良的朋友——沙尼特一家，看到他现在病入膏肓的状况，建议他再参加一次圣餐礼拜。他已经表达想要见到他的临终顾问的愿望了。将他的灵魂托付给仁慈的上帝之后，笛卡尔平静地面对了死亡，他说他现在选择心甘情愿地献上自己的生命或许能为他犯过的罪做些弥补。拉弗莱什自始至终萦绕在他的心间。临终顾问让他示意是否愿意接受最后的一次祝福，笛卡尔睁开眼睛又合上了它们。牧师便为他赐福。在1650年2月11日，54岁的笛卡尔去世了，成为了唯我独尊又虚荣空虚的任性女子手下的牺牲品。

克里斯蒂娜为他哀悼。在她早已放弃自己的皇冠和她的信念的17

年之后，笛卡尔的遗骸被送回到法国（除了右手骨之外，法国的国库总管将其留下，作为对他处理财政事务的高超本领留存的纪念），并被再次下葬到巴黎现在的先贤祠中。此时本该进行一场公开的演讲，但是国王紧急下令禁止，因为笛卡尔的学说仍被认为太激进，不适合在大众面前宣讲。在对笛卡尔的遗骸回归到故土法国的评论中，雅可比说道："得到伟人们的骨灰总是比在他们活着的时候控制住这些人本身要来得容易一些。"

在他去世后不久，笛卡尔的著作就被列入到教堂的禁书目录中，而在这位作者生前，教堂接受了红衣主教黎塞留开明的建议，允许这些书的出版。"言行一致，汝乃无价珍宝！"教义虽如此，但虔诚的教徒才不会被言行一致的标准所难倒。"此乃小人之忧"——这又何尝不是自相矛盾的偏执狂们的祸根？

这里我们不考虑笛卡尔为哲学增添的里程碑式的内容，我们也不会为他在实验方法启蒙之际做出的辉煌成就而驻足。这些都远在纯数学的领域之外，远在他最伟大的成就可能存在的地方。人类，但只是少之又少的人，被赋予了刷新整个人类思想体系的能力。笛卡尔便是这屈指可数的几个人之一。为了不掩盖最伟大的贡献中闪耀着的简洁性的光芒，我们会单独将他的这一理论简要阐述，不掺杂他在代数上得到的许多美丽的成果，其中代数记数法与方程论尤为优美。这一理论达到了美学的极致，以感觉上的简洁性为特征，而整个数学历史上大约有6个最伟大贡献具备这样的美感。笛卡尔再造了几何学，使现代几何学成为了可能。

正如数学上真正伟大的理论一样，它最基本的想法简单到显而易见。在一个平面上画出任意两条相交直线，不失普遍性地，我们可以假设这两条直线彼此间的夹角为直角。现在，想象美国平面地图上的一个城市布局，其中大街为南北向，小巷为东西向。整个地图是相对于一条大街和一条小巷规划出来的，这两条路被称为坐标轴，其交点被称为原点，从原点出发相继标出第几条大街和第几条小巷。由此，不需要图表也可以清楚地得知西1002号大街126号小巷的位置，只要我们再标记上数字1002所包含的10条大街被引到了左边去即可。也就是说，这10条街在地图上要从原点向左边数。我们对于这种记法如此熟悉，对任何一个特定地址我们都能立即将它可视化。大街的编号和小巷的编号，加上较小的数字做必要的补充（比如上述"1002"中的"2"），让我们能够将任意一个点相对于坐标轴的位置确定且唯一地定下来，就是通过给定一对数字以及它们分别相对于坐标轴是东或西、是北或南的方位。这一对数字被称为该点（相对于坐标轴）的坐标。

现在假设一个点在地图上运动，它运动得来的曲线上所有点的坐标(x, y)可以用一个方程来概括（从未用曲线逼近数据点的读者一定会认为这是理所当然的），它被称为曲线方程。现在考虑一种简单的情形，我们的曲线是一个圆。我们有圆的曲线方程。能用它来做些什么呢？除了这个特定的方程，我们还可以写出同种曲线最一般的情形（比如，这里的一般形式就是二次曲线，没有交叉乘积项，且两个坐标轴最高次项的系数相等），之后对这个方程进行代数上的计算。最终，我们将所有代数操作的结果用坐标点在图形上表现出来，而在整个过程中我们一直故意忽略掉图形的事情。代数更容易让人看得清楚，比希腊式基础几何中蛛网般纵横交错的线条清晰得多。我们刚刚做过的事情就是在用我们的代数来探索关于圆的几何定理，并对其进行研究。

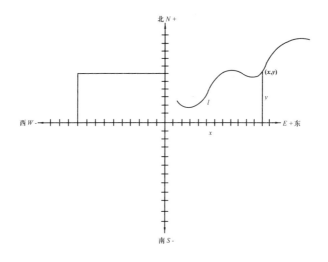

只谈直线和圆似乎不够刺激，我们早先就知道如何用另一种方式——古希腊的方式，来研究它们了。现在，体现这个方法真正威力的时候到了。我们从所求的或是题定的任意复杂程度的方程开始，从几何上诠释它们的代数和解析性质。所以，我们并不是只让几何沉入水中担任我们的引航员，我们把它从甲板上扔下去之前还在它的脖子上系了一袋砖块。因此，代数和解析都是我们探索未知的"空间"和"几何"之海的引导者。我们在二维做过的事，只需一步，便全都可以被延展至任意维数的空间。对于平面，我们需要二维坐标系，普通的"实"空间需要三维坐标系，用于表述力学和相对论的几何需要四维坐标系，最后，对于数学家们所感兴趣的"空间"，既可以是n维坐标系，也可以是像"1，2，3……"中所有数字的个数或是像一条直线上所有点的个数一样多无穷维数的坐标系。这胜过了阿基里斯与乌龟的这场竞赛。

笛卡尔所做的并不是对几何学进行修正，他创造了几何学。

用一位来自笛卡尔祖国的现世杰出数学家说的话作为结语似乎比较合适，那么，在这里我们引用雅克·阿达玛的评价。他首先表示，仅仅发明坐标系这一点并不是笛卡尔最伟大的功绩，因为这项发明已经被"古人"做出来了——这个观点并不确切，除非我们把读到的未表达出来的意图当作未完成的事业。"古人"半生不熟的想法堆砌在一起就成了地狱，而凭借他们自己冒出的蒸汽可永远无法将这些想法完全煮熟。

"识别出一般方法并对它所表达的思想追随到底，则完全是另一回事（就比如坐标系的应用）。这项功绩的重要性是每一位真正的数学家都清楚的，它才是笛卡尔在几何上的杰出贡献。因此，他也被引导……得到了在此方面真正意义上最伟大的发明。即，他不仅应用坐标系的方法写出了在几何上有既成定义的曲线方程，还从截然相反的方向看待了这个问题，得到了越来越复杂的曲线的先验定义，从而推广到越来越一般的情况……"

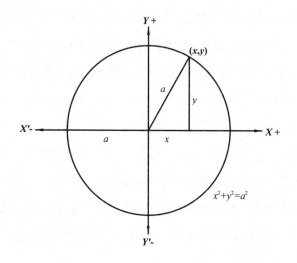

"笛卡尔自己直接促成的一部分，以及由接下来几个世纪的人们随之从相反的方向间接促成的一部分，构成了在彻底革新后数学科学研究对象的全部概念。笛卡尔自己也完全清楚他所做出的成就有多么重大的意义，当他夸口说出，就像西塞罗的修辞学超越了字母表一样，他到目前为止已超出前人创下的所有几何学内容，他是正确的。"

第四章　最杰出的业余爱好者
费　马

17世纪最伟大的数学家。费马忙碌而脚踏实地的一生。数学是他的爱好。他对微积分进行的短暂研究。他影响深远的物理原理。又是解析几何。分为算术与逻辑两类。费马在算数中的至高地位。关于质数的一个未解之谜。为什么一些定理就是"重要的"定理？给读者的一道智力检测题。"无穷递降法"。费马留给后人的悬而未决的挑战。

　　并不是所有的丑小鸭都能变成白天鹅。所以，将笛卡尔作为数学史上的顶尖数学家之一介绍完后，我们需要证实一下这个经常被人们提到也很少有人反驳的断言：十七世纪最伟大的数学家是与笛卡尔同时代的费马（1601？–1665）。当然，这完全是将牛顿（1642–1727）排除在考虑范围之外所得到的结论。但也可以对此做些辩驳，作为纯理论数学家，费马至少和牛顿相当，而且不管怎样，牛顿将近三分之一的生命都生活在十八世纪，而费马的整个人生都生活在十七世纪。

　　牛顿似乎将他的数学理论看作用来进行科学探索的工具，并将他的主要精力用在后面这件事上。费马则更被纯数学强烈地吸引着，尽管他在数学到科学的应用中，尤其是光学这方面，也做出了引人注目的成果。

随着笛卡尔在1637年发表了
解析几何，数学才刚刚进入它的现
代阶段，在许多年内仍会是十分有
限的领域，有限到一个有天赋的人
想要在纯数学和应用领域都做出一
番成就也是件合情合理的事情。

作为一个纯数学家，牛顿在
发明微积分时达到了他的巅峰，这
项发明也被莱布尼茨独立地发现了。

费 马

关于这件事之后我们还会讲到更多，但现在或许可以说一句，费马早在
牛顿出生前13年、莱布尼茨出生前17年就产生并应用了微分学的主导
思想，尽管他像莱布尼茨一样，并未将他的方法缩减成为一套即使是
呆瓜都会用以求解简单问题的经验法则。

至于笛卡尔和费马，两个人都在完全独立于彼此的情况下创造了
解析几何。他们关于这个问题有通信往来，但是这并不影响上述事实。
笛卡尔将一部分主要精力花费在各式各样的科学探究，以及细化他的
哲学理论和荒谬的太阳系"漩涡理论"上——即便是在英国，这个漩涡
理论在很长时间内都是具备极简之美、非形而上学的牛顿万有引力理
论的重要竞争对手。费马似乎从未像笛卡尔和帕斯卡这两个人一样，被
上帝、人类乃至整个宇宙的哲学化问题中暗藏的魅力所诱惑。所以，当
他解决了微积分和解析几何学中他所感兴趣的部分，又度过了为了谋
生而辛苦工作的平静生活之后，他仍可以毫无负担地将剩余的精力投
入到他最喜欢的消遣活动——纯数学上，完成他最伟大的工作——数

论基础，他无可非议的、流芳百世的名声也全部承载于此。

不久我们就会看到，费马与帕斯卡分享了创立数学概率论的成果。如果所有一切第一流的成就都不足以使费马在同时代纯数学领域的人中居于首位，我们倒要问问谁比他的成就更多。费马是一位天生的创造者。严格意义上来讲，费马也是科学与数学领域的业余爱好者。毫无疑问，就算他不是科学史上第一位业余爱好科学的人，也是最初的几个爱好者之一。

费马的一生是低调、勤勉而太平的，但是他从这样的生活中收获了许多。几句话就可以讲完他平静的一生中几个最关键的事实。数学家皮埃尔·费马是博蒙的第二领事、皮革商人多米尼克·费马和一位议会法官家庭的女儿克莱尔·德隆所生的儿子，1601年8月（受洗日是8月20日）出生在法国的博蒙–德洛马涅。他最早期的教育是在故乡的家中完成的，之后他在图卢兹继续学习，为担任地方行政长官做准备。由于费马终其一生都过着有节制、低调的生活，避免无意义的争论，而且他缺少一个像吉尔伯特一样宠溺帕斯卡的姐姐，为后人记录下费马童年时期的天才事迹，所以有关他的学生生涯几乎没有什么资料留传下来。不过，童年的他也一定十分出众，他成年后得到的研究成果和科学成就便可以佐证；在精密的学问上若没有一个坚实的基础，没有人能成为费马那样的古典学家和文学家。一般说来，我们无法将他在数论和通用数学中做出的非凡成果追溯到他在学校的教育，因为当他还是个学生时，他做出伟大成就的这些领域还未被开放，他当时学习的内容不可能涉及这些领域。

关于他的物质生活，值得提到的事情也只有几件：30岁时（1631年5月14日）他在图卢兹任职了接待官；同年6月1日，他与母亲的表妹路易斯·德隆结婚，妻子为他生了三个儿子和两个女儿，其中一位名叫克莱芒–萨米埃尔（Clément-Samuel）的儿子成为了他父亲的遗嘱执行人，两个女儿都成为了修女；1648年他在图卢兹地方议会中被提拔为参议员，在这个职位上体面、正直、称职地工作了17年——他全部34年的工作生涯都完完全全地花在了为国家效力上；最后，1665年1月12日，65岁的费马在卡特雷城处理完一项事务，两天后就在这座城市中去世了。他或许会这样说，"故事吗？上帝保佑你，先生！我一个故事也没有。"然而，这位一生安宁、诚实可靠、性格温和、做事严谨的正直男子留下的，是一个数学史上最好的故事。

他的故事就是他全凭热爱所做的工作——说是他的消遣或许更好一些，它最好的地方在于其简单易懂，随便一个智力正常的学生就能够理解它的本质，感受到其中的美感（不过只是说起来容易，做起来或是模仿起来都很难）。这位业余数学界的王子所做的工作，令过去三个世纪中所有文明国家里的数学爱好者都为之神魂颠倒。这个被称为数论的理论，或许是数学中唯一一个让今天颇具天赋的业余爱好者都想让自己对它提起兴趣的领域。我们会首先对他其他方面的贡献稍做了解，不过在此之前要顺便带过一下他在许多人文学科中的"非凡学识"。他对欧洲主要语言和欧洲大陆文学有着广博而精准的认知，另外他也为希腊语和拉丁语的文献做过几处重要的修正。用拉丁语、法语、西班牙语的诗句写文章是他所在的时代里绅士们相互攀比的成就之一，他在这方面也表现出了熟练的技巧和良好的鉴赏力。如果我们把他想象成一个平易近人的人，受到批评的时候也不会动怒或暴躁（正如牛顿晚年时候的样子），并非骄傲自满又有一些虚荣心，那我们就可以理解他学术生涯为何如此平静了。各方面性格都和他截然相反的笛卡尔，用这样一种表述塑造了他虚荣的特点："费马先生是一个加斯科涅人，而我不是。"他提到的加斯科涅人，可能指的是一些法国作家笔下他们国家加斯科涅地区的人〔比如《大鼻子情圣》[1]第二幕第七场中出现的罗斯丹（Rostand）〕，是挺有亲和力的吹牛大王的形象。费马的信件或许有一些吹牛的话，不过这些总是出于孩子气或是并无恶意的原因，即便他的脑袋膨胀得像气球一样大，这些话也并不代表他对自己工作的公正看法可能是怎么样。至于笛卡尔，我们应该还记得，他并不完全是一个客观、公正的裁判。我们不久就会提到，在与这位"加斯科涅人"就极其重要的切线问题展开的拉锯战中，他自己军人般的固执是如何害他获得第二名的糟糕战绩的。

有些人一想到费马身负不容懈怠的公务，又完成了大量第一流的数学工作，便会困惑他怎么能抽出时间来做这一切。一位法国评论家对此给出了一个可能的答案：费马担任皇家参议员的工作不仅不会有碍他在数学上的思考，反而会对他有利。议会参议员不像其他公共职务——比如军队中的公职，这个职位要求他们与同乡人保持较远的距离并避免不必要的社交活动，以防他们在履行职责时因受贿或其他原因而腐化、堕落。因此，费马得到了充足的业余时间。

现在我们简要阐述一下费马对于微积分的发展都做了些什么。正如我们在阿基米德的章节所讲到的，微分学最根本的问题在几何上等效于：画一条直线相切于一条曲线中一段给定的单值连续弧长上任意给定的点。与这里的"连续"的意思充分接近的表述是"光滑，无间断

---

1. 原文为法语，*Cyrano de Bergerac*。（译者注）

且无跳跃"。而要对此给出一个确切的数学上的定义，则需要几页的陈述与细微的区分，我敢说，这样的定义会使包含牛顿和莱布尼茨在内的微积分的发明者都感到困惑和惊讶。而且我们还可以继续展开合理的联想，现在像现代学生考查的所有这些细枝末节如果当初都映入了发明者的脑海里，那么微积分可能永远不会被创造出来。

　　包括费马在内，微积分的发明者都是仰仗他们在几何学与物理学（主要是动力学与运动学上）的直觉帮助自己取得进展的：他们看到在自己的脑海中闪现的一条"连续曲线"的图像，想象出画直线与曲线相切于其上任一点P的过程——通过在该曲线上取另一点Q，连接P点和Q点得到直线PQ。之后，在想象中让Q点沿着曲线上从Q到P的弧线段滑动，直到Q点与P点重合，此时弦PQ处于上述的极限位置，成为了在P点该曲线的切线Pb——恰好是他们所求的结果。

　　接下来的一步便是将所有这一切翻译成代数或解析的语言。已知图像上P点的坐标(x, y)，以及Q点在沿着曲线滑动到与P点重合之前的坐标，不妨设为$(x+a, y+b)$。他们观察这个图形，便发现弦PQ的斜率等于$\dfrac{b}{a}$——很明显，这是相对于x轴计算得到的该弦的"倾斜程度"（x轴即可用它测量x方向距离的直线）。这个"倾斜程度"与斜率的意思完全一致。由此，显而易见，所求P点切线的斜率（Q点滑到与P点相重合时得到的）将会是当b和a同时趋近于0时，$\dfrac{b}{a}$的极限值。因为Q点的坐标$(x+a, y+b)$，最终变成了P点的坐标(x, y)。这个极限值就是所求的斜率。知道了斜率与P点位置，他们便可以画出这条切线。

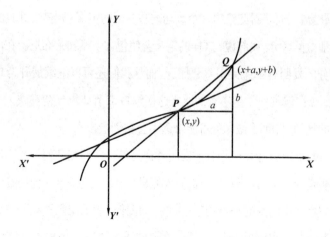

以上和费马画切线的过程并不完全一致, 不过他自己的过程与刚才所描述的大体相当。

为什么这一切值得任何一位理性或是实际的人高度重视呢? 这就是一个漫长的故事了, 在这里我们只消稍作提示, 在我们讲到牛顿的时候再进行扩充。动力学中用到的一个基础概念是运动粒子的速度（速率）。如果我们将一段时间内, 粒子每单位时间内走过的距离绘制成图像, 便可得到一条直线或曲线, 它表示粒子运动的大致情况, 其中这条线任意给定点处的斜率会明显告诉我们这个粒子在该点对应的瞬间速度如何。这个粒子运动得越快, 切线的斜率就越陡。事实上, 这个斜率就是粒子在轨迹中的该点速度的数值。当这个运动学的问题翻译到几何中时, 就是求得曲线任意给定点处切线的斜率。推广到曲面的切平面, 也有类似的问题（这在力学与数学物理学中也有重要的情形作为对应的解释）, 这些问题都可以用微分学来求解——关于微分学的基本问题, 我们就用费马和后来人的理解试着描述完了。

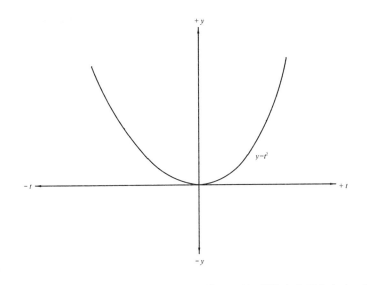

$y = t^2$

这部分微积分的另一种用途可以从已经谈到的这点引申出来。假设某一个量y是另一个变量t的"函数"，写作 $y = f(t)$，它的含义是，当用任意一个确定的数字，比如说10，代替t的值时，我们便得到了 $f(10)$——在10处函数f的值——我们可以通过f的代数表达式，假设已给定，计算出对应的y值，其中 $y = f(10)$。更具体一点儿，假设 $f(t)$ 是代数上可表示为 t^2 或是t×t的t的特殊"函数"。那么，当 $t = 10$ 时，我们便可得到 $y = f(10)$，因此这里的 $y = 10^2 = 100$，对应着t的这一变量值。当 $t = \dfrac{1}{2}$ 时，那么 $y = \dfrac{1}{4}$，对于t的任意数值都可以这样解决。

上述这些内容对于任何一位初中毕业没超过三、四十年的人都不会陌生，不过一些人可能已经忘了他们还是孩子时做过的算数，就像另一些人可能忘了能拯救他们灵魂的拉丁语祷告词。但是，即便是最健忘的人也将会明白，我们可以绘制出f在任意特殊形式下 $y = f(t)$ 的图像［当 $f(t)$ 是 t^2 时，它的图像就是一条像倒置的拱门一样的抛物线］。想象出一个画好的图像，如果到了它的极大值点（最高点）或是极小值点（最低点）——极大值点比它邻域内的点还要高，极小值点比它邻域内的点还要低——我们便会观察到，在每个极大值点或极小值点处的切线都会平行于t轴。也就是说，在我们所画的 $f(t)$ 图像上，这种极值点（极大值或极小值）处切线的斜率为0。因此，如果我们一开始所求的是给定函数 $f(t)$ 的极值点，我们还得解决关于特殊曲线 $y = f(t)$ 的斜率问题，只要得到了对应于一般的点 (t, y) 的斜率，让这个斜率的代数表达式等于零，就可以得到对应于极值处的t值。这便是费马在他于1628年9月发现的极大值、极小值方法中大致描述的内容，只是直到十年之后，当费马通过梅森将它的表述传交给笛卡尔之际，这一方法才算是半公开出去。

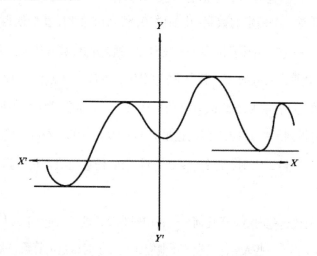

这一简单方法在科学上的应用不计其数，并且带来了深远的影响——当然，为了应用到比刚才所述复杂得多的问题中，这一简单方法也会变得相应复杂。比如拉格朗日的发现，在力学上，问题中所考查的

物体的位置(坐标)与速度之间有某种确定的"函数关系",当到达极限时,为我们提供了所求系统的"运动方程",有了这个方程我们又能够反过来确定任意给定瞬间的运动状态——也就是完整地描述了这个运动。在物理上有许多类似的方程,只要方程满足是一个极值函数[1]的简单条件,那么它便可以概括数学物理学中一个广泛分支的大部分内容。希尔伯特在1916年为广义相对论发现了一个这样的方程。所以,当费马每天辛苦地做完法律工作,用业余时间攻克极大值、极小值的问题当消遣时,并不是在虚度自己的光阴。他自己也在光学上用他的方法做出了一项美丽又惊人的应用。既然提到就不妨说一下,这一特殊的发现——从它的数学方面来讲,即"波动方程"——已被证明是较新提出的量子理论的萌芽。从1926年起人们才开始细致地研究量子理论。费马的发现通常被称为"最短时间原理"。更准确的说法应当是"平稳时间原理"(包含极大值与极小值),而不仅是"最短时间"[2]。

根据这一原理,如果光线从A点出发到达另一点B,在路径中无论以何种方式被反射或折射("折射",即光从空气到水中或通过密度变化的胶状物介质时发生的弯折),那么它的路径一定可以被计算出来——由于折射导致的所有光路扭转与变向,以及由于反射所导致的所有来来回回的落点——只需要一个条件,即从A点到B点花费的时间当为一个极值(实际上是驻点[3],见前页脚注)。

费马通过这个原理推导出了我们熟悉的反射与折射定律:(反射

1. 这个表述就目前而言足够精准了。事实上,使问题中的函数值达到驻点(粗略地说,驻点就是既不增加也不减少)的变量值(位置坐标和速度)才是所求未知量。一个极值点一定是驻点,但是一个驻点不一定就是极值点。(作者注)
2. 同上一个注释。(作者注)
3. 包含极值与拐点。(译者注)

中的)反射角与入射角相等;(折射中的)入射角的正弦值是一个常数乘以光从一个介质到另一个介质得到的折射角的正弦值。

解析几何上的事我们已经提到过了,费马是第一个将它应用到三维空间的人,笛卡尔则满足于二维。今天所有学生都很熟悉维度上的推广,但即便对一位有天赋的人来说,这也不是从笛卡尔的发展中不证自明的。有人可能会说,将一种特殊的几何从二维有效地推广到三维,通常比把它从三维推广到四维、五维……或者n维要困难得多。费马在一个关键点上(也就是按照阶数对曲线的划分上)对笛卡尔的理论进行了修正。估计脾气多少有些暴躁的笛卡尔得和冷静的"加斯科涅人"费马大吵一架,不过这也正常。这位军人在与费马的切线方法产生分歧时频繁地动怒,言语刻薄;而这位心平气和的法官总能自然而然地流露出他良好的教养。就像通常会发生的那样,不发脾气的人在这场争论中占了上风。不过费马赢得理所应当,这不是因为他更善于雄辩,而是因为他站在真理的一方。

顺便一提,我们推测牛顿应该听说过费马在微积分上的应用,也承认过这个信息。直到1934年之前一直没有公开过有关这件事的证据,但是到了这一年,L·T·莫尔教授在他撰写的《牛顿传记》中记录了一封至今未被人们注意的信件,牛顿在信中明确地表示,他是从费马画切线的方法中得到的微分法的启示。

现在我们开始讨论费马最伟大的成果,无论是数学家还是外行人都一样,所有人都可以理解这项工作。这就是所谓的"数论",或"高等算术",或者最后,用高斯认可的并不卖弄的名字来说,就是算术。

古希腊人将我们混在基础教科书"算术"名下的各样杂物分割成

了两个截然不同的部分——逻辑和算术，第一部分涉及贸易计算与整个日常生活中的实际应用，第二部分就是费马和高斯概念中的算术，旨在发现数字本身的性质。

在其最终级或许也是最困难的问题中，算术研究的是这些常见整数1，2，3，4，5……之间的相互关系，几乎我们一开始学说话便能说出这些数字。在力求说明它们之间的关系时，数学家们不得不发明出代数与解析领域中微妙而深奥的理论，其中技术性细节林立，掩藏了初始的问题——这些问题关于1，2，3……但真正确认了这些数字就是这些基本问题的解。与此同时，从这些表面上毫无用处的研究中衍生出来的副产品，给从事这些研究的人带来了充分的回报，提示给人们大量可应用到与物质世界直接相关的其他数学领域的有效方法。这里只给出一个例子，代数的最新阶段，它的起源就可以直接追溯到人们尝试求解费马简单的最后定理时所用到的方法，今天它被专业的代数学家们耕耘出来，并为代数方程理论带来了全新的见解（当时机成熟时我会对最后定理做出说明）。

我们从费马关于质数的一个著名命题开始。一个正质数，或简称为质数，是指任意一个比1大，且除数（不产生余数的除数）只有1和它本身的数字，比如2，3，5，7，13，17就是质数，257和65537也是质数。但是，4294967297就不是质数，因为它有一个除数为641，18446744073709551617也不是质数，因为它恰好可以被274177整除。其中641和274177都是质数。当我们在算术上说，一个数字有另一个数字作为它的除数，这就意味着这个数字能被整除，没有余数。由此，14可以被7整除，而15就不能。上述两个很大的数字被有预谋地放在了那里，原因马上就会清楚。我们再来回想另一个定义，一个给定数字，不妨记为N的n次方，它是n个N乘在一起的结果，写作N^n。由此，$5^2 = 5 \times 5 = 25$，$8^4 = 8 \times 8 \times 8 \times 8 = 4096$。为了结构统一，N本身可以被写作$N^1$。再有，像一个塔型的$2^{3^5}$，意思是我们首先要计算$3^5(=243)$，然后再将2"提升"到这个次数，即$2^{243}$，结果有74位数字。

下面说到的这一点在费马的生命中至关重要，在数学史上也是如此。考虑一组数字3, 5, 17, 257, 65537，它们都属于一组特殊的"序列"，因为它们都是（由1和2）经过相同的简单过程得到的，通过下式就可以看出：

$$3 = 2 + 1, \quad 5 = 2^2 + 1, \quad 17 = 2^4 + 1,$$
$$257 = 2^8 + 1, \quad 65537 = 2^{16} + 1$$

如果我们进行验证计算，便很容易看出上文列举的两个大数分别是$2^{32} + 1$，$2^{64} + 1$，也是这组序列中的数字。因此，我们便有7个属于这组序列中的数字，其中前五个数字是质数，而最后两个不是质数。

观察这组序列的组成我们会注意到，"指数"（位于上方表示2的几次方的数字）是1, 2, 4, 8, 32, 64，我们发现这些数字是1（在代数中，需要时它也可以被写作2^0，为了形式上的统一），2^1，2^2，2^3，2^4，2^5，2^6。即我们的序列是$2^{2^n} + 1$，其中n的取值范围是0, 1, 2, 3, 4, 5, 6。我们不一定非要在n=6时停下来，取n=7, 8, 9, ……就可以将这个序列无穷地继续下去，得到越来越庞大的数字。

假设我们现在想知道这组序列中某个特定的数字是否为质数，尽管存在许多捷径，通过检查可以将试除数的整个类别剔除出去，并且现代代数也限定了需要被测试的试除数种类，但是我们的困难在于工作量还是很大，我们需要让给定数字顺序除以小于这个数平方根的所有质数2, 3, 5, 7……来做检验。如果所有试除数都不是这个数的除数，那么这个数就是质数。无须多言，甚至对于n为100这样一个小数字的情况，即便使用了已知的捷径，做这样的检验时工作量也会大到无法接受。（如果不信的话，读者可以通过计算n=8的情形来验证一下。）

费马断言，他相信这组序列中所有的数字都是质数。但是，我们已经看到，上述的数字（n=5和6时对应的结果）反驳了他的观点。这便是我们想要引出的一个有历史价值的关键点：费马的猜想是错误的，但是他并没有声称自己证实了这个猜想。若干年后，他确实对于他所做的工作给出了一个晦涩的说明，一些评论家从这段话中推断他是在自欺欺人。在我们接下来讲述的过程中，这一事实的重要性就会呈现。

出于心理上的好奇，我们或许要提到齐拉·科尔伯恩，他是一位美国的心算男孩儿，如果有人问他费马序列中第六个数（4294967297）是不是质数，他很快心算一下就会回答不是，因为它有除数641。他也无法解释清楚自己得到正确结果的过程。科尔伯恩这个名字还会在后文出现（与哈密顿有关）。

在结束"费马素数" $2^{2^n}+1$ 以前，让我们把目光投向十八世纪最后的十年，此时整个漫长的数学史上最重要的两三个事件的其中之一，有了这些神秘数字的介入。有一段时间，一位正值18岁的年轻男孩儿一直在犹豫——按照传统——他极致的天赋应该被用在数学还是文学上。他在这两方面都颇具才华。让他下定决心的是一次美妙的发现，这个发现与每个中学生都熟悉的初等几何中一个简单的问题相关。

在一个有n条边的正多边形中，n条边长相等，n个内角相等。古希腊人很早就发现了如何只用直尺和圆规构建边数为3, 4, 5, 6, 8, 10和15的正多边形的方法。另外，还是用同样的工具，从一个给定边数的正多边形作出一个边数为其二倍的正多边形也是容易的事。那么，下一步就是寻找边数为7, 9, 11, 13……等正多边形的尺规作法。很多人进行了尝试却都遭遇了失败，因为这样的画法根本不可能，实际上只是他们不知道罢了。间隔了2200多年之后，这位在数学与文学间踌躇的年轻人完成了下一个步骤，向前迈进了一大步。

正如我们刚才提到的，只需要考虑边数为奇数的多边形就足够了。这位年轻人证明了用尺规作出一个边数为奇数的正多边形是可能的，但只有当这个数字是费马素数（即 $2^{2^n}+1$ 形式的质数）或者由不同的费马素数相乘得到的时候才有可能。因此，如希腊人所知，对3, 5, 15条边的正多边形是能找到画法的，但是对7, 9, 11, 13条边的正多边形则不可能。对于17, 257, 65537抑或是费马序列3, 5, 17, 257, 65537……中下一个质数——如果还存在下一个质数的话，至今（1936年）为止还没有人知道——可能也能够做到，对于边数为3×17或者5×257×65537等的正多边形也可能找到画法。正是这项于1796年3月30日得到的、于同年6月1日发表的发现，引导这位年轻人选择了数学而不是文学作为他毕生的事业。他的名字就是高斯[1]。

费马作出的关于我们所说的这些数字的另一项发现被称为"费马定理"（并不是"费马大定理"）。如果n是一个整数，p是任意质数，那么 $n^p - n$ 可以被p整除。举例来说，取p=3, n=5，我们便得到5^3-5，或

---

1. 高斯（1777-1855），德国著名数学家、物理学家、天文学家、几何学家、大地测量学家，毕业于 Carolinum 学院（现布伦瑞克工业大学）。1796年，高斯发现了正十七边形的尺规作图法；1807年，高斯成为格丁根大学教授和格丁根天文台台长；1818年至1826年间，汉诺威公国的大地测量工作由高斯主导；1840年高斯与韦伯一同画出世界上第一张地球磁场图。高斯被认为是世界上最重要的数学家之一，享有"数学王子"的美誉。（译者注）

125-5, 等于120=3×40; 取n=2, p=11, 我们便得到2^{11}-2, 或2048-2, 等于2046=11×186。

为什么一些代数定理被认为是"重要的", 而其他的一些同样很难证明的定理则被称为微不足道的呢? 这如果不是一个不可能被说清楚的问题, 那解释起来也会很困难。一个不成文的标准是, 这个定理能被用在数学的其他领域中; 另一个标准是, 它能够给人们在算术或通用数学中的研究带来启发; 还有第三个原因, 它在某些方面应当带有普遍性。刚才叙述的费马定理则满足所有这些不太严谨的要求: 在包括群论(见第15章)在内的许多数学分支里它都是不可或缺的工具, 而群论再继续成为代数方程理论的基础; 从它也引出了多项研究, 数学系的读者可能会想到原根求解法作为其中一个重要例子; 最后, 它具有普遍性的意思是其表达了一个所有质数都具备的性质——极难找到像这样高度概括的表述了, 已知的也非常稀少。

费马提出了他关于$n^p - n$的理论, 一如既往地没有对此给出证明。莱布尼茨在一个未注明日期的手稿中首次给出了证明, 不过他似乎在1683年以前就已经知道了一个证法。读者可能想要试着求出一种解法, 测试一下自己的身手。那么, 下面的事实就是所需的全部条件, 它们也能够被证明出来, 但是就当前的目标可以先假设它们成立: 一个给定的整数能够被质数相乘的形式唯一地表示——不考虑因数的重新排列; 如果一个质数是两个整数乘积(相乘的结果)的除数, 那么它至少是其中一个整数的除数。也就是说: 24=2×2×2×3, 并且24不能用任何本质不同的质数相乘来表示——我们认为2×2×2×3, 2×2×3×2, 2×3×2×2, 以及3×2×2×2都是本质相同的; 7是42的除数, 并且42=2×21=3×14=6×7, 在每一组乘在一起得到42的乘积中, 7至少是其中一个数字的除数；再举一个例子，98可被7整除，并且98=7×14。在这个情况下，7既是7也是14的除数，因此，满足至少其中之一的表述。从这两个事实出发，不到半页纸就可以给出证明。这个证明方法不超过任何一位正常十四岁孩子的理解范围，但是我敢打赌，一百万个智力正常、不限年龄的人中，不到十位学过的数学知识仅限于基础级别代数的人能够在一段比较合理的期限内——比如说一年时间——成功给出它的证明。

我们适时地来引用一些高斯对费马和他自己最感兴趣的领域说过的著名评价。这段文字出自爱尔兰数学家H·J·S·史密斯（1826–1883）的翻译，是爱因斯坦于1847年发表的数学论文集中高斯的引言。

"高等算术呈现给了我们取之不尽的有趣真理——既有趣也是真理，这两个概念并不孤立，而是有着紧密的内在联系，并且在二者之间，随着我们知识的积累，我们还会不断发现全新的联系，有时完全出乎我们的意料。它的理论有一种特质，我们印象中那些形式简洁的重要命题通常很容易用归纳法发现，这一特点给高等算术中的大多数理论带来一种附加的魅力，然而这个特点如此深奥，以至于我们不经过许多徒劳的尝试就无法给出它们的证明。即便到时候我们成功地做到了，一些证明过程也往往十分无趣，甚至有些牵强，而更简洁的方法则可能很长时间都不被人发现。"

高斯提到的这些有趣的真理之一，就是有时被人们称为费马所发现的关于数字最美丽（却不是最重要）的事实：每个形同 $4n+1$ 的质数都是两个数的平方和，并且这种平方和的形式是唯一的。很容易得证，形为 $4n-1$ 的数字都不能被表示为两个数的平方和。由于所有比2大的质数都可以很容易地被看作是上面两个形式中的一种，所以这里不需要再增加其他情形。例如，因为37除以4时产生了余数1，所以37一定是两个整数的平方和。通过尝试（还有更好的方法），我们确实发现，$37 = 1 + 36 = 1^2 + 6^2$，并且没有另一组平方数 x^2 和 y^2 能满足等式 $37 = x^2 + y^2$。对于质数101，我们有 $1^2 + 10^2$；对于质数41，我们有 $4^2 + 5^2$。另一方面，对于19=4×5-1，不是两个平方数的和。

正如费马在几乎所有的数学成果中都没有给出证明一样，这个理论也暂时没有证明。它的首次证明是伟大的欧拉在1749年给出的，在此之前欧拉为了证明它断断续续地奋斗了7年。但是，费马确实描述过一个他所发明的巧妙方法，凭借这个方法他证明了这个理论以及其他一些美妙的成果。这个方法被称为"无穷递降法"，完成它要比以利亚[1]升天还要困难无穷多倍。他自己的表述既简练又清楚，所以我们不妨将他于1659年8月写给卡尔卡维的信进行一个大致的翻译。

"很长一段时间我都无法将我的方法应用于正命题，因为当处理这些问题时需要的迂回和技巧都比我在否命题用到的方法麻烦许多。因此，当我非得证明每个比4的倍数多1的质数都是由两个平方数组成的时候，我发现我自己感到备受折磨。但是最终，无数遍的思考给了我很多我正缺乏的灵感，现在，借助于某些新的、必要的原理，我的方法可以被应用到正命题中。对于正命题，我的证明过程是这样的：如果一个形如 $4n+1$ 的任意质数不是两个数的平方和的话，【可以证明】还会有一个小于这个所选质数的数字具有同样的性质。【因此】接下去会有第三个比这个数还小的数字，如此类推。用这种方法做无穷递降，

1.以利亚是《圣经》中的重要先知，活在公元前9世纪，以色列王国一个灵性衰微和反叛神的时代。他按神的旨意审判以色列、施行神迹、被以色列王室逼迫。（译者注）

我们最终会得到数字5，也就是形如$4n+1$的所有数字中最小的一个数。【通过这段证明，以及证明之前的假设】，由此得到的推论是：5不是两个数的平方和。但是，事实上它是。因此，通过反证法我们一定会得出推论：所有形如$4n+1$的数字都是两个数的平方和。"

将递降法应用到一个新问题中时，所有难点都在第一步，也就是去证明，如果命题的假设或是猜想对于随机选择的这种形式的任意数字都成立，那么它对于同种形式的一个较小数字同样成立。采取这一步时没有可应用于所有问题的一般方法。要想在荒野中寻一条出路，需要一些比耐受肮脏和被极大高估了的"无限耐受痛苦的能力"更稀有的品质。对于认为天才不过是具备档案管理才能的那些人，或许该建议他们将自己无限的耐力发挥在费马大定理上。在陈述这个定理之前，关于费马研究并解决过的看似简单的问题，我们再给出一个例子。这将会引出丢番图分析的课题，在这方面费马十分擅长。

任何一位和数字打交道的人看到$27=25+2$的事实，都会好奇地停下来想一想。这里有趣的点在于，27和25都恰好是幂，即$27=3^3$，$25=5^2$。因此，我们观察到$y^3=x^2+2$在所有整数x，y中有一组解，这个解就是$y=3$，$x=5$。作为一道超级智力级别的测试题，读者现在可以证明$y=3$，$x=5$是满足这个方程的唯一整数解。这并不简单。事实上，这道明显有些幼稚的题目处理起来，比理解相对论所需要的天生的智力还要高。

有了在整数范围内求解x，y的限制，方程$y^3=x^2+2$就是不确定的（因为这里的变量个数比方程个数多，变量是x和y两个，表示它们关系的方程是1个），在希腊人丢番图作为最开始的几个人之一开始强调方程的整数解或者——条件放开些——方程的有理数解之后, 这个方程也被称为丢番图方程。若结果没有整数范围的限制, 无论如何描述无穷解都是没有困难的: 这样的话, 我们可以令x为我们喜欢的任意值, 之后通过将2加到这个 x^2 上, 再取这个结果的立方根来确定y的值。但是, 寻找所有整数解的丢番图问题完全是另一回事了。这组 $y = 3$, $x = 5$ 的解是"通过观察"得到的。这个问题的难点在于论证没有其他的整数x, y能够满足这个方程。费马证明了它们的不存在, 并且一如既往地将他的证明留在了手里, 直到他去世很多年之后才被人发现。

这一次他不是在猜测; 这个问题是困难的; 他宣称自己有一个证明; 之后一个证明也没有被找到。他所有的正命题都经过了这一过程, 只有在费马大定理中他给出的一个看似简单的正命题是个例外, 这个命题令数学家们奋斗了将近300年还无法给出证明。每当费马断言他对什么内容给出了证明, 除了刚才提到的这个例外外, 这个命题随后都会得证。他一丝不苟的诚信品格以及他作为一位代数学家不可匹敌的洞察力都证实着一部分人为他的辩护: 当他断言他有一个证明能证明自己的理论的时候, 他清楚自己所指的是什么, 但也并非所有人都这么认为。

费马有一个习惯, 在阅读巴歇(Bachet)的《丢番图》时将自己思考的结果作为空白处简短的笔记写在他的副本中。书上的边缘不够写下证明过程。因此, 在第二本《丢番图的算术》的第8个问题, 求方程 $x^2 + y^2 = a^2$ 的有理数解(包含分数和整数)这里做评论时, 费马写了下面一段话:

"反之，将一个立方分解成两个立方和、将一个四次方分解成两个四次方的和，以及更一般地，将大于2次的任意次幂分解成两个同阶次幂的和都是不可能的：我已经发现了一个【对这个一般结论的】真正了不起的证明过程，这里的边缘太窄容不下它。"（费马，《著作》III，第241页。）

这就是他在1637年左右发现的他最为著名的费马大定理。

将这段话用现代语言表述一遍就是：丢番图的问题是寻找满足关系式 $x^2 + y^2 = a^2$ 的整数或分数x, y和a。费马断言的是，满足关系式 $x^3 + y^3 = a^3$，或者 $x^4 + y^4 = a^4$，或者更一般地，$x^n + y^n = a^n$（其中n为大于2的整数）的整数或分数不存在。

丢番图的问题有无穷多个解，比如x=3, y=4, z=5; x=5, y=12, z=13。费马用他的无穷递降法给出了 $x^4 + y^4 = a^4$ 时解不存在的证明。自他那时起，n为许多值时（直到小于n=14000的所有素数[1]，所有满足x, y, a的值都不能被n整除的话）都已得证 $x^n + y^n = a^n$ 不可能存在整数（或分数）解，但这并不是我们的所求。对所有大于2的n都成立的证明才是我们想要的。费马说，他有一个"了不起"的证明。

交代完所有这些事情之后，有没有可能他是在自欺欺人呢？这就交给读者自行评判了。一位伟大的算术学家——高斯，投了费马的反对票。然而，吃不到葡萄的狐狸就会说它们是酸的。也有其他的数学家在支持他。费马是第一流的数学家，他是无可非议的正直的人，也是历史

1.读者能够很容易地看出，只要证明 n 是奇素数的情况就足够了，因为在代数上，$u^{ab} = (u^a)^b$，对任意 u, a, b 的值都成立。（作者注）

上无人超越的算术学家[1]。

1.1908年，已故的保罗·沃尔夫斯凯尔（德国）留下了100000马克，以奖励第一位对费马大定理给出完整证明的人。世界大战之后的通货膨胀使这笔奖金变得一文不值，这就是唯利是图的人现在能用一个证明换到的。（作者注）

费马大定理最终由英国数学家安德鲁·怀尔斯在1995年证明。1997年，他因此荣获了沃尔夫奖，奖金数额为75000马克。（译者注）

第五章 "人类的伟大与不幸"
帕斯卡

　　一位天才神童埋葬了他的天赋。17岁就成为了伟大的几何学家。帕斯卡的绝妙定理。遗传了糟糕的身体状况和易陷入宗教陶醉的精神状况。科学怪人的首次计算。帕斯卡在物理学上的辉煌成就。虔诚的妹妹雅克利娜是他灵魂的拯救者。红酒和女人，没那回事吧？"把你送进修道院！"为找寻生活乐趣做出的信仰转变。被压在盲从信仰胯下的文学作品。"几何学界的海伦"。一场牙痛带来上天的启示。尸体解剖的结果。一个赌徒创下的数学史。概率论的广泛应用。帕斯卡与费马共创了概率论。与上帝还是魔鬼赌下幸福的荒诞事。

　　布莱斯·帕斯卡（Blaise Pascal）于1623年6月19日出生在法国奥弗涅地区的克莱蒙费朗，比同时代的伟人笛卡尔年轻27岁，并于笛卡尔去世12年之后离世。他的父亲艾蒂安·帕斯卡（Etienne Pascal），是克莱蒙费朗间接税法庭的院长，他是一个很有修养的人，并且在他所处的年代智力算得上是出类拔萃。他的母亲安托瓦妮特·贝贡（Antoinette Bégone），在帕斯卡4岁时就过世了。帕斯卡有两个美丽又有才华的姐妹，后来成为佩里耶夫人的吉尔伯特（Gilberte）和雅克利娜（Jacqueline），这两个人，尤其是后面这位，对他的一生都有着重要的影响。

布莱斯·帕斯卡因他的两部文学经典而被大众读者所熟知,这两部著作分别是《思想录》和《路易斯·德·蒙塔尔特致他的一位外省朋友的信》[1],通常被称为《致外省人书》,而他的数学生涯通常被浓缩到几段说明他宗教天赋的文字里。此处,我们的切入点必然或多或少地有些倾斜,我们会主要把帕斯卡看作一位极有天赋的数学家,

帕斯卡

而这位数学家喜欢用当时的教派争端自我折磨并在这些问题上做无益揣测,任凭自己在这方面的受虐倾向使他成为了现在人们口中的一位宗教疯子。

在数学方面,或许帕斯卡本该是历史上最伟大的一个人。他很不幸地比牛顿早生了那么几年,成为了与笛卡尔和费马同时代的人,而这两位都比他本人更意志坚定。数学的概率论是他最不同寻常的成果,不过这部分工作是与费马分担的,而费马也可以轻而易举地独立将它完成。在他以神童而著称的几何方面,创造性的想法也是由一个没有他这么大名气的人——笛沙格[2]——提供的。

在他对实验科学的见地上,帕斯卡比笛卡尔——从现代观点来

1.原文为法语,*Pensees* 和 *Lettres écrites par Louis de Montalte à un provincial de ses amis*。(译者注)

2.吉拉德·笛沙格(Girard Desargues,1593-1662),射影几何创始人。(译者注)

看——对科学方法有着更为清晰的视角。但是,他缺乏笛卡尔对目标的专注力,尽管他做了一些一流的工作,但他还是让自己对宗教奥秘的变态热情使自己偏离了有可能做出的成就。

在帕斯卡有可能做到却没做出来的事情上猜来猜去是毫无意义的,让他的一生来诉说他到底做了些什么。之后,我们再来抉择能不能将他概括为一位数学家,因为他做了他该做的事,没有人能做得比他更好。《新约全书》是他形影不离的伙伴,也是他用之不竭的慰藉,而他的人生就像这《新约全书》里面的两个故事,或者说两则明喻的亲身示范:一个是按才受托的比喻,一个是新酒撑破旧瓶(或皮袋)的故事[1]。若当真有一个非常有天赋的人曾将自己的天赋埋藏到地底下,帕斯卡就是这样做的;若当真有一个中世纪的旧头脑曾因试图盛上十七世纪科学的新酒而精神崩溃,帕斯卡正是如此。将伟大的才能赠予帕斯卡着实是上帝看走了眼。

在7岁的年纪,帕斯卡同他的父亲和姐妹一起从克莱蒙费朗迁居到了巴黎。大约在这个时期,父亲开始对他的儿子进行教育。帕斯卡是个极其早熟的孩子。他和他的姐妹们似乎都有着超乎常人的天赋。但是,可怜的帕斯卡和他的聪明脑袋瓜儿一起继承(得到)了一副体弱多病的身子板,两姐妹中更具天赋的雅克利娜似乎也有着和他哥哥一样的缺陷,因为她也沦为了病态宗教信仰的牺牲品。

起初,一切都进展得相当顺利。儿子能如此轻松地掌握当时库存的古典文学教育,令老帕斯卡感到惊讶,他试着将他的学习进度掌控

1.见《新约全书》马太福音 25：15-30；见马太福音 9：17。（译者注）

在一个合理的节奏，以免损害到他的健康。根据天才少年会因用脑而过度劳累的理论，数学是个禁忌。他的父亲是一位优秀的教练，却不太懂心理学。他在数学上的禁令自然而然地激起了这个小男孩儿的好奇心。在帕斯卡大约12岁的某一天，他要求知道几何学是怎么回事。父亲为他做了一番清晰的描述，这让帕斯卡像一只野兔一样恣意奔跑起来，开始追逐他真正的使命。他受到了上帝的召唤，与他在后来生活中自己的理解正相反，不是让他去纠缠耶稣会，而是让他成为一名伟大的数学家。只可惜他当时的听力有缺陷，把他的任务搞混了。

帕斯卡开始研究几何学时发生的事，成为了数学界少年老成的传奇故事之一。顺便一提，或许可以说数学上的天才神童并不总是像人们有时候认为的那样，长大了就变得平庸。数学上的少年老成往往是辉煌的成熟时期到来之前的第一缕朝霞，尽管固执的迷信会导致截然不同的结果。至于帕斯卡的情形，他早期数学上的天赋并没有随着他的成长而消失，只是被其他兴趣扼杀掉了。正如我们将要在摆线的内容中所看到的，在他短暂的一生中，完成第一流数学工作的能力一直陪伴他到最后。他在数学上取得成就的时间的确终结得比较早，但这件事如果要怪罪的话，或许该怪到他糟糕的肠胃上。他第一个惊人的成就是完全由他自己思考、没有参考任何一本书的提示得到的，他证明了三角形的内角和等于两个直角。这个成就鼓舞着他以飞快的速度前行。

当老帕斯卡意识到自己生了一位数学家时高兴地流下了热泪，他给自己的儿子找来了一本欧几里得的《几何原本》。帕斯卡很快就把它读完了，这对他来说并不是任务，而是好玩的游戏。于是，这个男孩儿放弃了他的娱乐活动转而开始了几何学上的研究。关于帕斯卡迅速掌握欧几里得理论的故事，姐姐吉尔伯特允许自己撒了个言过其实的小谎。在读这本书之前，帕斯卡确实发现并且证明了几个欧几里得的命题。但是，吉尔伯特将她才华横溢的弟弟的故事渲染成比连续掷出十亿个点数为1的骰子可能性还低的事情，因此极其不可信。吉尔伯特说，她的弟弟自己发现了欧几里得的前32个命题，并且他发现的顺序与欧几里得书里的安排完全一致。第32条命题确实是帕斯卡发现的那个关于三角形内角和的著名定理。现在看来，要做一件对的事或许只有唯一的方式，而要做错一件事却有无数种错法。我们今天知道，欧几里得假设出来的严格证明压根儿都不算是证明，即便只看前四个命题的证明过程就漏洞百出。如果说帕斯卡如实地复制出欧几里得在自己观点上的所有缺陷，话说得容易，但要让人信服实在困难。然而，我们却可以原谅吉尔伯特的夸大其词。她的弟弟值得这样的夸耀。在他14岁时，帕斯卡被允许加入由梅森主持的、每周一次的科学研讨会，法国科学院便是由此会议发展而来的。

在小帕斯卡迅速使自己成为一名几何学家的同时，老帕斯卡却由于他诚实和正直的一贯作风使自己成为了权威界人士非常讨厌的人物。尤其是有一次，在一桩关于强行征税的小事上，他与红衣主教黎塞留意见相左。红衣主教被激怒了，帕斯卡一家只好隐蔽起来，直到这场风波得以平息。据说，美丽又聪颖的雅克利娜隐瞒身份，参与到一场为供红衣主教消遣而呈现的戏剧中，凭借她出色的演技拯救了自己的家人，使她的父亲重新博得了红衣主教的好感。黎塞留已完全被他想象中神圣的女性形象迷住了，他询问这位迷人的年轻女演员是谁，当他得知这就是他微不足道的敌人的女儿时，黎塞留慷慨地宽恕了帕斯卡全家，并给帕斯卡的父亲在鲁昂安排了一份行政工作。从我们对于这位心肠歹毒的老油条（红衣主教黎塞留）的了解来看，这个美丽的传说估计就是个荒诞的故事。无论是何种原因，帕斯卡一家再次有了一份工作，并在鲁昂安顿了下来。在这里，小帕斯卡遇到了悲剧作家高乃依（Corneille），这个孩子的天赋给他留下了深刻的印象。当时，帕斯卡完全只是位数学家，高乃依或许没有预料到，他这位年轻的朋友将来会成为法国最伟大的散文作家之一。

在此期间，帕斯卡一直不间断地进行着研究。16岁之前（大约在1639年[1]），他已证明出整个几何学范围内最美的定理之一。幸运的是，这个定理可以用所有人都能理解的语言来描述。之后，我们将会看到一位十九世纪的数学家——西尔维斯特，将帕斯卡这一伟大的理论称为类似于"翻花绳"的游戏。我们首先说明这个一般理论中一个仅用直尺就可以作出的特殊情形。

两条相交直线，分别标记为l和l'。在直线l上任取3个各不相同的点A, B, C，在直线l'上任取3个各不相同的点A', B', C'。按照如下规则用直线将这些点交错连接：点A和点B'，点A'和点B，点B和点C'，点B'和点C，点C和点A'，点C'和点A。每对交错连接点直线相交于一点。因此，我们得到了3个交点。我们现在所描述的这一帕斯卡理论特殊情形的命题是，这三个点在同一条直线上。

1.官方对于帕斯卡完成这项工作时的年纪有不同的意见，大致在15到17岁之间。1819年出版的帕斯卡著作中有一篇简短的概要，有关圆锥曲线中一些命题的陈述，但这并不是莱布尼茨看到的完整论文。（作者注）

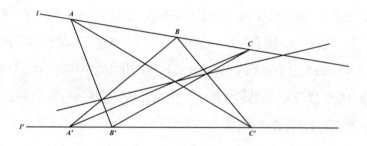

在给出这个理论的一般形式之前，我们先说一下一个与上述类似的结论。这个结果是笛沙格（1593–1662）给出的。如果两个三角形，如三角形XYZ和三角形xyz，顶点对应连接形成的三条直线交会于一点，那么每组对应边得到的三个交叉点在一条直线上。也就是说，如果连接点X和点x、点Y和点y、点Z和点z的三条直线相交于一点，那么直线XY与xy的交点、直线YZ与yz的交点、直线ZX与zx的交点在一条直线上（如下图所示）。

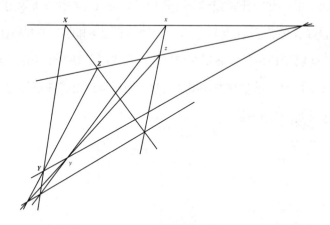

在第二章里，我们表述过圆锥曲线的含义。想象任意一种圆锥曲线，为了明确起见，不妨认为它是一个椭圆。在其上任意标注6个点，点A、点B、点C、点D、点E、点F，并将它们按照这个顺序依次用直线连接起来。于是，我们得到了一个内接于圆锥曲线的六边形，其中AB与DE、BC与EF、CD与FA互为对边。在这三组对边中，每一组的两条边都会相交于一点，三个交点在同一条直线上（见第13章图）。这就是帕斯卡定理。定理附带的图形就是他所说的"神秘六边形"。可能他首先证明了这个命题对于圆是成立的，然后通过投影将它推广到任意圆锥曲线的情形。如果读者想了解对于圆的图形是怎样的，只需一把直尺和一个圆规就可以办到了。

有关这个奇妙的命题有几件令人惊讶的事实，最重要的一点就是，它是由一个16岁的男孩儿发现并证明的。此外，在这位极具天赋的男孩儿围绕他的伟大定理所写的《圆锥曲线论》[1]中，他通过让6个点成对移动至重合从而使弦变成切线等方法得到推论，系统地推导出包括阿波罗尼乌斯和其他人的成果在内的至少400个关于圆锥曲线的命题。完整的《圆锥曲线论》从未被出版，很明显它已遗失并且无法挽回，不过莱布尼茨看到并阅读过它的副本。我们再进一步来讲，帕斯卡所研究的这种几何从根本上不同于希腊几何，它不是需要度量的几何学，而是画法几何，或者说是射影几何。线段或是角的大小对于结论和理论的证明过程都没有影响。单这一定理本身就足以废除从亚里士多德沿袭过来的、有时候仍会在字典中出现的愚蠢定义，认为数学就是研究"数量"的科学。在帕斯卡的几何学里不存在"数量"。

为了理解这个定理中射影的含义，我们来想象一个（圆形的）光锥，它从一点出发又穿过了一个玻璃平面，平面截圆锥于各种不同的位置，那么平面截圆锥所得图形的边界曲线就是一个圆锥曲线。在一个

---

1. 原文为法语：*Essai pour les Coniques*。（译者注）

任意给定的位置下,如果在玻璃上画出帕斯卡的"神秘六边形",那么在圆锥透过的另一片玻璃平面上,六边形的投影就会落在上面,这个投影就是另一个"神秘六边形",它的三组对边的交点也在一条直线上,并且这个"三点连线"的投影也与原始六边形的重合。也就是说,在圆锥投影中,帕斯卡的理论是不变量(不会发生改变)。通常基础几何学中所研究的图形,它们的测量性质在投影过程中并不是不变量,比如说,一个直角在第二个平面所有位置上的投影并不都是一个直角。显然,这种射影几何,或画法几何,是自然适用于一些透视问题的几何之一。帕斯卡在证明他理论的过程中使用了投影方法,但是在此之前,笛沙格推导上述关于两个"符合透视关系"三角形的结果时就已经用到了这种投影法。帕斯卡在笛沙格的伟大发明上对他给予了完全的肯定。

取得所有这些辉煌的成就都是要付出代价的。从17岁一直到他去世的39岁,帕斯卡没有几天不在痛苦中度过。急性消化不良在白天折磨着他,慢性失眠又让他的夜晚成为了半睡半醒的噩梦。然而,他不间断地工作着。18岁时,他发明并制造了历史上第一台计算器——在我们这个年代将大批员工从他们的工作岗位上取代下来的所有算术机器的祖先。我们之后再来看这一精巧的仪器后面的演变过程。五年过去了,在1646年,帕斯卡经历了他的第一次"信仰转变"。这并没有让他深陷其中,可能是因为帕斯卡此时只有23岁,并且仍专注在他的数学问题上。直到这会儿之前,这一家人对宗教的虔诚还都在体面、适宜的程度,而现在,似乎所有人都开始变得有点儿疯狂。

很难让一位现代人重拾风靡十七世纪的强烈的信仰热情,它使人们的家庭破裂,使基督教国家和教派之间公然谩骂。在那个年代自诩为宗教改革家的人中，有一位名叫科尼利厄斯·詹森（1585–1638）的，他是一位外表艳丽的荷兰人，后来成为了伊普尔的主教。他推崇的教理有一个核心观点："信仰转变"作为人们得到"恩典"的一种手段是十分必要的，这多少有点儿像在今天盛行的教派所宣传的某些观点。然而，至少在一个不感情用事的人眼中，能实现的拯救似乎比詹森的野心来得要少。他深信上帝特别拣选了他给耶稣会会士们的这辈子带来了毁灭，让他们下辈子也要遭受无尽的地狱试炼。这便是他的呼召，这便是他的使命。他信仰的教义既不是天主教义也不是新教教义，不过它更倾向于后者。它的倡导者一开始就对那些对其教义的偏执盲目性提出异议的人表现出过激的仇恨，一直到最后都是如此。现在（1646年），帕斯卡一家也都狂热地——一开始还没特别狂热——信奉詹森教派中这条不友善的教义了。因此，在23岁这个不大的年纪，帕斯卡就开始从巅峰走向衰落了。也是在这一年，他的整个消化道都变得很糟，他还遭受了一次暂时性瘫痪。但是，他的聪明才智还没有随之消亡。

　　他在科学上的杰出于1648年再一次散发出耀眼的光芒，这一次是在一个全新的方向。帕斯卡在托里拆利¹关于大气压强工作的基础上继续研究，他超越了托里拆利，并证实他理解托里拆利的老师伽利略演示给众人的科学方法。通过他自己设计的用气压计进行的实验，帕斯卡证明了一些有关大气压强的事实，现在每一位初学物理的人都很熟悉这些性质。帕斯卡的姐姐吉尔伯特和一位佩里耶先生结了婚。根据帕斯卡的意见，佩里耶完成了这样一个实验：他将一个气压计带到

1.托里拆利（Evangelista Torricelli，1608–1647），意大利物理学家、数学家。托里拆利是伽利略的学生和晚年的助手（1641–1642），1642年继承伽利略任佛罗伦萨学院数学教授。（译者注）

了奥弗涅的多姆山上，并注意到水银柱会随着气压的减少而下落。后来，在帕斯卡和他的妹妹雅克利娜移居到巴黎之后，他又凭借自己的力量重复了这个实验。

在帕斯卡和雅克利娜回到巴黎之后不久，他们的父亲也和他们搬到了一起，他现在是一名国务委员，又重新获得了红衣主教的青睐。这时，他们一家接受了来自笛卡尔的较正式拜访。笛卡尔和帕斯卡就许多事情进行了讨论，也包括气压计。这两个人之间总少了那么点儿火花。首先，笛卡尔曾公开地表示过，他拒绝相信著名的《圆锥曲线论》是出自一位16岁的男孩儿之手。再者说来，笛卡尔怀疑帕斯卡从他那儿窃取了气压计实验的想法，因为他曾在给梅森的信件中讨论过这件事的可能性。而正如我们之前提到的，自14岁起帕斯卡便参与到梅森神父的周例会议中。第三个依据是，他们宗教上的对立也奠定了彼此间的厌恶。笛卡尔一生中从耶稣会会士们那里得到的只有善意，所以他热爱他们；帕斯卡追随虔诚的詹森，因而他对一位耶稣会会士的仇恨比魔鬼对圣水的仇恨更甚。最后，根据正直的雅克利娜的说法，她的哥哥和笛卡尔两个人相互间都忌妒极了。这次的拜访反而成功地起到了反效果。

不过，善良的笛卡尔还是给了他的年轻朋友一些很好的建议，这是出于一种真正的基督教精神。他让帕斯卡照他的样子，每天在床上躺到十一点钟。至于可怜的帕斯卡那糟糕的肠胃问题，笛卡尔给他开了一副只喝牛肉汤其他什么都不吃的食疗食谱。但帕斯卡并没有把这个出于善意的建议放在心上，或许就是因为这是从笛卡尔口里说出来的吧。帕斯卡的缺点之一就是完全缺乏幽默感。

雅克利娜现在开始对她哥哥的天赋施加不好的影响——或者是好的影响，这完全取决于观点的角度。1648年，在23岁这个容易受人影响的年纪，雅克利娜宣布了自己的想法，她想搬去巴黎附近的皇家港口——法国詹森教人士主要聚集的地方——去当一名修女。她的父亲坚决反对这个计划，于是虔诚的雅克利娜便将自己挫败后的精力全都集中在对信仰并不忠诚的哥哥身上。她怀疑他尚未像他应当做的那样彻底皈依，而显然她认为得没错。现在这一家人又回到克莱蒙费朗住了两年的时间。

两年的时光飞逝，这段时间里帕斯卡看上去有了点儿血色，尽管妹妹雅克利娜一直滔滔不绝地告诫着帕斯卡应该将自己完全地献给上帝。甚至状况好的时候，在合理的节制饮食下，难对付的肠胃病有几个月的时间都没有犯。

一个据有些人传言同时被其他人强烈否认的说法是，帕斯卡在这一小段理智的日子和之后的几年间发现了酒和女人的好处。他没有为自己辩解。但是，毕竟这些有关卑劣人性的传言也不过是以讹传讹罢了。因为在帕斯卡死后，他很快成为了基督教圣徒的一员，任何意在表明他是一个普通人的生活事实都被敌对派系悄无声息地严格打压下去了，一方派系努力证明他是一个虔诚的狂热信徒，另一方在试图证明他是一个持怀疑态度的无神论者，但双方都认可的观点是帕斯卡是一个不属于这个尘世的圣人。

在这些充满危险的岁月里，神圣到病态的雅克利娜继续做着她孱弱多病的哥哥的工作。在一只名叫"讽刺"的美丽怪物的作用下，帕斯卡不久就皈依了——这次算是一件好事——轮到他来主导这位过于虔诚的妹妹的想法，把她赶入她现在或许没那么想去的修道院。当然，这并不是官方对发生的情况所给出的正统解释。但是，只要一个人不是这两个宗派——基督教和无神论中一位盲目的信徒，那么在他看来，帕斯卡和他未婚的妹妹之间有病态关系比他们之间有着传统认可的正派关系的说法要更为合理。

每一位《思想录》的现代读者都会被我们更为沉默的祖先们完全没留意到的，或是在他们更为明智的善意下选择忽视掉的这样或那样的内容所震惊。那些揭示了许多内幕的信件也是如此，它们本该被适当地埋藏起来。帕斯卡在《思想录》中关于"欲望"的胡言乱语将他暴露无遗，当他看到自己已婚的姐姐吉尔伯特自然地爱抚她的孩子们时便一反常态地暴怒，也是将他的本性暴露给世人的一个确凿的事实。

正如有一般通识的古代人一样，现代的心理学家也会频繁提及性压抑与病态的宗教热情之间有着密切的关联。帕斯卡在这两方面都受到了困扰，如果《思想录》中偶尔出现的语无伦次的话只是验证了他纯粹生理上的怪癖，那么他的不朽著作还是十分杰出的。要是在他的本性告诉他挣脱束缚时，这个人就能像普通人一样放过自己的话，他或许就能发挥出自己真正的实力，而不是让一堆毫无意义的、在人类痛苦和尊严问题上的神秘主义评判和陈腐的监视，将最好的一大部分天性扼杀掉。

总是不停地更换住处的一家人在1650年又返回了巴黎。第二年，他们的父亲去世了。帕斯卡抓住这个机会给吉尔伯特和她的丈夫写了一篇关于人类死亡的冗长说教信。这封信被许多人所赞赏。在这里，我们没必要复述其中的任何内容，想要自己做出评判的读者可以轻而易举地找到它。为什么对这位他似乎深爱着的父亲的死所做的一番虔诚又无情的道德说教，其中难以抑制的自命不凡的口吻唤起的是人们对其作者的赞美，而不是对他的蔑视呢？就像在这封信的一部分中用令人作呕的语气所讨论的上帝之爱一样,这是一个完全超出了人类理解范围的谜题。不过,关于这篇文章的文笔并不存在争议,而且对于那些喜欢类似于帕斯卡这封常被引述的信件的人来说,他们可以不受干扰地欣赏这些作品的文采,毕竟这封信也是主动将自我展露给大众的这类法国文学中的杰作之一。

老帕斯卡去世还产生了一个更为实际的结果——为帕斯卡提供了一个与他的同胞回归到正常交往关系中的机会,他成为了遗产的管理者。在哥哥的鼓励下,妹妹雅克利娜现在进入了皇家港口的女修道院,她的父亲再也不能反对她了。由于遗产分割引发了一场十分世俗的争吵,使她原本在哥哥灵魂问题上给予哥哥的甜蜜关怀现在也变了味道。

帕斯卡在前一年里(1650年)写的一封信从另一个层面揭露了他虔诚的秉性,或者也能在另一个层面体现出他对笛卡尔的忌妒之情。在这封信里,被瑞典女王克里斯蒂娜的夺目光彩弄得目眩神迷的帕斯卡,谦卑地请求着将他的计算器呈献在这位"世界上最伟大的女王"的脚前,他以浸透着蜂蜜和黄油的溢美之词宣称这位女王在智力上与她的社交能力一样出类拔萃。而克里斯蒂娜如何处理了这台机器我们就不得而知了。她并没有邀请帕斯卡去代替被她折腾死了的笛卡尔。

最后,在1654年11月23日,帕斯卡真的转变了信仰。根据一些记载,他过了三年的放荡生活。最有权威的人士似乎一致认为这个传说并不是很可信,毕竟他的生活并没有怎么放荡。他只是尽他可怜的力量去像正常人那样生活,从生活中领略到一点儿数学和宗教之外的东西。就在他决心转变信仰的那一天,他驾着一辆四匹马拉的马车,马儿突然狂奔起来。领头的两匹马翻过了讷伊河桥上的栏杆,但是马车的缰绳断开了, 把帕斯卡留在了路上。

对于有着帕斯卡这般神秘气质的人来说, 从一场横死街头的灾难中幸运地逃脱就是来自上天的直接警告, 在他这样一个被病态的自我剖析所迫害的人的想象中, 他的转变意味着即将要从道德的悬崖边缘坠落, 而上帝的警告让他赶紧在悬崖边上勒住了缰绳。他取出一小片羊皮纸, 在上面铭记了一些令人费解的有关神秘奉献的感悟, 并从今往后一直把它当作护身符随身携带在胸口, 以保护他不受外界的诱惑, 也时时提醒他, 是上帝的仁慈把他这样一个痛苦的罪人从地狱之口一把拽了回来。他只在随后的人生中 "堕落" 过一次 (从他自己可悲的观点来看), 但是在他余生中的每一天, 他都被脚前就是悬崖的幻觉所困扰着。

雅克利娜现在是皇家港口女修道院的一名修女, 她来帮助她的哥哥了。部分是出于他自己的想法, 部分是在他妹妹十分具有说服力的恳请之下, 帕斯卡脱离了尘世, 住进了皇家港口修道院, 从此将他的天赋埋藏在对于 "人类的伟大与不幸" 的冥想之下。这时是1654年, 帕斯卡此时31岁。不过, 在永远摆脱肉体和精神之前, 他已经完成了他对数学最重要的贡献, 就是与费马一起创造出数学的概率论。为了不打断他的生活经历, 我们暂时将对于此事的解释放在后面。

他在皇家港口修道院的生活即便不像我们可能期许的那样神智健全, 但至少是干净的, 而且安静又有规律的日常生活对他不太稳定的健康状况极其有利。就是在皇家港口的这段时期, 帕斯卡写下了著名的《致外省人书》, 帕斯卡的灵感来源于他想要帮助阿尔诺 (Arnauld) 开释的愿望, 这位詹森学派的领军人物被指控的罪名就是异端邪说。这些著名的信件 (一共18封, 其中第一封是在1656年1月23日发表的) 是辩论技巧的杰作，并且据说给了耶稣会会士以沉重的打击，使他们的组织在经历了这次打击之后再也没能恢复到原先的样子。不过，客观观察到的、平常只要脑袋上长着眼睛的人都能自行验证的现象是，耶稣会依然很繁荣。所以，我们有理由怀疑，《致外省人书》到底是否具有对帕斯卡表示同情的评论家们所赋予它的切中要害的效果。

尽管帕斯卡全神贯注于有关他自身的救赎和人类痛苦的问题上，但是他仍然有能力进行卓越的数学研究，只是他将所有在科学上的追求都当作需要去尽力避免的浮华之事，因为它对于灵魂会有有害的影响。即便如此，他还是又"堕落"了一次，不过也仅仅这一次而已。这段插曲就是关于摆线的著名故事。

这条完美比例的曲线（一个轮子沿着平坦路面上的一条直线滚动，轮子圆周上一个固定点的运动轨迹就是这样一条曲线）似乎是1501年首次出现在数学文献中，在这份数学文献里，夏尔·布韦勒（Charles Bouvelles）在论及化圆为方的相关问题时描述过这条曲线。伽利略和他的学生维维亚尼研究了它，并解决了在该曲线上任意点处作切线的问题（这个问题交给费马时，他也立即求解了出来）。伽利略提出，这条曲线可以作为桥拱来应用。随着钢筋混凝土的逐渐普及，我们经常会在高架桥上看到摆线拱的设计。在建筑工程中，由于力学原因（伽利略当时并不清楚），摆线拱的设计比其他任何一种方案都具有优势。研究过摆线的著名人物中有圣保罗大教堂的建筑师——克里斯托弗·雷恩爵士，他给出了曲线上任意一段弧线的长度和曲线的重心。而惠更斯（1629–1695）出于力学上的考虑，把这条曲线应用在了摆钟的结构里。在惠更斯发现的所有理论中，最优美的结论之一就是在与摆线有关的问题中得出的。他证明了摆线是等时曲线，也就是说，在这条曲线（倒置放置，像一个碗一样）任意位置处放置的珠子，在重力作用下滑到曲线最低点处所用的时间都相等。由于它富有美感和简洁感的独特性质，又由于数学家们以关于摆线的这样或那样的问题给对手以挑战，使它引发了爱好争锋相对的数学家们之间的无尽争论，所以人们一度以希腊-特洛伊美女的名字将它命名为"几何学界的海伦"，据说这个女人只凭借着她美丽的面容，就使"一千艘战船整装待发"。

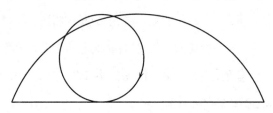

　　顽固的失眠症和严重的牙病使可怜的帕斯卡备受病痛的折磨——在那个时代，牙科手术是由理发师用结实的钳子和暴力完成的。在一个饱受牙痛折磨的夜晚（1658年），帕斯卡躺在床上难以入眠，他开始发疯似的思考摆线的问题，用这种方式使自己忘却那难以忍受的痛苦。他惊讶地发现，疼痛没过多久就消失了。帕斯卡把这诠释为一条来自上帝的讯息，告诉他思考的是摆线问题而不是他的灵魂问题，也不算是犯罪，于是帕斯卡就允许自己继续思考下去。一连八天，他全神贯注地投入在摆线的几何问题上，并且成功地解决了许多相关的重要问题。他以阿莫斯·德东维尔（Amos Dettonville）的笔名发表了其中一些发现，作为给法国数学家和英国数学家的挑战。在这种事情上，帕斯卡对待他的对手们的方式并不总像他本该做到的那样谨慎。这是他最后一次在数学活动中闪耀光芒，这也是他进入皇家港口修道院后对科学做出的唯一贡献。

同年（1658年），他病得更重了，比他在整个饱受折磨的一生中所遭受到的病痛还要严重。持续性的剧烈头痛现在剥夺了他的一切，他只能断断续续地睡上一小会儿。在这样的痛苦下他承受了4年，过着更加清心寡欲的生活。在1662年6月，他把自己的房子让给了一个罹患天花的穷苦人家，当作一件舍己的善事，然后和他已婚的姐姐住在了一起。1662年8月19日，在一阵抽搐中，他痛苦的生命结束了，年仅39岁。

尸体解剖显示出在胃和其他重要器官上的病症，这些是预料之中的结果，也揭示了他的大脑所受到的严重损害。然而，尽管他的身体饱受着这么多疾病的摧残，帕斯卡在数学和科学上还是做出了伟大的工作成果，在文学史上也留下了将近三个世纪之后仍然受人尊敬的名字。

也许除了"神秘的六边形"之外，帕斯卡在几何学上创造出的美好事物，如果没有他也能被其他人全都创造出来。尤其在摆线的研究上更是如此。微积分发明之后，所有这些问题都变得比它们先前的样子要简单得多，并且很快就被批准放入教科书中，成了给年轻学生们做的练习题而已。但是在与费马共同创造的数学概率论中，帕斯卡开创了一个新的世界。有很大的可能，在帕斯卡作为作家的名声被人们遗忘了很久之后，他的名字还会因他参与了这项伟大的而日益重要的发明而被人们铭记。若不谈它们的文学造诣，《思想录》和《致外省人书》主要吸引的只是具有其中这一种思想的人，而这些人也正在迅速减少。以现代人的思想来看，对一个特定论点进行支持或反对的论据既苍白又不具备说服力，而让帕斯卡倾注了强烈的热情去专心研究的那些问题，在现在看来也是匪夷所思的。如果他就"人类的伟大和不幸"所讨论的问题确实如他狂热的拥护者们所说的那样深奥，如果这些问题并不只是在言辞上故弄玄虚、实则无从解答的伪命题，那么通过陈旧的道德思想就能将它们解决似乎也不大可能。不过，帕斯卡在他的概率论中提出并解决了一个真正的问题，就是把看似毫无规律的纯粹偶然的事件放在了法则、秩序和规律的控制之内，而时至今日，这个深奥的理论就像物理学的基础理论一样成为了人类认知的根本。它的分支涉及各个领域，从量子力学到认识论无所不在。

数学概率论真正的创始人就是帕斯卡和费马，这门学科的基本原理诞生于1654年间他们之间一段有趣至极的通信里。现在，人们随时可以在《费马著作集》（由P·塔内里和C·昂利编辑，1904年出版）的第二部中找到这些通信。这些信件的内容表明，在这一理论的创作上，帕斯卡和费马参与的份额是等同的。他们对于问题给出的正确求解过程只是在细节上有些差别，但采用的基本原理是一致的。一次，在求解某个关于"点数"的概率问题时，由于对其可能的情况进行枚举的过程太过乏味，帕斯卡试图走捷径，结果犯了错。费马指出了错误，帕斯卡也予以承认。这一系列通信中的第一封信已经遗失，但这次通信的起因已得到充分的证实。

引出整个庞大理论的初始问题是梅雷骑士（Chevalier de Méré）向帕斯卡提出的，这个人或多或少算是个职业赌徒。这个问题就与"点数"相关：两名玩家（不妨认为在参与掷骰子游戏）不管是谁，在得到一定的点数时就算获胜。如果他们在游戏结束之前就退出游戏，那么该如何将利益划分到各人呢？若每名玩家的得分由他们退出游戏时的点数给定，那么这个问题相当于在问，求每名玩家在游戏的给定阶段取得胜利的概率。假定玩家每赢得一个单独点数的机会是均等的。解决这个问题需要的不过是听上去很平常的道理，但当我们要寻找一个方法，在不将所有可能结果真实地列举一遍就能计算出这些可能结果的数目时，数学的概率就登场了。比如，从一副普通的52张的扑克牌里抽牌，要想一把拿到由3张两点和3张非两点组成的扑克牌，可能有几种不同的抽法呢？再比如，掷出10个骰子时，掷3个幺点、5个2点、2个6点，有多少种不同的组合方式呢？第三个类似的小问题是：将10颗珍珠、7颗红宝石、6颗绿宝石和8颗蓝宝石串成一串，如果认为各类宝石之间没有差别，能串出多少种不同样式的手链呢？

对于这类问题，按照指定规则去做一件事时有多少种排列组合的方式，或是发生一个完全特定的事件时会出现多少种可能的情况，具体求解的过程属于人们称为组合分析的范畴。它在概率上的应用是显而易见的。举例来说，假定我们想知道在一次性掷出3枚骰子时，得到2个幺点和1个2点的可能性。如果我们知道由3个骰子可掷出的排列组合的总数（即6×6×6=216），也知道出现2个幺点和1个2点排列组合的数目（不妨设为n，读者可以自己进行求解n），那么所求的概率便为n/216（在这个问题中，n等于3，所以概率是3/216）。挑起这一切的安托万·贡博，也就是梅雷骑士，被帕斯卡评价为一个头脑很聪明在数学上却没有开窍的人，而貌似不太欣赏这位放荡的舍瓦利耶的莱布尼茨，称他是一个头脑敏锐的人、一位哲学家和一个赌徒——这种组合着实不常见。

在解决组合分析和概率论的相关问题时，帕斯卡广泛使用了这个算数三角形。其中，前两行之后任意一行中的数字都是由前一行中的数字得到的，通过把前一行两端的1复制到新一行的两端，并将前一行中的数字从左至右依次两两相加，就得到了新的一行。也就是说，

$5 = 1 + 4$，$10 = 4 + 6$，$10 = 6 + 4$，$5 = 4 + 1$。第n行中1以后的数字，就是从n个不同的物体中分别选取1个物体、2个物体、3个物体……时可能发生的不同选取方案的个数。例如，从5个不同的物体中选取2个物体，不同排列组合的个数就是10。根据二项式定理，第n行中的数字同样也是 $(1 + x)^n$ 展开式中的系数，因此当n＝4时，$(1 + x)^4 = 1 + 4x + 6x^2 + 4x^3 + x^4$。这个三角形还有许多其他有趣的性质。尽管在帕斯卡之前它就已经为人所知，但是因为帕斯卡开创性地它应用到了概率中，所以它通常也被称作帕斯卡三角形。

$$1$$
$$1 \quad 1$$
$$1 \quad 2 \quad 1$$
$$1 \quad 3 \quad 3 \quad 1$$
$$1 \quad 4 \quad 6 \quad 4 \quad 1$$
$$1 \quad 5 \quad 10 \quad 10 \quad 5 \quad 1$$
$$\cdots \quad \cdots \quad \cdots$$

这个源于一场赌徒之间纠纷的理论，现在是许多行业的基础，在我们看来这些行业也比赌博更重要，它们包括各种保险项目、数理统计以及统计学在生物学测量和教育考核中的应用，还有现代理论物理学中的许多分支。我们不再认为一个电子"存在于"给定瞬间、给定位置的状态下，而是会计算它在给定区域内出现的概率。稍加回想一下我们就会发现，即便是（当我们试图精确测量某个数据时）我们所做的最简单的测量都是具有统计特征的。

这一极为有用的数学理论却来自一个卑微的出身，这件事具有典型的意义：有些明显就是微不足道的问题，一开始解答它或许只是出于闲来无事时满足自己的好奇心，结果却得出了深奥的一般性原理，就像发现量子理论中新的原子统计理论的情形一样，这些理论将会使我们修正自己对于物质世界的全部概念，或者就像将统计学方法应用到智力检测和遗传学研究时所发生的那样，这些理论会引导我们更改我们在"人类的伟大与不幸"问题上的传统思维。当然，无论是帕斯卡还是费马都没有预见到，他们共同孕育的这个出身低贱的"孩子"将来会成长为什么样的人。这一整块代表数学的织布艺术是如此紧密地交织在一起，以至于如果我们要是将其中任何一条不符合我们审美的纺线松开或去掉，我们就要担负着将整张织布图案破坏的风险。

无论如何，帕斯卡的确（在《思想录》中）应用过一次概率，在他那个时代这样的应用非常实际。这就是他著名的"赌注"思想。赌博中的"期望"值指的是奖金的价值乘以赢得奖金的概率。根据帕斯卡的结论，永恒幸福的价值是无限的。他论证说，即便过着信仰下的生活就能赢得永恒幸福的概率的确微乎其微，但是，由于期望是无穷的（将无穷任意分割成有限的部分，每一部分依然是无穷的），所以这样的生活仍旧值得人们去过。总之，他自己喝下了这碗鸡汤，但就好像在表明自己没有把碗也一起吞下去一样，他在《思想录》的另一处地方又草草写下了对自己的质疑，这个问题怀疑得彻彻底底："有可能性就是可能实现的吗？""思考这样琐碎的事情真的很烦。"他在另一个地方又写道："但是有些时候就是要小题大做。"而帕斯卡的困境在于，他并不总能看清楚自己什么时候在无谓地小题大做，就像他在信仰上帝上所下的赌注那样，什么时候又像他在梅雷骑士的赌博难题上为他理清头绪那样，进行着意义深远的深刻思考。

第六章　真理之海的沙滩上

牛　顿

　　牛顿的自我评价。一个未经认证的早熟神童。生于动荡的年代。站在巨人的肩膀上。一次恋爱经历。在剑桥的日子。对于"甘心忍耐愚妄人"的无用之事，年轻的牛顿知道怎么办。由一场大瘟疫而因祸得福。24岁（或23岁）成为不朽的人物。微积分。牛顿在数学上无人能及，在自然哲学上至高无上。皇家学会的小人物，像黄蜂一样被激发出的坏脾气。《自然哲学与数学原理》。塞缪尔·佩皮斯和其他爱管闲事的人。高潮过后史上最平淡的平淡无奇。争吵、神学、年表、炼金术、公职、去世。

　　"我不知道世人眼里的我是什么样子。不过在我自己看来，我似乎只是一个在海边玩耍的孩子，因偶然找到一块比平常更光滑的鹅卵石或是更漂亮的贝壳而雀跃。与此同时，一切都是未知的真理之海展现在我的面前。"

　　在艾萨克·牛顿漫长的一生即将结束时，他对自己给出了这番评价。能够欣赏到他的工作成果魅力的后继者们却几乎无一例外地指出，牛顿是人类自诞生以来最富智慧的一个人——"他的天赋凌驾于全人类之上"。

在1642年，也就是伽利略去世这年的圣诞节（按"旧历"来算），艾萨克·牛顿出生于一个小户的自由农民家庭，一家子住在距离英国林肯郡的格兰瑟姆大约8英里的一个名叫伍尔索普小村庄的庄园主宅邸里。他的父亲也叫艾萨克，他在37岁的年纪、儿子出生之前就去世了。牛顿是一个

牛 顿

早产儿。他出生时非常瘦小、虚弱，以至于两个女人出门去邻居那拿一趟婴儿"营养品"的工夫，回来的路上就会担心他是不是没撑过去。他的母亲也说，他刚生下来时身体比正常婴儿小很多，用一夸脱的杯子就能轻而易举地把他整个人装下。

已知的关于牛顿祖先的事实都不足以引起学遗传学的人的兴趣。据邻居的描述，他的父亲是一位"疯狂、放纵而软弱的男人"，他的母亲汉娜·艾斯库，则是一位节俭、勤劳而能干的女当家。在她丈夫去世后，有人将牛顿太太介绍给一个老单身汉作为他未来的妻子，说"这样的好女人可不好找"。这位谨慎的单身汉是北威特姆附近教区的牧师巴纳巴斯·史密斯，他听到了这些赞誉便和这位寡妇结了婚。史密斯太太将她3岁大的儿子留给了他的祖母来照料。在第二段婚姻里，她有三个孩子，没有一位表现出了在哪方面的非凡才能。从母亲第二段婚姻的财产和他生父的遗产里，牛顿得到了最终到手时大约是每年80英镑的收入，这笔钱在17世纪当然比现在要值钱得多。在那些还得想办法对付贫困的伟大数学家中，牛顿不是其中之一。

小时候的牛顿身体并不强壮，他只得避开同龄男孩子们玩的粗鲁的游戏。牛顿没有从一般小朋友玩的东西上获得快乐，他就发明了自己的娱乐活动，他的天赋也是在这些创造中首次展露出来。人们有时说牛顿并不算一个早熟的神童。就数学而言，这句话或许是对的，但如果从其他方面来看也是如此，就需要给早熟下个新的定义了。从牛顿孩童时娱乐活动的独创性上，就已能确凿地看出他在探索光的奥秘时所展现出的无与伦比的实验才能。比如用带灯笼的风筝，晚上吓唬老实的村民；构造完美的机械玩具——水车，完全由他自己制作并且能正常运行；把小麦磨成雪白面粉的磨粉机，用一只贪婪的小老鼠当作磨面工和原动力（不过它吃掉了大部分成果）；给他的许多小女生朋友做的针线盒和玩具；图纸；日晷；还有一个为自己做的木制时钟（可以走动）——这些就是这位"并不早熟"的男孩儿制作的其中一些东西，是他试图将自己玩伴的兴趣吸引到"更冷静"的娱乐方式上所做的努力。牛顿的天赋异禀除了体现在这些显而易见的证据上之外，他还会进行广泛的阅读，并在笔记本上摘录下各种神秘的方法和不同寻常的现象。这样一个男孩子，如果对他的评价只是像他乡下朋友眼中的那样，就是一个普通又健康的小伙子，那真是把显而易见的事实都忽略了。

　　牛顿最早期的教育是在附近的普通乡村小学接受的。应该是他的舅舅威廉·艾斯库牧师，第一个发现了牛顿的与众不同之处。在牛顿15岁时，母亲的现任丈夫去世了，母亲原本打算回到伍尔索普让牛顿协助她料理农场，而自身毕业于剑桥大学的威廉·艾斯库最终说服了牛顿的母亲不再把他留在家里，将她的儿子送去剑桥大学读书。

不过在此之前,牛顿自己就已经做出了跨越卢比孔河的决定[1]。在舅舅的建议下他被送到格兰瑟姆普通中学读书。在校期间,当他读到二年级时,他受到了学校恶霸的欺负。有一天,这个人甚至踢了牛顿的肚子,这一脚使他疼痛难忍,精神上也极度苦恼。在一位男老师的鼓励下,牛顿向这个小霸王发起了一场公平的挑战,奋力地用拳头打他,又把这个懦夫的鼻子按在了教堂的墙上,最后以对手颜面扫地作为了结。直到这会儿,小牛顿还没有在他的功课上体现出多大兴趣。他下一步就是要开始证明他的头脑和他的拳头一样好使,他也很快就提升为学校里最顶尖的学生了。校长和艾斯库舅舅都认为,牛顿已经有足够的资格去剑桥读书了。不过,当艾斯库在他的外甥本该帮着一位农场工人一起做生意的时候却发现他在篱笆下读书,才使这件事最终定了下来。

在格兰瑟姆上中学时期,以及后来为去剑桥做准备期间,牛顿都住在一位乡村药剂师克拉克先生的家里。牛顿在药剂师的顶楼上找到了一捆旧书令他如获珍宝,他也在大家庭里遇见了克拉克的继女斯托里小姐,牛顿爱上了她,并在19岁的年纪,在1661年6月离开伍尔索普去剑桥之前和她订了婚。但是,尽管牛顿珍惜这一份与他人生中第一个也是唯一爱人之间的温馨情感,但毕竟人不在身边,对自己工作越来越多的投入也使他将浪漫爱情抛在了脑后,最终牛顿终生未娶。斯托里小姐成为了文森特太太。

1."跨越卢比孔河"是西方的一句谚语,典故取自凯撒大帝决定征服罗马,表示孤注一掷,做出了无法回头的重大决定并坚决执行。(译者注)

在继续讲述牛顿在三一学院的学生生涯之前，我们不妨先简短回顾一下牛顿所处时代下的英国，再论述一下这位年轻人从前人那里继承过来的科学知识。根据他们自己宣称的上天赋予他们的神圣权力，任性又固执的苏格兰斯图亚特家族已经开始统治英国，而其结果并不出乎意料之外，无非是人们憎恨着假想出来的天国权威，努力与极其狂妄、愚蠢且无能的统治者们进行抗衡。牛顿在英国内战的环境下长大——政治和宗教都不稳定，清教徒和保皇党人都在为了维持自己衣衫褴褛的军队的战斗力而抢夺一切所需要的东西。查理一世（1600年出生，1649年被送上断头台）已经做了他权力范围内所能做的所有事情来压制国会。然而，尽管他残忍地横征暴敛，尽管他有着让自己的星法院通过极度曲解法律与正义的方式来支持自己的邪恶能力，但他依然不敌奥利弗·克伦威尔（1599–1658）[1]手下顽强不屈的清教徒们。轮到克伦威尔统治时，他也在清教神明的神圣正义使命的召唤下，用他的残暴屠杀和他凶残的军队对付国会。

所有这些野蛮行径和披着神圣外衣的伪善在小牛顿的性格上产生了一种极其正向的效果：他的成长过程一直伴随着对暴政、借口和镇压的强烈仇恨，当詹姆斯国王后来企图强制性干预大学事物时，这位数学与自然哲学家也不需要通过军事学习来告诉他，对付这群无耻的政治家联盟最有效的防御，就是让那些自由受到威胁的人坚定决绝地站定自己的立场并形成统一的战线。他凭借着对以往的观察和本能的直觉就知道了这一点。

1.组建"铁骑军"，逼迫英国君主退位，解散国会，转英国为资产阶级共和国，建立英吉利共和国，成为英国事实上的国家元首。（译者注）

据说,牛顿说过这样一句话:"我若比其他人看得更远一点儿,那是因为我站在了巨人的肩膀上。"的确如此,其中最高大的几位巨人是笛卡尔、开普勒和伽利略。从笛卡尔那里,牛顿继承了解析几何,他一开始接触时发现这门学科很困难;从开普勒那里,他继承了行星运动的三个基本定律,也就是经过22年的艰苦计算由经验发现的公式;而从伽利略那里,他得到了三大运动定律中的前两个,以后这三大运动定律将成为动力学的基石。但是光有砖头终究建不起大楼,而牛顿就是建成动力学和天体力学的建筑师。

由于开普勒定律将在牛顿万有引力定律的发展过程中扮演着领航者的角色,所以在此我们要给出开普勒定律的表述。

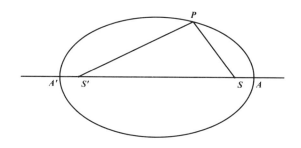

I.行星沿椭圆轨道绕太阳运行,太阳位于这些椭圆轨道的一个焦点上。【如图所示,如果S, S'是两个焦点, P是行星在其椭圆轨道上出现的任意一个位置,那么总会有SP+S'P等于椭圆的长轴AA'。】

II.太阳和一个行星的连线在相等时间内扫过的面积相等。

III.每个行星公转一周所用时间的平方与它到太阳的平均距离的立方成正比。

用一两页篇幅就能够证明上述定律,只需将微积分应用到牛顿的万有引力定律中:

宇宙中任意两个质点都在以一个力相互吸引，这个力与它们质量的乘积成正比，与它们之间距离的平方成反比。因此，如果有两个粒子的质量为m, M，它们之间的距离为d（所有测量结果都采用适当的单位），那么它们之间的引力就是 $\dfrac{k \times m \times M}{d^2}$，其中k是某个常数（通过适当选取质量和距离的单位可以让k=1，此时引力就简化为 $\dfrac{m \times M}{d^2}$）。

为完整起见，我们也给出牛顿三大运动定律。

I. 每一个物体都将保持它的静止状态或匀速【即未加速】直线运动状态，除非在外力作用下它被迫改变了这种状态。

II. 动量【即"质量乘以速度"，其中质量和速度都采用适当的单位】的变化率与所施加的外力成正比，并且方向与力的作用线的方向一致。

III. 作用力与反作用力【就像在无摩擦的桌子上，完全弹性的台球发生一次碰撞时所产生的】大小相等且方向相反【一个球失去的动量被另一个球得到了】。

从数学的角度来看全部内容中最重要的一部分是运动第二定律的陈述中开头提到的几个字——变化率。"率"是什么，又当如何测定呢？正如标注所说，动量就是"质量乘以速度"。牛顿所讨论的质量被假定为在运动中保持恒定——这就不像现代物理中的电子和其他粒子，随着它们的速度接近光速，它们的质量会明显增加。因此，要研究"动量的变化率"，只要弄清楚速度，即位置的变化率，就能满足牛顿的要求。面对这一问题——对任意粒子在任何一种连续性运动（无论多不规则）下的研究给出一种有效的数学方法——牛顿的解决方案为他提供了一把能打开变化率与其计算方法中所有谜团的万能钥匙，这把钥匙就是微分学。

由变化率产生的一个类似的问题又使牛顿掌握了积分学。怎样计算一个速度无时无刻都在连续变化的运动质点在给定时间内走过的全部距离呢？还有一些类似的问题是用几何语言所表述的，牛顿在解答这个问题和类似问题时发明了积分学。最后，将两类问题放在一起思考时，牛顿做出了一个重大的发现：他看到，通过一个在今天被叫作"微积分基本定理"的东西，微分学和积分学被紧密地联系在一起并且互为彼此的逆过程——关于这个定理我们将在合适的地方给出它的表述。

除了牛顿从他的前辈那里继承而来的关于科学和数学的内容，他还从那个年代的精神氛围中接收到两个额外的礼物：对神学的热情，以及对炼金术奥秘难以抑制的渴望。谁要是严肃斥责牛顿把他无人超越的智慧用在了这些现在看来根本不值得他认真对待的事情上，那就是在打自己的脸。因为在牛顿那个时代，炼金术就是化学，人们还没有意识到——除了即将由此应运而生的学科，即现代化学之外——炼金术实际上没多大作用。而作为一个天生具有科学精神的人，牛顿所做的这部分内容正是通过实验来了解炼金术士的主张是怎么回事。

至于神学，牛顿无条件地相信着这位全能的创世之神，他也确定自己没有能力探寻到整个真理之海的全部深度——面对真理之海，他渺小得就像在那个海边的男孩儿一样。因此，他相信不仅在天上的许多事情超越了他的哲学范畴，就是地上也有许多事情是他没有了解透彻的，于是他要亲自去理解这个时代里大多数聪明人都毫无争议地接受的东西——传统的创世论——到底是什么（对于这些人来说，它就像常识一样理所当然），他把这件事作为自己的责任。

因此，在试图证明但以理[1]预言和《启示录》诗篇的合理性，以及旨在将《旧约圣经》里的日期与历史事件的时间对应起来的年代学研究上，牛顿花费了他自认为最大的努力。在牛顿所处的时代，神学仍然是科学界的皇后，面对她难以驾驭的臣民，她有时会用头部铸铁的黄铜权杖来统治他们。不过，牛顿也的确允许他理性的科学对他的信仰施与影响，以致他成为现在所说的一神论者。

1661年6月，牛顿进入剑桥大学三一学院，他是一个半公费生——也就是（那个年代里）通过做一些卑微的服务性工作赚得学费的学生。牛顿在校的这段时期，由于英国内战、1661年的君主政体复辟，以及大学这方对皇权随波逐流的谄媚，使剑桥大学一路滑向了一个教育机构历史上的一个低潮点。虽然如此，一开始感到有些寂寞的小牛顿很快找到了自己的目标，开始投入到他的工作中。

牛顿的数学老师是艾萨克·巴罗博士（1630-1677），他是一位神学家和数学家，据说他在数学上毫无疑问是杰出和有创新见地的，只是他时运不济，成为了预示牛顿这颗太阳即将升起的晨星。巴罗很高兴地意识到比他更伟大的人已经出现，重要的时刻到来之际（1669年），他也辞去了卢卡斯数学教授的职位（他是这个职位的第一位持有者），由他这位举世无双的学生来接替。巴罗的几何学讲座用他自己求面积和画曲线切线的方法处理了一些其他的问题——求面积和求曲线的切线本质上分别是积分学和微分学的关键问题，这些讲座无疑启发了牛顿来攻克自己的研究。

1.《圣经》中的人物。（译者注）

关于牛顿的大学生活的记录少到令人失望。他似乎没有给同学们留下很深的印象，在他给家里寄去的简短、敷衍的信件中也没有说到什么有意思的事。他在学校最初的两年时间都用来掌握初等数学了。即便对于牛顿跃然成长为理论发现者的这段过程存在着任何可靠的记录，似乎也没有一位现代传记作者曾找到过它们的位置。除了他在1664年到1666年（21岁到23岁）这三年的时间里为他之后在科学和数学中全部的工作打下了基础，以及不间断地工作和接二连三地熬夜使他生了一场病之外，其他确切的事情我们就什么也不知道了。牛顿倾向于向别人隐瞒他的发现，这也是使神秘感加深的一部分原因。

　　单从生活的角度来说，牛顿作为一个大学生再正常不过了，他偶尔也放松一下，在他的账簿上记录着他在酒吧里的几次聚会和两次打牌输掉的钱。1664年1月，他取得了他的学士学位。

　　1664–1665年间的一场大瘟疫（黑死病）以及来年这个瘟疫较轻程度的复发，给了牛顿一个他或许都没料想到的绝佳时机。大学被封锁了起来，这两年比较好的地方在于牛顿回到了伍尔索普进行思考。目前为止他还没有做出什么引人注目的成绩——只是由于过于勤勉地观察一颗彗星和月晕让自己生了病——又或者，如果他这时已经做出了一些研究成果，那也是个没有被公开的秘密。在接下来的两年中，他发明了流数法（微积分），发现了万有引力定律，并通过实验证明了白光是由所有颜色的光组成的。这些成果全部都是他在25岁以前做出的。

　　一份日期写着1665年5月20日的手稿证明牛顿在23岁时已经充分地发展了微积分原理，达到了能够用它得出任何一条连续曲线上任意给定点处的切线和曲率的程度。他将他的方法称为"流数法"——想法源自"流动"或是变量，以及它们的"流率"或"增长率"。在此之前，他发现的二项式定理是微积分理论发展成熟过程中的重要一步。

通过直接的计算，二项式定理将形如：

$$(a+b)^2 = a^2 + 2ab + b^2, \quad (a+b)^3 = a^3 + 3a^2b + 3ab^2 + b^3$$

等简单情形的结果推广到了一般形式，即：

$$(a+b)^n = a^n + \frac{n}{1}a^{n-1}b + \frac{n(n-1)}{1\times 2}a^{n-2}b^2 + \frac{n(n-1)(n-2)}{1\times 2\times 3}a^{n-3}b^3 + \ldots,$$

其中，省略号代表的是这个级数将会按照与前几项所示的相同规律继续列举下去，接下来的一项是：

$$\frac{n\times(n-1)\times(n-2)\times(n-3)}{1\times 2\times 3\times 4}a^{n-4}b^4$$

如果n是一个正整数，即1, 2, 3, …中的一个，那么级数恰好会在第 $n+1$ 项之后自动终止。通过数学归纳法可以很容易地证明它的项数（过程就像中学代数那样简单）。

但是如果n不是一个正整数，级数就不会终止，并且这种证明方法也不再适用。当n为分数或负数（以及更一般的情形）时，二项式定理若成立还需要对a和b加以必要限制，而直到19世纪才给出对这部分二项式定理的证明。因此，我们仅需要在这里加一项说明，将二项式定理推广到这样的n值时，对于他的研究中随机取到的a和b的值时，他满足于二项式定理是成立的。

如果除去现代理论中所有的细节设定，就像17世纪那样只考虑主线，就会比较容易看出微积分最后是如何被人发明出来的。其中最基本的概念是变量、函数和极限。最后一个概念经过很长时间才得以阐明。

　　不妨将一个字母设为s，若它在一项数学研究的过程中能够取一些不同的值，那么它就被称为一个变量。例如，如果s表示地面上一个下落物体的高度，那么s就是一个变量。

　　函数（或是与它意义相同的拉丁语名词）似乎是莱布尼茨于1694年引入到数学中的一个名词，现在这一概念在大部分数学领域里都发挥着重要的作用，并且在科学中的地位也是不可或缺的。从莱布尼茨那时起，这个概念就已经有了它的严格表述。如果两个变量y和x之间的关系是，每当给x设定一个数值就确定了一个y的数值，那么y就被称为x的一个（单值）函数，用符号表示为 $y = f(x)$。

　　与其试图对极限给出一个现代的定义，我们不如用牛顿和莱布尼茨（尤其是前者）的追随者们用极限讨论变化率的类似情况中一个最简单的例子，来满足我们对极限概念的需求。对微积分早期的发展者来说，变量和极限的概念都是凭直觉感知的。但是对于我们，这些概念外面包裹着与数字（有理数与无理数）本质有关的半抽象的谜团，它们就像灌木丛一样密布，让人很难越过它们对核心的概念捉摸透彻。

　　设y是x的一个函数，不妨记作 $y = f(x)$。那么，y相对于x的变化率，又被称为y相对于x的导数，定义如下。给x一个任意的增量，写作 Δx（读作"x的增量"），那么x就变成了 $x + \Delta x$，而 $f(x)$ 或者y，就变成了 $f(x + \Delta x)$。y的相应增量 Δy，是y的新值减去初始的值，即 $\Delta y = f(x + \Delta x) - f(x)$。对y相对于x的变化率做一个粗略的近似时，通过我们对于变化率的直觉定义是取一个"平均值"，我们可以取y的增量与x的增量相除的结果，即 $\dfrac{\Delta y}{\Delta x}$。

但是很明显，这个结果过于粗略，因为x和y都在发生着变化，而且我们不能用这个平均值来表述x在某个任意特定值时的变化率。因此，我们让增量 Δx 无限地减小，直至"到达了极限"，让 Δx 趋近于零，然后在此过程中观察"平均值" $\dfrac{\Delta y}{\Delta x}$ 的变化：Δy 同样也会无限地减小并最终趋近于零；但 $\dfrac{\Delta y}{\Delta x}$ 并不会趋近于零。因此，这个过程使我们得到的不是一个没有意义的符号 $\dfrac{0}{0}$，而是一个确切的极限值，它就是所求的y相应于x的变化率。

为了清楚地看到这一过程，我们令 $f(x)$ 是一个特定的函数 x^2，于是有 $y = x^2$。根据上述步骤，我们首先会得到，

$$\frac{\Delta y}{\Delta x} = \frac{(x + \Delta x)^2 - x^2}{\Delta x}$$

这一步完全没有涉及极限。做一些代数上的简化，我们得到

$$\frac{\Delta y}{\Delta x} = 2x + \Delta x$$

尽可能多地将代数简化之后，我们现在让 Δx 趋近于0，此时我们会发现 $\dfrac{\Delta y}{\Delta x}$ 的极限值是2x。更一般地，通过同样的过程，如果函数是 $y = x^n$，那么 $\dfrac{\Delta y}{\Delta x}$ 的极限值是 nx^{n-1}，这可以借助二项式定理来证明。

这样的证明过程不会让一个现在的学生感到满意，但是比这没有严谨多少的过程对于当时的微积分创造者们来说就已经足够好了，而且在这里我们也不得不暂且这样接受。如果有函数 $y = f(x)$，那么

$\dfrac{\Delta y}{\Delta x}$ 的极限值（假如这个值存在的话）就被称为y关于x的导数，用 $\dfrac{dy}{dx}$ 来表示。这个符号（主要）是由莱布尼茨提出的，也是一个现在人们普遍使用的符号；而牛顿当时使用的是另一个符号 $(\dot{y})$，它的便利性不及现在的符号。

物理学中关于变化率最简单的例子就是速度与加速度，这是动力学中两个最基本的概念。速度是距离（或者"位置""空间"）关于时间的变化率；加速度是速度关于时间的变化率。

如果s表示一个运动质点在时间t内走过的距离（假设距离是一个时间的函数），那么在时间t内的速度是 $\dfrac{ds}{dt}$。将这个速度记为v，我们就有了相应的加速度 $\dfrac{dv}{dt}$。

这里引入了一个变化率的变化率的概念，或者二阶导数的概念。因为在加速运动中，速度不是常量而是变量，因此它有变化率；加速度是距离的变化率的变化率（两次都是关于时间的变化率）。于是，为了表示这个二阶变化率，或是"变化率的变化率"，我们把加速度写成 $\dfrac{d^2s}{dt^2}$。它本身也可以有一个关于时间的变化率，这个三阶变化率被写作 $\dfrac{d^3s}{dt^3}$。于是四阶变化率、五阶变化率……等等，以此类推，即四阶导数、五阶导数……等等。微积分在科学的应用中，最重要的是一阶和二阶导数。

现在，如果我们回顾一下牛顿第二运动定律的说法，并且把其中类似加速度的内容替代进去，我们会得到，"作用力"与其作用下所产生的加速度成正比。推到了这一步，我们就能够"建立"一个问题——

即"连心力"[1]问题的微分方程,它可绝非是个小问题:一个质点被一个力吸向一个固定的点,力的方向总会通过这个固定的点。已知某个力是随着距离s变化的函数,不妨认为是F(s),其中s是质点在时间t距固定点O的距离,求对该质点的运动的描述。稍加思索,我们就会得到,

$$\frac{d^2s}{dt^2} = -F(s),$$

其中取负号是因为在引力的作用下速度减小。这就是上述问题的微分方程,叫作微分方程是因为它包含了一个变化率(加速度),而变化率(或导数)是微分学研究的对象。

将这个问题转化成微分方程之后,我们现在就要求解这个方程,也就是要找到s与t之间的关系,用数学语言表达就是通过把s表示成t的函数得到微分方程的解。从这里开始有了难度。将一个给定的物理状态表述成一组数学家都求解不了的微分方程或许很简单。一般说来,物理学中每出现一个重要的新问题都会推衍成各种各样的微分方程,需要创造新的数学分支将它们求解出来。不过,如果函数是

$F(s) = \dfrac{1}{s^2}$,正如牛顿万有引力中的关系,那么上面特定的微分方程就能够很容易由初等函数求解。为了不让这个抽象的微分方程干扰我们的思路,我们不妨考虑一个更简单的微分方程形式来说明重点,

$$\frac{dy}{dx} = x。$$

我们已知y是x的一个函数,它的导数等于x。我们所求的是将y表

1.或"有心力",许多宇宙中最基本的力都是有心力,比如万有引力、静电力。但是,磁力是非有心力。(译者注)

示成x的函数。更一般地,我们也用同样的方法求解下面这个方程,

$$\frac{dy}{dx} = f(x),$$

这个一般问题所求的是哪个(x的)函数y,它关于x的导数(变化率)等于 $f(x)$?假定我们能找到这个所求的函数(即假设这样的函数存在),那么我们将它称为 $f(x)$ 的反导数,并用 $\int f(x)dx$ 来表示——这样假设的理由马上就会清楚。目前我们只要知道, $\int f(x)dx$ 象征着一个导数等于 $f(x)$ 的函数(如果它存在的话)。

通过检验,我们得出上面第一个方程的解是 $\frac{1}{2}x^2 + c$,其中c是一个常数(不随变量x变化的数)。因此,我们有 $\int xdx = \frac{1}{2}x^2 + c$。

即便在这样简单的例子中我们都可以感受得到,对于看上去比较简单的函数 $f(x)$,计算 $\int f(x)dx$ 的问题也可能超出了我们的能力范围。这不意味着,随意选择一个 $f(x)$,只要微分方程用已知函数表示就一定存在一个"答案"——可以求解出答案的几率是"不可数集"中的无穷数(最坏的情况)比一。当一个物理问题推导到最后就是一个噩梦般的微分方程时,人们就会采用一些近似方法,得到满足一定精准度的结果。

有了微积分中的两个基本概念, $\frac{dy}{dx}$ 和 $\int f(x)dx$,现在我们就可以描述将它们联系起来的微积分基本定理了。为了便于理解,我们通过一张图来说明,不过在准确的证明过程中画图是不必要也是不合乎要求的。

考虑一段连续的单值曲线,在笛卡尔坐标中它的方程记为

$y = f(x)$。所求的是这条曲线、x轴和两条垂线段AA'与BB'之间所围成的面积，其中两条垂直线段是从曲线上的任意两点A和B做垂线分别与x轴相交于A'点和B'点得到的。OA, OB'的距离分别是a, b——即A'点、B'点坐标为$(a, 0)$，$(b, 0)$。我们按照阿基米德的做法进行，把所求面积分割成一些等宽的平行长条，通过忽略掉这些长条顶端的小三角形（其中一个小三角形由图中的阴影部分所示）来把它们看作矩形，将这些矩形的所有面积求和，最后当矩形的数量无限增多时，计算这个和的极限。这一切都很不错，但是我们该如何计算这个极限值呢？它的答案无疑是曾经由数学家发现的最令人瞠目的结论之一。

首先，求出$\int f(x)dx$的表达式，不妨设结果为$F(x)$。把a和b分别代入$F(x)$，得到$F(a)$和$F(b)$的值。之后用第二个值减去第一个，$F(b) - F(a)$。这就是所求得的面积。

注意，在给定曲线方程$y = f(x)$后，曲线在点(x, y)处的切线斜率（正如在费马那一章所看到的）$\dfrac{dy}{dx}$与相对于x的变化率等于$f(x)$的函数$\int f(x)dx$或$F(x)$之间存在关系。我们刚才说到，所求的面积，也就是用阿基米德的方式所得到的一个极限和，可以由$F(b) - F(a)$给出。因此，我们就将斜率（或是导数）与极限和（或是定积分，现在的叫法）联系在一起了。符号$\int$是S的旧时写法，是单词"Summa"（和）的首字母。

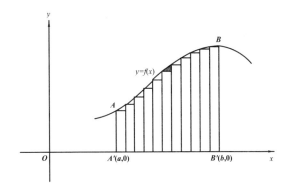

将这一切用符号语言写成一个公式，问题中所求的面积我们写作

$\int_a^b f(x)\mathrm{d}x$。其中a为和的下限，b为上限。于是，我们有

$$\int_a^b f(x)\mathrm{d}x = F(b) - F(a)$$

其中，$F(a)$、$F(b)$ 的值是通过计算"不定积分" $\int f(x)\mathrm{d}x$ 得到的，即通过找到这样的 $F(x)$，使它关于x的导数 $\dfrac{dF(x)}{dx}$ 等于 $f(x)$ 便得到了不定积分。这就是牛顿和莱布尼茨各自独立发现的微积分基本定理（牛顿发现了它的几何形式）。为谨慎起见，我们再次强调，这里我们不考虑现代论述中所必须添加的大量细节。

用两个简单却重要的问题就可以将微积分中的主要概念大致囊括起来，在先驱者们看来也是如此。目前为止，我们只考虑了具有单一变量的函数。但是，自然界呈现给我们的都是具有几个变量的函数，甚至是有无穷多个变量的函数。

举一个很简单的例子，气体的体积V是气体温度T和施加在气体上的压力P的函数, 不妨写作 $V = F(T, P)$ ——不需要在此给出函数F的真实表达式。随着变量T, P的变化, V也会发生改变。但是, 假设变量T, P中只有一个发生变化, 而另一个保持常值, 从本质上来说我们就回到了一个变量的函数, 而 $F(T, P)$ 相对于这一变量的导数也可以被计算出来。如果T变化而P保持不变, $F(T, P)$ 关于T的导数就称为（关于T的）偏导数, 为了表示出有一个变量P此时保持不变, 会用到一个不同的符号 ∂ , $\dfrac{\partial F(T, P)}{\partial T}$ 来书写这个偏导数。同样地, 如果P变化而T保持不变, 我们就会得到 $\dfrac{\partial F(T, p)}{\partial p}$ 。和普通的二阶导数、三阶导数……等的情形完全一致, 我们也有对于偏导数的同样类比。因此,

$\dfrac{\partial^2 F(T, p)}{\partial T^2}$ 就表示 $\dfrac{\partial F(T, P)}{\partial T}$ 关于T的偏导数。

数学物理中绝大部分的重要方程都是偏微分方程。拉普拉斯方程就是一个著名的例子, 它也被叫作"连续性方程", 出现在牛顿万有引力理论、电磁理论、流体力学以及一些其他地方, 这个方程是:

$$\frac{\partial^2 u}{\partial x^2} + \frac{\partial^2 u}{\partial y^2} + \frac{\partial^2 u}{\partial z^2} = 0 \text{。}$$

在流体运动中, 这个式子是对"理想"流体（该流体中没有漩涡）质量守恒这一事实的数学表述。对这个方程的推导在这里不适宜给出, 但是对它的含义进行一下解释可以让它看起来不会那么神秘。如果流体中没有漩涡, 那么就可以计算出流体中任意质点平行于x轴、y轴、z轴的三个速度分量, 可以由同一个函数u的偏导数来表示:

$$-\frac{\partial u}{\partial x}, -\frac{\partial u}{\partial y}, -\frac{\partial u}{\partial z}$$

函数u由具体的运动情境决定。将这一事实与显而易见的推论结合起来，也就是说，如果流体是不可压缩且无损耗的，那么任意小体积内每秒钟流出的流体就应该与流入它的流体一样多；并且注意到每秒钟流过任意小面积的流量等于流速乘以这块面积；这样我们就会看到（通过结合这些推论，并计算总的流入量和总的流出量之后）拉普拉斯方程多少有点儿旧瓶装新酒的意思。

上述方程以及数学物理中一些其他的方程特别令人惊讶的一点在于，当利用数学推理在物理学的旧瓶里倒上新酒之后就会带来意想不到的信息，这些新酒就绝不是老生常谈的东西了。后面章节中会提到对物理现象的"预判"，就是通过把这种司空见惯的事实经过数学处理得到的。

不过，处理这类问题的过程中产生了两个非常现实的困难。第一个是物理学家的困难，他必须能感知到，他的问题中哪些复杂的地方是可以被简化又不至于对问题的理解造成干扰，这样他才能把问题转化成数学语言。第二个困难关乎于数学家，而这一点也会将我们引入到一个非常重要的问题面前，它被称为边值问题——在这部分对微积分的概述中，这是我们最后要提到的一点。

科学并不是把一个像拉普拉斯方程一样的式子扔给数学家，让他去求个通解就万事大吉了。科学（通常）需要的是更难获得的东西：一个特解。它不仅要满足方程，还要满足求解的特定问题所给出的一些附加条件。

这件事可以通过一个热传导的问题来简要地阐明。导体中的热

"运动"可以用一个一般方程（傅里叶方程）来描述，这个方程与流体运动的拉普拉斯方程类似。假设有一根圆柱形杆，其两端保持一个恒定温度，曲面部分保持在另一个恒定温度，我们要求解的是它最终的温度分布。这里"最终"的意思是杆上所有位置的温度都达到了"稳定状态"——温度不再进一步发生改变。这个解一定不仅满足热运动的一般方程，还一定要符合曲面温度，即初始边界条件。

第二点是更困难的部分。因为圆柱杆的问题和横截面为长方形的方形杆相应问题差别很大。边值问题理论要解决的问题就是求得符合规定初始条件下的微分方程的解。这个理论中的大部分都是过去80年创造出来的成果。在某种意义上，数学物理是与边值问题的理论一起发展起来的。

牛顿伟大的灵感之二是他于1666年在伍尔索普时想到的万有引力定律（前面有这个定律的表述），那时他还是一个二十三、四岁的年轻人。在这一点上，我们将不再重复那个苹果坠落的故事。为了与千篇一律的传统解释有所区别，我们会在讲到高斯时给出高斯关于这个传奇故事的版本。

大部分官方说法都认可牛顿在1666年间（那时他24岁）确实进行过一些粗略的计算，以验证他的万有引力定律是否能够推导出开普勒定律。许多年过后（在1684年），当哈雷问牛顿什么样的引力定律能够解释行星的椭圆轨道时，牛顿随即便回答说，是"平方反比定律"。

"你是怎么知道的呢？"哈雷问道——这个问题是他在克里斯托弗·雷恩爵士和其他一些人的怂恿下提出的，因为一场关于这个问题的激烈争辩已经在伦敦上演一段时间了。

"原因嘛，我计算过了。"牛顿回答道。牛顿之前在尝试复原计算的过程中（原稿已经遗失了）犯了个小错误，让他认为自己的结论搞错了。不过这时他已经找到了自己的错误，并验证了初始的计算结果。

牛顿万有引力定律的发表推迟了20年，对于这个由于不准确的数据造成的本可以避免的失误，众说纷纭。在三种解释中，这里更倾向于给出一种浪漫色彩不及另外两种说法，但是与数学关系更大一点儿的解释。

牛顿推迟发表的根本原因在于有个积分问题他无法给出答案，而正如我们在牛顿定律那里所看到的一样，这个积分问题就是整个万有引力理论的关键。在牛顿能够把苹果和月球的运动都解释清楚之前，他必须得先求出一个均匀的实心球体对任意一个位于球外的质点总的吸引力大小。因为球上每一个质点对球外质点的吸引力都会与两个质点的质量乘积成正比，与它们之间距离的平方成反比：那么，所有这些——无穷多个——单独的引力要如何复合或是加成一个合引力呢？

很明显，这是一个积分问题。今天它被当作例题写进了教科书，而年轻的学生们用不到20分钟的时间就能求得答案。不过，它让牛顿推迟了20年。当然，他最终还是解决了这个问题：这个引力等同于球体全部质量集中在球心这一点时对球外质点的引力。因此，这个问题简化成了求两个质点在相隔给定距离时的引力，用牛顿定律的内容就可以直接给出这个问题的答案。如果这就是20年迟迟不发表的真正原因，我们就可以从中体会到，自牛顿那时起一代代的数学家们付出了多么巨大的劳动去发展并简化微积分，才使它达到了每个16岁的普通孩子都能有效运用这个方法来解决问题的程度。

尽管我们对牛顿的兴趣重点围绕在他作为数学家所做出的伟大事业上，但是我们不能只讲到1666年他的一些尚未成熟的杰作之后就缄口不谈。如果这样做，只会使我们对他的重要地位一无所知，所以我们将会继续对他在其他方面的发展进行一个简短的梳理，不过（由于篇幅所限）每一件事我都不会赘述过多的细节。

　　回到剑桥后，牛顿在1667年被选为三一学院的研究员，又在1669年，他26岁时，接替巴罗担任卢卡斯数学教授。他起初演讲的内容是光学。在这些演讲中，他详细解释了自己的发现并草拟了他的光的微粒理论，根据这一理论，光是由一种粒子的辐射所组成的，而不是像惠更斯和胡克所宣称的那样是一种波动现象。虽然这两种理论看似矛盾，但是它们今天在与光现象有关的问题中都起到了重要作用，而且从纯数学的意义上来说，它们在现代量子理论中是和谐统一的。因此，现在我们就不能再像几年前那样，认为牛顿微粒理论是完全错误的理论。

　　接下来的一年里，也就是1668年，牛顿亲手制作了一台反射望远镜，并用它来观测木星的卫星。不用说，他这样做的目的就是通过观察木星的卫星来验证万有引力是否真的是在万物上均有体现。这一年也是微积分历史上值得纪念的一年。墨卡托[1]利用无穷级数的方法对双曲线围成面积的计算引起了牛顿的注意。这个方法实际上与牛顿自己还未经发表的方法完全一致，不过他这时把他的方法也写了下来，交给巴罗博士，允许在几位比较好的数学家中传阅。

　　1672年牛顿入选了皇家学会之后，他提交了自己在望远镜和光的

1.墨卡托（Gerardus Mercator, 1512-1594），出生于荷兰，是地图发展史上的划时代人物，精通天文、数学和地理，开辟了近代地图学发展的广阔道路。（译者注）

微粒理论的这方面工作。皇家学会成立了一个三人委员会，就牛顿在光学部分的工作提出报告，其中就包括不太好相处的胡克。胡克滥用了自己作为评委会成员的职权，以牺牲牛顿的利益为代价抓住这个机会宣传自己和他的波动理论。起初，牛顿对于批评持冷静的科学态度，但是当两位来自比利时列日省的数学家吕卡（Lucas）和物理学家利努斯（Linus）加入了胡克的行列在一旁添油加醋，而反对意见也很快从据理力争变成吹毛求疵和无理取闹的攻击时，牛顿逐渐开始失去耐心。

任何人读了牛顿第一次被激怒的辩论中所写的信件，都会相信牛顿遮遮掩掩、小心翼翼地维护他的发现并不是天性使然。这些信件中的语气从急切地想要澄清其他人难以理解的地方逐渐变成了一种困惑的口吻，他质疑科学家应不应当把科学当作私人恩怨的战场。他的态度很快又从困惑变成了心灰意冷的愤怒，他做出了一个伤心又有点儿孩子气的决定，将来不再同他们打交道。他就是不能做到甘心忍耐怀恶意的愚妄人。[1]

最终，牛顿在1676年11月18日的信件中写道："我深知我已经把自己变成了哲学的奴隶，但是如果这能让我摆脱吕卡先生，我将毅然决然地和哲学永别，仅保留我为了私下消遣以及留待身后发表的东西。因为我明白，一个人若非下定决心不再发表什么新的理论，他就要沦为一个奴隶为它据理力争。"在关于非欧几何的事件上，高斯也表达过几乎完全一致的感慨。

牛顿受批评时的坏脾气和他对于无聊论战的恼怒在《原理》出

---

1. "suffering fools gladly"，出自《新约圣经》哥林多后书 11：19，圣保罗给哥林多教会所写的第二封书信。（译者注）

版后又再次爆发出来。他在1688年6月20日写给哈雷的信中说道："哲学【科学】是一个傲慢无礼又与人争辩的女人，男人与其要忍受她的胡搅蛮缠，还不如直接去打官司。我早就发现了这个道理，现在我也不再接近她了，可是她向我发出了警告。"事实上我们也得承认，数学、动力学和天体力学是牛顿次要的兴趣点。他的心之所向在他的炼金术、他的年代学研究以及他的神学研究上。

仅仅是因为内心冲动的驱使，牛顿又转而研究起数学，作为闲暇时光的消遣。早在1679年，他还是37岁时（但这时候他已经决定将他主要的发现和发明都牢牢地封锁在自己的头脑或是柜子里了），他就给心怀鬼胎的胡克写过这样一段话："在过去的几年里，我一直努力让自己从哲学转向对其他领域的研究，到现在我除了在闲暇时光需要换换脑子时思考一下哲学问题之外，我已经很久不在这方面花时间了。"这些"换换思路"的消遣有时比他光明正大的工作更需要花费他的时间和精力，因为当他夜以继日地思考月球运动的问题时，他甚至让自己得了重病，而这个问题是他说过的唯一曾使他头疼的问题。

在1673年春天，牛顿一点就着的脾气又体现在了另外一个方面，当时他写信给奥尔登伯格，要辞去他在皇家学会的会员身份。这一任性的举动被解读成各种各样的原因。牛顿给出的理由是经济上的困难，还有他距离伦敦路程很远。奥尔登伯格按照这个怒气冲冲的数学家字面上的意思理解了他的话，并跟他说按照章程他可以保留他的会员资格而不缴纳会费。这使牛顿恢复了理智，他撤回辞呈的同时语气也平和了许多。即便如此，牛顿依然认为他即将陷入困境。不过，他的经济状况不久就得到了好转，这让他感觉好了一些。这里不妨指出，在关于钱的问题上，牛顿可不是撒手不管还一心想暴富的空想家。他非常精明，去世时已经算得上是那个年代的富翁了。尽管他既精明又节俭，他花钱时也很大方，朋友有困难时他总是尽可能不着痕迹地出手相助。特别是对年轻人，他会尤其慷慨。

1684年到1686年的这几年标志着整个人类思想史上的一个伟大时代。在哈雷的巧言相劝下，牛顿最终同意将他在天文学和动力学方面的发现记录下来以供发表。也许从来没有哪个人曾像牛顿创作他的《自然哲学的数学原理》[1]时那样努力又执着地思考了。牛顿从来不注意他的身体健康，在他全身心地投入到这部著作的创作中时，他似乎已经忘记他还有一个需要食物和睡眠的身体。他不去吃饭或是忘记吃饭，从短暂的睡眠中醒来后他会以衣服穿了一半的状态在床边坐上几个小时，穿梭在他的数学迷宫中寻找出口。《原理》于1686年被提交给了皇家学会，又在哈雷的出资下于1687年出版。

在这里我们不可能将《原理》的内容一一列举，但是可以简要地展示一下它所包含的无尽宝藏中的一小部分。使整部著作富有生命力的灵魂在于牛顿的动力学、他的万有引力定律，以及二者在太阳系——"宇宙系统"——中的应用。虽说微积分已经从综合的几何证明中消失，但是牛顿（在一封信件中）说过，他先使用了微积分来发现他的结果，在得到结果以后，再着手为微积分给出的证明重新赋予几何意义，这样一来，与他同时代的人就更容易抓住最重要的主题——也就是天体在动力学上的和谐统一。

首先，牛顿从他自己的万有引力定律中推导出了开普勒的经验定

---

1. 原文为法语：*Philosophiae Naturalis Principia Mathematica*。（译者注）

律，并给出了太阳质量的计算过程，和任何一个具有卫星的行星的质量应该如何确定。其次，他首创了极其重要的摄动理论：举例来说，月球不仅被地球吸引，也被太阳吸引。因此，月球的轨道就会在太阳的牵引下发生摄动。根据这一原理，牛顿对依巴谷（Hipparchus）和托勒密[1]得到的两个古代的观测结果做出了解释。现在到了我们这一代，人们已经目睹了高度发展的摄动理论在电子轨道上的应用，尤其是在氦原子的电子轨道中的应用。除了这两个古代的观测结果之外，万有引力定律还推导出了另外七个由第谷·布拉赫（Tycho Brahe, 1546–1601）、弗拉姆斯蒂德（Flamsteed, 1646–1719）等人观测到的月球运动的不规则现象。

关于月球的摄动就说这么多，同样的方法也适用于行星。牛顿开始了对行星的摄动理论的研究，到了19世纪，这一理论引出了海王星的发现，又在20世纪，人们发现了冥王星。

在迷信的人眼中，彗星依然是来自愤怒天神的警告。"目无法纪"的彗星作为太阳系家族中没有威慑力的一员也会受到万有引力的作用，在这个规则的作用下彗星的运动精准到我们现在可以计算出它们华丽的回归，并提前做好准备迎接它们（除非木星或其他外星球的干扰对它们产生了显著的影响），比如我们在1910年就做到了，美丽的哈雷彗星在离开了74年后按照预计的时间准时返回。[2]

牛顿开始了行星演化的广泛而仍不完整的研究，他计算了（通过

1．克罗狄斯·托勒密（Ptolemy，约公元90- 公元168），希腊数学家、天文学家、地理学家和占星家。（译者注）
2．原文如此，哈雷彗星通常每隔 75–76 年回归一次。（译者注）

他的动力学和万有引力定律）由于周日运动[1]导致的地球两极处的扁率，并证明了一颗行星的形状会决定它一天的时长，所以如果我们准确地知道了金星在它的极点处的扁率，我们就能知道它绕着两极连成的轴线完整地自转一周需要多长时间。他计算了不同纬度处的重量变化。他证明了一个以同心球面为边界的均质的中空壳体，对于一个处在壳体边界内任何位置的小物体都不会施加力的作用。最后一个结论在静电学中有着十分重要的影响——它在小说界也时常出现，被用来当作一个很有趣的科幻概念。

岁差现象[2]可以被完美地解释为：月球和太阳在地球上的赤道隆起处的牵拉作用，使我们的行星产生了像陀螺那样的摆动效果。神秘的潮汐现象自然也归属于这个庞大的机制——月球潮汐和太阳潮汐都得到了计算，通过观测到的大潮和小潮的高度，月球的质量也被推算了出来。《原理》的第一卷书铺设了动力学原理；第二卷的内容包括在有阻尼的介质中物体的运动，以及流体运动；第三卷是著名的"宇宙体系"。

或许，再没有其他的自然定律像《原理》中牛顿的万有引力定律一样，把这样多的自然现象如此简单地统一起来。这是生活在牛顿那个时代的人的功劳，尽管只有寥寥无几的人能够明白这个推理的过程，他们至少依稀认识到牛顿所做这些事情的重要意义，通过这番推理，人们成功地实现了将自然现象统一在一起的惊人奇迹，它也将《原理》的作者推到了举世闻名的高度。没过多久，剑桥大学（1699年）和牛津大学（1704年）便开始了牛顿系统的授课。法国沉睡了半个世纪，在经

1.diurnal rotation。（译者注）
2.the precession of the equinoxes。（译者注）

历了笛卡尔天国漩涡的急旋后依旧神志不清。但是不久之后,神秘主义就被理性推理所代替,并且牛顿发现,他最伟大的后继者不在英国而是在法国,在那里,拉普拉斯担负起了继续和完善《原理》的任务。

《原理》之后剩下的事情就显得有些平淡无奇。虽然月球理论依然困扰着牛顿,也能让他得到"消遣",但他暂时厌倦了"哲学",期待着有一些机遇能让他转而研究与天体问题关联较少的内容。詹姆斯二世是个固执的苏格兰人,也是个盲从的天主教徒,他不顾学术权威们的反对,决定强迫大学为一个本笃会教派的教徒授以硕士学位。牛顿是1687年去伦敦出席高级法院大学诉讼案的委员会成员之一,高级法院的首席法官是那个高高在上却粗鄙下流的法学家、大法官乔治·杰弗里斯——历史上人们将他称为"无耻的杰弗里斯"。杰弗里斯娴熟地将委员会的带头人辱骂了一番之后,又遣散了委员会其他的成员,勒令他们不要再犯这样的罪。显然,牛顿此时没有作声。现在像杰弗里斯这样待在他自己的狗窝里的人,一点儿好处都得不到。但是当其他人即将签署不光彩的妥协方案时,是牛顿让他们挺起了腰杆,阻止了他们的签名。在那天,他取得了胜利。他们没有损失任何有价值的东西——甚至是荣誉。后来他这样写道:"当面对这样的事情时,真正的勇气能够护卫一切,法律站在我们这一边。"

剑桥大学显然很欣赏牛顿的勇气,因为在1689年1月,他被推选代表学校参与公约议会,这时詹姆斯二世已经逃离了英国,让位给奥兰治的威廉和他的玛丽,而忠诚于旧主的杰弗里斯也为了逃脱暴民的正义惩罚而扎进了粪堆。牛顿一直出席议会,直到1690年2月议会解散。值得称赞的是,他从未在此发表言论,但是他忠于职守,也不反对政治; 在让动荡的大学保持对正直的国王和王后的忠诚方面, 他的外交手段起到了很大的作用。

牛顿在伦敦体验"真正的生活"表明了他在科学方面的没落。一些具有影响力也爱管闲事的朋友们, 包括以《人类理解论》而闻名的哲学家约翰·洛克[1], 让牛顿相信他没有得到自己应得的那份荣誉。盎格鲁-撒克逊血统的英国人极其愚蠢的地方在于, 他们盲目地相信政府公职, 相信一个管理职位就是给一个有才智的人的最高荣誉。终于(在1699年), 英国人让牛顿当上了造币厂厂长, 以改革和监督王国的货币。在矫揉造作到极致的程度上, 只有戴维·布鲁斯特爵士(Sir David Brewster)为这件事的喝彩能超过《原理》作者这次"升迁"事件本身, 他在(1860年出版的)《牛顿传》中写道, 这次"当之无愧的奖赏"使得牛顿的天赋得到了英国人民的认可。当然, 如果牛顿真的想获得这类东西也无可厚非, 他已经获得的权利比想做什么就做什么还要多出百万倍。不过, 那也不需要他那些爱管闲事的朋友在一旁撺掇。

事情也并非一蹴而就。查尔斯·蒙塔古, 也就是后来的哈利法克斯伯爵, 是三一学院的研究员和牛顿的密友, 在业务繁忙、八卦起来又没完没了的臭名昭著的日记作家塞缪尔·佩皮斯的支持和恩惠下, 在洛克和牛顿本人的煽动下, 他开始进行一些幕后的操作, 以给牛顿谋求到

---

1. 约翰·洛克(John Locke, 1632-1704), 英国哲学家、医生, 被广泛认为是最有影响力的一个启蒙思想家和俗称"自由主义"之父。人们认为他是英国最早的经验主义者之一, 按照弗朗西斯·培根爵士的传统, 他对社会契约论同样重要。他的工作极大地影响了认识论和政治哲学的发展。他的著作影响了伏尔泰、让·雅克·卢梭(Jean-Jacques Rousseau), 许多苏格兰启蒙思想家以及美国革命者。他对古典共和主义和自由主义理论的贡献反映在《美国独立宣言》中。(译者注)

一些他所"相称"的好处。

显然，协商并不总是能够顺利地进行，牛顿多少有些多疑的秉性使他相信，他的一些朋友正在设计他——他们也很有可能会这样做。睡眠匮乏和食不甘味让他能够在18个月中创作出《原理》，现在这些不好的生活习惯也开始对他展开报复。在1692年的秋天（这时他将近50岁，本应是他最好的年纪），牛顿生了一场重病。对所有食物的厌恶再加上几乎完全无法入睡，加剧了他暂时性的被害妄想，使他陷入了濒临精神崩溃的危险状态。1693年9月16日，他康复后写给洛克的一封悲惨的信件表明了他曾经病得多么严重。

先生：

我一直以为你在竭力用女人的事或一些其他的手段以陷我于纷扰之中[1]，这个想法极大地影响了我的判断，以至于当我得知你生了病，活不了多长时间的时候，我回答那个人说，"你还是死了比较好。"我请求你宽恕我这样不厚道。因为我现在认为你所做的都是公正的，我请求你原谅我在这件事情上把你想得那么坏，原谅我说你在表达你思想的书中所写的、打算在另一本书中深入探讨的一条原则违背了道德根基，也原谅我把你当作霍布斯理论[2]的鼓吹者。我要是说过让我参与政府职务或是让我卷入纠纷是背后有人设计，或是有过这样的想法，也恳请你的谅解。

你最谦卑，也是你最不幸的仆人

艾萨克·牛顿

1.曾经有传言称，牛顿最喜欢的侄女用她的魅力让牛顿升迁到了更高的职位。（作者注）
2.十七世纪英国哲学家霍布斯提出了基于人性恶判断的国家观。人性恶假定否定了"完人""圣贤"存在的可能性，是一个比人性善更深刻的命题。（译者注）

牛顿生病的消息传到了欧洲大陆，自然而然，这个消息在那里被夸大了许多。他的朋友们都为他的康复感到欣喜，其中也包括那位即将成为他最大敌人的人。莱布尼茨写信给一位熟人，表达了牛顿又恢复到常态的结果令他感到满意。但是就在他康复的这一年（1693年），牛顿得知了情况，他第一次了解到微积分在欧洲大陆的知名度越来越高，而且人们普遍把它归功于莱布尼茨。

在《原理》出版后的十年里，牛顿差不多把时间平均地分配给了炼金术、神学以及对付探索月球理论所带来的焦虑上，他在这方面的研究多少有些不受控制也令他感到有些痛苦。牛顿和莱布尼茨依然会友好地往来。他们各自的"朋友"，比如卡菲尔人对整个数学领域都一知半解，对微积分更加一无所知的人们，此时还没有决定让两人以对方剽窃微积分发明的罪名，或是以对方做过的甚至更恶劣的不诚实行径而相互攻击，展开一场数学史上关于优先权的最可耻的争论。牛顿是承认莱布尼茨的功绩的，莱布尼茨也承认牛顿的成果。在他们交往的这个和平阶段，两人一刻也未曾怀疑过，对方曾经从自己这里盗取了哪怕一丁点儿微积分的思想。

后来到了1712年，这个时候即便是路上的行人——对事实真相一无所知却有着强烈爱国之心的人——也依稀地认识到牛顿在数学上取得了一些巨大的成就（或许，正如莱布尼茨的评价，牛顿做到的事情比先前整个数学史中人类取得的成果还要多），于是谁发明了微积分的问题就变成了一个国家之间相互忌妒的尖锐议题，所有受过教育的英国人都在这位还有点儿没搞清状况的卫冕冠军背后团结了起来，狂叫着他的对手就是个小偷和撒谎的家伙。

起初并不是牛顿的过错，错也不在莱布尼茨。但是不久，牛顿作为英国人争强好胜的天性开始作祟，他对不光彩的抨击保持了默许态度，他自己也提出和同意了那些完全不正当的阴暗计划，以不惜任何代价——甚至不惜牺牲国家的名誉——来赢得这场国际比赛的胜利。莱布尼茨和他的支持者们也做了同样的事情。这样做的全部结果就是，在牛顿去世后整整一个世纪中，故步自封的英国人几乎在数学上销声匿迹，而更追求进步的瑞士人和法国人追随了莱布尼茨的引导，发展了他将微积分只写作符号的绝佳方式，从而完善了这门学科，并使它成为研究过程中简单又易于应用的工具，而紧接着承接了牛顿工作的英国人本该能做出这些成果并得到这份荣誉。

在1696年，54岁的牛顿成为了造币厂的监督人。他的工作内容就是完成货币改革。完成了这项工作后，他在1699年被升为造币厂厂长。在世世代代具有最高智慧的人坠入凡尘的这件事上，唯一令数学家们感到满意的一点在于，它给数学家缺乏实际头脑的愚蠢迷信提供了辩驳的依据。牛顿是造币厂曾经有过的最好管理者之一，他很认真地对待他的工作。

在1701—1702年，牛顿再次代表剑桥大学出席议会，并于1703年当选为皇家学会主席这一体面的职位，直到于1727年去世之前他也一次又一次地连任。1705年，他被英明的安妮女王封为爵士。或许，这项荣誉是为了表彰他作为币制改革者的贡献，而并不是为了认可他在智慧殿堂中的卓越地位。这也是理所当然的，因为如果"在外套上别一条绶带"是对一个政治叛徒的奖赏，那么当自己的名字出现在生日宴上国王授予的荣誉名单上时，一个聪明又正直的人又凭什么感到荣幸呢？或许把凯撒的东西归于凯撒，我们心甘情愿[1]。但是当一位科学家，作为一名科学家还去争抢从皇室餐桌上掉落的食物，我们就觉得他与财主的筵席上舔乞丐烂疮的癞皮狗没有什么两样了[2]。我们希望牛顿被封为爵士是因为他在货币改革上的贡献，而不是因为他在科学上的成就。

牛顿在数学上江郎才尽了吗？我敢最肯定地说"没有"。他仍然能与阿基米德抗衡。不过那位幸运地出生于贵族家庭的希腊老者则更明智一些，一向都属于他的那个位置给他带来了多少荣誉，他丝毫都不在乎，直到长寿生命的最后一刻，他所具备的数学能力依旧不减当年。若没有在避免疾病和贫穷上出现意外，数学家们在智力上是长寿的种族，他们的创造力比诗人、画家，甚至科学家的创造力都会多留存数十年之久。牛顿在智力上仍像过去那样强健有力。要是他的那些好管闲事的朋友当初没有干涉他的话，牛顿可能轻而易举地就创造出了变分法——在物理学和数学领域进行探索时便利性仅次于微积分的工具，而不会把它留给伯努利家族、欧拉和拉格朗日来创造。在《原理》中，当牛顿要确定一个旋转面的形状，使得流体流经旋转面受到的阻力最小时，已经体现出了一点儿变分法的迹象。他有潜力将整个变分法的思路提炼出来。帕斯卡在为了更模糊但更令人满足的天国就抛下了这个世俗世界时仍然是一个数学家，同样，当牛顿放下了他在剑桥的研究工作，走进更吸引人的造币厂的秘密圣地时，他依旧是一位数学家。

1696年，约翰·伯努利和莱布尼茨两个人合伙对欧洲数学家发起了两个极端的挑战。第一个在今天仍有重要意义，第二个问题的重要

1.出自《新约全书》，将上帝的归上帝，凯撒的归凯撒。（译者注）
2.取自《圣经》。（译者注）

性不及第一个。第一个问题是，假设两个点被固定在一个竖直平面的任意位置，那么在重力作用下，一个质点在最短时间内从位于上方的点（无摩擦）滑落到位于下方一点的轨迹曲线是什么形状呢？这就是最速降线问题（即"最短时间"问题）。这个问题在困扰了欧洲数学家六个月之后又被重新提了出来，而牛顿第一次听说这个问题是在1696年1月29日一个朋友写给他的信件里。在造币厂度过了漫长的一天之后，他刚刚精疲力尽地回到家就看到了这封信。吃过晚饭，他便解决了这个问题（和第二个问题），并于第二天将自己的解答匿名寄给了皇家学会。但是，尽管他很谨慎，他也没能隐瞒住自己的身份——因为在造币厂期间，牛顿一直很厌恶数学家和科学家们为了引诱他参与科学意义上的讨论所做的各种努力。一看到这个解答，伯努利立刻喊道："啊！从他的利爪上我认出了这头狮子（这不是对伯努利的拉丁语原话的精准翻译）！"当他们看到牛顿时都能认出他来，哪怕他头上罩着个钱袋子，从始至终不说名字，他们也还是能认出来。

第二个能证明牛顿的活力不减当年的事情发生在1716年，在他74岁的时候。莱布尼茨草率地提出了一个在他看来很困难的问题[1]，作为对欧洲的数学家们，尤其是针对牛顿的挑战。也是在一个从该死的造币厂精疲力尽地回到家的下午五点钟，牛顿收到了它。当天晚上他就解决了这个问题。这一次，莱布尼茨还有点儿乐观地以为他成功地困住了这头狮子呢。牛顿能够在顷刻之间把他智慧的全部力量集中在解决一个困难的问题上，这种能力在整个数学史上都找不到比他更厉害的人

1.这个问题是要找出单参数曲线族的正交轨线（用现代术语来讲的话）。（作者注）

了（或许连与之相较的人都没有）。

一个人在他的一生中得到了大量荣誉的故事，对于后人来说没有什么好读的。值得一个活在世上的人去获取的一切事物，牛顿都得到了。总的来说，牛顿的一生是任何一位伟人可曾拥有过的幸运的一生。直到他生命的最后几年他的健康状况一直很好，他从来不戴眼镜，一生只掉过一颗牙齿。他在30岁时就白了头发，但直到去世的时候他的头发仍然又厚又软。

有关牛顿最后时日的记述更富有人情味，也更令人动容。即便牛顿这样的人也无法逃脱痛苦，在他生命最后的两到三年里，他用勇气和忍耐经受着几乎持续不断的痛苦，这又为作为一个普通人的他在他的冠冕上增添了另一个桂冠。尽管结石病让他汗如雨下，他依然毫不退缩地忍受着"小石子"的折磨，总是对那些守护在他身边的人说着安慰的话。终于，不幸之中的万幸，"一场停不下来的咳嗽"使他的身体变得极其虚弱，并最终在痛苦减轻的几天以后，牛顿在1727年3月20日凌晨1点到2点之间，于睡梦中安然长逝。他被安葬在威斯敏斯特教堂。

第七章　样样精通的大师
莱布尼茨

两项极大的贡献，一位政治家的后代。15岁的天才。被法律所吸引。"通用符号系统"。符号推理。被野心出卖。外交大师。外交就是这样，外交大师的功绩就留给了历史学家。狡猾的外交家成为了史学家，而政治家的身份也转变为数学家。伦理学的应用。对上帝存在的哲学论证。乐观主义哲学。徒劳、琐碎的四十载。像块肮脏的抹布一样被丢弃了。

就像任何一句民间谚语，"技多则不精"也有让人大跌眼镜的例外，而戈特弗里德·威廉·莱布尼茨（1646–1716）正是那些不落窠臼的人之一。

在莱布尼茨展现出他夺目天赋的众多领域中，数学只是其中之一：法律、宗教、国家治理、历史、文学、逻辑、形而上学和思辨哲学都受益于他所做出的贡献，在其中任何一个领域，他的名字都具有威望，他的成就都被人们铭记。说莱布尼茨是个"全才"一点儿都不夸张，但用在牛顿——这位莱布尼茨在数学上可与之相较，在自然哲学上却无法超越的人——身上就不那么合适了。

即便只在数学方面，同是将数学推理应用于解释物质世界现象

上，莱布尼茨的全面涉猎就与牛顿坚
定不移朝着唯一目标的方向前进形成
了对比：牛顿认为，在数学上只有一
个东西是绝对重要的；莱布尼茨则认
为有两个。其中第一个是微积分学，
第二个是组合分析。微积分是连续的
自然语言，组合分析对于离散好比微
积分对于连续（离散和连续的概念见
第一章）。在组合分析中，我们面对的
是一个包含着不同事物的集合，其中每

莱布尼茨

一个事物都具备它自己的特征，在最一般的情形下，我们所求的便是
这些完全互异的个体之间存在着何种关系。此时我们并不是要在整个
数学王国的人中放眼望去，找到整整齐齐的相似性，而是要看到在个体
之间，它们作为个体在任何方面可能具有的共同之处——很明显，共
同之处不会很多。事实上，所有我们将其称为组合分析的东西，似乎最
终都会归结为用不同方法对个体进行计算，然后将结果进行比较。这
样明显很抽象又看似收效甚微的做法就能够推导出任何重要的结论，
实属自然界的奇迹，不过事实就是如此。莱布尼茨是开创这一领域的
先驱者，他也是最早认识到，对于逻辑——即"思考的法则"——进行
剖析就是一种组合分析的人之一。到了我们所处的时代，整个学科正
在被算法化。

　　在牛顿看来，他的时代的数学思想需要明确的形式和主旨。不
可避免地，在经过卡瓦利（1598–1647）、费马（1601–1665）、沃利斯
（1616–1703）、巴罗（1630–1677）和其他人的工作后，微积分不久就会

被整合起来，成为一门独立的学科。牛顿就像一块在饱和溶液的临界瞬间被扔进溶液的晶体一样，将他所处时代悬而未决的思想凝结了起来，使微积分有了明确的形态。任何第一流的思想都同样有可能起到结晶体的作用。莱布尼茨是那个时代另一位具有第一流思想的人，他也赋予了微积分明确的形态。他不仅仅是一位将当时的思想表述出来的代言人而已，而牛顿在数学上只是仅仅做到了这一点。莱布尼茨要找到"通用符号"的梦想足足领先于时代两个多世纪，同样这仅就数学和逻辑而言。从迄今为止历史研究所表明的内容来看，只有莱布尼茨第二个伟大的数学理想是独一无二的。

在一个最有能力的头脑里，集结数学思想中两个广泛且对立的领域——即解析与组合分析，或连续与离散——在莱布尼茨之前没有先例，在他之后也无人后继。他是数学史上唯一一个在最高程度上具有这两种思想素养的人。他的组合分析方面反映在他的德国后继者的工作成果中，其中大部分都不足为奇，一直到20世纪，继布尔在19世纪的成果之后，怀特海与罗素做出的工作部分实现了莱布尼茨用一种通用符号进行推理的梦想。于是，通用符号对于数学组合分析方面涉及的所有数学思想与科学思想所具有的无与伦比的重要性，才变得显著起来，一如莱布尼茨所预测的它必然的发展趋势。今天，符号逻辑及其推广发展了莱布尼茨的组合分析方法，对于莱布尼茨和牛顿从一开始并发展到具有目前复杂度的分析，组合分析方法对于这类分析的重要性就像分析本身一样重要。因为自芝诺以来，数学分析的基础就被悖论和自相矛盾的说法所侵害，而符号法给出了清除数学分析中这些矛盾的唯一希望。

有关费马和帕斯卡在数学概率论的研究工作那里，我们已经提到过组合分析了。不过，这些只是莱布尼茨脑海中设想并追求的"通用符号"的一个细节问题，是莱布尼茨首先向着这个梦想迈进了一大步（之后我们会看到）。但是，微积分的发展和应用对18世纪的数学家们来说有着不可抗拒的吸引力，直到19世纪40年代，莱布尼茨的计划才被人们认真对待。此后，除了少数几个不追逐数学界流行趋势的人之外，它再一次被人们忽视，直到1910年，另一部《原理》，也就是怀特海和罗素所著的《数学原理》的问世，引发了在符号推理上的现代运动。

从1910年开始，这项计划便成为了现代数学最主要的议题之一。狭义组合分析理论（如帕斯卡、费马以及他们后人的应用）首次就是出现在概率论中，在一种说不清道不明的"无穷反复"的规则下，概率论最近又被纳入了莱布尼茨的计划，以对概率的基础概念做基本修正，而部分来自新近的量子力学研究的经验也表明，这样做是可取的。今天，概率论正逐渐成为符号逻辑帝国中的一块疆域——符号逻辑就是莱布尼茨广义上的"组合学"。

莱布尼茨在微积分的发明中起到的作用被记录在前一个章节中，我们也提到了他这部分工作所引发的那场灾难性的争议。在牛顿和莱布尼茨都已去世并被埋葬之后[1]，很长一段时间之内都是牛顿霸占了这所有的荣誉——或不光彩的名声，至少在所有讲英语的国家都是如此。

对于莱布尼茨的用一种符号系统将所有严格推理进行简化的伟

---

1. 牛顿被安葬在威斯敏斯特教堂，这是所有说英语的种族都尊崇的遗迹；莱布尼茨则被自己国家的人民冷漠地抛弃了，他被埋葬在一个不知名的墓地，只有挥动铁锹的工人和他的私人秘书在场，听到了泥土"砰砰"地击落在棺木盖上的声音。（作者注）

大计划，他本人并未细致阐明。这件事说来到现在也没有完成，但是他确实将一切都想好了，他也确实创下了具有重大意义的开端。为了赚得一文不值的荣誉和他根本不需要的更多的钱，他臣服于当时在位的王室，他海纳百川的头脑以及他生命最后几年中将他的精力消磨殆尽的争吵，所有这一切都妨碍他完整地创作出一部杰作，达到牛顿在《原理》中达到的高度。要是对莱布尼茨完成的成果、他参与的五花八门的工作以及他无休止的好奇心做一个简单的总结的话，我们就会看到失落感所造成的令人似曾相识的悲剧，这种失落感已经使不止一位具有最高水准的数学天才过早地凋逝——牛顿，他追求在众人心目中的形象，而这本不值得对他造成影响；而高斯，因为他需要得到比他笨的人的关注，就被引诱放弃了他更伟大的工作。在所有最伟大的数学家中，只有阿基米德从来没有动摇过。也只有他一个人出生在其他人都极力想要跻身其中的社会阶层；牛顿的做法直白而莽撞；高斯则是在间接地提升自己的社会地位，毫无疑问这是他潜意识中所向往的，他寻求已经获得声誉的人和具有公认社会地位的人对他的认可，尽管他自己是最单纯不过的人。所以，对于贵族地位最终可以得到这样的结论：由继承或是其他类型的社会区分而拥有贵族地位的人，正是贵族地位会教给这些幸运儿，它毫无价值的这个道理。

至于莱布尼茨的情形，他从贵族雇主那里沾染的贪图钱财的习性也造成了他才华的虚掷：他永远在整理这些有一半皇家血统的皇室私生子们的宗谱关系，他们的后代因此也会付给他慷慨的酬劳，他也永远在用他无人能及的法律知识去证明这些人对公国的合法要求，那是他们粗心的祖先们忘了私下留给他们的好处。但是，比他对金钱的渴望更悲惨的是，他那囊括一切的智慧、那种若是活了一千年而不是短短的七十年就能达到无所不能的天赋毁掉了他。正如高斯指责他的那样，莱布尼茨把他在数学上的杰出天赋挥霍在各种各样的学科中了，这样一来，就算他在数学上有至高无上的地位——这是高斯的评价——也不会有人能够对他成为卓越而予以期冀。但是为什么要责备他呢？他就是这个样子，不管愿意不愿意他也不得不"听天由命"。而正是他将自己的天赋分散在各处，才使他能够萌生出阿基米德、牛顿和高斯都错过的愿景——"普遍特征"。或许其他人可能会实现这个梦想，但莱布尼茨尽了自己的一份力来梦想它成为可能。

也许有人会说，莱布尼茨不是活了一辈子，而是活了好几辈子。作为一位外交官、历史学家、哲学家和数学家，他在每一个领域所做的工作都足以让一个普通人做一辈子。他于1646年7月1日出生在德国的莱比锡，比牛顿小4岁左右，与牛顿85岁的一生相比他只活了70岁，于1716年11月14日在德国的汉诺威辞世。他的父亲是一位道德哲学的教授，他出自一个三代为萨克森国王服务的名门世家。因此，小莱布尼茨就在有着浓重政治色彩的学术氛围中度过了他的幼年。

在6岁那年，他的父亲过世了，但是在此之前他已经从父亲那里继承下来了对历史的热爱。虽然莱布尼茨在莱比锡上学，但他主要是靠不停地阅读父亲的藏书自学。8岁时他开始学习拉丁文，12岁时就将这门语言掌握得很好，能够创作出为人称道的拉丁文诗歌。学了拉丁文，他又进而去学习希腊文，他也是主要凭借自己的努力去完成希腊语的学习的。

在这个阶段，他的心智发展同笛卡尔的经历相似：古典文学的研习已经满足不了他了，他转而去学习逻辑学。作为一个不到15岁的男孩儿，他尝试将古典学者、经院哲学家和基督教神父们所呈现出来的逻辑学进行整改，从这些尝试中他第一次萌生了他的通用表意文字（Characteristica Universalis）或是统一数学的想法，而正如库蒂拉[1]、罗素和其他人所论证的，这个观点就是通向他的形而上学的线索。由布尔在1847到1854年间发明的符号逻辑（将在后面的一章中讨论），只是通用表意文字中被莱布尼茨称为推理演算的这部分。他自己对于通用符号的描述将会在后面引用。

15岁时，莱布尼茨作为一名法律系的学生进入莱比锡大学学习。不过，法律并没有占去他全部的时间。在学校的前两年，他广泛地阅读哲学书籍，并第一次意识到有一个由开普勒、伽利略和笛卡尔这些现代哲学家，或者说"自然"哲学家发现的新世界。他明白，只有一个熟识数学的人才能理解这些新近的哲学，于是莱布尼茨在耶拿大学度过了1663年的暑假，在那里他旁听了埃哈德·魏格尔（Erhard Weigel，1625–1699）的数学讲座。韦格尔在当地颇有名望，但很难算得上是一位数学家。

回到莱比锡以后，他便继续专注于法律的学习。到了1666年，在他20岁时，他已经为取得法律博士学位做好了充足的准备。我们回想起来，正是在这一年，牛顿开始了他在伍尔索普的那段乡村生活，使他创立了微积分和万有引力定律。莱比锡大学的全体教员因为忌妒而脾气暴躁，官方以他年纪太小为由拒绝授予莱布尼茨博士学位，而实际上是因为莱布尼茨通晓的法律知识比所有这些迟钝的老师知道的还要多。

1.路易·库蒂拉，法国哲学家、逻辑学家、数学家。主要著作有《逻辑代数》《莱布尼茨的逻辑学》《逻辑原理》《数学原理》和《论数学的无穷》等。（译者注）

在此之前的1633年，他于17岁时已经凭借一篇优异的论文获得了他的学士学位，这篇论文预示了他后期成熟的哲学的一个基本原则。我们不占用篇幅对此展开讨论，但是可以提到一点，莱布尼茨的这篇论文有一种可能的解释，它的主题可以被理解为"将生物体作为一个整体来看待"的原则。一位进步的生物学家学派和另一位心理学家发现，这个观点对我们自己所处的时代会产生一些有意思的研究结果。

莱布尼茨对莱比锡大学教职员的卑鄙、小气感到厌恶，于是永远地离开了家乡，前往纽伦堡。到了位于纽伦堡的阿尔特多夫大学的分校，因他所作的一篇论文，关于法律教学的历史及一种新的法律教学方法，他立即在1666年11月5日被授予博士学位，不仅如此，他还被恳请接受大学法学教授的职位。但是，就像笛卡尔因知道自己这一辈子想要的是什么而拒绝陆军中将的任命一样，莱布尼茨也回绝了这个职位，说他有着全然不同的抱负。这些抱负是什么，他并没有透露。不过感觉这些抱负不大可能就是不久前命运把他踢进去的这个行当——给皇族血统的子弟当高级律师以从中取利。莱布尼茨的悲剧在于，他在遇到科学家之前就先结识了律师。

他的这篇关于法律教学和对法律教学提出修正意见的论文，是在从莱比锡到纽伦堡的路途中写就的。这反映了莱布尼茨的一个相伴一生的特点，无论在任何时间、任何地点、任何条件下，他都有能够投入到工作中的能力。他不间断地阅读、写作和思考。他的很多数学成果，更不用说他在思考永恒之内和超越永恒的一切事物时所产生的困惑，都是他乘着四处透风的破马车在颠簸的路上写下来的，当他受雇主反复无常的指示奔波于各处时，就是这样一辆破马车载着他在17世纪欧洲的赶牛小路上颠簸。他从这一切永无休止的事物中得到的收获就是一大堆在大大小小、质量不一的纸上写下的手稿，足有一个小草堆一样高，这些手稿从来没有被彻底整理过，更不用说出版了。现在绝大部分手稿被打包好，放置在了皇家汉诺威图书馆，它们等待着一支学者大军来做一番耐心的工作，从一堆稻草中将里面的麦粒拾拣出来。

无论是发表出来的作品还是未被发表的想法，莱布尼茨在纸上写下的一切都出自一个大脑，想来着实令人难以置信。因为这是颅相学家和解剖学家都感兴趣的一项课题，所以有人曾说莱布尼茨的颅骨被人挖出来过，测量之后发现，明显比正常成年人的颅骨小（这个说法的可信度我不得而知）。这其中可能有些什么道理，因为我们很多人都见过十足的白痴，他们像炖肉汤锅那样大的脑袋上就突兀着高耸的前额。

1666年是牛顿创造奇迹的一年，这一年对于莱布尼茨来说也很重要。在被他称为"学生时期论文集"的《论组合的技巧》中，这位20岁的年轻人立下了这样的目标，他要创造出"一个一般方法，将所有推理的过程简化为一种计算。与此同时，这也将会成为一种通用的语言或符号系统，但它与迄今为止人们设计出来的那些语言截然不同，因为其中的符号甚至用词都会对推理有所帮助。于是，除了已知事实中的错误之外，可能出现的错误只会是计算上的错误。发明或者组织这种语言和符号系统将会非常困难，但是它理解起来十分容易，不需要借助任何辞典"。在之后的一次描述中，他满怀信心地估计了执行他的计划所需要的时间（也有些过于乐观了）："我认为，选出几个人来在五年内就能够将这件事情完成。"直到他生命的末尾，莱布尼茨还在后悔被其他的事情过多地分散了精力，以至于没能实现他的想法。他说，要是自己更年轻一些，或是有几位有实力的年轻人做他的助手，他仍然能够将它实现——然而这不过是一个在谄媚权贵、贪恋欲望和策划阴谋中虚掷了光阴的天才惯用的托辞罢了。

有人在稍事预测之后可能会觉得，在同时期的数学家和科学家看来，莱布尼茨的梦想只不过是一个不可能实现的梦，它只会被当作在各方面都具有天赋、在其他方面也很理智的天才所萌生的一个执念而被人们委婉地忽视。在莱布尼茨于1679年9月8日写给惠更斯的一封信中（主要是在谈及几何学的问题，不过也在一般意义上讲到了推理的过程），他跟惠更斯讲述了一种"新的符号系统，它同代数完全不同，这种符号系统具有很大的优势，有助于人们在不画出图形的情况下，将一切依赖于想象的东西准确而自然地在脑海中呈现"。

这种用象征性的符号处理几何学问题的直接方式，在19世纪由赫尔曼·格拉斯曼发明了出来（他推广了哈密顿在代数上的工作成果）。莱布尼茨继而讨论了这项计划中本身就存在的困难，并于不久后强调了他所认为的这个理论比笛卡尔的解析几何优越的地方：

> "但是它的主要效用在于，通过符号的操作便能够得出结论和进行推理，它不需要太过精细的绘图（甚至不需要建模），也不会被过多的点和线所干扰，以至于求解问题的人不得不做无数次毫无意义的尝试。与此相反，这个方法会准确而简洁地导向（所需要的结果）。我相信，差不多像处理几何学问题一样，用这种方法也可以解决力学问题。"

莱布尼茨在通用符号系统上所做的一方面工作现在被称为符号逻辑，在这部分确定的内容中，我们可以引用他对于下面这些概念的主要性质给出的符号化表达：逻辑加法、逻辑乘法、否命题、恒等式、空集以及集合包含。如果读者需要其中某些概念的解释，或是需要了解逻辑代数的公设，那么我们必须要提前阅读布尔的章节。而所有这一切都被束之高阁了。要是莱布尼茨将这部分成果像种子一样广泛地播撒出去，就会被有才能的人拾起来培育，而不是到19世纪40年代才被人留意，那么数学史现在的样子可能就与它本来的面目完全不同了。几乎在任何时候都没有"发展太快了"这一说。

在20岁的年纪萌生了他的通用符号梦想之后，莱布尼茨不久就把精力转向了一些更为实际的事情上，他有了类似于公司法律顾问的身份，也成为了为美因茨选帝侯而奔波的人，美其名曰商务旅者。在完全没入政治这摊浑水以前，他在梦想国度进行了一场最后的狂欢，在纽伦堡一大批罗希克鲁斯会员们[1]的陪伴下，莱布尼茨将几个月的时间都投入到了炼金术上。

正是他自己那篇关于法律教学新方法的论文毁了他。这篇论文引起了一位政治家的注意，他是这位选帝侯的左膀右臂，他催促着莱布尼茨将这篇论文发表出来，这样其中一个出版物就有机会被威严的选帝侯看到。事情果然如此，而莱布尼茨也在一次和选帝侯的私人会面后，被指派去修订法典。不久，他又被委以各种各样圆滑世故、暗流涌动的重要任务。他成了一个第一流的外交官，他总是和蔼可亲、坦诚相待、光明磊落，不过从来都不会谨小慎微，甚至在熟睡的潜意识中都不会如此。他的天赋让他得出了那个被称为"势力均衡"的不稳定关系，或者至少部分原因是出自他的天分。至于莱布尼茨那份纯属愤世嫉俗的才华，他要以一场神圣的战争来征服埃及、教化埃及的宏伟梦想，甚至

---

1. 见第三章注释。（译者注）

在今日也是难以被超越的。当拿破仑发现莱布尼茨早他一步预想出这个崇高的愿景时，他感到十分懊恼。

直到1627年，莱布尼茨对那个时代的现代数学理论几乎还是一无所知。当时他26岁，在惠更斯的指导下他开始了自己真正的数学教育，惠更斯是他在巴黎执行两次外交谋划的间隔中遇见的。克里斯蒂安·惠更斯（1629–1695）是一位成功的数学家，尽管他主要的身份是物理学家，他的一些最好的工作体现在测时法和光的波动学说上。惠更斯送给莱布尼茨一份他自己所写的关于钟摆的数学研究成果。莱布尼茨被数学方法经由行家之手后所产生的效用迷住了，他请求惠更斯给他上课，惠更斯也欣然照做了，他看出莱布尼茨具备第一流的头脑。莱布尼茨已经草拟了一份令人印象深刻的清单，上面记着他通过自己的方法——通用符号的词汇——所做的发明。这其中有一个就是计算器，比帕斯卡发明的只能处理加减法的计算器要高级很多；莱布尼茨的计算器还能做乘法、除法和开平方的运算。在惠更斯专业的指导下，莱布尼茨很快进入了角色。他是一个天生的数学家。

从1673年的1月到3月，莱布尼茨缺席了课程，他作为选帝侯的公使去了伦敦，课程也因此中断。在伦敦期间，莱布尼茨会见了一些英国的数学家，给他们看了一些他自己的工作，直到这时才发现他的研究成果已经为人所知。他的英国朋友们跟他讲述了墨卡托求双曲线面积的方法——这是引导牛顿发明微积分的线索之一。这让莱布尼茨知道了无穷级数的方法，他接下来研究了无穷级数。其中一个发现值得注意［有时这项发现被归功于苏格兰数学家詹姆斯·格雷果里（1638–1675）］：如果π是圆的周长与它的直径的比值，那么就有：

$$\frac{\pi}{4}=1-\frac{1}{3}+\frac{1}{5}-\frac{1}{7}+\frac{1}{9}-\frac{1}{11}+\cdots$$

这个级数会按照同样的规律继续下去,直到无穷。这不是一个计算π的数值(3.1415926……)的有效方法,但是它所给出的π与一切奇数之间存在的简单关系是引人注目的。

莱布尼茨在伦敦逗留期间,参加了皇家学会的会议,并向皇家学会展示了他的计算器。因为这项发明以及他在其他方面的成就,在1673年3月回到巴黎之前,他当选为皇家学会的外籍会员。他和牛顿随后(1700年)又成为了法国科学院的第一批外籍成员。

惠更斯十分满意莱布尼茨在离开巴黎的这段时间所做的工作,他激励莱布尼茨继续做下去。莱布尼茨将每一分空余时间都投入到了他的数学上,并于1676年离开巴黎去汉诺威,在为布伦瑞克–吕讷堡[1]公爵(Duke of Brunswick-Lüneburg)服务之前,他已经得到了一些微积分的基本公式,也发现了"微积分基本定理"(见前一章)——也就是说,如果我们接受他自己说的时间1675年的话,顺序便是如此。这些成果直到1677年7月11日才被发表出来,此时是牛顿未公布这项发现的11年以后,直到莱布尼茨的成果出现以后,牛顿才发表了自己的发现。《教师学报》是莱布尼茨本人于1682年创办的,他就是这刊杂志的主编。当莱布尼茨圆滑地利用无所不能的主编身份匿名将自己隐藏起来,在《教师学报》上发表了一篇对牛顿的成果进行严厉批评的文章时,一场争论正式开始了。在1677到1704年间,主要在瑞士伯努利家的雅各布和他的弟弟约翰的努力下,莱布尼茨的微积分已经在欧洲大陆发展成为

1.布伦瑞克–吕讷堡公国是神圣罗马帝国内的一个公国。该公国建立于中世纪晚期,国祚持续至近世晚期。该公国统治区域位于现今德国北部。(译者注)

一个特别有效又简单易懂的工具。但是在英国，由于牛顿不愿意爽快地分享他在数学上的发现，所以微积分仍然是一个相对来讲未经试用的新奇事物。

　　一些问题在现在对于微积分的初学者来说都很容易，但在莱布尼茨找到正确求解方法之前却让他苦思良久、反复尝试，其中一个例子或许能够告诉我们，自1675年以来，数学已经取得了多少进展。其中莱布尼茨的无穷小量的概念在这里我们会用前一章所讨论的变化率来代替。如果u和v分别是x的函数，那么用u和v分别关于x的变化率如何表示出uv关于x的变化率呢？用符号来说就是如何用 $\dfrac{du}{dx}$ 和 $\dfrac{dv}{dx}$ 表示出 $\dfrac{d(uv)}{dx}$ 呢？莱布尼茨一度认为应该是 $\dfrac{du}{dx} \times \dfrac{dv}{dx}$ ，不过这与正确的结果 $\dfrac{d(uv)}{dx} = u\dfrac{dv}{dx} + v\dfrac{du}{dx}$ 相距千里。

　　这位选帝侯在1673年去世了，莱布尼茨最后在巴黎生活的日子还算自由。当他于1676年离开巴黎去为布伦瑞克–吕讷堡的约翰·腓特烈公爵（Duke John Frederick）效劳时，莱布尼茨在前往汉诺威的路上途径了伦敦和阿姆斯特丹。正是在后面这座城市逗留期间，他策划了一场在他作为贤明外交官的漫长职业生涯中最为阴暗的交易。莱布尼茨与"沉迷上帝的犹太人"本尼狄克特·德·斯宾诺莎（Benedict de Spinoza, 1632-1677）的贸易史可能是不完全的，但是按照现在的说法，看起来莱布尼茨曾做过一次非常不道德的事情——具有讽刺意味的是，他窃取的偏偏就是道德标准。莱布尼茨好像怀有将他的伦理学应用到实际生活中的信仰。他从斯宾诺莎未发表的杰作《伦理学（通过几何规则演示）》——一篇以欧几里得分析几何的方法来谈论道德的专著中窃取了大量精华。当斯宾诺莎于次年去世后，莱布尼茨似乎就如释重负地把他在阿姆斯特丹之行得到的纪念品放到自己的腰包里了。

这个领域的学者们似乎都一致认为，莱布尼茨自己的哲学理论中，凡是涉及伦理学的地方都是未经斯宾诺莎的允许而擅自盗用过来的。

任何一个不是伦理学家身份的人质疑莱布尼茨有罪这件事，或是主张他本人涉及伦理学的思想未受斯宾诺莎思想的影响，都未免有些轻率。话虽如此，数学上至少有两个类似的例子（椭圆方程与非欧几何），其中某一段时期所有的证据都足以证明有几个不诚实的人，人们认为他们的行为比莱布尼茨所做的事还要恶劣。但是，当所有这些遭到指责的人分别去世多年以后，确凿的日记和通信大白于天下，人们才明白这些人全都是无辜的。在掌握全部证据以前，相信人类的真善美而不是只相信人性丑恶，有时候或许会有所回报——因为对于一个死后受审的人来说，掌握全部的证据是绝不可能的。

莱布尼茨的一生余下的40年都在为布伦瑞克一家服务，做一些琐碎而微不足道的工作。他总共为三任主人服务过，作为他们的图书管理员、编史家和这个家族的总智囊团。对于这样一个得天独厚的家族来说，有一部准确的家族史，把他们与其他地位等同的家族之间的一切关联都记录在案是一件非常重要的事情。莱布尼茨不仅要做家族图书管理员的工作，将图书分门别类，同时他还是一位系谱学专家，也是负责翻查发霉档案的人，他的职责是证实他的雇主们有权以欧洲王室一半血统的身份进行索赔。如果无法找到确证，就通过审慎的篡改来炮制证据。为了查明历史真相，在1687–1690年间，他跑遍了整个德国，又由此追查到了奥地利和意大利。

在意大利逗留的这段时间，莱布尼茨访问了罗马，罗马教皇强烈要求他接受梵蒂冈图书馆馆长的职位。但是由于这项工作有一个先决条件，莱布尼茨必须成为一名天主教徒，于是他拒绝了——至少这一回他很谨慎。不过，他是因为谨慎才这样做的吗？他拒绝了一个好职位而抛下之前待遇优厚的工作，这样他或许就有机会去实施"通用符号"的下一项应用，而这是他所有广博梦想中最异想天开的追求了。若是他实现了这个梦想，他就可以搬到梵蒂冈再也不用去外面抛头露面了。

他的这项宏伟的计划就是让新教与天主教再次结合。那个时候距新教从天主教中分离出来还没过多长时间，所以这项计划并不像我们现在听起来这般荒诞。然而莱布尼茨狂放的乐观主义精神使他忽视了一条规律，这是人性的基本规律，就像热力学第二定律是物理宇宙的基本规则一样——它确实和热力学第二定律说的也是同一件事：所有的教义都有一分为二的倾向，每一个子教义又会继续一分为二，如此进行下去，直到到达一定程度，经过有限次的分裂之后（通过对数的运算可以很容易计算出来），在任何一个圈定的范围内（无论范围多大）人数都少于教义的个数。而与此同时，第一个教义中所体现的原始教条也在进一步衰减，使第一个教义变成像透明的空气一样难以捉摸，以至于它难以继续维系任何一个人心中的信仰，哪怕连一点点都做不到。

1683年，在汉诺威举办的一次原本大有希望的会议没能实现推动双方和解的目的，因为没有哪一方能够决定谁该被对方吞并，于是双方都迎来了1688年发生在英国的一场天主教徒和新教徒之间的血腥争战，并以此作为正当理由，将谈合的会议无限期拖延下去。

经历了这场闹剧还没有一点儿长进的莱布尼茨，立即又组织起另一场活动。他这次试图只把当时两支新教的派别进行撮合，其结果只是成功做到了让两个教派中的许多精英人物比以往更加固执己见，彼此间的怨恨更加强烈。这次的新教会议在互相指责和咒诅中解散了。

大约在这个时期，莱布尼茨转向了哲学，把它作为自己主要的慰藉。在一次尝试为帕斯卡的詹森教派的老朋友阿尔诺提供帮助的事件中，莱布尼茨创作了一篇部分基于案例推理对形而上学进行探讨的论文，这篇论文注定会为詹森教徒们所用，其他人若是需要比耶稣会会士们极其微妙的逻辑更加难以捉摸的东西，这篇论文也会有所帮助。莱布尼茨的哲学研究占据了他的余生（为他的雇主忙于无穷无尽的布伦瑞克家族史的时候除外），总共大约有四分之一世纪。无须多言，像莱布尼茨这样的头脑在25年间会提出多少哲学问题，它们汇聚成一大片阴云笼罩在哲学的上空。毫无疑问，每一位读者多少都会听到过一些单子论[1]中的奇思妙想——单子是宇宙的微缩模型，也能用它来构成宇宙的万物，就类似于一种个体组成全部，全部又都包含在个体里面的意味——而莱布尼茨借助单子解释了现世和将来的一切事物（除单子以外）。

当莱布尼茨的方法被应用到哲学上时，其威力是不可否认的。若要对莱布尼茨证明出来的哲学命题举一个例子，人们或许会提到那个关于上帝存在的命题。在他试图去证明乐观主义的基本命题——"在所有可能存在的世界中最美好的那个里，一切都是为了最美好的目的而设定的"——时，莱布尼茨没有成功，直到1759年，也就是莱布尼茨去世又被人们忽视和遗忘的43年之后，伏尔泰在他划时代的著作《天真汉》中才对此发表了一个结论性的证明。莱布尼茨的哲学证

1.莱布尼茨认为，单子是能动的、不能分割的精神实体，是构成事物的基础和最后单位。（译者注）

明在另一个不同的方面也产生了后续的结果, 我们也可以在这里稍微提及一下。熟悉广义相对论的读者会想起里面有这样一个观点:"真空"[1]——即完全没有物质的空间——已经不再值得推崇了。而莱布尼茨则认为这个观点很愚蠢。

莱布尼茨的兴趣清单还远没有写完。经济学, 语言学, 国际法(他是这个领域的开拓者), 采矿业——作为参与经济的工业在德国的部分地区建立起来, 神学, 创立科学院, 以及对勃兰登堡的年轻选帝侯夫人索菲(笛卡尔的伊丽莎白的一个亲戚)的教育, 所有这一切都占据着他的注意力, 他在每个方面也都做出了令人注目的成绩。或许他最不成功的冒险就是在力学和物理科学的研究上, 他时不时在物理学上犯下的大错如同一片黑暗, 将伽利略、牛顿、惠更斯, 甚至笛卡尔等一行人散发的平稳而沉着的柔光衬托得如此闪耀。

这个清单中只有一个方向值得我们做进一步说明。在1700年被召回柏林, 担任这位年轻的选帝侯夫人的家庭教师的时候, 莱布尼茨挤出时间组织了柏林科学院, 他担任了首任科学院院长。直到纳粹来"净化"这所科学院以前, 它一直是世界上排名前三四位的学术组织之一。莱布尼茨在德累斯顿、维也纳和圣彼得堡同样创办科学院的计划在他的有生之年终未实现, 但是在他死后, 他为彼得大帝起草的成立圣彼得堡科学院的计划被后人执行起来。1714年, 当莱布尼茨最后一次造访奥地利时, 他准备成立一个维也纳科学院的意图被耶稣会会士们打压了下去。以莱布尼茨在阿尔诺事件上的所作所为, 耶稣会会士们的反

1.真空指在给定的空间内低于一个大气压力的气体状态, 是一种物理现象。(译者注)

对只可能在意料之中。他们在一个很小的学术政治事件上就打败了这位外交大师，这件事说明在68岁的年纪，莱布尼茨已经开始走多么糟糕的下坡路了。他不再是曾经的自己，而他最后几年的光景也的确不过是他昔日荣光残存的略影。

为王室后裔们操劳了一辈子，现在他收到了做这项工作的人通常会得到的报酬。疾病、快速的衰老、被争端搞得疲惫不堪，最后他被开除了。

1714年9月，莱布尼茨回到了布伦瑞克，得悉他的雇主选帝侯乔治·路易——"最实诚的死脑筋"，这是英国历史上对他的称呼——已经备好行囊带上鼻烟，动身前往伦敦，去做英国历史上第一位德意志国王。尽管由于莱布尼茨与牛顿之间的论战，英国皇家学会和英国其他地方现在都充斥着敌对他的人，人们对他的态度也十分恶毒，但是再没有什么事比跟随乔治去伦敦更让莱布尼茨高兴的了。不过，原本土里土气的乔治现在已俨然成了一位擅于交际的绅士，他不再需要莱布尼茨的外交了，他简单地打发了这位曾帮助他提升身份步入文明社会的故人，命令他固守汉诺威图书馆，继续去整理辉煌的布伦瑞克家族永无止境的家族史。

当莱布尼茨于两年后（1716年）去世时，这部凭外交手段篡改的家族史仍然是不完整的。他付出的所有辛劳都不能让他将这段历史追溯到1005年以前，而这些努力最后涵盖的范围也不到300年的时间。这个家族的婚姻冒险史极其纠葛，就连样样精通的莱布尼茨也无法给他们所有人都贴上清白的标签。布伦瑞克家的人对这项耗费巨大的工程表示感谢的方式就是把它忘得一干二净，直到1843年这本书出版他们才想起来，不过出版的是它的完整版还是删减版就不得而知了，只有在翻看过莱布尼茨其余的手稿之后才会明了。

在莱布尼茨去世300多年后的今天，比起他的秘书将他下葬之后的许多许多年内，他作为数学家的声誉有所提高，并且还在持续攀升。

作为一名外交家和政治家，莱布尼茨被放到任何时间、任何场合都算得上是最有能力者之中的魁首，他比所有这些人加在一起还要聪明许多。世界上只有一种职业比他的职业更为悠久，而在这项职业成为受人们尊敬的职业以前，任何人选择外交作为他的谋生手段都未免为时过早。

第八章　先天还是后天?

伯努利家族

三代人中产生了八位数学家。家族遗传的临床证据。变分法。

自从大萧条开始对西方文明造成冲击以来，优生学家、遗传学家、心理学家、政治家和独裁者——各自出于不同的原因——对遗传与环境之间存在的悬而未决的争议产生了新的兴趣。在一个极端，彻彻底底的无产阶级者认为，任何人只要有机会就能成为天才；而在另一个极端，同样绝对的保守党人则坚称，天才是天生的，他即便降生在了伦敦的贫民窟也会脱颖而出。在这二者之间存在着不同程度的观点。一般的观点认为，决定天才出现的因素的确在先天，而不是后天，但若是没有刻意的提携或是偶然的帮助，天才也会消逝。数学史为人们在这个饶有趣味的问题上所做的研究提供了丰富的素材。在不偏袒任何一方的情况下——因为这样做目前还为时尚早——我们可以认为，从数学家们的生活史所提供的证据来看，似乎是支持一般观点的。

或许历史上最令人震惊的案例就是伯努利家族的历史了，这个家族在三代中产生了8位数学家，其中有几位还很杰出，他们又继而生养了一大批后裔，他们的后裔中约有半数都天资过人，而几乎所有的人放在今天也都算得上是优秀的人才。人们曾按照系谱学追踪过不少于120位来自数学世家伯努利家族的后代，在这么多子孙后代中，大部分人在法律、学术、科学、文学、高知产业、管理和艺术界都取得了突出的成就——有些人在一些领域甚至是赫赫有名的。没有一位是失败者。在这个家族第二代、第三代从事数学研究的成员中，大多数人都具备一个最重要的特点，他们并不是特意将数学选作了自己的事业，而是不由自主地陷入了这个漩涡，就像嗜酒成瘾的人无法抗拒酒精的诱惑。

由于伯努利家族在17世纪和18世纪对微积分的发展及其应用起到了主导的作用，所以即便是在现代数学发展史最短小精悍的记述中，也一定不会只将这些人一笔带过。事实上，正是伯努利家族的人和欧拉领导所有其他的人完善了微积分，才使它成为极其普通的人也能运用的工具，来探索最伟大的古希腊数学家也无法得出的结果。但是，用现在这样细致的论述方法来讨论的话，仅伯努利家族的工作的数量对于我们来说都太庞大了，所以我们会将这个家族的人放在一起做简要的叙述。

伯努利一家是众多信奉新教的家庭之一，这些新教家庭在1583年从比利时的安特卫普逃离出来，以逃避对胡格诺教派[1]长时间的迫害中天主教徒时时施与他们的大屠杀（比如像在圣巴托罗谬之夜进行的屠杀）。这家人起初在法兰克福寻找临时的避难所，不久便动身前往瑞士，在那里的巴塞尔定居了下来。伯努利王朝最初的创立者入赘了巴塞尔最古老的家族之一，成了一名大商人。位于家系树状图顶端的那位老尼古拉同他的祖父和曾祖父一样，也是一位大商人。所有这些人——除

1.16-17 世纪的法国新教徒。（译者注）

了刚才提到的曾祖父以外——都娶了商人的女儿,并积累了大量的财富。而这位与众不同的伯努利是第一位出离了家族经商传统的成员,他选择了从事医学行业。数学方面的天赋或许在这个精明的贸易世家中潜伏了许多代,不过它真正的显现也是如爆炸般突如其来。

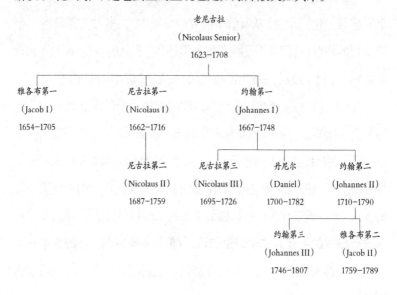

现在我们参照家系的树状图,对老尼古拉后代中的八位数学家所做的主要科学活动给出一个十分简要的总结,然后再继续探讨遗传学方面的问题。

雅各布第一[1]通过自学,掌握了莱布尼茨形式的微积分。从1687年直到他去世前,他一直是巴塞尔大学的数学教授。雅各布第一是第一批发展微积分的人之一,他们使微积分显著超越了牛顿和莱布尼茨遗

1.在外国家系中,为了区别重名给出了第一、第二和第三等,第二不一定是第一的儿子或直接继承人,甚至之间有可能都没有血缘关系。(译者注)

留时的状态，并把它应用到新的难题或重要问题上。他对解析几何、概率论和变分法的贡献也具有极大的重要性。由于变分法还会在后文中屡次出现（欧拉、拉格朗日和哈密顿的工作中），所以我们先给出在这一领域雅各布第一研究过的一些问题其本质是什么。在费马的最小时间原理中，我们已经见过用变分法处理这类问题中的一个例子。

变分法的起源十分古老。根据一个传说[1]，当迦太基城建立时，这座城池的面积取决于一个人在一天内犁出的沟渠能圈出的土地。如果一个人一天之内能犁出一条一定长度的直沟，那么这条沟应该围成什么形状呢？用数学语言来说就是，对于周长相等的一切形状，哪一种形状的面积最大呢？这是一个等周问题。这个问题的答案是一个圆形。答案似乎是显而易见的，但是证明起来绝不简单。（有时在中学几何中给出的基本"证明过程"是大错特错的。）这个问题中所涉及的数学归根结底就是在一个限制条件下，使某个积分值取到最大。雅各布第一求解了这一问题，并将问题进行了推广[2]。

前面的章节中提到过一个发现，最速落径就是摆线。摆线是最速下降的曲线，这一事实是雅各布第一和约翰第一两兄弟于1697年发现的，几乎与此同时，这个发现也被其他几个人得出。但是摆线也是等时曲线，这使约翰第一觉得它是某种美妙而令人赞叹的存在："我们称赞惠更斯是理所应当的，因为是他首先发现了一个大质量的粒子总是在

---

1. 实际上，在这里我是把两个传说混为一谈了。有人给了狄多女王一张牛皮，让她想办法"圈出"最大的面积。她将牛皮切成一根皮带，然后围出了一个半圆形。（作者注）
2. 有关变分法中的这个问题和其他问题的史料，可以在吉尔伯特·艾姆斯·布利斯（G.A.Bliss，1876-1951，普林斯顿大学）的《变分法》（芝加哥，1925年出版）中找到。其中雅各布第一的英文名字是詹姆斯。（作者注）

相等的时间内落到摆线的中央，无论起始点在摆线的什么位置都是如此。但是当我说，正是这同一条摆线，也就是这条惠更斯的等时曲线，正是我们在寻找的最速落径线，你一定会惊讶得目瞪口呆。"（布利斯的《变分法》，引文的地方出自第54页。）雅各布的热情也被点燃了。这些还是用变分法求解这类问题的例子。为了避免产生一种它们看上去微不足道的错觉，我们再次重申，整个数学物理学领域的研究经常被映射成一个简单的变分原理——如光学中费马的最小时间原理，或是动力学中的哈密顿原理[1]。

雅各布去世后，他在概率论上的伟大著作《猜度术》[2]在1713年出版。这部专著涵盖的许多内容，在概率论、保险、统计学和遗传学的研究中，仍然起着至关重要的作用。

雅各布的另一项研究，表明了他已经把微分学和积分学发展到了何种地步：雅各布延续了莱布尼茨的工作，对悬链线进行了一番十分详尽的研究——所谓悬链线就是一条均匀的链子悬挂在两点之间所形成的曲线，或是加载了重物的链条悬挂而成的曲线。这不仅仅是出于好奇才去研究它。今天，雅各布第一在悬链线相关问题中发展起来的数学理论，在悬索桥和高压输电线的应用中找到了它的用武之地。当雅各布第一将这一切都研究透彻时，它还是新颖而困难的理论。时至今日，它只是微积分或是力学课程中第一节课的课后习题而已。

雅各布第一和他的弟弟约翰第一并不总是相处得很好。约翰似乎是两兄弟中更爱吵闹的那一个，并且可以肯定的是，在等周问题的事情

---

1. 真实运动使哈密顿泛函取极小值。（译者注）
2. 提出了应用广泛的伯努利大数律。（译者注）

上，他对他的哥哥做了近乎于欺诈的事。伯努利家族的人对待数学的态度可谓极其认真。在他们之间关于数学的通信中，这种激烈言辞通常心狠手辣的盗马贼才会使用。就约翰第一在这方面来说，他不仅试图盗用他哥哥的想法，还把他自己的儿子逐出了家门，就因为约翰自己与他的儿子都参与竞争法国科学院的一个奖项，最后儿子获了奖。话说回来，如果理智的人在玩纸牌游戏时就会情绪激动，为什么这些人不能因为数学而勃然大怒呢？何况数学可比打牌更让人兴奋得多。

雅各布第一有一个带有神秘色彩的癖好，这对于人们研究伯努利家族的遗传问题有一定的指导意义。在他的生命接近尾声时，这个癖好有一次突然以一种有意思的方式迸发了出来。有一种特定的螺线（对数螺线或等角螺线），在经过许多几何变换中的每一种可能情况后就会再现出原来的样子。雅各布被这种螺线重新出现的现象，以及他发现的几个螺线的性质迷住了，于是吩咐在他的墓碑上刻上一条螺线，旁边再刻上一句铭文 "Eadem mutata resurgo"（纵使变化，依然故我）。

雅各布的座右铭是 "Invito patre sidera verso"（我违父意，研究群星）——这句具有讽刺意味的话，是为了纪念他的父亲对于雅各布将他的天赋施展在数学和天文学上所做的徒劳反对。这个细节支持了天才 "先天论" 的观点，而不是天才 "后天论"。要是他的父亲占了优势，雅各布可能就是一位神学家了。

约翰第一，也就是雅各布第一的弟弟，一开始并不是一位数学家，而是一名医生。我们已经提到过他与哥哥的不和，这个哥哥还曾大方地教他数学。约翰是一个具有强烈好恶感的人：莱布尼茨和欧拉是他的上帝；而令他毅然决然地憎恨到底，并且能力被他大大贬低的牛顿，作为一个心地狭窄又赢了莱布尼茨的人，几乎注定要受人妒忌或是憎恨。固执的父亲试图用家族事业束缚住他的小儿子，但是约翰第一追随了他的哥哥雅各布第一的引领，违背父意，参与到医学和人文学科的研习中，他此时并没有意识到他这样做是在与他的家族遗传作对。在18岁的年纪，他取得了硕士学位。没过多久他便意识到他在选择医学上犯了错，于是转而研究数学。他的第一项学术职务，是1695年在荷兰的格罗宁根大学担任数学教授；在1705年雅各布第一去世时，约翰第一继承了哥哥在巴塞尔大学的教授职务。

约翰第一在数学上比他哥哥还要多产，并且为微积分在欧洲的传播做了大量的工作。除了数学之外，他的研究领域还包括物理、化学和天文学。在应用方面，约翰第一对光学做出了巨大的贡献，写下了潮汐理论和船只航行的数学理论，并揭示了力学中的虚位移原理[1]。约翰第一具有非比寻常的体力和脑力，直到他80岁高龄去世时的前几天，依然保持着活跃的状态。

尼古拉斯第一、雅各布第一和约翰第一的兄弟，同样在数学上也具有天赋。和他的兄弟们很像，他一开始也选错了职业。在16岁的年纪，他于巴塞尔大学获得了他的哲学博士学位，在20岁时，他又取得了法学的最高学位。他起初在伯尔尼大学任法学教授，后来才在圣彼得堡科学院从事数学工作。在他去世的时候，他受到了极高的评价，以至于叶卡捷琳娜女皇以国家公费为他举办了一场公开的葬礼。

家族遗传在第二代人中又离奇地出现。约翰第一试图强迫他的

1.在分析力学里，给定的瞬时和位形上，虚位移是符合约束条件的无穷小位移。由于任何物理运动都需要经过时间的演进才会有实际的位移，所以称保持时间不变的位移为虚位移。（译者注）

二儿子丹尼尔去经商，但是丹尼尔认为他更喜欢医学，之后也做过一段时间医生，但随后还是不由自主地投身到了数学的研究中。在11岁的年纪，丹尼尔开始从他的哥哥尼古拉第三那里学习数学，这个哥哥只比他大5岁而已。丹尼尔和那位伟大的数学家欧拉是亲密无间的好朋友，在有些时候他们也是友好的竞争对手。就像欧拉一样，丹尼尔·伯努利也有着十次赢得法国科学院奖金的辉煌纪录（其中有几次奖项是与其他成功的参赛者共享）。丹尼尔最杰出的工作成果有一部分在流体动力学领域，一律是他从后来被称为能量守恒的这一条定律发展出来的。今天所有在流体运动纯理论或是应用方面进行研究的人都知道丹尼尔·伯努利这个名字。

在1725年，丹尼尔（时年25岁）成为了圣彼得堡大学的数学教授，这里相对粗俗的生活方式令他感到十分厌烦，以至于八年后他第一次有机会逃离时就回到了巴塞尔，在那里担任解剖学和植物学教授，最终成为了一名物理学教授。他在数学方面的工作包括微积分、微分方程、概率论、弦振动理论，还有一次在气体动力学理论上的尝试，以及许多应用数学中的其他问题。丹尼尔·伯努利曾被人称作数学物理学的创始人。

从家族遗传的角度来看会注意到一件很有意思的事，丹尼尔的天性中明显流淌着思辨哲学的血液——没准儿是他祖先身上胡格诺派的信仰在他身上得到了升华。在因宗教迫害而流亡的杰出人士的众多后代身上，也会突然出现这种类似的思维。

第二代人中的第三位数学家，尼古拉第三和丹尼尔的弟弟，即约翰第二，也是在开始时选择了错误的行当，又被他的家族遗传——也有可能是他的哥哥们——拽回到正轨上。一开始学习了法律之后，他成为了巴塞尔大学的修辞学教授，之后继承了他父亲的职位，担任数学系的主任。他主要的工作是物理学方面的研究，他斩获了三次巴黎大奖（通常这个奖项获得一次就足以让一位优秀的数学家心满意足——因为这说明他已经足够优秀），但和他卓越的工作成果与这些奖项比起来，他受之无愧。

约翰第三——约翰第二的儿子，重复着他们在一开始选错职业的家族传统，他和他的父亲一样，起初从事法律。13岁时，他取得了他的哲学博士学位。到了19岁，约翰第三就已经找寻到了他真正的使命，并在柏林被任命为皇家天文学家。他的兴趣涵盖了天文学、地理和数学。

雅各布第二——约翰第二的另一个儿子，通过一开始学习法律也沿袭着家族的错误传统，只是到了21岁才转向实验物理学。他也转而去研究数学，成为了圣彼得堡科学院的成员，在数学和物理部门工作。由于溺水的意外事故，他（在30岁）的英年早逝断送了他前途一片光明的职业生涯，我们难以洞察雅各布第二所具有的真正实力。他曾和欧拉的一个孙女成婚。

展露出数学天赋的伯努利远不止这几位，不过其余的人就没有这么突出。有时人们很认同一个观点，要是皮带一直张得太紧就会松懈，但实际情况似乎恰恰相反。当数学还是有待优秀人才去开垦的最有前途的领域时，比如在微积分刚被发现之后紧接下去的那段时间，天赋异禀的伯努利家族便投身到了数学中。不过人类致力的领域不胜枚举，数学和科学只不过是其中两个，而对于有天赋的人来说，在这两个领域都挤满了能人的情况下自己还非要跻身其中一个，只能说明他缺乏实际的常识。伯努利们的天赋并不是用尽了，当数学领域开始像德比赛马日的埃普瑟姆马场一样人山人海时，这些天赋只是将自己花在了对社会来讲和数学同等重要——甚至比数学更重要——的事情上。

那些对遗传的奇特表征感兴趣的人，可以在达尔文和高尔顿的家族史中找到大量素材。弗朗西斯·高尔顿（查理·达尔文的一位表亲）的案例尤其有意思，因为是他建立起了对遗传的数学研究。相较于生物学，达尔文后代中的一些人在数学或数学物理学方面取得了更为卓越的成就，如果为此责备他们未免有些愚蠢。天赋依然存在于他们身上，在一个领域里展现出天赋并不一定比把天赋用在另一个领域中"更好"或"更崇高"——除非我们是那种特别固执的人，把数学、生物学、社会学，或者桥牌和高尔夫其中的一个当作一切。或许伯努利家族就像放弃了家族经商传统一样放弃了数学领域，恰恰又是一个能证明他们天赋异禀的例子。

围绕着著名的伯努利家族衍生出了许多传说和奇闻，一个家族里的人若是像伯努利世家那样有才华、行事对人的言语有时又很激烈的话，出现这样的结果也再自然不过了。在这里，我们或许可以从这些熟透的老板栗中再挑一个尝尝，因为我们每天都会看到，至少和古埃及一样有年头的故事经过更改被附加在爱因斯坦之前各样的杰出人物身上的故事中，这件轶事是较早发生的真实情况之一。丹尼尔年轻的时候，有一次在旅行中与一位有趣的陌生人攀谈起来，他谦逊地自我介绍道："我是丹尼尔·伯努利。"对方却带着嘲笑的口吻说道："我是艾萨克·牛顿。"丹尼尔把这句话当作别人曾给予他的最真诚的敬意，他终身都为此感到高兴。

第九章 分析的化身

欧 拉

历史上最多产的数学家。把他从神学手里抢了过来。统治者来支付研究经费。纯理论数学家也能解决实际问题。天体力学与海上作战。机遇和宿命造就的数学家。受困于圣彼得堡。沉默的好处。在发展期失去一只眼睛。逃往自由的普鲁士。腓特烈大帝的慷慨与粗鲁。回到欢迎他的俄国。叶卡捷琳娜二世的慷慨与仁慈。在全盛时期完全失明。他对未来数学家的教导和启发持续了一个世纪。

"欧拉运算时看起来毫不费劲儿，就像人在呼吸，或是老鹰乘风飞翔一样"（阿拉戈[1]如是说），这句话并非在夸大欧拉无与伦比的数学才能。莱昂纳尔·欧拉（1707–1783）不仅是史上最多产的数学家，也被与他同时代的人称为"分析的化身"。欧拉在写作他伟大的研究报告时，就像一位文思敏捷的作家在给最亲密的朋友写信一样轻松自如。甚至在生命最后的17年间，他所承受的完全失明的状态也没有对他无

1.阿拉戈（F·J·D·Arago，1786–1853），法国天文学家、物理学家和科学家，传记作者。（译者注）

人能及的产量造成影响。事实上，如果有什么影响的话，那就是视力的丧失使欧拉在他的内心世界进行创造时，思维变得更加敏锐了。

即便到了1936年，欧拉的工作涉及的范围仍不能被人们准确地了解清楚，不过人们曾估计，如果要将他的作品集发表出来，将需要60到80卷四开本的大书。在1909年，瑞士的自然科学协会开始着手对欧拉散

欧拉

落在各地的论文进行收集和出版，这项工作得到了世界各地许多个人和数学团体的经济资助——这恰恰说明欧拉不仅属于瑞士，也属于整个文明世界。但是在圣彼得堡（列宁格勒）发现了一大批数量未知的欧拉手稿之后，经过仔细评估的预计费用（按1909年的钱算，8万美金左右）就彻底搅乱了。

牛顿去世的那一年，也是欧拉开启他数学生涯的那一年。像欧拉所处的时代这样更有利于天才施展才华的时机恐怕再也找不出来了。（发表于1637年的）解析几何已经应用了90年，微积分也应用了50年左右，还有牛顿的万有引力定律——物理天文学的关键——也呈现在数学界面前有40年的光景。其中每一个领域里，大量独立的问题都得到了解决，在各个地方也统一出现了值得注意的尝试。但是当时的数学是以纯数学和应用数学存在的，人们对于整个数学还没有开展系统性的研究。特别要说明的是，人们还没有将笛卡尔、牛顿和莱布尼茨强有力的分析方法开发到当时它们在各个领域，尤其是在力学和几何学中

所能达到的极限。

　　退一步来说，代数和三角函数在当时很适合系统化和推广，尤其是后者的这方面工作已接近完成。在费马涉足的丢番图分析和一般整数的性质领域，不存在所谓"暂时达到完美状态"的可能（甚至到现在也没有达到）。但是即便在这里，欧拉也证明了自己就是位大师。事实上，体现了欧拉全方面天赋的最显著的特征之一，就是他的天资在两大主流的数学领域——连续和离散——中都具有均衡的实力。

　　作为一个算法学家，欧拉从未被超越，甚至没有人能接近他的高度，或许雅可比应该除外。一个算法学家，就是为求解特殊类型的问题设计"算法"的数学家。举一个非常简单的例子，假设每一个正实数都有一个实数的平方根（或者我们已经证明了这个结论）。这个根该如何计算呢？已知有很多方式，一位算法学家就要去设计切实可行的方法。或者再举一个例子，在丢番图分析中，在积分学中也是如此，一个或多个变量要被设定的其他变量的函数经过巧妙的替代之后（通常形式简单），问题的解才会出现。一位算法学家就是能自然而然地想到这种巧妙技巧的数学家。求解的过程并没有统一的方法——就像灵感呼之欲出的打油诗人一样，算法学家是天生的，不是后天习得的。

　　今天流行起一股风气，如果"只是一位算法学家"就会被人看不起。然而，当一个真正的牛人横空出世，就像印度的拉马努金[1]那样，即便分析学专家也会把他当作来自上天的礼物而向他致敬：他对于表面

1.斯里尼瓦瑟·拉马努金（1887 — 1920），印度历史上最著名的数学家之一。他没受过正规的高等数学教育，沉迷数论，尤爱牵涉 π、质数等数学常数的求和公式，以及整数分拆。惯以直觉（或者是跳步）导出公式，不喜做证明（事后往往证明他是对的）。他留下的那些没有证明的公式，引发了后来的大量研究。（译者注）

上看似无关的公式具有近乎超自然的洞察力，能够揭示各领域之间相互关联的隐秘路径，这就为分析学家们提供了新的任务来理清这些关联。一位算法学家就是一个"形式主义者"，他因这些优美的公式本身而热爱它们。

在接着了解欧拉平静却有趣的生平之前，我们一定要提及他所处时代的两个背景因素，这些进一步促成了他的丰功伟业，也帮助他确定了自己的人生方向。

在18世纪，欧洲主要的研究中心并不在大学。要不是古典传统以及它对科学的敌意（这无可厚非），大学本应当比实际更快地成为科研的核心机构。数学与传统的联系足够紧密，因而会受到人们的尊崇，但是相对近期才发展起来的物理学则受到人们的质疑。还有，当时大学里对一位数学家的预期是让他把主要精力都放在基础教学上，如果他有一些研究成果，这些东西只会是给他带不来任何好处的奢侈品，和今天普通的美国高等教育学府没什么两样。英国大学的研究员若按照自己选择的方向也可以做得很好。不过，很少有人会选择做一些研究，他们完成（或未能完成）的研究成果都不能对他们的生活水平带来影响。在这样散漫的氛围和明摆着对科学不鼓励的环境下，大学学府没有什么道理在科学上起主导作用，而事实上它们也没有这么做。

起到带头作用的是各式各样的皇家学院，慷慨或是有远见的统治者们为这些机构提供着支持。数学对普鲁士的腓特烈大帝、俄国的叶卡捷琳娜二世的开明和慷慨应该感恩戴德。在科学史上最活跃的阶段之一，数学之所以能得到整整一个世纪的发展，是他们让这件事成为了可能。对于欧拉来说，柏林和圣彼得堡科学院为他的数学创造提供了很大的支持。从这两个汇聚创造力的机构中产生出来的灵感，都应当归功于莱布尼茨那不安分的野心。由莱布尼茨草拟出规划的科学院让欧拉有机会成为有史以来最多产的数学家，所以在某种意义上，欧拉是莱布尼茨创造的。

在欧拉加入以前，柏林科学院因为没有智慧的成果而处于日渐衰落的状态有40年之久，在腓特烈大帝的鼓励下，欧拉又使它重获了新生；至于圣彼得堡科学院，它是由彼得大帝的后继者坚定地创建起来的，而彼得大帝未在有生之年按照莱布尼茨的规划把它组织起来。

这些科学院不同于我们今天的一些科学院，现在科学院的主要功能是给成员颁布奖项，以表示对他们卓越工作的认可；而这些科学院相当于研究机构，他们会给主要成员发工资来产出科研成果。此外，薪水和奖金足够一个人养活自己和他的家人过上体面而舒适的生活。有一段时间，欧拉的家庭由不少于18位的成员构成，他得到的钱还是足够让大家过得都不错。一位18世纪院士的生活还有一点很吸引人，就是他的孩子们只要是孺子可教的，在社会上就一定有一个不错的起点。

这就引出了对欧拉数学上的多产产生影响的第二个主要因素。支付了研究经费的统治者们自然想从中获得些好处，不仅仅用他们的钱就换来些抽象的文化。不过，有一点需要强调，当这些统治者从他们的投资中获得了合理的收益后，他们就不会坚持让受雇者们把剩余时间都用在"有产出"的工作上了。欧拉、拉格朗日，还有其他的院士都有自由去做自己感兴趣的工作。统治者们也没有给他们施加什么明显的压力，让他们绞尽脑汁给出一些快速产生实际效益的研究成果，以供国家之用。在他们那一代，18世纪的统治者们比今天许多研究机构的领导者更明智，他们只是偶尔提出他们当下的需求，然后让科学顺其自然地发展。似乎他们会本能地察觉到，如果不时给科学家们一个正确的暗示，他们想要的当即解决实际问题的答案就会像副产品一样，从所谓"纯粹"的科学研究中脱离出来。

这个大体的情况也存在着一个例外，它虽然很重要，但既没有强化也没有否定这种规律。事情就是这样凑巧，在欧拉的时代，数学研究中的突出问题与当时算是首当其冲的实际问题——海洋控制——恰好也是不谋而合。一个国家若能在导航技术上超越所有竞争对手，那么它无疑就是海上的赢家。而导航归根结底是一个在离岸数百英里的大海中精准地确定自己所在的位置，并且在这一点上要比它的对手们做得好很多，这样才能够在一场仿佛只对对手不利的海战战场上将它们超越。众所周知，大不列颠统治着海洋。它能做到这一点在很大程度上是因为，它的导航人员能够将人们18世纪在天体力学上的纯数学理论应用到实际中。

欧拉与一个类似的实际应用问题直接相关——稍加预测读者就会猜到我接下来会这么说。现代导航的奠基者当然是牛顿，尽管他本人从来没有为这个课题伤过脑筋，（就目前人们的了解）他也从来没有踏上过一条船的甲板。海上的位置是靠观察天体（在相当高大上的导航过程中，有时还会包含木星的卫星的信息）来确定的。牛顿的万有引力指出，如果有足够的耐心，人们便能够提前一个世纪计算出行星的方位和月相，那些希望统治大海的人就命令他们的计算人员根据航海天文历，铁杵磨成针一般把将来的位置信息数据一点点弄出来。

在这样一个实际项目中，月球给人们提出了一个尤为难缠的问题，即根据牛顿定律三体之间相互吸引的问题。当我们讲述到20世纪时这个问题还会多次出现，而欧拉是第一个为月球问题形成一个可计算解（"月球理论"）的人。问题中涉及的三体是月球、地球和太阳。关于这个问题，尽管我们将可写在本书中的内容放到了后面的章节，但是在这里或许要提到，这个问题是整个数学领域中最困难的问题之一。欧拉并没有解决它，但是他的近似计算是有效的（今天已被更好的方法取替），足以让一位英国的计算专员为英国海军部计算出月相的图表。为此，这名计算专员得到了5000英镑（在当时是一笔相当大的数目），欧拉也因为这个方法得到了300英镑的奖金。

伦纳德·欧拉（或莱昂纳尔·欧拉），是保罗·欧拉和他的妻子玛格丽特·布吕克的儿子，他或许是来自瑞士的最伟大的科学家了。他在1707年4月15日出生于巴塞尔，不过第二年就和父母搬去了雷恩附近的村庄，他的父亲在那里成为了一位加尔文教派的牧师。保罗·欧拉自己也是一位颇有成就的数学家，他曾经是雅各布·伯努利的学生。父亲希望伦纳德继承他的事业，接替他在乡村教堂的职位，但所幸的是他犯了一个错误——教这个男孩儿学了数学。

小欧拉很早就知道他想要做什么。虽然如此，他还是恭敬地遵从了他的父亲，进入巴塞尔大学去学习神学和希伯来语。在数学上，他的进步之大引起了约翰·伯努利的注意，他慷慨地给这个年轻人每周单独上一节课。这一周剩下的时间，欧拉都在为下次课做准备，以便能够带着尽可能少的问题去见老师。很快，丹尼尔·伯努利和尼古拉·伯努利也注意到了他的勤奋和突出的才能，他们成为了欧拉的好朋友。

直到1724年，伦纳德以17岁的年纪取得他的硕士学位以前，家人都允许他做自己想做的事，但到了这会儿，他的父亲坚持认为他应当放弃数学，将他全部的时间都贡献在神学上。不过当伯努利家的人告诉他，他的儿子注定会成为一位伟大的数学家而不是雷恩的牧师时，这位父亲还是让步了。尽管这个预言实现了，但是欧拉在早期受到的宗教教育影响了他的一生，他从未偏离他的加尔文教派的信仰一步。的确，随着他年纪渐长，他兜了一大圈又回到了他父亲召唤他的地方，组织家庭聚会为全家人做祈祷，通常还会以一番讲道作为结束。

19岁时，欧拉独立完成了第一项工作。有人说，从这首次的尝试中就能看出欧拉在许多后续工作中的强项和弱势。巴黎科学院提出，以轮船的船桅定位问题作为1727年的授奖议题，欧拉的论文虽没有获奖，但是得到了荣誉提名。之后，为了弥补这次失利，他又12次赢得了这个奖项。欧拉首篇论文的强项在于其中所包含的分析——也就是数学技巧；而它的弱点在于与实际的关联太远（如果还能算是有联系的话）。不过当我们想起那些关于瑞士海军压根不存在的传统笑话，论文会体现出这样的弱点也就不足为奇了。欧拉在瑞士的湖面上或许曾经看到过一两只小船，但他还没见到过一艘轮船或是军舰。他曾被人批评说，他的数学与实际是脱节的，这些话有时确实公正。对欧拉来说，物质世界就是数学的一种情形，在这个世界本身几乎不存在什么有意思的事情。要是这个世界不符合他的分析结果，那就是这个世界出了差错。

欧拉明白自己是个天生的数学家，于是去申请了巴塞尔大学的教授职位。被拒绝了之后，他依然继续着他的研究，因为怀着去圣彼得堡加入丹尼尔·伯努利和尼古拉·伯努利的希望而备受鼓舞。他们曾慷慨地提出要为欧拉在圣彼得堡科学院寻找一个职位，并且一有什么消息就与他联系。

在事业的这个阶段，欧拉似乎还莫名其妙地对自己应该从事什么漠不关心，只要是跟科学有关的就行。当伯努利们来信说圣彼得堡科学院的医学部可能会出现一个空缺，欧拉就一头扎进了巴塞尔大学的生理学专业去上医学的课程。但是即便到了这个领域，他也不能从数学中脱身：耳朵的生理学让他联想到对声音的数学研究，这继而产生了另一个声波传播的数学问题，如此继续——在欧拉的整个职业生涯中，这项早期的工作就像噩梦中一棵不停地疯长出枝丫的大树一般，不断地引申下去。

伯努利们是动作很快的人。欧拉在1727年收到了去圣彼得堡的邀请，名义上作为科学院医学部的副教授。科学院还有一项明智的规定，每一位外来的会员都有义务带两名学生——说是学生，实际上是要接受训练的学徒。可是，可怜的欧拉的喜悦很快就被浇灭了，就在他踏上俄国领土的那一天，慷慨的叶卡捷琳娜一世去世了。

叶卡捷琳娜一世在成为彼得大帝的妻子之前是他的情妇，她似乎是一位不止在这一个方面都很开明的女人，正是她在仅仅两年的在位期间，实现了彼得建立科学院的愿望。叶卡捷琳娜一世去世后，在年幼的沙皇尚未成年的时期，权力便交到了一个异常残酷的党派手里（年幼的沙皇还没长到可以统治国家的年纪就死了，这对他本人来说或许是幸运的）。俄国的新统治者们认为科学院是可有可无的奢侈品，并在处心积虑了几个月之后，他们镇压了科学院，将所有的外籍成员遣散回家。这就是欧拉到达圣彼得堡时的局面。在混乱之中，关于他被叫来任职这个医学职位一直杳无音信，在绝望中几乎要接受一个海军代理官员职位的欧拉，就这样溜进了数学部。

在这以后，境况有了好转，欧拉也就安定下来专心工作。有6年的时间他都在埋头苦干，这不全是因为他完全沉浸在数学中，还有一部分原因是他不敢去过正常的社交生活，因为到处都是叛国的间谍。

1733年，受够了俄国强硬做派的丹尼尔·伯努利回自由的瑞士去了，正值26岁的欧拉获得了科学院的数学领导席位。欧拉感到他的余生都要被困在圣彼得堡了，于是他决定结婚，定居此地，随遇而安。他的夫人名叫凯瑟琳娜，是彼得大帝带回俄国的画师格塞尔之女。政治形势变得更恶劣了，欧拉比以往更强烈地渴望着逃离这里。但是随着一个又一个孩子很快地出现在他的生活中，欧拉感到他被拴得比以前更紧了，于是在接连不断的工作中寻求慰藉。一些传记作者将欧拉无人能及的产量追溯到这段他第一次在俄国留居的时期，形势下应当具备的谨慎使他不由自主地养成了相伴一生的勤奋习惯。

欧拉是在任何地点、任何条件下都能工作的少有的几位伟大的数学家之一。他非常喜欢孩子（他自己有13个孩子，除了5个孩子成活了下来，其余的都在很小的时候夭折了），他撰写论文时，时常有个婴儿坐在他的腿上，身边还有稍大一点儿的孩子们在他周围嬉戏。他在写作最困难的数学问题时那种轻松自如是令人难以置信的。

关于他的想法总是能源源不断地涌现，世间流传着许多故事。有些传言无疑是经过了夸大，但是据说，欧拉在家人先后两次叫他吃饭的约摸半小时的间隔中，就匆匆写下了一篇数学论文。欧拉一旦完成一篇文章，就把它放在一堆不断增高的文章的最上面，等待印刷工来取走。当科学院的学报需要材料来补充内容时，印刷工就从这堆文章的最上面拿走一摞。因此，会出现这样的情况：那些文章的出版日期时常与写作日期是反过来的。欧拉还有个习惯会让这个离奇的效果愈加显著，为了对他已有的工作进行阐释或补充，他会多次在同一个课题上进行写作，结果有时某个规定课题下的一系列论文出版了以后，人们读起来和从望远镜另一头看过去的感觉差不多。

那位年幼的沙皇去世以后，安娜·伊万诺夫娜（彼得大帝的侄女）于1730年成为了女皇，就我们关心的科学院而言，形势有了极大的好转。但是在安娜的情夫欧内斯特·约翰·德·拜伦（Ernest John de Biron）的间接统治下，俄国经历着历史上最血腥的恐怖统治时期之一，而欧拉不声不响地专注于工作，就这样持续了10年的时间。中途他遭受了人生中第一次巨大的不幸。当时他下决心赢得此次的巴黎大奖，这次的比赛有关于一个天文学问题，几位著名的数学家已经问询这道题的答案有几个月的时间（因为在高斯的部分还会出现一个类似的问题，我们在这里不多赘述）。欧拉用了3天的时间就解决了它。但是长时间的努力工作引发了一场疾病，他因为这场病失去了右眼的视力。

需要说明的是，曾十分有效地让数学史上所有有趣的奇闻逸事都销声匿迹的现代较高水准的批评学家，已经证明了这个天文学问题对于欧拉的失明没有半点儿责任。但是学究气的批评家们（或任何其他的人）如何知道这么多关于所谓因果律的东西呢？这就需要大卫·休谟（欧拉的同代人）的在天之灵去解答奥秘了。有了这个提醒，我们就可以将欧拉和一位法国无神论（或者也可能只是泛神论而已）哲学家德尼·狄德罗（1713–1784）之间发生的那个著名的故事在这里再讲述一遍。这个故事发生在欧拉第二次在俄国居住期间，稍微有点儿打乱了我们讲述的时间顺序。

狄德罗受到凯瑟琳大帝（叶卡捷琳娜二世）的邀请前来拜访她的宫廷，狄德罗试图通过劝说朝臣们皈依无神论在这里留下混口饭吃。叶卡捷琳娜忍无可忍，她命令欧拉去让这位只会空谈的哲学家闭嘴。

这倒不难，因为谈跟数学沾边儿的东西对狄德罗来说跟说中文没什么区别。德摩根讲述了事情的经过（见他的经典著作《悖论汇编》，1872年出版）："有人告诉狄德罗，一位有学问的数学家那里有一个对上帝存在的代数证明，要是他想听一听的话，这位数学家会当着所有朝臣的面给出这个证明。狄德罗欣然同意了……欧拉向着狄德罗走去，他神色庄重，又用一种非常确信的口吻说道：

'先生，$\dfrac{a+b^n}{n}=x$，因此上帝存在。下面到你来回答！'"

狄德罗听着也觉得有道理。看着他无言以对的尴尬窘态，周围的人都报以纵声大笑，这个可怜的人觉得受到了羞辱，他请求叶卡捷琳娜允许他立即返回法国。她心满意足地同意了。

对于这件杰作欧拉还不满足，他会用最认真的态度绘制他心目中圣洁的百合，他一本正经地用严格的证据证明上帝存在，证明灵魂并不是一个物质的实体。据称，这两个问题的证明都编进了他那个时代关于神学的专著。这些也许是他的数学天赋在不切实际的一面开出的最美丽的花朵。

欧拉在俄国定居期间，单数学这方面还不足以占据他全部的精力。无论什么地方需要他，把他的数学天赋用到与纯数学相去不远的方面，他出色的工作总是能让政府"值回票价"。欧拉为俄国学校撰写了初等数学的教科书，监督政府的地质部门，帮助改革度量衡制度，还为检验税率设计了一些实用的方法。这些只是他参与工作的一部分。无论欧拉做了多少额外的工作，他都在笔耕不辍地产出着数学成果。

这一时期欧拉最重要的著作之一，是1736年的一篇关于力学的论文。请注意，发表的日期只差一年就是笛卡尔发表解析几何整整一个世纪。欧拉的论文在力学上的成就就好比笛卡尔的论著之于几何学——将它们从不严谨证明的枷锁中解放了出来，并把它解析化。阿基米德或许能写出牛顿的《原理》，但是任何希腊人也不可能写出欧拉的力学。这是力学第一次被微积分全权掌控，这门基础学科的现代纪元开始了。在这方面欧拉将会被他的朋友拉格朗日超越，但是迈出这决定性一步的荣誉归属于欧拉。

安娜在1740年去世后，俄国政府变得较为开明，但是欧拉已经受够了他们，并欣然接受了腓特烈大帝的邀请，加入到柏林科学院中。已故君王之妻很喜欢欧拉，试着套他的话，但她得到的只是冷淡的"是"或者"不是"。

"为什么你不愿意同我说话呢？"她问道。

"夫人，"欧拉回答，"我来自一个只要你说话就会被吊死的国度。"

欧拉人生中接下来的24年是在柏林度过的，这些日子并不总是愉快的，因为腓特烈大帝更想要一个圆滑懂事的朝臣，而不是一个心思单纯的欧拉。虽然腓特烈觉得鼓励数学的发展是他的责任，但是他厌恶这门学科，因为他本身并不擅长数学。尽管如此，他还是很感激欧拉的数学天赋可以轻松地帮他解决实际问题——尤其是在造币、修水渠、开掘航道、制定年金制度等方面。

俄国政府对欧拉从未彻底放弃，甚至在他在柏林期间，也会付给他一部分工资。尽管欧拉要负担一大家子人，但他是富有的，除了在柏林的住宅以外，他在夏洛滕堡附近还拥有一个农场。1760年俄国人入侵进犯勃兰登堡边境期间，欧拉的农庄遭到了抢劫，声称"不向科学作战"的俄国将领于是给欧拉大大多于实际损失的补偿。当伊丽莎白女皇听说了欧拉的损失之后,除了那笔超额的赔款之外,她又寄给他一笔数目可观的款项。

欧拉在腓特烈的宫廷里不受欢迎的其中一个原因是,他没有能力避开他一无所知的哲学问题的辩论。花了大量时间拍腓特烈马屁的伏尔泰,和一帮围着腓特烈转又特别会说话的其他人一起,屡屡让可怜的欧拉掉进形而上学的圈套并以此为乐。欧拉怀着善意接受了这一切,和其他人一起大声取笑着自己荒谬的错误。但是腓特烈逐渐开始恼怒起来,他要物色一个更深谙世事的哲学家来带领他的科学院和取悦他的宫廷。

(我们将在后面介绍的)达朗贝尔应邀来到柏林,对当前的形势进行考察。他和欧拉曾经在数学问题上产生过一点儿分歧。但是达朗贝尔并不是一个让个人意气影响自己判断的人,他直言不讳地告诉腓特烈,将任何一位数学家置于欧拉之上都是一种罪恶。这句话一出口让腓特烈比以往更加固执己见和恼怒了,情况变得让欧拉难以忍受。他甚至觉察到,他的儿子们在普鲁士不会有什么出路。于是在59岁的年纪(1766年)他又赌了一把,在叶卡捷琳娜二世的盛情邀请下迁回了圣彼得堡。

叶卡捷琳娜以皇室的规格接待了这位数学家,给他和他的18位家人安排了一栋家具齐全的房子,还贡献出了一位她自己的厨师为欧拉一家打理膳食。

正是在这段时间,欧拉(由于白内障)开始失去他另一只眼睛的视力,没过多久他就完全失明了。在他的视力不断恶化的过程中,拉格朗日、达朗贝尔和当时其他著名数学家都纷纷在通信中表现出担忧和同情。欧拉本人却在平静地等待着失明的来临。毫无疑问,他深藏于心间的宗教信仰在帮助他面对即将到来的一切。但是他并没有让自己在沉默与黑暗面前"屈服"，他立即着手对这个无法挽回的局面进行弥补。在最后一缕光明都暗淡不见之前，他已经让自己习惯了在一块大石板上用粉笔写下公式。接下来，他的儿子们（尤其是阿尔贝）再作为抄写员，将他对于公式的说明写下来。他的数学作品的产量非但没有降低，反而还有所提高。

欧拉受到上天的眷顾，终其一生都拥有非凡的记忆力。他把维吉尔的《埃涅阿斯纪》[1]倒背如流，虽然他长大以后很少再看这本书，但是总能说出他看过的那本书上任何一页的起始和末尾。他既靠视觉记忆，也靠听觉记忆。他还有惊人的心算能力，他不仅能心算计算类的问题，而且心算高等代数和微积分问题中更困难的问题也不在话下。他所处时代下数学已有的全部领域中，所有重要的公式都准确地储藏在他的记忆中。

孔多塞对欧拉的这项超能力给出了一个例子，他讲述了欧拉的两个学生如何计算出了一个复杂的收敛级数的前17项和（代入了变量的一个特殊值），只是两人各自结果的第50位数不一致。为了确定哪一个结果是对的，欧拉在脑海中完成了全部的运算，他的答案被证明是正确的。现在这一切的优势都能够帮助他，让他不致特别思念过去光明的时光。但是即便他能够适应黑暗，他在17年看不见的日子里达成的一项成就也让人难以置信。月球理论——这个唯一让牛顿觉得头疼的月球运动问题——在欧拉手里第一次被完整地建立出来。其中所有复杂

1.古罗马诗人维吉尔的著名史诗，共12卷，约12000行。叙述特洛伊失陷后，王子埃涅阿斯的冒险事迹。（译者注）

的分析过程全都是他在脑海中完成的。

欧拉回到圣彼得堡的5年之后，另一场灾难又降临在了他的头上。在1771年那场大火里，他的房子连同其中所有的家具都烧毁了，因为一位瑞士仆人（名叫彼得，姓格里姆或是格里蒙）的英勇果敢，才让欧拉得以险中逃生。格里姆冒着生命危险将他瞎眼又体衰的主人从火场中搀扶了出来，带到了安全地带。图书馆也烧毁了，不过多亏了奥尔洛夫伯爵的努力，欧拉的全部手稿都被抢救了出来。叶卡捷琳娜女皇立即弥补所有损失，欧拉也很快投入到了工作中。

1776年（当他69岁时），由于他妻子的去世，欧拉承受了一次更大的损失。第二年他又再婚。他的第二任妻子萨洛梅·阿比盖尔·格赛尔，是他第一任妻子同父异母的姐妹。而他最大的悲剧莫过于恢复左眼视力的手术失败了（或许是因为外科手术中的粗心大意），左眼是他唯一还抱有一丝希望的眼睛。刚做完的时候手术是"成功的"，欧拉高兴得无以复加。但是不久，伤口就感染了，在一段被他形容为十分恐惧的既漫长又痛苦的时间之后，他又重新坠入了黑暗之中。

回顾欧拉大量的成果时，我们乍一看或许会倾向于认为任何一个有天赋的人都可以写出其中的绝大部分，还像欧拉一样不费吹灰之力。但是在今天已有的数学领域里做一番调查马上就会纠正我们的想法。因为如果我们考虑到现在我们用以处理问题的这些方法的有效性，那么对于各种理论错综其间的数学领域，它现在的状态相对于欧拉所面临的状态来讲就没那么复杂。数学迎来第二位欧拉的时机已经成熟。在他那个年代，广阔的数学领域里杂乱堆积着不完整的结果和孤立的理论，欧拉借助他机械化分析方法的力量，轻而易举地把这里打扫干净又把有价值的东西放到了一起，他系统化并统一了数学的一大片疆域。即便到了今天，大学数学课程中教授的许多内容实际上都是欧拉留下时的样子——比如，我们会从一般形式的二次方程提供给我们的统一视角来讨论三维空间中的圆锥曲线和二次曲面，就是欧拉的杰作。另外，也是欧拉让年金及由此产生的相关问题（保险、养老金等）整合成现在学习"投资数学理论"的学生们所熟悉的形式的。

正如阿拉戈所指出的，欧拉作为一位通过他的著作与学生见面的教师，他之所以很快便取得伟大成功的原因之一是他绝不妄自尊大。如果需要一些本身价值相对不大的工作来说明之前写下的更有突破性的著作，欧拉也会毫不犹豫地把它们写出来。他不怕降低自己的声誉。

即便在创造性的工作上，欧拉也会将发现的理论与指导性文字结合起来。他在1748年、1755年，以及1768–1770年间所著的关于微积分的伟大著作（《无穷小分析引论》《微分学原理》《积分学原理》）立刻就成了经典，并且在随后的四分之三个世纪中，继续鼓舞着在未来会成为伟大数学家的年轻人们。不过，欧拉第一次展现出自己一流数学家的水准，是在他对变分法的研究著作（《寻求具有某种极大或极小性质的曲线的方法》，1744年）中。在之前的章节里我们已提到过这项课题的重要性。

当欧拉用分析处理力学时，他所取得的巨大进展已如前述。拿这项进展中的一个小例子来说，每一个学习了刚体动力学[1]的学生都会很熟悉欧拉对转动问题的分析。分析力学是纯数学领域的一个分支，

1.一般力学的一个分支，研究刚体在外力作用下的运动规律。它是计算机器部件的运动，舰船、飞机、火箭等航行器的运动以及天体姿态运动的力学基础。（译者注）

所以欧拉在对这方面进行研究时没有像他在其他有实际目的的工作中那样，一看到有机会飞向纯计算的无尽天空就让自己从第一个切点脱缰出去。欧拉的同僚对其工作做出的最严厉的批评是，他对于计算难以抑制的冲动只是为了美丽的分析过程而已。他有时会在缺乏对物理情景有一个充足了解的情况下试图减少计算量，而不去管这个物理问题到底是怎么回事。虽说如此，今天流体力学中使用的流体运动基本方程就是欧拉给出的。当问题值得他去搞清楚时，他还是可以很实际的。

欧拉分析的一个特征，我们必须在此捎带提及，因为它是影响19世纪数学一个主流方向的重要因素。欧拉认识到，除非一个无穷级数是收敛的，否则使用它可能会出现问题。例如，通过长除法我们发现，

$$\frac{1}{x-1} = \frac{1}{x} + \frac{1}{x^2} + \frac{1}{x^3} + \frac{1}{x^4} + \ldots$$

这个级数无限延伸。将 $x = \frac{1}{2}$ 代入其中，我们得到，

$$-2 = 2 + 2^2 + 2^3 + 2^4 + \ldots$$
$$= 2 + 4 + 8 + 16 + \ldots$$

对收敛的研究（将在高斯那一章中讨论）告诉了我们该如何避免像上式这样荒诞的结果。（我们也会在柯西一章中看到。）奇怪的是，尽管欧拉认识到在处理无穷过程时多加谨慎是必要的，但是他在自己的许多工作中却没能遵守这一点。他对于分析具有十足的信心，这导致他有时候甚至会去找寻一个荒诞的"解释"，以求让明显荒诞的结果看上去站得住脚，而不是去质疑分析过程。

但是，当所有一切好的坏的都交代过后，我们必须加上一句，就总体而言，欧拉给出的那部分意义最重大、内容精当又独出心裁的工作成果无人能出其右。那些热爱算术的人——或许不算是个非常"重要"

的学科吧——也会给欧拉在丢番图分析中的表现投上一票，让他佩戴上费马与丢番图本人佩戴的同样大小、同样鲜艳的荣誉勋章。欧拉是通晓整个数学领域的第一人，他或许也是最伟大的一位数学全知全能者。

然而他又不仅仅是一位狭隘的数学家：在文学和科学的各个方面，包括生物学，他都至少掌握了渊博的知识。只是当他在阅读《埃涅阿斯纪》的时候，他甚至都会情不自禁地看出一个亟待他用数学天赋去解决的问题。"锚沉入水底，飞驰的船便停住了。"这句诗让他开始考虑在这种情境下船只的运动。他无所不在的好奇心甚至一度将占星术一口吞下，但是当1740年伊万王子命令他为自己占卜星座运势时，他通过有礼貌的拒绝此事表明了自己尚未将占星术消化完全，并指出算命属于宫廷天文学家的职权范围。于是，可怜的天文学家不得不去做这件事。

欧拉在柏林期间所做的一项工作成果表明，他也是一位文笔秀丽的作家（只是多少有点儿太过虔诚），这项成果就是脍炙人口的《致一位德国公主的信》，这是他为了给腓特烈的侄女安哈尔特–德索公主讲授力学、物理光学、天文学、声学等课程所写的。这些著名的信件大受欢迎，并以7种文字流传到世界各地。所以，并不像我们有时倾向于认为的那样，大众对科学的兴趣是到了最近才发展起来的。

1783年9月18日，欧拉去世了，享年77岁。直到去世前的最后一秒，欧拉都保持着神志清醒、思想敏捷的状态。那天下午，欧拉计算了气球的上升规律作为消遣之后——和往常一样，写在了他的石板上——他便与莱克塞尔及家人一起吃晚饭。"赫歇尔行星"（天王星）[1]是当时最近的一项发现，欧拉大致计算了一下它的轨道。过了一会儿，他又让人把他的孙子带进来。在他一边与孩子玩耍一边喝茶的时候，欧拉突然中风，烟斗从他的手中掉了下来，"我死了。"话一出口，"欧拉就终止了生命和计算"[2]。

---

1. 赫歇尔（1738-1822），英国天文学家，天王星的发现者。（译者注）
2. 引文出自孔多塞的《赞美辞》。（作者注）

第十章 一座崇高的金字塔

拉格朗日

18世纪最伟大、最谦虚的数学家。家产被败光给了他机会。19岁时构思出他的著作。欧拉的高尚行为。从都灵，到巴黎，再到柏林：一位懂得感恩的私生子（达朗贝尔）帮助了一位天才。在天体力学中的成就。腓特烈大帝的屈尊交谈。一桩不太上心的婚事。工作成为一种坏习惯。算术中的一个经典问题。《分析力学》，一部不朽的巨著。方程理论中的里程碑。在巴黎受到玛丽·安托瓦妮特的欢迎。中年时期的精神衰弱、忧郁症和厌倦一切的情绪。法国大革命和一位年轻女子重新唤醒了他的斗志。拉格朗日对法国大革命的看法。公制度量衡。革命党人怎样看待拉格朗日。一位哲学家去世时的场景。

"拉格朗日是数学科学中那座崇高的金字塔。"这是拿破仑·波拿巴经过深思熟虑后，对约瑟夫–路易·拉格朗日（1736–1813）——18世纪最伟大、最谦逊的数学家——做出的评价，拿破仑提携他为参议员、帝国伯爵，并授予他荣誉军团勋章。撒丁岛的国王和腓特烈大帝也曾对拉格朗日予以嘉奖，只是他们没有拿破仑皇帝这样出手阔绰。

拉格朗日是法国和意大利的混血，其中法国血统居多。他的祖父是一位法国骑兵上尉，曾服务于撒丁岛的国王查理·伊曼努尔二世

（Charles Emmanuel Ⅱ），他在都灵定居下来以后，与辉煌的孔蒂家族联姻。拉格朗日的父亲曾经是撒丁岛的财政大臣，他娶了坎比亚诺镇一位富有医生的独生女玛丽–泰雷斯·格罗斯，并和她生下了11个孩子。在这众多子女中，只有最小的那个孩子，出生于1736年1月25日的约瑟夫–路易，没有在襁褓中夭折。这位父亲凭借他自己的能力和妻子家殷实的家境十分富有。

拉格朗日

但是，他同样是一位恶习不改的投机商人，到他的儿子准备继承家产的时候，已经没有什么好继承的了。拉格朗日晚年的时候回想起这件大不幸，却认为这是在他身上发生过的最幸运不过的事了："要是我当初继承了一笔财产，我的命运或许就不会和数学拴在一起。"

学生时期，拉格朗日起初的兴趣点在古典文学，他会对数学产生热情或多或少是出于偶然。由于在古典文学上的研习，他很早便熟悉了欧几里得和阿基米德的几何学著作。这些在当时似乎并没有给他留下特别深刻的印象。后来，年轻的拉格朗日读到了一篇哈雷（牛顿的朋友）撰写的文章，称赞了微积分比希腊人的综合几何方法的优越性。他为此着迷，从而转变了兴趣。在极短的时间内，他完全凭借着自学掌握了那个年代中的现代分析。在16岁的年纪（不过根据德朗布尔[1]的看法，

1.让·巴蒂斯特·约瑟夫·德朗布尔（Jean Baptiste Joseph Delambre，1749-1822），法国数学家暨天文学家，巴黎天文台台长。（译者注）

这个数字可能略有偏颇），拉格朗日就成为了都灵一所皇家炮兵学院的数学教授。他数学史上最光辉的学术生涯之一就此展开。

拉格朗日从一开始就是一位分析学者，而从不是一位几何学家。在数学研究中，专业化几乎要成为一种必然，从他身上我们就可以看到专业化的第一个显著的例子。在拉格朗日的著作《分析力学》中，他对分析的偏好强烈地表现了出来，这部著作是当他还是一个19岁的少年时在都灵构思出来的，但直到1788年他52岁时，这本书才在巴黎出版。他在前言中写道："在本书中你将找不到任何一张图。"但是用他自己对几何学之神献祭的略带幽默的方式，他也说过力学可以被看作四维空间下的几何学问题——也就是说，三个笛卡尔坐标再加上一个时间坐标，就足以将一个运动质点的空间和时间信息都确定下来，自1915年爱因斯坦把它用于他的广义相对论以来，这种看待力学的方式已经十分普遍。

拉格朗日用分析方法解决力学问题标志着与希腊传统的第一次彻底决裂。牛顿、与牛顿同时代的科学家和紧接着牛顿的理论继续发展的后继者们都发现，图形对他们研究力学问题很有帮助。拉格朗日却指出，如果从一开始就采用普遍的分析方法，就可以得到更大的灵活性和不知道比图解法强大多少倍的力量。

在都灵，这位稚气未脱的教授给年纪都比他大的学生们上课。不久，他把其中比较有能力的学生组织起来成立了一个研究学会，这个学会后来发展成为都灵科学院。科学院的第一本论文集在1759年出版，拉格朗日时年23岁。人们通常认为，在其他人发表的这些早期作品中，许多优秀的数学成果归功于最谦虚又为人低调的拉格朗日。丰塞纳的一篇文章非常出色，因为这篇论文撒丁岛的国王让这位署名的作者去主管海军部。数学史学家有时就会想，为什么丰塞纳再也没有取得他第一篇数学论文那样的成就。

拉格朗日本人也发表了一篇关于极大和极小的论文（变分法，在第四章和第八章中有涉及），在这篇论文中他承诺要在一项工作中论述这个主题，从这项工作中他将会推导出整个力学体系，包括固体力学和流体力学。因此，在23岁时——实际上还要早些——拉格朗日就构思出了他的著作《分析力学》，正如牛顿的万有引力定律之于天体力学的意义一样，这个方法可以处理广义的力学问题[1]。在10年后写给法国数学家达朗贝尔的信中拉格朗日说道，他将自己的早期工作，也就是他在19岁时发现的变分法当作是他最杰出的工作。正是利用这个变分法，拉格朗日将力学统一了起来，也正是因此，如哈密顿所言，使力学成为了"一种用科学谱写的诗歌"。

一旦理解了，拉格朗日的方法就几乎成为了老生常谈的东西。正如一些人的评价，统治着力学的拉格朗日方程将无中生有的艺术体现得淋漓尽致，在这一点上它是所有科学最好的榜样。但是，如果我们细想一下就会明白无论是什么科学原理，只要它普遍到将整个广阔宇宙的现象都统一起来的程度，那它必定是简单的：只有某个简单至极的原理，才能够将大量各种各样的问题都收入囊中，这些被统一起来的问题只要进一步研究下去就会展现出自己独立的特征。

还是在那本都灵论文集中，拉格朗日在另一方面也向前迈进了一大步：他把微积分应用到了概率论里面。仿佛这些成就对我们这位23

1.分析力学是理论力学的一个分支，是对牛顿经典力学高度数学化的表达。它独立于牛顿力学描述的力学体系，它的基本原理和牛顿运动定律可以相互推出。（译者注）

岁的小巨人还不够多似的, 他又凭借一个有关声音数学理论的基本出发点使自己走在了牛顿的前面, 他通过假设, 在一次从粒子到粒子沿直线传递的冲击作用下, 所有空气粒子的行为都表现在一条直线上, 从而将这一理论应用到了弹性力学的系统(而不是流体力学)中。用相同的思路, 他还解决了一个困扰人多年的争端, 最顶级的数学家们就正确的振动弦数学方程展开的争论已经持续很多年了——这个问题在整个振动理论中具有根本的重要性。于是在23岁, 拉格朗日就被人们公认与那个时代最伟大的数学家齐名, 比如欧拉和伯努利家族的人。

欧拉一向很大度地欣赏别人的工作。他对待年轻劲敌拉格朗日的态度, 是科学史上无私的一段最为人津津乐道的佳话。当还是个19岁的少年的拉格朗日把自己的一些工作成果寄给欧拉看之后, 这位著名的数学家马上认识到了它们的价值, 并鼓励这位才华横溢的年轻初学者继续研究下去。另外, 欧拉用他半几何的方法处理等周问题, 困惑了他多年却未能解决这个问题, 在他们初识的四年之后, 当拉格朗日写信把解决等周问题的真正方法(变分法, 在伯努利家族那一章中讲述过)告诉欧拉时, 欧拉回信给这个年轻人说这个新方法让他得以克服他所遇到的困难。欧拉在得到这个寻求已久的答案之后也没有仓促地将其发表出来, 在拉格朗日有机会发表他的解答以前他一直把他的成果留在手里, "这样就不会剥夺任何本该属于你的荣誉。"

私下的通信是不会对拉格朗日有任何帮助的, 无论有多少溢美之词都无济于事。欧拉清楚这一点, 于是在(拉格朗日发表之后)发表他自己的成果时, 特意说明在拉格朗日给他指明道路之前, 他是怎样被难以克服的困难固步不前的。最后, 为了让这件事情有一个最终的结果, 欧拉使拉格朗日在23岁这个小到出人意料的年纪就当选为柏林科学院的一名外籍院士（1759年10月2日）。这一国外的官方认可对拉格朗日在国内的名气也有很大帮助。欧拉和达朗贝尔计划着将拉格朗日带到柏林去，出于私心，他们也盼望着看到他们这位才华出众的年轻朋友作为皇室数学家在柏林就职。经过长时间的协商和运作他们成功了，在整个谈判过程中，被他们俩以智取胜的腓特烈大帝满心欢喜地等待着拉格朗日的到来（不过他这般高兴是值得的）。

讲到这里一定要顺带提一下达朗贝尔，他是拉格朗日忠实的朋友，并且毫无保留地崇拜着他。接下来的一章我们会遇到拉普拉斯，谢天谢地，在这方面，达朗贝尔的性格与势力的拉普拉斯完全不同，这就足以让我们为他花去些篇幅。

让·勒隆德·达朗贝尔的名字取自巴黎圣母院附近的圣让·勒隆德小教堂。达朗贝尔是谢瓦利埃·德图什的私生子，被他的母亲遗弃在圣让·勒隆德教堂的台阶上。教区当局把这个弃儿交给了一个贫穷的玻璃工匠的妻子，她将这个孩子视如己出般地抚养。在法律的迫使下谢瓦利埃给他的私生子支付着教育费用。达朗贝尔的亲生母亲知道他在哪里，而当这个男孩儿开始展露出异于常人的天赋时，她便派人去找他，希望能说服他回到自己的身边。

"你只是我的后妈，"这孩子回复她道（在英语里这是一句很好的双关语，但是在法语中不是[1]），"玻璃工匠的妻子才是我真正的母亲。"就这样他放弃了自己的血肉之亲，就像她当初抛弃了自己的亲骨肉一样。

1.后妈也有不疼爱孩子的母亲之意。（译者注）

当达朗贝尔在法国科学界出了名、成为大人物时，他报答了玻璃工匠和他的妻子，使他们不至于生活窘迫（不过他们更愿意继续住在简陋的住处），而且他总是会很骄傲地称他们为自己的父母。尽管我们没有篇幅把他从拉格朗日这章单独拿出来写，但是我们一定会提到一点，就是达朗贝尔是第一个对岁差这个悬而未决的问题给出完整解答的人。纯数学方面他最重要的工作则是在偏微分方程的领域，尤其是与弦振动相关的问题。

达朗贝尔在信件中鼓励他这位谦逊的年轻笔友去攻克困难而重要的问题。他也会特别提醒拉格朗日要把自己的身体照顾好——达朗贝尔自己就吃了苦头。事实上，拉格朗日在16岁到26岁期间相当不合理的饮食习惯已经严重损害了他的消化系统，从此以后他一生中都不得不强迫自己严格遵守节律，尤其得克制自己不能过度工作。在其中的一封来往书信中，达朗贝尔教育这个年轻人不能依赖茶和咖啡来保持清醒；在另一封信中，他又忧心忡忡地推荐拉格朗日去看一本最近出版的关于学术人员易患疾病的书。对于所有这些关心，拉格朗日只是轻描淡写地回复一下他最近身体感觉良好，工作也很努力。但是最终，他还是为此付出了代价。

拉格朗日与牛顿的职业生涯在某一点上有离奇的相似之处。到了中年的时候，长时间专注于头等重要的事情让拉格朗日的热情有所衰退，尽管他的思维和从前一样敏捷，但是他开始对数学冷淡起来。才45岁而已，他写给达朗贝尔的信中就说："我开始感到我的惰性在一点点增强，我不能说从现在算起的十年之后我还会研究数学。而且在我看来，这口矿井现在已经挖得很深了，除非发现了新的矿脉，否则它就不得不被人遗弃。"

当拉格朗日写下这封信时，他生着病并且精神忧郁。虽说如此，这封信还是表达出了他所理解的真实情况。达朗贝尔离世前一个月（1783年9月）给拉格朗日所写的最后一封信颠覆了自己早些年对他的忠告，他建议，工作才是应对拉格朗日心理上的疾病的唯一解药："看在上帝的分上不要放弃工作，不要放弃这个对于你来说所有消遣方式中最有效的办法。再见了，这或许是我最后一次和你说再见。留下一些关于我的记忆，多少记住这个世界上最爱护你、最尊敬你的人吧。"

对数学来说幸运的是，拉格朗日最黑暗的低迷状态——"任何人类认知都不值得人类去为此奋斗"——和在这种状态下不可避免会萌生出来的消极想法，都是在达朗贝尔和欧拉设法把拉格朗日带到柏林来的20年之后才发生的，此时他已经创造了20年的光辉岁月。在拉格朗日去柏林前研究和解决的重大问题中包含月球的天平动[1]问题。为什么月球总是把同一面展示给地球——只有某些能够被解释的细微不规则差别？这就需要从牛顿万有引力定律推导出这一事实。这个问题是著名的"三体问题"其中的一个例子，三体彼此之间根据它们重心间距离平方成反比的规律而相互吸引。而在拉格朗日解决的这个问题中，三体是地球、太阳和月球（当我们讲到庞加莱时会对这一问题进行更多的阐述）。

凭借着他对天平动问题的解答，拉格朗日荣获了1764年法国科学

---

1. 在天文学中，天平动是从卫星环绕的天体上观察所见到的，真实或视觉上非常缓慢的振荡。尽管这些振荡亦适用于其他行星，甚至太阳，但天文学家们长久以来都只用在月球相对于地球的视运动，并且选择一个点来平衡与对比晃动的尺度。（译者注）

院的大奖——当时他只有28岁。

这次大赛取得了圆满的成功,受到鼓舞的科学院又提出了一个更困难的问题,拉格朗日因此于1766年再次赢得大奖。在拉格朗日的年代只有木星的四颗卫星被发现,因此木星系统(木星本身、太阳和它的卫星)就构成了一个六体问题。即便到了今天(1936年),我们还是没能找到一个完备的数学解法,又十分适用于实际计算。但是通过使用近似的方法,拉格朗日在解释观测到的不平衡现象上取得了显著的进展。

诸如此类牛顿理论的应用问题,是拉格朗日一生研究中最感兴趣的方向之一。1772年,因为三体问题的论文他又一次斩获了巴黎大奖。在1774年和1778年,在有关月球运动和彗星摄动的问题上他也取得了同样的成就。

早先获得的那些惊人成就使撒丁岛的国王为拉格朗日支付了1766年去巴黎和伦敦的旅费。拉格朗日时年30岁。计划本来是他陪同卡拉乔利——撒丁岛驻英国公使,一起去英国,但是一到巴黎,拉格朗日就感到特别不舒服——这是用丰盛的意大利菜来款待他的极富盛情的晚宴导致的结果——于是他不得不留在了巴黎。在巴黎期间,他会见了所有一线的知识分子,其中包括马里神父,后来表明这位朋友的价值无可估量。这场宴会打消了拉格朗日在巴黎生活的念头,他身体刚好一点儿就急切地返回了都灵。

终于,在1766年11月6日,拉格朗日在30岁的年纪收到了腓特烈欢迎他去柏林的邀请,这位"欧洲最伟大的国王"——按照他对自己最谦虚的称谓来说——很荣幸有"最伟大的数学家"的辅佐。至少后一个称谓还属实。于是,拉格朗日成为了柏林科学院物理学–数学部主管,在此后的20年里,科学院的会刊就被他一篇接着一篇伟大的论文所填满。他没有被要求授课。

起初，这位年轻的主管发现自己处于某种微妙的地位。德国人自然或多或少地厌恶将外国人邀请过来踩在他们头顶上的行为，他们都倾向于用近乎冷冰冰的礼节对待腓特烈邀请过来的人。事实上，他们经常是相当无礼的。但是拉格朗日不仅是一个一流的数学家，还是一个体贴别人、性情温和的灵魂，也具有知道何时应当缄口不语的罕见天赋。在写给信赖朋友的信件中他可以非常坦率，甚至对耶稣会会士的看法也是如此，从信件中可以看出他和达朗贝尔似乎都不喜欢这些人。此外，在他写给各学术协会的正式报告中，他对于其他人的科研成果的评判也是直言不讳。但是在他的社交来往中，他只管好自己的事情，即便有合情合理的原因他也尽量避免去冒犯别人。在他的同事们习惯了他的存在以前，他一直不介入他们的事情。

拉格朗日本性上对一切争端的厌恶对他在柏林的这段日子是很有利的。欧拉曾冒失地陷入一场又一场事关宗教或哲学的争论中；而拉格朗日若是被人步步紧逼到走投无路的时候，总是以他诚恳的惯用托词"我不知道"来开始他的回答。但是，当他自己坚信的东西被触及，他也知道要如何进行一场坚定有力又合情合理的防御。

总的来说，拉格朗日是倾向于同情腓特烈的，腓特烈有时候会被欧拉在他一无所知的哲学问题上据理力争的态度气得不行。"我们的朋友欧拉，"他给达朗贝尔的信中写道，"他是一个伟大的数学家，但作为一个哲学家却糟糕透了。"在另一个场合，在提到著名的《致一位德国公主的信》中欧拉流露出的虔诚说教时，他给这些信起了个经典的别称，叫作"《启示录》的欧拉版注释"——顺便还间接暗示出，当牛顿对自然哲学失去思考能力之后对自己的言行过于放纵。"真令人难以置信，"拉格朗日谈到欧拉时说，"他在形而上学领域竟会这般平庸且幼稚。"至于他自己，"我对争论极其反感。"当他的确在书信中进行哲学探讨时，却是用一种意想不到的玩世不恭的口吻说出来的，从他发表的著作中一点儿也看不出来，比如他会说，"我总会发现，人们的自负程度恰恰与他们的功绩成反比。这就是有关人性的至理名言之一。"在宗教问题上，如果非要给拉格朗日一个定义的话，他是个不可知论者。

腓特烈对于拉格朗日获得大奖的事很高兴，于是友好地花了几个小时的时间和他聊天，跟他详细讲述过规律生活的好处。拉格朗日与欧拉之间的差异尤其让腓特烈感到满意。这位国王已经被欧拉太过彰显的虔诚论调和对阿谀奉承的一无所知惹恼了。他甚至很过分地把可怜的欧拉叫作那个"笨拙的独眼数学家"，因为那会儿欧拉有一只眼睛已经失明了。对于达朗贝尔，腓特烈则用散文和诗句抒发着他的感激之情。"全靠你的费心和你的推荐，"他写道，"我得以用一位两眼健全的数学家替换掉我的科学院中瞎了一只眼睛的数学家，特别是对解剖学部来说这是件好事。"尽管他会说类似这样的俏皮话，但是腓特烈并不是心眼很坏。

在柏林安顿下来不久，拉格朗日就派人去都灵把他的一位年轻女亲戚接来，并娶她为妻。关于事情为什么会这样有两种说法。其中一种说法是，拉格朗日曾经同这个姑娘以及她的父母住在同一栋房子里，他注意到了这个姑娘买东西的习惯。拉格朗日生性节俭，姑娘的消费观念在他看来就显得太过铺张，他看不过去便亲自为她买了缎带。从那以后，他就被迫要娶她为妻了。

另一个版本的原委隐藏在拉格朗日的一封来往书信里——本该新婚燕尔的年轻丈夫笔下曾表明自己对婚姻持冷漠态度的自白中，这无疑是最离奇的一段。达朗贝尔曾跟他的这位朋友开玩笑说："你已经采取了我们哲学家所谓'致命冒险'的行动，我对此表示理解……一个优秀的数学家首先应该知道的就是如何求解出他的幸福。所以我不怀疑，当你完成了这个计算，你发现让你幸福的答案就是婚姻，于是你才做了这个决定。"

拉格朗日要么是把这段话看得极为认真，要么准备在暗自制定的游戏规则上戏弄一下达朗贝尔——若是这样，他得逞了。达朗贝尔看到后表示很惊讶，拉格朗日怎么在他的信件中对他的婚姻只字未提。

"我不知道我的计算是对是错，"拉格朗日回答说，"倒不如说，我觉得我根本没有做过这方面的计算。因为，要我现在被迫回想一下的话，我的心思像莱布尼茨那样从来没有拿定过主意。我向你坦白，我对婚姻一直都不感兴趣……但是事到如此，我就是得和亲戚中的一位年轻女性结婚，让她照顾我和我的一切事务。如果我忘了告诉你，那是因为在我看来这整个事情本身就没有什么意思，不值得费事告知你。"

结果当妻子病入膏肓时，这桩婚姻反而让两个人都感受到了幸福。拉格朗日没日没夜地亲自照顾她，她去世的时候拉格朗日伤心欲绝。

他在工作中寻找安慰。"我的日常活动减少成在平静和沉默中钻研数学。"接下来，他告诉了达朗贝尔让他所有的工作成果看上去十分完美的秘诀，这是他性情急躁的后继者们望尘莫及的状态。"因为我没有迫于压力，工作也更多地是为了让自己得到消遣，而不是完成任务，所以我就像那些在建房子的贵族:盖了拆,又拆了盖,直到我对自己的成果还算满意为止,但是这种情况极少发生。"还有一次,当他抱怨完过度工作让他生了病之后,也说起休息对他来说是不可能的:"我三番五次地重写我的论文,写到自己还算满意为止的坏习惯实在是改不了了。"

在柏林的20年间,拉格朗日主要的精力并非都投入到了天体力学和推敲他的杰作上。有一次离题是特别有趣的——这进入到了费马的领域,因为它可以指出算术中一些看似简单的东西里内在的困难。我们会看到,即便是伟大的拉格朗日也会因为算术研究让他花去了意想不到的精力而感到郁闷。

"最近几天我一直在做这件事,"1768年8月15日,他写信给达朗贝尔,"让我在某些算术问题上的研究出现点儿不同的结果,我向你保证,我发现的困难比我预期的多得多。比如说这个问题,我得到的结果又引申出来一个更大的麻烦。对于任意一个给定的不是平方数的正整数n,试求一个整数的平方 x^2,使得 nx^2+1 也是一个平方数。这个问题在方幂理论【也就是今天的二次型,讲到高斯的时候】中意义重大,其中【方幂】是丢番图分析的主要研究对象。此外,我这一次发现了一些十分漂亮的算术定理,你想看的话,我下次找机会告诉你。"

拉格朗日叙述的问题有很长一段时间的历史,可以追溯到阿基米德和古印度时期。拉格朗日使 nx^2+1 凑成一个方幂的经典论文是数论中的里程碑。他也是第一个证明了费马给出的一些定理和约翰·威尔逊(1741–1793)定理的人,威尔逊的结论是,如果p是任意一个质数,那么将1, 2……到 $p-1$ 所有这些数字相乘起来,得到的结果再加上1,那么和可以被p整除。如果p不是质数,则上述结论不成立。例如,如果

p=5，$1×2×3×4+1=25$。这个结论可以用基本的推理得到证明，对它的证明也是高智商测试中的一道算术类型的题[1]。

达朗贝尔在回信中说，他认为丢番图分析或许可以被用在积分学中，但是他并没有进行详细的说明。说来也奇怪，这个预言在19世纪70年代被俄国数学家G·佐洛塔廖夫[2]变成了现实。

拉普拉斯有一段时间也对算术很感兴趣，他告诉拉格朗日，费马那些尚未被证明的定理的存在，虽然是给法国数学界带来最多荣耀的事情之一，但也是法国数学界最惹眼的污点，将这个污点抹去是法国数学家的责任。但是他预见了难以逾越的障碍。在他看来，这个棘手的问题的根源在于还没有任何一种像处理连续问题的微积分一样的一般方法能够用来解决离散问题（即归根结底与1，2，3……有关的问题）。达朗贝尔也谈到了算术，他发现算数问题"比表面看上去的样子要更困难"。拉格朗日和他的朋友们这样的数学家得出的经验之谈或许可以说明算术的确很难。

拉格朗日在另一封（写于1769年2月28日）信上记述了这件事情的结果。"我之前说过的那个问题一开始让我花去了比预想中多很多的时间，但是最后，我还是很欣喜地完成了在这方面的工作，并且我相

1.一位西班牙绅士给出的"证明"错得离谱，但是因为它有十足的趣味性所以把它写在这里。$1×2×...×n$ 习惯上缩写为 $n!$。现在有 $p-1+1=p$，它可以被 p 整除。每一项都加上感叹号：$(p-1)!+1!=p!$。等式右边还是可以被 p 整除，因此，$(p-1)!+1$ 可以被 p 整除。可惜的是，这个证明对于 p 不是质数的情况同样成立。（作者注）

2.佐洛塔廖夫（1847-1878），俄国数学家。他1867年毕业于圣彼得堡大学，1876年任教授。佐洛塔廖夫和科尔金共同研究了正定二次型对于变量整体的最小值问题，特别是当变量的个数 n=4 或 5 时，他们得到了很好的结果，彻底解决了这一极值问题。（译者注）

信，对于有两个未知数的二元二次不定方程问题我没有遗留任何还需要去挖掘的东西。"不过，他这是过于乐观了。高斯那会儿还没有降生呢——他的父母还要7年时间才能相遇。在高斯出生前两年（1775年），拉格朗日回首他的工作时情绪很是悲观："在算术领域的研究是让我花费了最多精力或许也是最不值得的工作。"

精神状况不错的时候，拉格朗日就很少会在估计工作成果的"重要性"上出现误解。"我总把数学看作消遣的对象，"1777年他给拉普拉斯的信中写道，"而不是野心的对象，而且我可以向你保证，比起自己那些总令我不甚满意的成果，我更喜欢别人的工作。由此你会看到，若是说你是因为你的成功而免遭他人的嫉妒，我也会由于我的性格收到同样的结果。"这是拉格朗日对拉普拉斯宣称的一些冠冕堂皇的话给出的反馈，拉普拉斯说他从事数学工作只是为了要满足自己超群的好奇心，并不是期待着"人民群众"的喝彩——但是对于他来说，受众人追捧在一定程度上本来也是痴人说梦吧。

拉格朗日在1782年9月15日写给拉普拉斯的一封信具有很大的历史价值，因为它宣告了《分析力学》的完成："我基本上已经完成了那篇《分析力学论》，它是仅根据附带论文第一部分中的原理和公式为基础建立起来的，但是由于我不知道我能在什么时候或哪个地方将它出版，所以我不着急去做最后的润色。"

勒让德[1]承担了这部著作出版前的编辑工作，拉格朗日的老朋友马里神父最后说服了一位巴黎的出版商来拿他的名誉冒一次险。这个精

1.勒让德（1752-1833），法国数学家，毕业于马扎兰学院。1775年任巴黎军事学院数学教授。1782年以《关于阻尼介质中的弹道研究》获柏林科学院奖金，次年当选为巴黎科学院院士。1787年成为伦敦皇家学会会员。（译者注）

明的家伙同意进行印刷，但前提是神父要同意买下到了某个时间点还没有卖出去的所有库存。该书直到1788年才问世，此时拉格朗日已经离开了柏林。书送到他手里时，他已经变得对一切科学和数学都很淡漠了，他甚至懒得打开这本书看上一眼。对于当时的他来讲，这本书就是用中文打印出来的。他根本不用去看。

拉格朗日在柏林期间的一项研究对现代代数的发展具有至高的重要性，这就是1767年的论文《关于数值方程的解》，以及后续附加的处理方程的代数可解性这个一般问题的讨论。拉格朗日在方程理论和求解方面的研究，或许最重要的意义在于它们后来被证实是对19世纪初主要代数学家们的启迪。我们会一次又一次地看到，对于一个让代数学家们困惑了三个世纪或更长时间的问题，最终将它求解出来的人会回到拉格朗日的著作中去寻求想法和灵感。拉格朗日本人并没有解决那个核心的难题——即对一个给定方程给出具有代数可解性的充分和必要条件，但是答案的萌芽可以在他的论文中找到。

由于这个问题是整个代数领域最重要的内容之一，也可以被简要的记述，所以我们不妨顺便提及一下，它将作为一个主要的研究方向在19世纪一些大数学家——柯西、阿贝尔、伽罗瓦、埃尔米特、克罗内克，还有其他人——的工作中多次出现。

首先应该强调指出，求解常系数的方程不存在任何困难。如果方程是高次的，比如，

$$3x^{101} - 17.3x^{70} + x - 11 = 0,$$

那么工作量可能非常大，但已经有许多直接方法，凭借这些方法诸如此类常系数方程的根可以被求解到任意指定的精度。其中一些方法是

普通学校代数课程的内容。但是在拉格朗日的年代，将常系数方程的解求解到指定精度的统一方法还不是司空见惯的事——也有可能这些方法还尚未出现。拉格朗日提出了一个这样的方法。理论上来说它可以求解，但是并不实用。现如今有求解常系数方程需求的工程师，没有一个会考虑使用拉格朗日的方法[1]。

当我们试图求解一个字母系数方程的代数解，比如说 $ax^2 + bx + c = 0$，$ax^3 + bx^2 + cx + d = 0$，以及如此类推三阶之后更高阶的方程时，真正重要的问题就出现了。我们要求解的是一组用给定的 a, b, c……表示未知数x的方程。也就是说，如果把x多个解的表达式中的任何一个代入到方程的左边，这边的结果就是零。对于一个n次方程，未知数x恰好有n个解。因此，对于上述二次（即二阶）方程，有

$$\frac{1}{2a}\left(-b + \sqrt{b^2 - 4ac}\right), \quad \frac{1}{2a}\left(-b - \sqrt{b^2 - 4ac}\right)$$

两个解，当用它们替换x，代数式 $ax^2 + bx + c$ 就等于零。对于任意方程，所求解的x值都要以a, b, c……仅通过有限次的加、减、乘、除和开方运算表示出来。这就是问题所在。它是可解的吗？人们直到大约拉格朗日去世的20年之后才得出这个问题的答案，但是思路可以很容易地在拉格朗日的著作中找到。

作为得到一个通用理论的第一步，拉格朗日彻底地研究了前人给出的四次以下一般性方程的所有解，他成功地证明了求解所需的所有技巧都可以用一种统一的步骤来代替。这个一般方法中的一个细节就蕴藏着我们刚才提到的那个思路。假定我们有一个包含字母a, b, c……的代数表达式，如果表达式中的字母以所有可能的方式进行

1.见数值分析。（译者注）

互换，那么从给定的表达式中能够得出多少种不同的表达呢？举例来说，将 $ab+cd$ 中的b和d交换，我们得到了 $ad+cb$。这个问题又引申出另一个密切相关的问题，这也是拉格朗日所寻求的线索中的一部分。字母间怎样的交换可以让给定的代数式保持不变（与原来的表达式相同）呢？于是通过交换a和b， $ab+cd$ 变成了 $ba+cd$，因为 $ab=ba$，所以得到的结果与 $ab+cd$ 相同。从这些问题中，诞生出了有限群论。人们发现这就是解开代数可解性问题的关键。当我们讲到柯西和伽罗瓦时，它还会再次出现。

拉格朗日的研究还得出了另一个重要的事实。对于二、三、四阶一般代数方程，可以通过让结果依赖于一个比题目中的方程次数低的方程来求解。这对于二、三、四阶方程都可以完美适用，但是尝试把完全一致的方法用于求解形如

$$ax^5+bx^4+cx^3+dx^2+ex+f=0$$

的一般的五阶方程时，欲解方程没有降到五以下的阶数，反而变成了六阶。这样做产生了用一个更难求解的方程替代给定方程的效果。这个对二、三、四阶方程都适用的方法在第五阶方程上失败了，除非有某条小路能绕开尴尬的6阶障碍，否则这条路就被堵死了。事实上，我们会看到没有任何避开这个难题的办法。它的困难程度不亚于用欧几里得方法试图化圆为方，或是三等分一个角。

腓特烈大帝去世后（1786年8月17日），德国人对非普鲁士人的憎恨和对科学的淡漠，让拉格朗日和他在科学院中的外籍同事们都无法在柏林待下去了，于是他请求辞职。他得到了许可，条件是在若干年内他得继续把他的论文上交给科学院的学报，拉格朗日也答应了这个条

件。他很高兴地接受了路易十六的邀请，作为法国科学院的成员继续在巴黎进行他的数学工作。当他在1787年抵达巴黎时，他受到了王室家族和科学院的最高款待。他们为他在卢浮宫安排了舒适的住处，他在这里一直住到了大革命时期，而且他也成为了玛丽·安托瓦内特特别宠幸的人——此时距离她上断头台还有不到六年时间[1]。玛丽大约比拉格朗日小19岁，但她似乎很理解他，并尽她所能地缓解他十分严重的抑郁症。

到了51岁的年纪，拉格朗日感到他要放弃了。这很明显是一个长时间连续做超负荷工作造成精神衰弱的病例。巴黎人眼中的他在交谈中温和又和蔼，他也从不争先。他的话说得很少，显得心不在焉，非常忧郁。在拉瓦锡[2]邀请的科学届人士的聚会上，拉格朗日会站在那儿茫然若失地凝视着窗外，前来向他表示敬意的宾客们看到他的背影，就像是一副悲哀又冷漠的画。如他自己所言，他的热情消失了，他也对数学失去了兴趣。如果他听到哪个数学家在从事一项重要的研究，他或许会说："那就更好了；我开始了它，我就没有必要去完成它了。"那本《分析力学》在他的书桌上放了两年都没有被翻开过。

拉格朗日厌倦了与数学有关的一切，他现在转向他认为自己真正感兴趣的东西了——就像牛顿在完成《原理》之后做的事情一样：玄学、人类思想的发展史、宗教史、语言的普遍理论、医学和植物学。在这些杂七杂八的东西上，他渊博的知识和他在数学以外的事情上的深

1.1793年10月15日，玛丽·安托瓦内特被正式判处死刑。1793年10月16日约11时，玛丽·安托瓦内特在革命广场（即协和广场）被公开执行死刑，之后草草下葬。（译者注）
2.拉瓦锡（Antoine-Laurent de Lavoisier, 1743-1794），法国著名化学家、生物学家，被后世尊称为"现代化学之父"。（译者注）

刻洞察力让他的朋友们感到惊讶。在那个年代,化学正在迅速成为一门科学——它之所以与作为它前身的炼金术是不同的,主要是因为拉格朗日的密友拉瓦锡做出的努力。拉格朗日说,拉瓦锡已经让化学"如同代数一样简单",任何一个学习初等化学的学生都会有所体会。

至于数学,拉格朗日认为它已经到头了,或者至少正在进入一个衰落时期。他预见化学、物理和普遍意义上的科学将成为对顶尖的聪明人来说最具吸引力的未来领域,他甚至预言,数学在科学院和大学中的首席席位不久就会跌落到像阿拉伯语那样不起眼的水平。在某种意义上他是对的。要不是高斯、阿贝尔、伽罗瓦、柯西,还有其他人给数学注入了新的思想,牛顿理论哄然掀起的浪潮到了1850年也就会平息。幸运的是,拉格朗日在有生之年看到了高斯在他伟大的事业上有了很好的开始,并且意识到自己的预言是没有依据的。我们今天或许会对拉格朗日的悲观论调付之一笑,认为1800年以前的最闪耀的时刻也只不过是现代数学的黎明时分,不过是我们现在所处的上午中最初的一个小时而已,而我们仍在憧憬着正午的日光——如果中午真的会来到的话,从他的故事中我们可以学到,要避免说那些预言。

大革命使拉格朗日的冷漠态度发生了转变,激励他再一次回到了对数学充满强烈兴趣的状态。我们可以记住1789年7月14日这个日子以便参考,那一天巴士底狱被攻陷了。

法国的贵族和科学界人士在最后关头意识到了等待他们的下场是什么,于是迫切催促拉格朗日重返柏林,回到那个等着迎接他的地方。如果他要走没有人会提出异议,但是他拒绝离开巴黎,说他更想要留下来看到这场"实验"的结果。无论是他自己还是他的朋友们都没有预见到接下来的恐怖统治[1]，事情进展到这个阶段令拉格朗日懊悔不已，留到现在再想逃走已经太迟了。他并不为自己的生命担惊受怕。首先，作为半个外国人，他是相当安全的；其次，他并不十分看重自己的生命。但是令人作呕的残暴行径让他很难忍受，这几乎摧毁了他在人性和情理上仅剩的一点点信念。当一场接一场的暴行撼动着他的神经，让他意识到留下来目睹大革命中不可避免的恐怖争战就是个错误时，他就会不停地提醒着自己"Tu l'as voulu"（"这是你自找的"，或是"你还会这样做的"）。

革命党人要更新人类和改造人性的宏伟计划使他寒心。当拉瓦锡走上断头台——要是单考虑社会正义的问题，他无疑该受到这样的惩罚——拉格朗日表示了他对这个愚蠢的死刑的愤慨："他们只要一刹那就可以使这颗头颅落地，但是要生出一个像他这样的头脑恐怕一百年都不够。"但是，当这位伟大的化学家为科学做出的贡献被迫切地拿出来作为饶他一命的正当理由时，受到压迫的市民义愤填膺地用肯定的语气告诉包税人拉瓦锡："人民不需要科学。"他们或许是对的。可是如果没有化学这门科学，连肥皂都不会出现。

尽管拉格朗日的整个工作生涯事实上都是在皇室的资助下度过的，但是他并不同情保皇党人，也不站在革命党人这一边。他坚定地站在文明的中间地带，而双方都无情地侵犯了文明。他能够同情那些超出忍耐限度的人民，希望他们在争取体面的生存条件的斗争中获得胜利。不过他的想法非常实际，也不会被人民领袖提出的任何一个所谓

1.1793年9月5日–1794年7月28日，在法国大革命开始之后的暴力时期（雅各宾专政时期）。（译者注）

缓解人民苦难的空想计划所打动，并且他拒绝相信提出这样的计划就如同狂热的刽子手宣称的那样是证明人类伟大思想的铁证。"如果你想了解真正伟大的人类思想，"他说，"在牛顿正在做分离白光或是揭示世界体系的工作时去他的书房看看吧。"

法国人对他十分照顾。一道特殊的法令颁布下来保障了他的"退休金"，当滥发纸币造成的通货膨胀把这部分津贴又贬低到一文不值时，他们任命他为发明委员会成员来竭力弥补他的收入，之后还用这种方法任命他为造币委员会成员。当1795年师范学院创办起来之后（最初成立时只维持了很短的时间），拉格朗日又担任了数学教授一职。当师范学院倒闭，巴黎综合理工学院在1797年成立之时，拉格朗日规划出数学课程并担任了第一位教授。他被请来给一些基础很差的学生上课，而在此之前他没有教过书。拉格朗日适应了这些未经雕琢的学生，带着他的学生们从算术和代数开始一直到分析，他看上去更像是学生中的一员，而不是他们的老师。那个时代最伟大的数学家就这样成为了一名伟大的数学教师——为拿破仑培养了一批骁勇的年轻军事工程师，在征服欧洲的计划中发挥了自己的效用。什么都不知道的人是不能教书的，这条神圣的迷信土崩瓦解。拉格朗日所教授的远远超出了基本的内容，他在学生们的眼前发展起新的数学，很快他的学生们自己也参与到了这项发展中。

就这样产生出来的两项工作成果将会对19世纪前30年的分析学产生巨大的影响。对于渗透着微积分传统形式的无穷小和无穷大的概念，拉格朗日的学生们很难理解。为了克服这些困难，拉格朗日试图不使用莱布尼茨的"无穷小量"和牛顿关于极限给出的特殊概念来发展微积分。他自己的理论发表在《解析函数论》（1797年）和《函数的微积分教程》(1801年)这两部著作中。这些著作的重要性不在数学上，而在于它们推动了柯西和其他人去构造一种更令人满意的微积分。拉格朗日失败得很彻底。话虽如此，我们必须清楚，即便在我们自己的年代，拉格朗日未能成功解决的困难也还没有完全被人们克服。他的著作是值得人们注意的尝试，也是在它的年代中令人满意的成果。如果我们自己的工作延续了像他那样长的时间，我们就已经做得很好了。

大革命期间，拉格朗日最重要的工作是他在完善公制的度量衡中起到的主导作用。正是由于拉格朗日的认知和他提出的讽刺意见，才让12没有代替10被选作度量的基准。12的"好处"比较明显，直到今天认真的宣传者们所写的令人印象深刻的论文中还在阐明这些优势，这些人跟化圆为方兴趣小组的人也没什么区别。将12的基准套用在我们的十进制上，就像把一个六角形钉子塞进一个五边形的孔一样。为了让那些奇葩也能明白采用12有多么荒谬，拉格朗日提出11是个更好的方案——任何质数都有一个优点，使系统中所有的分数都具有相同的公分母。不过它的缺点不计其数，并且每个知道短除法的人都会明显感受到。委员会领会了他的意思，将基准定为10。

拉普拉斯和拉瓦锡在委员会刚组建时也是其成员，但是三个月后，他们与另外一些人一起被"清除"出席。拉格朗日仍然担任主席。"我不知道他们为什么把我留下来。"他说，他沉默的天赋不仅保留了他的职位，还留住了他的脑袋。

尽管拉格朗日的工作总是很有趣，但是他仍然深感孤独，近乎消沉。在他56岁的时候，一位小他快40岁的年轻女子将他从这种介乎生死之间的暮气沉沉的状态中挽救了出来，她是他的朋友天文学家勒莫尼耶的女儿。拉格朗日的忧愁令她动容，于是坚持要嫁给他。拉格朗日也妥协了，这桩婚姻与老男人同少女结婚时各种因素导致的走向不一样，结果很是理想。这位年轻的妻子不仅证明了她的忠诚，也证明了她的实力，她将让丈夫脱离痛苦和重新唤起他对生活的希望作为自己生活的目标。在拉格朗日这里，他也欣然地做了许多让步，陪着他的妻子去参加舞会，他一个人绝不会想到要去这种地方。不久以后，他就不能忍受她长时间不在自己的视野范围内了，在她短暂外出的时间里——比如去买东西——他就感觉很痛苦。

即便沉浸在新的幸福中，拉格朗日对生活依旧保持着超然而客观的态度，对他自己的愿望也保持着绝对的忠诚。"我的第一次婚姻没有孩子，"他说，"我不知道我的第二次婚姻里还会不会有孩子，我几乎不指望了。"他坦白又真诚地说，他所有的成就中最为宝贵的那一个，就是拥有一位像他年轻的妻子这样既温柔又忠实的伴侣。

法国人接连颁发给他大量的荣誉。曾经是玛丽·安托瓦内特最为青睐的人，现在倒成了那些把她送上断头台的人倾慕的偶像。1796年，法国强占了皮埃蒙特，拉格朗日的父亲仍住在都灵，塔列朗[1]奉命去正式拜访拉格朗日的父亲，就为了告诉他："你的儿子用他的天赋给全人类带来了荣誉，皮埃蒙特为诞生这样一位人物而感到骄傲，法国也为拥有他而感到自豪。"当拿破仑在战役间隔中转而处理民政事务时，他经常与拉格朗日谈论哲学问题，以及数学在一个现代国家中的作用，他对这位谈吐温文尔雅、说话前总经过深思熟虑、从不固执己见的人怀

---

1. 塔列朗（Charles Maurice de Talleyrand-Périgord，1754–1838），法国资产阶级革命时期著名外交家，为法国资本主义革命的巩固做出了极大贡献。从18世纪末到19世纪30年代，曾在连续6届法国政府中担任了外交部长、外交大臣，甚至总理大臣的职务。（译者注）

有最崇高的敬意。

在拉格朗日冷静又有所保留的外表下面，还隐藏着一副调侃别人的机智面容，它只会偶尔在出其不意的时刻一闪而过。有时他的讽刺是那么微妙，以至于较为粗俗的人——比如拉普拉斯就是一个——听不出来针对他们说的话里暗藏的真正含义。一次，为了表示实验和观测结果只是建立在凭空设想又模糊不清的理论上，拉格朗日评价道："这些天文学家真是奇怪，除非一种理论与他们的观测结果相吻合，否则他们也不会相信这个理论。"有人留意到他在一场音乐会上全神贯注的忘我状态，便问他为什么喜欢音乐。"我喜欢音乐是因为它让我脱离了尘世，"他答道，"我听到了前三个小节的旋律，到第四小节我就什么都分辨不出了，我就放弃了听音乐开始想自己的事，什么都无法打扰到我。就是这样，我一次性解决了不止一个难题。"甚至他在表示对牛顿发自内心的崇敬时，也同样带有一丝丝不着痕迹的讽刺意味。"牛顿的的确确是具有卓越天赋的人，"他说，"但是我们必须承认，他也是最幸运的人：找到'建立世界体系'的机会只有一次。"第二次的时候他又说，"牛顿是多么幸运啊，在他那个时代，世界的体系仍然有待发现呢！"

拉格朗日在科学方面的最后一项工作是为《分析力学》的再版所做的修正和增补。虽然他已年逾70，但是他过去的状态全都回来了。他按照先前的习惯连续不停地工作，不过很快就发现，他的身体已经不听大脑的使唤了。不久，他开始出现一阵阵晕厥，尤其是在早上起床的时候。有一天，他的妻子发现他躺在地上不省人事，他的头部也因摔倒时撞在了桌子边上伤得很重。从那以后，他放缓了他的节奏继续工作。他知道他病得很重，但病情并没有扰乱他平静的生活。拉格朗日终其一生都活得像一位哲学家希望的那样，对自己的宿命并不关心。

拉格朗日去世的两天前，蒙日和其他朋友来拜访了他，有人通知他们拉格朗日就快要去世了，并且他希望把自己的一些故事讲给他们听。他们发现他的状态暂时有些好转，只是记忆力衰退让他忘记了自己原本想要告诉他们的事情。

"昨天我的状况很不好，我的朋友们，"他说，"我感觉我就要死了；我的身体一点一点越来越虚弱；我的脑力和身体机能正在慢慢下降；我体会到了逐渐丧失力气的过程，而我到达生命的尽头时不觉悲伤，也没有遗憾，只是感受到了非常温和的衰竭。噢，死亡并不可怕，当它不带任何痛苦地到来时，它就是身体执行的最后一项功能，并不会给人带来不快。"

他认为生命存在于所有的器官中，存在于整个机体中，而现在在他的这副身体里，所有零部件都一起老化了。

"再过一会儿，哪里都将停止运转了，死亡将到达我身体的各处。死亡只不过是身体进入到了绝对的休整状态。

"我希望死去。是的，我希望死去，我在这个过程中发现了一种愉悦。但是我的妻子不希望我死。到了这会儿，我宁愿自己能有个不是这么善良、不是这么盼望我恢复体力的妻子，她就会容我平静地死去。我曾拥有我的事业，我在数学上也获得了些许名气。我从不恨任何人，我也没做过什么坏事，就这样结束挺好的，但是我的妻子不会这样想。"

他的愿望很快就实现了。他的朋友们离去以后不久，他就昏了过去，再也没有醒过来。他于1813年4月10日凌晨去世，终年76岁。

第十一章　从农民到势利官员

拉普拉斯

谦逊起来像林肯，高傲起来像罗斯福。冷淡的对待和热烈的邀请。拉普拉斯雄心勃勃地去解决太阳系的问题。《天体力学》。他对自己的评价。其他人对他的看法。物理学中颇具"位势"的基本概念。拉普拉斯在法国大革命中。与拿破仑的亲密关系。在政治上拉普拉斯比拿破仑会办实事。

皮埃尔-西蒙·德·拉普拉斯侯爵（1749–1827）生来不是为了做一位农民，去世的时候也不再是一位势利的官员。但是用二阶小量来比喻的话，他辉煌的事业就在这些无穷小的细枝末节中，而且正是这个近似的观点让他成为了最有意思的人性范例。

作为一位数学天文学家，拉普拉斯被人们公正地称为"法国的牛顿"；作为一位数学家，他可以被看作是现代概率论的奠基人。在人性方面，他或许是最明目张胆地驳斥这条教育学迷信的人，他不认为高尚的追求必然使人拥有高贵的品格。然而，尽管他有着各种可笑的弱点——他爱慕头衔，他在政治立场上易于顺从，以及在大众推崇的不断变化的焦点之中，他希望自己永远是最闪耀的那个——但是拉普拉斯的性格中也有成为真正伟人的要素。对于他说过的所有为了真理会毫无保留地献身一类的话，我们可以不信，对于他为了将牛顿那句小男孩儿在海边玩耍的话琢磨成一句押韵的警句，而用心排练出的那句简练的最终遗言——"我们所知的不多，我们未知的却甚多"，我们也可以一笑置之，但是我们不能否认，拉普拉斯对没有名气的新人所给予的慷慨援助怎么也算不上是

拉普拉斯

一位狡猾又不知感恩的政治家会做出来的行为。有一次，为了助一位年轻人一臂之力，拉普拉斯甚至不惜牺牲自己的利益。

有关拉普拉斯的早年生活我们知之甚少。他的父母是住在法国卡尔瓦多斯省的博蒙昂诺日的农民，皮埃尔-西蒙就是于1749年3月23日出生在那里。拉普拉斯幼年和青年时期模糊的记载就是因为他自己有所隐瞒的势利想法：对他卑微的双亲他只感到羞耻，并竭尽全力地隐瞒自己农民的出身。

想必是那时候拉普拉斯在乡村学校里显示出的出众天赋引起了富有的邻居善意的关注，从而让他获得了翻身的机会。据说他一开始是在神学辩论中展露的头角。如果真是如此，相较于他成年后有些激进的无神论论调，这倒是一个很有趣味的起点。他很早就开始从事数学。在博蒙有一所军事院校，据说拉普拉斯作为那里的编外人员曾教过一段时间的数学。一个不大可靠的说法是，比起他的数学才能，更引人们注意的是这位年轻人惊人的记忆力，出于这个原因，一些有影响力的人物帮他写了热情的推荐信，他18岁时带着这些信前往巴黎，从他的

靴子上永远抹去了博蒙的泥土,出发去寻找他的仕途。他对自己的能力有很高的预估,但并不过分。带着对自己并不盲目的自信心,年轻的拉普拉斯就这样闯入了巴黎去征服数学世界。

一抵达巴黎,拉普拉斯便拜访了达朗贝尔,并把他的推荐信递交了上去。他没有被接纳。对于只是被知名人士推荐过来的年轻人,达朗贝尔并不感兴趣。拉普拉斯以他这么小的年纪难得的洞察力察觉到了问题出在什么地方。他回到住处,给达朗贝尔写了一封关于力学一般原理的精彩绝伦的信。这封信果然起了作用。在邀请拉普拉斯去见他的回信中,达朗贝尔写道:"先生,你看我几乎没有注意到你的那些推荐信:你并不需要什么推荐。你用更好的方式介绍了自己。对我来说这就够了,你应该得到我的支持。"几天以后,多亏了达朗贝尔的推荐,拉普拉斯被任命为巴黎军事学校的数学教授。

于是,拉普拉斯投身到了他毕生的事业中——把牛顿的万有引力定律应用到整个太阳系具体的问题上。要是他没有再做其他的事情,他的形象还会比实际上的更伟大一些。拉普拉斯想成为什么样的人,在1777年他27岁时写给达朗贝尔的一封信中有所表达。拉普拉斯对自己的描述是一个人自我剖析时以最离奇的方式将现实与想象融合在一起的产物。

"我从事数学研究一向是出于爱好,而非追求虚名,"他声称,"我最大的乐趣在于研究发明者的进展情况,看看他们的聪明才智是怎样对付他们遇到以及克服的障碍的。然后我会把自己放在他们的位置上,问自己要征服这些相同的问题我该如何去做,虽然在绝大多数情况下这种换位只会让我的自信心受到打击,但是为他们的成功感到欢欣的这种愉悦足以弥补我这点儿微不足道的屈辱感。如果我能够有幸为他们的成果补充上一点儿东西，我会把所有的荣誉都归于他们最初的努力上，我愿意相信他们在我的位置上会做得比我好很多……"

他说的第一句话或许还有些道理，但是这篇沾沾自喜的小文章其余的部分又怎么样呢？看上去就像一个自命不凡的10岁少年写给他在主日学校容易上当的老师看的东西一样。尤其要注意他将自己"不足为道"的成功慷慨地归功于前辈们前期工作的这句话。再没有什么比这个表示感谢的坦诚交代更能歪曲事实的了。我们打开天窗说亮话，拉普拉斯的剽窃行为令人发指，不管什么方面，只要他从同代人和前辈们那里得知了任何能为他所用的东西他都会拿过来。比如说，从拉格朗日那里，他窃取了位势的基本概念；从勒让德那里，他拿走了分析过程中他需要的所有内容；最后，他故意在他的著作《天体力学》中省略了引用到他自己这本书里的别人工作成果的出处，这是打算让后人认为，是他独自一人创立出了天体的数学理论。当然，他无法避免要反复提到牛顿。其实，拉普拉斯没有必要小气到如此程度。他自己对太阳系动力学所做的巨大贡献，轻而易举就能让被他忽略掉的那些人的工作成果黯然失色。

拉普拉斯所研究的问题的复杂和困难程度，是任何一个不曾见过类似尝试过程的人所无法体会到的。在讲拉格朗日那章时，我们提到过三体问题。拉普拉斯研究的是类似的问题，但是问题的规模更大。他必须从牛顿定律求解出太阳系所有行星彼此之间以及它们与太阳之间相互摄动——即交叉牵引——的综合效果。尽管土星的平均运动明显在稳固减小，但是它会飘逸到太空中去吗，还是继续作为太阳系的成员？另外，木星和月球的加速度最终会造成二者一个被太阳吞噬，另一个撞碎在地球上的结果吗？这些摄动的效果是累加的还是消减的，或者它们是周期性的还是守恒的呢？这些细节问题以及其他类似的谜题都笼罩在一个大问题的下面：太阳系是稳定的还是不稳定的？依据是，牛顿的万有引力定律的确是普遍适用的规律，并且也是控制行星运动的唯一准则。

拉普拉斯向这个一般的问题迈出的重要的第一步发生在1773年，那时他24岁，在这项工作中他证明了在一些微小的周期变化之内，行星到太阳的平均距离是不变的。

当拉普拉斯着手解决稳定性问题时，专家们的意见最多是不置可否。牛顿本人相信的是，有的时候还是需要上帝的干预来使太阳系恢复以往的秩序，防止它毁灭或是瓦解。而其他人，比如说欧拉，由于月球理论（月球运动）的困难给他们留下了深刻印象，所以他们会对行星及其卫星的运动能否用牛顿的假说来解释表示质疑。理论中涉及的力不计其数，它们之间的相互作用也复杂到无法让人做出合理又清晰的猜测。直到拉普拉斯证明了太阳系的稳定性以前，每一种预测都是有可能的。

读到这里读者毫无疑问会产生一个异议，对此需要声明的是，拉普拉斯对于稳定性问题的求解只适用于牛顿和他本人设想中的高度理想化的太阳系。潮汐摩擦（就像周日旋转中起的制动作用一样）及其他一些作用都忽略不计了。自从《天体力学》出版以来，我们对于太阳系以及其中被拉普拉斯忽略的所有现象，已经知道了许多。如果说真实太阳系——相对于拉普拉斯的理想太阳系——的稳定性问题仍然悬而未决，或许不无道理。不过，天体力学的专家们可能并不认可这个说法，而只有他们有资格做出评判。

出于性格的不同，拉普拉斯概念中永远不断地重复着它复杂周期性运动的永恒稳定的太阳系，在一些人看来就像永无止境的噩梦一般令人沮丧。对于这些人，他们最近得到了一个安慰：太阳也许有一天会像一颗新星那样爆发。这样的话，稳定性问题就不会再困扰我们了，因为我们所有人都会在刹那间全然变成气体。

因为这个杰出的开始，拉普拉斯在只有24岁的年纪就获得了他事业生涯中第一项实质性的荣誉，成为了一名科学院副院士。傅里叶概述了他此后的学术生涯："拉普拉斯将他所有的工作都制定在一个固定的方向上，他从未从这个方向上偏离出去；他沉着冷静地观察一向是他天资的一个主要特征。【当他开始着手研究太阳系时】他已经做到了数学分析的极致，他清楚其中所有最巧妙的方法，并且深知没有人比他更能胜任扩展这个领域的工作。他已经解决了一个天文学中的重大问题【于1773年递交给科学院】，他也下决心将所有的才能都奉献给数学天文学，而他在这个领域注定要做到至善。他在他的伟大课题上进行了深入的思考，他以科学史上独此一份的恒心与毅力将毕生致力于这个项目的完善。这个课题的宏大也为他的才能带去了理所应当的自豪感。他承担了撰写他所处时代《天文学大成》的任务——即《天体力学》这部著作。他不朽的成果使他远远超过了托勒密的成就，正如现代的分析科学【数学分析】超越了欧几里得的《几何原本》一样。"

这段评价再恰当不过了。无论拉普拉斯做了怎样的数学研究，都是有助于求解那个宏大课题计划中的一步。对于一位天才来讲，拉普拉斯是智慧的典范，他将一个人全部的精力都集中在一个值得将自己最优异的品质投入其中的核心目标上。有时拉普拉斯也会对偏离方向的问题感兴趣，但时间都不长。他一度被数论强烈地吸引，但是当他意识到，在数论的难题上耗费的时间可能会比他在研究太阳系之余能抽出来的时间要多，就果断放弃了这个领域。甚至他在概率论上划时代的研究也是受到了在数学天文学中他对这方面需求的启发，尽管初看之下这个领域偏离了他兴趣所在的主要方向。一旦深入了数学天文学理论，他发现在所有精密科学中它都是不可或缺的，他感到自己有理由不遗余力地发展这项理论。

将拉普拉斯在天文学领域全部的工作都整合成一个逻辑整体的《天体力学》，是在二十六年的时间内分卷出版的。1799年出版了两卷，它们论述的是行星的运动、行星（作为旋转体）的形状，以及潮汐；1802年和1805年出版的接下来的两卷继续了这方面的研究，最终在1823–1825年出版的第五卷中完成。数学上的阐述极其简洁，偶尔还会不太合适。拉普拉斯在意的是结果如何，对他怎样得到的这些结果并不感兴趣。为了避开将复杂的数学证明压缩成简要又明了的形式所带来的麻烦，他频繁将所有数学部分省去只留下结论，并附带上一句颇为乐观的备注"显而易见"。而他自己却通常要花费几个小时——有时是几天时间——的努力，才能把这些曾经被他"看出来"的简单结论的证明过程补充进来。连聪明的读者们也很快染上了只要那句著名的短语一出现就叹息的习惯，知道十有八九他们又得白费力气地做上一个星期。

关于《天体力学》的主要结论，一版更具可读性的论述发表于1796年，这就是经典的《宇宙体系论》，它被称为拉普拉斯省略全部数学内容的杰作。在这部著作中，比如（1820年，第三版）对那篇有关概率的专著所做的不涉及数学的长篇介绍（153页，4开），拉普拉斯展现出了自己作为一位作家的实力，几乎与他作为一位数学家的实力相当。

任何一位想要领略概率论的适用范围和魅力，又不想耽搁在只有数学家才能理解的技术性问题上的人，阅读拉普拉斯的介绍是再好不过的了。自从拉普拉斯写下了这篇简介以来人们又做了大量的工作，特别是最近几年尤其是在概率的基础理论方面的工作尤为丰富，但是他的诠释仍然是经典之作，至少对整个学科的一个基本原理是一份完美的表述。这个理论仍不完整，这一点无须多言。事实上，人们开始认为事到如今似乎它还不算真正的起步——下一代人可能还需要将它重新来过。

顺便提一下拉普拉斯天文学工作中一个有趣的细节，就是有关太阳系起源的那个著名的星云假说。在显然不清楚康德已经先他一步对此有所提及的情况下，拉普拉斯在一个注释中写下了这个假说（并不是十分肯定）。他的数学理论还不足以对此给出系统的推论，直到金斯在本世纪延续了这个讨论才让它具有了科学上的意义。

拉格朗日和拉普拉斯，这两位18世纪法国顶尖的科学家呈现出一个饶有趣味的对比和一个典型的差异，这个差异将随着数学领域的壮大而越发鲜明：拉普拉斯属于数学物理学家这一群体，而拉格朗日属于纯数学家的群体。泊松本人是一位数学物理学家，他似乎赞成拉普拉斯是更为理想的类型：

"从拉格朗日和拉普拉斯所有的工作成果来看，不论是对数字还是对月球天平动问题的研究，都蕴含着一个深层次的差别。拉格朗日往往在他探讨的问题中只看到数学，这些问题都是数学的平台——因此他非常重视优美与通用性。拉普拉斯则主要将数学视为一个工具，在每个特殊的问题出现时他会巧妙地改造这个工具去适应这个问题。一位是伟大的数学家；另一位是想要了解自然，用高等数学的方法为这个目的服务的伟大哲学家。"

傅里叶（在下一章我们会看到）也十分惊讶于拉格朗日和拉普拉斯之间根本的不同。他本人的数学观点是总要和"实用"沾点儿关系，但是——至少曾经有一次——傅里叶还是能判断拉格朗日的真正价值：

> "拉格朗日既是一位伟大的数学家，也是一位伟大的哲学家。他用他欲望淡泊的一生，用他高尚、质朴的举止和他崇高的品格，最后还有他科研成果的精准和深度，证明了他对人类的普遍利益始终怀着深厚的情感。"

这番话从傅里叶口中说出来就显得非比寻常。它的修辞可能有点儿像我们通常在法式葬礼致辞中听到的那种乏味的论调，然而它是正确的，至少今天看来如此。拉格朗日对现代数学的伟大影响正是由于"他科研成果的精准和深度"，这些品质有时候是在拉普拉斯的著作中不曾见到的。

在大部分同代人和起初的追随者眼中，拉普拉斯的地位在拉格朗日之上。有一部分原因是拉普拉斯所研究的问题的重要性——证明太阳系是一个巨型永动机是个宏伟的计划。这本身是个崇高的目标，这一点毫无疑问，但是它本质上是虚幻的：人们在拉普拉斯的年代对于真实的物质宇宙所知不多——即便在我们的时代也是如此，少到还不足以给这个问题赋予任何实际的重要意义，也许还要经过许多年，数学才能充分发展到能够处理我们现在面临的大量复杂数据的程度。数学天文学家们肯定还会继续与那些"宇宙"的理想模型打交道，甚至于比宇宙渺小无穷多倍的太阳系也是如此，然后继续铺天盖地地发布事关人类命运的或喜或忧的新闻。不过他们研究中产生的副产品——即由他们构想出来的纯数学工具在研究过程中的完善——终将成为这些人对科学发展做出的相当长久的贡献（与猜测性的宣传产生的效果是截然不同的），这恰恰如同在拉普拉斯身上发生的一样。

如果上述观点看上去太过强硬，我们不妨来了解一下人们对《天体力学》的看法。在今天这个时代，在拉普拉斯用一个理想化的愿景代替了无限复杂的真实情形之后，除了学术界的数学家之外还会有人真正相信拉普拉斯有关太阳系稳定性的结果是一个可靠的结论吗？或许很多人就不会相信了，但是从事数学物理学方面的人，没有一个会质疑拉普拉斯为了处理他的理想模型研究出来的数学方法所具备的有效性和实用性。

只拿一个例子来说，时至今日，位势论的地位比拉普拉斯曾预想的更为重要。要是没有这个理论所用到的数学，我们还会在为了理解电磁理论所做的最开始的尝试中止步不前。从这个理论中衍生出了一个数学中蓬勃发展的分支——边值问题，这个分支在今天比牛顿的整个万有引力理论对物理科学更具重要意义。位势的概念是一个第一流的数学灵感——它使我们去攻克一些没有这个概念就无从入手的物理学问题成为了可能。

位势其实就是我们在牛顿那一章有关流体运动和拉普拉斯方程的内容中提到的函数u。在那里，函数u是个"速度势"；如果问题是关于牛顿万有引力中的力，那么u就是一个"引力势"。将位势的概念引入流体运动理论、万有引力理论、电磁理论以及其他一些方面，是数学物理学史上取得的最大进步之一。它会起到用含有一个未知量的方程代替含有两到三个未知量的偏微分方程的作用。

1785年，36岁的拉普拉斯被提升为科学院正院士。在一名科研人员的职业生涯中这份荣誉是十分重要的，不过1785这一年还有一个更重要的意义，它是拉普拉斯成为一名政界人士的分水岭。因为在这一年，拉普拉斯以自己独到的眼光让一位16岁的候选人在军事学校的考核中脱颖而出。这位青年注定会打乱拉普拉斯的计划，让他从投身于数学这个众人皆知的目标中偏离出来，转而趟进政治的浑水里面去。这个年轻人的名字就是拿破仑·波拿巴（1769-1821）。

拉普拉斯是骑在马背上度过大革命的，实际上可以这么说，并且他是在相对安全的状态下见证了一切。但是像他这样显眼又不安分的人，不可能完全脱离危险。如果德·帕斯托雷（De Pastoret）在他的赞歌中所写的是真的，那么拉格朗日和拉普拉斯只是因为他们被征召去计算弹道又去帮助指导制造用于火药的硝石，才险而逃脱了被砍头的命运。他们既没有像那些不那么重要的朝臣那样被逼得没办法不得不去吃草，也没有粗心到将自己的身份暴露，就像他们不幸的朋友孔多塞那样，点了一份贵族吃的煎蛋卷。孔多塞不知道一份普通煎蛋卷里放多少个鸡蛋，他就要了一打。那位正直的厨师便询问孔多塞是干什么的。"木匠。"——"给我看看你的手。你可不是什么木匠。"这就是拉普拉斯的好朋友孔多塞的结局。他们不是在监狱里毒死了他，就是让他自杀了。

大革命以后，拉普拉斯积极投身于政治，或许是想要打破牛顿的纪录。法国人提起政治家身份的拉普拉斯会委婉地使用"八面玲珑"这个词。这未免太谦虚了。拉普拉斯作为一名政治家，所谓的缺点就是他在偷奸耍滑的游戏规则中是真正的伟大。人们曾这样评价他的问题，在政权交替之时他不会用不改变他政治立场的方法留守住他的官职。但一个人若是敏捷到让敌对双方的任何一个碰巧在当时执掌政权时，都能够相信他是一位忠实的拥护者，那么看起来他并不是一个平庸的政客。像外行人那样，参与游戏的是他的主顾，而非拉普拉斯。对于一个共和党邮政部长，他要是把所有最肥的差事都交给不配拥有这些东西的民主党人，我们对他是什么看法呢？他要是反其道而行我们又会怎么看他呢？拉普拉斯每经历一次政府垮台就会得到一份更好的工作。他在一夜之间从狂热的共和主义者切换到热忱的保皇党什么损失都不会有。

拿破仑把一切都推给了拉普拉斯，包括内政大臣的位置——这个是再后来发生的事。无论上面注明着什么，只要是拿破仑授予的勋章都会佩戴在这位全能型数学家的胸前——包括法国荣誉军团大十字勋章和留尼汪勋章，他还被封为帝国的一位伯爵。但是，拿破仑倒台时他是怎么做的呢？他签署了流放他这位恩人的法令。

王政复辟以后，拉普拉斯毫无困难地将他的忠心都转移到了路易十八身上，尤其是现在他已经以拉普拉斯侯爵的身份坐在了上议院的位置上。路易赏识他这位支持者的功绩，并于1816年任命拉普拉斯为改组工科学院的委员会主席。

最能完美演绎拉普拉斯政治天赋的内容，也许可以在他的科学著作中找到。将摇摆不定的政治主张渗透到科学中，还要做得不着痕迹，这需要真正的才智。献给五百人议会的第一版《宇宙体系论》以这样一段崇高的字句为结语："天文学最大的益处，在于消除了由于我们在人类与自然之间真正关系上的无知而产生的错误，在社会秩序一定只能建立在这些关系上以来，这些错误变得更具毁灭性。真理和正义是社会秩序永恒不变的基础。有时欺骗或是束缚众人对于确保他们的幸福是有用的，让这种危险的教条离我们远一点儿！世世代代害人不浅的经验已经证明，违反神圣不可侵犯的律法就决不会逃脱惩罚。"在1824年，这一段文字受到了镇压，拉普拉斯侯爵替换上了另一段文字："让我们用心地保护这样高端的知识，并使它不断增加，因它是智慧生物的快乐源泉。它为航海和地理学做出了重要的贡献，不过它最大的益处在于消除天体现象所带来的恐惧感，以及毁灭由于我们在人类与自然之间真正关系上的无知而产生的错误。如果科学的火炬熄灭了，这些错误很快又会再次出现。"就情感立足的高度上来讲，这两个崇高准则的版本之间不分伯仲。

在我们清算他一生的账簿上，过错方面说得够多了。这最后引申的一部分的确说明了拉普拉斯比其他所有朝臣都略胜一筹的特点——那就是当他真正的信念受到质疑时所表现出的精神上的勇气。拉普拉斯在《天体力学》的问题上与拿破仑正面交锋的故事显示了他作为数学家的本来面目。拉普拉斯将这部著作的影印本送给了拿破仑。拿破仑想惹恼拉普拉斯，于是责备他犯了一个明显的疏忽。"你写了这本有关世界体系的大书，却一次也没有提到那位宇宙的创造者。""陛下，"拉普拉斯反驳道，"我不需要那个假设。"当拿破仑向拉格朗日再次重申这个问题时，拉普拉斯说道，"呀，但是它还是一个很好的假设，它解释了许多事情。"

面对着拿破仑跟他讲实话是需要勇气的。在一次科学院的会议上，拿破仑正处在最不管不顾的坏脾气的状态下，他故意用粗暴无礼的态度把可怜的老拉马克[1]弄得放声大哭。

拉普拉斯还有一个好的方面，就是他会用真诚的宽容来对待初学者。毕奥（Biot）讲过他年轻时在科学院院士面前诵读一篇论文的事，当时拉普拉斯也在场，过后拉普拉斯把他拉到一旁，给他看了一份他自己的仍未发表的发黄旧手稿，内容是完全相同的发现。拉普拉斯告诫毕奥要保守秘密，并继续把他的成果发表出来。这只不过是他用类似的善举处理过的事情之一。刚开始从事数学研究的新人都是他继养的孩子，拉普拉斯喜欢这样表达，不过他对待他们就像对自己亲生儿子那样好。

因为接下来的这句话总被人拿来当作数学家不切实际的例子，所以我们也会给出拿破仑对拉普拉斯著名的评价，据说这是拿破仑被囚于圣赫勒那岛时讲的这番话。

"第一流的数学家拉普拉斯，很快就暴露了他自己只是个平庸的官员。从他做的第一份工作来看，我们就明白我们已经受骗了。拉普拉斯从不以问题真正的角度来看待问题，他到处搜罗细微之处，只有一些似是而非的观点，最终把无穷小的精神带进了行政工作中。"

这番讽刺意味的褒奖是拿破仑根据拉普拉斯担任内政大臣的短短任期——仅6个月的时间——得出的。不过，当时的情况是吕西安·波

1.拉马克（Jean-Baptiste Lamarck，1744-1829），法国博物学家，生物学伟大的奠基人之一。他最先提出生物进化的学说，是进化论的倡导者和先驱。他还是一个分类学家，林奈的继承人。主要著作有《法国全境植物志》《无脊椎动物的系统》《动物学哲学》等。（译者注）

拿巴需要一个差事，接替了拉普拉斯，拿破仑可能是想让他众所周知的裙带关系有个合理化的出口。拉普拉斯给拿破仑的评价没有保存下来，它的内容或许大致如下：

"第一流的军人拿破仑，很快就暴露了他自己只不过是个平庸的政治家。从他第一次的功绩来看，我们就已经明白被他骗了。拿破仑永远从表面显而易见的观点来看待问题，他到处怀疑背叛行为，但背叛真正存在的地方，他又对他的支持者怀有孩子般天真的信任，最终把无穷大的慷慨带进了贼窝里。"

究竟谁是更实际的行政官员呢？是那个不能将他争取到的东西保留住，死时沦为敌人阶下囚的人，还是另一个直到他死去的那天一直在不断地聚敛财富，追求更多荣誉的人呢？

拉普拉斯退休后住进了他位于距离巴黎不远处的阿格伊小镇的乡间庄园，在那里舒适地度过了他最后的日子。在短期患病以后，他于1827年3月5日去世，享年78岁。他最后的遗言我们已经在开始的时候叙述过了。

第十二章　皇帝的朋友们

蒙日和傅里叶

磨刀工的儿子和裁缝的儿子帮助拿破仑打乱了贵族的计划。在埃及滑稽的高歌。蒙日的画法几何与机器时代。傅里叶分析与现代物理学。信任王室或无产阶级的愚蠢。一个被冷落到无所事事，另一个主动到让人避之不及。

加斯帕尔·蒙日（1746–1818）和约瑟夫·傅里叶（1768–1830）的职业生涯有神奇的相似之处，所以不妨将他们放在一起来讲。他们每个人都在数学方面做出了一项重要的贡献：蒙日发明了画法几何（不要与笛沙格、帕斯卡与其他人的射影几何相混淆）；傅里叶则用他在热传导理论上的经典研究开启了现阶段的数学物理学。

若没有蒙日的几何学——这门起初为了用于军事工程而创造出来的学科，19世纪机械化的大规模生产或许就不可能实现。画法几何是所有能够帮助机械工程成为现实的机械制图和图解方法的根源。

由傅里叶在他关于热传导的工作中开创的方法与边值问题具有同等的重要性——相当于数学物理学的神经干[1]。

---

1. 将信号从中枢神经传达到神经与肌肉接头的道路。（译者注）

由此可见，我们现在的文明在相当大程度上都归功于蒙日与傅里叶这二者的贡献，蒙日是在实际应用和工业方面，傅里叶则是在纯科学领域。其实在今天，傅里叶的方法在实际应用领域也是不可或缺的。在一切电气和声学工程方面（包括无线电），这些方法事实上都是比运用经验法则和查询工程手册更具普遍性的东西。

蒙 日

尽管不会花篇幅去讲述他的生平，但说起这两位数学家，我们必须得提到这第三个人：化学家克洛德-路易斯·贝托莱伯爵（1748-1822），他是蒙日、拉普拉斯、拉瓦锡和拿破仑的亲密好友。贝托莱与拉瓦锡一起被认为是现代化学的奠基人。他与蒙日之间也有深厚的友情，甚至热爱他们的人都放弃了在他们非学术领域的工作中将两人尝试着区分开，索性把他们叫作蒙日-贝托莱。

加斯帕尔·蒙日（Gaspard Monge），1746年5月10日出生于法国的博纳，是雅克·蒙日（Jacques Monge）的儿子。雅克是个小商贩和磨刀工，他深知教育的重要性并把他的3个儿子都送进了当地的大学读书。孩子们也都在事业上取得了成功，加斯帕尔更是这个家庭中的天才。在（由一个宗教教团进行管理的）大学里，加斯帕尔经常在每件事情上都获得第一名，也总获得在他名字后面刻上"金色男孩儿"[1]这份独一无二

1.原文拉丁语：pueraureus。（译者注）

的荣誉。

在14岁的年纪，蒙日在一辆消防车的建造中体现出了他特有的综合才能。"你是怎么在既没有指导也没有样板的情况下将这样一项任务完成得很成功的呢？"市民都感到很惊讶，于是这样问他。蒙日的回答是对他自己与许多其他人的数学生涯的总结。"我有两个绝不会让我失望的成功秘诀：一个是战无不胜的韧性，一个是能把我脑海中思考的东西分毫不差地转化成纸上图像的手指。"事实上，他就是一位天生的几何学家和工程师，具备将复杂的空间关系可视化的卓越天赋。

在16岁的年纪，他完全是出于自愿绘制了一幅令人惊叹的博纳地区的地图，为了这个目的他还制作了自己的测量工具。这幅地图让他获得了第一个大好的机遇。

蒙日凸显出来的才华给他的老师们留下了深刻的印象，他们推荐他去里昂一所由同一教团管理的大学里担任物理学教授。蒙日受到任命时是16岁。他的亲切、耐心和表里如一的真实，再加上他扎实的知识，使他成了一名优秀的教师。教团请求他接受他们的誓约，终生都和他们一起共事。蒙日询问了他父亲的意见，这位精明的磨刀工建议他要慎重。

过了一些日子，在一次回家探亲时蒙日看见家里来了一位负责管理工程师的军官，他曾见过那张小有名气的地图。这位军官请求雅克将他的儿子送到梅济耶尔的军事学校去。或许对蒙日未来的事业来说幸运的是，这位长官并没有吐露由于蒙日低微的出身，他永远也不可能得到军官委任状。蒙日在不清楚这一点的情况下，迫切地接受了这份邀请，并动身前往梅济耶尔。

蒙日很快就清楚了他在梅济耶尔的处境。这所学校里只有20位学生，其中每年会有10名学生毕业，成为从事工程的助理人员。剩下的人则注定要去做"务实"的工作——也就是脏活累活。蒙日并没有抱怨，他反而过得很快活，因为测量和制图的日常工作给他留下了大量时间去研究数学。常规课程中一个很重要的部分是设防理论，这门课程要解决的问题是，设计出来的防御体系中所有部分都不会暴露在敌方的直瞄火力之下。通常的计算方法需要无穷无尽的计算量。有一天，蒙日提交了他在这类问题上的解法，它被移交给一位上级军官进行审查。

这位军官对于有人能在短时间内解决这个难题表示怀疑，于是拒绝核查这份解决方案。"我何必自找麻烦，对一个假设中的解法进行冗长、乏味的验证呢？这位作者甚至都没花时间去将他的数据进行分组。我可以相信计算上产生很大的简化，但我可不相信什么奇迹！"蒙日说他没有用算术，坚持申请核实。他的坚持胜利了。长官检查了他的解法，并发现是正确的。

这就是画法几何的开始。蒙日立刻得到了一个辅修课的教职，将新的方法教授给未来的军事工程师们。之前曾是噩梦一般的问题——有些时候只能通过拆毁已经建造完成的工程，从头来过才能解决的问题——现在如同字母表一样简单。蒙日发誓不泄露他的方法，在长达15年的时间里，它都作为一个军事机密被他小心翼翼地保护着。直到1794年，他才获准将这一方法在巴黎师范学校进行公开讲授，而拉格朗日就坐在听众中。拉格朗日听到画法几何时的反应，与茹尔丹先生发现自己一辈子说的都是散文时的反应如出一辙[1]。在听了一次演讲之后，拉格朗日说道："在听到蒙日的演讲之前，我都不知道我之前就会画法几何。"

在我们现在看来，画法几何背后的思想就像它在拉格朗日眼中一样简单得可笑。画法几何就是将一般三维空间中的立体图形和其他图形表现在一个平面中的方法。首先，想象两个成直角的平面，就像一本薄书中的两页打开成一个90度角。其中一个平面是水平的，另一个平面是竖直的。接下来，将要用二维呈现的图形会被垂直于平面的射线分别投射到这两个平面上，这样就得到了这个图形的两个投影：其中水平平面上的投影叫作图形的平面图，垂直平面上的投影叫作正视图。现在把垂直平面翻倒下来（"衔接"），直到它和水平平面处于同一平面内（即水平平面所在的平面）——就好比现在书被打开，平摊在桌子上。

现在，空间中的立体图形或其他图形被一个平面（即画图板的平面）内的两个投影表示了出来。举例来说，一个平面被它的交线所表示——即在垂直平面衔接以前，它与垂直平面和水平平面相交的直线；而一个立体图形，拿一个立方体来说，被它的边和顶点的投影所表示。曲面与垂直平面和水平平面的交线是曲线。这些曲线，或者说是该曲面的交线，将该曲面表现在一个平面上。

---

1. 哲学老师对茹尔丹先生说："不是诗就是散文，不是散文就是诗。"茹尔丹问哲学老师，"那我说的话算什么呢？"哲学老师毫不犹豫地说，"那是散文啊！"茹尔丹恍然大悟："天哪！原来我说了四十多年散文，可我自己都不知道。"——莫里哀《贵族之家》（译者注）

当这些补充说明还有其他一些同样容易理解的规则建立起来以后，我们就得到了一个能够将我们通常在三维空间中看到的东西呈现在一张扁平纸上的画法。经过短期训练，制图员就能像其他人从清晰的照片中读取信息一样，简单地读懂这样的平面表达——甚至能从中读取到更多有用的信息。这便是彻底改变了军事工程和机械设计的简单发明。正如应用数学中许多首屈一指的发明一样，它最吸引人的好处就是简单明了。之后又产生了许多种发展和修正画法几何学的方法，不过它们都得追溯到蒙日那里。这一学科现在已经发展得十分成熟了，以至于专业的数学家对此都已经没有什么兴趣了。

　　在讲完蒙日对数学的贡献，接着讲述他的生平之前，我们回想起每一位学过现在微积分下册涉及曲面几何内容的学生，都会很熟悉他的名字。蒙日向前迈出的一大步，是将微积分系统地（也是绝妙地）应用到了曲面曲率的研究中。在他给出的曲率一般理论中，蒙日为高斯铺平了道路，高斯的工作将为黎曼提供灵感，而黎曼将进而从相对论发展出以他的名字命名的几何学。

　　像蒙日这样天生的几何学家若是贪图上了埃及的奢靡生活，似乎是相当令人惋惜的结局，但他确实如此。他在微分方程上所做的工作虽与他在几何方面的研究密切相关，但这也显示出了其中不为人知的部分。他离开梅济耶尔（这个孕育了自己这些伟大成果的地方）许多年以后，蒙日在巴黎综合理工学院面向他的同事们做了一番演讲，叙述了他的发现。拉格朗日这次也是他的听众。"我亲爱的同事，"演讲结束后，他对蒙日说，"您刚才解释的是一些非常高级的东西，这些工作我本打算自己去完成的。"还有一次，他说："就凭他把分析应用到几何上的本事，这个可怕的人终将会使自己成为不朽的人物！"他做到了，并且值得一提的是，尽管他的才能总被召唤去处理其他更紧急的问题，分散了他在数学研究上的专注度，但他从未失去他的天赋。就像所有伟大的数学家一样，蒙日从始至终都是一位数学家。

1768年，蒙日22岁，他在梅济耶尔被任命为数学教授，又过了三年，物理学教授去世以后，他又接替了老教授的位置。两份工作一点儿也不会让他感到吃力。蒙日身强力壮，心灵上也与他强壮的身体一样健康，他一向能够做三到四个人的工作，也经常处于这样的状态。

他的婚姻带有一抹18世纪浪漫主义的色彩。在一次宴会上，蒙日听到某个粗俗的贵族为了对自己之前受到的拒绝进行报复，在污蔑一位年轻的寡妇。蒙日用肩膀挤过七嘴八舌的人群，他需要弄清楚他有没有听错。"关你什么事？"作为回复，蒙日对着他的下巴给了一拳。之后两个人没有打起来。几个月以后，在另一场宴会上，蒙日被一位有魅力的年轻女子深深地吸引了。在经人介绍后，他认出了她——奥尔邦夫人（Madame Horbon）——就是那位他差点儿为她决斗的不认识的女子。她是位寡妇，年龄只有20岁，在她料理完已故丈夫的事务以前她多少有点儿排斥再婚。"这一切都不需要你担心，"蒙日消除了她的顾虑，"我到现在已经解决很多更困难的问题了。"蒙日和她在1777年结了婚。她比蒙日活得更长，在他死后她想尽了一切办法延续对他的记忆——却不知她丈夫在遇见她很久以前，就已经建立了他自己的不朽业绩。蒙日的妻子是唯一一个在所有事情上都站在他这边支持他的人。即便是拿破仑在最后的时刻因他年事已高而冷落他的时候也是如此。

大约在这个时期，蒙日开始了与达朗贝尔和孔多塞之间的通信。1780年，这两个人说服政府在卢浮宫建立起一个研究所，用于水利学的研究。蒙日被叫到巴黎去管理这项工作，条件是他可以有一半时间留在梅济耶尔。当时他34岁。3年以后，他被免除了在梅济耶尔的职务，同时被任命为海军委员会候选人的主考人，这项职务他一直担任到1789年法国大革命爆发为止。

在回顾法国大革命时期所有这些数学家的经历时，我们不能不注意到，现在在我们看来多么显而易见的事情，他们和所有其他人当时都是看不到的。他们中没有一个人察觉出自己坐在了一颗地雷上，并且导火线已经在"噼啪"作响。或许2036年的人回首看来也会对我们说出同样的话。

在海军任职的6年时间里，蒙日证明了自己是一位廉洁的人民公仆。贵族子弟若是能力不够，他会不留情面地取消他们的军官资格，心怀不满的贵族用严厉的惩处来威胁他，可即便如此蒙日也从未让步。"要是你们不喜欢我的办事方法，那就另请高明吧。"这样的结果是，海军在1789年做好了作战准备。

蒙日的出身，再加上他与那些贪图无功受禄的势利小人打交道的经历，潜移默化地将他塑造成一位革命党人。他从切身的体会中知道旧秩序的腐败和民众在经济上的困境，他相信实行新政的时候已经到来。但是和早期自由派的大部分人一样，蒙日不知道的是，一群尝过流血滋味的暴烈群众若不到把血流尽的时候是不会善罢甘休的。早期的革命党人对蒙日比他本人对自己还要有信心。他们没有听从蒙日更为明智的判断，而是在1792年8月10日强迫他担任海军和殖民地大臣。他是这个职位合适的人选，但是在1792年去巴黎担任政府官员并不是一件有益身心健康的事。

暴动的民众已经失去了控制，蒙日被任命为临时行政会议成员，试图出台一些控制举措。作为一位普通民众的孩子，蒙日感到自己比他的一些朋友更能体会民众的心情，比如孔多塞，他就会为了保全自己的脑袋而明智地拒绝了海军的职务。

不过就是会有这样和那样的人，所有阶级地位的人聚集在一起组成了"人民"。到了1793年2月，蒙日发觉自己受到了他的做法不够激进的质疑，13日他便辞了职，18日又被选中去执行另一项工作，不过这项工作由于愚蠢的政治干预、水手之间盛传的"自由、平等、博爱"的理念，以及政府行将破产的状态而成为不可能完成的任务。这段艰难时期中的每一天，蒙日都面临着上断头台的可能。但是他决不会向无知和无能者屈服，他会当着批评者的面告诉他们，他知道事情是怎么回事，而他们这些人一无所知。唯一让他感到焦虑的事情是国内的动乱会让别国有机可乘，若法国遭到外来者的进攻，一切革命成果就会化为乌有。

最后，在1793年4月10日，蒙日被批准辞职去担任更紧迫的工作。他所担心的外来入侵现在已经昭昭在目了。

国民公会开始召集一支90万人的军队进行防御，而军械库里的装备已经所剩无几。必要的弹药只有十分之一，并且从外面进口所需原材料的希望也十分渺茫——比如铸造铜炮所需的铜和锡，制造火药的硝石，以及制造枪炮的钢材。蒙日对国民公会说："从土中把硝石给我们找来，三天之内我们就可以装载我们的大炮。"他们反驳道，一切都计划得很好，但是从哪儿给你弄到硝石呢? 蒙日和贝托莱告诉了他们该如何去做。

全国都动员了起来。在蒙日的指导下，公告被发到了法国境内的每一个城镇、农场和乡村，告诉人们应该做些什么。贝托莱领导的化学家们则发明了更好的冶炼原材料的新方法，简化了火药的制造过程。整个法国变成了一座巨大的火药厂。化学家们也指导群众到哪里能找到锡和铜——从钟表的金属零件和教堂的大钟上就能找到。蒙日是支撑所有这一切的灵魂人物。他以自己惊人的工作能力，白天在铸造厂和兵工厂进行监督，晚上书写指示工人下一步任务的公告，干得卓有成效。他的关于《大炮制造工艺》的公告成为了工厂的手册。

随着大革命形势的不断恶化，蒙日并非没有敌人。有一天，蒙日的妻子听说贝托莱和她的丈夫都将被检举。她怕得要命，赶紧跑到杜伊勒利宫去打听实情。她发现贝托莱正安静地坐在栗树下面，不错，他也听到了谣言，但他认为一个星期之内不会发生什么事。"接下来，"他以他一贯的沉着姿态补充道，"我们肯定就会被逮捕、审讯、定罪，最后被处死。"

那天晚上蒙日回到家以后，他的妻子把贝托莱的预测讲给他听。"怎么会这样！"蒙日惊呼，"我对此一无所知。我知道的只是我的大炮厂进展得速度快极了！"

此后不久，蒙日以市民的身份被他住所的看门人检举了。后果太过严重，即便蒙日也承受不起。他慎重地离开了巴黎，一直等到这场暴风雨过去才回来。

蒙日事业的第三阶段于1796年展开，起因是拿破仑的一封信。两人其实在1792年就见过面了，但是蒙日不知道这件事。蒙日时年50岁，拿破仑比他小23岁。

"请允许我向你表示感谢，"拿破仑写道，"感谢你们海军在1792年对一位不得势的年轻炮兵军官表示了热情的欢迎，这个人一直珍藏着这份记忆。这位军官现在已是【入侵】意大利军队的现任将军，他很乐意向你伸出友谊之手，助你一臂之力。"

蒙日和拿破仑之间长期的亲密友谊就这样开始了。阿拉戈用拿破仑自己的话评价了这个不一般的组合，"蒙日对我的爱，就像一个人爱着他的情人。"从另一方面来说，蒙日似乎是唯一一个让拿破仑对他产生了无私的友谊和矢志不渝的情感的人。拿破仑当然清楚是蒙日昔日的帮助才让他得以成就自己的这番事业的，但这并不是他对这位前辈心生好感的根本原因。

拿破仑信上提到的"感谢"是指，蒙日和贝托莱受到督政府的任命，以特使的身份前往意大利去择选油画、雕塑和其他被意大利人"捐献"出来的艺术品（钱已经被榨干了），作为他们对拿破仑战争赔偿费的一部分贡献。在择优选取这些战利品的过程中，蒙日培养出了自己对艺术敏锐的鉴赏力，成为了一名不错的鉴赏家。

然而战利品的掠夺真正实施起来，多少让他有点儿于心不安，当用船运往巴黎的艺术品已经多到足够将卢浮宫装饰6遍时，蒙日提出了适当夺取的建议。他说，治理一个民族，不管是为了他们自己的利益，还是为了征服者的利益，让他们贫穷得一无所有是不可取的。他的建议受到了重视，母鹅又继续生她的金蛋了。

这场意大利的奇幻旅程结束之后，蒙日在拿破仑位于乌迪内附近的城堡会见了他。两人成了亲密无间的知己朋友，拿破仑陶醉在蒙日的谈话和无穷无尽的有趣见闻中，这位总司令友好、亲切的幽默言谈也让蒙日感到轻松、愉快。在公众的宴会上，拿破仑总会命令乐队奏响《马赛曲》——"蒙日可是这首曲子的狂热爱好者！"确实如此，他会在入席就餐之前扯着嗓子高唱：

祖国的孩子们醒来吧，

光荣的日子已经来到了！

我们也将特别荣幸地看到，随着光荣的日子一起到来的还有拿破仑时期另一位伟大的数学家彭赛列。

1797年12月，蒙日第二次前往意大利，这一次他是作为委员会成员去调查有关迪福将军遇刺的"重大犯罪事件"。这位将军在罗马受到了枪击，当时他就站在吕西安·波拿巴附近。殉难将军的一位战友没有好气地预测到法国会派遣委员会来调查，而面对吵闹、失控的意大利人，委员会只会十分含混地指出要仿照法国的样式建立一个共和政体。但是，当进一步掠夺战利品的问题出现时，其中一位谈判官这样说道："这一切必须要终止，甚至战胜获得的各项权利也不能再执行了。"

8个月之后我们就会看到这位精明的外交官的判断究竟有多么正确，此时意大利人废除了他们的共和政体，这让拿破仑颇为难堪，之后在开罗也发生了同样的事，这回不光是拿破仑，正巧和他在一起的蒙日和傅里叶更觉尴尬。

蒙日是拿破仑在1798年透露自己计划的那十几个人之中的一个，他的计划就是侵略、征服埃及，最后教化埃及。既然这里自然而然地提到了傅里叶，我们得回过头来将他的身世补充上来。

让·巴蒂斯特·约瑟夫·傅里叶，1768年3月21日出生于法国的欧塞尔，他是一个裁缝的儿子。8岁时他成了孤儿，一位仁慈的妇人被这个男孩儿良好的教养和庄重的举止迷住了，便把他推荐给欧塞尔的主教——她做梦也没有想到这个男孩儿以后会成为怎样的大人物。主教把傅里叶送进了当地一所由本笃会[1]经营的军事学校，很快，这个孩子便在这里展现出了他的天赋。在12岁的年纪，他为巴黎大教会的主要人物撰写华丽的布道词，让他们拿去当作自己写的东西。

傅里叶

13岁时，他是个问题儿童，性格倔强，脾气暴躁，调皮捣蛋。但接下来当他第一次接触数学时，他身上发生了奇迹般的变化。他明白了是什么在困扰他，又是什么治愈了他。为了在他本应该入睡的时间里找到能让他继续进行数学研究的亮光，他便去厨房和学校任何可能出现蜡烛头的地方收集蜡烛头。他的秘密学习基地就是一张屏风后面的壁炉旁。

好心的本笃会教士们说服了这位小天才，让他选择神职作为毕生的职业，于是他进了圣伯努瓦修道院并成为一名见习修士。但是在傅里叶还没有做出他的宣誓以前，1789年就到来了。他之前一直想做一名军人，他选择神职只是因为军官委任状不会给到裁缝的儿子。是大革命给了他自由。在欧塞尔的老朋友们的宽宏大量中，傅里叶再也不可能成为一名修道士。他们将他从修道院带回了学校，推荐他做了数学教授。这

1.本笃会，亦译为"本尼狄克派"。天主教隐修院修会。529年由意大利人本尼狄克（亦译"本笃"）创立于意大利中西部的卡西诺山。（译者注）

是傅里叶向着他的远大抱负迈出的第一步——也是重大的一步。傅里叶证明了自己多方面的才华，每当同事们生病时他会替他们代课，课程内容从物理学到古典文学无所不包，而且通常都比他们自己教得好。

1789年12月，傅里叶（21岁）前往巴黎，为的是把他有关数值方程解的研究内容呈交给巴黎科学院。这项成果超越了拉格朗日，至今仍具有价值，只是它在傅里叶的数学物理学方法面前黯然失色，我们就不再进一步讨论它了。读者可以在涉及方程理论的基本教材中找到这部分内容。这成为他一生都很感兴趣的课题之一。

回到欧塞尔后，傅里叶加入了人民政党，用他那儿时就能帮助他撰写出激动人心的布道词的浑然天成的口才，煽动人民将那些徒有其表的布道者（尤其是这类人）赶下舞台。

从一开始，傅里叶就是一个对大革命十分狂热的支持者——直到形势失去了控制。在恐怖时期，他会不顾自身的安危对不必要的暴行表示抗议。如果傅里叶活在当今的社会中，他可能属于知识分子那一类，当真正的革命开始时，他们是第一批被卷进阴沟里的人，而幸福的他们却对此全然不知。他一心为了人民群众，以及在知识分子想象的科学与文化的复兴中争取利益。但傅里叶没有得到预想中政党对科学界施予的慷慨支持，取而代之的是，没过多久他就看见科学家们坐在了押送犯人去断头台的刑车中，或是看到他们逃亡国外的窘况，而科学本身也在急剧攀升的暴力潮涌下，为了生存而奋力挣扎。

拿破仑以他冷酷无情的清晰头脑最先明白过来，无知带来的只有毁灭，除此之外不会有一点儿好处，这是拿破仑的一项永远值得颂赞的功绩。他自己的补救措施可能到最后也没有带来多少成效，但他的确认识到，让国家具有文明与文化之类的目标还是有可能实现的。为了终止一味的流血抗争，拿破仑下达了建立学校的命令，或表示了对此事的支持，但学校里没有老师，本可以立即被派来就职的人才早就一律掉了脑袋。当务之急是训练出一支1500人的新的师资团队，巴黎高等师范学院因此于1794年被创办起来。为了奖励傅里叶在欧塞尔招募教师所做的努力，他被选为了数学系主任。

随着这项任命的实施，法国数学教育的新时代开始了。回想起之前年复一年已故的教授们无论是内容还是表达都一字不差的死板演讲，国民公会召集了数学的创作人来担任教授的工作，并且禁止他们讲课的时候参照任何形式的笔记。授课时，教授应当以站立的姿势（不能快要睡着似的坐在桌子的后面），并且教授与他的学生之间应当能够自由地交换问题与讲解。演讲者要有能力控制一节课不变成一场无益的辩论。

这个计划的成功甚至超出了人们的预期，它接下来导致了法国数学和科学史上最辉煌的时期之一。在为期不长的师范学校和长期存在的综合工科院校里，傅里叶都展现出了他在教学方面的天赋。在综合工科院校，他会讲授一些不为人知的历史典故让他的数学课听上去更生动（他是第一个对这些知识追根溯源的人），他还会给出有趣的实际应用巧妙地缓和问题的抽象感。

当傅里叶还在综合工科院校培养工程师和数学家时，拿破仑在1798年决定去埃及时将他带上，作为教化埃及的"文化军团"中的一员——"我们是为了向不幸的人们伸出援助之手，将他们从让他们痛苦呻吟了几个世纪的残酷枷锁中解脱出来，并且最终将欧洲文明一切的好处都毫不迟疑地赋予他们。"

说起来似乎难以置信，这段引语并非取自西格诺尔·墨索里尼于1935年为侵略埃塞俄比亚所做的辩解，而是1833年，阿拉戈在阐明拿破仑进攻埃及的崇高而人道的目标时做出的陈述。读者不妨去了解一下，这些不知悔改的埃及居民是如何接受蒙日先生、贝托莱先生和傅里叶先生费力灌输到他们肚子里的"欧洲文明一切的好处"的，再去看看欧洲文明那三位火枪手，从他们那如同传教士般的无私工作中得的是什么，将会很有意思。

　　1798年6月9日，一支由500艘船组成的法国舰队到达马耳他，3天以后便占领了这一地区。作为向教化东方迈进的第一步，蒙日创立了15所初等学校，以及一所以综合工科院校的标准创办的高等院校。一个星期以后，这支舰队再次出发，蒙日则登上了拿破仑的旗舰"东方号"。每天早上，拿破仑都会草拟出一个方案，作为当晚正餐后讨论的议题。不用说，蒙日是这些天社交晚会中的明星。在这些一本正经的辩论题目中，有地球的年龄、世界最终在大火或洪水中毁灭的可能性，以及"其他星球上是否存在生命"。从最后一个议题中我们可以想到，即便是在他的职业生涯刚刚起步的阶段，拿破仑的野心也已经超过了亚历山大大帝[1]。

　　这支舰队于1798年7月1日到达亚历山大港。蒙日是第一批跳到岸上的人，拿破仑最后不得不行使他作为总司令的权威，才制止了这位高唱着《马赛曲》的几何学家参与到对这座城市的进攻中去。在教化的工作能够开展以前，决不能让"文化军团"在一开始的小规模战斗中就被

1.亚历山大大帝（Alexander the Great，公元前356-前323），世界古代史上杰出的军事家和政治家，西方历史上四大军事统帅之首。（译者注）

消灭掉。因此，拿破仑派小船把蒙日和其余的人顺着尼罗河而上送往开罗。

当蒙日和他的同伴游手好闲地像克娄巴特拉¹及她的朝臣一样在他们的遮阳伞下打瞌睡时，拿破仑正毅然地沿着尼罗河岸进军，用枪弹和战火教育着那些没有文化（也没有武装）的当地居民。不久，这位勇猛的将军听见从尼罗河那个方向传来了一声加农炮的巨响。他料想到了最坏的可能，于是抛下了他当时正在进攻的战场，疾驰前去援救。那艘上帝保佑的小船结结实实地搁浅在了沙洲上，蒙日正在那里像一个老兵似的开炮。拿破仑来得及时，赶走了岸上的进攻者，还因蒙日有目共睹的勇敢举动为他颁发了他应得的奖章。蒙日终于如愿以偿，嗅到了火药的气味。拿破仑因救下了他的朋友而大喜过望，以至于他丝毫没有因为营救蒙日让他损失掉一次决定性的胜利而感到遗憾。

1798年7月20日，在金字塔战役中取得胜利以后，耀武扬威的军队欢呼雀跃地涌进了开罗。所有的一切都仿佛烟花般绚烂，恰如那位伟大的理想主义者拿破仑一度梦想的一样，不过只有一件小事不尽如人意。迟钝的埃及人对于蒙日先生、傅里叶先生和贝托莱先生在埃及学院（建于1798年8月27日，是对法兰西学院拙劣的效仿）呈现在他们面前的文化盛宴无动于衷，连一句脏话都懒得说，面对伟大化学家的科学戏法、蒙日富于激情的演唱会，以及学者傅里叶所讲述的他们自己辉煌的木乃伊文化的历史调查，他们自始至终只是像木乃伊一样坐在那里。焦躁不安的学者们抛开了他们的冷静，骂这些他们打算做启蒙教育的对象就像不知好歹的牲口一样，没法儿享受为了丰富他们的精神世界

---

1. 公元前51－前30年在位的埃及艳后。（译者注）

所提供给他们的这顿丰盛又庞杂的法国知识大餐。一个狡猾的"单纯"本地人再一次用行为让这些坚决想要提高他们的人成为了彻头彻尾的傻瓜，他就是不说话，静待着一场狂风把这场蝗灾全都卷走。为了在起风之前还能保持他的尊严，这位野蛮的埃及人开始用一种他们能听懂的语言，来批判征服者们所谓的高等文明。在一次街头的打斗中，拿破仑300名最勇猛的士兵都被割断了喉咙。幸好蒙日自己做出了一番英雄主义的行为，才得以保全自己和其他被围攻同伴们的脖子，这种举动放到今天英语国家中的任何一位童子军身上，都很可能帮他获得一枚奖章。

不知悔改的埃及人的这些忘恩负义的行为碰到了拿破仑的痛处。他早就有了这样的猜想，认为在战场上弃他的同伴于不顾是他道义上的责任，此时从巴黎传来的糟心消息更加深了他的想法。在他外出作战的这段日子，欧洲的事态发展已急剧恶化。现在他必须快马加鞭地赶回去，以维护法国的荣誉和保护他自己的安全。蒙日取得了这位将军的信任，不如蒙日得宠的傅里叶就没那么幸运了。不过，傅里叶得知自己在司令官高瞻远瞩的眼中还是相当重要时也很知足，他的任务是留在开罗继续去教育埃及人或者让他的喉咙被埃及人割断。而拿破仑此时在殷勤的蒙日的陪伴下，从通往法国的秘密路线回去了，甚至没有向在沙漠中为他浴血奋战的军队道声再见。傅里叶不是总司令，他没有资格在危险面前逃之夭夭。他留下了，这是必然。直到1801年，法国人在特拉法尔加战役之后终于承认，去教化埃及人的应该是英国人，而不是他们时，忠心耿耿——但是失去了幻想——的傅里叶才回到了法国。

回程的路途对于蒙日和拿破仑他们两人来说都不如出航时那么有趣了。拿破仑没有再对世界末日进行什么预测，而是一直在焦虑地思索着如果英国海军俘房了他，他自己可能会有什么样的结局。他想起，战场上的逃兵会受到的奖赏就是一次与行刑队绝密的会面。英国人会不会把他当作一个从军队逃跑的逃兵来对待呢？如果他一定得死，他想要戏剧性地死去。

"蒙日，"有一天他说，"如果我们遭到了英国人的攻击，那他们踏上甲板的那一刻我们这艘船必须被炸掉。我委任你去执行这项任务。"

就在第二天，一艘帆船出现在地平线上，全体船员都站到了自己的岗位上以打退有可能出现的攻击。不过最后发现那只不过是一艘法国的船。

"蒙日在哪里？"一切骚乱都过去之后，有人问道。

他们在火药库里找到了他，手上拿着一盏点燃的灯。如果那是一艘英国船的话就好了……它们总会爆炸，不在15分钟之后，也是在15年之后，那可就太迟了。

贝托莱和蒙日回到了家，看起来就像两个流浪汉。蒙日自从离开之后就没换过衣服，他费了好大的劲儿才摆脱掉他妻子的看门人。

他和拿破仑继续保持着良好的友谊。在拿破仑的气焰最嚣张的那段日子里，蒙日或许是整个法国唯一一个敢站起来和他讲话，把真相告诉他的人。当拿破仑为自己加冕称帝时，综合工科院校的学生进行了起义。他们是蒙日的骄傲。

"好啊，蒙日，"拿破仑有一天说起了这件事，"你的学生几乎都在反抗我，他们断然宣称是我的敌人。"

"陛下，"蒙日回答道，"我们费了好大的劲儿才把他们中的共和党扭转过来，要给他们些时间，才能让他们再变成帝制的拥护者。另外,恕我直言,您转变得也太突然了!"

　　像这种小小的口角在老相好之间算不得什么。1804年,拿破仑为了表示自己对蒙日的功绩的赞赏,为他创造了佩吕斯(或佩鲁西昂)伯爵的称号。蒙日这一边也十分感激地接受了这一荣誉,为了不辜负这个身份他穿戴上了贵族通常会佩戴的一身行头,把他曾一度支持废除一切贵族称号的事全然抛在了脑后。

　　时间就这样过去了,直到1812年以前事态辉煌的发展比以往更加耀眼夺目,但在本该迎来荣耀之日的那一年,却收到了从莫斯科撤离的消息。蒙日此时年事已高(他66岁了),已不能陪伴拿破仑去俄国,他便留守在法国自己的庄园里,急切地搜寻着官方发布的公告以及时了解法国大军的进展。当蒙日读到给他带来毁灭性打击的"第29条公告"时,他突然中风了,这条公告宣布的是法国军火上的灾难性消息。他恢复意识后说道:"不久之前我还不知道的事情,我现在深有体会,我知道我会以怎样的方式死去。"

　　蒙日幸免于最后的落幕,他继续活了下来;傅里叶却帮他把大幕降了下去。傅里叶从埃及回来后,被推选为伊泽尔省的省督(1802年1月2日),它的总部在格勒诺布尔地区。这个地区当时正处在政治骚乱中,傅里叶的第一项任务就是要恢复秩序。等待他的是起因十分离奇的民众反对,不过他用一个滑稽的办法解决了问题。在埃及时,傅里叶在学院考古研究的管理工作中起到了主导作用。从一些学院考古发现中得来的宗教信息令格勒诺布尔地区虔诚的市民们心烦意乱,特别是一些纪念碑所确定的年代与(他们所理解的)《圣经》年表有冲突。但是,当傅里叶去家乡附近做进一步的考古调查,从他自己的家族中挖掘出一位圣徒时,市民们又变得相当满意,并从心底接纳了傅里叶。这位就是傅里叶的伯祖父——蒙神祝福的皮埃尔·傅里叶,因为他曾创立了一个宗教教派,所以他的形象被人们神圣化了。傅里叶建立起威信之后,他完成了许许多多真正给人民带来好处的工作,比如排干沼泽地的水、消除疟疾,等等,使他管辖的区域摆脱了中世纪欧洲的肮脏形象。

正是在格勒诺布尔期间,傅里叶创作了不朽的《热的解析理论》,这在数学物理学中是一个里程碑。他第一篇有关热传导的论文于1807年提交给了科学院。这篇论文很有发展前景,以致科学院将能够推动热的解析理论的研究工作作为1812年巴黎科学院的大奖问题,来鼓励傅里叶在这方面继续研究下去。傅里叶赢得了大奖,但并非没有批评意见,他虽对此感到深恶痛绝,不过还是很好地接受了批评。

拉普拉斯、拉格朗日和勒让德是评阅人。他们在承认傅里叶的工作具备创新性和重要性的同时,指出其中的数学处理方法是个败笔,在严格性方面还有许多不足之处。拉格朗日本人曾经发现傅里叶基本定理的一些特殊情况,但是由于他现在指出的一些难点,使他没能推广到一般结果。在当时,这些微妙的困难从本质上来讲要将它们克服估计是不可能的。经过一个多世纪的流逝,这些问题才得到了令人满意的解决。

顺便一提,我们从中会观察到一件很有意思的事情,这样的分歧代表着纯数学家和数学物理学家之间一个典型的区别。纯数学家所采用的唯一武器是清晰而严格的证明,并且除非一个所谓的定理能够经受住当时所能提出的最严格的批评,否则它对于纯数学家们来说用处不大。

从另一方面来讲,应用数学家和数学物理学家则很少会乐观到憧憬着无限复杂的物质世界能够被任何一种简单到人类可以理解的数学理论完整地描述出来。当艾里[1]对宇宙提出的美丽设想(或荒诞设想)——某种由一系列微分方程构成的冗繁且自洽的系统——结果被人们发现只是由数学的偏执和牛顿的决定论产生的一种错觉,他们也不会感到万分遗憾。在他们自家的后院里有着更加真实的东西在吸引他们的注意——那就是物质世界本身。他们可以进行试验,检验他们故意不加完善的数学推导与经验得到的结果是否吻合——这种方式是一位纯理论数学家单靠数学的特质所办不到的。如果他们的数学预测与实验结果相矛盾,数学家可能会不管这个物理学的证据,但是数学物理学家绝不会这样做,他们只会将他们用过的数学工具抛在一边,去寻找一套更好的装备。

这种因为数学本身的局限而让科学家们对数学不太重视的态度让一批纯理论数学家很是生气,就像一个很小的下标因为不太确定而没有写就会激怒另一批学究气的人一样。结果是,纯理论数学家中只有很少的人曾对科学做出过重要的贡献——当然,我们不谈他们确实发明了许多工具,科学家们认为它们很有用(甚至是不可或缺的)。整件事情当中奇怪的部分在于,反对科学家们用大胆且具有创造力的方式去解决问题的人正是一批将他们这样的主张叫得最响亮的人:数学与广泛传播的信仰不同,它根本不是追根究底、追求一丝不苟的精确性的事,而是需要富于创造力的事,有时它会像伟大的诗歌或音乐作品一样,是即兴而随意的。在数学家们自己制定的游戏中,物理学家有时候会在这方面打败他们:开尔文勋爵就忽略了傅里叶关于热分析理论

---

1. 艾里(1801-1892),英国数学家、天文学家。(译者注)

的杰作中明显缺乏的严格性,将它称为"一首伟大的数学诗歌"。

我们前面已经说到,傅里叶的主要进展在边值问题(牛顿一章中谈论过边值问题)——即符合初始条件的微分方程的解的问题,这或许算得上数学物理学的核心问题。自从傅里叶将这个方法应用到热传导的数学理论中以后,充斥着大量杰出人才的一个世纪过去了,这方面的发展已经远远超过了他的想象,但是他迈出的一步依然是决定性的。他所做的研究中有一两个问题比较简单,可以在这里加以叙述。

在代数中,我们学习过画简单代数方程的图像,并且很快就会发现,如果我们得到的曲线无限延伸下去,也不会突然地中断或是索性停止。哪种方程会得到像下图中的图像所示,由无限重复下去的粗实线线段(即有限长度,在两端终止的线段)组成的图像呢? 这样由直线或曲线以首尾不相连的方式构成的图形在物理学中会反复出现,例如在热学、声学和流体运动的理论中。可以证明,我们无法用有限、精准的数学表达式将它们表达出来,在它们的方程中会出现一个无穷的项。

"傅里叶定理"提供了一种用数学表示和研究这类图形的方法:(在一定的限定条件下)它将一个给定的在一定区间内的连续方程,或是在区间内只有有限个间断点的不连续方程,或是在区间内只有有限个拐点的连续方程,表示成了无穷多个正弦值的和或是余弦值的和,或是二者都有的和的形式。(这只是一个粗略的描述。)

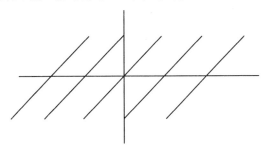

既然提到了正弦和余弦，我们来回想一下它们最重要的性质，即周期性。假设图中圆的半径是1个单位长度。过圆心O画一对笛卡尔几何中那样的直角坐标轴，标出AB等于2π单位长度。因此，AB在长度上等于圆的周长（因为半径是1）。设点P从A点起始，沿着箭头所示的方向画出这个圆。作PN垂直于OA。那么，对于在任何位置的P，NP的长度就叫作角AOP的正弦，ON就叫作角AOP的余弦；NP和ON的符号与笛卡尔几何中的一致（NP若在OA上方取正号，在下方取负号；ON若在OC右边取正号，在OC的左边取负号）。

对于任意位置的点P，角AOP都会是4倍直角（即360°）的一部分，相应于弧AP在整个圆周上所占的部分。所以，我们可以通过沿着线段AB标出弧AP在2π中对应的比例，从而量化出这些角AOP。因此，当点P在C点处时，经过了整个圆周的1/4。所以，相应于角AOC我们找到点K，位于AB长度$\dfrac{1}{4}$靠近A点的位置。

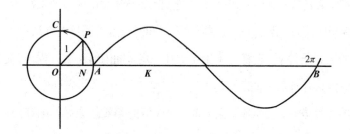

现在在AB线段上的每一个点，我们画一条长度等于相应角度正弦值的垂直线段，根据正弦值的正负，决定垂直线段在AB之上还是之下。这些垂直线段不在AB上的端点都落在如图所示的连续曲线上——即正弦曲线上。当P点回到A点，开始重新沿着单位圆转时，曲线会在B以后的地方重复下去，如此往复以至无穷。如果P点再次旋转时是往相反方向, 那么曲线会向左重复。经历过一个2π区间之后, 曲线就会重复: 一个角的正弦值(这里是角AOP)是一个周期函数, 周期是2π。正弦值(sine)缩写的符号为 "sin"。如果x是任意一个角, 会有方程:

$$\sin(x+2\pi) = \sin x$$

这个方程表示$\sin x$是x的函数, 周期为2π。

很容易看出, 如果图中的整条曲线向左移动长度为AK的距离, 那么它现在画出的就是角AOP余弦的图像了。仿照前面的方程, 我们有:

$$\cos(x+2\pi) = \cos x,$$

其中 "cos" 是余弦值(cosine)的缩写。

对这个图像的研究表明, $\sin 2x$ 走过它的一个完整周期会比$\sin x$ "快一倍", 也就是说它的一个完整周期的图像会比$\sin x$的图像短一半。同样, $\sin 3x$ 的一个完整周期的图像将只占据$2\pi/3$的长度, 如此类推。这个结论对于$\cos x$, $\cos 2x$, $\cos 3x$, …也同样成立。

现在就可以粗略描述一下傅里叶的主要数学成果了。在说起"间断"图形时已经提到过, 在一定限制条件下, 任何对应着一个明确图像的函数都可以用形如:

$$y = a_0 + a_1 \cos x + a_2 \cos 2x + a_3 \cos 3x + ...$$
$$+ b_1 \sin x + b_2 \sin 2x + b_3 \sin 3x + ...$$

这样的方程所表示, 其中省略号表示的是这两组序列会根据所示的规则无限地继续下去, 另外当任意给定的x的函数y是已知的, 系数a_0, a_1, a_2, …, b_1, b_2, b_3, …就是可以确定的。换言之, 任意一个给定的x的函数, 不妨设为$f(x)$, 都可以被展开成形如上式的一个级数, 即三角级数或傅里叶级数。重申一下, 所有这些都只在某些限制条件下成立，所幸的是，这些限制条件在数学物理学中都不是很重要。不满足这些限制条件的情形或多或少都算是反常的情况，基本上没有什么物理意义。接下来我们又一次说到，傅里叶的方法是让人们第一次十分有效地处理边值问题的方法。牛顿那一章中给出的这类问题的例子都是通过傅里叶方法所解决的。在任何给定的问题里，我们都需要找出适合于计算的系数 a_0，a_1，$\cdots$，b_1，b_2，$\cdots$的形式。傅里叶的分析方法给出了这些系数的公式。

上文中提到的周期性的概念（简单周期性）对于研究自然现象具有显著的重要性；潮汐、月相、季节以及许许多多我们熟悉的现象里都具备周期的性质。有时，一个周期现象——比如太阳黑子重复出现的规律，可以通过将一定数量具有简单周期性的图像叠加起来从而得到十分近似的图像。如此一来，对于这些现象的研究就可以简化为对这些合成原始图像的个体周期性现象所进行的分析。

这个过程与将音乐分析成它的基音和泛音[1]在数学上是一样的。一开始会对音"质"有一个十分粗略的近似，此时考虑的只有基音；接下来只要将几个泛音叠加起来通常就足以产生一个与理想效果别无二致的声音了（理想声音中有无穷多个泛音）。同样的情形对于可以通过"泛音"分析或"傅里叶"分析所解决的现象也一样成立。人们甚至已经研究过反复出现的地震现象和年降雨量数据，为得到它们的长周期（即基本周期）做过一些尝试。正如在应用数学里一样，简单周期性的概念在纯数学领域中同样重要。我们将看到它（在与椭圆函数和其他

1.泛音是一种声音，在弦乐的演奏技巧上最常用到的人工泛音为 Touch fourth。一跃两个八度音程，如笛声。（译者注）

一些函数有关的问题中)被推广到多重周期,多重周期又会反过来对应用数学产生影响。

傅里叶十分清楚,他做出的是一些最具重要性的研究成果,所以他并不理会那些批评他的人。他有不对的地方,他们说的是对的,但是他按照自己的方式做的工作已经足够让他拥有一意孤行的资格。

1822年,当1807年着手的工作已完成并被收录在热传导的专著中时,人们发现固执的傅里叶对他原先提交的论文没有进行一丝一毫的改动,就这样很好地诠释了弗朗西斯·高尔顿[1]给所有作者的这句忠告的后半句:"永远不要对批评产生怨恨,也永远不要对批评做出回应。"其实纯理论数学家只应管好他们自己领域里的事,而不该闯进数学物理学去指手画脚,要是从这一点来说的话傅里叶的怨气也是有道理的。

之后,傅里叶的工作和法国的形势总体来说都进展得很顺利,这时已经从厄尔巴岛逃离出来的拿破仑,于1815年3月1日抵达了法国的海岸。无论是参与了革命的老兵还是其他所有人,刚舒服地摆脱了让他们头痛的事,而这时让他们头痛的原因就又突然出现,使得他们陷入了一场更剧烈的头痛中。傅里叶此时在格勒诺布尔,他担心民众会欢迎拿破仑回来再带领他们赢得一场胜利的狂欢,于是他急忙奔赴里昂,告知波旁王室即将会发生的事。这些人一如既往地愚钝,不肯相信他说的话。在傅里叶回程的路上,便得知了格勒诺布尔已经投降的消息。他本人则在布古万被逮捕,被带到拿破仑面前。他面对的这位司令官还是

1.高尔顿(Francis Galton, 1822–1911),英国统计学家、优生学家。(译者注)

老样子, 还是他在埃及时那么熟悉的做派, 他太了解要质疑的是这位长官的头脑而不是他的内心。拿破仑正趴在一张地图上, 手里拿着一个圆规, 他抬起头来。

"好吧, 省督先生! 你也向我宣战了?"

"陛下, "傅里叶结结巴巴地说, "我的誓言使我有责任这样做。"

"你是说责任, 是吗? 你没有发现全国没一个人是你这么想的吗? 别自以为你的作战计划能让我多害怕。我只是看见在我的对手中有一个埃及人, 一个曾经跟我一起风餐露宿的人, 一个老朋友, 而感到痛心! 还有, 傅里叶先生, 你怎么能忘记是我才让你有了今天这样的地位的!"

这个傅里叶, 明明记得拿破仑无情地把他抛弃在埃及的事, 还能接受这样的废话, 在很大程度上表明了他善良的内心和强硬的外表, 只是对于说明他头脑的健全没什么帮助而已。

几天以后, 拿破仑问傅里叶 (傅里叶现在又为他效忠了) :

"你认为我的计划怎么样?"

"陛下, 我认为您会失败的。进军的路上您要是碰到一个拥护王朝的狂热分子, 一切就都完了。"

"呸! 没有人会拥护波旁王朝——一个狂热分子都不会有。至于你说的那种情况, 你也已经从报纸上看到了, 他们早已把我赶出了法律之外。我本人也会对他们更加宽容: 把他们赶出杜伊勒利宫, 我就很满意了!"

"猎豹的斑点不会改变 (江山易改, 本性难移) ", 这句谚语真该改成"拿破仑的狂妄自大不会改变", 估计比原来的还要贴切。

波旁王朝第二次复辟之后，人们发现傅里叶为了生存，开始在巴黎典当他的个人物品。但在他饿死之前，老朋友们因可怜他为他谋到了塞纳省统计局局长的差事。1816年，科学院打算选举他为科学院院士，但是波旁政府下令，只要是他们先前对手的朋友，一个都不能被颁发任何形式的荣誉。科学院坚持自己的立场，于次年选举傅里叶为院士。波旁王朝对傅里叶采取的这种敌对行为可能看上去比较小气，但比起他们对可怜的老蒙日所做的事情，这已经算很高尚了。要知道位高当任重啊！

傅里叶的晚年时光在夸夸其谈中荒废了。身为科学院常任秘书的他总是能找到听众。要说他吹嘘自己在拿破仑手下任命时取得的功绩，那就把这一切说得太委婉了。他成了一个令人难以忍受的大喊大叫的讨厌的家伙。他没有再继续他的科学研究工作，而是吹嘘他打算做的事来糊弄他的听众。然而，他对科学发展所做的事情已经远远超出了他分内的部分，如果人类做出的哪些功绩堪称不朽的话，那么傅里叶的成就便当之无愧。他不需要吹嘘自己或是糊弄别人。

傅里叶有一个奇怪的习惯在一定程度上加速了他的死亡，这个习惯与他在埃及的经历是脱不了干系的。他认为，沙漠的温度才是有益健康的理想生存条件。他不仅把自己像木乃伊似的裹了起来，据他那些还没有被蒸熟的朋友说，他住的房间也要比地狱和撒哈拉沙漠加在一起还要热。他于1830年5月16日死于心脏病（也有说法是动脉瘤），享年63岁。傅里叶属于被上帝择选出来的一批数学家，他们的工作都极其重要，以致他们的名字在任何一种文明的语言中都已成为专属名词。

蒙日的衰亡要更慢一些，却更令人心酸。在第一次王政复辟以后，拿破仑对他一手扶植的势利集团感到愤怒和仇恨，他的权力刚一消失，这个势利集团就拆了他的台。当拿破仑再次坐在了马背上，他打算将他的鞭子狠狠地抽打在这些忘恩负义的人的头上。蒙日这个善良的老平民，劝告他要宽宏大量，也要明白事理：可能有一天，拿破仑会发现自己（在地震切断了所有逃离的路径之后）无路可退，到时候他可能会对这些忘恩负义的人能给予他支持而感到感激。拿破仑冷静了下来，他明智地采取了以德报怨的方式。拿破仑这次能以如此高姿态豁免这些人的罪过全是蒙日的功劳。

在拿破仑把他的部队留在困境中自求多福，自己则从滑铁卢脱逃之后，蒙日回到了巴黎。傅里叶这时候的忠心已不再火热，蒙日的忠心却达到了沸点。

学校的历史课程通常会讲到拿破仑最后的梦想——征服美洲。不过蒙日的说法则不同，他的说法上升到了更高的层次——事实上，是高得令人难以置信。拿破仑在被敌人包围，并且因不能在欧洲进一步征战而被迫无所事事的状态下，他把鹰一般的敏锐目光投向了西方，一眼望去，从阿拉斯加到好望角，扫视着美洲。但是，像一个病态的魔鬼，波拿巴渴望着成为一个修士。他宣称，只有科学才能满足他自己；他要成为第二个亚历山大·冯·洪堡[1]，还要比他伟大无数倍。

"我希望，"他对蒙日坦诚相告，"在这个新的事业中我能留下与我相衬的功绩和发现。"

究竟什么是能与拿破仑相称的功绩呢？这只跌落的雄鹰接下来描

1.亚历山大·冯·洪堡（Alexander von Humboldt，1769-1859），德国科学家，与李特尔同为近代地理学的主要创建人。生于德国柏林，亦逝于柏林，是世界第一个大学地理系——柏林大学地理系的第一任系主任。（译者注）

绘出了他梦想的轮廓。

"我需要一个同伴,"他直言不讳地说道,"首先让我达到与现在科学水准持平的程度,然后你【蒙日】和我将穿越整个美洲大陆,从加拿大到好望角。在这段漫长的旅途中,我们将研究所有那些科学界还不能给出定论的、地球物理学中的奇幻现象。"这不就是妄想吗?

"陛下,"蒙日惊呼道——他已经快67岁了——"您的同伴已经找到了,我跟您一起去!"

拿破仑的老毛病又犯了,他草率地将他的想法说了出来,他打算以闪电的速度从巴芬湾向巴塔戈尼亚行进,而这位主动请缨的老将只会拖累他的进度。

"你太老了,蒙日。我需要一位更年轻的人。"

蒙日蹒跚地走开了,去寻找"一位更年轻的人"。他找到了热情似火的阿拉戈,作为他那精力充沛的主人的理想旅伴。尽管蒙日口若悬河,把这件事说得无上光荣,但阿拉戈还是吸取了他的教训。阿拉戈指出,一位能像拿破仑在滑铁卢所做的那样弃他的军队于不顾的将军,到哪里都不是一位可以追随的领袖,即便去舒适的美洲也不行。

英国人蛮横地中止了进一步的协商。到10月中旬,拿破仑已经在圣赫勒那岛上探险了。为了征服美洲而囤储的资金没有落实到科学家手中,而是落入了别人的口袋,于是一所"美洲科学院"都没有在密西西比河或是亚马孙河的两岸建立起来,来与它俯瞰着尼罗河的那座美轮美奂的孪生兄弟相媲美。

蒙日一直以来都在享用帝国主义面包的香甜,现在他却品尝出了苦涩的滋味。他既是一位革命者,也是那位傲慢自负的科西嘉人身边最得宠的人,这样的经历让他的头颅成为波旁王室极其渴望得到的东西,于是蒙日从一个贫民窟躲到另一个贫民窟,努力地将他的脑袋保全在自己的脖子上。只从人性狭小的气度来看,所谓圣洁的波旁王室对待蒙日的做法也当受千夫所指。他们简直狭隘到无可救药,这位老人所剩的最后一份荣誉也被他们剥夺了——拿破仑的慷慨明明与这项荣誉一点儿关系都没有。1816年,他们下令将蒙日从科学院中开除。院士们听从了命令,现在他们都乖巧得像兔子一样。

波旁王室最后一次卑劣的做法反倒让蒙日葬礼那天焕发出了人性的光辉。正如蒙日之前预见的那样,在经历一次中风又陷入了长久的昏迷之后,他去世了。巴黎综合理工学院的年轻人们是蒙日心头的骄傲,蒙日也是他们心目中的偶像,他曾在拿破仑专横跋扈的干涉下保护过他们。当蒙日于1818年7月28日逝世时,巴黎综合理工学院的学生们请求允许他们参加这场葬礼。国王拒绝了他们的请求。

巴黎综合理工学院的学生们是很守纪律的,他们遵守了这道禁令。但是,他们比胆小的科学院院士们有更多的谋略,或是更多的勇气。国王的禁令仅涵盖了葬礼的部分。第二天,全体学生便一道前往陵园,给他们的导师和朋友加斯帕尔·蒙日的坟墓上献上了一个花圈。

第十三章　光荣的日子

彭赛列

从拿破仑遗弃的战场中获救。赢取光荣之路却通向监狱。1812年在俄国度过的冬天。在监狱里天才做了些什么。几何学在地狱中的两年。给天才的回报就是愚蠢的日常工作。彭赛列的射影几何。连续性原理和对偶原则。

第一次世界大战中不止一次地发生过这样的事，当法军处于困境又无增援时，最高司令官就到某位大牌女歌手的闺房中把人叫过来，火速送往前线，把她从头到脚裹上三色旗，命令她对着精疲力竭的士兵高歌《马赛曲》，以此来挽回局面。唱完这首歌，女歌手就可以坐上她的豪华轿车回巴黎；备受鼓舞的军队就会继续向前挺进；到了第二天早晨，一家经过审查的可笑媒体便会再一次统一口径，向听信新闻的民众们保证"光荣的日子已经来到"——而绝口不提伤亡人数。

1812年，光荣的日子仍然没有来到。大牌女歌手们没有跟随拿破仑·波拿巴的50万大军一起向着俄国胜利进军。不过当俄国人面对着战无不胜的大军连连撤退时，男人们自己唱了歌，一望无际的平原上届时响起了那首激动人心的曲调，那首歌将暴君们从他们的宝座上赶了下来，又将拿破仑托举到他们的位置上。

一切都进展得如此壮丽辉煌，如同最富激情的歌手有希望看到的盛况：在拿破仑穿越涅曼河（Niemen）的6天以前，他杰出的外交策略间接地惹恼了麦迪逊总统，使他将美国投入到了一场分散他们注意力的对抗英国的战争中；俄国人则在他们逃往莫斯科的途中比以往跑得更快了，法国大军尽全力勇往直前，追赶上这些勉强作战的敌人。在博罗季诺，俄国人改弦易辙，

彭赛列

作战后又败退。拿破仑于是在——除了古怪气候的影响之外——没有任何阻挡的情况下继续向莫斯科进军，鉴此情形他向沙皇发出通知，他愿意考虑接受全体俄国部队的无条件投降。莫斯科骁勇善战的居民在地方长官的率领下，开始以自己的力量保卫自己的家园，他们放火烧了他们的城市，把它烧成平地，浓烟熏得拿破仑和他所有的士兵都无落脚之处。十分懊恼却仍旧掌握局势的拿破仑，没有理会"用刀杀人者必死于刀下"这个明显的暗示——目前为止已经有两到三次的暗示在提醒着他不要在军事上一意孤行——不久就命令他的车夫快马加鞭飞奔回去，火速穿越此时已上冻的平原，准备与布吕歇尔[1]在莱比锡城会合，把他的大军丢在了那里，他们是步行回国还是冻死途中就生死由命了。

1.布吕歇尔（1742-1819），出生于梅克伦堡－什未林大公国－罗斯托克，德意志人，普鲁士王国元帅，瓦尔施塔特侯爵，荣有"前进元帅"的称号，星芒大铁十字勋章拥有者，是柏林和罗斯托克的名誉市民。德意志名人纪念堂建有他的胸像。（译者注）

在被抛弃的法国军队中有一位年纪轻轻的工程师军官,让-维克托·彭赛列(1788年7月1日–1867年12月23日),他是巴黎综合理工学院的学生,后来在梅斯的军事学院学习,受到过蒙日(1746–1818)的新画法几何和长者卡诺(拉扎尔·尼古拉·玛格丽特·卡诺,1753年5月13日–1823年8月2日)《位置几何学》(1803年出版)的影响。虽然卡诺的革新理论多少有些偏于保守,但它的设计初衷是为了"把几何从分析方法难以理解的符号中解放出来"。

彭赛列在他的经典著作《分析学和几何学的应用》(1862年第二版,对1822年首次出版作品的再版)的序言中,叙述了他那段从莫斯科撤退时的惨烈经历。1812年12月18日,内伊元帅率领下的疲惫不堪的法军残余力量在克拉斯诺伊被敌人击溃。年轻的彭赛列就在那些被留在冰冻的战场上等死的人中,他作为工程师的军官,身着的一身制服救了他的命。搜索队发现他还活着,便把他带到俄国部队面前接受审讯。

作为一名战俘,这位年轻的军官被迫穿着他破烂的制服步行了将近5个月的时间,穿越冻土平原,只靠着一点儿配给的黑面包维持生命。气温低得连温度计上的水银柱都会经常结冻,在如此寒冷的气候条件下,彭赛列的很多同伴都悲惨地死在了路上,但是他更为顽强的力量让他挺了过来,并于1813年3月到达了位于伏尔加河畔的萨拉托夫监狱。刚进监狱的他精疲力竭到没有余力进行思考,但是当"4月灿烂的阳光"恢复了他的活力时,他记起自己曾经受到过良好的数学教育,于是为了使艰难的流放生活稍微好过一点儿,他决定尽可能多地把他学过的东西再现出来。这就是他创立射影几何学时的背景。

一开始的时候既没有书,书写用具也少得可怜,他便从算术到高等几何和微积分,回忆了一切所学过的数学知识。军官们要是还想再回到法国就一定要参加一些考试，彭赛列要辅导其他军官为考试做准备，这件事也为他一开始的工作带来了十足的动力。有一个传奇的说法，起初彭赛列为了在牢房的墙壁上画他的图形，只能从使他不至于被冻死的微弱火盆里捡出些还没烧完的木炭碎屑。他得到了一个有趣的发现，实际上他学过的数学中所有的细节和所有复杂的推导都已经被忘得一干二净了，而一般性原理或是基本原理在他的记忆里仍然像过去一样清晰。这个规律同样适合于物理学和力学。

　　1814年9月，彭赛列回到了法国，随身带着"在萨拉托夫的俄国监狱里（1813到1814年间）所写的7本笔记本手稿，以及若干其他的手写材料，其中既有旧知识也有他的创新"，在这些作品中，他作为一位24岁的年轻人，为射影几何自从德萨格和帕斯卡在十七世纪开创了这门学科以来，注入了最强劲的推动力。前面已经提到过，这部经典之作的第一版于1822年出版。这一版中还没有上文中引述的那段发自内心的"人生慨叹"，但是它掀起了一股19世纪的巨大浪潮，推动着射影几何学、整体意义上的现代综合几何学向前发展，对在代数运算中应运而生的"虚数"也给出了其在几何学中的解释，将这种"虚数"从几何上诠释为空间中的"理想"元素。同时，它还提出了非常有效并（在一时间）存在争议的"连续性原理"，我们稍后就会看到，它通过将图形间一些明显没有关联的性质整合成统一且完备的完整整体，而极大地简化了人们对于几何结构的研究。用彭赛列开阔的思路来看待例外情形和棘手的特例，它们就只是我们熟悉事物的不同方面而已。这部经典的论著也充分利用了具有创造性的"对偶原理"，并引出了由彭赛列本人发明的"互换"方法。简言之，这位曾经被丢弃在克拉斯诺伊战场上等死，要不是他这身显眼的长官制服让他成为接受俄罗斯部队审讯的合适人选，在破晓前可能就真的死在战场上的年轻军事工程师，为几何学增添了填满整个军火库的新武器。

接下来的10年里（1815–1825），彭赛列身为军事工程师的职责让他极少有时间实现自己真正的抱负——在几何学中开创他的新方法。直到许多年之后他才得以解脱。彭赛列高度的责任感和他极高的办事效率，使他成为目光短浅的上级领导最容易欺负的对象。他被安排的任务中有一些是只能由他这样才能出众的人才可以完成的，比如在梅斯创立一所应用力学的学校，或是在综合理工学院进行数学教育改革。但是就防御工事的报告，他在国防委员会的工作，以及他在伦敦和巴黎的国际博览会（1851–1858年间）担任的机械部主管职务等（只列举他不计其数的日常工作中的寥寥几项），这些都可以交给不及他的人去完成。虽说如此，他很高的科学成就也并非没有受到重视。（1831年）法国科学院选举他来接任拉普拉斯的职位。出于政治上的原因，直到3年之后彭赛列才没有拒绝这项荣誉。

彭赛列成年后的整个生活是一段长期充满内心纠葛的过程，一部分的自己生而要去做具有永恒意义的工作，而另一部分的自己却接受了一切目光短浅的政治家和愚蠢的军方硬塞到他面前的脏活累活。彭赛列自己渴望着逃离这种状态，但是经过拿破仑军队的锤炼，那种扭曲的责任感已经渗透到他的骨子里，迫使着他做出舍本逐末的选择，不得不服从命令而放任实质的追求。他没有过早就患上永久性的精神衰弱着实是对他强健的体魄再好不过的证明。而他能够在将近79岁去世时还一直保持着他的创造力，也着实是对他难以遏制的天赋给出的一个最精彩的论证。当这些人想不出更好的事情让这位天赋异禀的人去做时，他们就派他去法国的各个地方来往奔波，去视察棉纺厂、丝织厂和亚麻厂。他们不需要一个彭赛列才能去做诸如此类的事情，这一点他心里也清楚。要是他的特殊才能在这些事情上是不可或缺的，那么他是全法国最不可能会拒绝的那个人，因为他绝不是那种故作正经的知识分子，认为每一次科学女神和工业握手都会丧失她长久以来坚守的纯贞。话说回来，他也不会是唯一一个接受这项工作的人，因为巴斯德[1]就在处理啤酒变质、桑蚕不吐丝或是人类患病这类同等重要的事情。

现在我们来大致了解一下，彭赛列为了征服射影几何所设计或改造的一两件武器。首先就是他的"连续性原理"，它指的是当一个图形通过投影或其他方式逐渐变成另一个图形时，其几何性质的不变性。这种解释毫无疑问相当含糊，不过彭赛列本人对这个原理的叙述也从来没有十分精确。事实上，这使他卷入了与更为保守的几何学家之间无休止的纷争中，他在心里礼貌地把这些人看作老古董——当然，他选用的措辞通常比较文雅，因为要符合他这样一位长官和绅士的身份。我们要留意的是，这一原理虽具有很大的启发价值，但是它本身并不总能为它给出的定理内容提供证明，通过几个简单的例子我们便可以对它的含义有所理解。

想象两个相交的圆，假设它们相交于A点和B点，将A点和B点连成一条直线。于是，从图中我们就可以直观地看到两个实点A，B以及两圆的公共弦AB。现在想象两个圆被逐渐拉开，公共弦不久就会变成过两圆接触点的两个圆的公切线。到目前为止的每个时刻，下面的定理都

---

1. 巴斯德（1822-1895），法国化学家、细菌学家。（译者注）

是成立的（这通常被当作几何学课程中的一道练习题）：若在公共弦上任取一点P，那么过该点可以向两个圆作出四条切线，设这些切线与圆的交点分别是T_1，T_2，T_3，T_4，那么就有线段PT_1，PT_2，PT_3，PT_4长度相等。反过来，如果问题是所有满足到两个圆的四条切线段都相等的P点在什么位置，答案就是在公共弦上。将上述所有内容用通常的语言简单来讲的话，我们说，P点若在移动过程中始终使得该点到两个相交圆的切线线段相等，那么P点的轨迹（只包含位置概念）是两个圆的公共弦线[1]。上述内容我们都很熟悉，也很简单，没有什么地方是有待考究或是不好理解的。但接下来当"连续性原理"牵扯进来的时候，对有些人来说就不是这样了。

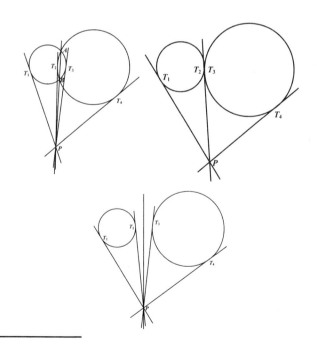

1.切线是实切线（可见的）的条件是，当点P落在了圆的外侧；如果点P在圆的内部，那么切线就是"虚的"。（作者注）

将这两个圆完全分开，它们的两个交点（或是在最后的一瞬间时，它们的一个接触点）就从纸上消失不见了，而那条"公共弦线"被留下来，悬在两圆之间，可以看到它与两个圆都不相交。但是，我们知道那条等切线段的轨迹依然存在，而且很容易证明这个轨迹是一条垂直于两圆圆心连线的直线，和原来的轨迹（公共弦线）一样。只是作为一种说法，如果我们反对用"虚"的概念，那么即便两个圆已经分开之后，我们还是可以继续表述为两个圆相交在平面无穷远处的两个点，并且我们还可以说新的直线轨迹仍然是圆的公共弦线：交点有可能是"虚"交点，也有可能是"理想"交点，但连接它们的那条直线（即新的"公共弦线"）是"实"线——因为我们确实把它画在了纸上。

如果我们用笛卡尔的方式写出圆和直线的方程，那么为了得到交点我们在代数上求解方程组时所做的一切，都应当在扩大了的几何学范畴里找到与它有特定关联的内容。反之，如果扩充几何学的工作——或者至少，对于"理想"几何元素，在几何学中增加它的专有名词——我们在一开始都没有做的话，那么许多在代数上有意义的事情到了几何学中就不会有意义。

所有这一切当然都要求有合乎逻辑的论证。这样的论证已经在必要的范围内给出，也就是说，直到包含"连续性原理"的应用在几何学中有意义的这个阶段，论证都是有必要的。

原理的一个更重要的例子由平行直线给出。在说明这个例子之前，我们不妨复述一下一位受人尊敬的著名法官听到这个问题时脱口而出的一句话。这位法官之前身体不适，一位数学爱好者告诉了他一些关于几何学的无穷概念，想让这位老伙计打起精神。他们当时正在法官家里的花园中散步，当法官听到"平行线相交于无穷远处"时，他突然停下了脚步。"布兰克先生，"他义正辞严地说道，"不管是谁，要是说平行线会相交于无穷远处还是别的什么地方，他就是神志不太清楚啊。"为了避免产生一场争论，我们还可以像刚才那样，表示这只是为了避免麻烦的例外和个案最后都变成烦死人的不同情况而给出的一种说法。但是一旦决定使用这种说法，逻辑的一致性就要求我们从始至终都遵守它，而不再拘泥于逻辑语法和句法的规则，这样才能得到正确的结果。

为了了解这种说法的合理性，想象一条固定的直线l和一个直线l外的定点P。过点P作任意一条直线l'与直线l相交于点P'，想象直线l'绕P点旋转，使得点P'沿着直线l向前运动。P'点何时会停止前进呢？我们说当直线l和l'成为平行线时会停止，或者我们愿意的话，也可以表述成停止的时刻是交点P'到达无穷远处的时刻。由于上述提到的原因，这种说法方便且具有提示性——并不和那位法官想的一样，是在疯人院里才能听到的话，它们是在几何中很有意思的东西，有时候非常实用。

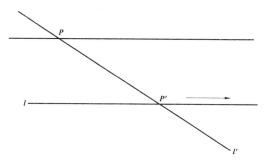

通过类似的方式，直线、平面、三维空间（以及更高维空间）的可见、有限部分也可以被添加的概念——无穷远处"理想的"点、线、平面，或者"区域"——所扩充。如果那位法官碰巧得悉了这件事，那么

对于下面一个颠覆的说法他想必也会喜闻乐见，这个例子就体现出了无穷在几何学中的作用效果：平面中任意两个圆都会相交于四点，其中两个点是虚的，并且相交于无穷远处。如果这两个圆是同心圆，那么它们彼此间接触的两个点落在一条直线的无穷远处。进一步来说，一个平面上所有的圆都会经过无穷远处两个相同的点——通常用字母I和J来表示，不过有时学生们会将它们方便地叫作艾萨克（Isaac）和雅各布（Jacob），有点儿有失敬意。

在帕斯卡那一章，我们介绍了在几何学里投影性质与测量性质之间的区别是什么。到了这会儿，我们可以再回顾一下阿达玛[1]对于笛卡尔的解析几何给出的评价。阿达玛注意到，现代综合几何学最突出的特点是，它通过在代数和分析中给出重要的研究课题而填补了几何学笼统意义上对代数学的亏欠。这里的现代综合几何学就是彭赛列的研究对象。尽管目前所有问题看起来都很复杂，但我们可以通过在19世纪40年代得到的一个关键环节将整条锁链闭合起来，这个环节的重要性非同小可，它不仅在纯理论数学的历史上举足轻重，对于近年来的数学物理学也是至关重要的。

这个出自19世纪40年代的关键一环，是由布尔、凯莱、西尔维斯特和其他人所创造的代数不变量理论，它对于当前的理论物理具有根本上的重要性（这一点我们在后面的章节会给出解释）。彭赛列和彭赛列学派的射影几何在不变量理论的发展中起到了非常重要的作用：几何学家们已经得出了图形经过投影之后所有不会发生改变的性质；19

---

1. 雅克·所罗门·阿达玛（Jacques Solomon Hadamard, 1865-1963），法国数学家。他最有名的是他的素数定理证明。（译者注）

世纪40年代的代数学家们，特别是凯莱，将几何的投影作用转换成分析学的语言，借助这种转换将几何关系的表述都变成一种笛卡尔形式的代数语言，这样他们就能在代数不变量理论的细化阶段取得速度惊人的进展。笛沙格，这位17世纪大胆的先驱者，若是能够预见到他独创出来的射影法将引导出什么样的结果，他或许也会大吃一惊。他知道自己完成了一些不错的工作，但是他也许根本不知道它究竟有多好。

笛沙格逝世时，牛顿还是个20岁的年轻人。没有证据表明牛顿曾听说过笛沙格的名字。倘若他知道这个人，倘若他也能预见到，在20世纪会有一条坚实的锁链，把他的万有引力定律从本以为会永远属于它的根基上拉下来，而与他同时代的前辈锻造的这块简陋的铁环就是组成这条坚实锁链的一部分，那么他应该也会十分讶异。因为如果没有从凯莱和西尔维斯特的代数工作中自然而然发展出来的张量分析这台数学机器（我们之后会看到这部分内容），爱因斯坦或是任何其他人都不太可能挪动得了牛顿万有引力定律的位置。

射影几何中一个很有用的概念是交比或非调和比。过一点O任意作四条直线l, m, n, p。再作任意一条直线x与这四条直线相交，直线x与四条直线的交点分别标记为点L, M, N, P。这样x上就产生了一些线段LM, MN, LP, PN。由它们组成比值 $\frac{LM}{MN}$ 和 $\frac{LP}{PN}$。最后将这两个比值作比，就得到了交比 $\frac{LM \times PN}{MN \times LP}$。这个交比最非比寻常的一点是，对于直线x上的所有位置点，它都具有相同的数值。

之后我们会涉及费利克斯·克莱因将欧氏几何与常见的非欧几何统一成一种综合几何的内容。这个统一之所以成为可能，是因为凯莱修改了计量几何学建立时所依据的距离和角度的通常概念。在这次修改中，交比起到了主导作用，凯莱通过将他自己设计的"理想"元素引入到交比中，才得以将计量几何学归纳为射影几何学的一个类别。

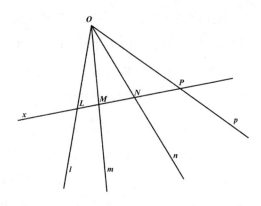

在这段对彭赛列所使用的各种武器进行的不完全叙述的末尾，我们得提一下极富成效的"对偶原则"。为简单起见，我们只看一下对偶原则是如何在平面几何中发挥作用的。

首先注意到，任意连续的曲线都可以用两种方式来看待：要么把它看成由一个动点的运动生成，要么看成由一条直线的回转运动推扫而成。为了理解第二种方式，可以想象在曲线的每一点上作出的切线。于是，点和线就与这条曲线相互之间紧密地联系在一起了：过该曲线上的每一个点都有一条曲线上的直线；在该曲线上的每一条直线都有一个曲线上的点。把前半句中的"过"字用"在"代替，那么在"："之后由"；"隔开的两句论述，除了"点"和"线"两个词是位置互换的之外，其他就完全一致了。

在术语上，如果一条线（直线或曲线）过一个点，我们说这条线在这个点上，并且我们注意到，如果一条线在一个点上，那么这个点也在这条直线上，反之亦然。为了使这个对应具有普遍性，我们将一个所谓的度量平面"毗连"到欧氏几何（即普通学校中的几何）都成立的普通平面上，我们已经描述过这种度量平面上的"理想"元素。这样联结的结果就是一个射影平面：一个射影平面包含一个度量平面内所有普通的点和直线，此外，还包含一组理想的点，假定所有这些理想点都落在一条理想直线上，并且使得一个这样的理想点可以在每条普通的直线上[1]。

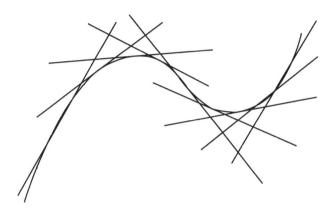

　　用欧几里得的语言，我们会说两条平行线具有同样的方向；用射影的术语，这就变成了"两条平行线具有同一个理想点"。同样，在旧式几何中，如果两条或是更多条线具有同样的方向，那么它们是平行的；在新式几何中，如果两条或是更多条线具有相同的理想点，那么它们是平行的。射影平面中每一条直线都被定义为在其上有一个理想点（"在无穷远处"）；而所有理想点都被认为组成了一条理想线，"一条

---

1. 这个定义，以及其他在不久就会给出的类似定义，都取自已故的约翰·韦斯利·扬（John Wesley Young）所著的《射影几何》（芝加哥，1930 年）一书。这本小书对于每一位在普通学校课程学过一般几何学的人来说都是可以理解的。（作者注）

在无穷远处的直线"。

这些概念提出的目的,是为了避免欧式几何中由于设定了平行线的存在而不得不给出的特殊声明。在说到彭赛列的连续性原理的表述时我们已经讨论过这一点了。

有了这些准备工作,现在便可以给出平面几何中的对偶原则了:平面射影几何中的所有命题都是成对出现的,它们满足在特定的一对命题中,任何一个命题都可以由另一个命题通过交换"点"和"线"这两个字充当的部分立刻得到。

两个相异的点在且仅在一条直线上

两条相异的直线在且仅在一个点上

在彭赛列的射影几何中,他将这个原则的作用利用到了极致。随便翻开任何一本关于射影几何的书,我们会发现几乎每一本书的命题页都被印成了两栏,这是彭赛列给出的一个工具。两栏中对应的命题彼此间互成对偶。如果证明了其中的一个,对另一个的证明就没有必要了,因为对偶原则就包含了这部分的证明。于是没有花费额外的劳动,几何学的内容就一下子扩充了一倍。作为对偶命题的一个例子,我们给出下面一对命题。可以承认这并不是什么特别激动人心的内容,大山分娩,生产出一只老鼠[1]。那么,它还能做得更好吗?

下图左栏的命题是帕斯卡的神秘六边形,我们已经有所耳闻;右栏的命题是布利安生[2]定理,就是借助对偶原则所发现的。布利安生(1785–1864)还是巴黎综合理工学院的一名学生时发现了这个定理,这部分内容在1806年发表于该校的《校刊》上。两个命题的图看上去并不相像。这可以表明彭赛列所运用的方法能发挥出很强大的效果。

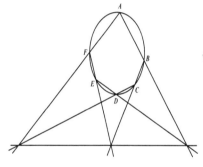

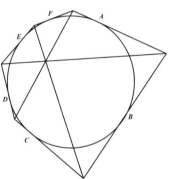

如果 A、B、C、D、E、F 是一个圆锥截线上的任意点,那么诸直线对 AB 和 DE,BC 和 EF,CD 和 FA 的交点在一条直线上;反之亦然。

如果 A、B、C、D、E、F 是一个圆锥截线上的切线,那么连接 A 和 B 以及 D 和 E,B 和 C 以及 E 和 F,C 和 D 以及 F 和 A 的交点对的诸直线交于一点;反之亦然。

1.英文谚语,典出于《伊索寓言》,比喻费力大收效小。(译者注)

2.布利安生,法国数学家。早年在巴黎综合工科学校学习,是著名数学家蒙日的学生。大学毕业后参加了拿破仑的部队,作战勇猛且多智谋。1818年在皇家炮兵警卫学校任教授。布利安生为19世纪射影几何学的复兴做出了重要贡献。(译者注)

布利安生的发现正是将对偶原则增添到几何学导图中的一项工作。在任何一本射影几何学的教科书中,读者都将会找到体现这个原则强大效用的更为精彩的例子,当这个原理的推广被应用到一般三维空间时尤为叹为观止。在这样的推广中,点和面两个词充当的部分是可以互换的,而直线保持原有的位置不发生变动。

　　射影几何引人注目的美感,以及它证明过程的温润雅致,使它成为19世纪的几何学家特别钟爱的研究课题。贤能之才蜂拥来到这座新金山,很快就挖光了这里面较容易获取的一部分宝藏。今天的大部分专家似乎都认可,到目前为止,这项课题中专业数学家们感兴趣的问题都已经得到解决。不过可以相信,这里面仍然有一些像对偶原则一样显而易见的东西是被人们忽视掉的。无论如何,对于业余爱好者,甚至对于处于事业某种阶段的专业从业人员来说,它是一个容易上手的学科,也容易从中得到令人陶醉的愉悦。不同于数学中的其他一些领域,射影几何十分幸运地拥有着许多出色的教科书和专论,其中一些就出自包括彭赛列本人在内的几何大师之手。

第十四章　数学王子

高　斯

高斯在数学上与阿基米德和牛顿齐名。出身卑微。父亲粗鲁无情。智力上的早熟无人能及。10岁遇贵人。12岁梦想革命性的发现，18岁时得以实现。《算术研究》。对其他划时代的工作成果给出的概述。谷神星导致的灾难性结果。拿破仑间接伤害了高斯，最终他得到了落败的下场。由于高斯不胜枚举的研究成果，数学的所有分支学科都取得了根本性的进展：见所给出的成就清单。超凡脱俗的圣贤之人。死亡还不该到来。

在伟大的数学家之中，阿基米德、牛顿和高斯这三个人独树一帜，他们的先后顺序可不是普通人按照功绩就能够试图排列出来的。三位数学家都在纯理论数学和应用数学两方面掀起过潮汐般的浪潮：阿基米德崇尚他的纯数学理论更甚于崇尚这部分理论的应用；牛顿似乎为他的数学发明找到了主要的理由，就在他应用这些发明的科学领域中；而高斯则表示，无论他从事的是纯数学还是应用数学方面的工作，对他来说都是一样。话虽如此，在他那个数学研究最不实用的年代, 高斯还是将高等算术[1]加冕为凌驾在整座数学王国之上的女王。

高 斯

高斯这位数学王子的血统却跟王室家族沾不到一点儿干系。他是穷人家的儿子, 1777年4月30日出生在德国布伦瑞克（Braunschweig）的一座破烂不堪的小村舍里。他的祖父原是一位贫苦的农民。1740年, 这位祖父定居在了布伦瑞克, 在这里他成为了一名园丁, 整日辛苦做工以维持他贫困的生活。他三个儿子当中的二儿子格哈德·迪德里希（Gerhard Diederich）, 出生于1744年, 后来成为了高斯的父亲。除去这项独一无二的荣誉, 格哈德作为园丁、水渠管理人和瓦工干重体力活的生活就没有什么突出的事迹了。

高斯的父亲给我们的印象是, 他是一位正直、极为诚实又十分粗鲁的人, 他对儿子们的严厉有时近乎粗暴。他的言语粗俗, 举止笨拙。靠着诚实和坚韧的品格, 他也逐渐过上了稍微舒适一点儿的生活, 但是他的境况从来都不轻松。这样一个人会竭尽全力地阻碍他的小儿子, 不让他得到符合他能力的教育也不奇怪。要是这位父亲占得了上风, 这位有天赋的男孩儿就得继承其中一项家族行业去了, 而正是一连串值得庆幸的机缘巧合才让高斯没有成为园丁或是瓦匠。作为孩子, 高斯是恭敬和顺从的, 而在以后的生活中, 尽管他从没有指责过他可怜的父

1.算术是数论的早期名称, 是专门研究整数的纯数学分支。（译者注）

亲，但他明确地表示自己从来没有真正地爱过他。格哈德于1806年去世。到了那时，这位曾被他竭尽全力加以阻挠的儿子，已经完成了不朽的工作。

从他母亲这方面来看，高斯的确是幸运的。多罗特娅·本茨的父亲是一个石匠，他在30岁的年纪就死于肺结核，得到了他这个行业有害健康的工作条件所导致的结果，留下了两个孩子，多罗特娅和她的小弟弟弗里德里希。

从这里就能明显看出来高斯的天赋是遗传自哪里。弗里德里希迫于家境穷困，不得不从事纺织的行当，但他是一位非常聪明也特别和蔼可亲的人，他敏锐的头脑一直在不断思索着，为自己在远非他生计的领域里搜寻着机会。在他的行业中，弗里德里希很快便建立起了声誉，成为能织出最好花纹的纺织工，这门艺术是他完全凭借自己的力量摸索出来的。弗里德里希发现他姐姐的孩子和他志趣相投，这位聪明的舅舅便在启发这位小天才的智慧上倾注了自己的才智，尽他所能地以自己探究人性的观察力和略带嘲讽的人生哲学，激发这孩子敏捷的逻辑推理能力。

弗里德里希知道他在做什么，当时的高斯或许还不懂得。不过他具有过目不忘的记忆力，让他一辈子都保持着对自己婴幼儿时期以及童年时期的清晰印象。成年之后的他再回首弗里德里希为他做的事情，想起那位具有丰富思想，却因英年早逝剥夺了他成就一番事业的机会的人，高斯无不遗憾地感慨道："他里面埋没着一位与生俱来的天才。"

多罗特娅是在1769年搬到布伦瑞克的。34岁时（1776年）嫁给了高斯的父亲。第二年生下了她的儿子。他完整的教名是约翰·弗里德里希·卡尔·高斯（Johann Friederich Carl Gauss）。后来在他的著作中，他将自己的名字简单地署为卡尔·弗里德里希·高斯。如果说弗里德里希·本茨埋没了一位伟大的天才，他的名字却在他心存感恩的外甥身上保留了下来。

高斯的母亲是一位性格直爽的女性，她个性坚强、智慧出众，又具有十足的幽默感。她的儿子从出生那天起到她本人在97岁去世的那天为止，一直都是她的骄傲。这孩子两岁时，他那令人震惊的聪慧就给所有看着他长大的人留下了深刻的印象，他非比寻常的大脑发育速度仿佛是来自外太空的力量。当这位"超人宝宝"保持着他婴儿时期的发展趋势，甚至超越了这个速度，成长到童年时期时，多罗特娅·本茨便保护起她的儿子，阻止了她固执的丈夫让孩子像他一样无知的企图。

多罗特娅希望她的儿子有朝一日能做出伟大的成就，她也期待着这一天。她有时或许也曾怀疑过她的梦想到底能否成为现实，这从她犹豫不决地询问那些能够评判她儿子能力的人就可以看出来。所以，当高斯19岁时，她询问了儿子数学上的伙伴沃尔夫冈·鲍耶，高斯是否能成为什么人物。当鲍耶喊出"欧洲最伟大的数学家"时，她的眼泪夺眶而出。

她一生当中的最后22年是在她儿子的家里度过的，最后4年她处于完全失明的状态。高斯本人对名声之类的事并不在意，他的成功在于他母亲的生活幸福[1]。他们之间总是有着心心相印的理解与默契，而对于母亲在他早年时期奋不顾身的庇护，高斯回报给她一个安详的晚年。在她失明后，他便不允许自己之外的任何人来服侍她，在她最后持续很久的患病日子里也是高斯一直在照顾她。她于1839年8月19日去世了。

许多意外事故都差点儿夺去了这位在数学上同阿基米德和牛顿齐名的人，在这些事件中，高斯本人回想起一件发生在他特别小的时候的事。有一次春天发大水，涨满了流经他家农舍的水渠后开始泛滥。在水渠边玩耍的高斯被卷进了水里，几乎快要淹死了。要不是幸好有一个工人碰巧在附近，他的生命估计就在那么小的年纪在水渠里结束了。

纵观整个数学史也找不到类似高斯小时候这般早熟程度的人。阿基米德最早表现出自己的天赋时是多大年纪我们不得而知。最初证明牛顿具有出类拔萃的数学天赋的事可能也没有被人注意到就过去了。尽管这听起来令人难以置信，但是高斯是在3岁之前将他的才能展现出来的。

某个星期六的一天，格哈德·高斯正在为他手底下的工人制作一周的工资单，他没有注意到自己年幼的儿子正十分专注地跟着他的步

---

1. 有关高斯和他父母之间关系的传闻，仍然有待证实。我们在后面也会看到，尽管这位母亲支持她儿子，而这位父亲是反对他的，但是由于当时的习俗（其实到现在也通常是这样），在一个德国家庭中最终做决定的是这位父亲。——我后面会提到一些故事，是我从认识高斯一家的家庭成员而且还健在的老者那里打听到的，他们尤其清楚有关高斯怎样教育他的儿子们的事。这些典故都参考了第一手的证言，但我并不能为此做出担保，因为这些人都年事已高。（作者注）

骤思考着什么。漫长的计算接近尾声时，小男孩儿大声说了一句话让格哈德吓了一跳，"爸爸，计算出错了，这里应该是这样……"核对过账目之后，证明高斯说的数字是对的。

在此之前，这孩子就已经模仿他父母和他们的朋友们日常表达中单词的发音，又自己教会了自己认字。没人教过他任何有关算术的事，不过想必他已经和那些日常用语一起猜出了数字1, 2, 3, …的含义。他在晚年的时候喜欢开玩笑地讲起，他在能够说话之前就知道怎样计算了。这种强大的心算能力也一直伴随着他的一生。

7岁的生日刚过去不久，高斯就进入了他的第一所学校，这是个从中世纪遗留下来的肮脏、破旧的遗迹，管理者是一位叫比特纳的年富力强的"暴君"。对自己负责管理的这百十来个男孩子，他的教育理念就是对他们进行打压，让他们处于一种害怕到连自己名字都记不得的愚钝状态就好了。这让青涩的捣蛋鬼们更加怀念过去的美好时光。正是在这个炼狱般的地方，高斯发掘到了他自己的财富。

头两年间没有发生什么特别的事情。后来在他10岁那年，高斯可以去上算术课了。因为这是一门新课，所以还没有一个孩子听说过等差数列的事。在那时，出一道冗长的加法算式，并且通过套用一个公式在几秒钟之内得到问题的答案，对英雄般的比特纳来说很简单。他给出的问题是这样的：81297+81495+81693+…+100899，其中，从一个数字到下一个数字之间的步长始终相同（这里的步长是198），要求和的是一组给定项数的项（这里是100项）。

这所学校的习惯是，第一位得出答案的孩子就将他的写字板放到讲台桌上；下一个孩子将他的写字板摞在第一个写字板上，依此类推。比特纳念这道题的话音刚落，高斯就把他的答题板"啪"地一声甩在了桌子上，说了句："我搁在那儿了"——"Ligget se'"，他说的是一句乡下的方言。之后，再接下去的一个小时里，当其他的男孩们都在辛苦演算的时候，他就双手交叉在胸前坐在座位上，不时被比特纳特意朝他看过来的鄙夷目光盯上几眼，比特纳估计在想，班上这个年纪最小的孩子只怕又是个呆瓜。时间到了，比特纳检查了答题板。高斯的板子上写的只有一个数字。直到高斯晚年的时候，他都很喜欢跟别人讲当时的场景，他写下的那个数字是正确答案，而其他所有人写的都是错误的。没有人教过高斯快速解这种题的技巧。这种题知道了方法之后就十分普通，但是一个10岁的孩子凭借自己的力量一下子就找到了诀窍，这就不是什么普通的事了。

这件事打开了高斯通向不朽的大门。比特纳对这位10岁男孩儿在未经指导下所做出的事情感到非常惊讶，他很快就补救了自己的过错，并且至少对这一名学生而言，他变成了一位高尚的教师。他自己掏钱买了当时能找到的最好的算术课本，把它送给了高斯。这孩子很快就读完了这本书。"他的水平超过了我，"比特纳说道，"我已经没有什么能教给他的了。"

仅仅凭借比特纳自己的力量，他也许不能为这个小天才的成长做出很大的贡献。但一次幸运的机会，这位校长拥有了一位名叫约翰·马丁·巴特尔斯（1769-1836）的助手[1]，他是一位热爱数学的年轻人，他的职责就是帮助初学者学写字，帮他们削鹅毛笔。这位17岁的助手和这个10岁的男孩儿之间滋生出了一份深厚的友谊，一直持续到巴特尔斯逝

1.巴特尔斯后来主持喀山大学的数学讲座，著名的罗巴契夫斯基是他的学生。（译者注）

世。他们一起研习, 在难题上互相帮助, 并对他们有关代数和数学分析基本原理的普通教科书中给出的证明进行进一步的证明。

在这些早期的工作中, 高斯发展了自己职业生涯中一个最主要的兴趣点。他很快掌握了二项式定理,

$$(1+x)^n = 1 + \frac{n}{1}x + \frac{n(n-1)}{1 \times 2}x^2 ,$$
$$+ \frac{n(n-1)(n-2)}{1 \times 2 \times 3}x^3 + ...$$

上式中的n不要求必须为正整数, 它可以是任意一个数字。如果n不是一个正整数, 那么右边的级数就是无穷的(没有终止), 为了说明这个级数在什么情况下真正等于$(1+x)^n$, 我们就必须去考察, 让这个无穷级数能够收敛到一个确定、有限的极限, 而必须施加在x和n上的限制。

如此一来, 如果 $x = -2$, $n = -1$, 代入之后我们得到的是$(1-2)^{-1}$, 即$(-1)^{-1}$或$1/(-1)$, 最终结果就是–1, 它应当等于$1+2+2^2+2^3+...$, 以此类推, 以至无穷。这也就是说, –1等于"无穷数" $1+2+4+8+...$, 这个结论是无稽之谈。

无穷级数是否收敛? 对于通常展开成无穷级数的数学表达式(函数式), 我们是否真的能通过计算无穷级数得到这些表达式的值? 在年轻的高斯问自己这些问题之前, 分析学前辈们并没有特别费神地去解释由于人们不加判断就使用无穷过程所产生的神秘(荒诞)结果。高斯早期与二项式定理的接触奠定了他日后所做出的一些最伟大的工作, 并让他成了第一个"严格主义者"。当n不是大于零的整数时对二项式定理的证明, 即便到了今天也不在基础教育教科书的范畴之列。高斯和巴特尔斯在他们的书中找到的证明令高斯不甚满意, 他自己给出了

一个证明。这让他开始投入到数学分析中，分析学的精髓正是在于正确地使用无穷过程。

就这样，这项首战告捷的工作即将改变数学的整个面貌。牛顿、莱布尼茨、欧拉、拉格朗日、拉普拉斯——全部都是在他们所处时代最伟大的分析学家，但对于涉及无穷过程的问题现在可以被接受的证明是什么样子，他们几乎没有概念。如果一个"证明"可能会让人得出像"-1等于无穷大"这样荒谬的结论，那它根本就不是证明，第一个清楚地认识到这一点的人是高斯。即使一个公式在一些情况下给出的都是恒定的结果，在确定地给出能让它保持一致结果的精确条件之前，它也不能在数学中占据一席之地。

高斯将严谨性带到了分析学中，无论它是以高斯自己的习惯所体现，还是以与他同时代的数学家们——阿贝尔、柯西——和后来的数学家们——魏尔斯特拉斯、戴德金——的习惯所体现，这种严谨性逐渐盖过了整个数学领域的光彩，高斯之后的数学变成了与牛顿、欧拉和拉格朗日的数学完全不同的东西。

从积极的方面来讲，高斯是一位革命家。在他还没接受完学校的教育之前，还是那股让他对二项式定理产生不满的批判性精神，让他开始质疑初等几何的证明过程。12岁时，他已经在用审视的目光看待欧氏几何的基础内容了；到了16岁，他第一次预见到一种不同于欧氏几何的几何学。一年之后，对于数论中他的前辈们已经认可的证明，他开始展开一次彻底性的批判，这些不严谨的证明给他设置了异常艰巨的任务，需要他去填补其中的空缺并完成其中只做了一半的工作。而算术，这个他最早获得成功的领域，现在成了他最喜欢的研究方向，也是他的著作所围绕的主题。除了他对于证明内容的确切感知力之外，高斯还具有多产的数学创造力，他的创造力从未被人超越。这两种能力的结合可谓所向披靡。

巴特尔斯为高斯所做的，不仅仅是将他带进代数的神秘世界而已。这位年轻的教师认识一些在布伦瑞克当地有影响力的人物，他现在给自己布置的任务就是让这些人注意到他的发现。高斯身上凸显出来的天赋给他们留下了非常好的印象，于是他们又继而将这个孩子推荐给了布伦瑞克的统治者卡尔·威廉·斐迪南公爵。

公爵第一次召见高斯是在1791年。高斯那时候14岁。这个男孩儿谦逊的言辞和局促不安的腼腆样子让这位慷慨的公爵对他心生怜爱。离开的时候，高斯便有了一份让他继续接受教育的保证。第二年（1792年2月）高斯被布伦瑞克的卡罗林学院[1]录取了。公爵为他支付了这次的学费，并且一直担负这部分费用，直到高斯完成他的学业。

高斯在15岁就读卡罗林学院以前，就已经通过私底下的学习和年长朋友们的帮助，在古典语言方面取得了很大的进步，于是他职业生涯中的一个关键点一时间摆在了他的面前。在他愚昧又务实的父亲看来，研究古典语言简直是愚蠢透顶的行为。多罗特娅·本茨则为她的儿子力争，她赢了，于是公爵给他在大学预科的两年学习提供了津贴。高斯对古典语言迅雷不及掩耳般的掌握速度震惊了那里的老师和同学。

高斯自己对哲学研究具有浓厚的兴趣，不过对科学来说幸运的是，他很快又在数学中感受到了更令他无法抗拒的吸引力。大学入学时，高斯就已经熟练掌握了拉丁文，他最伟大的著作中有很多都是用

1.现名布伦瑞克学院。（译者注）

拉丁文撰写的。这时发生了一场永远令人遗憾的灾难，在法国大革命和拿破仑垮台以后，一阵阵由顽固的民族主义者所掀起的浪潮席卷着欧洲，他们提出的要求即便对于高斯这样优秀的人来说也是无所适从。于是，欧拉和高斯得心应手、任何一个学生也都能在几周内掌握的简单拉丁文不让用了，科研工作者们现在必须在母语之外，获得另外两到三种语言的阅读能力。高斯尽可能地抵制这件事，但是当他在德国的天文学界的朋友们催促他将自己的一些天文研究成果赶紧用德语撰写出来时，就连他也不得不让步了。

　　高斯在卡罗林学院学习了三年，在此期间他掌握了欧拉、拉格朗日和牛顿较为重要的著作，尤其是牛顿的《原理》。一位伟人所能得到的最高赞誉就是与他同一级别的人给予他的肯定。高斯始终没有降低自己还是个17岁的孩子时对于牛顿做出的评价。在高斯流畅的拉丁文作品中，提到其他伟大的数学家——欧拉、拉普拉斯、拉格朗日、勒让德——时，高斯选用的赞美之词是"clarissimus"[1]，对牛顿则是"summus"[2]。

　　依旧是这段在卡罗林学院的时间里，高斯开始了将来会让他流芳百世的高等算数领域的研究。现在他强大的计算能力派上了用场。他直奔数字本身对它们进行探究，通过归纳发现了深奥的一般性定理，这些定理的证明即便对他来说也花费了一番气力。就这样，他重新发现了"算术的瑰宝"——"黄金定理"，这也是欧拉在归纳过程中突然发现的，它被人们称为二次互反律，而高斯是第一个证明它的人（勒让

1.拉丁语，译为闪耀。（译者注）
2.拉丁语，译为至高。（译者注）

德对此尝试性的证明忽略了一个关键点）。

整个研究源于一个简单的问题，许多初学算数的人都产生过这样的疑问：循环小数的一个周期里包含多少位数字？为了理清这个问题的头绪，高斯计算了当n从1到1000时，分数1/n所有对应的小数值。他并没有找到他要找的宝藏，但他发现了某种比这还要珍稀无比的东西——二次互反律。鉴于它的表述十分简单，我们将对此予以描述，同时介绍高斯发明的一个概念，即同余，使算术术语和符号方面产生了一次革命性改进。下面的讨论中涉及的所有数字均为整数（常见的整数）。

如果两个数字a, b之差（a–b或b–a）可以被数字m恰好整除，我们就说a与b对于模m同余，或者简称为同余于模m，用 $a \equiv b \pmod{m}$ 的符号表示它。因此有， $100 \equiv 2 \pmod{7}$， $35 \equiv 2 \pmod{11}$。

这种设计的优势在于它使我们想起了书写代数方程的方法，它把算术整除这个有些不好理解的概念用一种紧凑的符号表示了出来，同时在提示我们试着将一些在代数中推导出来的有趣结论引进到算术中（算术比代数要困难得多[1]）。举例来说，我们能够将代数方程相"加"，我们发现如果同余式的模都相同，它们之间也可以进行"加法"运算，从而得到其他的同余式。

设一个未知数用x来表示，给定数字r和m，其中r不能被m整除。那么，是否存在一个x，使得

$$x^2 \equiv r \pmod{m}?$$

1.算术见本章开篇对"数学女王"的注释。代数是研究数、数量、关系、结构与代数方程（组）的通用解法及其性质的数学分支。（译者注）

如果存在, 则称r为模m的二次剩余; 如果对任意x不成立, 则称r为模m的二次非剩余。

如果r是m的二次剩余, 那么必定至少会找到一个x, 满足它的平方除以m余数为r; 如果r是m的二次非剩余, 那么不存在这样一个x, 使得它的平方除以m余数为r。这些就是从前面的定义得到的直接结论。

举例说明: 13是17的二次剩余吗? 如果是, 那么下列同余式

$$x^2 \equiv 13 (\bmod 17)$$

必定有解。代入1, 2, 3, …进行试数, 我们发现x=8, 25, 42, 59, …是同余式的解 ($8^2 = 64 = 3 \times 17 + 13$; $25^2 = 625 = 36 \times 17 + 13$, 等等), 所以13是17的一个二次剩余。但是 $x^2 \equiv 5 (\bmod 17)$ 的解不存在, 所以5是17的一个二次非剩余。

现在自然要问, 对于一个给定的m, 它的二次剩余和二次非剩余是什么呢? 也就是说, 当给定了同余式 $x^2 \equiv r (\bmod m)$ 中的m, 在x取遍所有的1, 2, 3, …时, 会出现哪些数字r, 又不可能出现哪些数字r呢?

不用花费多少工夫我们就会明白, 只要在r和m都是素数时回答这个问题就够了。所以, 我们将这个问题重新表述一下: 如果p是一个给定的素数, 满足什么条件的素数q能使同余式 $x^2 \equiv q (\bmod p)$ 可解呢? 这以算术现有的阶段来看要求得太多了。不过, 这种局势也不是完全没有希望。

在下对同余式中存在着一种美妙的"互反",

$$x^2 \equiv q (\bmod p) , \quad x^2 \equiv p (\bmod q) ,$$

其中p和q都是素数: 两个同余式都是可解的, 或都是不可解的, 除非p, q被4除时余数都为3, 这样的话, 一个同余式是可解的, 而另一个同余式是不可解的。这就是二次互反律。

这个定理要证明起来可不容易。事实上它让欧拉和勒让德感到十分困惑。高斯在19岁时给出了第一个证明。由于这个互反律在高等算术,以及代数的许多高等问题中具有根本上的重要性,所以高斯多年间在他的脑海中翻来覆去地思考这个问题,直到他总共给出了6种不同的证明为止,其中一种方法是基于正多边形的尺规作图。

用一组具体的数字便能够说明这个定律表述的意思。首先,取p=5,q=13。因为5和13被4除时都余1,所以,两个同余式 $x^2 \equiv 13 \pmod 5$,$x^2 \equiv 5 \pmod{13}$,一定同为可解,或同为不可解。对于这一对数字来说,结果为后者。接下来,取p=13,q=17,二者被4除都是余1,于是我们得到两个同余式 $x^2 \equiv 17 \pmod{13}$,$x^2 \equiv 13 \pmod{17}$,以及它们一定都可解或都不可解的结论。对于这一对情形,结果为前者:第一个同余式的解为x=2,15,28,…;第二个同余式的解为x=8,25,42,…。最后只剩下一种需要被检验的情况,就是当p,q被4除都余3的情形。取p=11,q=19。那么根据这条定律,$x^2 \equiv 19 \pmod{11}$ 和 $x^2 \equiv 11 \pmod{19}$ 只有一个一定是可解的。第一个同余式没有解;第二个同余式的解为7,26,45,…。

这样一个定律,只是发现它就称得上一项值得注目的成就了。而它被一位19岁的男孩儿首次证明出来了,这会让任何一位试图证明过它的人明白,高斯远非只是有能力从事数学工作而已。

当18岁的高斯于1795年10月离开卡罗林学院,进入格丁根大学时,他仍然没有决定是以数学还是以语言学作为他毕生的事业。(在他18岁时)他已经发明了"最小二乘"法,时至今日,这一方法在大地测量学和观测解算中都是不可或缺的,事实上在任何一项通过大量测量数据推算出某个量"最可能值"的工作中都会用到它("最可能值"是通过使"残差"——我们可以粗略地认为残差是与假设的精确值之间的偏差——的平方和取得最小值得到的)。勒让德于1806年独立发表了这一方法,高斯与勒让德共同享有发明最小二乘法的荣誉。这项工作是高斯对观测误差理论产生兴趣的开始。高斯的误差正态分布以及与它对应的钟形曲线,是今天所有处理统计学数据的人所熟悉的内容,从目的纯粹的智力测验人员到不讲道德的市场操纵黑手无人不晓。

1796年3月30日标志着高斯事业生涯的转折点。那一天,正好距离他20岁生日还有一个月,高斯肯定地做出了选择数学的决定。他终生还将保持着语言研究的爱好,但是语言学在三月那个值得纪念的日子里却永远地失去了高斯。

正如我们在费马那一章已经了解到的,正十七边形就是那颗掷出了幸运的结果,从而引导高斯做出了跨越他的卢比孔河决定的骰子。也是在同一天,高斯开始记录他的科学日记(他称之为《日志录》[1])。这是数学史上最珍贵的文献材料之一,第一条便记述了他伟大的发现。

只是到了1898年,高斯去世后的43年,这本日记才在科学界流传开来,当时皇家科学院将它从高斯的一位孙子那里借了过来以进行批判性研究。它由19张小八开纸组成,并包括146条对于发现或是计算结果的极其简短的说明,最后一条说明处标注的日期是1814年7月9日。日记的复制件于1917年发表在高斯著作集的第十卷(第一编)中,和它一起发表的还有几位担任编辑的专业人士对其内容给出的详尽分析。高斯在1796年至1814年这段高产时期的所有发现无论如何都不能被记录

---

1. 原文为德语,*Notizenjournal*。(译者注)

完全。但是，被草草记录下来的许多内容仍然可以说明问题，一些与他同时代的研究人员不愿相信年纪轻轻的高斯在他们的领域已经超越了自己（回想起高斯生于1777年），这些被记录下来的内容都足以确立高斯在这些领域——例如椭圆函数——中的领先地位。

　　隐藏在这本日记中等待了数载乃至数十载的内容，若是在当时被即刻发表，许是有半打的结论都将获得极大的赞誉。其中一些内容在高斯在世期间始终未被公开，他也从未在自己发表的任何一本著作中强调，在其他人追赶上他之前，自己早已经比别人提前得出这个结论。但是，那份记录说明了一切。他确实领先于那些质疑他的朋友们说法的人。而这些早先就得出的结论并不仅仅是些无足轻重的东西，其中一部分将成为19世纪数学的几个主要研究领域。

　　从日记里的几则笔记来看，这本日记完全是这位作者写给自己看的东西。因此，在1796年7月10日的日记上，记着

$$E\Upsilon PHKA! \quad num = \Delta + \Delta + \Delta \, .$$

经解释，这则笔记前面的符号与阿基米德兴奋地呼喊声"Eureka（找到了）"大同小异，后面说的是任意一个正整数都可以写作三个三角形数的和——三角形数即0, 1, 3, 6, 10, 15, …这个数列中的一个数字，数列（0以后）每一个数字的形式都是1/2n（n+1），其中n可以是任意正整数。还是对同样的内容，另一种说法是每一个形如8n+3的数字都可以写作三个奇数的平方和：$3=1^2+1^2+1^2$；$11=1+1+3^2$；$19=1^2+3^2+3^2$，诸如此类。若要从头开始对它给出证明并非易事。

　　更难理解的是记在1796年10月11日中的一则神秘内容，"Vicimus GEGAN"。这次高斯又征服了哪条恶龙呢？还有，在1799年4月8日的日记里他用规整的长方形框起一句"REV. GALEN"，这又是战胜了一条

怎样的巨兽呢？虽然这些内容的含义我们永远都不得而知，但是剩下的144条日记的内容，大部分都足够清晰。其中有一则尤其清晰，它也是最具重要性的，当我们谈到阿贝尔和雅可比的时候就会明白其中的重要意义：1797年3月19日的那则日记，说明高斯已经发现了某些椭圆函数的双周期性，那时他还不到20岁。后面还有一则日记，又表明高斯认识到了一般椭圆函数的双周期性。这个发现本身就会使他名声大噪，如果他将它发表出来的话。不过他自始至终没有发表。

为什么高斯要把他发现到的伟大事物保留起来呢？比起他的天赋，这件事解释起来要容易得多——如果我们接受他本人简单的说法的话，他自己的解释我们稍后再给出。还有一种更具浪漫情怀的版本，是W·W·R·鲍尔在他著名的数学史书中讲述的故事。按照这种说法，高斯将他的第一篇著作《算术研究》递交给了法国科学院，结果只是被轻蔑地拒绝了。这般委屈的羞辱对高斯的伤害之深，以至于他下定决心，从此以后只发表在内容和形式上都无可挑剔、所有人都认可的东西。这种诽谤别人名誉的传说可谓一点儿根据都没有。1935年它就被彻底否定了，法国科学院的官员通过对档案进行一番详尽的调查，查明《算术研究》甚至从未被递交给科学院，更不用说被拒绝了。

对于这种做法，高斯自己的解释是，他写下科学著作只是为了回应他本性中最原始的冲动，至于这些著作是否要为了指导其他人而出版，对他而言完全是次要的考虑因素。还有一次高斯对一位朋友说的话也同样可以解释他写下这本日记和他迟迟不肯发表作品的原因。他说，大量的新思想在他不到20岁的时候全都一鼓作气地涌入了他的脑海里，多到他几乎无法控制，他的时间只够将它们记录下来，而记录下来的也只是一小部分。那本日记只包含对最终结果的简要叙述，在这些结果得到之前他都有进行细致的调查研究，有的问题会让他花上几个礼拜的时间。年轻时，他深思过依附着阿基米德和牛顿灵感的综合证明过程，在思索这些证明既完整无缺又无懈可击的链条时，高斯下定决心以他们为榜样，身后只留下可称之为艺术的完成之作，它们要完美到极致，达到增一分则多、减一分则少的地步。作品本身必须要走在前沿，要完整、简明，并具备说服力，至于撰写它的过程所付出的辛苦则丝毫不能在作品中流露出来。他说过，在最后的脚手架被拆除和撤离之前，大教堂还不是大教堂。有这样的理想在前方指引着他的工作，高斯更愿意翻来覆去地打磨出一部作品，而不愿将许许多多的粗略框架发表出来，虽然这对他来说是轻而易举的事。他的印章是一棵树，上面零星挂着几颗果实，座右铭刻的是 "Pauca sed matura（少而精）"。

追求完美结的成熟果实的确精美，但有时却让人无从消受。高斯得出结论用到的所有中间步骤都被抹去了痕迹，那些追随高斯的人要重新寻得他走过的道路并不简单。结果，他的一些著作必须等到极具天赋的人予以诠释，数学家们才能普遍理解它们，明白它们对于那些尚未解决的问题的意义是什么，才好继续之后的工作。高斯的同代人也苦口婆心地劝说他放宽那冰冷无情的完美标准，这样数学或许能进展得更快些，不过高斯从没有放松这份约束。直到他去世了很久以后，人们才知道19世纪数学的内容有多少都是高斯早在1800年以前就已经预见到的。要是他将自己知道的结论都透露给众人，数学有很大可能将比它现在所处的位置领先半个世纪，甚至更长时间。这样阿贝尔和雅可比就能够在高斯停下的地方起步，而不必将他们最好的精力大部分都用在重新发现高斯在他们出生前就知道的事情上，而创造了非欧几何的数学家们也能够将他们的才华施展到其他方面。

至于他自己，高斯说他是个"纯粹的数学家"。这个评价对他来说有失公允，除非我们联想到"数学家"在他的年代也包括现在所说的数学物理学家。的确，他的第二个座右铭[1]：

Thou, nature, art of my goddess; to thy laws my services are bound……[2]

真实地概括了他为那个时代的数学和物理科学所奉献的一生。他"纯粹的数学家"的一面也只能从某种意义上来理解，他没有将自己卓越的天资分散开来，散播到所有可能得到丰厚收获的领域，就像令他感到遗憾的莱布尼茨的做法一样，他选择的是将他最伟大的天赋运用到完美的境地。

格丁根大学的3年（1795年10月–1798年9月）是高斯一生中最高产的时期。拜斐迪南公爵的慷慨所赐，这位年轻人无须担心财务问题。他全身心地投入到工作中，又结交了不多的几位朋友。其中一位名叫沃尔夫冈·鲍耶，这位高斯口中"我认识的人里最不可多得的灵魂"即将成为高斯一辈子的挚友。这段友谊的历程以及它在非欧几何史中的重要性放在这里讲就太过冗长了。事实上，沃尔夫冈的儿子约翰，之后还会沿着高斯创造非欧几何的道路重走一遍，浑然不知他父亲的这位老朋友早他以前就走过了这段路。那些自高斯17岁起就让他应接不暇的想法现在被（部分）落实下来，并被整理成井然有序的样子。从1795年开始他就已经在构思一部关于数论的伟大著作。现在这部著作成型

---

1. 出自莎士比亚的《李尔王》，第一幕，第二场，1－2行，并对其中的"law"做了必要的更改，改为"laws"。（作者注）
2. "大自然，你是我的女神，我愿意在你的定律面前俯首听命。"译文见《莎士比亚全集》第九集，人民文学社，1978年。（译者注）

了，到了1798年，这部《算术研究》几近完成。

　　为了让自己熟知高等算术中已经做过的工作，并确认自己将应得的荣誉都归在了前人身上，高斯于1798年9月奔赴黑尔姆施泰特大学，因为那里有一座汗牛充栋的数学图书馆。到了那里，他发现自己早已名声在外。他受到了图书馆馆长和数学教授约翰·弗里德里希·普法夫（1765-1825）的热情接待，并住在了普法夫的家里。高斯和普法夫成了相谈甚欢的朋友，尽管普法夫的家人见到他们这位客人的机会并不多。普法夫显然认为他有责任带他总是刻苦工作的年轻朋友出去活动一下，于是傍晚时分他会和高斯一起散步，聊一聊数学。由于高斯谈及自己的工作时不仅谦虚，还会有所保留，所以普法夫了解到的内容或许并没有我们想象的多。高斯极其钦佩这位教授（他是德国当时最知名的数学家），不仅因为他在数学上有很深的造诣，还因为他拥有朴实而开朗的性格。高斯这辈子只对一种人感到反感或是蔑视，就是那些不懂装懂的人，明知自己错了也拒不承认。

　　高斯在布伦瑞克度过了1798年的秋天（他此时21岁），偶尔也会去一趟黑尔姆施泰特，完成《算术研究》最后的收尾工作。他曾期望这部书能尽早出版，但是因一位莱比锡出版商的难处，这部书直到1801年9月都一直积压在出版社里。为了答谢斐迪南为他所做的一切，高斯将这部书献给了公爵——

　　"Serenissimo Principi ac Domino Carolo Guilielmo Ferdinando."[1]

　　如果说曾有一位慷慨的资助人值得受到被他资助的人的尊敬，那

1.拉丁语，译文："谨献给，王子与领主，查尔斯·威廉·斐迪南。"（译者注）

么斐迪南对于高斯的敬意也是受之无愧的。当这位年轻的天才正为了自己离开格丁根大学以后的前途发愁时——他尝试过授课，但没能成功地吸引学生——公爵及时出现解救了他，他出资印刷了高斯的博士论文（黑尔姆施泰特大学，1799年），并给予他一笔适当的津贴，使他可以继续他的科学工作又不至于受到贫穷的牵制。"是您的仁慈，"在他的献词中高斯这样写道，"让我得以摆脱一切其他的负担，从而能够专心地投入到这项工作中。"

在对《算术研究》展开叙述之前，我们不妨先了解一下高斯的博士论文，1799年高斯凭借这篇论文在缺席的情况下被黑尔姆施泰特大学授予博士学位：《每个单变量有理整函数均可分解为一阶或二阶实因子的一个新证明》[1]。

这一代数中的里程碑只在一个地方有失偏颇。标题中最后三个字似乎意味着，高斯只是在其他人已经得知某些证明方式的基础上添加了一种新的证明而已。他应该把"新"字去掉。他的方法是首次给出的证明（之后便会证实这种说法）。一些人在他之前发表的只是对于这个定理——通常称为代数基本定理——他们设想中的证明，但从没有人成功得出过证明。高斯有着对逻辑和数学的严格性决不让步的要求，他坚持要有一个真正的证明，于是自己给出了第一个。这个定理的另一个等价表述就是，每个单一未知的代数方程都有一个根，初学者们在对它所表述的最深层次的概念一无所知的状况下，总会想当然认为这

1. 原 文 为 拉 丁 语，*Demonstratio nova theorematis omnem functionem algebraicam rationalem integram unius variabilis in factores reales primi vel secundi gradus resolvi posse*。（译者注）

个结论就是成立的。

如果一个疯子胡乱写下了一堆数学符号，我们也不能只因为它们在外行人眼里和高等数学没什么两样，就认为这些笔记背后蕴藏着什么含义。那么，对于这件事也同样值得怀疑，在我们说明方程具有的是哪种类型的根之前，每个代数方程都有一个根的论断是否就有意义呢？我们隐约会感觉到"满足"方程的解的类型是一个数，而不是什么半磅黄油之类的。

高斯让这种感觉成了精确的表述，他证明了任何一个代数方程，所有的根都是形如a+bi的"数"，其中a, b是实数（实数对应于从一条给定直线上的定点O开始测量的正、零或负的距离，正如在笛卡尔几何中的x坐标轴上的数字），而i是-1的平方根。这个新类型的"数"a+bi被称为复数。

附带一提，高斯是最早对复数给出一致性（Uniformity）解释的人之一，也是他最早提出的用平面上点的坐标来表示复数，就是现在初等代数教科书中所采用的方式。

笛卡尔直角坐标系中的P点是坐标（a, b），也可以将点P表示为a+bi。因此，平面上的每个点都恰好对应一个复数，与轴XOX'上的点相对应的数是"实数"，与轴YOY'上的点相对应的数是"纯虚数"（所有纯虚数都形如ic，其中c是一个实数）。

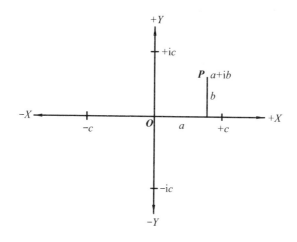

"虚数"这个词是代数学最大的灾难,但是它已得到广泛的认可,以致数学家们无法将它彻底废除。其实一开始就不该引入这个概念。初等代数的书籍从旋转的角度对虚数给出了一种简单的解释。

所以,如果我们把乘积 $i \times c$(其中c是实数),解释成线段Oc绕O点转过一个直角的一次旋转,Oc就旋转到了OY上;再用i去乘一次,即 $i \times i \times c$,就会让Oc再转过一个直角,这样总的效果就是把Oc旋转了两个直角,于是+Oc变成了-Oc。从运算的角度来说,用 $i \times i$ 去乘与用-1去乘具有相同的效果,而用i去乘与旋转一个直角具有同样的效果,所以上述解释(如我们刚刚看到的)具有一致性。如果我们愿意的话,现在已经可以在运算中写下 $i \times i = -1$,或是 $i^2 = -1$。所以,转过一个直角的运算可以用 $\sqrt{-1}$ 的符号来表示。

所有这些当然什么都证明不了,它的目的也不是要证明什么。没有什么内容是需要被证明的,我们给代数中的符号和运算指定的定义都是能够符合一致性的内容。虽然通过旋转的方式给出的解释什么也没有证明,可是它或许也说明任何人都没有必要让自己被命名极其不当的

"虚数"搞得晕头转向。要了解有关虚数的更多详细内容,几乎任何一本初等代数的教材都可以当作参考。

高斯认为,任何一个代数方程都有根的定理从刚才所解释的意义上来说非常重要,因此他对此给出了4种不同的证明,其中最后一个证明是在他70岁时给出的。今天有人会把这个定理从代数上转移到分析上(代数限制了这个定理,让它只能被应用于有限步完成的过程)。甚至高斯也将多项式的图像设想为连续曲线,并假设如果多项式是奇数次的,它的图像一定至少会穿过坐标轴一次。对于任何一位代数初学者来说,这个结论都是显而易见的。但是在今天,没有证明的结论就不是显而易见的,而要试图证明它又会再一次引出与连续和无穷相关的困难。像 $x^2 - 2 = 0$ 这样一个简单的方程式,我们就不能在任何有限步骤内确切地计算出它的根。关于这件事更多的内容我们到克罗内克那一章再讲。现在我们继续回到《算术研究》。

《算术研究》是高斯第一部著作,也被一些人当作他最伟大的著作。在这之后,他就不再把纯数学作为自己唯一的兴趣了。当它在1801年(高斯24岁)出版之后,高斯把他的活动范围扩大到包含天文学、大地测量学和电磁学在内的诸多领域的数学和实际应用两方面。但是算术是他最初的爱恋,他晚年时便后悔自己一直没有抽出时间来完成他年轻时的计划,为这本书写下第二卷。《算术研究》分为七个"部分",本来还有第八部分,但是要缩减印刷费用因而被删去了。

前言中开篇的一句话便给出了这本书的大致范围。"本书涵盖的研究与涉及整数以及分数的那部分数学有关,根式【无理数】全然不在考虑范围之列。"

前三部分探讨了同余理论,尤其对二项同余式——

$x^n \equiv A (\bmod\ p)$，其中n，A是任意给定的整数，p是素数，整数x是未知数——展开了详尽的讨论。这个优美的算术理论与对应代数理论中的二项式方程 $x^n = A$ 有许多相似之处，但是到了它特有的算术部分，其丰富程度和困难程度就比代数要多得没有穷尽，代数在这一点上无法与算术相比拟。

在第四部分，高斯发展了二次剩余的理论。在这里可以找到对二次互反律首次发表出来的证明。这个证明是通过巧妙地运用数学归纳法得出的，本书中随处可见由这种绝妙逻辑给出了可靠证明的例子。

到了第五部分就进入到从算术的角度讨论二元二次形式，随后紧接着讨论了三元二次形式，因为高斯发现要得到二元二次的完整理论，这部分内容也是必不可少的。二次互反律在这些困难的计划中起到了十分重要的作用。对于被称为一般性问题的第一种形式

$$ax^2 + 2bxy + cy^2 = m，$$

目的是要讨论不定方程中整数x，y解的形式，其中a，b，c，m是任意给定的整数。对于第二种形式，

$$ax^2 + 2bxy + cy^2 + 2dxz + 2eyz + fz^2 = m$$

目的是要讨论不定方程中整数x，y，z解的形式，其中a，b，c，d，e，f，m是给定的整数。这一领域中一个看似简单实则困难的问题是对系数a，c，f，m给出充分且必要的条件，以确保下列不定方程

$$ax^2 + cy^2 + fz^2 = m$$

存在一组整数解x，y，z。

第六部分将上述理论应用到了各种特殊的情形，例如讨论 $mx^2 + ny^2 = A$ 的整数解x，y，其中m，n，A是任意给定的整数。

第七部分也就是最后一部分被很多人认为是本书最精彩的内

容，高斯应用前述理论的推论，尤其是二次同余理论的推论，对代数方程 $x^n + 1$（其中n是任意给定的整数）展开了精彩的讨论，在此过程中算术、代数和几何交织在一起，被他编织成一幅完美的图案。方程 $x^n + 1$ 是几何问题：作正n边形或n等分圆周的几何问题的代数公式（可查阅任何一本讲解代数或三角的中学课本）；而算术的同余式 $x^m \equiv 1 \pmod{p}$，（其中m, p是给定的整数，且p为素数）是穿梭在代数和几何之中的针线，是它让这个图案显现在人们眼前。这幅完美无瑕的艺术品是任何一位在学校里接受过常规代数课程的学生都会接触到的，但是我们不向初学者推荐《算术研究》（因高斯简明的表述曾经过后来一些作者改写，变成教科书上学生容易接受的形式）。

整本书中的许多结论都被费马、欧拉、拉格朗日、勒让德以及其他一些数学家用别的方法得出过，但是高斯完全是出于个人的角度看待整件事情，添加了许多他自己的东西，并从他对相关问题给出的一般公式和解法推导出了前人得出的孤立结论。举例来说，每个形如 $4n + 1$ 的素数都可以写作两个平方数之和，且只有一种平方和的形式。费马的这一美妙的结论是他通过"无穷下降"的烦琐方法证明出来的，但是在高斯对二元二次形式的一般化讨论中，这个结论的得出是水到渠成的。

"《算术研究》已成为历史。"高斯晚年的时候这样说道，而他是对的。随着《算术研究》的出版，高等算术被赋予了一个新的方向，而数论，这个在17和18世纪还是一堆互不相关的特殊结论堆积在一起的庞杂领域，现在也表现出了一致性，上升到了一门数学科学的尊贵地位，与代数、分析和几何并驾齐驱。

这部著作本身曾被人们叫作"七封印之书"。它很难阅读，即便对于专业数学家来说也是如此，但是现在，它简明、综合的证明过程中所蕴藏（或封印）的宝藏对所有想分得一杯羹的人来说都是可以得到的了，这很大程度上是高斯的一位朋友兼门徒彼得·古斯塔夫·勒热纳·狄利克雷（1805–1859）努力的成果，他是第一位打破这七个封印的人。

优秀的评审官顷刻间就会看出这部杰作本身的价值。一开始，勒让德[1]或许倾向于认为，由于高斯的存在自己没有得到公正的待遇。他自己所写的数论专著，大部分内容都被《算术研究》所取代，但在勒让德有关数论的专著第二版（1808年）的序言中，他成了《算术研究》狂热的支持者[2]。拉格朗日也丝毫不吝惜自己的溢美之词。在1804年5月31日写给高斯的信中，他写道："你的《算术研究》立刻将你抬升到一流数学家的行列，并且我认为最后一部分包含着很久以来人类所曾做出的最美好的分析发现……请相信，先生，没有人比我更真挚地为你的成功而喝彩。"

受到其经典的完美风格的牵制，《算术研究》消化起来有点儿慢，而当有天赋的年轻人终于开始要对这部著作进行深入探究时，因

---

1. 阿德利安·马里·勒让德（1752–1833），法国数学家。考虑到篇幅所限我们略去他的生平，他的许多最好的工作都被年轻的数学家们吞并或赶超了。（作者注）

2. 勒让德1798年发表《数论随笔》的第一版（我们知道高斯的《算术研究》于1801年出版），1808年该书以《数论》为名再版，第三版于1830年5月问世，增添了很大程度上受到高斯影响的新思想，与高斯的《算术研究》一起同为这门学科的标准著作。（译者注）

为一位书商的破产，他们又到处买不到这部书了。即便是艾森斯坦[1]，这位高斯最喜爱的徒弟，也从未拥有过一部。狄利克雷则更为幸运。他将他的那部书走到哪儿带到哪儿，睡觉时也把书放在枕头下面。临睡觉之前，他会先读上几段难懂的段落，希望自己夜里醒来重读一遍后，就会发现所有的意思都清晰了——这个愿望也经常实现。狄利克雷有一个归功于他的了不起的定理，是我们讲到费马的时候提到的，这个定理说的是每一个等差数列

$$a, a+b, a+2b, a+3b, a+4b, \ldots$$

都包含无穷个素数，其中a，b是整数，且二者没有比1大的公约数。这个结论是通过分析证明的，这一点本身就是一个奇迹，因为这个定理涉及的是整数，而分析处理的是连续的对象，是非整数。

狄利克雷在数学上所做的工作远不止他对《算术研究》做出解释的这部分，不过我们没有篇幅来叙述他的故事。同样，我们也没有篇幅来介绍艾森斯坦（真是遗憾），他是19世纪初期最富才华的年轻人之一，却英年早逝，而且令大多数数学家十分费解的是，根据某人的说法，高斯曾对他说过这样的话："划时代的数学家曾出现过三位，阿基米德、牛顿和艾森斯坦。"如果高斯确实这样说过（已无从查考），那么这句话就值得人们在意，就因为这是高斯说的，他从不妄下定论。

在离开高斯活跃的领域之前，我们或许会产生疑问，为什么他从来没有涉猎过费马大定理。他自己做出了回答。巴黎科学院在1816年提

----

1. 艾森斯坦（1823-1852），德国数学家。中学时已独立进行数学研究。1843年进入柏林大学学习的第一年，受到洪堡、克雷尔等人重视，1844年一年之内在克雷尔杂志上发表25篇论文。次年在雅克比的建议下，库默尔授予他布雷斯劳大学荣誉博士称号，不久成为柏林大学的讲师。（译者注）

议，将对这一定理的证明（或证伪）作为1816–1818年间科学院的获奖问题。1816年3月7日，奥伯斯[1]从不来梅写信来，试图诱使高斯参赛："亲爱的高斯，在我看来，你得为这事儿忙起来。"

但是"亲爱的高斯"抵挡住了诱惑。在两周后的回信中，他说明了自己对费马大定理的看法。"我非常感激您带来的有关巴黎大奖赛的消息。但是坦白地讲，费马定理作为一个孤立命题提不起我的兴趣，因为像这样既无从证明又无法否定的命题，我轻轻松松就能设计出一大堆。"

高斯接着说道，这个问题让他回忆起了自己之前的一些想法，是对高等算术的一项极大推广。这个推广毫无疑问指的是代数数论（后面的章节中会讲述），库默尔、戴德金和克罗内克将在之后独立发展这个理论。然而高斯宣称，他在头脑中构思的理论是人们根本无法预见到进展的，它要抵达的遥远目标也只是在黑暗中依稀可见。要想在如此困难的研究中获得成功，这个人一定得处于幸运星上升时期，而高斯当时的处境是，因为有大量分散精力的工作缠身，他无法让自己投入到专注的思考中，正如他在这段文字中所写的："在幸运的年代1796至1798年，我构思出了《算术研究》的要点。我仍然坚信，如果我拥有我胆敢奢望的那般幸运，如果我在那个理论中成功攻克了一些核心的步骤，那么费马的定理只将成为其中最无趣的推论之一。"

或许今天所有的数学家都在为高斯偏离了那条在黑暗中穿行的道路而感到惋惜，因"两三个被我们叫作行星的土块"——用他自己的

1.奥伯斯（1758-1840），德国天文学家。生于不来梅附近的阿尔贝根。1781 年毕业于格丁根大学医学系。（译者注）

话说——竟出乎意料地在夜空中闪耀出光辉，从而让他迷失了正路。将高斯在计算谷神星和智神星的轨道时所做的一切，交给那些不及高斯的数学家——就比如拉普拉斯，或许同样能够完成，即便根据牛顿所说，这个问题属于数学天文学中最困难的一类问题。但是高斯在这些事情上的辉煌成就使他立刻被公认为欧洲最好的数学家，也因此为他赢得了一个舒适的职位，使他能够在相对和平的环境下工作。所以，那些命途多舛的大土块说不好倒真是他的幸运之星呢！

　　高斯事业生涯的第二个伟大阶段始于19世纪的第一天，这天也是哲学史和天文学史上可喜可贺的日子。自从1781年威廉·赫歇尔[1]爵士发现了天王星，把当时已知的行星数目由此增加到哲学上完备的数字7以来，天文学家们一直孜孜不倦地在太空中搜寻太阳系家族中更多的成员，而根据波得定律[2]，它们应该存在于火星和木星的轨道之间。然而，搜寻一直毫无成果，直到19世纪的第一天，西西里首府巴勒莫的朱塞

---

1. 威廉·赫歇尔（Friedrich Wilhelm Herschel, 1738-1822），英国天文学家，古典作曲家，音乐家。恒星天文学的创始人，被誉为恒星天文学之父。英国皇家天文学会第一任会长。法兰西科学院院士。用自己设计的大型反射望远镜发现天王星及其两颗卫星、土星的两颗卫星、太阳的空间运动、太阳光中的红外辐射；编制成第一个双星和聚星表，出版星团和星云表；还研究了银河系结构。（译者注）

2. 波得定律（Bode law）是关于太阳系中行星轨道半径的一个简单的几何学规则。它是在1766年时，由德国的一位大学教授约翰·达尼拉·提丢斯所提出，后来被柏林天文台的台长约翰·波德（Johann Elert Bode）归纳成一个经验公式来表示。（译者注）

佩·皮亚齐¹观测到了一个天体，一开始他误以为这是颗正在向太阳接近的小彗星，但是他不久就认出这是一颗新的行星——后来它被命名为谷神星，是今天已知的众多小行星中第一颗被人们发现的行星。

在事实与臆测旷日持久的对峙中曾出现过一次最令人啼笑皆非的结果，就是谷神星的发现与一段抨击天文学家在妄自预测下搜寻第八颗行星的言论同时发表了出来，这段讽刺性言论还是由著名哲学家格奥尔格·威廉·弗里德里希·黑格尔²给出的。黑格尔断言，只消花一点儿工夫在哲学上，他们就会立刻明白行星的数量只可能是七颗，一个不多，一个也不会少。因此，他们的搜索只会是一种浪费时间的愚蠢行为。当然，黑格尔犯下的小小错误已经被他门下的弟子圆满地解释过了，不过他们至今没有对嘲笑这位朱庇特神禁令的那几百颗小行星高谈阔论。

在这里引述一下高斯对经常掺和科学上的事却对此并不了解的哲学家们的看法如何，应该会比较有意思。他的观点尤其适用于那些一开始没有用复杂的数学问题磨尖他们愚钝的鸟嘴，就开始对着数学的基础问题一通乱啄的哲学家。反过来讲，这个观点也说明，我们自己时代中的伯特兰·阿瑟·威廉·罗素³（1872–）、阿弗雷德·诺思·怀特海

1.朱塞佩·皮亚齐（Giuseppe Piazzi，1746–1826），出生于意大利，是一名神父，也是一位天文学家。他曾于1779年在罗马出任神学教授，一年后又在巴勒莫大学出任数学教授。1790年，于巴勒莫成立了一所官方天文台，并出任台长至1817年。职任后，又在那不勒斯成立另一所官方天文台。（译者注）
2.格奥尔格·威廉·弗里德里希·黑格尔（1770–1831），德国哲学家，19世纪唯心论哲学的代表人物之一。许多人认为，黑格尔的思想，标志着19世纪德国唯心主义哲学运动的顶峰，对后世哲学流派，如存在主义和马克思的历史唯物主义都产生了深远的影响。（译者注）
3.罗素于1970逝世。（译者注）

（1861–1947）以及戴维·希尔伯特（1862–1943）为什么会对数学哲学做出杰出的贡献：因为这些人是数学家。

1844年11月1日在写给他的朋友舒马赫的信中，高斯这样说道："你在与我们同时代的哲学家，谢林、黑格尔、内斯·冯·埃森贝克以及他们追随者的身上看到了同样的问题【对数学一无所知】；他们的那些定义难道不会让你毛骨悚然吗？阅读古代哲学史吧，看看当时的大人物——柏拉图，还有其他人（我将亚里士多德排除在外）——都给出了什么样的解释。但是即使是康德本人，情况往往也好不到哪儿去。在我看来，他在分析命题与综合命题上加以区分的这件事，要么到头来会发现没什么用，要么就是错的。"当高斯写下这封信时（1844年），他早已充分掌握了非欧几何，而非欧几何本身就是对康德有关"空间"和几何一些说法的充分驳斥，不过他可能也是过于轻蔑了。

绝不能仅从这一个关于纯数学技术性问题的例子，就得出高斯不懂得欣赏哲学的论断。他对于哲学是欣赏的。一切哲学上的进展对他来说都有着极大的吸引力，尽管他总是不怎么赞成得到这些结论所采用的方法。他曾经说过，"有些问题的解答在我看来比那些数学问题的答案要重要得多，比如令人动容的伦理学，或是我们与上帝的关系，再或者关乎我们的命运和未来的问题。但是，这些问题的答案完全超出了我们的能力范畴，也全然处于科学的领域之外。"

谷神星对于数学来讲是一个灾难。要理解高斯为什么要极其严肃地对待它，我们就必须要记得，在1801年，数学仍笼罩在牛顿庞大的身躯所形成的阴影之下——此时距他离世已超过70载。当时"伟大"的数学家们，如拉普拉斯，是这样一些为了建成牛顿天体力学的宏伟大厦而不辞辛劳之人。人们仍然将数学与数学物理学混为一谈——和当时没有区别——与数学天文学也搞不清楚。阿基米德在公元前3世纪看到的，数学作为一门独立学科的景象，已在牛顿的光辉照耀下消失在视线中，而直到年轻的高斯再一次捕捉到这番景象，数学才被承认是一门科学，其首要的职责才变成为它自身的发展服务。但是，正当他在那块了无人迹的荒野上大步迈进，有希望建造起现代数学的帝国时，那个微不足道的土块——小行星谷神星，在他24岁时将他无与伦比的智慧引诱了去。

谷神星也不是唯一该为此负责的原因。由于高斯具备天赋异禀的心算能力，从经验上得出的发现已经为数学提供了《算术研究》这样的成果，但这种能力在这出悲剧中也起到了致命的作用。他的朋友们，还有他的父亲，都在因为公爵已经供他完成了教育，他还没有找到一个能赚钱的职位，替年轻的高斯感到着急，对于高斯的工作性质他们也完全没有概念，只看见这样的工作让这个年轻人成为一个沉默的隐士，以为他魔怔了。就在新世纪的黎明破晓时，命运向高斯抛来了一个他一直缺少的机会。

人们发现这颗新行星时，它的位置让人很难对其进行观测。要从能够获取的少得可怜的数据计算出该行星的轨道，是一项令拉普拉斯本人也得经受试炼的任务。牛顿曾经宣称，这类问题属于数学天文学中最困难的问题。仅仅是将轨道计算到足以保证谷神星在环绕太阳旋转时能被望远镜捕捉到的精度，需要用到的算术就很可能算垮一台今天的电子计算机。但是对于高斯，当他手头拮据或是懒得去买一份对数表时，他非凡的记忆力能够让他省去对数表，所有这些无穷无尽的运算——逻辑运算，而非算术运算——只不过就是幼稚园的游戏。

为什么不纵容他那可爱的癖好，让他如饥似渴地计算之后得出这条困难的轨道，让操控着数学动向的独裁者们发自内心地感到惊喜，从而一年以后，谷神星出现在牛顿万有引力定律判定它必定会出现的位置时——如果这条定律确实是一条自然定律的话——让耐心等待的天文学家们再一次将它发现的事成为可能呢？为什么不做这一切，让他不要理会阿基米德那不切实际的幻象，也让他将自己写在日记里那些等待着进一步研究的卓绝发现忘却呢？简而言之，那就是，有什么理由不让他功成名就呢？虽然公爵的慷慨向来出于好心，却在这年轻人内心深处最隐秘的地方，伤害到了他的自尊心。荣誉、知名度、当时流行的"伟大"数学家的称号，还有或许会随着这些东西而来的经济上的独立——所有这一切现在都在他唾手可得的位置上。高斯，这位前无古人后无来者的数学之神，还是伸出了他的手，选择在自己的年轻时代摘下这颗"金玉其外，败絮其中"的死海果实[1]。

　　当高斯还是个孩子时，怀着抑制不住的喜悦在日记里描绘了绝美梦境中一些瞬息万变的片段，在将近20年的时间里，这些极致的美梦就被晾在那里，几乎被人忘却了。人们再一次观测到了谷神星，正是在年轻的高斯叹为惊人的巧妙和详细的计算所预测到的、它必定会出现的地方发现的。智神星、灶神星和婚神星，这些小谷神星不起眼的姊妹行星也很快就被无视黑格尔的、搜寻着猎物的望远镜捕捉到了，一起发现的还有它们的轨道，这些轨道与高斯具有启发性的计算结果相符合。现在，欧拉得花上三天时间完成的计算——有人说让他双目失明的就是这么一次长时间的计算——只是耗费几个小时的简单体力活了。高

---

1. 来源于一个古代流传于欧洲南部的传说，死海附近长有外表光鲜亮丽的诱人果实，但当人摘下时它便在手中化为灰烬。（译者注）

斯制定出了方法，也就是预定程序。在将近20年的时间里他自己的大部分时间都投入到了天文学计算上。

但即便是如此这般使人麻木的工作，也无法扼杀高斯这类人的创造才能。1809年，他发表了他的第二部杰作：《天体沿圆锥曲线绕日运动的理论》[1]，从观测数据确定行星和彗星轨道，包括摄动分析的难点，在这部著作中都给出了详尽的讨论，制定出了将要在未来许多年中支配计算天文学和实用天文学的法则。这是一项伟大的工作，但是遗留在日记中被人忽视的线索但凡被高斯发展下去，就能让他轻而易举地得到更加伟大的成果。《天体运动理论》并没有为数学增添任何本质上的新发现。

谷神星被再次观测到之后，高斯以惊人的速度获得了大众的认可。拉普拉斯立刻尊敬地称呼这位年轻的数学家和自己的水平相当，随即又改口自己甘拜下风。过了一些时日，当亚历山大·冯·洪堡男爵（1769–1859），这位著名的旅行家兼科学爱好者，问起拉普拉斯谁是德国最伟大的数学家时，拉普拉斯的回答是"普法夫"。"那么，高斯怎么样？"惊讶于这个答复的冯·洪堡问道，因为他当时正支持高斯担任格丁根天文台台长一职。"哦，"拉普拉斯说，"高斯是全世界最伟大的数学家。"

谷神星插曲之后紧接着的那10年，对于高斯来说，既充满了快乐也充满了伤痛。他一直不乏诋毁他的人，即便在他事业初期也是如此。与上流社会有些接触的知名人士奚落这个24岁的年轻人，说他的时间

---

1. 原文为拉丁语，*Theoria motus corporum coelestium in sectionibus conicis solem ambienutium*。（译者注）

都浪费在了诸如计算小行星轨道这样毫无用处的消遣之事上。谷神星或许是丰收女神[1]，但是聪明人都能清楚地明白，这颗新行星上长出的作物没有一株是能进入星期六下午的布伦瑞克市场用作交易的。这些人毫无疑问是对的，但是30年之后，当高斯为电磁学奠定了数学的理论基础并发明出电报时，他们又以同样的方式嘲笑了他。高斯任由他们说这种话自娱自乐。他从未公开做出答复，但是他在私下里表示过他的惋惜，这些正人君子和科学界的教士竟会由于气量狭小而让自己显得那么愚蠢。与此同时，他继续着他的工作，并对欧洲学术界劈头盖脸加赠到他身上的那些不请自来的荣誉心存感激。

布伦瑞克的公爵给了这个年轻人更多的津贴，让他能够在28岁时成婚（1805年10月9日）。那位女士是布伦瑞克人，名叫约翰妮·奥斯特霍夫（Johanne Osthof）。订婚之后的第三天，高斯就给他在大学时的老朋友沃尔夫冈·鲍耶写了一封信，表达了他难以置信的幸福感。"展现在我眼前的生活仿佛静止了，它就像一个永恒的春天，有着我从未见过的明亮色彩。"

这段婚姻中诞生了三个孩子：约瑟夫、米娜和路易，据说老大继承了他父亲的心算天赋。约翰妮在1809年10月11日生下路易以后去世了，留下她年轻的丈夫凄惨地生活。他永恒的春天就这样变成了寒冬。虽然他为了自己年幼的孩子们在第二年又结了婚（1810年8月4日），但是高斯有很长时间都不能释怀，一提到他的第一任妻子就心怀感伤。第二位妻子米娜·瓦尔德克（Minna Waldeck），是他前妻的好朋友，为他

1.谷神星（Ceres）取名自罗马神话中的克瑞斯，对应于希腊神话中的德墨忒尔（Demeter），是丰产、农林女神，希腊神话中十二主神之一。（译者注）

生了两个儿子和一个女儿。

据八卦，高斯和他的儿子们处得不太好，不过有可能那位遗传到他天赋的约瑟夫除外，他从来没有给他的父亲惹过任何麻烦。据说有两个儿子离家出走跑到美国去了。这两个孩子中的一个据说留下了许多后代，至今仍然居住在美国，这里我们就不可能再多展开了，只知道去美国的子孙之中有一位在美国发展密西西比河航运的当口成了圣路易斯一位富裕的商人。最早去美国的两个儿子起初都是密苏里州的农民。和他的女儿们在一起的时候，高斯总是很幸福的。关于他的儿子们还有一种截然相反的说法（这个说法是在40年前被一些老者所证实的，所以或许可以认为他们对高斯一家人的记忆比较可靠），肯定地表示高斯待他的儿子们非常宽容，但是有几个儿子特别顽皮，总是让他们心烦意乱的父亲有操不尽的心。人们倾向于认为，高斯对他自己父亲的记忆会让他更愿意去理解自己的儿子。

1808年，高斯失去了他的父亲。不过两年前他的资助人在悲惨境遇下离世，已让他经历过一次更为痛苦的诀别了。

斐迪南公爵不只是一位开明的教育资助人和仁慈的统治者，同时他也是个一流的军人，他在七年战争（1756–1763）中表现出来的果敢和军事才能，曾为他赢得过腓特烈大帝的热烈赞扬。

在斐迪南公爵奉命前往圣彼得堡，请求俄国对德国给予增援的谈判无果之后，七十岁的斐迪南又被任命为普鲁士军队的指挥官，为阻挡拿破仑率领的法军背水一战。奥斯特利茨战役（1805年12月2日）已成为历史，普鲁士军虽占据着压倒性的优势，却最终发现自己被遗忘在了战场上。在法国人向奥尔施泰特（Auerstedt）的萨勒河和耶拿（Jena）

（Salle）进军的途中，与他们迎面交战的斐迪南遭遇惨败，自己也身负重伤，逃回了家乡。

拿破仑大帝当时亲自上了战场，虽说这会儿是他体态最丰盈的时期。斐迪南战败的时候，拿破仑就驻扎在哈雷（Halle）。一个布伦瑞克的代表团焦急地去拜见这位战胜的法国皇帝，恳求他宽恕那个勇敢的、已成他手下败将的垂垂老者。大权在握的皇帝能不能打破一次军规网开一面，让这位已经身负重伤的敌人在他自己家里的炉火旁平静地死去呢？他们向他保证，公爵不会再对他造成威胁。他就要死了。

但他们来的不是时候，拿破仑正处在像女性一样一个月一次的情绪化阶段。他不仅拒绝了，而且用相当粗俗和没有必要的残暴言辞拒绝了他们。拿破仑的行为揭示了他自己作为一个大人物本身的真实肚量，他在拒绝之余还添油加醋地诽谤他可敬的对手，歇斯底里地嘲笑这位将死之人作为一个军人的能力。受尽羞辱的代表团无能为力，只得再想别的法子尽量不让他们仁慈的统治者落得惨死狱中的耻辱下场。所以，大约九年之后的滑铁卢战役中，经历了这些的德意志人像上了发条的魔鬼一样斗争，奋力要将这个法国皇帝拖进阴沟里的举动也就不足为奇了。

高斯当时住在布伦瑞克，他的住所就在主干道上。在一个深秋的早晨，他看到一辆医用的马车从家门口疾驰而过。这辆车里躺着逃往阿尔托纳（Altona）途中奄奄一息的公爵。高斯看着这个待他胜过生父的人匆匆赶往隐蔽的地方等死，就像一个待缉的罪犯一样，胸中涌动的复杂情感难以言表。他当时没有说一句话，之后也没有再谈及此事，只是他的朋友们注意到他把自己隐蔽得更深了，他一贯的严谨作风也变得更甚。就像年轻时的笛卡尔一样，高斯对死亡也怀着一种恐惧感，一位至交的离世带给他的这般无言又沉重的恐惧感让他一辈子都刻骨铭心。高斯的身份非常重要，导致他不能为此不顾性命或是在朋友临死前去看上一眼。1806年11月10日，公爵在阿尔托纳他父亲的住宅中去世。

他慷慨的资助者已与世长辞，为了养家糊口，高斯必须得找到一份可靠的工作。这倒也不是什么难事，因为这位年轻数学家的名声现在已经传遍欧洲的各个角落。圣彼得堡曾设法将他争取过来，作为欧拉职位顺理成章的接替者，毕竟这个位置自1783年欧拉去世以后还一直没有人能胜任。高斯在1807年明确地收到了这份优渥的职位邀请。亚历山大·冯·洪堡还有其他一些有权势的朋友，因不愿看到德意志失去这位世界上最伟大的数学家而行动起来，于是高斯被任命为格丁根天文台台长，同时有权——或是在必要时有义务——向大学生教授数学课程。

高斯无疑可以得到一个数学教授的职位，但是他宁愿在天文台任职，因为这个职务为他不受干扰地进行研究工作提供了更好的前景。虽然高斯厌恶教学的说法可能言过其实，不过给普通大学生讲课确实没给他带来任何乐趣，并且只有当一个真正的数学家过来找他，和他的学生们围坐在桌子旁的高斯才会放松下来，公开自己完美的备课内容中独到的方法。遗憾的是促使他这样做的机会太少了，在大多数情况下，占用高斯宝贵时间的学生们还不如去做些数学以外的事情。在1810年写给他的知交、天文学家和数学家弗里德里希·威廉·贝塞尔（Friedrich Wilhelm Bessel, 1784–1846）的信中，高斯写道，"今年冬天我要给三名学生教授两门课程，这三名学生当中一个知识储备只是一般，另一个还不及一般水平，第三个既没有学过什么又缺乏能力。这就是干数学这一行的负担。"

在当时——法国正忙于掠夺德国,这样法国人好给德国人建立一个健全的政府——格丁根能够付给高斯的薪酬不多,不过对付高斯和一家人简单的生活所需是够用了。这位数学王子也从未对奢华的生活动心,早在20岁以前他的一生就被坚定地奉献给了科学。正如他的朋友冯·瓦尔特肖森(von Waltershausen)笔下所描绘的,"他仿佛还处在他的年轻时代,所以终其年长之时直到他辞世的那天,高斯依然是那个真挚又简单的自己。一间小书房,一张铺着绿色台布的小工作台,一张漆成白色的立式书桌,一个狭窄的沙发和他70岁之后添置的一把扶手椅,一盏带灯罩的台灯,一间没有暖炉的卧室,简单的饮食,一件睡袍和一顶天鹅绒的帽子,这些就恰好是他全部的需要了。"

如果说高斯是简单和节俭,那么1807年入侵德意志的法国人就是简单粗暴和苛刻贪婪了。按照他们的看法,要统治德意志,奥尔施泰特和耶拿的胜利者就应该超出现有赔偿能力范围地对战败者处以罚金。这些敲诈勒索者提出,既然高斯是格丁根的教授和天文学家,就应该强迫他给拿破仑的战争金库贡献2000法郎。这笔高昂的数目远远超出了高斯的支付能力。

不久,高斯收到了他的天文学家朋友奥伯斯(Olbers)寄来的一封信,信中包含着一笔罚款金额的钱,还有朋友为一名学者承受如此小额敲诈的事所表达的愤慨之情。高斯一方面感激这位慷慨的朋友对他的同情,一方面拒绝了这笔钱,并将它立即退回了这位捐助人。

并不是所有的法国人都像拿破仑那样贪得无厌。在退回奥伯斯的善款不久,高斯又收到了拉普拉斯的一张善意的便签,上面写着这位著名的法国数学家已经为那位世界上最伟大的数学家付清了2000法郎的罚金, 他认为自己十分荣幸, 能够从朋友的肩膀上卸下这个不该由他担负的重担。由于拉普拉斯直接在巴黎支付了这笔罚金, 所以高斯没办法将钱退给他。即便如此, 他还是拒绝接受拉普拉斯的帮助。一笔意外之财 (来路不明) 很快让他能够按照当时市场的利率, 连本带息地偿还给了拉普拉斯。外面一定流传着高斯蔑视施舍的说法。不过下一回给予他帮助的尝试却得逞了。一位来自法兰克福的仰慕者匿名寄来了1000荷兰盾。鉴于无法追查到寄件人, 高斯便不得不接受了这份馈赠。

好友斐迪南的离世, 在法国洗劫下德国的悲惨境遇, 财务的困境, 以及失去他的第一任妻子, 这些无一不在损害着高斯健康的身体, 让他在30岁出头的年纪就身陷悲惨的生活中。即便有意去调理因长期过度工作而加剧的忧郁症, 效果也是微乎其微。他的伤心事从不向朋友倾诉, 对于他的朋友们, 他总是平和地与他们通着信, 却将他的心事吐露在一篇私人的数学手稿里——不过也仅此一处而已。在1807年被任命为格丁根天文台台长以后, 高斯在这三年间偶尔会回看他在日记中所记述的某件伟大的工作。在一篇关于椭圆函数的手稿里, 纯粹的科学表述之间跃然出现了一行精致的铅笔字: "死亡在我看来, 比这样的日子要可爱些。" 他的工作成了他的麻醉剂。

1811–1812年 (高斯在1811年是34岁) 情况有所好转。有了第二任妻子来照料他年幼的孩子们, 高斯开始拥有片刻的安宁。接下来, 几乎在他再婚刚刚好一周年的时候, 1811年那颗大彗星忽然燃烧了起来, 高斯首次观察到它是在8月22日黄昏。在验证高斯为征服小行星而发明的武器之时, 一个强有力的敌人出现了。

他的武器被证实行之有效。在彗星接近太阳的过程中, 它那燃烧着的弯刀被 "锻造" 得越发强韧。当迷信的欧洲各种族人民用充满敬畏的目光注视着这耀眼的景象时，他们从那炽热的刀刃上看到了从上帝而来的严厉警告——这位万王之王对拿破仑震怒了，他对这位残忍的暴君已忍无可忍。而高斯则心满意足地看到，这颗彗星是沿着他之前快速计算出来的轨道行进的，精确到了最后一位小数。到了第二年，迷信的人们也看到了他们自己的预言在莫斯科的大火中，以及在拿破仑的大军于俄罗斯冻土平原的覆灭中，得到了证实。

普遍流行的解释对应上了事实，并且相比于科学解释反而是它引导出了更为重要的结论，在这种冷门的事情中这件事算得上一例。拿破仑本人有着一种卑鄙的迷信的头脑——他依赖着"预感"，他用对那位仁慈而又不可测知的上苍孩童般天真的信心，文饰着他大规模屠杀的行径，并相信自己只不过是听从了命运的摆布而已。所以，一颗无辜的彗星拖着它艳丽的尾巴无不炫耀着划过天空，这样的空中异象，在拿破仑这样一个人的潜意识中留下了痕迹，又搅乱他的判断并非是不可能的。这种人对数学和数学家近乎迷信的崇拜，对双方来讲也都不是什么了不起的荣誉了，尽管人们常用一方对一方的肯定作为双方品质认证的一个最重要依据。

拿破仑对数学在军事上的用途有些肤浅的鉴赏力，当然即便让一个一无所知的白痴来看，它的实用性都很明显，然而除此以外，对于数学大师们——比如同时代的拉格朗日、拉普拉斯以及高斯——手中的数学到底是什么样子他一无所知。学生时代的拿破仑学习那些简单的初等数学时脑子很快，不过他转向其他事情的时机过早以至于他的期许便无从证实，在数学上他也就止步于此。像拿破仑这样颇具实力的人，居然为了在拉普拉斯面前摆出更高的姿态，就严重地低估超出他理解范围的问题的困难程度，这听上去多么不可思议，但事实上他确实滑稽可笑又大言不惭地对这位《天体力学》的作者保证,只要一找到一个月的空闲时间,他就用来读这部书。牛顿和高斯或许能够胜任这项任务,拿破仑则毫无疑问能够胜任在他那一个月里翻翻这本书,太累的时候就把它扔到一边。

令人欣慰的是,高斯那高傲的自尊没有让他将数学出卖给拿破仑大帝,他并没有迎合这位皇帝的虚荣心,利用他敬重一切和数学相关之事的臭名昭著的名声而恳求他,以免除自己2000法郎的罚金,正如他的一些三观不正的朋友怂恿他去做的那样。其实有个这样的机会让他发发善心,拿破仑可能倒会觉得受宠若惊。但是高斯忘不掉斐迪南的死,并且他觉得,无论是他自己还是他所爱慕的数学,最好还是不要受到拿破仑这样一号人物居高临下的关心。

这位数学家与这位军事天才之间的差异,最明显的地方莫过于他们各自对一位战败敌人的态度。我们已经看到拿破仑是如何对待斐迪南的了。而拿破仑垮台时,高斯并没有欣喜若狂。他以平和的心境以及一种超然的兴趣,阅读了每一本他能找到的有关拿破仑生平的著作,并尽可能地去理解像拿破仑那样的人思维是如何运作的。这番努力甚至给他带来了相当多的乐趣。高斯本身就具有敏锐的幽默感,从他勤勉的农民祖先那里继承而来的直率的现实主义态度,也让他容易对英雄事迹一笑置之。

如果高斯将他吐露给贝塞尔的一项发现公诸于世,那么1811这一年或许也会成为一个数学上的里程碑,与1801年——《算术研究》出版的年份——齐名。高斯在彻底理解了复数以及它们的几何表示,即将它们看作解析几何平面上的点之后,他继而向自己提出了研究这类数的、在今天被称为解析函数的问题。

复数 $x+iy$ 表示点 (x, y)，式中i表示 $\sqrt{-1}$ 。为简单起见，可以用单个字母z来表示 $x+iy$ 。当x, y以指定的任意一种连续方式分别取实值时，点z就会在整个平面内移动，显然不是随意移动，它的移动取决于x, y的取值。当给z指定一个值时，取任意一个包含z的单值表达式，诸如z^2或1/z等这样由一个单一变量确定的表达式，就叫作z的一个单值函数（uniform function）。我们用 $f(z)$ 表示一个这样的函数。这样，如果 $f(z)$ 是特定的函数z^2，就有 $f(z)=(x+iy)=x^2+2ixy+i^2y^2=x^2-y^2+2ixy$（因为 $i^2=-1$），显然，当给z，即 $x+iy$ ，赋任意一个值，比如 $x=2$ ， $y=3$ ，即 $z=2+3i$ 时，那么 $f(z)$ 的一个值就因此被确定了。在这个例子中，对于 $z=2+3i$ 的取值，我们得到 $z^2=-5+12i$ 。

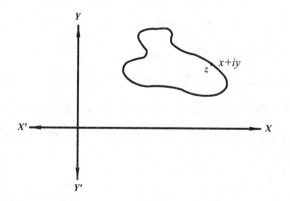

并不是所有的单值函数 $f(z)$ 都在单复变量函数的理论中进行研究，有一类单演函数（monogenic functions）被挑选出来进行详尽的讨论。在我们给出了"单演"的定义后，会说明这样做的原因。

让z移动到另一个位置，比如说z'，函数$f(z)$就取到了另一个值$f(z')$，由z'代替z后得到。现在用变量的新值和旧值之差去除函数的新值和旧值之差$f(z')-f(z)$，得到$\left[f(z')-f(z)\right]/(z'-z)$，并且恰恰就像在计算一个图形的斜率以找出图形所示函数的导数时做过的那样，这里我们让z'无限接近z，从而$f(z')$同时无限接近$f(z)$。但是此时出现了一个值得留意的新现象。

这里不存在某条特殊的路径让z'沿之移动后与z重合，因为z'在与z重合之前，可以以任意无穷多个不同的路径在整个复数平面上移动。我们无法指望当z'与z重合时，所有这些路径下$\left[f(z')-f(z)\right]/(z'-z)$的极限值都相等，一般来说是不等的。但如果$f(z)$满足，对于一切z'移动到与z重合时所经过的路径，其上述表达式的极限值都相等，那么就称$f(z)$在z值处是单演的（或在z所表示的点上单演）[1]。一致性（前文刚提到）和单演性是单复变量解析函数所具有的特殊性质。

流体运动理论的广阔领域（以及电学中的数学，和角度不发生扭曲的映射[2]的数学表达）自然而然地交予单变量解析函数来处理，从这一事实我们便能够体会到一些解析函数的重要意义。假定这样一个函数$f(z)$，被分成了"实部"（即不含"虚单位"i的部分）和"虚部"，不妨写作$f(z)=U+iV$。对于特殊的解析函数z^2，我们有$U=x^2-y^2$，$V=2xy$。想象一个在平面上流动的流体薄膜，如果

---

1. 对单演性的理解可参考多元函数的可导性。（译者注）
2. 即保角映射，是复变函数最重要的概念之一，它可以将比较复杂的区域上的问题转化到相对简单的区域上进行研究。这个方法成功地解决了流体力学、空气动力学、弹性力学和电学等学科中的许多实际问题。（译者注）

流体的运动是没有涡流的，那么我们便可以对于某个解析方程 $f(z)$，画出 $U = a$（其中a是任意实数）时的曲线得到运动的流线。同样地，令 $V = b$（其中b是任意实数）得到一条等位线。让a, b的数值改变一下，于是我们就得到了研究区域中流体运动的完整图像，区域的大小不限。对于一个给定的情形，比如一个障碍物附近的扰流，问题最困难的部分在于要选择什么样的解析函数，于是整个问题的解决顺序很大程度上颠倒了过来：从已经研究过的那些简单的解析函数，和已经找到的它们所适合的物理情境入手。说来也怪，这些人为预设出来的问题，有许多被证明在空气动力学和其他流体运动理论的实际应用中都最为有用。

单复变量解析函数的理论，是19世纪数学最具成就的领域之一。高斯在写给贝塞尔的信中，说明了在这一庞大理论中最基础的理论是什么，但是他没有将其公开，而是等到柯西和后来的魏尔斯特拉斯去重新发现。鉴于这是数学分析史上的一个里程碑，我们将简要地描述它，略去一切需要用严格的公式来说明的细节内容。

想象复变量z沿着一个单连通且无扭结的有限长度闭曲线上移动。我们可以直观地理解，这条曲线上某一段"长度"的定义。在曲线上标记n个点P_1, P_2, $\cdots$, P_n，使得 P_1P_2，P_2P_3，P_3P_4，$\cdots$，P_nP_{n+1} 的每一段都不超过某一预设的有限长度1。在每一个这样的曲线段上避开线段的两端取一个点。由对应于该点的z的值，得到 $f(z)$ 的值，再将这个值乘以该点所在线段的长度。对所有曲线段重复相同的步骤，将所得结果相加。最后，随着曲线段的数目无限增加，取这个和的极限值。这样就得到了 $f(z)$ 在该曲线上的"线积分"。

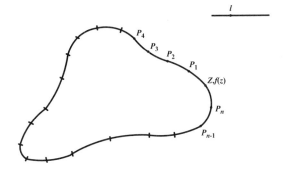

这个线积分的值何时为零呢? 要使线积分为零, 充分的条件是 $f(z)$ 在曲线上以及曲线内的每一点z都解析(即一致和单演)。

上述就是高斯于1811年写给贝塞尔的信中给出的伟大定理, 与此一同提到的还有一个类似的定理, 柯西后来又独立地发现了它, 从这条定理将推导出分析学中的许多重要结论。

天文学并没有全部占据高斯三十五岁左右惊人的能量。1812年, 当拿破仑的大军穿越俄国冻土平原进行孤注一掷的后卫战时, 这一年也见证了高斯另一项伟大成果的发表, 这项工作是关于超越几何级数

$$1 + \frac{ab}{c}x + \frac{a(a+1)b(b+1)x^2}{c(c+1)1 \times 2} + \dots$$

的研究成果, 其中省略号表示级数会按照所示规律无穷地继续下去, 下一项是

$$\frac{a(a+1)(a+2)b(b+1)(b+2)x^3}{c(c+1)(c+2)1 \times 2 \times 3}。$$

这篇研究报告又是一个里程碑。正如前文已经提到的, 高斯是现代严格主义的开拓者。在这项工作中, 他确定了要让这个级数收敛(收敛的意思在本章前文中有所解释), 而必须给数a, b, c, x添加上限制

条件。这个级数本身，并不只是为了训练学生分析操作的技能而当作练习，之后就该被忘掉的教科书上的习题。它的特殊情形——当a, b, c, x被赋予一组或多组特殊值时所得到的级数——可以包括分析中许多最重要的级数，例如，在牛顿天体力学和数学物理学中反复出现的对数函数、三角函数和其他的一些函数，都是按这些级数计算和制表的。广义的二项式定理同样也是一个特殊情形。通过研究这个级数的一般形式，高斯一次性解决了大量的问题。从这项工作也衍生出微分方程在十九世纪物理学中的诸多应用。

选择这样一个课题来认真研究，实在是高斯的风格。他从不发表那些鸡毛蒜皮的东西。当他将工作成果发表出来时，这个课题本身不仅是完备的，而且还充斥着许多思路，让后来人完全能够将高斯发明的理论应用到新的问题中。尽管由于篇幅所限，我们无法论及高斯这一重要风格对纯数学领域所做的许许多多的贡献，但即便是在最简要的说明中，也不应跳过接下来这个例子不讲：即有关四次互反律（biquadratic reciprocity）的研究工作。这项工作的重要性在于，它为高等算术提供了一个全新的、完全无法预料的方向。

解决了二次（即二阶）互反的问题之后，高斯接下来自然而然地考虑任意阶数二项同余式的一般化问题。设m为一个给定的、不被质数p整除的整数，n为一个给定的正整数，如果能找到一个整数x，使得等式 $x^n \equiv m \pmod{p}$ 成立，那么则称m为p的一个n次剩余。当n=4时，m是p的一个四次剩余。

二次二项同余式（即n=2时）的情形，对n超过2时的情况没有任何帮助。高斯打算写进他《算术研究》被搁浅了的第八章 [也可能是打算写进那有计划完成却没能实现的《算术研究》第二部中, 正如他对索菲·热尔曼(Sophie Germain)所说]问题中的其中一个是, 讨论这些高阶同余式, 以及对相应的互反律进行的研究, 即一对同余式 $x^n \equiv p \pmod q)$, $x^n \equiv q \pmod p)$（其中p, q均为有理数）之间的相互关系(即其可解性与非可解性之间的联系)。其中特别对n=3和n=4的情形要进行一番讨论。

以伟大先驱者们的气魄与胆识, 1825年发生的事件开辟了一番新的天地。在经过多次错误的开端, 导致无法计算下去的复杂情形之后, 高斯发现了直捣其问题核心的一种 "随机应变" 的途径。有理整数 1, 2, 3, …, 并不是那些适用于四次互反律表述的整数, 因为它们是适于二次互反律的, 必须发明一类全新的整数类别。这些数字被称为高斯复数(Gaussian complex integer), 也就是那一切形如a+bi的复数, 其中a, b是有理整数, i表示的是 $\sqrt{-1}$ 。

为了说明四次互反律, 我们有必要对这些复整数的算术可除性规律给出详尽的初步讨论。高斯做了这样的讨论, 因而开辟了代数数论的先河——这些内容在他对费马大定理给出评价时, 或许就已了然于胸了。对于三次互反律(即n=3的情形), 他也用同样的方式找到了正确的解决方法。人们在他身后出版的文章中找到了他关于这部分内容所做的工作。

当我们跟随库默尔和戴德金了解他们毕生的事业之后, 这一伟大进展的重要性就更不言而喻了。就目前而言, 我们只需再提到那位高斯最喜爱的弟子艾森斯坦解决了三次互反问题就够了。他还进一步发现了四次互反律和椭圆函数理论的某些部分之间存在的一个惊人关联, 在这方面高斯也做过深入的研究, 但是没有透露他的发现。

当然，高斯复整数是一切复数的一个子集，有人可能会认为，所有这些数的代数理论会产生被包含的整数的算术理论，后者是前者琐碎的细节部分。实际情况绝不是这样。相比于算术理论，代数理论就是一加一那么简单。或许为什么是这样的一个原因就是有理数给出的（有理数就是能写作a/b的数，其中a, b是有理整数）。我们总是能够用一个有理数去除另一个有理数，从而得到另外一个有理数：如a/b除以c/d，得到有理数ad/bc。但是一个有理整数除以另一个有理整数，并不总会得到另一个有理整数：如7除以8得到7/8。因此，如果我们一定要将自己限定在整数这种数论最有兴趣的情形，那么我们在起跑前就绑住了自己的双手和双脚。无论是初等代数还是高等代数，这就是高等算术比代数都要困难的一个原因。

在将数学应用到大地测量学、牛顿引力理论和电磁学的几何与实际应用方面，高斯同样取得了相当程度的重要进展。一个人是怎样将如此大量的工作都做到极致的呢？高斯以他一贯谦虚的口吻表示，"如果其他人也像我一样不断地思考数学的真理，也像我这样深入，我想他们也会做出我所做出的发现。"或许如此。高斯的一番话让人不禁联想起牛顿的作答。当有人问起牛顿，他是如何在天文学中做出超越了所有前人的发现时，他的答复是，"总在思考这些问题就好了。"或许对牛顿来说，做到这一点是家常便饭，对普通人来说就不简单了。

高斯不知不觉间就沉浸到数学思考中的习性确实能解释一部分高斯表现出来的谜一样的举动，当然这个习性本身也需要探究。高斯年轻的时候会被数学"抓去了魂"。与朋友们的谈话间，他会突然不说话，被他无法操控的想法控制住，目光呆滞地站在那里，周围发生的一切都不知道了。过后他控制住了自己的思想——或者说摆脱了它们对自己的控制——并下意识地将他的全部力量都集中在解决一个困难问题上，直到他获得了成功。当他一旦抓住了一个问题，不到将它攻克之时他绝不会放过，尽管他的注意力优先解决的问题可能同时有好几个。

有关这一点他提到了一个例子（见《算术研究》第636页），在长达4年的时间里，他几乎没有哪一个礼拜不在花时间去解决一个问题，思考某一个位置的符号是正还是负。答案最终在一瞬间闪现。但是如果我们就这么以为，问题的答案都会像一颗新星一样自行发光，而忽视那些被"浪费"了的时光，那我们就完全是在舍本逐末了。通常在某项研究上花费了数天或数星期都毫无结果时，高斯会在一个不眠之夜后继续工作，此时他会发现那个障碍已经消失，全部解答都清晰地在他的脑海中发出光亮。让自己紧张起来和注意力长时间集中的能力是他的秘诀的一部分。

这种沉浸在自己的思考中恍入无人之境的能力，高斯与阿基米德、牛顿都很相似。在另外两个方面，观察细微事物的天赋，以及让他能够为自己的科学研究设计出必要工具的创造才能，高斯也与他们二人不相上下。大地测量学中回照器的发明就归功于高斯，这是一个巧妙的装置，通过这个装置信号可以在几乎一瞬间以反射光的方式被传播出去。回照器在当时算得上一大进步。高斯所使用的天文仪器经他之手后也得到了显著的改进。为了用于他对电磁学的重要研究，高斯还发明了双线磁强计。再说最后一个展现他在机械领域独创才能的例子，我们会想到高斯在1833年发明的电报，以及他和他的同事威廉·韦伯（Wilhelm Weber, 1804–1891）用它来传送消息的事。数学天赋与一流实验才能的组合，在整个科学界打着灯笼都难找。

高斯本人并不关心他的发明可能会有哪些实际用途。像阿基米德一样，相比地球上一切庞大的帝国，他独爱数学。其他人可以从他的劳动成果里采集那切实的果实。不过他在电磁学研究中的合作者韦伯却清楚地看到，这个格丁根微不足道的小小电报对人类文明来说意味着什么。我们记得，铁路在19世纪30年代初期才刚被发明出来。韦伯在1835年预言道，"当地球被覆盖上一张铁路轨道和电报线网之时，这张网所能提供的服务将堪比人体内部神经系统的功用，它一方面作为运输之用，另一方面在以闪电的速度传播知觉和思想。"

　　我们之前已经提到过高斯对牛顿的敬仰之情。因为高斯了解，他付出了多么巨大的努力在他自己的一些力作中，因此他由衷地欣赏牛顿在写作其最伟大的作品时，他长期的准备工作和他永不停歇的思考。牛顿和那颗掉落苹果的故事激起了高斯的愤慨。"真是愚蠢！"他喊道，"谁愿意相信这个故事就相信好了，但是事情的真相一定是这样。先是一个爱管闲事的愚昧人过来问牛顿，他是如何发现万有引力定律的。牛顿看出来他是在和一个只有儿童智力水平的人打交道，便想打发这个无聊的人走，就回答说一个苹果掉下来正好打到他的鼻子。那个人就心满意足地走开，以为自己完全明白了。"

　　在我们自己所处的时代中，也发生过与苹果掉落类似的故事。当爱因斯坦被人追问是什么让他得出他的引力场理论时，爱因斯坦回答，他问过一位建筑工，这个人曾从房顶坠落，却毫发无损地掉落在一个干草垛上，他问工人掉落过程中他是否留意到有个重力的"拉力"作用在他身上。当听说不曾有个力拉着他时，爱因斯坦便立刻明白，在时空的一个充分小的范围内，"重力"能够被观察者（即下落的工人）的参照系的某个加速度代替。即便这个故事是真事，也很可能全是胡说八道。让爱因斯坦产生他的想法的,是他花费了几年的时间,为掌握两位意大利数学家里奇(Ricci)和莱维奇维塔(Levi-Civita)的张量计算所付出的辛苦努力。这两位数学家师从黎曼和克里斯托费尔(Christoffel),他们也都从高斯几何学成果中得到过启发。

高斯在谈到阿基米德——这位他也充满无限敬仰的人物时表示,他不能理解阿基米德为什么没有进而发明出十进制的计数法,或发明出等价的计数法(即其他进制计数法)。阿基米德在设计一种远远超出希腊符号体系能力的数字书写和运用方法时,所做的完全非希腊式的工作——按照高斯的说法——已经将十进制连同其最重要的位值原理(即 $325 = 3 \times 10^2 + 2 \times 10 + 5$)掌握在自己的手里了。高斯将这一疏忽视为科学史上最大的灾难。想到若是没有十进制的基础,他自己的大量算术工作和天文学计算,即便是对他来说也会是不可能完成的任务,他便高呼,“要是阿基米德早先完成了这项发明,现在的科学会被抬升至多高的高度啊!”高斯充分重视改进的计算方法对一切科学来说的重要意义,于是他在自己的计算上辛苦改进,直到将几页的数字精炼成几乎一眼就能盛下的短短几行算式为止。他的大部分计算是他自己用心算完成的,而对计算方法的改进是为了给没有如此天赋的人所预备的。

尽管在一切有关统计学、保险学和“政治算术”的科学问题上,高斯浓厚的兴趣和十足的智慧会让他成为一名优秀的财政大臣,但是他不同于晚年时期的牛顿,担任公职的种种好处从来没有让他动过心。直到生最后一场病,他都一直满足于他的科学工作和他质朴的消遣上。他的兴趣是对欧洲文学和古代经典著作进行广泛的阅读、关心并批判世界政治,以及对外语和最新科学动向的掌握(包括植物学和采矿学)。

　　他尤其喜爱英国文学，虽然英国文学中，比如莎士比亚悲剧里所呈现的偏阴暗面会让这位对一切苦难都具有敏感神经的伟大数学家悲不自胜。于是，他会试图选择相对欢快些的佳作阅读。沃尔特·司各特爵士（Sir Walter Scott，与高斯属同代人）的小说一出版，他便急切地去看，但是《凯尼尔沃思》的不幸结局让高斯难过了好几天，让他很后悔读了这部小说。"月亮从西北方冉冉升起"，看到司各特爵士闹的一个笑话时，这位数学天文学家又被逗得哈哈大笑，他为此奔走了好几天，把他能找到的所有小说都更正了过来。英文历史题材著作，特别是吉本（Gibbon）的《罗马帝国衰亡史》和麦考莱（Macaulay）的《英国史》，带给了他别样的享受。

　　对于那位与他同时代的英年早逝的年轻诗人拜伦勋爵的作品，高斯几乎有些厌恶。拜伦装腔作势的虚伪姿态，他反复出现的厌世情结，他矫揉造作的愤世嫉俗，还有他那浪漫主义的姣好面容，将多愁善感的德国人完完全全地俘获住了，相较之下，冷漠的英国人——至少较年长的英国男士——则认为拜伦和一头蠢驴有那么几分相似。高斯看透了拜伦的虚伪造作，就也不喜欢他。像拜伦那样勤勉于贪饮佳酿和风流成性的人，没有一个人会对这个世界表现出如此厌倦，就像这位顾盼生辉、挥动双手的青年下流诗人所自称的那样。

　　在本国的文学中，高斯的品味多少有些不同于德国知识分子的喜好。他最欣赏的一位德国诗人是耶安·保罗（Jean Paul）。对歌德（Goethe）和席勒（Schiller）——这两位在世时间与高斯只有部分重叠的诗人——他并没有非常高的评价。他说，歌德有些差强人意。由于歌德同席勒的哲学宗旨完全相悖，所以高斯不喜欢他的诗。他把《顺从》

（*Resignation*）称为一部亵渎神明的堕落之诗，在他那本书的边缘空白处写着"靡菲斯特（Mephistopheles）！"。[1]

高斯年幼时的语言天赋终其一生都伴其左右。对他来说，语言不仅仅是他的一个兴趣爱好。在他年事日高的时候，为了检验自己头脑的灵活程度，他会有意地去学习一种新的语言。他相信这种练习有助于保持他头脑的年轻活力。在62岁的高龄，他开始在没有任何人的帮助下对俄语进行高密度的学习。不到两年的时间，他就能流畅地阅读用俄文写的散文和诗体著作，还能通篇用俄语与他在圣彼得堡的科学界朋友们通信。据来过格丁根拜访他的俄国人反映，他的俄语说得也非常好。读俄国文学给他带来了很多快乐，所以他像欣赏英国文学那样喜爱着俄国文学。他也尝试过梵文，不过不喜欢。

国际政治，是他的第三爱好，每天都要占据他一小时左右的时间。通过定期走访文献博物馆，阅读从伦敦《泰晤士报》到格丁根地方小报等博物馆订阅的所有报纸，他随时了解着所发生的时事。

在政治方面，作为精神贵族的高斯是个彻彻底底的保守派，但他的保守主义并无反动的意味。他所处的时代是动荡的，无论国内还是国外都是如此。暴民统治和政治暴力的种种行径让他产生了一种"难以名状的恐惧"——借用他的朋友冯·沃尔特豪森（Von Waltershausen）的原话来说是这样。1848年的巴黎起义让他极为恐慌。

高斯本身作为贫苦人家的孩子，从孩童时期就很熟悉"劳苦大众"的智力水平和道德水准，高斯记得他的亲眼所见，并且他对于"人民群众"的智力、道德和政治敏锐性的评价低到极点——总体来看，与

1.欧洲中世纪关于浮士德的传说中的魔鬼。（译者注）

蛊惑民心的政客所发现和认为的别无二致。"Mundus vult decipi[1]"，他相信这句至理名言。

毫无疑问，当人们聚集起来成为暴民，或者人们在内阁、议会、国会和参议院中进行商议时，高斯对卢梭（Rousseau）所谓"自然人"所固有的道德、正直品性和智力水平产生的种种怀疑，有一部分原因出自对于早先法国大革命时期"自然人"对法国科学界所做的事，高斯本人是从一个科学家的角度去认知的。或许正如革命者们宣称的，"人民不需要科学"的观点是事实，但是对于一位具有高斯这般性情的人来说，这种声明就是个挑战。接受了这个挑战之后，对于所有为了自己的利益就引导人民陷入暴乱的"人民领袖们"，高斯也表达了他尖刻的蔑视。随着他年龄的增长，他越发觉得无论在哪个国度，和平和知足常乐就是唯一美好的事。他说，如果内战在德国爆发，他宁愿立即死掉。拿破仑式大范围的境外征战，在他看来就是不可理喻的愚蠢行为。

这些保守的观点并不是一位反动分子的恋乡情结，如号召全世界反抗天体力学定律，在被废弃了的、一成不变的昔日天堂中故步自封的反动分子的所思所想。高斯相信改革——但它们得是明智的。如果不是用大脑去判断什么时候改革是明智的，什么时候不是，那人体中又有哪个器官能胜任呢？高斯有足够的头脑去看清，在他自己所处的改革一代中，一些伟大政治家的野心正把欧洲引向何处。壮观的场面并不能激起他的信心。

比他更为激进的朋友们将高斯的保守主义归咎于他局限于自己的工作所受到的闭锁。这或许有些关系。在他一生的最后27年里，高斯

1.拉丁文俗语，意为"这个世界想要被欺骗，那就让它被骗吧"。（译者注）

只有一天是在距离他工作所在的天文台很远的地方过夜的，当时他去柏林参加了一个科学会议，好让想将他炫耀一番的亚历山大·冯·洪堡如愿以偿。不过话说回来，人也并不是总得飞遍世界各地去看有什么事在发生。有的时候，阅读报纸（即便阅读的是不真实的内容）和政府报告（尤其是其中不真实的内容）比分析再多的旅行所见和酒店大堂里的小道消息都更需要人的头脑与能力。高斯身处家中，阅读，质疑着绝大部分自己读到的内容，思考，最终便得出真相。

高斯神力的另一个来源便是他在科学上的泰然，以及他对于实现个人抱负的超脱。让数学得以发展就是他全部的抱负。当对手们质疑高斯口中比他们早先一步得出结论的断言时——说这句话并非是为了自吹自擂，只是就手头的问题陈述了一个恰当的事实——高斯并没有拿出他的日记去证明他的优先权，而是让他的观点坚持自己的正确性。

勒让德是这些怀疑者中最直言不讳的一位。某一次的经历使他和高斯终身树敌。高斯在他的《天体运动理论》中曾经提到他早先对于最小二乘法的发现。勒让德在高斯之前，于1806年发表了这个方法。他怀着极大的愤怒写信给高斯，实际上是指责他不诚实，并抱怨高斯明明有如此丰富的发现，本应当绅士一些让出最小二乘法——让出这个勒让德自己视为珍宝的东西。拉普拉斯介入了这场争执。他是否相信高斯所担保的，他确实比勒让德提早发现了至少有10年的时间，拉普拉斯并没有表态，但是他保持着他一向温和的态度。高斯显然不屑于在这件事情上再争论下去。不过在给一个朋友的信中，他指出了在当时能够终止这场争论的证据，并说明高斯当时并没有"高傲得不予辩驳"。

"我在1802年就把这个问题原原本本地告诉奥伯斯了。"他写道，如果勒让德对此有所怀疑，他或许可以去问问奥伯斯，他那里有手稿。

对数学后续的发展来说，这次的争吵是极其不幸的，因为勒让德把他没有根据的怀疑告诉了雅可比，这样就耽误了这位发展了椭圆函数理论的才华横溢的年轻人与高斯建立起友好的关系。在这场误会中尤其令人遗憾的是，勒让德是一个品德高尚的人，他本人是极为公正的。他的命运就是在他漫长而艰苦的一生，大部分时间所致力的领域里，被比他更富于创造力的数学家们赶超，被他的后辈——高斯、阿贝尔和雅可比——证明他的辛劳也是多余的。高斯的每一步都大跨越地走在勒让德的前方。然而，当勒让德指责高斯所行不公之时，给高斯的感觉是他自己陷入了危机。在写给舒马赫（Schumacher）的信中（1806年7月30日），他抱怨道，"看来我是命中注定与勒让德在我几乎所有的理论工作上撞车。在高等算术上，在关于椭圆求长【求解一段曲线弧长的过程】的超越函数的研究中，在几何学的基础问题上，都是如此，而现在在这里【最小二乘法】又出现了同样的问题……勒让德的工作中也用到了最小二乘法，而且确实完成得很漂亮。"

随着高斯的遗作及其大量往来书信在近些年的详尽出版，所有这些陈芝麻烂谷子的争端、误会都在对高斯有利的证明下一次性地冰释瓦解。只剩下一个他曾受人批评的罪名还未消除，就是对于其他人，尤其是年轻一辈得到的伟大工作成果，他并没有表现出由衷的热情。当柯西开始刊载他在单复变量函数理论中得到的杰出发现时，高斯对此视若无睹。对这位来自法国的年轻人，我们数学王子的口中从未说出过一句褒奖或鼓励的话。不过也是，他为什么要说这样的话呢？（正如我们已经看到的）高斯本人早在柯西开始这项工作的许多年前，就已经达到了这个问题的核心。有关这一理论的论文本应成为高斯的著作之一。同样，当他在1852年，也就是他去世前三年，看到哈密顿发表的有关四元数的成果时（后续的章节会对此做出介绍），高斯也没有说什么。为什么一定要说些什么呢？这个问题的关键也在30多年前就躺在他的笔记本中了。他保持沉默，没有争取自己的优先权。就像他在单复变量函数理论、椭圆函数理论和非欧几何中的期许一样，只要完成这些工作，高斯就心满意足了。

四元数（quaternions）[1]的要旨在于让数字在三维空间中旋转的代数过程，就像让复数在平面内旋转的代数过程一样。但是在四元数中（高斯将它们称为变异【mutations】），有一个代数的基本规则被打破了：$a \times b = b \times a$ 不再成立，并且要是对数字保留了这个规则，便无法完成在三维空间中代数旋转的过程。哈密顿——这位19世纪伟大的数学天才，以爱尔兰人热情洋溢的文字记录下他是如何历时15年的努力，直到一个令人欣喜的灵感给了他一个想法，他才发明出一种满足所求且具有一致性的代数，这个想法就是，在他寻找的这种代数中，$a \times b$ 不等于 $b \times a$。高斯没有说过花费了多长时间达到这个目的，只是在寥寥几页中清晰地记录下了他这次的成功，清晰到没有将任何数学过程留于想象。

如果说高斯在他的出版物的致谢中表现得多少有点儿冷漠，他在与别人的往来书信中，在与那些以无私的探究精神来访的人之间进行科学上的交流时，他都怀着充足的热忱。其中一段科学友谊带给我们的不仅是出于数学上的考量，它更多地反映出高斯对待女性科研工作者包容、开明的态度。他在这方面的豁达思想与同代人中的任何一位

---

1. 四元数由三个虚数单位构成，形如 a+bi+cj+dk，其中 a、b、c、d 为实数，且有 $i^2=j^2=k^2=-1$。（译者注）

相比都更为了不起,对一个德意志人来说更是几乎没有先例。

故事中提到的这位女性是索菲·热尔曼小姐(Sophie Germain,1776–1831)——她刚好比高斯大一岁。她和高斯从未谋面。格丁根大学根据高斯的推荐,授予她荣誉博士学位,但她在此之前就(于巴黎)离世了。无巧不成书,我们将看到19世纪一位最知名的女性数学家,同样名叫索菲,在柏林大学因她的性别而拒绝授予她学位的许多年以后,也是在这所开明的大学获得了她的学位。索菲,这似乎在数学界女性学者中代表着幸运的名字——假设她们会遇到思想开放的老师的话。在我们自己的时代中,走在业界前沿的女数学家埃米·诺特(Emmy Noether, 1882–1935),同样是来自格丁根[1]。

索菲·热尔曼在科学领域的兴趣包括声学、弹性的数学理论以及高等算术,在所有这些方面她都取得了引人注目的成就。特别是对费马大定理的研究做出的一项贡献让美国数学家伦纳德·尤金·迪克森(Leonard Eugene Dickson, 1874–)[2]于1908年在这一领域取得了相当大的进展。

索菲对《算术研究》十分着迷,她将自己在算术方面得到的结论写信告诉了高斯。她担心高斯会对女性数学家怀有偏见,便附上了一个男子的假名。在高斯用流利的法语写出的回信中,他对这位颇具天赋的寄件人给出了很高的评价,称呼她为"勒布朗先生"。

当法军入侵汉诺威时,索菲因为帮助高斯做了一件好事而被迫泄

1.说"来自"比较准确。当精明的纳粹因为诺特小姐的犹太人身份,将她从德国驱逐出境时,宾夕法尼亚大学的布赖恩·莫尔学院接纳了她。她是世界上最富创造力的抽象代数学家。新日耳曼启蒙运动开始不到一个星期,格丁根便失去了高斯视为珍宝的、奋斗一生去维护的开明与公正。(作者注)
2.迪克森于1954年逝世。(译者注)

露出她的真实姓名，从此勒布朗卸下了她的——也可能是他的——伪装。在1807年4月30日的信件中，高斯对这位素未谋面的朋友代表他与法国将军佩尔内蒂（Pernety）进行交涉表示感谢，并谴责了这场战争。接下来的部分，他对她报以高度的赞扬，又说了一些话抒发他本人对数论的热爱。后者的内容尤其让人感兴趣，所以我们不妨从这封信中摘录一段，它的字里行间体现着高斯富于人情味的一面。

"不过我该怎么向你描述，当我得知我所尊敬的一直与我通信的勒布朗先生，褪去外壳竟化身为这位赫赫有名的人物（索菲·热尔曼）时，我有多么钦佩和震惊！这又为我的人生增添了一件不可思议的奇遇。对于抽象科学，特别是对数的奥秘感兴趣的人极为罕见：人们却不会为此感到惊讶。这门卓越的科学只会向那些有勇气对它进行深入探究的人展现它迷人的魅力。按照我们的习惯和偏见，女性要让自己投入到这些棘手的研究工作中，必定会遇到比男性多得多的困难，但是当一个女性成功地跨越了这些障碍，深入到其中最晦涩的部分时，那么毫无疑问，她必定具有最崇高的勇气、非凡的天赋和卓越的才华。确实，没有什么能够以如此让我欣喜又让我笃信的方式向我证明，这门给我的人生带来过如此多快乐的科学，它的魅力——借用你偏爱的用词来说的话——并非空想。"

之后，他接下去和她探讨了数学。这封信结尾处注明的日期是一个令人开心的小细节："写于布伦瑞克，1807年4月30日，今天是我的生日。"[1]

1.原文为法语，"Bronsvic ce 30 Avril 1807 jour de ma naissance."（译者注）

高斯在1807年7月21日写给他的朋友奥伯斯的一封信件表明，他的赞赏并不只是他对一位敬慕他的年轻女子所说的客套话。"……拉格朗日对于天文学和高等算术很感兴趣，于是我在不久之前也将这两个检验定理（有关素数2是模为何值时的三次剩余，或四次剩余）写信告诉他，他表示这'属于最美妙也最难证明的定理之列'。但是索菲·热尔曼将对这些定理的证明寄给了我，我还没有来得及把它们看完，但是我感觉是对的，至少她是从正确的角度去解决这个问题的，只不过稍微啰唆了一些……"高斯提及的定理可以表述为，奇素数p分别为何值时，同余式 $x^3 \equiv 2 \pmod{p}$，$x^4 \equiv 2 \pmod{p}$ 是可解的。

成就清单

要将高斯在数学领域——包括纯数学领域和应用数学领域——做出的突出贡献完完整整地叙述一遍，得写一本很厚的书（或许比写牛顿需要的篇幅还要长）。这里，我们只能从尚未提及的内容里筛选出一些更为重要的工作成果，并且我们倾向于选择为数学领域增添了新的技术方法或是将悬而未决的问题圆满解决的工作。为方便起见，我们以一个大致的时间表（由负责整理高斯著作的编辑人员编排）将高斯在1800年以后主要的兴趣领域概括如下：1800–1820年，天文学；1820–1830年，测地学、曲面理论，及保角映射；1830–1840年，数学物理学，尤其是电磁学、地磁学，以及基于牛顿定律的引力理论；1841–1855年，拓扑学，以及与单复变量函数理论相关的几何学。

在1821至1848年期间，高斯是汉诺威（当时格丁根受汉诺威政府的统治）和丹麦政府在大规模测地勘测方面的科学顾问。高斯全身心地投身到这项工作中。他的最小二乘法和他处理大量数据的方案设计能力都在此有机会得以充分发挥，但是在对地球局部表面进行精确调查时产生的问题都毫无疑问地表明，所有曲面都会涉及一些更为深刻和概括化的问题，而这些是更为重要的。这些研究或将相对论引入到数学中。其实这一课题并不新鲜：几位高斯的前辈，特别是欧拉、拉格朗日和蒙日，已经研究过某些类型曲面的几何问题，但是对于所有曲面的一般性问题仍然有待高斯去解决。从他的研究中，诞生了微分几何第一个伟大的发展阶段。

微分几何可以被大致地描述为，在曲线、曲面等几何图形上一点的邻域内对图形的性质所做的研究，在点的临域内进行研究，长度项高于二次的高次幂可以忽略不计。受到这项工作的启发，黎曼于1854年提出了他基于几何学基础的假设的经典论文，这篇论文又接下去开启了微分几何学第二个伟大的发展阶段，也就是它现如今在数学物理学，尤其是广义相对论中的应用。

高斯在他的曲面研究中所考虑的三个问题：曲率的测量、保角变换（或保角映射）和曲面的适应性，指出了在数学和科学上都具有重要意义的一般化理论。

高斯对曲面的研究自然而然地引出了"弯曲"时空的运动问题。一个弯曲时空的运动并没有如此神秘，它就是做了一个纯数学上的拓展，将二维坐标平面上我们所熟悉也能可视化的曲线，转换到一个由四维坐标描绘的"空间"中。他给出的其中一个定义将说明这一切的合理性。这个概念是针对如下问题给出的，设计出某种精确的方法，来描述曲面的"曲率"是如何在曲面的点到点之间发生变化的。这一表述必须同时与我们对"更为弯曲"和"较为平缓"的直观感受相对应。

曲面中由封闭单连通曲线C圈出的任意一部分曲面的总曲率被定义如下。曲面上给定一点的法线是过该点的一条直线，并且这条直线垂直于与曲面相接在给定点处的平面[1]。在C上的每一个点均可作一条曲面的法线。想象将这些法线全部作出。现在，从一个半径为单位长度的球体的球心处出发，作出其所有平行于C的法线的半径（球可以在相对于所求曲面的任意位置）。这些半径将在单位半径的球面上交出一条曲线，不妨称为C'。由C'围成的部分球面的面积就定义为给定曲面上由C围成的部分曲面的全曲率。画一个粗略的示意图，我们就能看出这一定义就是题目中所求的一般化概念。

高斯在他的曲面研究中开创的另一个基本思想是参数表示。

在平面内确定一个定点需要两个坐标。同理，在球面上，或是在像地球一样的椭球面上也是如此：在这样的情境下，两个坐标可以被看作经度和纬度。这个性质说明了二维流形的含义。更一般化地来说：如果对某一类物体（比如点、声音、色彩、直线等）中的每一个特殊成员做具体说明（加以区分）时，n个数字恰好是充分且必要的，那么就说这个集合是一个n维流形。在这样的特殊化表示中有一点是公认的，那就是只有这一集合中的成员的某些特定特征才会被赋予数值。因此，如果我们关注的只是声音的音高，我们就得到了一个一维流形，因为与声音对应的振动频率这一个数值就足以决定音高；如果我们还要考虑音量——于某个恰当的单位标度上测定——那么现在声音就是一个二维流形了，依此类推。现在如果我们把一个曲面看作是由点所构成的集合，我们就看出它是一个（点的）二维流形。采用几何学的表述之后我

---

1. 即曲面在给定点处的切平面。（译者注）

们会发现,将任意一种二维流形视作"曲面"都会产生很多便利,从而可以将几何学的推理过程很方便地应用于这一流形——借此希望能探寻出一些很有意思的结果。

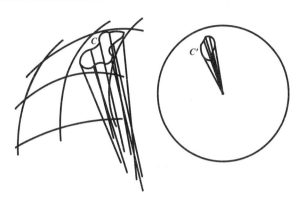

上述思路引出了曲面的参数表示。在笛卡尔几何中,一个由三个坐标所构成的方程表示一个曲面。设这三个(笛卡尔)坐标分别为x, y, z。现在我们不用单独一个联系x, y, z之间关系的方程表示这个曲面了,取而代之,我们要找的是三个方程:

$$x = f(u,v), \quad y = g(u,v), \quad z = h(u,v),$$

其中$f(u,v)$, $g(u,v)$, $h(u,v)$是新变量u, v的函数(表达式),当这两个变量被消去(当真是"越过门槛"的字面意思——扔出去不要了)时,由x, y, z构成的结果就是曲面方程。这种消去是有可能实现的,因为用两个方程可以求解出两个未知数u, v。之后可以将求得的结果代入到第三个方程中去。举例来说,如果有

$$x = u + v, \quad y = u - v, \quad z = uv,$$

那么从前面两个方程,我们可以求得$u = \frac{1}{2}(x+y)$, $v = \frac{1}{2}(x-y)$,再由第三个方程便可以得到$4z = x^2 - y^2$。现在,当变量u, v在任意给

定的数集中独立地取值时,函数f,g,h将分别得到一个数值,并且x,y,z也会根据上面三个列出的方程在曲面上移动。变量u,v就叫作这个曲面的参数,三个方程 $x = f(u,v)$,$y = g(u,v)$,$z = h(u,v)$ 就叫作它们的参数方程。将曲面表示法应用到曲面性质的研究过程中,当曲面的曲率和其他曲面性质在点与点之间变化得很快时,这种方法与笛卡尔的方式相比有很大的优势。

值得注意的是,参数表示是内蕴的。它的坐标与曲面本身相关,而不是像笛卡尔方法那样,坐标与一组非固有的,或者说外部的轴相关,而与曲面没有关联。我们还应该注意到,两个参数u,v直接说明了曲面的二维性质。地球上的经度与纬度正是这些本质上的、"自然"坐标的实例。如果正如笛卡尔式航海法所要求的,参照从地球中心所作的三个互相垂直的坐标轴航海,那么我们有关导航的所有工作都将会非常棘手。

这个方法的另一个优势是,人们可以将它轻而易举地推广到任意维数的空间。只要增加参数的数量就够了,过程还和原来一样。当我们讲到黎曼时便会明白,这些简单的想法如何自然而然地引导出了毕达哥拉斯和欧几里得度量几何学的推广。奠定这一推广理论基础的前辈就是高斯,但直到我们这个世纪,这些基础对于数学和物理科学的重要性才得到人们充分的重视。

通过大地测量学的研究,高斯还发展了另一个有效的几何学方法,即保角映射。在一张地图,比如说格陵兰的地图,能够被人们绘制出来以前,人们需要决定地图上要被真实保存下来的内容是什么。比如距离要失真吗,像墨卡托投影中的距离那样,要相比于北美洲夸大地图中格陵兰的重要性吗?还是要保留真实的大小,沿着地图参考线(比如经度和纬度）任何一个位置测量的每一英寸总是与在地球表面测量的同一段距离相对应呢？如果目的是这样，则需要一种映射方法，并且这种方式应该不会保持除这项所需之外的其他特征。举例来说，如果地球上两条相交的道路成某个特定的角度，那么地图上代表这两条道路的直线将相交于某一个不同的角度。而保持角度不变的映射方式称为保角映射。在这样的映射中，之前讨论过的单复变量解析函数理论是最有用的工具。

保角映射的全部内容经常被用于数学物理学及其相关的应用领域，例如静电学、流体力学和它的分支空气动力学。在最后这个学科中，保角映射在机翼理论中起到了重要的作用。

高斯以他一向追根究底的精神钻研了几何学的另一个领域，并且同样获得了成功，这个课题就是曲面的适应性，它要求在不将曲面拉伸或撕裂的情况下，考察什么样的曲面能够被弯曲成一种给定的曲面样式。在这个问题上，高斯发明的方法再一次具有普遍性，并且具有广泛的用途。

在其他的科学领域中，例如电磁学（包括地磁学）、毛细现象、牛顿引力定律下椭球体之间的引力作用（行星是特殊类型的椭球体），以及屈光学，特别是关于透镜组的屈光学等数学理论，高斯都做出了重要的贡献。其中最后一个课题为他提供了一个很好的机会，让他能够将一些年轻时为了满足自己在数论上的好奇心而发明出来的纯抽象方法（连分式）运用其中。

高斯不仅将这一切的问题都做到了极致的数学化，他还是一位极其精准的观察者，善于运用他的双手和双眼进行实验。他在研究中发现的许多特定的定理，尤其是在有关电磁学和引力理论研究中发现的规律, 成了所有认真从事物理科学工作的人们工作中必不可少的工具。多年来, 在他的朋友韦伯的协助下, 高斯一直在为所有的电磁学现象探寻一个满意的理论。但他最终没能找到一个令他满意的理论, 于是放弃了这项尝试。倘若他发现了克拉克·麦克斯韦(Clerk Maxwell, 1831–1879)电磁学领域的方程, 他或许就会感到满意了吧。

　　为高斯赢得这一无可争议的数学王子头衔的成就清单已经写了很长, 但是还远没有写完, 在列举的最后, 我们必须提到一个除了他在1799年的论文中顺便提了一下之外, 从未发表过任何成果的课题, 他预言, 这一领域将成为数学中最重要的问题之一——拓扑学。我们不可能在这里给出一个理论上的定义来解释它的含义(因为这需要有拓扑群的概念作为前提), 但是从一个简单的例子中, 我们便可以对这个课题所解决的问题类型有一些感知。在一根绳子上可以打出一个任意形式的结, 然后将绳子的两端系在一起。单用眼睛看, 我们就可以很容易地分辨出这个结是一个 "简单的" 结还是一个 "复杂的" 结, 但是我们如何给出一种准确的、数学化的表述, 来说明这两种结之间的差异呢? 虽然高斯对于这个问题没有发表过文章, 但是人们在他死后发表的论文中发现了一些内容, 表示高斯已经在这一问题上有了初步的成果。这个学科中的另一类问题, 是求得在一个给定的曲面上, 能让这个曲面展平到平面上的剖线的最小数目。对于一个锥面, 一条剖线就够了; 对于一个环面, 需要两条剖线; 对于一个球面, 如果不允许伸展的话, 有限数目的剖线是不够的。

　　这些例子或许会让人感觉整个学科都用处不大。但倘若如此, 高斯就不会像他所做的那样, 特别强调它的重要性了。在他的预言中,这门学科将作为理论基础的这一特征已经在我们自己的时代中成为现实。现如今，一个活跃着的学派（包括许多美国人——J·W·亚历山大、S·莱夫谢茨、O·凡勃伦等）发现，拓扑学（或者如人们有时所称的"位置几何学"）无论是在几何学还是在分析学中都有着深远的影响。高斯没能从他对谷神星的研究中抽出一两年的时间，整理他在这一庞大理论中的所思所想，使这个理论成为他晚年时期的梦想和我们自己年轻时期的现实，现在在我们看来非常遗憾。

高斯的晚年岁月功成名就，尽得荣誉，但是他并没有选择他有权享有的幸福生活。直到他去世前几个月，最后那场大病表现出初发症状以前，他的头脑仍然像过去那样敏捷，他的创造力也仍然像过去那样丰富，高斯并不急于休息。

从一次意外遭遇中侥幸逃脱使他比以往更加缄默，也让他再也无法开口谈及朋友的突然离世。1854年6月16日，20多年来他第一次离开格丁根，去看他的城市和卡塞勒之间正在修建的铁路。高斯一向对铁路的建造和运营抱有强烈的兴趣，现在他就要看见一条建造中的铁路了。马儿忽然狂奔起来，他从马车上摔了下来，虽未受伤，但也惊魂未定。他恢复了过来，当铁路在1854年7月31日修到格丁根时，他也很高兴地目睹了通车典礼。这便是他最后一天的舒适生活。

随着新年的到来，他开始因为心脏扩张和呼吸短促感到非常痛苦，并且表现出了浮肿症状。即便如此，只要身体状况允许，他就会工作，尽管他的手在痉挛，尽管他优美而清晰的笔迹最终难以辨认。他写的最后一封信是给戴维·布鲁斯特爵士（Brewster, Sir David）的，信的内容有关电报的发明。

几乎直到生命的最后，他的神志都是完全清醒的。在与病魔进行艰苦的抗争之后，他于1855年2月23日的凌晨安详离世，享年78岁。但他活在了数学的每一个角落。

第十五章　数学与风车

柯　西

　　19世纪数学本质上的变化。法国大革命时期的童年。柯西的幼年教育是有缺陷的。拉格朗日的预言。年轻的基督徒工程师。马吕齐的精准预言。群论。27岁跻身一流数学家之列。费马的一个未解之谜得到了证明。外表粗糙的河马有着虔诚的内心。查理就像头山羊闯入他的生活。天文学和数学物理学的文章。与人和善却不屈不挠。法国政府到底是让自己难堪。柯西在数学界的地位。一个无可厚非的性格缺陷。

　　在19世纪的前30年，数学突然之间摇身一变，与它在18世纪史诗般后牛顿时代的样子大相径庭。这一改变的方向通往更为严谨的证明过程，以及史无前例的普遍性和自由的发明创造。一些类似的情景今天再次清晰地出现在人们眼前，而若有人胆敢预测从今往后再过四分之三个世纪数学会是什么样子，那他就未免有些草率了。

　　在19世纪一开始的时候，只有高斯对于即将到来的事情有一些感知，但是他的牛顿式的严谨和保守没能让他把预见到的情况告诉给拉格朗日、拉普拉斯和勒让德。虽然这些伟大的法国数学家一直活到了19世纪的前三分之一，但是在现在看来，他们的许多工作似乎都只是预备性的。拉格朗日在方程理论中的研究成果为阿贝尔和伽罗瓦铺平了道路；拉普拉斯则以他在牛顿天文学——包括牛顿的引力理论——中微分方程方面的工作，为数学物理学在19世纪的长足发展提供了线索；而勒让德在积分学方面的研究向阿贝尔和雅可比指明了有史以来分析学中最为盛产的研究领域之一。拉格朗日的分析力学依然是现代的研究课题，即便它也要接受经过哈密顿、雅可比，以及

柯　西

后期庞加莱之手增添的许多内容。拉格朗日在变分法方面的工作也依然在今天保持着它的经典性和实用性，但是同样，魏尔斯特拉斯的工作为它提供了一个在19世纪后半叶严谨和独创精神下发展的新方向，之后经过魏尔斯特拉斯发展的理论又一次在我们自己的时代得到了扩展和革新（美国和意大利的数学家在这次发展中起了主要作用）。

奥古斯坦–路易·柯西（Augustin-Louis Cauchy）是伟大的法国数学家中第一位绝对具有现代思想的人，他于1789年8月21日生于巴黎——此时还未到巴士底狱陷落6个星期。作为一个在大革命时代背景下长大的孩子，他从小到大一直是一副营养不良的弱小体格，为自由和平等付出了代价。单凭他父亲的外交关系和良好的判断力，柯西才从饥一顿饱一顿的状态中存活下来。熬过了艰难的恐怖时期，他从综合工科学校毕业，开始为拿破仑工作。在拿破仑的统治垮台以后，柯西承受了革命和反革命两方面的损失，他的工作也在一定程度上受到了所处

时代社会动荡的影响。如果革命或类似的整治行动确实影响了某位科学家的工作，那么柯西当数能够证明这一事实的典型研究样品。他在数学的创造性上具有非凡的生产力，能够超越他著作数量的人只有两位——欧拉和凯莱。而正如他所生存的时代一样，他的工作也是革命性的。

现代数学的两大研究方向都归功于柯西，其中每个问题都标志着现代数学与18世纪数学的彻底决裂。第一个改变是将严格性引进数学分析的过程中，不太好找到一个恰如其分的比喻来类比这一进展的重要性，不过下面的比喻或许能够说明问题。这就好比多少个世纪以来，整个民族的人民一直在参拜假神，而突然有一天，有人向他们揭示了他们的错误。在引入严格性之前，数学分析就是一座坐落着众多假神的万神殿。柯西与高斯和阿贝尔一起，同为这个方面伟大的先驱者。高斯本可以早在柯西踏入这一领域之前就遥遥领先，但他并未将其实现，是柯西尽快发表论文的习惯和他在有效性教学方面的天赋，才得以让数学分析中的严格性真正为人们所接受。

柯西带入数学中的第二个具有根本重要意义的内容在分析的对立面——组合数学[1]的领域。柯西抓住了方程理论中拉格朗日方法的核心后，将它抽象化，并开始了群论的系统创建。这项工作的本质意义留待后面详述，这里我们关注的只是柯西思想观念的现代性。

柯西不去考察他所发明的东西是否具有任何实际的意义，甚至也不关心这些内容能否被应用到数学的其他分支中，他只是将它视作一个抽象的系统，按照其自身的价值发展它。在他的前辈们中，除了那位

---

1. 组合数学是一门研究离散对象的科学，广义上就是离散数学。（译者注）

通才欧拉，既愿意就一个有关数的问题写一篇论文，也愿意写关于水力学或"宇宙体系"的研究成果之外，其他人都是在数学的应用中找到的灵感。当然，这个观点也有许多例外，特别是在算术领域。但是在柯西以前，很少有人（如果有的话）在纯粹的代数运算方面找到过有价值的发现。柯西注意到了更深层次的东西，他看到了代数公式对称性下的运算和它们的组合规律，将它们独立出来，而群论由此产生。今天，这个基本却复杂的理论在纯数学和应用数学的诸多领域都有着根本的重要性，从代数方程理论到几何学，以及在原子结构的理论中，它都发挥着重要的作用。它是晶体几何学的基础，这只是它在一个方面的应用。之后（在分析学方面）发展的理论应用到了高等力学和微分方程的现代理论中。

柯西的人生和他的性格，像可怜的唐·吉诃德那样令我们动容——我们有时不晓得该笑还是该哭，于是只好道一句感慨算作折中。他的父亲名叫路易–弗朗索瓦（Louis-François），他是集美德和信仰虔诚于一身的典范，在两方面都做到了极致，但是往往物极必反。只有老天爷知道老柯西是怎样逃脱上断头台的命运的，因为他是一名议会律师，一位有教养的绅士，一位很有造诣的研学古典文学和圣经的学者，一位笃信、虔诚的天主教徒，而且当巴士底狱陷落时，他还是巴黎的一名警察中尉。在法国大革命爆发的两年前，他与玛丽–马德莱娜·德塞斯特（Marie–Madeleine Desestre）结为连理，同他一样，她也是一个顺从、虔诚的天主教徒，为人良善但并不太精明。

奥古斯坦是6个儿女（2个儿子、4个女儿）当中的老大。柯西耳闻目染地继承和习得了父母身上所有难能可贵的品质，在外人看来，这些品质让他们的生活就像那些为不到16岁的法国少女编写的爱情故事一样，故事里男主和女主仿佛是上帝的圣洁的天使那样纯洁而没有欲望，既浪漫又平淡得如同炖煮过的黄瓜。有了这样的父母，到了19世纪三四十年代，在教堂需要抵御外敌的节骨眼上，柯西成长为法国天主教中顽强的唐·吉诃德一号的人物也就不稀奇了。他为他的宗教信仰而承受痛苦，为此他应当受到尊敬（或许即便如他的同事们所批判的，他只是个自以为是的假冒伪善的人，人们也该尊重他的信仰），但他也完全应当受到接二连三的打击。他没完没了地宣扬着圣洁之美，这些说教之辞惹恼了众人，引起了人们对他并非全无道理的虔诚计划一致的反对。阿贝尔在他写给家人的信中，表达了自己对于柯西的一些滑稽行为倾向于厌恶的态度，而他本人作为一名牧师的儿子，也是一个正派的基督教徒，"柯西是一个偏执的天主教徒——一个从事科学的人会如此也是够奇怪的。"这句话的重点自然是在"偏执"这个词上，而不是它所形容的天主教徒。我们随后看到的两位品行最端正也是最伟大的数学家，魏尔斯特拉斯和埃尔米特，都是天主教徒。他们很虔诚，但是无所谓偏执。

柯西的童年正处在法国大革命中最为残酷血腥的时期。学校都被迫关闭。既然当前的形势不需要什么科学和文化，对于有文化的人和科学家们，巴黎公社要么任其饿死，要么把他们装上刑车，送去断头台。为了躲过这场明摆着的危机，老柯西带着家人一起搬到位于阿格伊（Arcureil）镇的乡下住处。在那里，他静待着度过了恐怖时期，他本人也食不果腹，就尽可能地种些水果、蔬菜，主要靠这些稀疏的植株养活他的妻子和在襁褓中的儿子。因此，小柯西成长时身材瘦小，身体发育也不完全。他将近20岁时才从这早期营养不良的状态中有所恢复，一辈子都不得不时时照看自己的身体健康。

这样隐居的日子持续了将近11年，生活状况逐渐好转，老柯西在此期间担负起对孩子们的教育工作。他编写了自己的教材，有一些是用他所擅长的流畅诗歌写成的。他认为，诗歌会让语法、历史，尤其是道德训诫在青少年眼中变得不那么讨厌。小柯西于是收获了自己在法语诗和拉丁语诗方面自由流畅的创作能力，这成为了他一生都着迷的爱好。他的诗歌富于高尚的情怀，站在道德的高处完美地诉说着他纯洁生活的虔诚品质，但其他方面则平平无奇。课程内容的大部分都献给了狭隘的宗教教诲，他的母亲则在这方面给予了大力协助。

阿格伊毗邻拉普拉斯侯爵和克劳德-路易·贝托莱（Claude-Louis Berthollet, 1748-1822）伯爵的雄伟庄园，贝托莱是一位杰出的化学家，也是个特立独行的人，因他对火药了如指掌而在恐怖时期保住了自己的脑袋。这两位是相交甚好的朋友。他们两家的花园是由一面共用的墙体分隔开的，两家各拿着一把墙上大门的钥匙。无论是这位数学家还是这位化学家都跟虔诚扯不上干系，但尽管事实如此，老柯西想尽一切办法去结识这两位名声在外又家境富裕的邻居。

贝托莱一向足不出户。拉普拉斯则更好交际，不久就去走访他朋友的村舍，看见小柯西的样子，他的心不由得紧了一下，柯西的身体单薄到无法像正常发育的男孩儿那样东颠西跑，他全神贯注地阅读着他的书和文章，那样子就像个在做忏悔的修道士，看上去似乎还读得津津有味。没有多久，拉普拉斯就发现这孩子有着非凡的数学天赋，还劝他要节省自己的力气。不出几年，拉普拉斯就要忧心忡忡地听柯西关于无穷级数的演讲了，边听边担心这位初生牛犊的年轻人有关收敛问题的发现或将他自己天体力学的一整座宏伟大厦毁于一旦。那一次"宇宙体系论"距离被粉碎只相差毫厘；地球近圆形轨道的椭圆率稍增一点儿，拉普拉斯的计算所根据的无穷级数就会转向。幸好他在天文学上的直觉挽救了他，他用柯西的方法长时间检查他所有的级数的收敛性后，当他发现自己免于这场灾难时，他站起身来，无限宽慰地舒了一口气。

1800年1月1日，一直谨慎地与巴黎保持着联系的老柯西被推选为参议院秘书。他的办公室在卢森堡宫。年轻的柯西共用了这间办公室，取一隅用作他的书房。这样一来，他总能频繁地见到拉格朗日——当时综合工科学校的教授，他经常顺便来找身为秘书的老柯西商讨事务。拉格朗日很快就对这孩子产生了兴趣，像拉普拉斯一样，他的数学才能给他留下了深刻的印象。在一次拉普拉斯和其他几位知名人士都在场的情况下，拉格朗日指着坐在角落里的小柯西对大家说，"你们看到那位瘦小的年轻人了吗？好！就我们这些数学家的水平而言，他将取代我们所有人。"

拉格朗日对老柯西提了一些很好的建议，当他想到这个弱不禁风的孩子会累垮自己的身体时，他说："在他17岁以前，先别让他接触数学书。"拉格朗日指的是高等数学。还有一次他又提到："如果你不赶紧为奥古斯坦提供扎实的文学教育，他的喜好就会让他误入歧途。他将成为一名伟大的数学家，但他会不清楚该怎样用他自己的语言写作。"父亲真心诚意地接受了这位当代最伟大的数学家的劝告，在放宽他的儿子接触高等数学的限制之前，对他进行了一番扎实的文学教育。

在他父亲为他做完了力所能及的一切之后，柯西在大约13岁时进入了庞特昂的中心学校。拿破仑在这所学校设立了几个奖学金，还有一种全法国所有学校的同级生均可参与的大型有奖竞赛。柯西从一开始就是校园之星，先后夺得希腊语写作、拉丁文写作和拉丁诗歌的一等奖。1804年毕业时，他又赢得了全国竞赛的大奖和古典文学特别奖。同年，柯西领受了他的第一份圣餐，这在任何一位天主教徒的人生中都是一个庄严而美好的时刻，对于柯西来说它的意义更是非同一般。

接下来的十个月里，他在一位好老师的指导下深入研习了数学，到1805年，16岁的他以第二名的成绩考入了巴黎综合工科学校。在校期间，他的经历并不都是愉快的，周围言谈粗俗、没有信仰的年轻人们公开展示他的宗教行为，给他的生活无情地笼罩上一层阴霾。但是柯西抑制住了自己的怒气，甚至试图劝说一些嘲笑他的人皈依宗教。

1807年，柯西从综合工科学校转到土木工程学校[1]。尽管只有18岁的年纪，但他很快便超越了已经入学两年的20岁年轻人，提早被学校挖去做特殊的工作。在1810年3月完成学业之际，柯西立刻被分配了一份重要的职务。他的能力和他大胆的创新精神使他脱颖而出，成为一个值得让人们为他摒弃繁文缛节的人，哪怕在这个过程中要冒着掉脑袋的风险也在所不惜。无论世人对拿破仑做何评价，只要他一旦发现了人才就会予以重用。

1810年3月，当柯西离开巴黎，前往瑟堡（Cherbourg）赴任他的第一个职务时，他"轻装上路，却满载理想"。此时距滑铁卢之战（1815年6月18日）仍有5年多的时间，拿破仑仍然信心十足地期待着从海峡攻取下英格兰，把它的鼻子摁在它自己芬芳的草地上，让它好好反省自己的过错。在能够发动一场侵略之前，必须拥有一支庞大的舰队，而现在舰队的影子还没有看见。要想保护造船厂不受英国远洋海军的侵犯，建

1.原文为法语，Ponds et Chaussees。（译者注）

造港口和设防是达成这个美梦的过程中首先要解决的细节问题。自巴士底狱陷落以来，法国一直在呼喊"荣耀之日"的到来，而瑟堡具备许多有利的因素，成为所有这些将加速"荣耀之日"到来的庞大工程最合理的起始点。因此，年轻、有才华的柯西被派往瑟堡，去成为一名优秀的军事工程师。

在柯西不多的行李中，他只带了4本书：拉普拉斯的《天体力学》、拉格朗日的《解析函数理论》、托马斯·厄·肯培（Thomas à Kempis）的《效法基督》，和一本维吉尔（Virgil）[1]的著作——对一个雄心勃勃的年轻军事工程师来说，这真是个不寻常的组合。"这位年轻人将会取代我们所有人"，而拉格朗日的专著正是那本首先让它的作者的预言成为现实的书，因为它激发柯西去寻找某种函数理论，能够避免拉格朗日函数理论的明显缺陷。

这单子上的第三本书让柯西感到苦恼，因他带着这本书又有着咄咄逼人的虔诚姿态，使这些急于完成他们杀戮任务的现实主义同事们或多或少都被他搞得神情紧张。不过柯西很快笑脸相迎，给他们看自己至少已读完了这本书。他们信誓旦旦地说，"你很快就会把所有内容都忘光的。"作为答复，柯西亲切地请他们指出他的行为有哪里不妥，他很乐意将其改正。同事对此又是如何回答的就没有保留下来了。

谣言传到了他焦虑的母亲的耳朵里，她的宝贝儿子很快变成了一个异教徒，或是什么比这更糟糕的说法。柯西给她写了一封长信，洋洋洒洒的文字间充沛着的虔诚情感，足以让每一位把儿子送去前线或参

1.维吉尔（公元前70年－前19年），古罗马最伟大的诗人，代表作以荷马史诗为范本的《埃涅阿斯纪》。（译者注）

与战争任务的母亲们放下心来，柯西在信中向她保证，于是她又像原来那样欣喜了。这封信的结尾说明，对于那些暗道他已有些不能自持又等着看他笑话的人来说，圣洁的柯西完全有能力与之抗衡。

"宗教会让一个人趾高气扬，这样的猜想真是荒谬可笑，如果把所有的疯子都送进疯人院，那疯人院里的哲学家会比基督徒更多。"这是柯西无意间写下的一句，还是他真的想表达基督徒并不会是哲学家？他转念一想，没有再继续说下去，"有关宗教的问题说得够多了——对我来说还是写一些数学论文更有裨益。"的确如此，但每当他看到一个风车在天空中挥动它那巨大的臂膀时，他又在一瞬间出了神。

柯西在瑟堡待了大约3年的光景。繁重的本职工作之余，他的时间被安排得满满当当。在1811年7月3日的信件中，他记录了自己充实忙碌的生活。"我早上4点钟起床，然后一直从早忙到晚。因为西班牙的战俘被送来这里，本月的日常工作量有所增加。我们在8天前才接到通知，这8天里我们必须建造出营房并预备好供1200人用的行军床……最终，我们的俘虏都有了住处和被褥——两天前刚刚置办妥当。他们有了行军床、稻草和食物，也感到心满意足……工作并不会让我觉得疲惫，相反，它强健了我的身心，我现在非常健康。"

除了所有这一切"为了美丽法兰西的荣耀"[1]献力、献策的工作之外，柯西还留出时间进行研究。早在1810年12月，他就已经开始"从算术开始，到天文学为止，从头至尾地回顾数学学科中的所有分支，将其中含混的地方补充清楚，【用我自己的方法】简化一些证明，并提出一

1.原文为法语，pour la gloire de la belle France。（译者注）

些新的定理"。除此之外，有些人为了在职业上有所晋升便去恳请柯西为他们上课，这位了不起的年轻人还找出时间来给他们以引导，并且他甚至帮助瑟堡的市长组织了学校的考试。如此一来，他学会了如何教学。他仍然有时间去做自己业余爱好的事。

法军1812年在莫斯科战场的惨败、与普鲁士和奥地利的战争，以及1813年10月在莱比锡战役的彻底失利，这一切将拿破仑的注意力从入侵英国的美梦上转移到了别的地方，在瑟堡进行的工作也就被搁置了。柯西于1813年返回巴黎，因工作的过度劳累而精疲力竭。他当时只有24岁，但是他杰出的研究成果已经引起了法国最顶尖的数学家们的注意，尤其是一篇有关多面体的论文和一篇研究对称函数的论文。由于这两个问题的性质都比较容易理解，并且它们各自对今天的数学都有极为重要的参考价值，所以我们不妨对此给出简要的叙述。

第一篇论文本身的内容没有什么特别的。在今天看来，艾蒂安–路易·马吕（Malus）[1]评判它时给出的极其尖锐的批评才具有重要的意义。在一种离奇的历史巧合的驱使下，马吕在用精准的方式推翻论证的事情上整整领先了这个时代100年，对于柯西的证明过程他就是这样做的。科学院提出"从本质上完善多面体理论"作为它的获奖问题，拉格朗日将这个题目推荐给了年轻的柯西，认为他有望在这一课题上有所突破。1811年2月，柯西提交了他有关多面体理论研究的第一篇论文。对于普安索（Poinsot, 1777–1859）提出的问题：除了4, 6, 8, 12, 20面正多面体之外，是否还有可能存在其他的正多面体？这篇论文给出了否定的

1.马吕（1775–1812），法国物理学家及军事工程师。（译者注）

回答。在论文的第二部分中，对课本中立体几何给出的，表示多面体边数（E）、面数（F）和顶点（V）之间关系的欧拉公式，即 $E + 2 = F + V$，柯西进行了推广。

这篇研究成果被发表了出来。勒让德对它评价很高，并鼓励柯西继续这方面的研究。柯西又（于1812年1月）提交了第二篇论文，勒让德和马吕是评阅人。勒让德赞赏有加，认为这位年轻的作者将大有可为。而马吕则保留意见。

艾蒂安-路易·马吕不是专业从事数学的数学家，他是拿破仑在德国和埃及战场上的前工程长官，因他偶然间通过反射发现了光的偏振现象而著名。所以，或许当年轻的柯西收到他的反对意见时，只把它当作那种从顽固的物理学家那里才会听到的挑剔评语。柯西在证明他最重要的定理时，用的是所有几何初学者都很熟悉的"间接法"。而马吕反对的正是这种证明方法。

在用间接法证明一个命题时，是从假定命题不成立推出一个矛盾。因此按照亚里士多德的逻辑推导而知，原命题成立。柯西无法满足异议的要求，为命题给出直接的证明，于是马吕做出了让步——但他仍然无法信服柯西已经证明了结论。当我们为整段历史做总结时（本书最后一章），我们将会看到直观主义者在其他问题上也提出了同样的反对意见。如果说马吕没能让柯西在1812年理解这个要点，那么布劳威尔（Brouwer）在1912年和以后的日子里替马吕报了仇，因为布劳威尔成功地让柯西在数学分析方面的一些后继者至少明白了一点，他们需要去理解清楚一件事。正如马吕试图告诉柯西的，亚里士多德的逻辑在数学推理中并不总是一个可靠的方法。

顺便提到发展成为有限群论的置换理论，柯西一开始给出了这一理论系统的框架,19世纪40年代中期,他又用一长串的文章详尽地阐述了这一理论,随后我们用一个简单的例子来说明它的基本概念。不过,首先要介绍一下运算群的主要性质,我们用到的并不是严谨的数学语言。

运算用大写字母A, B, C, D, …来表示;连续执行两次运算就用并列放置的字母表示,比如第一步执行A,第二步执行B,那么可以写作AB。需要注意的是,根据刚才所说的规则,BA表示第一步执行了B,第二步执行了A。所以,AB和BA不一定是相同的运算。例如,如果A是"在给定的数字上加10"的运算,B是"将给定的数字除以10"的运算,那么将AB应用到x上得到的是$\frac{x+10}{10}$,而通过BA得到的是$\frac{x}{10}+10$,也就是$\frac{x+100}{10}$,得到的分数是不等的。因此,AB和BA是不同的操作。

如果两个运算,X和Y,产生的效果相同,我们就说X和Y是相等的(或等价的),写作X=Y。

下一个基本概念是结合律。令U, V, W为集合中任意选取的三个任何形式的运算。如果有(UV)W=U(VW),那么就说这个集合满足结合律。(UV)W运算的意思是,首先执行UV,之后在得到的结果上执行W;U(VW)运算的意思是第一步执行U,之后在得到的结果上执行VW。

最后一个基本概念是恒等运算,或者恒等式:无论运算I作用在什么数字上都不会让该数字发生改变,这样的运算I就被称为恒等式。

有了这些概念,我们现在就能够给出一组简单的公设来定义一个运算群。

如果一个运算集I, A, B, C, …, X, Y, …满足公设1—4,那么这个运算集就构成了一个群。

公设1：对于集合中任意一对运算X，Y[1]存在一个组合规则，按照这个组合规则，由X，Y以此顺序组合而成的结果，记为XY，描述了该集合中唯一且确定的运算。

公设2：对于集合中任意三个运算X，Y，Z，公设1中的规则满足结合律，即（XY）Z=X（YZ）。

公设3：集合中存在一个特殊的恒等式I，使得对于集合中的每一个运算X，都有IX=XI=X。

公设4：如果X是集合中任意一个运算，那么集合中有且仅有一个运算，记为X'，使得XX'=I成立（很容易得证，此时X'X=I也同样成立）。

这些公设包含可从公设1—4中的其他表述推断出来的冗余内容，不过这种形式给出的公设更容易让人理解。为了说清楚群的概念，我们不妨用字母置换（排列）来举一个十分简单的例子。这个例子看似简单，但是这样的排列群或置换群却是人们长久以来一直在寻求的能够解决方程代数可解性的线索。

三个字母a，b，c恰好可以写出6种排列，即abc，acb，bca，bac，cab，cba。从其中任取一组作为初始次序，比如取第一种排列abc作为起始。那么，从这个次序过渡到剩下的五种排列，需要经过怎样的字母置换呢？从abc到acb，只需将b和c位置互换就够了，换言之，将b和c置换。我们将这个操作记为（bc），表示一次将b和c置换的运算，这个符号读作"b置换成c，同时c置换成b"。从abc变成bca，我们需要将a置换成b，将b置换成c，将c置换成a，这记为（abc）。abc这个次序本身是从abc不发生任何改变得到的，即a置换成a，b置换成b，c置换成c，这是一个恒

1.一对运算中的两个运算可以是相同运算，比如X，X。（作者注）

等置换,记为I。类似地,对全部6种次序

$$abc, acb, bca, bac, cab, cba$$

应用上述规则后,我们得到了相应的置换运算,

$$I, (bc), (abc), (ab), (acb), (ac)^1。$$

对公设中提到的"组合规则"在这里做如下说明。取任意两个置换,比如(bc)和(acb),将这两个置换按提到的顺序依次作用——即先进行(bc),再进行(acb)后,考虑作用的效果:(bc)将b置换成c,之后(acb)将c置换成b。因此,b仍在原来的位置。而(bc)中的第二个字母c:通过(bc),c被置换成b,再通过(acb),b又被置换成了a,于是c被置换成a。继续分析下去,我们也知道a现在被置换成了什么:(bc)之后a没有发生置换,不过(acb)将a置换成c。那么最终,先进行(bc)运算之后进行(acb)运算总的作用效果与(ca)的作用效果相同,这个结果我们用(bc)(acb)=(ca)=(ac)来表示。

用同样的方法,对于一切可能的组合:

(acb)(abc)=(abc)(acb)=I;

(abc)(ac)=(ab);

(bc)(ac)=(acb),

等等,等式均易得证。因此,公设1对所有这6个置换是满足的,可以验

1.对此运算符号给出一种参考的理解方式,从 abc 到 bca,首先需要 a 置换成 b,写作"ab",之后进行"bc"和"ca",即"ab-bc-ca",取每个字母第一次出现的位置排列顺序,得到"abc"。同理 abc 到 cab,需要经过"ac-ba-cb",即"abc";abc 到 cba,需要经过"ac-1-ca",即"ac"。反推时,例如下文中推导 acb 经过置换(acb)得到的结果时,从置换的三个字母可知有三个字母顺序发生改变,再由置换前的两个字母得知第一组置换顺序,便可推知置换顺序为"ac-cb-ba",所以置换结果为 cba。(译者注)

证公设2、公设3和公设4也满足。

上述左右内容都被总结在这个群的"乘法表"中，后面我们会给出这个乘法表，（为了简便）我们用底下对应的一行字母来分别表示每种置换，

I, (bc), (abc), (ab), (acb), (ac)

I, A, B, C, D, E

	I	A	B	C	D	E
I	I	A	B	C	D	E
A	A	I	C	B	E	D
B	B	E	D	A	I	C
C	C	D	E	I	A	B
D	D	C	I	E	B	A
E	E	B	A	D	C	I

在读取这个乘法表时，先从最左一列任取一个字母，比如说C，再从最上一行任取一个字母，比如说D，此时对应的行和列相交处所指定的一格就给出了CD乘积的结果，这里是A。于是我们可以得到，CD=A，DC=E，EA=B，等等。

我们可以以（AB）C和A（BC）为例来验证一下结合律，如果结合律成立，那么这两个置换结果应该相等。首先，有AB=C，由此可得（AB）C=CC=I。又有BC=A，因此A（BC）=AA=I。同样的方法，我们可以得到A（DB）=AI=A，以及（AD）B=EB=A。因此，有（AD）B=A（DB）。

一个群中不同种运算的总数叫作它的阶。例子中这个群的阶是6。为了探究这个表格，我们从中单拿出一些子群，例如：

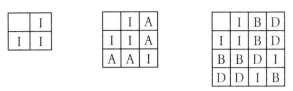

这些子群的阶数分别为1, 2, 3。这件事说明了一个由柯西给出证明的基本定理：任何一个子群的阶都是该群的阶的因子。

读者可以去尝试构造出一些阶数不为6的群，或许会感受到其中的趣味性。在给定任意一个阶数时，互异群（群的乘法表不同）的数量都是有限的，但任意给定的阶数（即对于一般的阶n）对应的这个数字是多少现在还未知——在我们的有生之年都不大可能知道了[1]。所以，这个表面上像多米诺骨牌一样似乎会一顺到底的理论，让我们刚一上手就碰到了无法解决的困难。

为群构造完"乘法表"之后，我们不妨忘掉方才从置换运算得到它的这件事（如果这恰好就是乘法表由来的方式的话），而是把这个表看作定义了一个抽象群。也就是说，除了CD=A, DC=E等组合规则描述了符号I, A, B, …的性质之外，对这些字母再没有别的解释。这种抽象的思路是当下流行的处理方法。它并非来自柯西，而是1854年由凯莱带给我们的。而且直到20世纪第一个10年过去了，也没有人为群的定义给出一组完全令人满意的公理化描述。

当用置换，或刚体的旋转，或其他任何一个可以应用群的数学场景来解释群里面的运算时，这种解释就被称为一个乘法表定义下抽象群的实现。一个给定的抽象群可以有许多不同的实现。这就是群在现

---

1. 从20世纪50年代开始，经过100多位数学家的共同努力，有限单群的分类在20世纪80年代宣布完成。这是一项前所未有的巨大工程，有关文献仍在继续整理出版。（译者注）

代数学中具有根本重要性的原因之一：相同的群所具有的同一个抽象的基本结构（也就是由乘法表所概括出来的结构）是一些表面上并无关联的理论的本质，通过对这个抽象群的性质进行一番深入的研究，我们就能够一次性对问题中所涉及的理论和这些理论之间的关系有一个认识，而不用通过几次研究才能得到。

我们只举一个例子，一个正二十面体（二十面的规则立体）关于它对称轴旋转的所有旋转操作的集合就形成了一个群，集合中任意一次旋转都满足，在经历这次旋转后，该立体的体积与之前占有同样的空间。这个旋转群，在抽象的表述中，与我们试图求解一般的五次方程的过程中进行根的排列时出现的是相同的群。更进一步来说，同一个群还出现在（读者稍微预测一下）椭圆函数的理论中。这表明，虽然不可能从代数上求解一般的五次方程，但是按照上述的椭圆函数来看，这个方程或许是可解的——事实上也是可解的。最终，通过对前面已经提到过的一个二十面体的旋转进行描述，所有这些都能够在几何上画出来。这个美妙的统一是费利克斯·克莱因[1]在他有关二十面体的书（1884年）中给出的成果。

柯西是置换群理论伟大的先驱者之一。从他的时代开始，人们已经在这个课题上完成了大量的工作，这个理论本身也因无限群的加入和后来引入的连续运动群而被大大扩展——所谓无限群就是一个群中有无穷多个操作，这些操作能用1, 2, 3, …来计数。后面这一类群中，群的操作每次通过无限小（或者说任意小）的位移将一个物体移到另

---

1. 费利克斯·克莱因（Felix Christian Klein，1849-1925），德国数学家。著作有《高观点下的初等数学》。（译者注）

一个位置——与上文描述的二十面体群不同,二十面体群里的旋转操作是将整个物体转动一个有限量。连续运动群是无限群,但也只是无限群中的一种(这里的术语并不确切,但足以提出重点——离散群和连续群之间的区别)。正如有限离散群理论是代数方程理论的基本结构一样,无限连续群理论在微分方程——数学物理学中极为重要的方程——理论中也起到了同样的作用。所以对于群,柯西看似在漫无目的地写写算算,实则并不是在虚度时光。

我们不妨对柯西所讨论的置换群如何应用到原子结构的现代理论中给出一些说明,以此作为这段群理论介绍的结束。一个在其符号中恰好包含两个字母的置换,比如(xy),被称为一次对换(transposition)。易得证,任何置换都是一个对换的组合。例如:

$$(abcdef) = (ab)(ac)(ad)(ae)(af),$$

从这个例子中也可以很明显地看出将任意置换用对换来表示的规则。

现在可以做一个完全合理的假设,假定一个原子中的电子都完全相同,也就是说,一个电子与另一个电子之间毫无差别。因此,如果在一个原子内部有两个电子进行了交换,该原子将保持不变。为简单起见,假定这个原子恰好含有三个电子,记为a、b和c。那么, a, b, c所构成的置换群(也就是我们上文给出乘法表的那一个置换群)对应于所有电子间的互换,互换后使原子保持不变——和它原来一样。从这里到由原子构成的受激气体发出的谱线似乎还有很大一步要走,不过已经有人迈出了这一步。一些量子力学专家在置换群理论中,为解释光谱(和其他与原子结构关联的现象)找到了一个令人满意的背景。柯西当然没有预见到他因陷于其自身的魅力而发展出来的理论还会有如此的应用,他也同样没有预见到,这个理论会应用到代数方程极其困难的未解之谜上。这一巨大的成功留给了一位十几岁的男孩儿，我们即将在后文中见到他。

到了27岁的年纪（1816年），柯西已经让自己跻身于当时第一流的数学家之列。他唯一的劲敌就是谨慎、沉默的高斯，比他年长12岁。柯西1814年发表的关于复数极限的定积分的论文，开启了他在单复变量函数理论中作为独立的创造者和登峰造极的发展者的丰功伟业。专业术语部分我们一定要回过头去参考高斯的章节——早在柯西提出三年前的1811年，高斯就已经得出了基本定理。柯西关于这个题目极为详尽的论文直到1827年才发表。延期可能是这篇文章的长度造成的——该论文长达180页左右。柯西一点儿没想到将80到300页的大部头文章投给科学院或综合工科学校之后，是要从他们有限的经费中出资印刷的。

第二年（1815年），柯西因证明了一个费马遗赠给困惑的后代的伟大定理而引起了轰动，这个定理是：每一个正整数都是3个"三角形数"、4个"四边形数"、5个"五边形数"、6个"六边形数"等的和，如此类推。其中，零都被算作每一种情形下的一个数字。一个"三角形数"是数字0，1，3，6，10，15，21，…中的一个，是由点构成的正三角形（等边三角形）组成的：

等等；

类似地,"正方形数"也由此构成：

等等[1]；

其中, 一个正方形的"边长"可以很明显地由上一个正方形得到。同样, "五边形数"是由点构成的正五边形；"六边形数"和后面的数字以此类推。要证明它并不容易。事实上, 欧拉、拉格朗日和勒让德都无法证明它。高斯早些时候给出了"三角形数"情况下的证明。

就像要表明自己并未局限于纯数学领域内的第一流工作一样, 柯西接下来便斩获了1816年科学院颁发的大奖, 题目是"不定深度的重流体表面的波的传播理论"——就数学上的处理而言, 海浪与这类流体足够相近。这篇论文最后(出版印刷时)长达300多页。27岁时, 柯西感到自己在强烈的"敦促"下成了科学院的成员——对于一位年纪轻轻的人来说, 这是最不可多得的荣誉。他在私下里得到保证, 数学部一有空缺就会将职位分配给他。光从名气来看的话, 这真是柯西职业生涯的巅峰时期。

之后到了1816年, 柯西入选科学院的条件已经成熟, 但是当时没有空缺。不过, 预计有两个席位很快就能空出来, 因为这两位在职者都

1.原书图不匹配, 这两个图是译者所画的示意图。（译者注）

年事已高: 蒙日70岁, L.M.N.卡诺63岁。我们已经介绍过蒙日了, 而卡诺是彭赛列的前辈。卡诺凭借其完善并拓展了帕斯卡和德萨格综合几何学的研究成果, 以及他为了将微积分建立在一个牢固的逻辑基础上的勇敢尝试, 为自己获得了科学院的席位。数学之余, 在法国历史上卡诺也为自己赢得了一个令人羡慕的名声, 他在1793年组织起14支军队, 打败了欧洲反民主的反动分子们联合起来冲向法国的50万大军, 成为人们口中的天才将领。当拿破仑在1796年为自己攫取了权力时, 卡诺因反对这位暴君而遭到流放, 他说"无论哪位国王, 我都是他势不两立的敌人"。1812年俄国战役之后, 卡诺申请作为一名士兵去服役, 但只有一个条件, 他愿为法国而战, 但不愿为拿破仑的法兰西帝国而战。

当拿破仑从厄尔巴岛逃离出来又经历了辉煌的"百日王朝"之后, 科学院在政治动乱中进行了重组, 卡诺和蒙日都被开除了。人们对卡诺的继任者接替了他的位置没有多说什么, 但是当年轻的柯西平静地坐到蒙日的位子上时, 批判的声音顿时如同风暴般袭来。开除蒙日是纯粹的政治恶行, 任何一个从中受益的人至少说明他缺乏共情。当然, 于情于理柯西认为自己这样做都无可厚非。

据那些吃过精心烹制的河马肉的人说, 河马的心很嫩, 所以粗糙的外表不一定切实地反映了一个人的内心。柯西内心中崇敬着波旁王朝, 并且他相信波旁王朝是上帝派来统治法国的直接代表——甚至当上帝派来一个像查理十世一样无能的小丑时, 他还是这样认为——所以当柯西顺水推舟地坐在蒙日的位子上时, 他只不过是在向上帝和法国尽忠职守。从他接下来对奉若神明的查理的忠诚中就能够看出来, 他是一个具有真情实感的性情中人, 并不单单是在追求个人利益。

一时间, 象征着荣誉又举足轻重的职位都涌向了这位法国最伟大的数学家——此时他仍然不到30岁。从1815年（他26岁）开始，柯西一直在巴黎综合理工学院讲授分析学。他这时是理工学院教授，不久又被法兰西学院和索邦大学任命为教授。所有好事都开始落到他的头上。他对数学的研究能力令人难以置信；有时候，他在一星期内就会向科学院递交两篇完整的论文。除了他个人的研究工作以外，他还就其他人递交给科学院的论文起草了不计其数的报告，并且他仍可以忙里偷闲，几乎源源不断地发表着小论文，内容涉及纯数学和应用数学的所有分支领域。在欧洲数学界，他逐渐变得比高斯还要知名。学者们和学生们都慕名前来，听他对自己正在发展的新理论——尤其是分析学和数学物理学——所做出的细致而清晰的讲解。他的听众中包括来自柏林、马德里和圣彼得堡的著名数学家。

所有这些工作之余，柯西抽出时间和心爱的女孩儿谈恋爱。对方名叫阿洛伊斯·德比雷（Aloise de Bure），是一位有教养的传统家庭的女儿，和他一样，她也是一位信仰坚定的天主教徒。柯西在1818年同她结婚，共同生活了将近40年。他们有两个女儿，她们成长的家庭模式和柯西小时候很像。

顺带一提柯西在这一时期做出的一项伟大的工作成果。在拉格朗日和其他人的鼓励下，柯西于1821年将他之前在综合理工学院讲过的分析学课程撰写成书，以供出版。这部著作在很长一段时间内都为严谨性设立了标杆。即便是在今天，柯西在这本教材中对极限和连续给出的定义，以及他在无穷级数收敛性上撰写的许多内容，仍然可以在任何一本严谨编写的微积分书中找到。下面一段从教材的前言中摘录的文字，可以让我们看到他所思考的内容和他所做出的成就。

"我致力于将几何学中所要求的严谨性完全带到这些 [分析学] 方法中, 如此一来, 绝不涉及从代数的一般原则中推出的推理。[用今天的话说就是形式主义代数。] 这类主要出现在从收敛级数推广到发散级数, 以及从实数推广到虚数过程中的论证, 虽然被普遍承认, 但在我看来, 并不能把它当成由偶尔揭示了真理的归纳法进一步得出的产物, 而应当认为它与数学所自诩的严格性并无交集。我们还必须注意到, 这样的推导过程有通过代数运算引发代数式成立的不确定性[1]的趋势, 而实际上, 这些公式大多数也只在某些条件下、式中所涉及的量取某些特定值的时候成立。通过确定这些条件和数值, 通过将我所用到的符号含义精确地进行修正, 我将消除其中所有的不确定性。"

柯西的写作效率奇高, 他只好为此创办一个名为《数学练习》(1826-1830) 的个人刊物, 之后又以第二个系列刊物《分析数学与物理练习》延续下去, 将他在纯数学和应用数学领域所作的评论性文章和独创性成果予以发表。这些刊物受到了人们的追捧, 被热切地购买和研读, 在1860年以前, 这些刊物对于人们数学审美的重塑做出了很大的贡献。

柯西超强的行动力有时候也令人哭笑不得。1835年, 科学院开始出版它的周刊《科学院院报》[2]。这对柯西来说就是一块空旷的置物场, 他开始不断向这个新刊物投短论和长篇专题报告——有时一星期都不止一篇。科学院被迅速堆积如小山一般待刊载的论文震惊到了, 于

---

1. 举个例子, 由 1 除以 1-x 会得到, $1/1-x=1+x+x^2+x^3+\cdots$ 直至无穷, 但如果 x 是一个大于或等于 1 的正整数, 这个式子就不成立了。(作者注)
2. 原文为法语, *Comptes Rendus*。(译者注)

是通过了一项沿用至今的规定，禁止刊登超过4页的长文章。这项规定对柯西的华丽文体产生了约束，他那些篇幅较长的论文，包括一篇长达300页的伟大的数论方面著作，都发表在了其他地方。

柯西有着幸福的婚姻，研究成果又多产如一条正处于产卵期的鲑鱼，然而1830年的革命把他心爱的查理赶下了台，柯西到了成为朝堂上的小丑的时候。命运之神在一旁开怀大笑，仿佛很久都没这么开心过了，他示意柯西从科学院蒙日的席位上站起来，跟随他选定的救世主去流放。柯西无法拒绝，他曾立下庄严的誓约对查理效忠，而对柯西来说，誓言就是誓言，即便是对一头听不见声音的驴所发的誓也要遵守。为了遵守他的誓言，柯西在他40岁时，放弃了他所有的职务，自愿参与了流放。

背井离乡，他并不为此感到遗憾。巴黎沾满鲜血的街道令他反胃。他坚定地相信，善良的查理国王与这血淋淋的混乱局面毫无干系。

柯西将家人留在了巴黎，但并未辞去他在科学院的职位。他首先来到了瑞士，在瑞士的这段日子里，他只好从科学会议和数学研究中寻求慰藉。哪怕是一件最微不足道的事，他都从未向查理开过口，他甚至不知道这位被流放的国王是否清楚，自己为了一个原则性问题而自愿做出的牺牲。大名鼎鼎的柯西正在赋闲，很快便传到了另一位更为开明的查理——撒丁国王查理·阿尔贝特（Charles Albert）的耳朵里，他为柯西安排了一份工作，在都灵任数学物理学教授。柯西开心极了。他很快学会了意大利语，开始用这门语言授课。

没过多久，过度的工作和过于亢奋的精神让他病倒了，在接下来的一段时间里，他不得不放弃晚上的工作时间，这令他感到很遗憾（在写给妻子的信中，他这样写道）。他在意大利进行了一段时间的休假，其间顺便拜访了教皇，这趟旅行使他完全康复了过来，之后他回到都灵，热切地期盼着将往后余生继续投身于教学和科研中。但是好景不长，不开窍的查理十世就像一只无脑的山羊一般再次闯入了这位退隐数学家的生活中，虽然他一心想奖励这位忠实的追随者，但事实上只给他带来了伤害。1833年，柯西受到委托，负责13岁的波尔多公爵——查理继承人——的教育。这个世界上，柯西最不愿意做的工作就是男保姆和初级教师。尽管如此，他还是毕恭毕敬地去布拉格向查理报到，背负起了效忠的十字架。次年，他的家人过来和他团聚。

事实证明，对波旁王室继承人的教育绝不是一件挂名的事。除了短暂的用餐时间以外，柯西从清晨直至深夜都得和这位皇家的臭小子纠缠在一起。柯西不仅得想方设法将普通学校的初级课程灌输给这个娇生惯养的孩子，他的职责还细致到在公园里玩耍时照看孩子，不能让他摔跟头磕破了膝盖。不消说，柯西的教育方式主要还包括和孩子私下的交心，跟孩子讲他所喜爱的某一流派的哲学。所以，或许法兰西最后决定不把波旁王室请回法国的心脏巴黎，而是把他们留在原地也是件好事，让他们不计其数的后代在国际婚姻介绍所，作为百万富翁的女儿们抽彩的奖品。

尽管柯西几乎一刻不闲地照料着他的学生，但他还是能够用某种方式继续他的数学研究，他会在零散的时间，冲到他的私人空间里匆忙写下一个公式，或是潦草地写下一段文字。这一时期最引人注目的成果是一篇关于光的色散的长篇论文，其中柯西试图通过假设光是由一个弹性体振动产生的来解释光的色散现象（由于构成白光的彩色光折射率是不同的,所以白光会分解成不同颜色)。这项工作在物理学史上有很大的研究价值,因为它是19世纪物理学研究倾向的一个例证,人们试图以机械模型来解释物理现象,而不是只建立一个抽象的数学理论再去与现象建立起关联。这种倾向与牛顿及其后继者所盛行的研究方法分道扬镳——虽然他们也曾试图从机械角度"解释"万有引力。

寻找事物间纯粹的数学关系,或者说完全抛弃像以太、弹性固体这样比它所解释的事物更难领会的其他机械"解释",是与当今研究趋势完全相反的方向。而现在的物理学家们似乎留意到了拜伦的质疑,"又将如何证明提出的解释理论呢?"弹性固体理论在很长一段时间都收获了辉煌的成功,甚至今天,人们仍在应用柯西从他错误的假设中得到的某些公式。但当精确的实验技术和不容置疑的现象与理论预测的结果不相符时(这种情况时有发生),理论本身就会被人们抛弃,在这个例子中,是反常的色散现象终结了弹性固体理论。

1838年,柯西摆脱掉了他的学生(时年将近50岁)。巴黎的朋友们已经催他回巴黎好一段时间了,柯西以父母金婚纪念为借口,辞别了查理和与查理有关的一切。由于一项特殊的豁免权,研究所中的成员不需要只为该政府效忠效力,柯西恢复了他的席位(科学院一直以来都属于研究所的一部分)。此时,他在数学上的投入和产出比之前更多了。在柯西人生最后的十九年里,他创作了超过500篇文章,涉猎数学的所有分支,包括机械学、物理学和天文学。这些著作中有许多是长篇专著。

但他的麻烦还远没有结束。当法兰西学院出现空缺时,人们一致提议让柯西担任这个职位。但是这里不实行豁免,所以在就职之前,柯西必须先做出向政府效忠的宣誓。他认为这是政府在篡夺他主人的神圣权利，梗着脖子固执地拒绝宣誓。于是，他再度失去了工作。但是，计量局缺少他这样一位有才能的数学家，他再次一致通过当选。

接下来一场精彩的拔河比赛就此展开，一方是男爵柯西和计量局，另一方是会玩赖的法国政府。政府一旦发现自己快败下阵来就松手撒开了绳子，柯西便向后一倒，在不经宣誓的情况下栽进了计量局。违抗政府是严重的违法行为，更不用说对政府不忠了，不过柯西还是保住了他的工作。政府提出按照法律规定要选举出别人，柯西在计量局的同事们通过不失礼貌地对这个要求视而不见，以此来使政府为难。柯西顽固地与政府对立达4年之久，与此同时继续他的研究工作。

柯西对数理天文学最重要的贡献就是在这一时期产生的。勒威耶（Leverrier）1840年的一篇有关小行星智神星的论文，无意间调动了柯西在这方面的兴趣。这是一部篇幅很长、计算量巨大的著作，无论谁评审这篇稿子，都需要首先去核对这些计算，花去和作者相同的演算时间。当这篇论文呈交科学院时，学院的官员们开始物色一个愿意承担这项非人工作的人，校核论文中的计算结果是否正确。柯西自告奋勇。他没有照着勒威耶的方法按部就班，他很快就找到了捷径，开发出了新的方法，让他能够在相当短的时间内验证出结论，并对理论继续进行深入研究。

1843年柯西54岁时，同政府的争执达到了紧要关头。负责这件事的部长不愿再被当作公开的笑柄，要求计量局举行选举，以补上柯西拒绝腾出的位置。柯西在朋友们的建议下写了一封公开信，将他的情形诉诸公众。这封信是柯西一生中写下的最精彩的作品之一。

除了臭名昭著的保守派以外，所有人都已经知道，柯西他那唐·吉诃德式不切实际的达到目的的做法永远都不会成功，但是不管我们对他的这种行为有什么想法，我们都不得不敬佩柯西庄严又冷静地陈述自己的情形，以及为自己的信仰自由而战斗时的大无畏精神。那是在当时的人们尚不熟悉而现在已十分普通的某种伪装下，为自由思想进行的战斗。

在伽利略的时代，柯西要维护他的信仰自由无疑会受到火刑，在路易·菲利普（Louis Philippe）的统治时期，他拒绝承认任何一个政府有权强迫他做出违背信仰的效忠宣誓，他也为他的勇气吃了苦头。他的立场甚至为他赢得了反对方的尊敬，也让政府遭到蔑视，甚至在政府支持者的眼里它的行为都相当卑鄙。不久，街头的战乱、暴动、罢工、内战和要政府滚开不再回来的不容争辩的强烈抗议发生了，人们以这种能让政府明白的方式，让政府清楚地认识到一味镇压的愚妄。路易·菲利普和他所有的随从于1848年被赶下了台。临时政府颁布的第一批法令之一就是废除效忠宣誓。政治家们难得理智地认识到，这样的宣誓既不必要也无价值。

1852年，当拿破仑三世（Napoleon Ⅲ）掌权时，效忠宣誓又恢复了。但是这时，柯西已打赢了自己的这场战争。他被私下告知，他可以继续进行他的授课，而无须履行宣誓。双方都心照不宣，不需要大惊小怪。政府没有为它的特赦而要求感谢，柯西也丝毫没有变得柔和，他只是继续他的讲课，好像什么事也没有发生过。从此时直到他的生命结束，柯西一直是索邦大学的至高荣耀。

在国家动乱而自己的生活较为稳定的空档，柯西抽出时间去解除一个纠纷——为耶稣会会士辩护。问题还是老样子——政府教育当局坚持认为耶稣会的培养方式会造成人们对政府不忠，而耶稣会会士则辩护说，宗教教育是一切教育唯一合理的基础。这场斗争很合柯西的胃口，于是他兴致勃勃地加入其中。他为他的朋友们所做的辩护感人肺腑、真挚动人，但缺乏说服力。柯西这个人一旦离开数学领域，就以感情代替了理智。

克里米亚战争为柯西提供了最后一个让固执的同事们讨厌他的机会。他成了一名热情的宣传员，为一项名为"东方学派工作"的非凡事业做宣传。这里的"工作"类似于那种"慈善事业"。

按照1855年这项工作发起人的说法，"需要对过去的混乱进行补救，同时反复确认莫斯科人的野心和穆斯林人的狂热不会造成威胁：当务之急是让那些被《古兰经》蛊惑得残酷无情的人民获得重生，为此做出准备……"简而言之，克里米亚战争就是一把惯用的刺刀，为基督教开辟了道路。显然有必要用一种更人道主义的东西来代替残酷的《古兰经》，柯西深以为然，于是他投身于这项计划中，"去完成和巩固……由法国武力开始的如此崇高的解放工作。"

耶稣会感激柯西提供的专业援助，在许多细节的事项（包括征集捐款）上给予他充分的信任，他们认为这些细致的工作可以让"在《古兰经》律法下受奴役的人民在道德上重获新生，在耶稣基督的诞生地和埋葬地周围吹响福音胜利的号角，成为这些曾经失散的芸芸众生"——克里米亚战争中，法国、英国、俄国、撒丁岛的基督徒和土耳其的伊斯兰教徒——"唯一能够接受的、替代原来信仰的宗教"。

正是这种性质的慈善工作，让柯西的一些朋友出于对当时正统宗教虔诚精神的同情心，开始称呼他为自命不凡的伪君子。但这个绰号简直太冤枉了。柯西可说是有史以来最虔诚的从教者之一。

"工作"最终的结果，就是1860年5月那场极其残忍的大屠杀。柯西没有在有生之年看见他所付出的努力被加冕。

同其他伟人一样，大数学家的声誉也逃脱不了盛衰变迁。在他去世了很久之后——甚至到了今天——柯西都在因为作品数量过多、创作速度过快而受到严厉的批评。他全部的作品有789篇论文（其中有许多是十分详尽的著作），填满14开的书总计24卷。如果一个人除了一些质量不高的作品外，还写出了大量一流的著作，那么对他提出这类批评似乎并不中肯，而且通常是那些自己写得比较少、作品也没有什么创新的人在提出这些批评。在现代数学的舞台上，柯西的角色在离舞台中心不远的地方。这是现在被普遍承认的观点，虽然在某些方面还有点儿勉强。自从他去世以来，特别是近几十年，柯西作为一个数学家的声誉已在稳步上升。他发明的方法、他打开现代数学严谨性第一篇章的整个计划，还有他那几乎无人能及的原创能力，都在数学上留下了浓墨重彩的一笔。而就我们现在能够预见的，这些印记在今后的许多年内依然注定会看得见。

在柯西创造出来的所有新鲜事物中，一个看似不起眼的细节就能够说明他的远见卓识。柯西没有用"想象的" $i\left(=\sqrt{-1}\right)$，而是提出用模 i^2+1 的同余，来完成数学中所有复数的运算。这是他1847年发表的。这篇很短的文章并没有引起广泛的注意。然而，它却是即将诞生的某种东西——克罗内克计划——的萌芽，它将使数学中的一些基本概念产生革命性的变化。这个问题在后面的章节中还会反复出现，所以我们在此只稍作提及。

在社交方面，柯西极其谦恭有礼，但在一些场合，比如他为了他的一场辩论赛征求赞助的时候，倒也算不上圆滑。他的性情很温和，在除了数学和宗教以外的所有事情上都有节制。在后者这件事情上，他缺乏正常人普遍的认知。只要是他认识的人，他都希望对方能皈依宗教。当年仅21岁的威廉·汤姆森（William Thomson，即开尔文勋爵）去拜访柯西讨论数学问题时，柯西花了很多时间去劝说他的这位来访者——当时坚定追随苏格兰自由教会的信徒——皈依天主教。

柯西也会有争夺优先权的困扰，他的对手会为此指责他贪婪，或是暗箱操作。他人生的最后一年就因这样一场类似的争端而搞得很不愉快，看上去柯西似乎没有翻盘的余地。但是按照他一贯在原则性问题上的固执脾气，他勇敢地对抗了外界强烈的压力，以不可战胜的温和和执着坚持自己的观点。

柯西在科学界的同僚中不受欢迎，其实还有另一个原因。在科学院和科学团体中，人们应当只以候选人在科学上取得的成绩为依据进行票选，其他任何的程序都被看作是不道德的。不管真相是否是这样，人们指责柯西按照他在宗教和政治上的偏好投票。在他生命的最后几年里，他都因为同事们在这件事和其他类似事情上对他的不理解而感到痛苦。双方都不能理解对方的角度。

1857年5月23日，柯西68岁时意外去世。他去乡间休养，原指望对他的支气管病有好处，不料却发烧了，结果却是致命的。他去世前几小时还在同巴黎大主教热切地交谈，说他对慈善事业的一些建议——慈善是柯西终其一生都在关心的一项事业。他的临终遗言传达给了这位大主教："人走了，但他们的功绩留在了这个世界上。"

数学大师

从芝诺到庞加莱

MEN

O （下） F

MATHEMATICS

［美］埃里克·坦普尔·贝尔 著

金歌 译

团结出版社

图书在版编目（CIP）数据

数学大师：数学名人传 / （美）埃里克·坦普尔·贝尔著；金歌译. –– 北京：团结出版社, 2022.10

ISBN 978-7-5126-9291-6

Ⅰ.①数… Ⅱ.①埃… ②金… Ⅲ.①数学家—列传—世界

Ⅳ.①K816.11

中国版本图书馆CIP数据核字（2022）第011086号

出版: 团结出版社

（北京市东城区东皇城根南街84号 邮编: 100006）

电话: （010）65228880　65244790（传真）

网址: www.tjpress.com

Email: zb65244790@vip.163.com

经销: 全国新华书店

印刷: 北京天宇万达印刷有限公司

开本: 145×210　1/32

印张: 24.25

字数: 559千字

版次: 2022年10月 第1版

印次: 2022年10月 第1次印刷

书号: 978-7-5126-9291-6

定价: 98.00元（全2册）

序

　　本书上册中概述的一章无须在此重复。不过，我们对其中的几个问题可以大致进行一下回忆，因为上下两册都与此相关。我们也要快速地浏览一下上册提到的最后一位大数学家之后所涉及的内容。

　　数学家所理解的数学是基于演绎推理[1]，将它应用到一组组完全的假设当中，这样的假设被称为公理或公设。这里将演绎推理描述为一般逻辑的规则就够了，尽管数理逻辑的内容远远不止这些。一个特定数学划分下的公设，例如初等代数或中学几何的公设，可能是人们在对世界的日常观察中得到的，也就是它在我们的认知中所呈现出来的样子。举例来说，几何学中的许多命题，比如公元前6世纪泰勒斯给出的珍宝"半圆的内接角是直角"，就是一目了然的结论。但是不管它们看上去多么的显而易见又合乎道理，在将其从一组被没有争议地接受为自洽的公设中推导出来之前，它们都不能算作数学的一部分。古巴比伦伟大却（对我们来说）不知姓名的数学家们，在代数和几何上都发现过，或者说发明了，许多美妙的结论，但是，就目前所知，他们并没有对任何一点给出过证明。这样的状态一直维持到希腊人在大约公元前600年发明了证明——演绎

1.演绎法即从一般到特殊的推理方法。（译者注）

推理——为止。伴随着这一划时代的发明，数学得以蜕茧而出。但是逻辑和证明绝不是数学的全部。今天，我们在数学中自由运用直觉与洞察力的程度，估计与当时的古巴比伦人不相上下。

数百年后，人们才理解了古希腊人所做之事的全部意义，并将其应用到一切数学当中，由此再推广到一切推理过程。一个显著的实例就是学校的代数课程，直到19世纪30年代，才首先被英国学校透彻地理解并严格地发展起来，其中尤其值得纪念的是乔治·皮科克（1791-1858）对此做出的贡献。这些鲜为人知的人物为数学在19世纪与20世纪的迅猛发展铺平了道路，只可惜此处并没有篇幅来讲述他们的生平。

当我们从十八世纪来到十九世纪，我们被一股由自由创造掀起的浪潮所淹没。在令人眼花缭乱的纷繁中，数学建立并发展起了新的系别。19世纪伟大的数学家们，其中一些人依然在世，他们看上去几乎进化成了一个与他们的前辈截然不同的物种。新新人类不满足于特殊的问题，他们攻克并解决了一般性的问题，从这些问题的解决方案中又产生了对大量问题的解答，而这些问题在18世纪是要被逐一考虑的。经常被人提到的一个鲜明例子，是高斯（1777-1855）与阿贝尔（1802-1829）在代数方程理论中的对比。高斯和他的学生黎曼（1826-1866）就有关几何的事情上也有着一个类似的对照。说这些并非意在贬低高斯，而是仅仅对于历史事实的陈述，他满足于寻找二项式方程代数解的问题，对于阿贝尔和伽罗瓦解决的一般问题：确定任意给定代数方程有根式解的充分必要条件，甚至未曾提及。这个一般问题的本质在本书对阿贝尔和伽罗瓦的介绍中会有所阐明。当然，在一切数学方面的研究中都存在着一种并不很紧密的连贯性，可清晰地回溯到古巴比伦和古埃及，但是当对这条进程的曲线进行分析时，曲线上富于趣味性和成果的点却不是连贯的，正如刚才提到的高斯、阿贝尔和伽罗瓦的这段发展进程。这样一个19世纪30年代的例子就足以说明当下的问题了。

　　之诺的悖论，以及反复尝试在一个坚实的逻辑基础上建立起微积分的课题早在17世纪就困扰着数学家们，并一直困扰到了19世纪下半叶。在那些致力于此项任务的数学家中，我们在之后的内容里将看到三位，康托尔、戴德金和魏尔斯特拉斯。戴德金承认失败了。但无论达到预期目的任务失败与否，三个人的工作成果都对整个数学推理的研究提供了巨大的推动力。如何判断一个特定的理论真正地得到了证明？在整个精细结构所基于的基础系统和假设体系中，有没有可能存在着暗藏的不一致性？人们开始意识到，需要从头开始对每一件事进行彻底的复查。头等大事就是要证明数学分析——微积分及其大量现代分支的自洽性。目前发现，这个计划比预期的要困难得多，并且19世纪产生的最后一位巨匠——大卫·希尔伯特（1862-1943），于1898年提出了替代证明算术一致性的较为缓和的问题[1]，这引导出了数理逻辑等方向。

　　本来一切都在顺利进行，直到1931年，库尔特·哥德尔（1906-）[2]指出，在任何由数学公理界定明确的系统中都存在着无法在这些公理的基础上所解决的数学问题。那假设使我们去到了一个覆盖面更广的系统，在那里这些数学问题或许可以被解决。而新系统中又会出现同样的困难，于是如此无限地进行下去。因此有了一些明确的纯数学"是非"题，而人类永远也无法明确它们的答案。

　　这一完全出乎意料的结论使逻辑自亚里士多德以来产生了最显著

---

1. 希尔伯特于1920年提出了希尔伯特计划，关于公理系统相容性的严谨证明，目的在于第三次数学危机后为全部数学提供一个安全的理论基础。（译者注）
2. 库尔特·哥德尔于1978年去世。（译者注）

的进展。它并不意味着数学已然走向崩塌，但它的确指出，过去数学家的一些言论仍有商榷的余地。一位死不瞑目的哲学家彻底曲解了哥德尔的所作所为，他骄傲地表示："我是亚里士多德学派的人。旧时的逻辑对我来说已足够。"这听上去就像是套用了一句宗教复兴运动的赞美诗："昔日的宗教啊，那旧时的宗教对我来说也已足够。"亚里士多德逻辑学对于守旧的人来说或许够用了，但它对于数学来说还不够好，至少三个世纪以来它都不再足够。说一个细节，亚里士多德的逻辑学没有为在数学中出现的变量和函数做任何规定。此处已没有篇幅将上述内容进行展开，不过感兴趣的读者可以在阿尔弗雷德·塔斯基的《逻辑与演绎科学方法论导论》（第二版，1941年，牛津大学出版社）中找到对基本内容清晰地论述。

E·T·贝尔

目 录

第十六章 几何学中的哥白尼
罗巴切夫斯基

寰妇带大的可怜孩子。喀山。教授和两面斡旋的工作。哪里都用得上他。校长时期的罗巴切夫斯基。对付霍乱的科学理智与宗教迷信。俄国式的报答。五十多岁正当年时蒙受的侮辱。像弥尔顿似的使命,罗巴切夫斯基口述他的杰作。他的进展超过了欧几里得。非欧几何。一个有才智的哥白尼。

罗巴切夫斯基的理论是他的同代人无法理解的,因为它看起来与一种仅仅被几千年来视若神明的偏见认为必要的公理相矛盾。

——罗巴切夫斯基著作的编者

如果说,目前大众普遍接受的对哥白尼的成绩做出的评价是正确的,那么我们就不得不承认,当我们将某人称作某个领域中的"哥白尼"时,这种说法要么是对他的最高赞誉,要么是对他的最严厉批评。当我们搞清楚了罗巴切夫斯基在非欧几何的创造过程中所做的事情,将这些事对整个人类思想的重要意义(数学仅占当中不多却举足轻重的一部分)进行考量,我们或许就会赞同克利福德(Clifford, 1845–

1879）[1]对罗巴切夫斯基的评价，当这位
自身所涉足领域远超"纯数学"的伟大
几何学家将罗巴切夫斯基称为"几何学
中的哥白尼"时，他没有对他心目当中的
这位英雄做任何夸大。

尼古拉斯·伊万诺维奇·罗巴切夫
斯基（Nikolas Ivanovitch Lobachewsky）是
一位政府小官员的次子，他于1793年11月
2日出生在俄国诺夫哥罗德辖区的马卡里
耶夫地区。尼古拉斯的父亲在他7岁时就

罗巴切夫斯基

去世了，留下了遗孀普拉斯科维亚·伊万诺夫娜（Praskovia Ivanovna）独
自照料三个年幼的孩子。父亲还活着的时候，他的工资就只能勉强维持
一家人的生活开销，现在父亲去世了，母亲发现他们家更是揭不开锅得
潦倒。于是她带着孩子们移居喀山，在那里她尽全力使孩子们接受教
育，当儿子们一个接着一个地得到了中学的全额奖学金，她倍感欣慰。
尼古拉斯是1802年入的学，那年他8岁。他在数学和古典文学方面学得
很快，14岁时就达到了大学入学的标准。1807年他步入喀山大学（创办
于1805年）深造。从这时候开始，他以学生、副教授、教授，和最后的校
长身份，在这所学校度过了他一生中40年的光景。

学校的管理者希望喀山大学有朝一日能够与欧洲任何一所大学
平起平坐，于是他们从德国请来了几位知名教授，其中一位就是天文学

1.威廉·金顿·克利福德（1845-1879），英国数学家、科学哲学家，受黎曼
和罗巴切夫斯基的影响，他学习了非欧几何。数学物理中的克利福德代数（又
称几何代数）以他的名字命名。（译者注）

家利特罗（Littrow）[1]。他后来成为坐落在维也纳的奥地利天文台台长。阿贝尔曾提到，他之所以能发现"南方"有东西，有一个原因就是利特罗。德国教授们很快看出了罗巴切夫斯基的天分，并给予他充分的鼓励。

　　1811年，在与权威人士经过为期不长的争论之后，罗巴切夫斯基18岁获得了硕士学位，他的青春活力让这些人看着就来气。在师资队伍中，他的德国朋友们站在了他这一边，他终以优秀的成绩取得了学位。当时，他的哥哥阿列克西斯（Alexis）正负责给年轻的政府官员教授初等数学，当阿列克西斯在弟弟毕业不久后请病假时，尼古拉斯接替他的位置教起了书。两年后，罗巴切夫斯基21岁时，他得到了一份所谓"编外教授"的实习岗位，或者按照美国的说法，就是助理教授。

　　1816年，23岁的罗巴切夫斯基被提拔为正牌教授，在这么小的年纪获得教授身份是不同寻常的。他的工作担子很重，除数学研究以外，他还负责教授天文学和物理学课程，其中教天文学是替一位请假的同事代课。他镇静自如地担起了繁重的任务，按照能者多劳的道理，他的出色表现让他在更多工作的任用中成了一名非常惹眼的候选人。不久，罗巴切夫斯基发现自己又身担了大学图书馆的馆长一职，还得管理起已然乱作一团的大学博物馆。

　　没有经过生活洗礼的学生们往往是一副不受管教、恣意妄为的姿态，但是生活会使他们懂得，在谋生这件残酷无情的事情上，一味地意气用事没有任何帮助。从1819年至沙皇亚历山大去世的1825年，罗巴

---

1. 约瑟夫·冯·利特罗（1781年生），1819年出任奥地利天文台台长，开始了一项"利特罗计划"，进行对地球外生物联系的尝试。（译者注）

切夫斯基不计其数的职务当中有一项是担任喀山所有学生的监督人，从小学生到在大学读研究生课程的成年人都由他负责。所谓监督，主要是按照命令监督学生们的政治思想。这种吃力不讨好的工作，其困难程度可想而知。罗巴切夫斯基能设法做到，在他日复一日、年复一年地将报告递交给他多疑的上司时，即不因为在间谍活动中玩忽职守而受到申斥，也能赢得全体学生对他发自内心的尊敬和爱戴，足以证实他出色的管理能力。心知感恩的政府授予了他大量的勋章奖牌，他在正式场合也乐于佩戴着它们出席，不过，这样的成绩不比那些华而不实的勋章加在一起还更能说明问题吗？

大学博物馆中的藏品看上去简直就像是用干草叉叉起来随便扔进去的。图书馆的状况也差不多，这导致庞大的图书馆实际上无法使用。学校将收拾这些烂摊子的任务交给了罗巴切夫斯基。因他为学校做出的巨大贡献，学校管理层提升他为数学和物理系主任，但却不愿拨出一点儿经费雇个人帮忙整理图书馆和博物馆。分类收录、掸灰、装箱，必要时还要拖地板，这些工作只好由罗巴切夫斯基亲力亲为。

1825年亚历山大大帝逝世，事情也随之有了转机。那个为了自己的利益危害喀山大学的校领导被撤职了，因为一个政府公职都不及他腐败。他的继任者聘用了一名专职馆长，这让罗巴切夫斯基终于从没完没了的工作中得以脱身，不用再给图书分门别类、挨个儿擦拭矿物标本，以及给鸟类标本腾地方了。这位新馆长需要政治和人际关系的支持来完成他在大学的工作，于是为了自己的个人利益参与了一些政事，这顺带为1827年罗巴切夫斯基被任命为校长提供了保障。现在这位数学家有了喀山大学的最高权力，但是这个新身份可不是一个挂名的称呼。在他颇有才能的指导下，整个教师队伍进行了整顿，学校聘请了更有才能的员工，指令可以不受公务阻碍自由下达，图书馆的建立更科学、高效，为了制造研究和教学中所需的科学仪器组织起一个机械车间，还成立了天文台，配备各种设施——其中这一项是我们精力充沛的校长最钟爱的工程，还有来自全俄罗斯各地区的大量矿物藏品，全部整理就绪并在不断充盈。

这一新的身份——尊贵的校长职位，也没能阻止罗巴切夫斯基去图书馆和博物馆做体力劳动，只要他感觉那里需要他的帮助就会挺身而出。喀山大学是他的生命，他爱这所学校。为了一点点小事，他就会脱下西装外套，挽起袖子干活。一次，一位著名的外宾把没有穿着西装外套的校长当成了清洁工或是工人，让他带自己参观一下图书馆和博物馆藏品。罗巴切夫斯基向他展示了精品馆藏，边参观边为他讲解。外宾表示出浓厚的兴趣，这位热心肠的"俄国工人"所具有的渊博的知识和大方的举止也令他钦佩不已。在和他的导游分别时，外宾给出了一笔不错的小费。不过令外宾意想不到的是，罗巴切夫斯基顿时面露愠色，一把推开了递到面前的钱币。来访者认为，这或许是这位渊博又高傲的"俄国工人"又一个古怪之处罢了，于是鞠了一躬，将钱又装回自己的口袋。当晚，他与罗巴切夫斯基在省长的晚宴上见到了彼此，相互之间道了歉，也就一笑泯恩仇了。

一件事要能做得令你自己满意，你要么必须得亲自去做，要么得对这件事的执行有深刻的认识，从而能够对他人的工作给予明智且有建设性的改进意见，这是罗巴切夫斯基一直以来笃信的哲学。正如前文所说，喀山大学是他的生命。当政府决定将学校老旧的建筑进行现代化修缮，并增盖一些新的教学楼时，罗巴切夫斯基便将监督工程顺利完成、监督没有铺张浪费工程款项的现象当作自己的责任。为了使自己能胜任这项工作，他学习了建筑学。他对这门学科的掌握非常注重实际，因此，这些建筑不仅外形美观、与它们各自的功能很好地契合，而且造价低于所拨给的经费，这一点在政府建筑工程的历史上可谓绝无仅有。若干年后（1842年），一场灾难性的大火摧毁了喀山的半座城市，也摧毁了罗巴切夫斯基那些最杰出的建筑，包括他心目中最令他引以为豪的作品——那座刚刚建成的天文台。不过好在他头脑冷静、判断迅速，仪器和图书馆得以幸存。这场大火过后，他立即开展了修复工作。两年后便看不出灾难留下的丝毫印记了。

1842年，就是火灾发生的这一年，让我们想起这时也是罗巴切夫斯基被选为格丁根科学协会会员的一年，高斯用他的影响力推荐了发明非欧几何的罗巴切夫斯基。尽管这听上去令人难以置信，身兼教学和行政繁重工作的罗巴切夫斯基还能腾出时间，去做一项哪怕是很普通的科研工作，而事实上还不仅如此，他想方设法将这个机遇建造成为整个数学领域最伟大的杰作和人类思想史上的里程碑。他在这项工作上断断续续地投入了20年甚至更久的时间。在该项课题上，他首次发表的论文完成于1826年，寄给了喀山物理数学学会。从他收到的反响来看，论文仿佛是他置身在荒芜的撒哈拉沙漠中的喃喃自语。高斯也是在1840年前后才对这项工作有所耳闻。

在罗巴切夫斯基繁忙的一生中还发生了一个插曲，这件事说明他不仅只是在数学的认识上远远超过了他所处的时代。19世纪30年代的俄国或许不比一百年后的今天更讲卫生。第一次世界大战中，不幸的俄国俘虏不讲究个人卫生的状况令德国士兵叹为观止又极度厌恶，这样糟糕的卫生意识在今天，仍使勤劳的无产阶级人民们把莫斯科的公园和广场当作开阔又便捷的公共厕所。可以想到，在罗巴切夫斯基的时代，正是这些肮脏的卫生习惯让传播中的霍乱选中了喀山悲惨的居民，认为这里是它们能够长时间肆虐的有利温床。1830年那个年代，尽管具有进步思想的人们早就在怀疑，肮脏不堪的卫生习惯比上帝在发怒更可能是瘟疫灾难横行的原因，但疾病的微生物理论仍处在将来时。

当霍乱波及喀山市时，神父们将受着病痛折磨的人们集中到教堂中做集体祷告，为垂死的人做赦免，又将去世的人埋葬，做着他们认为能够为人们所做的一切，但就是没有想过，铲子除了能挖掘坟墓，是不是还能用来做些别的。罗巴切夫斯基认识到，现在城里的状况已经没有缓和的余地，他说服学校的教职员工将他们的家人都带到学校，又劝说——实际上是命令—— 一些学生加入他理性的、人类对抗霍乱的战争中来。校舍的窗户紧闭，强制执行着严格的卫生制度，只有像补充食物供给这样所必须的事情才允许冒险与外界接触。660名男人、妇女和孩童就这样被稳妥地保护了下来，只有16人死亡，死亡率低于2.5%。与这座城市实施传统方法的损失比较，这个数据微乎其微。

按理说，对国家做出的卓越贡献以及他作为数学家享誉欧洲的名气，罗巴切夫斯基这一切的所作所为可以让他从政府那里得到极大的荣誉。如果真是这么想的，那简直是太天真了，不仅如此，圣经上"不要相信君王"的劝告也算是白说了。对他做出的所有牺牲与奉献以及他对于俄国至死不渝的忠心，政府给予罗巴切夫斯基的回报是在1846年突然撤去他喀山大学教授和校长的职务。对这一离奇又不恰当的两项黜职，上面没有公开任何原因。罗巴切夫斯基那年54岁，身体和大脑都一如既往地处于精力旺盛的状态，他比之前任何时候都更迫切地渴望继续他在数学上的研究。他的同事们联合起来反对这次的罢免，置他们自身的安危于不顾，但只是被应付说，他们这些只懂知识的教授是不可能真正理解管理这门科学当中精深的奥秘的。

这次心怀鬼胎的贬黜令罗巴切夫斯基伤透了心。他仍然被准许在喀山大学留有一间研究室。但是当继任校长于1847年来到学校，这位由政府钦点的、专门来管教这些心存不满的教师们的校长开始着手执行他这份不光彩的任务时，罗巴切夫斯基彻底破灭了自己在喀山大学——这所几乎完全是通过他的努力而在教育科研水平上享有盛名的学校——重获一席之地的希望，从此以后，他只是偶尔出现，在考试缺人手时帮个忙。尽管他的视力在急剧下降，但他仍可以做高强度的思考，研究数学问题。

他依旧爱着这所大学。当他的儿子去世时，他的身体一下变得很衰弱，但是他留着一口气在，盼望着自己仍然有些用处。1855年，喀山大学举办了50周年庆典。为了庆祝这一天，罗巴切夫斯基亲自前往，送去一部他新出版的《泛几何学》，这是涵盖了他科学生涯的完整的学科著作。这部（法文和俄文写成的）作品并不是由他亲自执笔，而是由他口述代为完成，因为罗巴切夫斯基这时已经失明。几个月后，他于1856年2月24日离世，享年62岁。

要了解罗巴切夫斯基的研究内容，我们必须首先了解欧几里得杰出的成就。"欧几里得"这几个字直到最近还几乎是中学里几何学的代名词。除了他并不是很确定的生卒年份，公元前330年到公元前275年之外，关于他本人的事我们所知甚少。他的《几何原本》中，除了系统记述了初等几何以外，还包含了他所处的时代当中所有已知的数论知识。欧几里得在超过2200年的几何学教学中占据着主导地位。他在《几何原本》中所做的主要工作是将前人和当时人们得出来的零散结论进行协调汇总，并且按照逻辑编辑在一起；他的目标是对初等几何学给出一套因果连贯、理由充分的记述，从而让这一整本大篇幅的书籍中给出的每一个结论都可以追溯到公设上。但欧几里得没能达到如此完美的境地，甚至离他设想的目标还相距甚远，尽管许多世纪以来人们一直以为他达到了。

欧几里得的名字之所以会永世流芳，并非建立在所谓的逻辑完备性上，而是由于另一个不相干的原因。直到现在人们有时候仍会错误地将完美的逻辑归于他的成就。真正的原因是他认识到自己提出的第五公设[1]（即公理XI）是一个纯粹的假设。第五公设可以被表述成许多种等价形式，每一种等价表述都可以由其他形式推出，通过欧氏几何中的其余公设就可以得证。所有等价形式中大概最简单的一种表述如下：给定任意直线l和l外的一点P，那么在直线l和点P所确定的平面上，一定能够过点P作出唯一一条直线l'，使得l'与l没有交点，即便延伸至（两个方向上的）无穷远处也不相交。简便起见，增加一个名词定义，我们称同一平面内两条永不相交的直线为平行的（如图所示）。于是欧几里得的第五公设所说的内容就是，过一点P有且仅有一条直线与已知直线l平行。欧几里得看透几何学本质的洞察力使他坚信，这条公设在他的时代还未曾被其他人证出来过，尽管那时人们在推导这条公设上已做了许多尝试。由于欧几里得自己也无法从他提出的其他假设推演出这条公设，而后面的许多定理又需要用到它去证明，所以欧几里得

---

1. 公设（postulate）、公理（axiom）的区别。公设倾向于从人们的经验中总结出的几何学常识；公理是极基本、不证自明的断言，偏代数，从现在的观点看公理和公设区别不大，都用公理一词。定理（theorem）是由公理逻辑推演出来的命题。（译者注）

就诚实地把它与其他公设放在了一起。

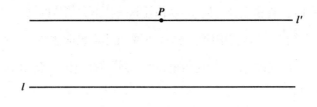

欧几里得第五公设图示

在几何学的拓展过程中，罗巴切夫斯基起到了哥白尼似的关键作用，在我们讲这些故事以前，还需要做一到两个简单问题的铺垫。刚才我们提到过平行公设的"等价表述"。其中一种被人们称为"直角假设"，这种表述带来了两种可能性，而且都不等价于欧氏几何的假设，这其中一种产生了罗巴切夫斯基几何，而另一种产生了黎曼几何。

已知一个"形如"矩形的图形AXYB，它由4条直线段AX、XY、YB、BA构成，其中，以BA（或AB）线段为底，在AB的同一侧，作垂直于AB的相等线段AX和YB。这个图形的关键条件是，（底边上的）角XAB、角YBA都是直角，另外边AX、BY长度相等，要记住这些是初始条件。如果不用平行公设，我们能够证明角AXY和角BYX是等角，但是，不用这个公设，就不可能证明角AXY、角BYX都是直角，虽然它们看上去像直角。如果我们假设了平行公设，我们就能够证明角AXY、角BYX是直角。反过来，如果我们假定角AXY、角BYX是直角，我们也能够证明出平行公设。因此，角AXY、角BYX是直角的这个假定与平行公设是等价的。这个假设在今天被称为"直角假设"（the hypothesis of the right angle）（因为两个角都是直角，所以名字里用的是角的单数，没必要强调"两直角假设"）。

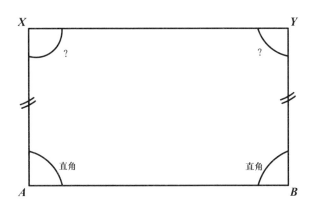

欧几里得第五公设的等价表述：直角假设

众所周知，直角假设衍生出了一套从古至今、历尽考验的实用几何学，事实上，是它让欧氏几何学焕然一新，得以满足逻辑严谨性的现代标准。但是这个图形暗含了两种除此之外的可能性：两个等角AXY、BYX都小于直角——锐角假设；两个等角AXY、BYX都大于直角——钝角假设。由于任何一个角都无外乎等于、小于或大于直角的角，并且一个角只可能满足三个前提条件当中的一个，因此刚才说到的这三种假设——直角假设、锐角假设和钝角假设——已经涵盖了所有可能情况。

常规经验让我们一开始更倾向于支持第一种假设。要体会到其他两种假设每一种都不像最初看上去那样不合理，我们得放弃欧几里得给他的图形所设置的高度理想化的"平面"，试着想象出某种更接近于人类实际经验的基准。但是，我们首先会注意到，锐角假设或是钝角假设都不能让我们证明出欧几里得的平行公设，因为正如上文所说，欧几里得的公设与直角假设是等价的（也就是能相互推出；直角假设是推断出平行公设的必要且充分条件）。因此，即使我们成功地将几何图形照搬到任何一个新的假设当中，我们也不会在这些图形中得到欧氏几何定义下的平行。

为了让其他两种假设变得比它们乍看之下更合理，我们假定地球是一个完美球体（不存在山川引起的表面凹凸不平等情况）。通过这一理想地球的中心绘制的平面，将表面切出一个巨大的圆形。假定我们希望从地球表面的A点移动到另一个点B，在从A到B的过程中总是在球面上，并且进一步假定我们想沿着那条所有可能的路径当中最短的那条。这便是"大圆航线"问题[1]。想象一个通过A点、B点和地球中心点的平面（这个平面一定存在，且唯一），该平面与地球表面交出一个大圆。为了走最短路径，我们沿着这个大圆上连接A、B两点的两段圆弧中较短的一段[2]航行。如果A、B恰巧在一条直径的两端，我们可以沿着任一段圆弧行进。

上面的例子引出了一个重要的概念——曲面上的测地线（geodesic，本身有最短距离之意），我们接下来将对此给出解释。我们刚刚看到了，连接地球上两点的最短距离是将它们连接起来的大圆的一段弧线，它的长度在球面上是被测量出来的。我们也看到，将两点连接起来的最长距离是同一个大圆上的另一段弧线，但是两点是一条直径两端的特殊情况除外，此时最短距离与最长距离相等。在费马那一章中，"最大"和"最小"被涵盖在同一个名词"极值"或"极端值"之中。我们现在回想一下，连接平面上两点所构成的直线段，它通常的定

---

1. 由于大圆航线是两点间的最短航线，所以也被称为最经济航线，在航海及民航飞行时有应用。但实际应用中，由于大圆航线的导航等困难，长距离航行时选择大圆航线，短距离走等角航线。（译者注）
2. 一个圆被弦所截的两段圆弧中较短一段为劣弧，圆心角小于180°。另一段为优弧，圆心角大于180°。（译者注）

义就是——"两点间的最短距离"。将这个定义套用到球面上,我们认为平面当中的直线对应于球面上的大圆。由于最短距离(geodesic)的第一个音节"ge"在希腊语中是"地球"的意思,所以取这个词表示曲面的测地线,表示在任意曲面上连接任意两点的所有极限情况。因此,平面中的测地线是欧几里得的直线;球面上的测地线是大圆。一条测地线可以看成是一根线在曲面上的两点之间尽可能绷紧时的位置。

好了,那么至少在航海中,大海就不能被看成一个平面(欧几里得平面),即便我们研究的不是远途航行也不可以。我们要把大海看作与它十分近似的一个模型,也就是球体表面的一部分,而大圆航海法的几何背景也不是欧氏几何。因此,欧氏几何学不再是人类唯一可能用到的几何学了。(在欧氏几何中)平面上的两条测地线若不平行,则有且只有一个交点,如果它们是平行的,则它们不会相交;但是在球面上,任意的两条测地线总是恰好相交于两个点。再有,在平面上,任何两条测地线都不可能围成一个封闭图形——正如欧几里得在他的几何学的其中一条公设中所提到的那样;在球面上,任意两条测地线总能围出一个封闭的空间。

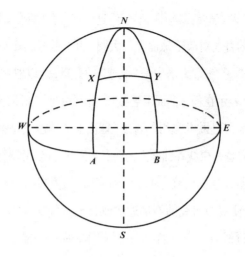

解释钝角假设的球面模型

现在我们想象一下球面上的赤道线，和两条经过北极并垂直于赤道的测地线。这三条线在北半球形成了一个曲边的三角形，有两条边是相等的。这个三角形的每一条边都是测地线中的一段弧。任意作出另一条测地线，与两条等长的边相交，使得赤道和这条交线之间截下的两个部分相等。现在在这个球面上，我们得到了一个四边形，对应于我们刚刚在平面中作出的四边形AXYB。与原来相同，这个图形底边上的两个角是直角，并且对应的两条边是相等的，但是以点X、Y为顶点的两个等角现在都大于直角了。所以，在大圆航海法的高度实际化几何学中，符合事实的并不是欧几里得的公设——或是在直角假设下它其余的等价形式——而是基于钝角假设推导出来的几何学，初等几何中那些理想化的图形从未达到如此贴近人类实际生活经验的程度。

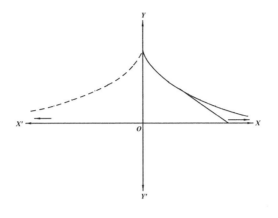

曲物线

用同样的思路,我们再来观察一个不那么熟悉的曲面,通过这个例子我们能让锐角假设听上去也是合理的。这个曲面看起来像两个无限长的号角,在喇叭口处被焊在了一起。为了将这个模型描述得更为准确,我们需要引入一个名为"曳物线"[1](tractrix)的平面曲线,它是这样生成的:在一个水平平面上作两条直线XOX'、YOY',在O点处相交成直角,正如笛卡尔几何中的坐标系。假设在YOY'这条直线上有一段不可伸长的纤维,在它的一端固定上一个很重的小球,而纤维的另一端在O点的位置。将没有小球的一端沿着直线OX往外拉,由于小球会跟着运动,于是它便形成了曳物线一半的轨迹;另一半曳物线是将纤维的端点沿着OX'拉动小球所形成的轨迹,显然,它不过是第一半曳物线关于OY轴的反射或镜像图形。假设,拉纤维的动作在两个方向上都无限地

1.所谓曳物线,就是沿着一条曲线拖拽物体过程中,物体所形成的另一道曲线。(译者注)

进行下去——"直至无穷"。此时，我们想象一下这条曳物线关于直线 XOX'开始旋转。双喇叭曲面就形成了。由于一些我们不必深入探究的原因（比如它具有恒定的负曲率），它被称为伪球面（pseudo-sphere）。如果在这个曲面上，我们根据之前的条件，同样通过用测地线作出两条边相等、有两个直角的四边形，便会发现锐角假设就成立了。

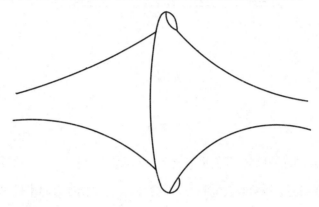

解释锐角假设的伪球面模型

因此，直角假设、钝角假设和锐角假设分别在欧几里得平面、球面和伪球面上是成立的，而且在所有情形下，"直线"都是指测地线或极值路径。欧氏几何是球面几何的一种极限情况，或是简化情形，当球的半径变成无穷大时，我们就从球面几何得到了欧氏几何。

欧几里得显然在地球是平面这个假设的基础上推演了下去，而并不是构建出了一套与人类现在所了解的地球相适应的几何学。如果欧几里得没这样做，那就是他的前人这样做的。当时的"空间"理论，或是"空间"几何学令他产生了大胆的假设融入到他的公设中，这些大胆的假设已经呈现出必然真理亘古不变的特性，以某种更高的智慧形式将所有物体的真正本性揭示给了人类。这让人们耗费了2000多年的时间才从几何学中将这一永久真理淘汰，罗巴切夫斯基做到了。

　　用爱因斯坦的话说，罗巴切夫斯基是在向一条公理宣战。向一条2000多年来为绝大多数正常人视为必然或合理的"公认真理"进行挑战，无论是谁，都是在拿他的科学声誉，甚至是生命在冒险。爱因斯坦自己也挑战了一条公理——两件事情可以在同一时间发生在不同的地点，并且通过分析这一古老的假定引出了狭义相对论的发现。罗巴切夫斯基挑战了惯用几何学中被认为是必然的欧几里得平行公设的假设，或者说挑战的是它的等价表述，即直角假设，并且他通过创造出一个以锐角假设为基础的几何学体系支持他的论战，在这个几何学体系中，过定点做一条给定直线的平行线不是得到一条，而是得到两条。罗巴切夫斯基的两条平行线不仅不会与它们所平行的那条直线相交，在两条平行线所形成的夹角区域内作过该定点的任何一条直线也不会与它们所平行的那条直线相交。这个听上去十分离奇的结果是通过伪球面上的测地线"实现"的。

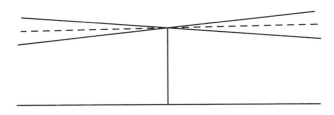

罗巴切夫斯基的几何体系：过直线外一点可
作出两条平行线

　　对于所有日常需求来说（比如测距等），欧几里得几何学与罗巴切夫斯基几何学之间的差异很小，不必特意去考量，但这并不是要点所在：两种几何体系都是自洽的，并且都符合人类的认知。罗巴切夫斯基废除了欧氏几何中必然的"真理"。他的几何学是他的后继者们构建出来的几种几何学之一，也是首当其中的一个。今天，这些更替了欧几里得几何学的体系——比如广义相对论的黎曼几何，有一些在物理科学仍然活跃和不断发展的领域里发挥着至关重要的作用，与欧几里得几何学过去和现在在物理学相对静止和经典领域至少具有同等的重要性。在一些研究问题上，欧几里得几何学是最合适的，或至少是够用的，但在其他一些问题上它就不再适合，需要用到非欧几何学。

从某种意义上来说，两千两百年以来人们一直坚信，欧几里得在他的几何体系中发现了一条人类认知上的绝对真理，或者说是必然表述。罗巴切夫斯基的创造则是印证了这种相信是错误的。他发起挑战的胆识与最终胜利的结果鼓舞着所有数学家和科学家向其他"公理"或是被公认的"真理"进行挑战，举例来讲，因果"定律"在几个世纪以来也被人们当作正确逻辑的必然结果，就像罗巴切夫斯基推翻之前的欧几里得公设一样不容质疑。

罗巴切夫斯基式向公理挑战的方式所带来的全面冲击力还有待各位读者去体会。将罗巴切夫斯基称为"几何学中的哥白尼"并不夸张，因为在他所革新的庞大领域中，几何学只占有一部分，甚至或许将他称为"所有领域的哥白尼"才是公正的评价。

第十七章 天才与贫困
阿贝尔

1802年的挪威。被神职人员们窒息了。阿贝尔的觉醒。一位教师的慷慨。大师们的学生。幸好他犯了一个错误。阿贝尔与五次方程。政府援救了他。阿贝尔去数学的欧洲的伟大旅行并不伟大。法国人的礼貌与德国人的热诚。克列尔和他的杂志。柯西的不可原谅的罪过。"阿贝尔定理"。够数学家们忙上500年的东西。死后的荣誉。

> 我已经完成了一座比青铜更耐久,比国王们建立的金字塔更高大的纪念碑,不断侵蚀的霾雨和不受管束的北风都不能把它损毁,岁月无尽的延绵和年代的飞逝也不能使它倾颓。我将不会死亡;我的大部分会逃脱死神,我将永生,仍然活在后代的赞美声中。

——贺拉斯(Horace),《歌集》,3, XX

1801年的夜空中,天文学家将会看到一片闪烁的新星,这预示着有一批数学天才即将大放异彩,照亮数学史上这个最伟大的世纪。在那群光彩夺目的天才新星中,没有人比尼尔斯·亨里克·阿贝尔(Niels Henrik Abel)更耀眼的了。埃尔米特在谈到阿贝尔时说:"他给数学家们留下了够他们将来辛苦研究500年的东西。"

阿贝尔

阿贝尔的父亲是挪威克里斯蒂安桑（Kristiansand）主教管区中一个名叫芬德的小村庄里的牧师，1802年8月5日，他的次子尼尔斯·亨里克就出生在那里。在父系方面，几位祖先都是杰出的神职人员，连同阿贝尔的父亲在内，都是有文化的人。

而一说起阿贝尔的母亲安妮·玛丽·西蒙森（Anne Marie Simonsen），人们主要会提起她非凡的美貌，性格上贪图享乐，看上去有些轻浮——作为一位牧师的配偶，这种外貌和个性是种刺激的组合。阿贝尔从她那里继承了惊为天人的漂亮容貌，和一种人类骨子里想从生活中获取比无穷无尽的艰苦工作更多东西的欲望，一种他很难得到满足的欲望。

这位牧师多子多福，在当时由于与英国和瑞典的战争，再加上两次战争之间发生的一场饥荒导致挪威极为贫穷的环境下，总共育有7名子女。然而这一家是幸福的。尽管穷得叮当响，不时还会饿着肚子，他们始终没有灰心丧气。有一幅关于阿贝尔的动人画面，描绘了当他沉浸在数学世界中时，他坐在火炉边，其余人在房间里聊天、嬉笑，他一只眼睛盯着他的数学研究，一只眼睛瞟着他弟弟、妹妹的画面。吵闹声从来不会分散他的注意力，他一面写着自己的东西一面与大伙说着俏皮话。

同几位最顶尖的数学家一样，阿贝尔很早就发现了自己的天赋。一位性情暴戾的学校老师在不经意间为阿贝尔铺设了道路。在19世纪开始的几十年中教育还相当严苛，至少在挪威是这样。体罚是磨炼学生性格和满足那些专横的教师施虐倾向的最简单的方法，对于学生每一点儿小小的过失都大量地实行体罚。据说牛顿是被一个玩伴重重地踢了一脚以后才觉醒的，阿贝尔的觉醒却不是因为自己的皮肉之苦，而是因为一个同学的牺牲，他遭受残酷的鞭打后死去了。对于严厉的地方教育委员会来说这件事甚至也有些过分了，他们开除了那名教师。一个称职但并没有什么才气的数学家伯恩特·米夏埃尔·霍尔姆伯（Bernt Michael Holmbë, 1795–1850）填补了职位的空缺，之后他在1839年编辑了阿贝尔著作集的第一版。

此时阿贝尔大约15岁。在此之前，他除了用幽默感笑对挫折以外，还没有在任何事情上显示出特别的天赋。在霍尔姆伯亲切、开明的教导下，阿贝尔忽然发掘了自己这块璞玉。16岁时，他开始私下阅读，并透彻地领会他的前辈们，包括牛顿、欧拉和拉格朗日的伟大著作。从那以后，对真正数学的研究就不再只是他严肃的职业，而且是让他欲罢不能的爱好。若干年后，有人问起他怎样能够如此迅速地跻身到最顶级的行列中，他回答道："我靠的是向大师们学习，而不是向他们的学生们学习。"——那些编辑教科书的热门作者最好学习一下，在他们编写的前言中提到这个办法，作为对他们有害无益的平庸教学法的一剂解毒剂。

霍尔姆伯和阿贝尔很快成了要好的朋友。虽然这位教师本人不是有创造力的数学家，可是他知道并且能鉴赏数学杰作，在他的热心指点下，阿贝尔很快掌握了经典著作中最难懂的部分，包括高斯的《算术研究》。

老一辈大师们认为他们已经给出证明的许多很好的结论，其实根本没有被真正证明过，现如今的我们已经对这件事习以为常。特别是在欧拉关于无穷级数和拉格朗日关于分析学的一些工作上更是如此。阿贝尔敏锐的思维让他成为第一个发觉前辈们推理中的缺陷的人之一，并且他下定决心，将自己毕生事业的相当大一部分时间和精力致力于弥补这些不足，让论证过程无懈可击。他在这个方向上的其中一个杰作，是首次证明了一般形式的二项式定理，牛顿和欧拉对这个定理当中的特例做过论证说明。要给这个定理的一般形式给出可靠的证明不是件易事，所以，如果看到所谓的证明仍然出现在中学课本中，好像从未有过阿贝尔这个人似的，也不必感到讶异。不过，这个证明只是阿贝尔更为庞大的计划——澄清无穷级数的理论和应用——当中一个细节。

1820年，阿贝尔时年48岁的父亲去世了。那时的阿贝尔18岁，照顾他的母亲和6个弟妹的担子落在了他的肩上。他对自己很有信心，心甘情愿地负起了这个突然而至的责任。阿贝尔是一个温和、乐观的人。他不过是公正地预见到，自己会在大学里当一个受人尊重的、前景不错的数学教授。那时他就能为全家的生活提供适当的保障了。同时他也给私人授课，尽他所能去做一切。顺便提一下，阿贝尔可以说是一位非常成功的教师。要是他是自由之身，贫穷绝不会是他该考虑的问题。任何时候他都能想办法为他自己简朴的生活挣到足够的钱。但是背上压着七个人生活的担子，他就没有这样的好运气了。他从不抱怨，而是把这一切看作生活的一部分大踏步地前行，并继续利用每一点儿空闲时间坚持着他的数学研究。

霍尔姆伯坚信，在他手上的是一位有史以来最伟大的数学家之一，于是他尽自己所能地为这个年轻人寻求补助金，也慷慨地掏尽自己基本上弹尽粮绝的口袋。但是整个国家贫穷到了挨饿的程度，也就几乎没有什么办法可想了。在那些艰难穷困和无休止工作的时日里，阿贝尔让自己载入了史册，也播下了一颗让他还未完成一半的工作就致他于死地的致病种子。

　　阿贝尔第一个雄心勃勃的冒险是攻克一般的五次方程（the quintic）的通解。所有代数方面的伟大数学前辈们，都曾殚精竭虑地寻求一个解答，但都没能成功。我们可以轻而易举地想见，当阿贝尔误认为他取得了成功时那种狂喜的心情。这个假想中的解答经过霍尔姆伯之手，送到了当时丹麦最高深的数学家手里。对于阿贝尔来说幸运的是，这位数学家要求他给出进一步的详细说明，而没有就解答是否正确提出自己的意见。阿贝尔与此同时发现了他推理中的缺陷。这个假想中的解答当然根本不是答案。这次的失败给了他一个最有益的震撼，把他冲撞上了正确的轨道，使他开始怀疑一个代数解究竟是否可能。他证明了这种不可能性。那时他大约19岁。但是在事件的整个发展中，人们已经预期到他的成就，至少发觉了他的与众不同。

　　由于这个一般的五次方程问题在代数中所起到的作用类似于决定一个完整科学理论的命运的关键性实验，所以值得我们花时间看一看。后面我们会引用一些阿贝尔自己说过的话。

　　这个问题的本质是很容易描述的。在早期学校的代数中，我们学过解关于未知数x的一次或二次方程的一般形式，即

$$ax+b=0, \ ax^2+bx+c=0,$$

　　后来，又学习了解三次和四次的一般方程，即

$$ax^3+bx^2+cx+d=0, \ ax^4+bx^3+cx^2+dx+e=0$$

也就是说，对前四次的一般方程我们给出了有限的公式（封闭的公式）——用给定的系数a, b, c, d, e来表示未知数x。四个方程中任意一个方程的解都能够只用有限个加、减、乘、除、开平方获得，并且用给定的系数完成上述所有的运算，这样的解就称为代数解。在代数解的这个定义中有一个重要条件是"有限个"；对于任何一个一点儿没用到开根法的代数方程（加、减、乘、除），写出它的解都不困难，但是如果步骤中包含无穷多个上述运算结果就完全不同了。

在成功地求解出了前四次的代数方程后，代数学家们为了对形如下式的一般五次方程给出一个类似的代数解奋斗了将近三个世纪。

$$ax^5+bx^4+cx^3+dx^2+ex+f=0$$

他们失败了。阿贝尔由此登场。

我在下面给出了一些摘录，一部分原因是向读者展示一位有独创能力的大数学家是如何思考的，另一部分原因则是由于它们本身具有的趣味性。它们摘自阿贝尔的论文《论方程的代数解》。

"代数中最有趣的问题之一就是求方程的代数解。因此我们发现，几乎所有杰出的数学家都研究过这个课题。我们不费吹灰之力地得到了前四次方程的根的一般表达式。人们发现了求解这些方程的统一的方法，并且相信它能被应用到任意阶的方程上。但是，尽管拉格朗日和其他杰出的数学家尽了一切努力，预期的目的都没有达成。这引起了一种推测，就是一般方程的解不可能代数化得到；但这又是无法确定的，因为只有在方程可解的情况下，才能用后续的方法去得到确切的结论。所以实际上，他们打算解方程时并不清楚它是否可解。这样一来，人们可能确实会得到某个解，尽管完全不确定是否正确；但是假如不走运，方程是不可解的，那人们就可能要永远寻找却寻不见这个结果。因此，为了在这个问题上得出一些确实可靠的东西，我们必须采取其他途径。我们可以以这样一种形式给出问题，使它总是可解的，就像我们对任何问题总能做到的那样[1]。与其寻求一个不知其是否存在的关系，我们必须首先质疑这样的关系是否的确有存在的可能……当一个问题是以这种方式提出时，这个说法本身就包含着答案的萌芽，而且指出了必须采取的途径；我相信，多少有点儿重要性的建议都得不到，这种可能性很小，甚至当计算的复杂程度阻碍着人们得到问题的完整解答时，也是如此。"

接下来他写道，这个即将采取的真正科学方法原来极少被人们使用，因为它需要极其复杂的(代数)计算；"但是，"他补充道，"在很多情形下，这种复杂性只是表面上的，一经攻克后就会消失。"他继续说：

"我已经用这种方式处理过分析学的几个分支，虽然我给自己提出的问题经常超出我的能力，我还是得出了大量的一般性结果，这些结果为人们看清一些数学量打开了一盏强光灯，而阐明这些量，正是数学的目的。以后我将在另一篇文章给出我在这些研究中得到的结果以及我得到它们的过程。在目前这篇论文里，我要解决所有一般性方程的代数求解问题。"

到此，他陈述了两个他提议要讨论的内部具有关联性的一般问题：

1.阿贝尔说的是"……ce qu'on peut toujours faire d'un problème quelconque"（就某个问题人们始终能做到）。这似乎有点儿太乐观了，至少在普通人看来是这样。这个方法是如何应用于费马大定理的呢？（作者注）

"1.找出所有任意给定次数的代数可解方程。

2.判定一个给定的方程是否从代数上可解。"

他写道，这两个问题本质上是相同的，尽管他没有确切给出一个完整的解，但他的确指明了一种切实可靠的方法来全部解决这些方程。

阿贝尔还没有来得及回到这些问题上，他那抑制不住的创造力就催促他去考虑更宏大的问题了，而它们完全的解答——对代数方程代数可解的充分必要条件给出明确的表述——就留给了伽罗瓦。当阿贝尔的这篇论文在1828年发表时，伽罗瓦还是一个16岁的孩子，但他此时已经在有关基础发现的事业上有了良好的开始。伽罗瓦后来了解到了阿贝尔的工作成果，十分钦佩，但阿贝尔大概率从未听说过伽罗瓦的名字，尽管当阿贝尔访问巴黎时，他和他这位杰出的后继者只相隔短短几英里。要不是因为伽罗瓦导师的愚钝，要不是因为某些阿贝尔数学上所谓"前辈"的高傲，伽罗瓦和阿贝尔很可能就见面了。

尽管阿贝尔在代数上的工作是划时代的，但这份光芒在他的另一个创造下仍显黯淡，他开创了分析学的一个新的分支。这项成就，如勒让德所说，是阿贝尔"永恒的纪念碑"。如果他一生的经历没有为他的成就增添什么传奇色彩，那也至少能够表明当他去世时世界失去的是什么。它是一个有点儿压抑的故事。只是阿贝尔那种在贫穷的压迫和得不到那个年代的数学王子们鼓励的情况下，依旧打不倒的乐观和折不断的勇气，使这个故事轻松了一点儿。不过，他也的确寻得了一位霍尔姆伯之外慷慨的朋友。

1822年6月，阿贝尔19岁时，他完成了在克里斯蒂安尼亚大学必修的工作内容。为了使这位年轻人摆脱贫困，霍尔姆伯做了能做的一切，劝说他的同事们，让大家认为他们也应该为了让阿贝尔有可能继续他的数学研究而贡献出自己的一份力量。他们为他感到无比骄傲，但无奈自己也囊中羞涩。阿贝尔的成长之快，斯堪的纳维亚（Scandinavia）已经被他超越。他渴望去拜访法国——当时全世界的数学女皇，在那里他可以见到他伟大的同事们（比起他们当中的一些人，他自己的水平远在他们级别之上，但是他不自知）。他也梦想着去德国旅行拜会高斯，这位所有伟大的数学家中当之无愧的数学王子。

阿贝尔数学界和天文学界的朋友们说服了大学，向挪威政府提出呼吁，资助这位年轻人在欧洲做一次大型数学巡讲。为了让有关当局认为为他拨此款项值得，阿贝尔交上了一篇很长的论文，从这篇论文的题目看，它应该与阿贝尔最负盛名的领域有关。他本人对它有很高的预估，相信交与大学将它出版将会给挪威带来荣誉，而且阿贝尔对他自己工作的评价可能和其他人对他工作的评价一样好，从未有失公允。不幸的是，这所大学正在自身严重的财政困难中挣扎，这篇论文最终遗失了。经过过分慎重的考虑后，政府妥协了——好像哪个政府会拒绝给自己带来荣誉的事一样——但政府还是没有按照唯一一个明智的方法去办这件事，即立刻派阿贝尔去法国和德国，而是给了他一笔奖学金，让他在克里斯蒂安尼亚继续他的大学学习，以便他能提高他的法语和德语水平。这正是他本可以期待着从任何一个好心肠又通情理的官员们那里得到的决定，然而，通情理的人却无权对天才发号施令。

阿贝尔就这样在克里斯蒂安尼亚待业了一年半，不过他没有浪费时间，而是很尽职地履行着他这部分的契约，他与德语相较量（结果不是很成功），在与法语的切磋中取得了小小的进展，同时他还不间断地从事着数学研究。凭借他永不磨灭的乐观精神，他还成功地使自己与一位年轻姑娘——克雷利·肯普（Crelly Kemp）订了婚。终于，在1825年8月27日，阿贝尔23岁时，他的朋友们攻克了政府最后一次提出的异议，一道皇家法令授予了他经费，让他足够在法国和德国有一年的时间旅行和学习。他们并没有给他很多，但是在国家财政吃紧的状况下为他提供资助的这一事实，比整整一部艺术和贸易的百科全书更能说明1825年挪威的文明程度。阿贝尔心存感激。他在动身以前用了大约一个月的时间去安顿那些依靠他生活的家人。然而此前13个月，单纯地以为所有数学家都像他一样豁达大度的阿贝尔就已经做了一件事，让他在开展工作之前就断了自己的一条退路。

阿贝尔自掏腰包——天知道他是怎么做到的——付费出版了他的论文，在这篇论文中，他证明了代数求解一般五次方程是不可能的。论文的印刷质量很差，但已经是当时落后的挪威所能提供的最好的印刷了。阿贝尔天真地相信，这就是他通往欧洲大陆的伟大数学家们那里的科学护照。他尤其希望高斯会看出这项工作的显著价值，并给予他一次不仅仅是形式上的会面。他不可能知道，这位"数学王子"有时候对拼尽全力只想得到承认的年轻数学家，一点儿也没有表现出王子般的大度。

高斯如期收到了这篇论文。从可靠的目击者那里，阿贝尔听说了高斯是怎样欢迎这份献给他的礼物的。他没有屈尊读一读就把它扔到了一边，一边厌恶地喊道，"这又是那群怪人中的一个"！阿贝尔决定不去拜访高斯了。从那以后，他很讨厌高斯，一有机会就说他坏话。他说高斯写的东西晦涩难懂，还暗指德国人对他的评价过誉。这个完全可以理解的反感到底让高斯和阿贝尔当中的哪一位损失更惨重，至今尚无定论。

高斯常常因为他在这件事情上所表现出的"傲慢和轻蔑"而受到指责,但这些词语用以描述他的行为其实并不恰当。一般五次方程的通解问题已经臭名昭著。想法古怪的人,以及有名望的数学家,都曾钻研过它。那么好了,如果今天一个数学家收到一份所谓的化圆为方问题的解,他可能会也可能不会给作者写一封礼节性的回信以表示收到,但是他几乎一定会把作者的手稿请到废纸篓里去。因为他知道,林德曼(Lindemann)[1]在1882年证明了在只用刻度尺和圆规——这种想法古怪的人限制自己使用的工具,正如欧几里得所做的那样——的情况下,化圆为方是不可能做到的。他也清楚,林德曼的证明是人人都可以接受的。在1824年,一般五次方程的通解问题几乎与化圆为方的问题状况相当。因此才有了高斯这次不耐烦的举动。但是,这个问题还不完全是那么糟糕,还未曾有人证明它的不可解。阿贝尔的文章提供了这个证明;要是高斯克制住了自己的脾气,他本来是可以读到一些让他很感兴趣的东西的。他没有这样做,这真是一场悲剧。只要他的一句话,阿贝尔就会因此而成名。当我们知道了他全部的人生经历我们就会相信,只要他的一句话,阿贝尔的生命甚至都可能更长久一点儿。

阿贝尔在1825年9月离家以后,首先访问了挪威和丹麦的著名数学家和天文学家,然后,他没有像他原来打算的那样立即赶往格丁根去见高斯,而是继续去了柏林。在那里,他很幸运地结识了一个人,名

1.林德曼(1852-1939),德国人,他是十九世纪末与二十世纪初的数学家,其主要贡献在于率先证明了圆周率 π 是一个超越数,所谓超越数就是不能作为有理系数多项式根的实数。(译者注)

叫奥古斯特·利奥波德·克列尔（August Leopold Crelle, 1780–1856）[1]，这个人将成为他科学意义上的霍尔姆伯，而且他在数学界的分量要比善良的霍尔姆伯曾占据的分量要重得多。如果说是克列尔帮助阿贝尔出了名，那么阿贝尔也通过让克列尔名声大噪而超水平地回报了他的帮助。今天，无论人们在什么地方培育着数学的果实，克列尔都是一个家喻户晓的词汇，事实上比家喻户晓还要夸张；因为"克列尔"（Crelle）已经成了一个专有名词，象征着他创办的知名杂志，该杂志的前三卷包括阿贝尔的22篇论文。这刊杂志使阿贝尔，或者至少使他自己，被欧洲大陆的数学家们更为广泛地知晓，如果没有这刊杂志这是怎么也办不到的；阿贝尔伟大的工作成果让这刊杂志首次出版就迎来了开门红，他的论文在整个数学界广为流传；而最终杂志又成就了克列尔的名字。这位谦逊的业余数学工作者值得我们在这里多花些笔墨。他的业务能力和他在挑选真正具有数学实力的合作者上敏锐的直觉，为19世纪数学的发展所做出的贡献比半打学术性学院的贡献还要大。

克列尔本人更多地是一名自学的数学爱好者，而不是一位多产的数学家。职业上来说，他是一位市政工程师。他很早就达到了他在工作上的巅峰，建造了德国第一条铁路，挣得了一笔够他过舒适生活的奖

1.在高考数学全国卷的四面体外接球半径问题中，会遇到克列尔（A·L·Crelle）公式，任意四面体其体积 V 与外接球半径 R 之间满足：

$$6RV = \sqrt{p(p-aa_1)(p-bb_1)(p-cc_1)}$$

其中 $p = \dfrac{1}{2}(aa_1 + bb_1 + cc_1)$，a、$a_1$、b、$b_1$、c、$c_1$ 是四面体三组对棱长。（译者注）

金。在业余时间里，他致力于数学研究，用一种超出了对待爱好的态度做着这方面的工作。他在1826年创办的《纯粹数学与应用数学杂志》[1]给德国数学界以很大的激励，他本人也在此前后对数学研究做出了贡献。这一杂志的创办是克列尔为数学发展做出的最大的贡献。

这刊杂志是世界上第一刊专门致力于数学研究的定期刊物。那些对过去的成果做出阐释的文章不受这刊期刊的欢迎。除了克列尔自己的一些文章以外，论文接收自任何一个人，只要内容是新颖的、正确的，并且有足够的"重要性"——一个比较抽象的要求——而值得发表。从1826年直到现在，《克列尔》每三个月定期出版一次，刊登一批新的数学成果。在第一次世界大战之后的混乱时期，《克列尔》摇摇欲坠，濒于停刊，但是来自世界各地的订阅者不愿看到这一代表着通向比我们自己的文明更宁静美好的世界的纪念碑就此被摧毁，将它撑了起来。现如今，全部或大部分内容都致力于纯数学和应用数学发展的定期刊物多达数百种。在我们下一次人传人的丧失理智事件大爆发时，这其中多少又能幸运地存活下来，这就不得而知了。

当阿贝尔在1825年到达柏林时，克列尔刚刚下定决心用他自己的资金开始他的伟大冒险。阿贝尔在拍板这个决定上起到了促进的作用。对于阿贝尔和克列尔初次见面的情形有两个版本的说法，它们都很有意思。当时，克列尔在政府中任职，是柏林的一所职业学校的主考

---

1. 原文为德语：*Journal fur die Reine und Angewandte Mathematik*，刊号：510E0006，ISBN0075-4102，该刊是世界上延续至今的第一份数学杂志，现每年出版10期，刊载理论数学和数学在各个领域中应用方面的研究论文。（译者注）

人，对这项工作他既不胜任也不喜欢。克列尔对这次历史性会见的描述，我们看到的第三手消息［从克列尔到魏尔斯特拉斯（Weierstrass）再到米塔-列夫勒（Mittag-Leffler）］是这样的：

"在一个晴朗的日子，一位俊朗的青年，十分局促地扬着一张富有朝气又机灵聪慧的面庞，走进了我的房间。我以为我又得和一个准备参加职业学校入学考试的考生打交道，就对他解释，需要分别进行几项考试。最后，这名年轻人开了口（用很蹩脚的德语），解释道，'不是考试，只是数学。'"

克列尔看出阿贝尔是个外国人，就试着用法语和他交谈，阿贝尔讲法语也有困难，但能让对方明白他的意思。然后克列尔问他在数学上做过些什么。阿贝尔圆滑地回答说，除了其他文章之外，他还读过克列尔本人1823年发表的关于"分析技能"（现在在英语中被称为"析因"[1]）的文章，这篇文章是当时近期发表的。他说，他发现这项工作非常有意思，但是——之后，他的话就不再那么委婉了，他开始告诉克列尔，文章中的部分内容是完全错误的。正是这一刻，克列尔表现出了他的伟大。他没有因为这个年轻人在他面前大胆的冒犯而对他态度冷淡或者大发雷霆，而是竖起耳朵，询问细节，他以高度的注意力听着阿贝尔说的话。他们谈了很长时间的数学，克列尔只理解了其中的一部分。但是不管他是否理解阿贝尔对他说的所有内容，他已经看清了阿贝尔的身份。克列尔从未理解到阿贝尔所达成成就的十分之一，但是他识别数学天才的可靠直觉告诉他，阿贝尔是第一流的数学家，而他做了自

1.析因指以多因素（两个及以上）为研究对象，探究各因素的主效应和因素间的交互效应。（译者注）

己所能做的一切让这位在他监护下的年轻人得到普遍的承认。在这次会面结束之前，克列尔就下定决心让阿贝尔必须成为筹办中的《杂志》的首批供稿人之一。

阿贝尔的叙述并不相同，但也区别不大。我们从字里行间可以看到，差别是由于阿贝尔的谦虚产生的。一开始，阿贝尔担心他想引起克列尔兴趣的计划注定不会成功，克列尔不可能理解这个年轻人想要什么，他是谁，或者有关他的任何事。但是在克列尔询问阿贝尔读过哪些数学方面的东西时，情况大大好转了。当阿贝尔提到他拜读过的大师们的著作时，克列尔立即表现出浓厚的兴趣。他们就几个悬而未决的问题谈论了很长时间，并且面对毫无防备的克列尔，阿贝尔大着胆子突然拿出了他对一般五次方程不可能有代数解给出的证明。克列尔连听都不愿听：任何这样的证明都一定存在某些问题。但是他接受了这篇论文，浏览了一下，承认这个证明是他的理解能力所不能及的——终于在他的《杂志》上发表了阿贝尔详尽的证明。虽然克列尔只是一个水平有限的数学家，在科学上没有可以标榜的伟大成就，但克列尔是一个胸怀博大的人，事实上，他就是一个伟人。

克列尔到哪里都带着阿贝尔，把他作为迄今为止最了不起的数学发现四处炫耀。自学成才的瑞士人施泰纳（Jacob Steiner）[1]——"阿波

1.施泰纳（1796年3月18日-1863年4月1日），生前发表的著作被编成两卷的《施泰纳全集》，由大数学家魏尔斯特拉斯编辑，1881-1882年出版；他留下的大量手稿中的部分又被编成两卷的《综合几何讲义》于1867年出版，另一部分被编成《关于圆和球的相切和相交的一般理论》于1931年出版。（译者注）

罗尼乌斯[1]以来最伟大的几何学家"——有时也陪着克列尔、阿贝尔四处转。当克列尔的朋友们看见他走过来,身后还紧跟着他的两位天才时,他们就会叫道:"亚当老爸和该隐(Cain)、亚伯(Abel)[2]又一起来喽!"

柏林丰富的社交活动开始让阿贝尔的工作受到打扰,于是他逃离此地去了弗赖堡(Freiburg,德国城市),在那里他可以集中精神。正是在弗赖堡,他将他最伟大的一项工作开辟成型,这项发明在今天被称为阿贝尔定理。但是他还得赶赴巴黎,去会见当时最顶尖的法国数学家——勒让德、柯西和其他人。

可以不假思索地说,阿贝尔受到的出自法国数学家们的接待简直是毕恭毕敬,就像人们认为身处一个十分文明的时代、从一群文质彬彬的人们那里,杰出代表们才能期待的待遇一样富于礼节性。他们所有人对他都很有礼貌——事实上,是极其地礼貌,而这些就是阿贝尔从他如此热切期盼的访问中所得到的一切了。他们当然不知道他是谁或者他是做什么的。他们也只是敷衍了事地去对待这些问题的答案。如果阿贝尔开口——当他和这群人在谈话距离以内时——谈到了他自己的工作,他们立即开始高谈阔论他们自己的国家是多么伟大。要不是因为他的冷淡,值得尊敬的勒让德本可以了解到一些有关他一生挚爱(椭圆积分)的事情,这些东西对他的吸引力无法估量。但是当阿贝尔叫住

1.阿波罗尼乌斯,约公元前262-前190,古希腊数学家,与欧几里得、阿基米德齐名。高中学习圆锥曲线遇到的阿氏圆,平面内一点到两定点的距离之比为定值,其轨迹是圆,最早是由阿波罗尼乌斯发现的。著有著作《圆锥曲线论》。(译者注)

2.该隐和亚伯均为《圣经》中人物,上帝创造了亚当和夏娃,该隐和亚伯分别是他们的长子和次子。(译者注)

他时，他正踏上自己的马车，留给他们的时间只够彬彬有礼地互道一声日安。后来，他大度地进行了补救。

1826年7月下旬开始，阿贝尔居住在了巴黎一个既贫穷又贪婪的家庭，他们每天只给他两顿很差的伙食，给他一间脏屋子，却要了一笔可以称得上高得离谱的房租。在巴黎住了4个月之后，阿贝尔给霍尔姆伯写信谈了他的感想：

巴黎，1826年10月24日

实话告诉你，这个欧洲大陆上最喧嚣的首都目前对于我就是一片冷清的荒漠。我几乎不认识任何人；现在是每个人都去乡下的美好季节啊……到现在为止，我结识了勒让德先生、柯西先生和阿歇特先生（Mr. Hachette）[1]，以及一些没这么出名但能力也很强的数学家：赛热先生（Mr. Saige），《科学学报》的编辑，还有狄利克雷先生，他是一位普鲁士人，有天他来看我，认为我是他的同胞。他是一位洞察力极强的数学家。他和勒让德先生一起，证明了$x^5+y^5=z^5$不可能有整数解，还得出了其他一些很好的结论。勒让德极有礼貌，但很不幸的是他年事已高。柯西是疯狂的……他完成的工作是卓越的，但很是令人费解。一开始我几乎一点儿都理解不了；现在我再看其中的一些就比较清晰了……柯西是唯一从事纯数学理论研究的人。泊松、傅里叶、安培（Ampere），等等，他们一心扑在电磁学和其他物理学课题。我想，拉普拉斯先生现在应该是什么都不写了。他最后一篇著作是对他的概率论的增补。我常常在学院看见他。他是一个非常开朗的小个子男人。泊松个子也不高，但他知道怎样做到举止非常高贵；傅

1.阿歇特（Hachette Jean-Nicolas Pierre），1769-1834，主要贡献在解析几何、画法几何和代数学等方面，和他的老师蒙日共同发展了三维解析几何理论。（译者注）

里叶先生也是一样。拉克鲁瓦（Lacroix）[1]相当老了。阿歇特先生要把我引荐给他们其中的几位。

比起德国人，法国人对陌生人更加有所保留。增进与他们的私人关系是极其困难的，我不敢强求和他们能到自己人的程度；总而言之，每一个新来的人到这里都会逐渐意识到很多困难。我刚刚完成一篇要交给学院【科学院】的详尽论文，有关某一类超越函数【这是他的一篇代表著作】，下星期一就会递交上去。我把它拿给柯西先生看，但是他几乎不屑于瞧上一眼。我敢毫不吹嘘地说，它是一篇很好的作品。我很想听到学院对它的评价。等我知道了我一定告诉你。……

他之后讲了一些他正在研究的内容，接着用相当焦虑的口吻表达着他对自己前途的预期。"我后悔不该给我的旅行设定两年的时间，一年半应该就够了。"他已经得到了从欧洲大陆能够得到的一切，而他现在迫切地需要能够将他的时间用于发展他所创造的东西上面。

"有好多事情等着我去做，但是只要我身在国外，所有要做的事都进行得糟糕透顶，要是我像基尔豪先生（Mr. Kielhau）那样，有个教授职位就好了！我的职位还没有定下来，这是事实，但是我并不为此担心；如果命运在这个路口将我遗弃，她或许会在下个路口对我面带笑颜。"

从一封阿贝尔写给天文学家汉斯廷（Hansteen）的更早期的信件

---

1. 拉克鲁瓦（1765-1843），法国大革命时期数学六杰，早年受到蒙日赏识，与拉格朗日、蒙日对解析几何早期的发展做出贡献，著有教科书《初等直线三角和球面三角及代数的几何应用》。（译者注）

中, 我们摘录两段, 第一段文字有关阿贝尔要趁着数学分析在他那个年代有着坚实的基础而欲重建数学分析的伟大计划, 第二段展现了他人性化的一面。(两段都是意译。)

在高等分析中, 极少数的命题得到了结论性的严格证明。我们在各个地方都会看到从特殊到一般这种错误的推理过程, 然而不可思议的是, 经过这样的推理过程之后, 我们只在很少的情况下发现了那种被称为悖论的结果。寻找此事的成因的确很有意思。在我看来, 这个原因存在于一个事实, 那就是迄今为止在分析学中出现过的函数大多数情况下都能够表示成幂函数……当我们采取了某种通法, 这【避免陷阱】并不太难; 但是我不得不非常谨慎, 因为没有严格证明(也就是根本没被证明)的命题已经在我心里扎根, 导致的结果就是我总是会冒着不做进一步检查就直接使用它们的风险。这些细节我会在克列尔先生出版的杂志中详谈。

紧接着这段文字, 他对自己在柏林受到的待遇表达了感激之情。"只有个别人对我感兴趣, 这是事实, 但是这少数的几个人对我来说无比珍贵, 因为他们向我表示了太多的友好。或许我能以某种方式回报他们对我的期待, 因为一个行善的人看到他的努力都白费一定是很难受的。"

之后他讲述了克列尔是如何请求他在柏林永久定居的。克列尔已经使出了他全部的人事管理学才干, 将这位挪威人阿贝尔推荐到一个柏林大学的教授席位。这就是1826年的德国。阿贝尔当然已经很出色了, 而且他所具备的才能表明, 他就是高斯最有可能的在数学上的继承人。他是外国人这一点儿也没有什么影响；1826年的柏林要的是最优秀的数学人才。一个世纪以后，数学物理学当中最优秀的人才似乎也不够好了，柏林很强制性地驱逐了爱因斯坦。我们就是这样进步的。不说了，还是回到乐观的阿贝尔吧。

一开始我想着从柏林直接到巴黎，一直以为克列尔先生会与我同行而感到高兴。但是克列尔先生有事不能去了，我不得不独自前往。现在我被改造得很彻底，再也不能忍受孤独了。独自一人，我精神沮丧，脾气也变坏了，我几乎不想工作。所以我对自己说，和伯克先生（Mr. Boeck）一起去维也纳会好得多，而且对我来说这趟旅行也有道理，因为在维也纳有利特罗（Littrow）、布尔格（Burg），还有其他好些人，他们都是货真价实的出色的数学家；再加上，我的一生中可能只会有一次这种说走就走的旅行。我这样一个想看看南方生活的愿望，有人会觉得不合理吗？我可以一边旅行，一边足够刻苦地工作。一旦到了维也纳，从那里去往巴黎，穿瑞士而过的这条路就几乎是条捷径了。我为什么不能顺便领略一下瑞士的风光呢？我的天！我，即便是我，也对自然界的美好充满着向往，和其他人一样。这样整趟旅行下来会让我抵达巴黎的时间推迟两个月，如此而已。我可以很快地追上这段时间落下的进度。你不认为这样一趟旅行会对我有益处吗？

于是阿贝尔去了南方，把他的杰作留给柯西照看，之后转呈给科学院。多产的柯西一边忙着生产他自己的蛋一边为这些鸟蛋"咯咯"地抱怨，说他没有时间照顾这颗由最谦逊的阿贝尔安置在他的巢里的名副其实的凤凰蛋。阿歇特——这位只配给数学家洗咖啡壶的人，在1826年10月10日将阿贝尔的《论非常广泛的一类超越函数的一般性质》

呈交给巴黎科学院。这就是勒让德后来用贺拉斯（Horace）的话比喻成"比青铜更坚牢的纪念碑"的一项工作，也是埃尔米特所说的阿贝尔给未来多少代数学家留下的值得研究500年的工作。它是现代数学所取得的最高成就之一。

这篇论文交上去之后怎么样了呢？勒让德和柯西被任命为评阅人。那时勒让德74岁，柯西39岁。那位老长官正在失去他的锐气，而那位新首领正处在他自我中心的顶峰。勒让德（在1829年4月8日给雅可比的信中）抱怨道："我们感到这篇论文的字迹几乎看不清楚；它是用淡得几乎是白色的墨水书写的，字母写得也很潦草；我们两人一致认为，应该要求作者送一份更整齐的版本来让我们评阅。"这是个什么神奇的借口！柯西把论文拿回家，不知放在什么地方，之后又把它完全抛在了脑后。

健忘的结果能比得上这种惊天壮举的，恐怕我们只能想象一位埃及古物学家遗失了看家的罗塞塔石碑（Rosetta Stone）[1]。后来这篇论文奇迹般地在阿贝尔死后又重见天日。雅可比从勒让德那里听说过它，因为阿贝尔回到挪威后曾经与勒让德通过信，在一封记着1829年3月14日的信上，雅可比激动地写道，"阿贝尔先生的发现是怎样的一个发现啊！……有谁曾看见过像这样的作品吗？但是这样的发现，这个可能是我们这个世纪创造出来的最伟大的数学发现，两年前就交给你们科学院了，你的同事们怎么就没有注意到呢？"这番质问传达到了挪威。长话短说，挪威驻巴黎的领事就这份遗失的手稿提出了外交抗议，

---

1. 罗塞塔碑为1799年在尼罗河口的罗塞塔城郊发现的埃及古碑，上刻埃及象形文、俗体文和希腊文三种文字。该碑的发现为译解古埃及象形文字提供了钥匙。（译者注）

于是柯西在1830年把它翻了出来。它最终被发表了出来，但此时已经是1841年，它发表在《法兰西科学院著名科学家论文集》第7卷，176至264页。但不知是编辑还是印刷人员，还是各方都不尽职，在一系列小事上粗鲁地为这篇史诗般的著作穿戴冠冕，成功地在校样被刊载之前把手稿丢失了。[1]科学院（在1830年）通过将数学最高奖一同授予阿贝尔和雅可比表达了对阿贝尔的歉意。然而，阿贝尔在此之前去世了。

这篇论文开始的几段文字指出了它的范围。

数学家迄今为止研究过的超越函数，数目非常之少。事实上，整个超越函数理论简化成了对数函数、三角函数和指数函数的理论，而这些函数说到底只形成了一种单一的类别。直到最近，其他一些函数才进入人们的考察范畴。后来所研究的函数中，椭圆超越函数占据首位，它们的一些精巧又显著的性质是勒让德先生发展起来的。在作者[阿贝尔]有幸呈交给科学院的论文中，他研究了一类非常广泛的函数类别，即所有导数可以由系数为单变量有理函数的代数方程来表示的函数，他已经证明了这些函数的性质类比于对数函数和椭圆函数的性质……他又得到了以下定理：

如果我们有这样的一些函数，它们的导数可以是同一个代数方程的根，方程所有的系数均为单变量有理函数，那么我们总是能够用一个代数和对数组成的函数来表示任意多个这种函数的和，只要我们在上述函数的变量之间构造一定数量的代数关系就可以做到。

---

1. 利布里（Libri），一位自封的数学家，这篇论文的整个印刷过程他都在场，他加上了一个"在科学院的许可下"自命不凡的脚注，承认已故的阿贝尔的天才。这是最后一根稻草：科学院可以公布全部事实，或者保持沉默。但是无论如何，必须维护一个妄自尊大的庸人的荣誉和尊严。最后，我们可以回想起，当利布里在那里转来转去的时候，宝贵的手稿和书都莫名其妙地不见了。（作者注）

这些对应关系的数量完全不依赖于函数的数量，而只取决于所研究的特定函数的性质……

阿贝尔这样简单描述的定理就是今天俗称的阿贝尔定理[1]。人们称他对此定理的证明只不过是"积分学中的一道了不起的练习题"。就像在他的代数研究中一样，阿贝尔在他的分析学中也是用极其简练的过程得到了他的论证。可以毫不夸张地说，这个证明是任何认真学完了微积分学初等课程的17岁孩子都能理解的。阿贝尔本人简明、经典的证明中毫无夸张、虚饰的成分。同样的话却不能去评价一些19世纪在这一原始证明基础之上的推广过程，或是从几何学角度的证明。阿贝尔的证明就如同一尊菲狄亚斯（Phidias）的雕像；其他人的证明则像一座哥特式教堂，被爱尔兰式的蕾丝花边、意大利节日里的五彩纸屑和法式甜点层层包围。

阿贝尔的开场白中可能存在一个被人误解的地方。阿贝尔无疑只是在对一位老者善意地表示礼貌，这位老人在他们第一次见面时就教导过他——是居高临下的贬义意味，然而他自己尽管将悠悠岁月的大部分工作时间都用在了去研究一个重要问题上，却还没有将它研究透彻。阿贝尔字里行间可能暗示着勒让德讨论过椭圆函数，但这并非事实；勒让德花费了他一生中的绝大部分时间所研究的问题是椭圆积分，它与椭圆函数的差别就像一匹马和它所拉的车的差别一样，而这个恰恰是阿贝尔对数学做出的其中一项最伟大贡献的关键和源头。对于在中

1.并非有关幂级数敛散性的定理，而是后期阿贝尔积分和阿贝尔函数的理论基础，是对椭圆积分加法定理的一个很广泛的推广。（译者注）

学课程中学习过三角函数的任何人来说，这个问题都很简单；为了避免对初等数学作冗长乏味的解释，在接下来马上要讲到的内容中这些将作为前提假设。

不过，为了那些将三角学全然忘记的人，可以将阿贝尔这一划时代进展的本质，即方法论，作这样的类比。我们提到过马车和马。把马车置于马的前面这个粗略的表达可以描述勒让德所做的事；而阿贝尔看出，如果马车要向前移动，必须将马置于马车前。再举一个例子：在弗朗西斯·高尔顿对贫穷和长期酗酒之间关联的统计学研究中，他被自己公平的心所驱使，重新调查了义愤填膺的道德学家和经济改革运动家们，怀着别有用心的企图评价这类社会现象时所说的所有自以为是、老生常谈的结论。高尔顿并没有假定人们的堕落起因于他们过度饮酒，而是将这个假设进行颠倒，先暂且假定人们饮酒过量是因为他们没有从他们的祖先那里继承到道德观念，简短来说，就是因为他们是堕落之人。高尔顿无视改革家们一切空洞的说教，紧紧抓住了一个科学的、客观的、切实可行的假说，让他能够将公正的数学方法应用在这个假说上。他的研究成果还未得到社会公认。目前在这里我们只需注意到一点，就是高尔顿像阿贝尔一样，把他的问题颠倒过来了——把它从里到外、从上到下、从前到后地扭转了一下。好比海华沙（Hiawatha）和他的神奇手套[1]，就这样被高尔顿把皮面翻到里面，把里子翻到外面了。

这一切绝不是显而易见或是不值一提的事，这是数学发现（或发

1.海华沙为英国著名诗人朗费罗（Henry Wadworth Longfellow，1807-1882）的长诗《海华沙之歌》中的印第安英雄，是位神箭手，有一双让他力大无比的神奇的鹿皮手套。（译者注）

明）史上人们所构思出来的最强大最有震撼力的方法之一，阿贝尔是第一个有意识地将它作为研究工具去使用的人。"你必须经常反过来思考"，当被问到数学发现的秘诀是什么，雅可比如是说。他是在回忆他和阿贝尔是如何做的。如果一个问题的解开始陷入绝望的境地，试着把这个问题颠倒过来，把目标结论作为依据，把条件作为问题。因此，如果我们发现当把卡尔丹（Cardan）[1] 看作是他父亲的一个儿子时，他的性格无法理喻，那就转换一下重点，反过来思考，看看当我们把卡尔丹的父亲作为他儿子的造就者和赋予者来分析时，我们得到些什么。将思路集中在"赋予"上，取代对"继承"的研究。现在我们回到对那些还记得一些三角学知识的人要说的事情上。

　　假设数学家们眼拙到看不出，在加法公式和其他的地方，sinx、cosx和其他的正三角函数，比$\sin^{-1}x$、$\cos^{-1}x$这些反三角函数使用起来更简洁。试回想，用x和y的正弦和余弦将sin（x+y）展开的公式，并且将它与用x和y将$\sin^{-1}$（x+y）展开的公式作比较[2]，是否前面的公式比后面的公式要更简单、更优美、更"自然"得多呢？简直没有可比性。现在，在

---

1. 卡尔丹（1501-1576），意大利数学家，文艺复兴时期的学者，著述甚多，性格古怪，品行不端。参见M·克莱因（M.Kline, 1908-1992）著《古今数学思想》中译本，第1卷，254-256页（上海科学技术出版社）。（译者注）

2. 正三角函数和差角公式：

$$\sin(x+y) = \sin x \cos y + \cos x \sin y \,,$$

反三角函数和差公式：

$$\arcsin(x+y)$$

$$= \arcsin \sqrt{[(1+P-\sqrt{Q})/2]} + \arcsin \sqrt{[(1-P-\sqrt{Q})/2]}$$

$$\arcsin(x-y)$$

其中 $Q = x^2 + y^2 - 2x - 2y - 2xy + 1$。（译者注）

$$P = x^2 - y^2$$

积分学中, 反三角函数自然地以简单 (二次) 代数无理式的定积分的形式呈现出来; 当我们试图利用积分学求圆的一段弧长时, 就出现了这样的积分形式。假定一开始反三角函数就以这种方式出现, 那么考虑将这些函数的反函数, 也就是熟悉的三角函数本身, 作为要去研究和分析的已知函数, 不是 "更自然" 吗? 这是毫无疑问的; 但是在众多更高深的问题中, 最简单的问题是用积分求一个椭圆的弧长, 棘手的反 "椭圆" 函数 (不是 "圆" 函数, 在求圆的一段弧长的问题中那样) 首先就出现了。这让阿贝尔明白, 应该把这些函数 "反" 过来, 加以研究, 恰恰就像用 sinx、cosx 代替 $\sin^{-1}x$、$\cos^{-1}x$ 的例子。很简单, 不是吗? 然而勒让德这位伟大的数学家, 在他的 "椭圆积分" (他的问题中这一棘手的 "反函数") 上耗费了超过 40 年的时间, 却一次也没有怀疑他应该反过来思考。[1] 用这一极其简单又颠覆认知的观点看待一个貌似简单、实则深奥的问题, 就是 19 世纪最伟大的数学进展之一。

但是, 所有这一切只不过是阿贝尔在他那妙不可言的定理和他在椭圆函数的研究上所做之事的开始, 尽管这个开始就是如此地惊天动地——仿佛吉卜林 (Kipling) 所描绘的 "破晓如电闪雷鸣一般出现了"。[2] 三角函数或称圆函数有一个单一的实周期, 使得 $\sin(x+2\pi)$ = sinx, 等等。阿贝尔发现他的由一个椭圆积分的反函数得到的新函数,

---

1. 在发现的先后顺序这个问题上, 我跟从米塔-列夫勒的观点, 认为优先权归于阿贝尔, 而不是阿贝尔和雅可比作出的 "共同发现"。从我对于所有已经发表的证据所进行的一番全面的了解, 我深信阿贝尔的所有权是无可争议的, 虽然雅可比的同胞们持相反的看法。(作者注)

2. 拉迪亚德·吉卜林 (1865-1936), 英国作家, 诗人。引文出自其诗《曼德勒》(Mandalay, 缅甸城市), 原文为: An' the dawn comes up like thunder outer / China' crost Bay! (译者注)

恰好有两个周期,它们的比值是虚数。在这以后,在阿贝尔这一研究方向的继承者们——雅可比、罗森海因(Rosenhain)、魏尔斯特拉斯、黎曼,和许许多多其他的数学家——深入地钻研阿贝尔的伟大定理,他们通过延续并发展他的思想,发现了一些具有2n个周期的n个变量的函数。阿贝尔本人很深入地探索了他的发现。他的后继者们把整个这项工作应用到几何学、力学、部分数学物理学和一些数学的其他分支中,解决了一些重要的问题,而没有阿贝尔所开创的这项研究,这些问题都将无法解决。

在巴黎期间,阿贝尔为了医治他原以为只不过是顽固性感冒的症状,去看过几位医术高明的医生。他被告知患上了肺结核。他拒绝相信这个结果,他擦去了靴子上附着的巴黎的泥土,回到了柏林暂住。他的钱花得所剩无几了:全部财产大概只有7美元。他写了一封加急的信件,延误了几天之后,从霍尔姆伯那里借来了一笔钱。决不能认为阿贝尔是一个长期借钱又没有希望还钱的人。他有充分的理由相信,他回国后会有一个支付薪水的工作。而且,也还有应该付给他的钱。从1827年3月直到5月,阿贝尔靠霍尔姆伯的大约60美元借款维持生活并从事研究。5月之后,他所有的来源都用尽了,便启程回乡,到达克里斯蒂安尼亚时身无分文。

但是一切都会很快地好起来,他怀揣着希望这样想着。大学工作的橄榄枝想必很快就会向他抛来。他的才能已经开始得到承认。大学里有一个空缺的席位。阿贝尔并没有得到它。霍尔姆伯很不情愿地接受了这一空缺的席位,他原想让阿贝尔担任这个位置,但是学校当局威胁说,要是他不接受,就找一个外国人来担任,这样他才勉强接受了下来。决不能责怪霍尔姆伯。尽管阿贝尔已经充分证明了他的教学能力，校方却认为霍尔姆伯是个比阿贝尔更好的教师。凡是熟悉美国现阶段教育学理论的人，都完全能懂得这种情形，因为这种教育学理论是由专门的教育学院提出来的，认为对他所教的东西知道得越少的人，教得越好。

然而情况确实明朗起来。大学付给了欠阿贝尔的旅费差额，霍尔姆伯也把学生送到他这里来。天文学教授有事离开，建议雇用阿贝尔承担他的部分工作。一对家境富裕的夫妇——谢尔德鲁普一家（Schjeldrups）收留了他，像对自己的儿子那样对待他。但是即便有了这一切，他还是无法从靠他养活的一家人的负担中脱身。直到最后他们都一直依赖着他，留给他自己的东西几乎一无所有，可是直到最后，他也从没有说过一句不耐烦的话。

到了1829年1月中旬，阿贝尔知道自己活不长了。大出血的迹象是无法否认的。"我要努力地活下去！"意识模糊时他这样喊道。但是在大多数平静的时刻，他筋疲力尽又试图要去工作，他又会意志消沉地说，"多像一只奄奄一息的鹰，抬头看向太阳。"他知道自己只有几个星期好活了。

阿贝尔在弗罗兰的一个英国人家里度过了他最后的日子，他的未婚妻（克雷利·肯普）在那里当女管家。他最后的思考是在为她的未来做打算。他写信给他的朋友基尔豪（Kielhau），"她并不美丽，她有红发和雀斑，但她是一个可敬的女人。"阿贝尔希望，在他死后，克雷利和基尔豪能结为夫妻；虽然这两个人从未谋面，他们仍像阿贝尔半开玩笑提议的那样结婚了。直到最后，克雷利始终坚持不在别人帮忙下自己照顾阿贝尔，"这样就能独自拥有这些最后的时刻"。1829年4月6日凌晨,他去世了,时年26岁零8个月。

阿贝尔死后两天,克列尔来信说他的协商终于成功了,阿贝尔将被任命为柏林大学的数学教授。

第十八章 伟大的算术学家
雅可比

电镀技术与数学。出身富裕。雅可比的哲学才能。献身数学。早起工作。一无所有。狐群中的一只鹅。艰难时期。椭圆函数。它们在普遍发展中的地位。颠倒过来。在算术、力学、代数和阿贝尔函数中的工作，傅里叶的武断意见。雅可比的反击。

现代分析代替计算思想是日益显著的倾向；然而还是有一些数学分支，在其中计算保持着它的权利。

——P·G·勒热纳·狄利克雷

雅可比这个名字经常出现在科学界中，但并不总是指同一个人。19世纪40年代，一位臭名昭著的雅可比——M·H·雅可比[1]——有了一个跟他相比之下默默无闻的弟弟C·G·J·雅可比，这位小弟弟在当时的名气只及M·H·雅可比的十分之一。时至今日，局势颠倒了过来：C·G·J·雅可比将流芳百世——照目前的情况来看非常乐观，M·H·雅

1.Moritz·Jacobi，莫里兹·冯·雅可比，因工程师和物理学家而出名。（译者注）

可比则迅速退居至无人问津的状态。M·H·雅可比作为红极一时的电铸法骗术的创始人而成了名；C·G·J·雅可比的成名则是基于数学，比他哥哥的领域要冷门很多却在圈内享有更大的名气。在这位数学家生前，人们总是把他和他更有名的哥哥搞混，更有甚者，人们会为他与那位真诚行骗的"蒙古大夫"有

雅可比

这种偶然的亲戚关系而向他献上祝贺。最后，C·G·J·雅可比感到忍无可忍。"对不起，美丽的夫人，"当一位M·H·雅可比的铁杆粉丝夸奖完他有一个如此出类拔萃的哥哥时，他反驳道，"但我就是他。"要是在其他场合，估计C·G·J·雅可比会脱口而出，"我不是他的兄弟，说他是我的兄弟才对。"名气在当今社会给有血缘关系的人所带来的影响，这里就是个体现。

卡尔·古斯塔夫·雅可布·雅可比（Carl Gustav Jacob Jacobi）于1804年12月10日出生在德意志普鲁士的波茨坦，他是富有的银行家西蒙·雅可比（Simon Jacobi）和他的妻子（姓勒曼）所生的第二个儿子。这一家共有4个孩子，3个男孩儿分别叫莫里茨（Moritz）、卡尔（Carl）和爱德华（Eduard），还有一个女孩儿名叫特蕾泽（Therese）。卡尔的第一位老师是他娘家的一个舅舅，他教给这孩子古典文学和数学，为他在1816年12岁时考入波茨坦文理中学作准备。一开始，种种迹象就表明雅可比是个"全面的人才"，当他于1821年从该校毕业去柏林大学时，中学校长就用了这么一个词去评价他。要不是数学对雅可比产生了更强烈地

吸引力, 他可以轻而易举地在哲学上造成更大的反响, 这一点和高斯相像。雅可比厌恶通过死记硬背、套用方法的方式学习数学, 提出要通过自己的方式去研究, 在这件事上经过一番长时间的争执之后, 他的老师 (海因里希·鲍尔, Heinrich Bauer) 看出这孩子具备数学天赋, 于是允许了雅可比自行研究。

青年时期的雅可比在数学方面的进展与他更伟大的对手阿贝尔在某些方面出奇地相似。雅可比也是在向数学大师们求教。欧拉和拉格朗日的著作教给了他代数和分析, 并把他带到了数论的面前。这段最早期的自我教育将会给予雅可比——在椭圆函数领域——第一项出色的工作成果以明确的方向, 因为欧拉, 这位设计巧妙的大师, 将雅可比培养成为了他最杰出的继承人。就复杂的代数中纯粹的运算能力而言, 欧拉和雅可比无人能及, 除非是那位印度数学天才拉马努金 (Srinivasa Ramanujan), 他是我们本世纪产生的一位数学天才。阿贝尔也可以做到像大师一样对公式运算游刃有余, 如果他愿意的话, 但是他的天资更达观, 与雅可比的相比少了形式化。阿贝尔在坚持严格性这一点上, 天生比雅可比更接近于高斯——不是雅可比的工作缺乏严格性, 它并不缺乏, 而是它的灵感看来是形式主义的, 而不是严格主义的。

阿贝尔比雅可比大两岁。雅可比不知道阿贝尔在1820年解决了一般五次方程问题, 他在同一年试图得出一个解答, 他把一般五次方程简化为 $x^5-10q^2x=p$ 的形式, 并且指出这个方程的解可以由某个十次方程的解推出来。虽然这个尝试失败了, 但是雅可比从中学到了许多代数知识, 他认为这是他的数学教育中重要的一步。但是他似乎没能像阿贝尔一样想到, 一般五次方程可能从代数上无解。雅可比这方的失察也好, 或者想象力上的缺失也好, 不管我们愿意叫它什么, 是他与阿贝尔之间有代表性的差别。雅可比的思维极其客观，在他豁达包容的天性中不存在一丁点儿猜疑或嫉妒，雅可比本人在谈到阿贝尔的一篇著作时是这样评价的，"我的赞誉无法言说出它的精彩，就像它是我自己的文章所无法企及的。"

雅可比在柏林的学生时期从1821年4月延续到1825年5月。前两年的时间里，他把时间大致平均地用在哲学、语言学和数学上。在语言学的研究班上，雅可比引起了P·A·伯克（P·A.Boeckh）的注意并且得到了他的青睐，伯克是一位有名望的古典文学学者，（在众多作品中）他出过一本优秀的品达（Pindar）[1]诗集。伯克没能转变他最有前景的学生的心意，让古典文学研究成为他毕生的兴趣，这对数学界是一大幸事。大学里的数学不能为一位满怀抱负的学生提供很多东西，于是雅可比继续私下学习大师们的著作。大学里的数学讲座被他简明扼要又恰如其分地总结成是废话。雅可比说话通常就是这样，耿直却切中要害，尽管当需要把某位当之无愧的数学界朋友巧妙地捧到他理所应当的位置上时，他也知道怎样像任何一个奉承者那样迎合得不留痕迹。

当雅可比正勤勤恳恳地使自己成为一个数学家的时候，阿贝尔已经在引导雅可比成名的同一条路上开了个好头。阿贝尔在1823年8月4日写信给霍尔姆伯，说他正忙于研究椭圆函数："你还记得，这项小工作是涉及椭圆超越函数的反函数的，然后我证明出了一些【貌似】不可能得证的东西；我拜托德根（Degen）尽快把它从头到尾读一遍，但是他找不出错误的结论，也不知道错在哪里；天知道我怎样才能让自己解脱。"可巧的是，雅可比最终下定决心将一切精力都用在从事数学的时

1.品达（公元前518- 前438），古希腊抒情诗人。（译者注）

候，和阿贝尔写这封信的时间几乎一致地吻合。20岁左右的年轻人之间两年的差距（阿贝尔21岁，雅可比19岁）比老年人的二十年差距还要多。阿贝尔风驰电掣地冲出了起跑线，但是，雅可比很快追赶了上来，还不清楚在这场竞赛中自己有一位竞争者。雅可比第一篇伟大的成果在阿贝尔的椭圆函数领域。在探讨这项工作以前，我们应该先概述他繁忙的一生。

雅可比决定把他的全部精力投入到数学中后，便写信给他的舅舅勒曼，告诉他对于所承担下来的工作量的预估。"欧拉、拉格朗日和拉普拉斯的著作堆砌而成了一个庞然大物，如果一个人不单单只想在它的表面搜索一番，而是要深入洞察它内在的本质，则要求他拥有最惊人的力量并进行最艰苦的思考。要制服这个庞然大物而不怕被它粉碎，则要求一种既不允许休息、也不得安宁的紧绷状态，直到你站上它的顶端，俯瞰整项工作为止。只有当一个人悟透了它的精髓，才有可能公正且平静地接下去研究，完成它的细节部分。"

雅可比这样宣布了甘心服苦役以后，立刻成了数学史上的一个最拼命的工作者。一个胆小的朋友向他抱怨科学研究太艰苦，可能会对健康造成损害，雅可比在给他的回信中驳斥说：

"这是当然！有时候过度地工作确实危及了我的健康，但那又怎样呢？只有卷心菜才没有神经，没有焦虑。可它们从它们全然享乐的生活中又得到了什么呢？"

1825年8月，雅可比以一篇关于有理分式及相关议题的毕业论文获得了他的博士学位。这里无须阐释这篇论文的内容——它没有多大意思，现在只是代数或积分学进阶课程中的一个小问题。虽然雅可比解决了他的论题的一般情形，并且在运用公式方面独出心裁，但是不能说这篇论文展示了任何明显的独创性，或是为作者非凡的天赋给出了任何明确的提示。在雅可比的博士学位考试期间，他同时也圆满完成了他的教师职业训练。

取得学位以后，雅可比在柏林大学讲授微积分在曲面和空间曲线上的应用（简单来说，空间曲线就是曲面的交线）。从最开始的几节课就可以明显感到雅可比是一位与生俱来的教师。后来，当他开始以惊人的速度发展自己的思想时，他成为了他在职期间最鼓舞人心的数学老师。

一所大学里，数学老师通过教授他自己近期的发现，让学生们真切地看到一个新的研究成果在他们眼前发生，从而让他们得到训练，雅可比似乎是长此以往这样做的第一人。他相信把年轻人扔进冰水里这个理论，他们学会游泳也好淹死也好，一切都自己来。很多学生都是直到掌握了所有的知识才肯尝试独立做一些工作。结果就是只有极少数人才能获得独立工作的能力。雅可比反对这种拖拉的治学方法。一个学生总是想等他学到更多的东西而再去做工作，为了让这个有天赋却缺乏自信心的学生明白这个道理，雅可比用下面这个比喻表达着他的观点。"要是你的父亲坚持先了解完世界上所有的姑娘，然后再跟一个姑娘结婚，那他就永远结不了婚，你现在也就不会在这儿啦。"

雅可比的全部人生几乎都花在了教学和研究上，除了接下来要讲到的一个可怕插曲（他在政治上的尝试），以及偶尔出席英国和欧洲其他国家举办的学术会议，还有在极度紧张的工作之后为了恢复健康而安排的强制性休假以外。根据他的一生所列的大事年表不会让人感到振奋非常——一位专职科学家的年表很少能做到这一点，只有他自己深有体会。

雅可比教书育人的天分让他于1826年稳稳坐上柯尼斯堡大学讲师的职位，此时距离他在柏林大学授课仅仅过去了半载。一年以后，雅可比在数论方面发表的某些研究成果（有关三次互反率；可参见高斯的章节）惊动了高斯，获得了他的称赞。由于高斯不是一个容易被惊动的人，教育部立即引起了注意，他们将雅可比升职为副教授，一下子超过了他的同事们——对一个23岁的年轻人来说，这可是相当大幅度的晋升。自然而然，那些被他跨过去的人对这次晋升感到不满；但是，当两年之后（1829年），雅可比发表了他的第一篇著作Fundamenta Nova Theoriae Functionum Ellipticarum（《椭圆函数理论的新基础》），也是这些同事首先表示之前所给的奖励都是再公正不过的，并向这位才华横溢的年轻同事献上祝贺。

1832年，雅可比的父亲去世了。直到这天到来之前，他都不必为了生计考虑什么。他的富裕日子又持续了大约8年光景，当1840年来临时，他们家破产了。雅可比在36岁的年纪变得一无所有，而且还必须要供养他同样也一无所有的母亲。

一直以来，高斯都在持续关注雅可比有些什么大的动向，这不仅仅是出于科学兴趣，也因为雅可比的许多发现与他自己年轻时的一些从未发表过的发现有重叠的部分。（据说）他还私下里和这位年轻人见过面：1839年9月，雅可比为了恢复健康去马里安温泉休假完后，在返回柯尼斯堡途中去拜访过高斯（但是关于这次访问没有留下任何记录）。看来高斯似乎担心雅可比经济上的破产会对他的数学产生灾难性的影响，但是贝塞尔（Bessel）的话消除了他的疑虑："所幸这样的天赋是不会被摧毁的，不过我还是希望他有金钱保障所带来的自由。"

失去财产对雅可比的数学没有产生一丝一毫的影响。他从不提及他的不幸，而是继续一如既往地勤勉工作。1842年，雅可比和贝塞尔参加了在曼彻斯特举行的英国协会的会议，德国的雅可比和爱尔兰的哈密顿在这里见面了。继续从事哈密顿有关动力学的工作将成为雅可比一生当中最大的荣耀之一，在某种意义上，继续这项工作就是在完成这位爱尔兰人为了某个空想而抛弃的东西（当我们讲到它的时候就知道它是什么了）。

在他职业生涯的这个时刻，雅可比突然想要绽放成为一个比纯粹的数学家更光鲜亮丽的人物。为了使我们在继续讲到他的科学生涯时故事是连贯的，我们把这位著名数学家唯一一次在政治上的不幸遭遇在这里讲完。

从1842年那次旅行回来后的第二年，雅可比由于工作过度而彻底累垮了。19世纪40年代，德意志的科学进展掌握在一些之后会联合成德意志的小邦国的手中，他们的君主和国王是仁慈的。普鲁士的国王就是雅可比的一位守护神，他似乎对雅可比的研究给本国带来的荣誉非常看重。因此，当雅可比病倒时，这位仁慈的国王便力劝他到气候温和的意大利度个假，愿意休息多长时间就休息多长时间。雅可比与博查特（Borchardt，我们将在后面讲到魏尔斯特拉斯时一起讲他）、狄利克雷，在罗马和那不勒斯一起休假5个月以后，于1844年6月回到柏林。他现在得到准许可以在柏林住到身体完全康复，但是出于妒嫉，柏林大学没有给他授予教授职位，尽管作为一名科学院院士他可以讲授他选择的任何课程。此外，这位国王还真真切切地自掏腰包，赠予雅可比一笔很大的津贴。

领受了国王所有的慷慨之举以后，人们原以为雅可比会继续将他的数学研究坚持下去。但是在他的医生极为愚蠢的劝告之下，他开始"为了对他的神经系统有益处"而介入政治。还从来没有哪个医生给他无法诊断出疾病的病人开出过比这更白痴的处方呢。雅可比吞下了这剂药。当1848年争取民主的大动荡开始爆发时，雅可比从政的时机成熟了。在一个朋友的劝告下——顺便一提，这个人碰巧是二十几年前雅可比升职后被压在下面的那些人之一——这位朴实无华的数学家步入了政界，恰如那位天真无知又肥美诱人的唐僧踏进了妖精的老巢。他们抓住了他。

雅可比那位花言巧语的朋友介绍他加入一个温和自由派的俱乐部，俱乐部选举他作为参加1848年5月大选的候选人。但是他从不了解议会的内部情况。他在加入俱乐部之前所表现出的雄辩口才让俱乐部中比较聪明的成员怀疑，雅可比不适合做他们的候选人。这看来完全有道理，他们指出，雅可比这个领取国王津贴的人，有可能是他现在所自诩的自由主义者，但他更可能是一个两面讨好的人，是个叛徒，是保皇党人的密探。雅可比发表了一篇动人的讲话，驳斥这些卑劣的、含沙射影的攻击，这篇讲话充满了无可反驳的逻辑——却忘记了一个原则：对一个讲求实际的政治家来说，逻辑是世界上最无用的东西。他们让他作茧自缚。结果是败选。这场有关雅可比候选人资格的骚乱，闹得从柏林的啤酒店一直到柏林的藏酒窖都家喻户晓，也没能对他的神经系统起到任何好处。

更糟糕的还在后面。谁能因为教育部官员在接下来的5月份询问了雅可比的健康是否已经恢复到足以让他安全返回柯尼斯堡的地步而指责这位官员呢？谁又敢质疑几天之后他从国王那里获取的津贴也停止发放的这件事呢? 毕竟, 哪怕是一国之君, 当碰到恩将仇报时, 也是可以发发脾气的。更何况雅可比绝望的困境足以激起任何人的同情。已经成家又几乎身无分文的他, 得养活7个幼小的孩子再加上他的妻子。一位住在戈塔(Gotha, 德国城镇)的朋友收留了他的妻儿, 而雅可比则隐居在旅店一间昏暗肮脏的房间里面, 继续着他的研究工作。

他时年45岁(1849年), 是欧洲除了高斯之外最著名的数学家。维也纳大学听说了他的窘境, 开始设法把他挖过去。这里有一个有意思的细节, 是阿贝尔在维也纳的朋友利特罗在这件事的协商中起了主要作用。最后, 在提出明确而丰厚的条件后, 亚历山大·冯·洪堡[1]说服了怒气冲冲的国王; 津贴恢复了, 于是德意志得以留住了它的第二个伟大人物雅可比。他留在柏林, 再次得宠, 但绝不再沾染政治。

人们已经给予椭圆函数这个课题看上去应当占有的研究份额, 也就是雅可比做出他第一项伟大工作的领域; 因为毕竟, 它在今天充其量只算是单复变量函数更为广阔的理论中的一个细枝末节而已, 而单复变量函数理论作为一项鲜活有趣的课题, 也轮到它正在从瞬息万变的舞台上谢幕。由于在接下来的几章中还会多次提到椭圆函数理论, 我们将试着对它明显与之不匹配的重要地位给出一个简要的说明。

单复变量函数理论曾是19世纪数学最主要的研究领域之一, 没有任何一位数学家会对此提出异议。至于为什么这一理论具有如此的重要性, 这里我们要复述其中一个原因。高斯已经指出, 复数对于求解每

1.Alexander·Von·Humboldt, 德国著名科学家, 涉猎广泛, 与李特尔同为近代地理学的主要创始人。(译者注)

一个代数方程都是既必要又充分的条件。有没有一种数比复数还要更一般呢？这样的"数"又可能是怎样产生的呢？

我们可以不把复数看作是在尝试求解一类简单方程（如$x^2+1=0$）的过程中第一次出现的，我们也可以在另一个初等代数问题中看到它的起源，这个问题就是因式分解。为了把x^2-y^2分解成一次因式相乘的形式，我们不需要用到比正整数和负整数更神秘的东西：$(x^2-y^2)$$=(x+y)(x-y)$。但是对$x^2+y^2$提出同样的问题就需要用到"虚数"了：

$$x^2 + y^2 = (x + y\sqrt{-1})(x - y\sqrt{-1})$$。在此基础之上，向众多可能而未知的通路中的一个方向更进一步：我们可以寻找一下将$x^2+y^2+z^2$写成两个一次因式相乘形式的答案。此时有正数、负数和虚数就够了吗？还是为了解决这个问题，需要发明某一类新的"数"呢？后一种想法是对的。人们发现，为了得到必需的新"数"，通常的代数运算规则因为一个重要的细则而被瓦解："数"乘在一起的顺序不再是无所谓的事了；也就是说，对于新"数"，a×b等于b×a不再成立。当我们讲到哈密顿时，还会对此做出更多的说明。在这里我们只是想说，初等代数的因式分解问题迅速将我们引入了复数都不适用的领域。

如果我们坚持，必须让我们所熟悉的所有普通代数定律都可以适用在这些数上，那么可能得到的最一般的数是哪些？在这个问题上我们又能走多远？在19世纪后半叶，人们证明了，形如x+iy（其中x，y是实数，$i = \sqrt{-1}$）这样的复数是普通代数规则所满足的最一般的数。我们回想一下，实数相当于沿着一条固定的直线的正负两个方向上距离一个定点所量得的长度（可正可负），并且在笛卡尔几何中，按照y=f(x)的解析式画出来的函数f(x)的图像，为我们提供了一个实变量x

所对应的函数y的图像。对于17世纪和18世纪的数学家来说，他们脑海中的函数就是这种类型。但是，如果他们应用于这些函数的普通代数及其在微积分学中的推广，同样能对复数适用（在实数范围内对其运用是极端退化的情形），那么，早期的分析学家们发现的许多东西只是整个可能理论的不到一半的内容，就是再自然不过的了。特别是积分学提供了许多令人费解的不规则现象，这些现象只是到了运算领域被扩大到最大可能的程度，当复变量函数也被高斯和柯西采用了的时候，才得以消除。

在整个领域广泛且基础的发展中，椭圆函数的重要性怎么说都不为过。高斯、阿贝尔和雅可比，通过他们在椭圆函数理论——这一不可避免地出现复数的理论——上广泛和详尽的阐述，为单复变量函数理论中一般定理的发现和发展提供了一个试验场。这两个理论似乎命中注定要补充和完善彼此——这是有原因的，椭圆函数与二次形式的高斯理论之间深厚的联系也同样如此，不过对空间的考虑迫使我们去研究更高次形式。在椭圆函数中出现的那些适用范围更广的定理的特例形式，为一般理论提供了数不清的线索，要是没有这些线索，单复变量函数的理论就会比实际发展慢得多——学数学的读者可能会回想起刘维尔（Liouville）定理[1]，这个有关多重周期的整个课题以及它对代数函数及其积分的影响。如果19世纪数学的这些伟大的纪念碑中，一些已经退隐到昔日的迷雾之中，我们只需提醒一下自己，当下分析学中最有参考价值的一个定理——关于本质奇点邻域内的例外值的皮卡尔

1.复变函数中的基本定理，内容可简单描述为"一个有界的整函数（整个复平面上处处解析的函数）必是常函数"。（译者注）

（Picard）定理，就是用椭圆函数理论中产生出来的方法首次得以证明的。在对19世纪数学中椭圆函数重要性的原因进行了这样一番不完全小结之后，我们就可以继续谈论雅可比在这一理论的发展中所起到的主要作用了。

椭圆函数的历史很复杂，尽管它对专业人员来说相当有趣，却不大可能引起普通读者的兴趣。因此，对于接下来的概述，我们将略去它们所依据的证据（高斯、阿贝尔、雅可比、勒让德，以及其他一些人的通信）。

首先，有证据表明，阿贝尔和雅可比两人做出的一些最惊人的工作，高斯早在27年前就想到过了。高斯确实说过，"阿贝尔走的正是我在1798年走过的同一条道路。"任何人研究过高斯死后才发表的那些证据，都会承认这个断定是公正的。其次，阿贝尔在某些重要的细节上走在雅可比之前，但是雅可比是在完全不知道他的竞争者的成果的情况下做出了他伟大的开端，这些似乎也被公认。

椭圆函数的一个重要性质是它们的双周期性（阿贝尔于1825年发现）：如果$E(x)$是一个椭圆函数，则存在两个不同的数，如p_1，p_2，使得

$$E(x+p_1)=E(x), E(x+p_2)=E(x)$$

对于变量x的所有取值都成立。

最后一点就是，从历史角度来看，勒让德扮演了一个多少有些悲剧的角色。他在椭圆积分（而不是椭圆函数）上累死累活了40年，却没有留意阿贝尔和雅可比两人几乎立刻明白的东西，即只要颠倒他的角度，整个问题就会变得无比简单。椭圆积分首先出现在求椭圆的一段弧长这个问题中，在阿贝尔的章节那段有关"反过来"的文字后面，可

以加上接下来用数学语言作出的说明。这将更清楚地显示出勒让德错过的要点。

记R(t)表示t的一个多项式，如果R(t)是三次或是四次的多项式，那么形为

$$\int_0^x \frac{1}{\sqrt{R(t)}} dt$$

的积分，就称为椭圆积分；如果R(t)的次数高于四次，那么这个积分就叫作阿贝尔积分（因为阿贝尔的一些最伟大的工作有关这种形式的积分，所以这样的积分以阿贝尔的名字命名）。如果R(t)只有二次，那么这个积分可以很容易地用初等函数计算出来。特别地，

$$\int_0^x \frac{1}{\sqrt{1-t^2}} dt = \sin^{-1} x$$

（其中$\sin^{-1} x$读作"正弦值为x的一个角"）。就是说，如果有

$$y = \int_0^x \frac{1}{\sqrt{1-t^2}} dt$$

那么我们就把积分的上限x考虑成这个积分本身，也就是y的一个函数。这个问题的这种反演消除了勒让德40年间与之较量的大部分困难。在去掉了这个障碍之后，这些重要积分的真正理论几乎自行冒了出来——如同那根堵在当间的圆木被引导开后，受阻的圆木就会顺流而下了。

当勒让德领悟了阿贝尔和雅可比做的事，他由衷地给予了他们鼓励，虽然他知道，他们更简单的方法（反演的方法）让本应该是他自己用40年辛苦耕耘换来的杰出成果成为了废纸。对于阿贝尔来说，唉，勒

让德的赞扬来得太迟了，但是对于雅可比，这是一个使他超越自我的鼓励。在全部科学界的文学作品中最美好的一篇通信里，这位20岁出头的年轻人和这位70多岁经验丰富的老人都努力要在真诚的赞扬和感激方面互相胜过彼此。两人唯一不调和的地方，是勒让德直言不讳地表达了对高斯的轻视，而雅可比费了很多口舌为高斯辩解。由于高斯从来没有勉为其难地将他的研究结果发表出来——他曾经计划就椭圆函数这个问题完成一部鸿篇巨著，但阿贝尔和雅可比比他早先发表了出来——所以我们也不能因为勒让德持一种完全错误的观点而责怪他。因篇幅所限，我们只能省略掉从这篇美好的通信中摘抄的段落（这些书信被全文登载在雅可比的法文版《著作集》第一卷中）。

与阿贝尔共同创立椭圆函数理论只是雅可比巨大的产量中的一小部分，但却是非常重要的一部分。仅仅将他在不到四分之一个世纪的短暂工作生涯里他所完善的所有领域列举出来，所需的篇幅就会比像本书这样为介绍一个人所写的文字还要多，所以我们只能简单地提到他所做过的其他几项伟大工作。

雅可比是首位将椭圆函数理论应用于数论的人。之后这一方向会在追随雅可比的一些最伟大的数学家这里成为他们最喜爱的消遣。它是一个离奇深奥的课题，其中阿拉伯式的巧妙代数出其不意地揭示了普通整数之间迄今未曾料想的关系。雅可比正是使用这个方法证明出了费马的著名断言，即每一个整数1, 2, 3, …都可以写作4个整数的平方和（零也算作整数），不仅如此，他完美的分析过程也向他展现了任何一个给定的整数表示成这样一种和的形式时有几种方法。[1]

对于那些更在意实际应用的人,我们可以引证雅可比在动力学中的工作。在这样一个在应用科学和数学物理学两方面都具有根本重要性的领域,雅可比超越拉格朗日和哈密顿,做出了这个学科中首个重大进展。熟悉量子力学的读者会想起哈密顿-雅可比方程,在那个革命性理论的一些陈述中所起到的重要作用。他在微分方程中的工作开创了一个新的时代。

在代数中,他的许多成果我们只提一件,那就是雅可比把行列式理论简化成了现在每一位学习中学代数进阶课程的学生都很熟悉的简单形式。

对于牛顿-拉普拉斯-拉格朗日的引力理论,雅可比出色地研究了该理论中反复出现的函数,并把椭圆函数和阿贝尔函数应用到椭球间的引力上,从而对引力理论做出了重大的贡献。

他在阿贝尔函数中的伟大发现,具有更高程度的独创性。这样的函数产生于一个阿贝尔积分的反演中,正如椭圆函数产生于椭圆积分的反演(在本章前面的位置指出过这些专业的术语)。在这一问题上,他没有前人指导,并且有好长时间他都像迷失在一个迷宫中,找不到任何线索。在最简单的情形下,适当的反函数是有4个周期的两个变量函数,在一般情形下,这些函数有n个变量和2n个周期;椭圆函数相当于n=1。这个发现之于19世纪的分析学,如同哥伦布对美洲的发现之于15世纪的地理学。

1.当n是奇数时,表示方式的数量是8乘以n(包括1和n在内)的所有因子之和;当n是偶数时,表示方式的数量是24乘以n的所有奇因子之和。(作者注)

雅可比没有因为过度工作而过早地去世，即没有像他那些不及他勤奋的朋友所预测的那样，而是在47岁时死于天花（1851年2月18日）。我们可以引用他反驳那位伟大的法国数学物理学家傅里叶的话，来告别这位胸怀博大的伟人。傅里叶曾指责阿贝尔和雅可比两人在热传导中仍有一些问题有待解决时，两人把时间都浪费了在椭圆函数上。

"确有其事，"雅可比说，"傅里叶先生认为，数学的主要目的是公众的需要和对自然现象的解释；但是一个像他这样的哲学家应当知道，科学的唯一终点是人类思想的荣耀，他也应当知道，在这个观点之下，数的问题与关于宇宙体系的问题具有同等价值。"

如果傅里叶能够重返人间，他可能会对他原本为了"公众的需要和对自然现象的解释"而发明的分析学所发展成的现状感到厌恶。今天就数学物理学而言，傅里叶分析只是无限宽广的边值理论问题中的一个细枝末节，而傅里叶所发明的分析方法在纯数学中最纯粹的部分找到了它的重要意义和它的正当理由。这些现代研究者是否能说明"人类的思想"就是荣耀的，这个问题或许要留待专家们去考量——前提是，行为主义者们给人类思想成为荣耀还留下了些许空间。

第十九章 一个爱尔兰人的悲剧
哈密顿

爱尔兰最伟大的人。认真而不恰当的教育。17岁时的发现。独特的大学生涯。失恋。哈密顿与诗人。派往敦辛克。光线系统。《光学专论》。锥形折射的预测。结婚与酒精。域。复数。否定交换律。四元数。堆积如山的文稿。

在数学上他是更伟大的，

超过了第谷·布拉赫或埃拉·佩特（Erra Pater）；

因为他能用几何尺度

把啤酒瓶的尺寸量出。

——塞缪尔·勃特勒（Samuel Butler）

威廉·罗恩·哈密顿（Willam Rowan Hamilton）无疑是爱尔兰这片国土上诞生出的最伟大的科学家。在这里着重强调他的国籍是因为，在哈密顿不断研究的背后敦促着他的动力之一就是这个他曾经公开表达过的愿望：希望自己过人的天赋有朝一日能够为他的祖国母亲带来荣耀。有人声称他是苏格兰人的后代。哈密顿本人则坚持认为他是爱尔兰人，而苏格兰人自然也很难从爱尔兰最伟大、最雄辩的数学家身上看出任何苏格兰人的特征。

哈密顿的父亲是爱尔兰都柏林（Dublin）的一名初级律师。他四个孩子当中最小的一个，威廉·哈密顿，于1805年8月3日[1]出生，威廉还有两个哥哥和一个姐姐。他的父亲既是一位有着"激情澎湃的雄辩口才"的成功商人，也是一位狂热的宗教信徒，遗憾的是，他还有一个不能被忽略的身份，他是个喜欢推

哈密顿

杯换盏的交际者，他把所有这些特征都遗传给他的那位天之骄子了。而哈密顿超群的智力则很可能是从他母亲萨拉·赫顿（Sarah Hutton）那里继承来的，这位母亲的家族以聪慧的头脑而远近闻名。

在父亲家族这边，"无论口头还是笔头上"都强有力的雄辩口才就像一卷漩起漩涡的云，让这位快活的酒徒蹒跚着脚步出现在每一场派对上时，都能煽动起全场的氛围；然而，雄辩之云在叔叔詹姆斯身上却没有凝结成这么虚无缥缈的东西，威廉的叔父詹姆斯·哈密顿（Reverend James Hamilton）是大约距离都柏林20英里的特里姆村（Trim）的牧师。实际上，詹姆斯叔叔是一位熟练掌握多国语言、厉害到惨绝人寰的语言学家——希腊语、拉丁语、希伯来语、梵语、伽勒底

---

1. 他墓碑上的日期写的是1806年8月4日。实际上他是半夜出生的，因此出生日期上出现了这样的误区。哈密顿是个在这种小事上追求准确性的人，他选择8月3日作为自己的生日，晚年又出于某些感性的原因把生日改为8月4日。（作者注）

语（Chaldee）、巴利文[1]，以及天知道是什么的外国方言，从他的嘴里说出来都像在说欧洲大陆和爱尔兰现在更文明的语言一样流畅。对于不怎么走运又好学的小威廉来说，在他早期所受的大量极端错误的教育中，这位通晓各种语言的人起到的作用绝非一点半点，因为在3岁时已经显示出天才迹象的小威廉，这么小就被人从溺爱他的妈妈所给予的爱的屏障中拉走，被他多少有些愚蠢的父亲打发到詹姆斯叔叔那里去，在叔叔滔滔不绝的专业监护下浸泡在过剩的语言学习当中了。

哈密顿的双亲几乎没有怎么教养过他：母亲在他12岁时就去世了，父亲也在两年之后过世。将小威廉的才智浪费在习得毫无用处的语言上，抑或是在他13岁时就把他变成一个历史上最令人震惊的语言学怪物之一，这些功劳无论如何都应归功于詹姆斯·哈密顿。哈密顿没有在他误入歧途的牧师叔叔的教导下，变成一个正经得令人不能忍受的书呆子，说明他爱尔兰的传统认知观基本上是健康的。他所遭受的教育甚至很有可能把一个富有幽默感的孩子永久性地变成一头驴，更何况哈密顿还不是一个很有幽默感的孩子。

那个诉说着哈密顿孩童时期所取得成就的故事，读起来就像一篇非常拙劣的浪漫小说，但它记录的都是真实的：3岁的时候，他的英语阅读能力已经十分纯熟，算术方面也有相当的进展；4岁时，他是一个不错的地理学者；5岁时，他能阅读并翻译拉丁语、希腊语和希伯来语，还喜欢背诵德莱顿（Dryden）、柯林斯（Collins）、弥尔顿（Milton）和荷马（Homer）的大量作品——最后一位的作品用希腊语背诵；8岁

1.伽勒底语是旧约圣经中使用的古叙利亚语；巴利文是一种古印度文字，和梵文同时代并属于同一语系。（译者注）

时，他又在自己的“藏品”中增加了对意大利语和法语的熟练掌握，以及用拉丁语流利地即兴创作，当接地气的英语散文体（English prose）过于朴实无华，不足以表达他高昂激烈的情感时，他就用拉丁语的六韵步诗体，抒发他对爱尔兰目酣神醉的景色最真挚的喜悦之情；最后，在他不到10岁时，他开始学习阿拉伯语和梵语，为他在东方语言方面非凡的学术成就打下了坚实的基础。

对于哈密顿语言学习上的记录还没有记完。当威廉还差3个月10岁时，他的叔叔是这样汇报的：“这个孩子对东方语言的渴求程度没有减弱。他现在对大部分语种都掌握了，事实上他掌握了全部语种，除了那些小语种和相对偏狭的地方方言以外。如果梵语是精湛的、卓越的，那么希伯来语、波斯语和阿拉伯语也将被加强，而他在梵语上已经是一个专家了。他正在接受迦勒底语和古叙利亚语（Syriac）的基本训练，同时还在学习印度斯坦语（Hindoostani）、马来语（Malay）、马拉塔语（Mahratta）、孟加拉语（Bengali）和其他语种。他即将开始学习汉语，但是找到相应书籍的难度非常大。从伦敦购书供他学习花费了我一大笔钱，但我希望钱花在值得的地方。”听君一席话，我们只得高举双手，纵然大喊一句“我的上帝啊”！这一切又有什么意义呢？

13岁的威廉能够自诩地说，自他出生的每一年他都掌握了一门语言。14岁时，为了向当时访问都柏林的波斯大使表示欢迎，他用波斯语写了一篇词藻华丽的欢迎辞，并将它呈送给了这位大为惊讶的高官。年轻的哈密顿想乘胜追击，以给大使造成强烈的印象，便前往拜会这位大使，但是这个狡猾的东方人事先得到他忠实的秘书的警告，“很遗憾，由于剧烈的头痛，他不能亲自接见我【哈密顿】。”也许这位大使还没有从官方的宴会中清醒过来，否则他会读到那封信的。从翻译上看，至少它的内容很糟糕——就是一个性格上极其严肃、又知晓波斯诗人作品中所有最晦涩最浮夸段落的14岁孩子所能写出的那些东西，在他的想象中，一个老于世故的东方人经历过一场狂野的爱尔兰式宴会之后，这些内容会让他第二天早上以愉悦的心情醒过酒来。年轻的哈密顿要是真的想见到大使，他应该送一条腌鲱鱼开胃，而不是一首波斯语的诗。

除了他惊人的能力，老成的谈吐，还有他用诗歌传递对大自然一切状态下的热爱之外，哈密顿同其他健康的孩子一样，没什么差别。他喜欢游泳，并且书呆子的那些让人变得惨白病态的兴趣他一个也没有。他的性情温和亲切，他的脾气——和一个身体结实的爱尔兰小伙子可不同——一贯的安静。然而，在晚年的生活中，哈密顿在一件事情上体现出了他的爱尔兰气质，他向一个曾把他叫作骗子的诽谤者发出了进行生死决斗的挑战。但是这件事被哈密顿的助手友善地处理了，于是我们不能正当地将威廉爵士冠以大数学家当中的决斗士之一。在其他方面，年轻的哈密顿不是一个寻常的孩子。他不能容忍将疼痛或是苦难施加在动物或人身上。哈密顿在他的一生中都热爱小动物，并且尊重它们，将它们平等以待，而令人遗憾的是，能做到后者的是少之又少。

哈密顿对奉献在没有用处的语言上面毫无意义的献身行为进行补救是从12岁开始的，在14岁前完成了救赎。为了让哈密顿在错误道路上调转方向，上帝所选择的这个不起眼的小工具，是一位善于代数计算的美国男孩儿, 齐拉·科尔伯恩(Zerah Colburn, 1804–1839)[1], 当时他正在伦敦的威斯敏斯特学校上学。人们将科尔伯恩和哈密顿介绍到一起, 是因为期望这位年轻的爱尔兰小天才能够摸透这个美国男孩儿速算的秘诀, 科尔伯恩自己也没有完全搞懂他用的是什么方法(正如在费马一章中所说)。科尔伯恩毫无保留地将他的技巧揭露给哈密顿, 哈密顿再对他看到的办法提出改进。科尔伯恩的方法其实没有特别深奥或是出奇的地方。他的壮举很大程度上是记忆力的问题。在哈密顿17岁(1822年8月)写给他表兄阿瑟(Arthur)的一封信中, 感谢了科尔伯恩给他带来的影响。

17岁时, 哈密顿通过积分学掌握了数学, 并获得了足够的数理天文学知识让他能够计算日月食。他攻读了牛顿和拉格朗日的著作。这一切都是他的消遣; 古典文学依然是他重要的研究方向, 尽管这只是他的第二爱好。在他心中更重要的是, 他已经做出了"某些奇特的发现", 正如他在给姐姐伊丽莎(Eliza)的信中所写的。

哈密顿提到的发现或许就是他第一项伟大成就的萌芽, 这项工作是关于光学中光线系统的研究。就这样, 哈密顿在17岁的这一年, 已经开启了他重大发现的职业生涯。在这以前, 他曾经发现拉普拉斯试图对力的平行四边形的证明中有一处错误, 引起过都柏林大学的天文学教授布林克利博士(Dr. Brinkley)的注意。

哈密顿进大学以前从未上过学, 但是他从自己的叔叔那里以及

1.科尔伯恩是一位善算的奇才, 他是美国佛蒙德州一个农民的儿子, 当他8岁时, 有人要他心算一个大数乘法, 他毫不犹豫说出了结果, 这个孩子用的是什么方法无人知晓。(译者注)

依靠自学得到了所有基本的培训。他为了都柏林大学三一学院的入学考试做准备时，不得已投入到古典文学的学习中，不过这并没有占据他全部的时间，因为1823年5月31日，他写信给他的表兄阿瑟说道，"我在光学领域做出了一项非常有意思的发现——至少在我看来它很不寻常……"

如果正如人们料想的那样，这指的是哈密顿即将向我们描述的"特征函数"，那么这个发现将为它的作者印刻上与历史上任何一位真正早熟的数学家齐名的标志。1823年7月7日，年轻的哈密顿在100名报考者中脱颖而出，轻而易举地取得了第一名，进入三一学院。他还未入校就声名鹊起，不出意料，他很快就成为了学校的名人：事实上，在他还是一个大学生时，他在古典文学和数学方面的杰出才能就已在英格兰、苏格兰和爱尔兰的学术圈子中激起人们的好奇心。有人甚至宣称，第二个牛顿已经出现。有关他在本科取得各样成就的说法，我们可以想象得到——他几乎夺走了所有可以得到的奖励，并且在古典文学和数学这两方面都获得了最高荣誉。但是比所有这一切成就更重要的是，他完成了在光线系统上划时代论文的第一部分的初稿。当哈密顿把他的论文提交爱尔兰皇家科学院时，布林克利博士评论说："这个年轻人，我不是说他会成为，而是说他就是他自己所处时代首屈一指的数学家。"

他需要做费时费力的辛苦工作来保持他优秀的学术记录，时间也要更优先更有效地用在研究上，即便如此，也没能耗尽年轻的哈密顿那过于充沛的精力。他人生中拥有过三段认真的恋爱关系，19岁时，他经历了自己的初恋。威廉清楚自己"配不上"人家——尤其为自己物质上的发展感到忧虑——所以能给那位年轻小姐写写诗他就心满意足了，得到的结局自然是不出意外的：一个军人，一个比他更普通的人娶了这位姑娘。1825年5月初，哈密顿从他心上人的母亲那里得知，他心爱的人已经嫁给了他的情敌。我们从他之后的一个行为可以多少体会到一点儿他当时所经受的打击：有着坚定的宗教信仰、深知自杀就是一项要下地狱的死罪的哈密顿，居然打算投水自尽。对科学界来说幸运的是，他后来写了一首诗，减轻了自己的悲痛。哈密顿终其一生都是一个高产的打油诗人。但是正如他自己对他的朋友兼狂热的崇拜者威廉·华兹华斯（William Wordsworth）所说，他真正的诗歌是他的数学。这一点没有哪个数学家会不同意。

在这里我们可以讲一讲哈密顿与当时文学界的一些灿烂明星之间一辈子的友谊，比如有湖畔派诗人之称的华兹华斯、骚塞（Southey）、柯尔律治（Coleridge），还有奥布里·德·维尔（Aubrey de Vere），以及教育小说家玛丽亚·埃奇沃思（Maria Edgeworth），她是一位符合哈密顿本人虔诚心意的女文豪。华兹华斯与哈密顿是在后者的旅行途中初识的，1827年9月哈密顿到访了英国的湖区。哈密顿在"招待华兹华斯喝茶"后，同这位诗人来来回回地走了一晚上，双方都拼命要把对方送回家。第二天，哈密顿送给华兹华斯一首90行的生搬硬套的诗，这首诗的作者本人可能在他某次诗性焕发的时刻已经将此诗颤声高唱过。华兹华斯当然不欣赏这个热心的年轻数学家无意间剽窃的产物，在用惨白的夸奖辞骂了两句之后，他开始跟这位满怀希望的作者讲道理——他苦口婆心地说了很多——什么"写诗的技巧不是它看起来应该有的样子（对一个年纪轻轻的作者还能要求别的方面吗）"。两年以后，当哈密顿已经在敦辛克天文台担任天文学家时，华兹华斯回访他。哈密顿的姐姐伊丽莎在被介绍给这位诗人时，感到她不能自已地开始模仿起诗人本人所作《参观欧蓍草》的开篇，说道——

> And this is Wordsworth! this the man（这就是华兹华斯！
>
> of whom my fancy cherished 他就是我的幻想，
>
> So faithfully, a waking dream 如此强烈，宛若在清醒的梦。
>
> An image that hath perished! 如今一个幻影消失不见！）[1]

华兹华斯的到访产生了一个绝佳的益处：哈密顿终于认识到，"他要走的道路必定是科学之路，而并非诗歌之路"，他认识到，"他必须抛弃自己一贯以来想在两方面都继续研习的希望"，因此他也认识到，"他必须下定决心和诗歌来一场痛苦的诀别"。一句话，哈密顿这次把握住了显而易见的道理，那就是从文学的意义上讲，他身上没有一丁点儿诗人的才华。即便如此，他一生都在持续不停地写诗。华兹华斯认为哈密顿的才智很高。事实上，他温文尔雅地说过（真事），在他认识的人当中只有两个人让他产生过自卑感，他们就是柯尔律治和哈密顿。

哈密顿直到1832年才认识柯尔律治，当时这位诗人实际上已经什么都不是了，只是一个平庸的德国形而上学家的伪造版本。然而双

1.华兹华斯（1770-1850），英国浪漫主义诗歌的主要奠基人，提出"一切好诗都是强烈情感的自然流露"，被雪莱赞为"第一位现代诗人"。
这篇《Yarrow Visited》写于 1814 年 9 月，开篇原文为
　　　　And this is-Yarrow？ This is the stream
　　　　　　of which my fancy cherished
　　　　　　So faithfully, a waking dream.
　　　　An image that hath perished？（译者注）

方都对彼此的才能有着很高的评价，因为哈密顿长期以来就是康德原著的一位忠实学生。确实，哲学上的思考总是强烈地吸引着哈密顿，他曾经一度声明自己在贝克莱逐渐衰弱的理想主义理论上，是个——头脑（intellectually）上，而非无脑（intestinally，原意肠子，两单词谐音）的——忠实信徒。他们两人之间的另一个关联是，他们都对哲学的神学方面（假如有这样一个方面的话）感到入迷，柯尔律治还以他在"三位一体"上一知半解的反复沉思博得了哈密顿的好感。这位虔诚的数学家对这方面是十分重视的。

　　哈密顿在三一学院的大学生涯，结束时比入学时还要轰动；事实上它在大学纪事上是独一无二的。布林克利博士辞去他的天文学教授职位，就任克洛因的主教。按照英国通常的做法，空出的席位被广而告之，包括后来成为英国皇家天文学家乔治·比德尔·艾里（George Biddell Airy, 1801–1892）在内的几位著名天文学家，都送来了他们的认证资质。几经讨论以后，理事会没有考虑所有的申请者，一致选举当时（1827年）22岁的大学生哈密顿为教授。哈密顿未曾申请过。现在，"他面前是金光大道"，哈密顿决心不辜负将他选举出来的这些热情的人的期望。自从14岁起他就曾对天文学产生了强烈的爱好，而且当他还是个小孩子的时候，有一次他曾指着俯瞰着敦辛克山坡上一片美丽景色的天文台说，如果他能够自由选择，这里就是所有地方中他最想要生活的地方。现在，到了22岁，他离他的理想近在咫尺，他现在所要做的只是勇往直前。

　　他开始干得很出色。尽管哈密顿不是真正的天文学家，尽管他的观测助手能力不强，这些缺陷都不是严重的问题。就敦辛克天文台的条件而言，它永远不能在现代天文学中占据重要地位，而哈密顿则选择将他的主要努力放在数学上，这是十分明智的。在23岁时，他将自己还是一个17岁的孩子时做出的那些"奇怪发现"的完成稿发表了出来，即《光线系统理论》的第一部分，这是一篇伟大的杰作，它对于光学，就像拉格朗日的《分析力学》之于力学。它在哈密顿自己手里被扩展到动力学，用它那也许是最终的、完善的形式来表述那门基础学科。

哈密顿在第一篇杰作中引入应用数学的一些方法，在今天的数学物理学中是不可或缺的，而且理论物理一些特殊分支的许多工作者的目标就是将整个理论概括成哈密顿原理。14年后，这篇杰出的著作使得雅可比在1842年于曼彻斯特举行的英国协会会议上，宣称"哈密顿是你们国家的拉格朗日"（这里的国家是英文意义上的民族）。由于哈密顿本人费了很大的力气用非专业人员所能理解的语言描述他的新方法的实质，我们将直接引用他本人于1827年4月23日提交至爱尔兰皇家科学院的论文摘要：

"在光学中，一条光线在这里被当作一条直线，或者一条折线或曲线，光沿着它传播；光线系统被看作是这些光线的一种集成或聚集，它由某种共同的联结、起源或产生联系到一起，简而言之就是由某种光学纠缠结合在一起。因此，从一个发光点发出的光线组成一个光学系统，并且，当它们被一面镜子反射之后，又会组成另一个光学系统。对于光线系统的研究，就是去研究一个我们已知其光源和光路的系统（例如这些简单事例中）中光线的几何关系，去探究它们之间如何排布，它们如何发散或聚集，或如何成为平行线，它们接触到了或是切过了怎样的表面或曲线，并且它们是以什么样的横截面角度接触的，它们如何能够被组成部分光锥，以及怎么能决定每一条特定的光线，并把它与其他光线区分开来。接下来，为了推广这个系统的研究，让它能够按照原计划过渡到其他系统的研究中，同时为了确定一般的规则和某种一般方法，借助它们把这些孤立的光学装置结合和协调到一起，我们还需建立起一个光线系统理论。最后，为了能用现代数学的力量做到这些，用函数代替图形，用公式代替图表，就要构造这些系统的代数理论，即做到代数对光学的应用。

"为了构造这样一种应用，'自然'——用'必须'更为准确——要运用笛卡尔的方法将代数应用于几何。那位伟大的哲学家式的数学家设想出一种可能性，并实现了这个计划，他对于空间中的任意一点，用三个坐标数以代数方法表示出了它的位置，这三个坐标数分别回答了这个点在三个垂直方向(例如北、东、西这样的垂直方向)上距离某个固定点或原点的距离有多远(这个定点或原点是根据目的指定或假设出来的)；空间的三个维度就这样得到了它们的三个代数等价物，以及它们在一般科学的进程【科学秩序】中十分合适的概念和符号。这样，通过找到一个平面或曲面上任意点的三个坐标之间的关系——对其上所有点都成立的关系，作为该平面或曲面的方程，这个面就有了代数化的定义；同理，对于一条直线或曲线可以用同样的方法，通过两个这样的关系——分别代表两个面的关系——来联立表示，这条直线就可看作它们的交线。有了这个方法，对于曲面和曲线的一般性研究以及发现所有元素之间的共性就成为了可能，通过用三个变量所对应的方程作为一般性研究的媒介即可；每一个几何上的问题，如果不能被立即解答，也至少能够用代数表示，而且每一个代数中的改进或发现都能够在几何学中得到应用或说明。时间与空间的科学理论(这里采用一个我在其他地方大胆提出的对代数的看法)开始紧密地交织在一起，也牢不可破地联系在一起了。从此以后，几乎不可能做到在一方面进行改进的同时，对另一方面不进行修正。给曲线画切线的问题引导人们发现了微分学；而那些求长和求积的问题又导致了其反演，即积分学；对曲面和曲率的研究需要偏微分理论；等周问题导致变分学（Calculus of Variations）的形成。反过来，代数科学中这每一步伟大的进展又都在几何学中产生直接的应用，这会进而引导出点、线、面之间新的关系的发现。不过，即使这个新方法的应用不是如此多样和重要，将它作为一种方法进行思考时，仍然能够从中派生出高度智慧的乐趣。

"将这一坐标的代数方法用于光学系统的第一个重要应用，是由拿破仑在埃及的军队中的一名法国工程军官马吕（Malus）作出的，他在物理光学史上作为反射光存在偏振现象的发现者而留名。马吕在1807年提交法兰西研究院一篇晦涩深奥的数学著作就是关于上面所提到的方法，题目是《光学专论》。那篇论文中所运用的方法可以大致表述为——根据一些表征该特定光学系统并将其与其他系统区分开来的定律，任何最终确定的光学系统中的一条直的光线的方向，都被看作是由光线上某些指定点的位置所决定的；这个定律可以用代数方法表示出来，通过给这条光线上其他点的三个坐标确定出三个表达式，作为指定点的三个坐标的函数。马吕由此引入了一般符号来表示三个这样的函数关系（或至少表示出了三个与此等价的函数关系），通过非常复杂但对称的计算，得到了几个重要的一般性结论；这些结论中的许多结论，连同许多其他结论，后来也被我自己得到了，那时我用了几乎同样的方法，并不知道马吕曾做过的工作。我开始了我自己的把代数应用到光学的尝试。但是我的研究不久就引导我用一个截然相同的（我相信我已经证明了）、更加适用于光学系统研究的方法，代替了马吕的这个方法；在这个方法中，不需要用到上述提到的三个函数，也不需要至少用到它们之间的两个比值，它变成只需引入一个函数就足够了，我称这个函数为特征函数（characteristic function），或称主函数（principal function）。这样，他通过一条光线的两个方程做出了他的推理，而我，建立了一个系统的单一方程并应用了它。

"从另一个角度来说，这个我出于此目的引入的函数，这个在光学的数学理论研究中作为我演绎推理[1]基石的函数，在之前的作者们来看，它表示了这门科学中的一个非常深邃且广泛的归纳结果。这个已广为人知的结果通常被称为最小作用量原理，但有时也被称作最小时间原理【见费马的章节】，还涵盖着迄今为止所发现的光学相关规律的一切内容，这些规律决定了光传播所沿直线的形式和位置，也决定着由于常规或非正常的反射或折射所导致的这些光线方向的改变【非常规的反射或折射，正如在一个双折射的晶体，例如冰洲石中，一条光线进入一个这样的晶体时会分成两条，两条都会发生折射】。从任意初始点到任意第二位置点时，光会消耗某一确定量——在一种物理理论中消耗的是相互作用（action），在另一种物理理论中消耗的是时间（time）；研究发现，如果路径的两个端点保持不变，那么光走实际路径所消耗的这个量，就要比它走任意非实际路径时都消耗得更少；用专业的语言来讲，就是其变分为零。我的方法在数学上的新意，在于把这个量考虑成这些端点坐标的函数，按照我称之为变化作用量定律的规律，当坐标变化时，作用量也变化；还在于把所有有关光线的光学系统的研究都化简成为对这一个函数的研究：在一个全新的观点下给出数学光学理论的化简，（从我的角度来看）这与笛卡尔提出的将代数应用于几何相类似。"

对于哈密顿的这份说明，我们无须再做补充。不过或许可以加上这样的提示：不论解释得多么详细，任何科学都不会像任何一本小说那样容易理解，哪怕这本小说写得多么糟糕。整个摘要读第二遍时会

---

1. 演绎法指从一般到特殊的推理过程，与归纳法相反，归纳法是从特殊到一般的逻辑思路。（译者注）

更有收获。

在这项有关光线系统的伟大工作中，哈密顿建立起来的东西甚至比他认知当中的还要好。写出上述摘要之后快到正好100年时，人们发现哈密顿引入到光学的方法，正是与现代量子理论以及原子结构理论相联系的波动力学所要求的东西。可以回想牛顿偏爱光的发射或微粒理论，而惠更斯和他直到将近我们这一代的追随者们，试图利用光的波动理论来解释光的现象。两种观点在现代量子理论中结合在一起，并在纯数学意义上协调了起来。现代量子理论形成于1925-1926年。1843年，哈密顿28岁时，实现了他把光学原理扩展到整个动力学的抱负。

光线理论在它的作者哈密顿只有27岁时发表，不久就取得了任何数学杰作所能取得的最快也是最惊人的成就。这个理论旨在讨论实在的物理世界的现象，就像在日常生活和科学实验室中观察到的那样。任何这样的数学理论除非能够做出后来被实验所证实的预测，否则它不比它所系统化的学科的一本简明词典更好，而且它肯定很快就会被更富于想象力的、不是一目了然的描写所代替。在那些证明了物理学科中数学理论的真正价值的著名预言中，我们可以回想起三个例子：由亚当斯（John Couch Adams, 1819–1892）和勒威耶（Urbain-Jean-Joseph Leverrier, 1811–1877）按照牛顿万有引力理论，通过数学分析计算天王星的摄动，在1845年独立地，而且几乎同时做出了关于海王星的数学发现；麦克斯韦（1831–1879）根据他自己的光的电磁理论，在1864年做出的无线电波的预言；最后，爱因斯坦在1915-1916年，由他的广义相对论做出的光线在引力场中偏转的预言，这个预言在有历史意义的1919年5月29日，首次通过对日食的观测得到证实，以及他预言（也是出自他的理论）：大质量天体产生的光的谱线会移动一个量，爱因斯坦说是向光谱的红端移动，也得到了证实。这些例子中的最后两个——麦克斯韦的和爱因斯坦的例子——具有与第一个例子不同的类型：这两个例子用数学方法预言了完全未知和无法预料的现象；也就是说，这些预言是定性的。麦克斯韦和爱因斯坦两人，用精确的定量预言加强了他们的定性预测；当他们的预言最终被实验所证实时，就排除了认为这些定量预言仅仅是猜测的任何指责。

哈密顿对于光学中称为锥形折射的预测，便是这种定性加定量的类型。根据他的光线系统理论，他在数学上预言：如果将双轴晶体中光线的折射相联系，就会发现一个完全出人意料的现象。当哈密顿润色关于光线的论文《第三个补充》时，他得出了一个惊人的发现，他是这样描述的：

"欧几里得似乎已经知道了光线在普通镜子上的反射定律；后来，斯内利厄斯（Snellius）发现了光线在水、玻璃，或其他非晶体介质表面的普通折射定律；单轴晶体（例如冰洲石）产生的非寻常折射定律，则由惠更斯发现，后由马吕斯证实；最后，在我们这一代人中，菲涅耳（Fresnel）发现了黄玉、霰石等双轴晶体表面处的非寻常双折射的规律。但是，即使在这些特殊的或晶体的折射中，也只有两条折射光线被观察到或是被怀疑是存在的（如果我们不使用柯西理论，该理论认为尽管我们的感官可能无法察觉，但有第三条光线存在）。然而，哈密顿教授在用他的一般方法研究菲涅耳定律的结果时，得出了这样一个结论：在某些情况下，在一个双轴晶体内，不应该只有两条，也不应该只有三条，也不应该有任何有限条，而是有无限多条折射光线，或者折射光线的一个锥，相应于或产生自单独一条入射光线；在某些其他情况下，这种晶体中的一条光线会产生无限多条光线，排列在另外一个锥中。因此，他从理论上预见到了光的两个新定律，并将其命名为内锥折射和外锥折射。"

汉弗莱·劳埃德（Humphrey Lloyd）的实验证实了这个预言，也博得了那些能够欣赏年轻的哈密顿所做工作的人对他的无限钦佩。以前与哈密顿竞争天文学教授职位的竞争对手艾里曾这样评价哈密顿的成就："也许有史以来最引人注目的一则预言，便是哈密顿教授最近所做出的那一则。"而哈密顿自己认为，这个预言与任何类似的预言一样，与他所看到的宏大目标相比，只不过是一个"次要的、二流的结果"。他的真正目标在于"将和谐和统一引入被视为一个纯科学分支的光学的思考和推理中去"。

根据一些人的说法，这一次惊人的成功是哈密顿职业生涯中的顶峰；在这一项关于光学和动力学的伟大工作之后，他的巅峰便完结了。另外一些人，特别是被称为四元数高教会派成员的那些人，则认为哈密顿最伟大的工作——四元数理论——还未问世。哈密顿自己也认为，四元数理论才是他的杰作，也是使他不朽于世的杰作。先把四元数理论放在一边，我们可以简单地说，从哈密顿27岁开始，直到他60岁去世为止，共有两个重大灾难给哈密顿的科学事业造成了严重破坏，那就是婚姻和酗酒。酗酒一部分是由婚姻不幸造成的，但婚姻不幸的后果可不止这一个。

第二次不愉快的恋爱结束时，哈密顿曾轻率地说了一句话，这句话别无意义，但这位敏感的求婚者却对这话耿耿于怀。这次恋爱结束后，哈密顿在1833年春天与他的第三个恋人海伦·玛丽亚·贝利（Helen

Maria Bayley）结婚了。那时他已经二十八岁了。新娘是一位乡村牧师遗孀的女儿。海伦是个"讨人喜欢的贵妇人，早年就以她诚实的性格和他所知道的她所具有的宗教原则给哈密顿留下了很好的印象"，尽管在这些介绍中没有加上任何引人注目的美貌和智慧等话。现在，即便是要一个会说真话的傻瓜来介绍她，他也会这样说：无论谁和她结婚，都会因为自己的轻率、莽撞受到惩罚。1832年夏天，贝利小姐"得了一场重病……这件事无疑引起了他［失恋的哈密顿］对她的关注，以及对她康复的担忧和焦虑。而且，这场病发生在这样一个时候［当时他刚和他真正心爱的女孩儿分手］，他正觉得自己必须抑制他以前的激情，为相对来说更为温柔和温暖的感情铺平道路"。简而言之，哈密顿被这样一个生病的女人吸引住了，这个女人余生中成为了一个半残疾者，她或许是因为无能，或许是因为身体不好，让丈夫的懒惰仆人随意敷衍家务，使得这个家至少某些部分——特别是他的书房——变得像脏乱的猪圈。哈密顿需要一个有同情心、有坚强性格的女人来支撑他，维持他家庭事务的秩序；然而事与愿违，他得到的却是一个软弱的人。

结婚十年后，哈密顿开始意识到自己的人生正走着下坡路，他试图振作起来。作为一个年轻人，他在宴会上吃喝玩乐，自我放纵。特别是，哈密顿天生具有一点儿口才，又是喜欢吃喝玩乐的性格，一两杯酒自然能增强这种天赋。婚后，他不规律地吃饭，或是根本不吃饭，而且养成了一连工作十二到十四个小时的习惯，甚至通过从酒瓶中摄取营养来弥补身体的亏损。

适度嗜酒究竟会助益还是妨碍数学上的创造性，这是一个悬而未决的问题。在科学家们进行一系列详尽的控制变量的实验去解决这个问题之前，必须让这个疑问继续存在，就像任何其他生物学研究一样。正如一些人所坚持认为的，如果诗歌和数学所需要的创造性是相似的，那么合理的酗酒（如果有这样的情况）显然并不会破坏数学上的创造性；然而事实上，许多有充分证据的例子似乎表明，情况恰恰相反。当然，就诗人而言，"酒和歌"常常是同时出现的。至少有这样一个例子——对于没有酒的斯温伯恩（Swinburne）来说，诗歌的灵感几乎完全干涸了。数学家们常说，长时间专注于一个难题会产生巨大的压力，有些人发现喝酒引起的轻松是一种解脱。但是可怜的哈密顿很快就超越了这个阶段，变得粗心随意起来，不仅在他不整洁的书房里是这样，在宴会厅的显眼处也是如此。他在一次科学界的晚宴上喝醉了。后来，他意识到自己被什么打垮了，就决定再也不喝酒了，并且坚持了两年。后来，在罗斯勋爵（Lord Rosse，他拥有当时最大、最无用的望远镜）的庄园里举行的一次科学会议上，哈密顿的老对手艾里嘲笑他只喝水。哈密顿屈服了，从此他又开始沉溺于酒精——远远超过了正常量。尽管如此，酗酒带来的障碍也并没有使他放弃数学研究。但是若不酗酒，哈密顿可能会走得更远，达到比如今更高的高度。然而，即便是这样，他的成就也已经够高了，说教就留给道德家去做吧。

在讲述哈密顿认为什么才是自己的杰作之前，我们可以简单地总结一下他所获得的主要荣誉。30岁时，哈密顿在英国科学促进会于都柏林举办的会议上担任了一个有影响力的职务，与此同时，总督命令他"跪下，哈密顿教授"，然后用国家之剑拍打他的双肩，叫他"起来，威廉·罗恩·哈密顿爵士"，这是哈密顿一生中为数不多的无话可说的场合之一。三十二岁时，他成为爱尔兰皇家科学院院长，三十八岁时，他获得了英国政府颁发的每年两百英镑的文官终身津贴，当时的首相是爱尔兰难相处的朋友罗伯特·皮尔爵士（Sir Robert Poel）。在此之前不久，哈密顿做出了他最重要的发现——他首创了四元数。

这是他临终前获得的最后一项荣誉，这比他以往获得的任何一项荣誉都让他高兴：他当选为美国国家科学院的第一位外籍院士。科学院成立于内战期间。这一荣誉主要是对他在四元数方面的工作的认可，由于某种深奥的原因，四元数比牛顿的《原理》以来的任何其他英国数学发现都更加深刻地震撼了当时美国的数学家（当时只有一到两位数学家，哈佛大学的本杰明·皮尔斯是首席数学家）。四元数在美国的早期流行有点儿神秘。也许是《四元数讲义》那气势雄浑的雄辩契合了这样一个年轻而充满活力的国家的口味，这个国家还没有摆脱它对于议院演说和7月4日[1]的病态沉迷。

四元数有太长的历史，无法在此处完整讲述。即使是在1817年做出预测的高斯，也不是这个领域的第一人；欧拉在高斯之前给出了一个孤立的结果，这个结果用四元数来解释最为简单。四元数的起源甚至可以追溯到更远，因为奥古斯都·德·摩尔根（Augustus de Morgan）曾半开玩笑地提出要为哈密顿把四元数的历史从古代印度追溯到维多利亚女王（Queen Victoria）时代。不过此处，我们只需要大致讲述一下这项发现中的主要部分，然后简单地了解一下是什么启发了哈密顿。

英国学派的代数学家，正如在布尔一章中所看到的那样，在十九世纪上半叶把普通代数发展起来。他们预先考虑到了现在公认的发展数学任何分支的过程，并谨慎而严格地在公设上建立了代数。在这之

1.美国独立纪念日。（译者注）

前，当假设所有代数方程都有根时，进入数学的各种各样的"数"——分数、负数、无理数，都被允许在与普通正整数完全相同的基础上运行。由于习惯，这些正整数是如此陈旧，以至于所有数学家都认为它们是"自然的"，并且在某种模糊的意义上完全理解它们。事实上并非如此，即使在今天也不是这样，这一点当我们讨论格奥尔格·康托尔的工作时就会明白了。这种天真的信念建立在对数学符号中盲目的、形式化的处理上，这种信念也许是崇高的，但不得不说，也有点儿愚蠢。这种轻信在臭名昭著的形式永恒原则中达到了高潮。这个原理事实上是说，一组规则产生了一类数（比如正整数）的一致结果，当这组规则应用于任何其他类型的数（比如虚数）时，将继续产生一致性，即使结果还没有明显的解释。这似乎并不奇怪，因为这种对无意义的符号的完美的信仰往往会导致荒谬。

英国学派改变了这一切，尽管他们无法迈出最后一步，证明他们对于普通代数的公设永远不会导致矛盾。只有我们这一代的德国数学工作者才迈出了这一步。在这一方面，我们必须记住代数只处理有限的过程；当无穷过程进入时，比如对一个无穷级数求和，我们就被从代数推到了另一个领域。之所以强调这一点，是因为通常在初级教科书中所标记的"代数"，包含大量的并非现代意义上的代数的东西，例如，无穷几何级数。

哈密顿在创建四元数时所做的工作的本质将在一组普通代数的公设（摘自L.E.迪克森的《代数及其算术》，芝加哥，1923年）——或者，正如专门术语上所说的，域【英国作者有时用corpus（体），相当于德国Kørper或法国corps的对等词）】——的背景下更清楚地显示出来。

"一个域F是由元素为a，b，c……的一个集合S和两个称为加法和乘法的运算组成的系统，可对S的任意两个（相等的或不同的）元素a和b按该顺序执行，以产生唯一确定的元素a⊕b和a⊙b，从而满足公设I~V。为了简单起见，我们用a+b替代a⊕b，ab替代a⊙b，并分别称之为a和b的和与积。此外，我们称S的元素为F的元素。

"I.如果a和b是F的任意两个元素，那么a+b和ab是F的唯一确定的元素，并且

$$b+a=a+b, ba=ab。$$

"II.如果a，b，c是F的任意三个元素，那么

$$(a+b)+c=a+(b+c)，$$

$$(ab)c=a(bc)，$$

$$a(b+c)=ab+ac。$$

"III.F中存在两个不同的元素，用0，1表示，因此，如果a是F的任意元素，那么a+0=a，a1=a（由I，因此0+a=a，1a=a）。

"IV.无论F的元素a是什么，总存在F中的一个元素x，使得a+x=0（由I，因此x+a=0）。

"V.无论F的元素a（不为零）是什么，F中都存在一个元素y，使得ay=1（由I，因此ya=1）。"

从这些简单的公设出发，可以推导出整个普通代数。对于那些已经多年没读过代数的人来说，其中一些论断的一两句话可能会有所帮助。在II中，论断(a+b)+c=a+(b+c)，称为加法的结合定律，表示如果a和b相加，再给这个和加上c，那么结果与a加上b与c之和的结果相同。类似地，关于乘法，II中的第二个论断也是这样。II中的第三个论断被称为分配律。在III中，公设"零"和"单位"；在IV中，公设的x给出a的

负数；V 中的第一个括号中注明禁止"用零除"。公设 I 中的要求分别称为加法交换律和乘法交换律。

我们可以将这样一组公设看作是经验的总结。数个世纪以来，人们一直在研究数学，并根据经验算术定律得出有用的结果。通过这样的做法，我们得到了包含在这些精确的公设中的大部分定律，但一旦理解了经验的启发意义，由经验提供的（此处指的是普通算术的）解释就被有意地隐瞒或是遗忘了。而由公设定义的系统则是由普通逻辑加上数学的技巧，在它自己的价值上抽象地发展起来的。

应当特别注意 IV，它公设负数的存在。我们并不试图从正数的性态中推断出负数的存在。当负数作为借方而并非贷方第一次出现在经验中时，负数作为数，与后来的"虚"数 $\sqrt{-1}$、$\sqrt{-2}$ 等一样，被视作是"不自然"的怪物那般可恶的东西。这些虚数产生于例如 $x^2+1=0$，$x^2+2=0$ 等方程的形式解。如果读者回头看一下高斯对复数所做的事情，就能够更充分地欣赏下面这部分陈述的简单扼要。这部分陈述是哈密顿为了剥离"虚数"那愚蠢的、纯想象的神秘性而独创的方式。这个东西看似简单，但却是引导着哈密顿得到四元数的步骤之一。虽然严格地说，它与四元数并无关系。正是这种巧妙地重建复数代数运算背后的方法和观点，对结局具有重大意义。

如果像通常一样，i 表示 $\sqrt{-1}$，那么一个"复数"是 a+bi 类型的数，其中 a，b 是"实数"，或者，如果愿意的话，更一般地是由上述公设定义的域 F 的元素。哈密顿没有把 a+bi 看作一个"数"，而是把它看作是"数"的一个有序偶。他把这个数偶记作（a，b）。然后，他把和与积的定义强加于这些数偶上，就像代数学家处理复数的经验（就好像普通代数的法则确实适用于它们一样）中升华而来的形式的组合规则所表明的那般。这种处理复数的新方法的一个优点在于：数偶的和与积的定义被看作是一个域中的和与积的一般的抽象定义的实例。因此，如果证明了一个域的公设所定义的系统的一致性，那么不需要再进一步证明，就可以对复数和它们结合所依据的通常规则得出相似的结论。哈密顿将复数认为是数偶 (a, b) (c, d) 等的理论，只需要对和与积给出定义就足够了。

(a, b) 与 (c, d) 之和为 $(a+c, b+d)$，它们的积是 $(ac-bd, ad+bc)$。最后，减号与域中的减号相同，也就是说，IV中公设的元素x用$-a$表示。与域中的0, 1对应的是 $(0, 0)$，$(1, 0)$。有了这些定义，就可以很容易地证明哈密顿的数偶满足对于一个域所陈述的全部公设，但它们也符合复数运算的形式规则。因此，$a+bi$和$c+di$分别对应于(a, b)，(c, d)，这两者的形式"和"是$(a+c)+i(b+d)$，对应于数偶$(a+c, b+d)$。同样，$a+bi$, $c+di$的形式乘积产生$(ac-bd)+i(ad+bc)$，与之对应的是数偶$(ac-bd, ad+bc)$。如果这类东西对读者来说是新奇的，那么多看几遍将其弄懂，一定会大有裨益。因为它是现代数学消除神秘性的方法一个例子。只要有一丝神秘附着在任何一个概念上，那这个概念便不是数学的概念。

在用数偶来处理复数之后，哈密顿试图将他的设想扩展到三重数和四重数上。如果不知道要完成什么，这种工作当然是模糊的、毫无意义的。哈密顿的目标是发明一个代数，它可以处理三维空间中的旋转，就像复数或其数偶处理二维空间中的旋转一样，这两个空间像初等几何中那样，是欧几里得空间。现在，复数$a+bi$可以被认为表示一个向量，也就是说，一个既具有长度也具有方向的线段，从图中可以明显看出。其中有向线段（由箭头指示）表示向量OP。

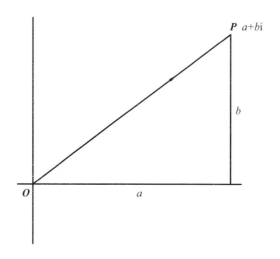

　　但是，在试图将向量在三维空间中的行为符号化，以保持那些在物理学中，特别是在旋转组合中的那些向量的特性时，哈密顿因为一个始料未及的困难而耽搁了多年，他很长时间都没有怀疑过这个困难的真正本质。我们可以顺便看一眼他遵循的其中一条线索。这条线索没有帮助他得到任何东西，但他坚持认为自己从中得到了什么。正因如此，这条线索更值得关注。现在几乎普遍认为，这是一个谬论，或者至多是一种没有历史或数学经验基础的形而上学的推测。

　　哈密顿反对与他同时代的英国人所提倡的对代数的纯抽象的、公设化的系统阐述，他试图将代数建立在一些"更实在"的基础之上，为了这个完全没有意义的事业，他利用了康德的一种被非欧几何所驳倒的错误见解，即将空间视为"一种感官直觉的纯粹形式"。事实上，哈密顿似乎确实不熟悉非欧几何，他追随康德，相信"时间和空间是知识的两大来源，从中可以得出各种各样先验的综合认识。其中，纯数学为我们对空间及其各种关系的认识提供了一个极好的例子。因为它们都是纯形式的感官直觉,它们反映了综合命题的先验可能"。当然,在今天,任何一个不是完全无知的数学家都知道康德在这个数学概念上犯了错,但是在19世纪40年代,当哈密顿在通往四元数的途中时,康德的数学哲学对那些从未听说过罗巴切夫斯基的人——几乎所有人——仍然富有意义。哈密顿用了一个看上去很糟糕的数学双关语,把康德的学说应用到代数中,得出了一个古怪的结论:既然几何是空间的科学,既然时间和空间是"直觉的纯感官形式",那么数学的其余部分必须属于时间。而且,他浪费了大量的时间来阐述一个奇怪的理论,即代数是纯时间的科学。

这个稀奇古怪的想法吸引了许多哲学家的兴趣。就在不久之前,它被在数学的胆囊里寻找哲学家的结石的形而上学家们挖掘出来并严肃地解剖。正因为"代数作为纯时间的科学"完全不具有数学意义,它将继续陷入活跃的讨论中,直到时间本身结束为止。一位伟大的数学家关于代数的"纯时间"方面的观点,可能会引起人们的兴趣。"我本人无法理解代数与时间概念的联系,"凯莱承认,"尽管这个不断发展的概念的确出现了,而且很重要,但我还是看不出它有任何一个方面符合科学的基本概念。"

哈密顿在试图构造一个三维空间的向量代数和旋转代数时遇到的困难,源于他潜意识里的信念:普通代数最重要的定律必然继续存在于他所寻求的代数中。三维空间中的向量是如何相乘的呢?

为了理解这个问题的难度,必须记住(参见高斯一章),普通复数 $a+bi$ ($i=\sqrt{-1}$) 已经用一个平面上的旋转给出了一个简单的解释,而且复数遵守普通代数的所有规则,特别是乘法交换律:如果A,B是任意复数,那么A×B=B×A,无论A,B是用代数解释的,还是按照平面上的旋转来解释的。那么,预测同样的交换律对于表示三维空间中旋转的复数的推广也成立,便合乎常理了。

哈密顿的伟大发现——或者说是发明——是一种代数,是三维空间中的旋转的"自然"代数的一种,其中交换律不成立。在这个四元数(哈密顿这样称呼他的发明)的哈密顿代数中,出现了一种乘法,其中A×B不等于B×A,而是等于负的B×A,即A×B=−B×A。

无视乘法交换律,构造出一个一致的、实用的代数系统,这是一个一流的发现,也许可以与非欧几何思想的形成相提并论。有一天(1843年10月16日),当哈密顿和妻子外出散步时,他(经过15年徒劳无益的思考之后)突然醍醐灌顶,以至于他把新代数的基本公式刻在了他当时所处的桥石上。直到今天,他的伟大发现仍然指引着现今的代数学家,为他们开辟了通往其他代数的道路,引导他们通过否定一个领域的一个或多个假设并发展其结果,几乎可以任意制造出代数。其中一些"代数"非常有用;包含这大量代数的一般理论中,也包括了哈密顿的伟大发明——他的发明只是其中的一个细节,尽管这是一个非常重要的细节。

与哈密顿的四元数一样,在过去两代物理学家的青睐下,各种各样的向量分析应运而生。今天,所有这一切,包括四元数,只要是与物理应用相关的,都被1915年与广义相对论一同开始流行的、无比简单和普遍的张量分析所取代了。关于这一点,我们将在稍后讨论。

同时,可以说,哈密顿最深刻的悲剧不是酗酒,也不是婚姻,而是他固执地认为四元数是解决物理宇宙的数学关键。历史已经表明,哈密顿在坚持"……我仍然必须断言,这一发现在我看来对19世纪中叶具有极大的重要性,不亚于流数(微积分学)的发现对于17世纪末叶的重要性"。从来没有一个伟大的数学家犯过如此无可救药的错误。

哈密顿生命的最后22年时光,几乎完全致力于四元数的精细化工作,包括它们在动力学、天文学和光的波动理论的应用,以及他的大量通信。哈密顿去世后第二年发表的《四元数基础》的过度详细的风格,清楚地展示出它受到了作者生活方式的影响。1865年9月2日,哈密顿死于痛风,享年61岁。之后人们发现,哈密顿留下了一大堆混乱不堪的论文和大约60大本充满了数学的手稿。他的作品的一个令人满意的版本即将出版。他所遗留文稿的状况,证明了他最后三分之一的时间是在困难的家庭境况中度过的:在堆积如山的文稿中,人们发现了无数的餐盘,里面埋着风干了没有食用的猪排。从混乱的稿件中,人们挖出了足以供一个大家庭食用的饭菜。在生命的最后的一段时间里,哈密顿过着隐士的生活,埋头工作时,他从不理睬别人塞给他的饭菜。他痴迷于这样一个梦想:作为一个伟大的天才,他最后一次的巨大努力将使他自己和他深爱的爱尔兰永垂不朽,并永远立于不败之地,成为自牛顿的《原理》以来对科学的最伟大的数学贡献。

他不朽的荣耀实际上依仗于他早期的工作,但他自己却把它们看作是微不足道的东西,看作是附着在其巨作旁边的萤火之光。直到生命的最后,他依然还是谦恭而虔诚的,完全不热衷于自己的科学声誉。"长期以来,我一直钦佩托勒玫对他伟大的天文学导师依巴谷的描述,他是一个热爱劳动和真理的人。但愿我的墓志铭也是如此。"

第二十章 天才与愚蠢

伽罗瓦

愚蠢的一项空前的世界纪录。伽罗瓦的童年时代。教师们超越了自己。16岁的伽罗瓦重蹈了阿贝尔的覆辙。政治与教育。考试变成了天才的审判者。他被一个教士差点儿逼死。又一次入学考试失败。柯西再次粗心。被迫反抗。19岁的数学大师。"用尸体去唤醒民众"。巴黎最肮脏的下水道。爱国者突然发起决斗。伽罗瓦生命中最后一夜。方程的谜底揭开了。像狗一般被埋葬。

> 众神自身向愚蠢进行的斗争也没有胜利。
>
> ——席勒（Schiller）

阿贝尔是因贫穷而死，伽罗瓦则因愚蠢而死。在古往今来所有的科学史上，没有一个例子，能够比埃瓦里斯特·伽罗瓦短暂的一生更能说明极度的愚蠢能够完全湮没本该光芒万丈的天才。关于他不幸的种种记录，对于所有自负的教育家、不择手段的政治家和自满的院士来说，可能是一座邪恶的纪念碑。伽罗瓦不是"无能的天使"，但在面对群起的愚蠢之人与他作对时，他的力量哪怕再伟大，也一样被粉碎瓦解了，他与一个又一个不可战胜的傻瓜搏斗，把自己的生命耗得精疲力尽。

伽罗瓦生命中最初的11年是幸福快乐的。他的父母住在巴黎郊外的一个叫拉赖因堡的小村庄里。1811年10月25日，埃瓦里斯特就出生在这个村庄。埃瓦里斯特之父尼古拉-加布里埃尔·伽罗瓦（Nicolas-Gabriel Galois）是18世纪的遗老，他有教养，聪明、充满哲思，对王权深恶

伽罗瓦

痛绝，热爱自由。拿破仑逃离厄尔巴岛后的"百日王朝"期间，老伽罗瓦被选为该镇的镇长。滑铁卢战役之后，他继续担任他的职务，忠实地在国王手下服务，支持村民们反对牧师，并在社交聚会上用他自己创作的旧式诗歌来娱乐宾客。这些无害的活动，后来却被证明是这个和蔼可亲的人遭遇毁灭的原因。埃瓦里斯特从父亲那里学会了押韵的技巧，并对暴政和卑鄙深恶痛绝。

伽罗瓦直到12岁时，除了他的母亲阿代拉伊德·玛丽·德芒（Adélaïde Marie Demante）之外，没有其他的老师。伽罗瓦性格中的一些特点是从他母亲那里继承下来的，他的母亲出身于一个显赫的律师世家。她的父亲似乎有几分骹骭血统，他对女儿进行了彻底的古典主义和宗教教育，而她又把这种教育传给了她的大儿子。但她并不是将她所接受的东西原封不动地给了儿子，而是将其与自己独立的思想融合，形成了一种刚强的坚韧精神。她没有拒绝基督教，也没有毫无疑问地全部接受它；她只是把基督的教义与塞涅卡和西塞罗的学说做了对比，把一切都归结为其基本的道德。她的朋友们都认为她是一个性格坚强

的女人，有着自己的主见，慷慨大方，有着明显的独创性，好奇心强，喜欢探索，有时还倾向于自相矛盾。她于1872年去世，享年84岁。直到生命的最后，她都一直保持着充沛的精力。她和她的丈夫一样，痛恨暴政。

伽罗瓦的父系和母系一脉，都没有对于数学天才的记录。他自己的数学天才，可能是在青春期早期爆炸式地降临到他身上的。当他还是个孩子的时候，他很重感情，性格相当严肃，但是他也很乐意参加为纪念他父亲而反复举行的庆祝活动，甚至还写了一些诗歌和对白来娱乐客人。而所有这一切，都在卑劣的迫害和愚蠢的误解的刺激下改变了。迫害和误解并非来自他的父母，而是来自他的老师。

1823年，12岁的伽罗瓦进入了巴黎的路易大帝皇家学院。这是他上的第一所学校。那个地方令人毛骨悚然。那里四面被铁栅栏团团围住，由一个与其说是老师不如说是负责政治监狱看守工作的圣职候补人控制着。这所学校看起来就像一座监狱，事实上也确实是一座监狱。1823年的法国，大革命的记忆还未褪去。那是一个阴谋与对抗、暴乱与革命谣言充斥的时代。外面世界的所有一切都在学校里引起了共鸣，学生们怀疑这位圣职候补人正在策划，让耶稣会士卷土重来，于是罢课，拒绝在教堂里唱圣歌。圣职候补人甚至没有通知学生们的父母，就驱逐了那些他认为最有罪的学生。他们因此流落街头。伽罗瓦并不在其中，但现在看来，如果他当时在的话，对他来说倒是好事。

在这之前，"暴政"二字对这个12岁的孩子来说，还只是一个词语。现在他在现实中体会到它的含义了，这段经历扭曲了他性格的一个方面。他大受震惊，并为此大发雷霆。由于他母亲在古典文学方面的出色指导，他的成绩非常优异，并且获得了奖励。但是，他也获得了比任何奖品都更持久的东西，那就是一种无论正确还是错误，都顽固到底的信念。他认为，极端的恐惧和严厉的纪律，无法使这颗经历了第一次无私奉献的年轻心灵丧失正义感和公平意识。他的同学们用他们的勇气教会了他这一点。伽罗瓦从未忘记他们的榜样。他太年轻了，无法对这些事情漠然无视。

随后的一年里，这个少年经历了生命中的又一次危机。他对于文学和经典那种温顺的兴趣现在慢慢消失了，他开始感到厌烦了；他的数学天赋开始活跃起来。他的老师们认为他应当留级。埃瓦里斯特的父亲反对留级，于是这孩子继续没完没了地完成修辞学、拉丁语和希腊语的练习。他成绩差劲，行为"散漫"。老师们终于如愿以偿了。伽罗瓦留级了。他被迫吞下了他的天赋所拒绝的陈腐的知识残渣。他厌烦学习，对功课敷衍了事，既不愿用功，也不感兴趣，一直在混日子。比起消化古典文学这种严肃的事情，数学课或多或少是一种附带的东西，所以不同年级和不同年龄的学生在其他课程之余会选修初等数学。

正是在这极度无聊的一年里，伽罗瓦开始在正规学校学习数学。勒让德那华丽的几何学走进了他的视野。据说，即使是学生中比较优秀的数学人才，掌握勒让德几何学通常也需要两年的时间。而伽罗瓦从头到尾读完了几何学，就像其他孩子读一本海盗故事书一样容易。这本书激起了他的热情；它不是一本雇佣枪手写的教科书，而是一位富有创造力的数学家创作的艺术作品。一本读物就足以把初等几何的全部结构以晶莹剔透的方式展示给这个入迷的孩子。他已经完全掌握了它。

伽罗瓦对代数的反应，对我们来说很有启发性。代数让他非常反感，当我们考虑到伽罗瓦是什么样的人时，就会明白其中的原因了。没有一位大师像勒让德那样给他以鼓舞。而代数的课本只是学校里的教科书而已。伽罗瓦轻蔑地把它扔到一边。他说，它缺乏创造者的机敏，而那种机敏只有富有创造力的数学家才能给予。伽罗瓦既然已经通过一本著作结识了一位伟大的数学家，他就开始自己动手解决问题了。伽罗瓦无视老师一丝不苟的吹毛求疵，直接向当时最伟大的大师拉格朗日学习代数。后来，他读了阿贝尔的著作。这个十四五岁的孩子迅速地汲取这些本是写给成熟的专业数学家们的代数分析巨著中的精华：方程数值解、解析函数论和函数的微积分。在学校里，他的数学成绩平平：传统的课程对一位数学天才来说是微不足道的，对掌握真正的数学来说也毫无必要。

伽罗瓦最独特的天赋在于能够完全凭心算进行最困难的数学研究。这种非凡的天赋无须老师或者考官的帮助。老师或是考官对那些对他来说显而易见或微不足道的细节如此坚持，使得他无法忍受，他常常为此大发脾气。尽管如此，他还是在综合考试中得了奖。使老师和同学们都感到惊奇的是，伽罗瓦在他们失败的时候，用突击的方式夺取了属于他自己的领地。

这是伽罗瓦第一次意识到自己的巨大力量，他的性格也随之发生了深刻的变化。他知道了自己与代数分析大师的密切关系，他感到无比骄傲，渴望冲上前去，与他们的力量相匹敌。他的家人，甚至连他那位富于冒险精神的母亲，都觉得他非常奇怪。在学校里，他似乎在老师和同学们的心中激起了一种恐惧和愤怒相混合的奇特情绪。他的老师是善良的、有耐心的，但他们是愚蠢的。对伽罗瓦来说，愚蠢便是不可原谅的罪过。学年开始的时候，老师们曾说他"非常温和，天真无邪，品行端正，但是——"他们接着说"他身上有点奇怪的东西"。这点东西毫无疑问是存在的。这个男孩儿有着不同寻常的大脑。过了一阵子，他们承认他不是"调皮捣蛋",只是"富有创造力的和奇怪的""好争辩的"。老师们抱怨说,他喜欢取笑他的同学。毫无疑问,这些行为都是应该受谴责的,但是他们应当用自己的眼睛去看一看。这个男孩儿已经发现了数学,他已经被他的精灵驱使了。到了这觉醒的一年的年底,我们得知"他的古怪使他与所有的同伴疏远了",他的老师也注意到了"他性格中的某些神秘的东西"。更糟糕的是,他们指责他"假装胸怀大志、假装自己具有独创性"。但也有人承认伽罗瓦的数学很好。他的修辞学老师用一句古典的讽刺来评价伽罗瓦:"他的聪明现在只是一种我们不能相信的神话。"他们抱怨说,即便伽罗瓦愿意屈尊去花心思完成分配给他的任务,他也只会表现出敷衍和古怪,而且会不停地"胡闹",使老师们感到厌烦。这最后一点并不是指干坏事,因为伽罗瓦并没有恶意。这仅仅是一个强有力的措辞,用来描述一个一流的数学天才,绝对不能把他的才智浪费在学究们所赘述的无用的修辞学上。

有一个老师出于他永远不出错的、数学上的先见能力,宣称伽罗瓦在文学研究方面的能力和他在数学方面的能力是一样出色的。伽罗瓦似乎被这个人的善良所感动了。他终于答应给修辞学一个机会。但他的数学魔鬼此时完全被唤醒了,那魔鬼怒气冲冲地想要逃走,可怜的伽罗瓦失去了最后一次被认可的机会。不久,这位持不同意见的老师加入了大多数人的行列,对伽罗瓦的投票结果如今全体一致了。这位老师悲哀地承认,伽罗瓦是无可救药的,他有一种"自高自大、难以容忍、装腔作势的独创性"。但这位教师提出了一个极好的、令人恼羞成怒的建议,来挽回自己的面子。如果这个建议当时得到了采纳的话,伽罗瓦可能可以活到八十岁。"这个男孩儿是个数学狂。我认为他的父母最好让他只学数学。他在这里只能浪费时间,他所做的一切都是在折磨老师,徒增麻烦。"

16岁时，伽罗瓦犯了一个奇怪的错误。伽罗瓦没有意识到，阿贝尔在他事业的开始就确信他已经做到了不可能做到的事情，即解决了一般五次方程的问题，而伽罗瓦重复了这个错误。有一段时间——很短的一段时间——他相信自己已经做到了不可能做到的事情。这仅仅是阿贝尔和伽罗瓦职业生涯中几个非同寻常的相似之处之一。

虽然伽罗瓦在16岁时就已经顺利地开始了他那充满重大发现的事业，但他的数学老师韦尼耶（Vernier）却像孵出小鹰的母鸡一样，不知道如何让这个不守规矩的小家伙的脚停驻在谷仓院子的那一大堆脏土上。韦尼耶恳求伽罗瓦按部就班地工作。伽罗瓦并没有采纳这个建议，他在没有准备的情况下参加了竞争激烈的巴黎综合工科学校的入学考试。这所伟大的学校是法国数学家之母，创立于法国大革命期间（有人说是蒙日建立的）。学校旨在为土木工程师和军事工程师提供世界上能够获得的最好的科学和数学教育。这所学校对雄心勃勃的伽罗瓦来说，具有双重的吸引力。首先，在综合理工学院，他的数学才能将得到最大程度的认可和鼓励。另外，他对人身自由和言论自由的渴望也将得到满足：因为那些有男子气概、胆大包天的综合工科学校的学员们——其中包括未来的军队领导人——正是那些企图毁掉光荣的革命工作、恢复腐朽的教士身份和国王的神权的反动阴谋家的眼中钉。至少在伽罗瓦那孩子气的双眼中，无所畏惧的理工学院的学生与路易大帝学院那些胆小怕事、庸碌无为、吹毛求疵的修辞学家截然不同，他们是一群神圣的年轻爱国者。后来发生的事情证明，他的预感至少有一部分是正确的。

伽罗瓦考试没有及格。并非只有他一个人认为自己的失败是愚蠢的、不公正行为的结果。他曾经无情地戏弄过的同学们都惊呆了。他们相信伽罗瓦有最高层次的数学天才，他们怀疑主持考试的考官是不称职的人。将近四分之一个世纪后，《新数学年鉴》（*Nouvelles Annales de Mathématiques*）的编辑泰尔康（Terquem）提醒他的读者们，关于这次考试失利的论战还没有平息。这本数学杂志专门维护报考综合理工学校和师范学校考生的利益。泰尔康在评论伽罗瓦的失败和另一个案例中考官高深莫测的裁决时说："一个智力优越的候选人，败在了一个智力低下的考官手中。[因为他们不理解我，我是一个野蛮人。]……考试是个谜，我在它的面前不得不屈服。就像神学的许多奥秘一样，理性必须谦卑地承认它们的存在，而不能想办法去理解它们。"对于伽罗瓦来说，这次失败可以说是最后一根稻草。这使他自暴自弃，生活更加痛苦。

1828年，伽罗瓦17岁。这是他生命中重大的一年。他第一次遇到了一个有能力理解他的天才的人——路易-保罗-埃米尔·里夏尔（1795–1849）。他是路易大帝学院的高等数学教师（mathématiques spéciales）。里夏尔不是一个普普通通的老师，而是一个有才能的人，他在业余时间去巴黎大学听关于几何学的高级讲座，及时了解当时数学家们的研究进展，并把这些成果和进展传授给他的学生们。他胆小、谦卑、不谋私利，把所有的才能和精力都倾注在学生们身上。他不肯为自己的利益而迈出一步，在他的学生的前途岌岌可危的情况下，却不惜做出任何牺牲。他热衷于通过能干的人的工作来推进数学发展，尽管他的科学界的朋友们敦促他创作，但他完全忘却了自己。19世纪不止一位杰出的法国数学家对他富有灵感的教学表示了感激之情：例如通过纯数学分析与亚当斯（Adams）共同发现海王星的勒威耶；著名的几何学家和高等代数经典著作的作者塞尔（Serret），在这部著作中，他首次系统地阐述了伽罗瓦的方程论；一流的代数大师、数学家埃尔米特；最后，还有伽罗瓦。

里夏尔一下子就认出了落在他手里的这个学生是什么材料——他是"法兰西的阿贝尔"。他骄傲地向全班同学宣读伽罗瓦呈交上来的对一些难题的独到解答，并给予这位年轻的作者以公正的赞扬。里夏尔在教室里宣称，这位杰出的学生应该得到免试录取的资格。他授予了伽罗瓦一等奖学金，并在伽罗瓦的学期报告中写道："这个学生有超出他的同学的明显的优势，他只研究数学最先进的部分。"所有这些评价都是不争的事实。17岁的伽罗瓦在方程理论方面取得了具有划时代意义的发现，这些发现带来的余热，在一个多世纪之后都还没有穷尽。1829年3月1日，伽罗瓦发表了他的第一篇论文《论连分式》。这篇论文并没有涵盖他已经做出的伟大发现，但它向他的同学们宣告了，他不仅仅是一个学者，更是一个富有创造力的数学家。

当时法国最著名的数学家是柯西。在发明创造的丰富性方面，能与柯西相提并论的人很少；正如我们所看到的，他的论文集数量之多，仅次于历史上最高产的数学家欧拉和凯莱[1]。每当科学院想要对提交审议的数学著作的价值发表权威性意见时，就会求助于柯西。他通常会做出一个迅速、公正的裁判。但他偶尔也会犯错。不幸的是，他犯的每一次失误，都是在最重要的时刻。由于柯西的粗心大意，数学史上出现了两次重大灾难：伽罗瓦遭受了忽视，阿贝尔遭受了不公平的待遇。对

1.也就是说，就目前（1936年）实际出版的作品数量而言，当欧拉的全部作品最终印刷出来时，无疑会在数量上超过凯莱。

于后者，柯西只能承担部分责任，但对于伽罗瓦案中不可原谅的懈怠，柯西的确负有全部责任。

伽罗瓦将他17岁时累积的重大发现，写成了一本论文提交给科学院。柯西答应过要把论文呈上，但他忘记了。后来他竟然疏忽到把伽罗瓦的摘要都弄丢了。这是伽罗瓦对于柯西慷慨的许诺所听到的最后一次消息。这只是一系列类似的灾难中的第一次，这些灾难使这个受挫的男孩儿对科学院和院士们都抱有阴郁的蔑视，对整个愚蠢的社会产生了强烈的仇恨，而他正是生活在这个社会里。

尽管这个备受折磨的男孩儿表现出了非凡的天才，但他现在在学校里却连自己想做的事都不能做。学校当局不让他安静地在他所发现的富饶土地里收割他的成果，而是不断地用琐碎的工作烦扰他，并用他们无休止的说教和惩罚来激起他的公开反抗。他们在他身上找不到任何东西，只有骄傲和成为数学家的坚定决心。他已经是一个数学家了，但他们并不知道。

在伽罗瓦18岁的时候，又发生了两次灾难，这是他性格的最后一次变化。他第二次参加了综合理工学院的入学考试。那些连给他削铅笔都不配的考官坐在他面前，对他进行审判。结果是可以预料到的。伽罗瓦失败了。这是他的最后一次机会。就此，综合理工学院的大门对他永远关闭了。

那次考试如今已经成了一个传奇。伽罗瓦习惯了几乎完全在脑子里工作，这使他在黑板前考试时处于非常不利的地位。粉笔和黑板擦只会妨碍他，直到他找到了其中一个的正确用途，情况才稍稍好转了起来。在考试的口试部分，一个主考官唐突地与伽罗瓦争论一个数学难题。这个考官明明是错的，但又非常固执。伽罗瓦看到他作为一个数学家和综合工科学校的民主自由的倡导者的全部希望以及整个人生马上便要落空，他完全失去了耐心。他知道他已经失败了。在一阵愤怒和绝望中，他把黑板擦扔到了这个折磨他的人的脸上，目标被狠狠地击中了。

最后一次打击是伽罗瓦父亲的悲惨死亡。老伽罗瓦是拉赖因堡的镇长，而且一直支持村民反对牧师，因此是当时教士们搞阴谋的目标。1827年暴风雨般的选举之后，一位狡猾、阴险的年轻牧师组织了一场反对镇长的恶毒运动。这位诡计多端的牧师利用镇长擅长作诗这一人尽皆知的特点，写了一系列针对镇长的家庭成员的肮脏而愚蠢的诗，并签上了伽罗瓦镇长的名字，将诗在市民中免费传阅。这位极为正派的镇长因为这次迫害而痛苦地发疯。有一天，趁他妻子不在的时候，他偷偷去了巴黎，在离他儿子读书的学校不远的公寓里自杀了。老镇长的葬礼上发生了一场严重的混乱，愤怒的市民们投掷石块，一个牧师的前额被割伤了。伽罗瓦亲眼看到他父亲的棺材在一场不体面的暴乱中被放进坟墓。从那以后，他怀疑世界上四处遍布着他所痛恨的不公正，所有的事情在他看来都是肮脏的。

第二次报考综合理工学校失败后，伽罗瓦回到了学校，准备从事教学工作。这所学校现在有了一位新的校长，一位为保皇党和神职人员当密探的、懦弱的傀儡。在不久之后发生的那场即将动摇法国根基的政治大变动中，这个人趋炎附势、左右逢源，他的所作所为对伽罗瓦的晚年产生了悲剧性的影响。

伽罗瓦仍然受到老师们的迫害和恶意误解，在这种艰难的境况下，他为期末考试做好了准备。他的主考人对他的评价非常有趣。伽罗瓦在数学和物理方面得到的评价是"非常好"，而在期末口试，他得到了这样的评价："这个学生在表达自己的观点时有时模糊不清，但他很聪明，表现出了非凡的研究精神。他向我讲述了一些应用分析方面的新成果。"文学方面，他获得的评语是："这是唯一一个回答得非常糟糕的学生，他什么都不懂。有人告诉我，这个学生有非凡的数学能力。这使我大为吃惊，因为从他的考试结果来看，他的天赋并不高。看来他成功地把他所拥有的潜能隐藏起来了。如果说这个学生真的像我以前所认为的那样，那么我的确怀疑他是否可以成为一个好的教师。"对于这个评语，伽罗瓦回忆起了他自己的一些好老师，也许会回答说："绝对没有的事。"

1830年2月，19岁的伽罗瓦被正式录取，被承认具有读大学的能力。他深知自己具有超凡的能力，这一点再次反映在他对那些辛勤劳作的老师的极度蔑视上，他继续孤独地研究自己的思想。在这一年里，他写了三篇论文，在其中取得了新的突破。这些论文包含他在代数方程论方面的一些伟大工作。这比当时的所有成果都要超前得多。伽罗瓦希望在一篇论文中把这一切（以及进一步的结果）展现出来，并提交给科学院，来参加数学大奖的角逐赛。这个大奖仍然是数学研究领域的最高荣誉；只有当时最顶尖的数学家才有资格去竞争。专家们一致认为伽罗瓦的论文完全有资格获奖。这是最具独创性的成果。正如伽罗瓦非常公正客观地说的那样："我进行的研究将使许多学者停止他们的研究。"

伽罗瓦的稿子安全地送到了秘书手里。秘书把它带回家审阅，但还没来得及看它，就去世了。秘书死后，人们搜寻他遗留下来的文件，没有发现手稿的任何踪迹，这是伽罗瓦最后一次听到它的消息。因此，他把自己的不幸归咎于某种更为不确定的因素，而不是盲目的偶然因素，这是不可指责的。在柯西那次疏忽后，同样的事情又重演了一遍，这看起来几乎是出于天意，不可能仅仅是出于偶然。"天才，"他说，"被一个恶意的社会组织诅咒，这个组织永远拒绝正义，而是去取悦谄媚的平庸之徒。"他的仇恨与日俱增，他投身于政治活动，站在共和主义一派，以及当时被禁止的激进主义一派。

1830年，革命的第一枪让伽罗瓦充满了喜悦。他试图带领他的同学们加入这场运动，但他们退缩了，那位善于趋炎附势的校长要他们以名誉担保不离开学校。伽罗瓦拒绝保证，校长恳求他留下来，第二天再走。校长的发言非常不得体，而且毫无道理。伽罗瓦怒气冲冲地想在夜里逃跑，但围墙太高了。此后，在"光荣的三天"的整个过程中，当英勇的青年学员们走上名垂青史的大街小巷时，那位校长却小心谨慎地把学生们关在学校里。校长观望着形势的变化，准备伺机而动。起义成功了，精明的校长非常慷慨地把他的学生交给临时政府管理。这对伽罗瓦的政治信念造成了最终的打击。在假期里，他对群众权利的狂热拥护震惊了他的家人和儿时的朋友。

1830年的最后几个月，在一场彻底的政治骚动之后，局势仍像往常一样动荡不安。渣滓沉到了底部，卑贱之人浮到了顶部，悬浮在二者之间的是一群犹豫不决的温和分子。伽罗瓦回到学院后，将校长的趋炎附势、两头讨好和学生们摇摆不定的忠诚，与综合理工学校里的人们作对比。他再也忍受不了无所作为的羞辱，他给《校报》写了一封措辞严厉的信，在信中对学生和校长都给出了他们应得的评价。学生们本来可以救他的，但他们缺乏骨气，于是伽罗瓦被开除了。愤怒的伽罗瓦写了第二封信给《校报》，写给学生们。"我并不是在为了自己而向你们请求，"他写道，"我是希望你们凭着你们的名誉和良心来说话。"这封信没有得到答复，显然是因为伽罗瓦所呼吁的那群人既没有荣誉也没有良心。

现在伽罗瓦终于自由了。他宣布要开设一门高等代数的私人课，每周一次。这一年，他19岁。他是一个富有创造力的第一流的数学家，但他兜售的课程没有人理会。课程包括"一种新的虚数理论［现在被称为'伽罗瓦虚数'，它在代数和数论中非常重要］；用根式求解方程的理论，以及用纯代数处理的数论和椭圆函数"——这都是他独创的成果。

由于找不到学生，伽罗瓦暂时放弃了数学，转而加入了国民警卫队的炮兵部队。国民警卫队的四个炮兵营中有两个营，几乎全部由自称为"人民之友"的自由派组成。不过他也没有完全放弃数学。在泊松（Poisson）的鼓励下，为了获得认可，他向科学院呈上了一篇关于方程的一般求解的论文，现在被称为"伽罗瓦理论"。只要是研究万有引力、电学和磁学的数学理论，都会提到泊松的名字。泊松是审稿人。他提交了一份敷衍的报告。他说，这篇论文"不可理解"，但他并没有说明他花了多长时间才得出这个惊人的结论。这是真正意义上的最后一根稻草。从此，伽罗瓦把全部精力投入革命的政治活动。他写道："如果需要一具尸体来唤醒民众，我愿意捐出我的。"

1831年5月9日标志着末日的开始。大约200名年轻的共和党人举行了一次宴会，抗议王室关于解散伽罗瓦参加过的炮兵的命令。他们为1789年和1793年的革命祝酒，为罗伯斯庇尔和1830年的革命干杯。整个集会的气氛是革命的和挑衅的。伽罗瓦站起来提议祝酒，他一只手拿着杯子，另一只手拿着打开的小刀："献给国王路易·菲利普（Louis

Philippe）。"他的同伴们误解了祝酒的目的，吹口哨把他喊停了下来。然后他们看到了那把打开的刀，他们把这解释为对国王生命的威胁，并大声表示赞同。伽罗瓦的一位朋友看到大仲马和其他名人从敞开的窗户外面走过，就恳求伽罗瓦坐下，但骚动仍在继续。伽罗瓦一时间便成了英雄，炮兵们在街上跳了一整夜舞来庆祝他们的胜利。第二天，伽罗瓦在他母亲家被捕，被投入圣·佩拉热监狱。

一个聪明的律师，在伽罗瓦忠实朋友的帮助下，设计了一篇巧妙的辩护词，大意是伽罗瓦真的说过："为路易·菲利普，如果他成为叛徒。"打开的刀很容易解释——伽罗瓦用它来切鸡。这也的确是事实。据他的朋友们说，他祝酒词中的后半句被口哨声淹没了，只有靠近他的人才能听见。但伽罗瓦不承认自己说了这半句能够给自己解围的话。

在审判期间，伽罗瓦的行为是傲慢的，表现出藐视法庭和原告的高傲态度。他对结果毫不关心，慷慨激昂地抨击所有政治上非正义的力量。法官是个有自己孩子的人。他警告被告说，这样做对案件百害而无一利，并严厉地制止了他，命令他保持沉默。检方对事件发生的餐厅在用于半私人宴会时是否为"公共场所"一事进行了质疑。伽罗瓦的自由就悬在这一线微妙的法律条款上。但很明显，法庭和陪审团都被被告的年轻所打动了。陪审团只审议了十分钟就宣布无罪。伽罗瓦从证据台上拿起他的小刀，合上，塞进口袋，一言不发地离开了法庭。

他的自由没有维持很久。不到一个月，1831年7月14日，他再次被捕，这一次是作为预防措施。共和党人即将举行庆祝活动，而伽罗瓦在当局眼中是一个"危险的激进分子"，因此尽管他没有受到任何指控，还是被关押起来了。全法国的官方报纸都在大肆渲染警察的这一次辉煌的突袭。他们现在抓住了"危险的共和党人埃瓦里斯特·伽罗瓦"，在那里他无论如何也不可能发动革命了。但他们很难找到一个合法的指控，来对他进行审判。的确，他被捕时全副武装，但他没有拒捕。伽罗瓦不是傻瓜。他们应该指控他密谋反对政府吗？这罪名太重了，无法通过，没有陪审团会这样给他定罪的。啊！经过两个月的不断思考，他们成功地捏造了一项指控。被捕时，伽罗瓦穿着炮兵制服，但是炮兵已经解散了。因此，伽罗瓦被判非法穿制服罪。这次他们判伽罗瓦有罪。一个和他一起被捕的朋友被判三个月监禁，伽罗瓦被判了六个月。他将被囚禁在圣·佩拉热，直到1832年4月29日。他的妹妹说，展望未来，他面前全是不见阳光的日子，他看上去已经五十多岁了。"为什么不呢？"哪怕天塌下来，也要为正义呼喊。

监狱对政治犯的惩罚很轻，他们受到了合理的人道待遇。大多数人醒着的时候，在专供他们使用的院子里散步，或者在小卖部里喝酒——这是监狱长私人贪污受贿之处。不久之后，伽罗瓦以他那阴沉的面容、节制饮食的习惯和持久的高度集中的神气，成了快活的酒徒们逗乐的靶子。他正全神贯注地学习数学，但他不可能听不到人们对他的嘲讽。

"什么！你只喝水？退出共和党，回到你的数学上去吧。"——"没有酒和女人，你永远也成不了男人。"伽罗瓦忍无可忍地抓起一瓶白兰地，不知道也不在乎是什么，把它喝了下去。一个正派的囚犯朋友照顾他直到他恢复意识。当他意识到自己所做的事情时，他的这次糗事使他非常伤心。

最后，他终于逃离了当时法国作家笔下的巴黎最肮脏的下水道。1832年霍乱流行，惦记伽罗瓦的当局于3月16日把伽罗瓦送到了一家医院。威胁路易·菲利普生命的"重要政治犯"太宝贵了，不能让他感染这种流行病。

伽罗瓦被假释出狱了，所以他反而有了很多机会，可以得见外人。就这样，他经历了他人生中唯一的一次爱情。在这件事上，和在其他事情上一样，他是不幸的。一个不值得的女孩儿（"低等客栈里卖弄风情的贵妇人"）向他求婚。伽罗瓦暴躁地处理了这件事，因为他对爱情、对自己、对这位姑娘都感到厌恶。他写信给他忠实的朋友奥古斯特·舍瓦利耶（Auguste Chevalier），"你的信充满了使徒的同情，给我带来了一点儿平静。但是，你怎么能抹去我所经历的那种强烈情感的痕迹呢？……在重读你的信时，我注意到一句话，你在信中指责我被一个腐朽世界的腐朽黏液所陶醉，这个世界玷污了我的心、我的头和我的手……陶醉了！我对一切都不抱幻想，甚至对爱情和名望也不抱幻想。一个我所憎恶的世界怎有资格来污秽我呢？"日期是1832年5月25日。四天后，他自由了。他计划到乡下去休息和冥想。

5月29日那天发生了什么事情，世人并不清楚。下面从两封信中摘录出来的片段，符合大众通常听说的真相：伽罗瓦获释后立即与政敌发生了冲突。这些"爱国者"总是热衷于决斗，而不幸的伽罗瓦命中注定要在一场为"荣誉"的决斗中与他们决一胜负。在1832年5月29日的一封《致全体共和党人书》中，伽罗瓦写道：

"我恳请爱国者和我的朋友们不要因我并非为国捐躯而责备我。我是作为一个臭名昭著、卖弄风骚的女子的受害人而死的。我的生命是在一场悲惨的斗殴中熄灭的。噢！为什么要为这么微不足道的事而死，为这么卑鄙的事而死！……原谅那些杀了我的人，他们是真诚的。"

在另一封写给两位未道出姓名的朋友的信中，他写道：

"我受到两个爱国者的挑战，我无法拒绝这种挑战。请原谅我没有征求你们的意见。但我的对手相信我为了自己的名誉，不会预先知会任何爱国者。你们的任务很简单：证明我是不得已而决斗的，也就是说，我用尽了一切调解的办法以后，才不得不决斗的……请保存对我的记忆吧。既然命运并没有给我足够的时间，让我活到我的国家知道我的名字。我至死是你们的朋友。"

E·伽罗瓦

这是他写的最后一句话。在写这些信之前，他花了整整一个晚上的时间，匆匆忙忙地写着他最后的科学遗言，争分夺秒地写着，以便把他那丰沛的思想中那些伟大的东西尽量写到纸上。他一次又一次地停下来在纸边空白处潦草写下"我没有时间，我没有时间"，接着又疯狂地涂写下一个潦草的提纲。他在黎明前那个绝望的最后几个小时里所写的东西，将使世世代代的数学家忙碌数百年。他一劳永逸地找到了一个困扰数学家几个世纪的谜题的真正答案：在什么条件下方程才是可解的？但这只是万千答案中的一个。在这项伟大的工作中，伽罗瓦非常成功地运用了群论（见柯西一章）。伽罗瓦确实是这一抽象理论的伟大先驱之一，这个理论在今天的所有数学研究中具有重要的奠基意义。

除了这封混乱的信之外，伽罗瓦还委托他的科学执行人保管一些原本打算交给科学院的手稿。14年以后，1846年，约瑟夫·刘维尔

（Joseph Liouville）为《纯粹数学和应用数学杂志》编辑了一些手稿。刘维尔本人是一位杰出而富有独创性的数学家，也是这家重要期刊的编辑，他在引言中写道：

"埃瓦里斯特·伽罗瓦撰写这部著作的主要目的，是阐述方程能用根式求解的条件。作者奠定了一个一般理论的基础，并将这个理论详细应用于素数次方程。16岁时，伽罗瓦作为路易大帝皇家学院的一名学生，已经开始着手研究这个课题了。"

刘维尔接着讲道，科学院的审稿人拒绝了伽罗瓦的论文，是因为它们过于模糊、难以理解。他接着说：

"在处理抽象而神秘的纯代数问题时，我们首先要避免这种问题。这个问题产生的原因是过分追求简洁。当一个人撰写文章，引导读者远离老路，进入更广阔的领域时，确实应当阐述得更加清晰明了。正如笛卡尔所说，'在阐述超乎寻常的问题时，应当作到超乎寻常的清晰。'伽罗瓦常常忽视这一条告诫；我们也可以理解，杰出的数学家们可能认为，应当通过他们睿智的告诫，努力帮助一个才华横溢但缺乏经验的初学者重新走上正确的道路。他们所指责的作家就在他们面前，热情而活跃；他本可以从他们的建议中获得益处。

"但是现在一切都变了。伽罗瓦不复存在了！让我们不要沉溺于无用的批评；让我们把缺点留在那里，看看他的优点。"

接着，刘维尔讲述了他是如何研究伽罗瓦的手稿，如何从中挑出了一颗应当得到特别关注的完美的宝石。

"我的热情得到了很好的回报。我填补了一些微小的缺陷，终于得以看到伽罗瓦证明这个非凡定理的方法是完全正确的，我感受到了一种强烈的快乐。这个定理就是：为了使一个不可约的素数次方程可用根式来求解，充分而必要的条件是它所有的根都是其中任意两个根的有理函数。"[1]

伽罗瓦向他的忠实朋友奥古斯特·舍瓦利耶（Auguste Chevalier）宣读了遗嘱，全世界都应该感谢他保留下来了这些文稿。"我亲爱的朋友，"他开始写道，"我在分析方面有了一些新的发现。"然后，他在时间允许的情况下着手写起大纲。这些发现是划时代的。他总结道："我在此公开征求雅各比或高斯的意见，不是关于这些定理的正确性，而是关于这些定理的重要性。我希望，以后会有一些人发现，辨认这些乱七八糟的东西对他们来说是有益处的。我满怀激情地拥抱你。E·伽罗瓦。"

容易轻信别人的伽罗瓦！雅各比是很慷慨的，可高斯会怎么说？他是怎么说阿贝尔的？对于柯西或罗巴切夫斯基，他遗漏了什么？尽管经历了种种痛苦，伽罗瓦仍然是个充满希望的孩子。

1832年5月30日凌晨，伽罗瓦在"决斗场"与他的对手对峙。决斗是用25步远的手枪对射。伽罗瓦摔了一跤，肠子被射穿了。没有外科医生在场。他就这样被扔在他摔倒的地方。九点钟，一个路过的农民把他送到了科尚医院。伽罗瓦知道自己快要死了。在不可避免的腹膜炎发生之前，在他神智还算清醒的时候，他拒绝了牧师的祈祷，也许是因为他

1.如果读者浏览第17章阿贝尔的摘要，这个定理的重大意义就会显而易见了。

记起了他的父亲。他的弟弟是家里唯一一个得到通知的人，他哭着赶来了。伽罗瓦试图用坚忍的精神去安慰他。"别哭，"他说，"我需要拿出我所有的勇气，在二十岁时死去。"

1832年5月31日清晨，伽罗瓦去世，享年21岁。他被埋在南公墓的公共壕沟里，因此今天，伽罗瓦的坟墓已无处可寻。他不朽的纪念碑屹立在他的著作之上，共有60页。

第二十一章 不变量的孪生兄弟

凯莱与西尔维斯特

凯莱的贡献。早年生活。剑桥。娱乐消遣。做律师。十四年的律师生涯。凯莱遇到合作者。西尔维斯特波涛汹涌的一生。被宗教摧残。凯莱与西尔维斯特的对比。西尔维斯特赴弗吉尼亚任职。再次走错了路。不变量理论。任职于约翰斯·霍普金斯大学。永不衰减的活力。"罗莎琳德"。凯莱对几何的统一。n维空间。矩阵。牛津认可西尔维斯特。直到临终都为人尊敬。

"要对现代数学这一范围广袤的领域给出一个明确的概念，是很困难的。或者说，'范围'这个词本身就不够恰当，我所指的那种范围充满着妙不可言的细节——它并非像一眼望底的原野那般单调无趣，而是一个只消远眺便可抓住你眼球的美丽村庄，人们可以在村中漫步，细细领略每一处山坡、峡谷、小溪、岩石、树木与花丛。但是，数学理论就像其他一切事物一样，其中美妙只能意会，难以言传。"

以上引自凯莱1883年担任英国科学促进协会主席时的就职演说。同样，这些描述也适用于凯莱所著的巨作。就高产与创造力来说，欧拉、柯西和凯莱自成一派，庞加莱则远随其后（因为他去世时比前几个人去世时都要年轻）。当然，这仅仅是就工作的数量而言，工作质量的高低则是另一回事。他们的工作质量孰高孰低，则由他们所创造的思想在数学研究领域中所出现的频繁程度，或是单纯的个人看法，也由他们所处国家的先入之见来共同决定。

凯　莱

凯莱对于现代数学范围之广袤所做出的评价，意味着我们在试图走近凯莱之时，也应把注意力集中在他那些创新性显著、影响深远的思想上。其中，最使其声名远扬的就是不变量理论，以及由这个广泛的理论而自然阐发出来的外延。在朋友西尔维斯特的大力帮助下，凯莱可谓不变量理论当之无愧的创始人，更是后无来者的推动人。不变量这一概念对于现代物理学，特别是相对论而言，具有极其重大的意义，但这并非它备受瞩目的主要原因。众所周知，物理学理论往往会遭受修改甚至摒弃；而不变量理论则是对纯数学思想的永久性补充，其必然植根于一个更坚固的基础之上。

凯莱首创的另一个思想是"高维空间"（n维空间）几何，它对现代科学同样具有重大意义，但是其作为纯数学思想而言，重要性更加无与伦比。矩阵理论也是凯莱的发明，其重要性与高维空间可以相提并论。在非欧几何这一领域，凯莱则为克莱因的伟大发现打下了基础。在凯莱所做贡献的基础上，克莱因得以发现，欧几里得几何与罗巴切夫斯基和黎曼（Riemann）的非欧几里得几何，这三类几何都是某种把它们作为特殊情况包括在内的更一般类型的几何的不同方面。我们在概述凯莱和其友西尔维斯特的生平之后，将对这些贡献做出简单介绍。

如果可能，我们应当将凯莱与西尔维斯特二人的生平放在一起来写。这两人互为完美的映衬，彼此的人生都在很大程度上弥补了对方人生的缺憾。凯莱的一生是宁静的，西尔维斯特的一生则在竭尽全力与"与世界搏斗"，后者也是如此苦涩地自我总结的。西尔维斯特的思想时而如推动水车的水渠一般汹涌湍急；凯莱的思想却总是坚定的、沉着的、泰然的。对一切事物，凯莱都力求以精准的数学陈述将之加以书面表达，本章开始时所引用的比喻是一个极罕见的例外；而一提及数学，西尔维斯特就会立刻变得富有近乎东方的诗意，他那难以遏制的狂热往往会使得他仓促行事。但是，这两个人却成为了朋友，互相启发彼此、成就彼此，使彼此得以完成各自最伟大的发现，例如，不变量理论和矩阵理论（后面会讲到）。

两个人的性格如此不同，友谊进程自然不会总是一帆风顺。西尔维斯特常常处于爆发之际，凯莱则安静地坐在安全阀上，确信他这位急性子的朋友很快就会平静下来。一旦西尔维斯特归于平静，凯莱就能够平和地重新开始讨论，就好似西尔维斯特从未发过火一般；而西尔维斯特那一边，则完全忘记了自己刚刚的冲动鲁莽——直到西尔维斯特为了下一件事发怒。这令人意想不到竟能志趣相投的一对朋友，在很多方面就像一对在度蜜月的小夫妻，只不过其中一方从来不会发脾气。尽管西尔维斯特要比凯莱年长七岁，我们还是应当从凯莱开始叙述。因为，是西尔维斯特的生活闯入了凯莱人生那道平静的缓流，一切都那么自然，就好像一道深溪正中间卧入了一块嶙峋的石头。

1821年8月16日，阿瑟·凯莱（Authur Cayley）出生在萨里的里士满。彼时，他的父母正在英国小住，凯莱是他们的第二个儿子。在父亲这边，凯莱的家系可追溯至诺曼征服（1066）的时代，更早可以追溯到诺曼底的一个男爵家族。这是一个才华横溢的家族，如达尔文家族一样，想必可以为遗传学学子们提供许多富有启示性的研究材料。凯莱的母亲是玛丽亚·安东妮娅·道蒂（Maria Antonia Doughty），一说她有俄国血统。凯莱的父亲是英国商人，从事俄国贸易。某次，凯莱的父母例行返英探亲时，凯莱出生了。

1829年阿瑟8岁，他的父亲退休了，从此在英国定居。阿瑟被送到位于布莱克希思的一所私立学校。后来，阿瑟14岁时，又被送到伦敦国王学院。阿瑟很早就显露出惊人的数学天赋。这种超人天赋的最初迹象在阿瑟身上的表现，与高斯幼时所展现出来的如出一辙。年少的凯莱在长数值计算方面极富技巧，而他做这些计算不过是为了消遣。正式开始学习数学之后，他迅速超过了学校里的其他学生。不久，他更是表现得出类拔萃，如同他后来升入大学时那样，在同学之中鹤立鸡群。他的老师一致认为这个孩子是个天生的数学家，认为他应当以数学为其终身事业。值得庆幸的是，凯莱的老师与伽罗瓦的老师完全不同，他们从一开始就看到了他的才能，并尽其所能地鼓励凯莱施展这种才能。最初，凯莱那退休的商人父亲强烈反对儿子做数学家。但最后，父亲终于被校长说服，同意并出资支持儿子研究数学。他决定把儿子送到剑桥去。

17岁那年，凯莱在剑桥大学三一学院开始了大学生活。在同学眼中，他是一个"地道的数学家"，对读小说有一种奇异的狂热。的确，凯莱终生都痴迷于阅读一些或多或少有些夸张的小说，这些小说如今被定义为古典小说。19世纪40年代和50年代，有一大批读者曾为之倾倒。

凯莱似乎最喜欢读司各特（Scott），其次是简·奥斯汀（Jane Austen）。后来他也曾读过萨克雷（Thackeray），但是不怎么喜欢他；他永远都读不下去狄更斯（Dickens）。凯莱也喜欢拜伦的叙事诗，虽然凯莱的口味有几分清教徒式的维多利亚风，让他无法欣赏诗中那些最为人称道的东西。凯莱也从未读过逗人发笑的纨绔子弟唐·璜。凯莱终生喜爱莎士比亚戏剧，喜剧尤甚。他也读那些较为严肃——或者较为枯燥乏味——的读物，他反复阅读格罗特（Grote）冗长的《希腊史》和麦考莱（Macaulay）华丽的《英国史》。他在中学时学的古希腊文，对古希腊文本的阅读能力保持了一生。他用法文阅读和写作，如使用英文一样信手拈来。他阅遍维多利亚时代的古典著作（不如说读厌了）后，他的德文和意大利文能力使他仍拥有大量的阅读材料。浏览严肃的小说只不过是他的消遣方式之一；其他消遣方式我们会逐一提到。

凯莱读完剑桥大学三年级时，数学能力已经一骑绝尘。主考人在他的名字下面画了一条线，为他单独设置了"远超第一"这一等级。1842年凯莱21岁，他取得了剑桥大学数学荣誉学位考试第一名，同年，他在难度更高的角逐史密斯奖学金的考试中取得了第一名。

按计划，此时的凯莱有望获得特别研究生奖学金，这笔奖金可以使他在几年内自由生活，不为生计所累。他被选为为期三年的三一学院特别研究生和助理导师。如果他愿意担任圣职，他的任期可能还可以延长。然而，凯莱虽然是英国基督教圣公会的教徒，却也不愿为了得到工作机会，或是更好的工作机会，而去做牧师。尽管很多人都会这样做，而且他们可以做到既不打破信仰，也不良心不安。

他的工作很轻松，几乎到了没有的程度。他带几个学生，但是人数很少，既不会影响他自己，也不会影响他的工作。他尽量利用这种自由,继续进行大学期间就已着手开始的数学研究。像阿贝尔、伽罗瓦和其他许多在数学领域取得伟大成就的人一样,凯莱也会去大师的著作中去寻找灵感。凯莱的第一项成果发表于1841年,便是来源于他对拉格朗日和拉普拉斯的研究,那时他还是一个20岁的大学生。

获得学位后,凯莱可以做自己想做的事,没有其他事情干扰。他第一年发表了8篇文章,第二年发表了4篇,第三年发表了13篇。这些早期论文中的最晚一篇发表之时,凯莱还不到25岁。他在此后50年内要从事的工作,大部分却早已在这些文章里规划好了。此时,他对于n维几何(他是首创)、不变量理论、平面曲线的枚举几何学的研究已经初露端倪,他对椭圆函数理论的特殊贡献也开始崭露头角。

这个时期的凯莱虽然十分高产,却并非终日埋头工作。从1843年22岁开始,直到25岁他离开剑桥大学,期间凯莱曾不时地逃到欧洲大陆去度假,他徒步旅行、爬山、画水彩画。虽然凯莱看上去单薄虚弱,实际上体质强健精壮,他时常整夜在丘陵四起的乡间跋涉,早餐时分又像朝露一样精力充沛地出现,打算研究几小时数学。第一次旅行时,凯莱访问了瑞士,其间频频登山。就此,他的另一个终身爱好得以培养。上文我们所引用的他对“现代数学的范围”的描述,绝不仅是一个从未爬过山,或从不曾在乡间惬意漫步的教授在脑海中的学究式演习,而是一个曾亲身跃入大自然、享受自然之美的人所做出的精准比喻。

第一次出国度假的最后四个月,他熟悉了意大利北部。在那里,他的另外两项爱好——鉴赏建筑与品味佳画——有了雏形。这两项爱好在他以后的人生中给他以抚慰。他本人则爱好水彩,并且对此天赋非凡。凯莱对文学作品、旅行、绘画、建筑的爱好,以及对自然之魅力的深刻体悟,使得他内涵富足,不至于退化成传统文学作品中的那种“纯数学家"——这些作品大多是由这样的人写的：他们可能确实了解一些学究气十足的大学数学教授，但是他们在生活中从来没有见过一个真实的、有血有肉的数学家。

凯莱在25岁那年离开了剑桥。他无法将自己的良心拘入庄重的圣职，将两者调和起来，因而无法得到一个数学家的职位。作为一个数学家，凯莱当然明白，拘束良心、调和二者更划得来。但他还是选择了离开剑桥。法律以及印度事务部的文职，曾吸引了英国许多前途无量的顶尖卓越人才。现在，法律吸引了凯莱。19世纪英国顶级律师和法官中剑桥大学数学荣誉学位考试的名列前茅者占比之高，多少有点儿令人惊讶。但是，我们不能因此人云亦云，认为数学学习是进入法律界的垫脚石。但是我们可以确定，让一个如凯莱这般有着惊人数学天赋的年轻人去起草遗嘱、转让证书和契约，是社会层面的愚蠢与浪费。

按照那些想要进入更体面层次的（也就是说，高于初级律师的）英国律师界的人们的惯例，凯莱进了林肯法律协会，为取得律师资格做准备。他在一位名叫克里斯蒂（Christie）的先生手下当了三年学徒，然后在1849年取得了律师资格。当时凯莱28岁。当上律师以后，凯莱明智地决定，决不让自己受法律的裹挟。他下定决心，决不堕落。他拒绝的事务比他接受的事务还多。他坚持了十四年，在生活宽裕的同时，有意拒绝那些会使自己耽于赚钱的机会，拒绝一些有名的出庭律师那种多少有点儿靠自吹自擂取得的名声。这样，他可以积攒下足够但绝对不超出需要的钱，使他能够继续从事他的工作。

尽管法律事务的日常工作令人麻木、枯燥乏味，但凯莱表现出了非凡乃至圣徒般的耐心。他在所处行业（财产转让业务）中的地位也蒸蒸日上。据记载，他甚至在出色经办一件法律业务后，名字被载入一部法典。但是，我们也会惊喜地发现一些记载，证明凯莱并不是一个任人揉捏的圣人，而是一个正常的凡人，时机到了，他也会生气。有一次，他和西尔维斯特在办公室里讨论不变量理论相关的某个点时，仆人进来交给凯莱一大摞需要审阅的法律文件。凯莱看到文件，不禁摇晃了一下，被拉回到现实中来。没日没夜地花费时间和精力在琐碎的争端上，只为替生活优渥的委托人那已经过多的收入省下几个英镑，这样的事业对于这个脑子有真知灼见的人来说，实在是难以忍受。凯莱厌烦地大喊了一声，轻蔑地称手中的文件为"该死的垃圾"，并把文件丢在地板上，继续讨论他真正关心的数学话题。显而易见，这是世人所知的凯莱一生之中唯一一次发脾气。凯莱一抓住机会就立刻结束了自己的律师生涯——彼时他已经忍受了这个身份十四年。但是在他屈居于律师之位的那段时间，他发表了两三百篇数学论文，其中多篇文章如今已成为经典。

正是在凯莱做律师的这段时间，詹姆斯·约瑟夫·西尔维斯特（James Joseph Sylvester）走进了凯莱的人生。因此，我们在这里开始介绍西尔维斯特。

詹姆斯·约瑟夫——我们先以他出生时用的名字称呼他——是兄弟姊妹中最小的一个。1814年9月3日，他出生于伦敦的一个犹太家庭。西尔维斯特对他的早年经历缄口不言，因此，世人对于他的童年时代知之甚少。他的长兄移居美国，在那里改用了西尔维斯特这个姓氏，因此家庭的其他成员也随之以此为姓。然而，一个正统的犹太人为何会给自己冠上一个讨基督教教皇喜欢，而被犹太人敌视的姓氏，这始终是一个谜。或许是因为西尔维斯特的这位长兄是个幽默的人；无论怎样，亚伯拉罕·约瑟夫（Abraham Joseph）的儿子，本来只叫詹姆斯·约瑟夫的这个男孩儿，从此并永远变成了詹姆斯·约瑟夫·西尔维斯特。

西尔维斯特

与凯莱相似，西尔维斯特的数学天赋表露得很早。从六岁到十四岁，西尔维斯特读私立学校。人生第14年的最后5个月，西尔维斯特是在伦敦大学度过的，在德·摩尔根的引导下学习。西尔维斯特曾在一篇写于1840年、题目有些神秘的论文《论共存的导数》中这样说："我之所以得以创造[再现]这个术语，需要感谢德·摩尔根教授，我为曾是他的学生而感到骄傲。"

1829年，15岁的西尔维斯特进入了位于利物浦的皇家学院，在那里学习了不到两年。第一年结束时，他获得了数学奖。彼时，他的数学水平已经远远超过了他的同学，以至于学校为他单独设立了等级。在皇家学院时，他还获得了一项奖。这个奖意义非凡。它让西尔维斯特与美国首次建立了联系。而正是在美国，他度过了一生中最幸福——也是最不幸——的时光。西尔维斯特在美国的哥哥是保险精算师，他向美国彩票承包人的理事们推荐了年轻的西尔维斯特，让他帮忙解决一个排列难题。这位刚刚崭露头角的数学家给出了非常完美的解答，让理事们大为满意，并给了西尔维斯特一笔500美元的奖金。

西尔维斯特在利物浦度过的时光并不快乐。一直以来，他都是一个勇敢率真的人，对他的犹太信仰直言不讳。即便学院里那些幽默地自称为基督教徒的年轻健壮的野蛮人对他施以霸凌，他仍然自豪地宣布自己信奉犹太教。然而，正如一只孤独的孔雀立于愚钝的松鸦群中，西尔维斯特的忍耐是有限度的。他终究还是逃到了都柏林，口袋里只装着几个先令。还好他的一位远亲在街上认出了他，带他回家加以劝慰，给了路费让他回利物浦。

在这里，我们会发现一个奇怪的巧合：这个来自利物浦的宗教逃难者第一次造访都柏林时，这座城市，或者至少是其中一个市民，给了他颇为人道主义的友好待遇。大约11年后，当西尔维斯特第二次来到都柏林时，都柏林三一学院又授予了他学士和硕士学位。而他自己的母校剑桥大学却拒绝授予他学位，因为西尔维斯特作为犹太人，不能在那堆被称为"三十九条"的荒谬声明书上签名。英国教会规定，唯有在此声明上签字，方能证明此人宗教信仰浓度较低，尚可称为拥有理性之头脑。在这里补充一下，英国高等教育在1871年终于摆脱了教会的挟制，西尔维斯特立刻便被授予了名誉学士和硕士学位。我们还应当注意到，无论是这件事，还是其他困难，西尔维斯特都不是一个长期受苦的温顺的殉道者。无论在肉体上还是精神上，他一直都充满了力量和勇气。他懂得如何战胜混蛋，为自己博取正义——并且经常成功。实际上，西尔维斯特生来就是一个斗士，拥有狮子般狂野不羁的勇气。

1831年，刚满17岁的西尔维斯特进入了剑桥大学圣约翰学院。由于身患重病，他大学休学，一直到1837年才参加数学荣誉学位考试，成绩名列第二。至于夺得第一名的那个人，我们此后并未在数学领域听说过。西尔维斯特不是基督教徒，因此没有资格参加史密斯奖学金大赛。

西尔维斯特和凯莱相似，兴趣都非常广泛。在外表上，这两人则毫无相似之处。我们已经知道,凯莱虽然实际上精瘦且富有耐力,但看起来很虚弱,性格腼腆孤僻。西尔维斯特则矮胖敦实,一颗巨大的头颅牢牢放置在魁梧的肩膀上,给人以力气巨大、活力四射的感觉。他也确实如此。西尔维斯特的一个学生曾说,西尔维斯特只消摆个姿势便可供人临摹,作为查尔斯·金斯莱(Charles Kingsley)的小说《觉醒者赫里沃德》(*Hereward the Wake*)[1]中同名人物的肖像。至于除数学以外的兴趣爱好,西尔维斯特比凯莱受限少,比凯莱自由得多。他在希腊文和拉丁文古典文学原著上通晓渊博、知识准确。直到他最后一次患病之前,他都始终保持着这些爱好。西尔维斯特的多篇论文都因为引用了这些古典文学而变得更加生动。他所引用的文字往往恰如其分,起到使论点更加清晰易懂的作用。

他也非常擅于引用其他文学作品中的典故。文学研究者若是阅读一下西尔维斯特的四卷文集《数学论文》,从那些注明出处的引文和没有说明出处随意挥洒的有趣暗示中,重新构想西尔维斯特极其广泛的阅读范围,想必会被逗乐。他不仅熟读英国和古希腊、古罗马的古典文学,对法文、德文、意大利文原著也非常熟悉。西尔维斯特对于语言文字和文学体裁感知敏锐,见解精辟。不变量理论中使用的生动术语,大多都要归功于他。谈到自己从希腊文和拉丁文语言宝库中获得灵感进而创造出的大量数学新术语时,西尔维斯特称自己为"数学界的亚当"。

如果西尔维斯特没有成为一个非凡的数学家,他或许能在文学

1.查尔斯·金斯莱(1819-1875),19世纪英国作家、诗人。其同名小说中的赫里沃德是11世纪英国反抗征服者威廉的民族英雄。(译者注)

方面有所建树，而且他的成就会高于那些平淡无奇、勉强糊口的诗人。他一生都为诗歌与诗歌的"法则"神魂颠倒。他为自己写了很多诗（有些还发表过），其中一札是以十四行诗的形式写就的。他所作诗歌的主题时而会引人一笑，但字里行间皆可看出他对诗歌有深刻的理解。音乐是西尔维斯特的另一个艺术爱好，他虽是业余爱好者，却颇有造诣。据说他曾跟古诺（Gounod）学过声乐。他还常常在工人集会上唱歌。比起不变量，西尔维斯特更为自己的"高音C"自豪。

凯莱和西尔维斯特二人之间有很多不同，此处我们谈一谈其中一点差异：凯莱兴趣广泛，喜欢阅读其他数学家的著作；西尔维斯特却厌烦研读他人的数学成就，觉得难以忍受。西尔维斯特晚年时，曾想学习一些椭圆函数相关的知识，以便将它们应用到数论上（特别是用在分类理论上，这种理论把一个给定数类——如全由奇数组成的数类，或一些为奇数、一些为偶数的数类——中的数相加，以研究得到一个已知数能有多少种方式）。他请一个年轻人来教自己。上了大概三次课，西尔维斯特就放弃了学习计划，转而给年轻人讲解自己在代数方面的最新研究。而凯莱却好像什么都知道，即便是他自己很少涉及的一些学科，也不在话下。整个欧洲的作者和编辑都会请凯莱写审稿意见。凯莱见过的东西从来不会忘记；西尔维斯特却连自己的发明都会忘记，有一次他甚至与人争论，怀疑自己的某个定理并不成立。甚至所有数学家都公认的细碎的常识，也会源源不断地让西尔维斯特感到惊奇和高兴。因此，对于西尔维斯特而言，几乎任何一个数学领域都是一个尚未揭开谜底的迷人世界；而凯莱则平静地扫视这一切，看到他需要的，就拿起来，继续进行新一项工作。

1838年，二十四岁的西尔维斯特，得到了人生第一份固定工作，在伦敦大学学院担任自然哲学（一般科学，特别是物理学）教授。他曾经的老师德·摩尔根如今成了他的同事。虽然西尔维斯特曾在剑桥大学学过化学，而且终生都对化学兴趣盎然，但他发现自己并不适合教一般科学。因此，大约两年后，他辞去了这份工作。也是在这个时期，作为一个二十五岁的年轻人，西尔维斯特不寻常地被选为皇家学会的会员。西尔维斯特的数学成就如此非凡，必然会为世人瞩目和认可。但这并没有让他得到一个合适的职位。

在职业生涯的这个时期，西尔维斯特遭遇了一次不同寻常的不幸。这次不幸可以说是愚蠢荒诞的，也可以说是悲惨的。给予怎样的评价，取决于我们怎样看待。1841年，布尔（Boole）公布了他关于不变量的发现。也是在这一年，乐观的西尔维斯特怀着他一贯的满腔热情，跨越大西洋赴任弗吉尼亚大学的数学教授。

在这所大学，西尔维斯特只忍受了大概3个月。大学当局拒绝惩罚一个侮辱了西尔维斯特的年轻人，因此他愤然辞职。这次经历之后，有一年多的时间，西尔维斯特都在四处奔波，希望找到一个合适的职位，但却徒劳无获。他曾申请过哈佛大学和哥伦比亚大学，但都没有成功。饱尝失败的他回到了英国。

受美国这段不愉快的经历影响，此后十年，西尔维斯特都不愿意再做教学工作。回到伦敦之后，精力充沛的他转而担任一家人寿保险公司的保险精算师。对一个富于创造力的数学家来说，这样的工作实在是令人作呕、繁重乏味。西尔维斯特已经不能算是一个数学家了。不过，西尔维斯特并没有远离他赖以为生的数学。他私下收了几个学生，其中一个学生如今已闻名世界。在19世纪50年代初期，大众眼中的妇女被认为应与"土豆、梅干、三棱镜"相伴。青年女子的脑子里除了脂粉与孝顺,不应该有其他的东西。在这种环境下,西尔维斯特的最杰出的学生竟是一位年轻女子,是很令人惊异的。她就是弗洛伦斯·南丁格尔(Florence Nightingale),那个以一己之身对抗顽固的军队官僚,给军队医院带来洁净、卫生与体面的先驱者。西尔维斯特此时已经三十多岁,南丁格尔比他小六岁。也就是在南丁格尔奔赴克里米亚战场的同一年(即1854年),西尔维斯特也得以从他的临时生计中脱身而去。

但在这之前,他又踏错了一步,以至于他无处可去。1846年,32岁的西尔维斯特进入了坦普尔法学协会(在这里,他曾故作谦虚地称自己是"一只在鹰群中筑巢的鸽子"),准备进驻法律界。1850年,他取得了律师资格。至此,他终于与凯莱汇合。

彼时凯莱正值29岁,西尔维斯特则36岁。两个人都未能从事自己内心天性所真正向往的工作。35年以后,西尔维斯特在牛津大学演讲时,曾这样热忱地赞扬凯莱:"凯莱虽然比我年轻,但却是我精神上的前辈。多亏了他,我才得以睁开双眼,拨开遮蔽双眼的云翳,得以看到并接受高于我们一般数学信念的奥秘。"1852年,他们刚开始交往不长时间,西尔维斯特说道:"凯莱先生此人,其唇齿之间吐露出的并非是话语,而是珍珠和宝石。"凯莱先生这边,也常常会提及西尔维斯特先生,但是提起时的语气态度很符合他的性格,一直十分冷静克制。西尔维斯特第一次以书面形式表达感激,是在1851年发表的一篇论文里。他在文章中这样说:"上面所阐释的定理[指的是他的线性等价二次形式的子行列式之间的关系]部分是在与凯莱先生的一次谈话中发现的(幸而有他,我才得以重新享受数学生活的乐趣)……"

或许西尔维斯特的话有几分夸大,但也的确不无道理。如果说,西尔维斯特就此得以复活,可能有点儿夸张。但他不折不扣地被植入了一对崭新的肺。打从他遇到凯莱那一刻开始，他就开始呼吸着数学的气息，生活在数学带来的快乐中，一直到生命结束。两个朋友时常围绕着林肯法律协会的院子，一边散步，一边讨论他们两人正携手建构的不变量理论；后来，西尔维斯特搬走了，他们就在两人住处的中间地段见面，继续他们的数学讨论。当时两人都是单身。

代数不变量的理论始于一个极其简单的观察，不变性概念的各式各样的拓展，都是从代数不变量理论中自然产生的。正如我们将在布尔那一章提到的，这个设想的例子最早出现在拉格朗日的著作中，之后又就此传至高斯的算术中。但是两个人谁也没有注意到，他们面前这个看似简单的代数现象其实大有可为。它将是一个极为广阔理论的萌芽。后来，布尔延续且极大地拓充了拉格朗日的成果，但他似乎也并没有意识到他所发现的究竟是什么。尽管有一点小小的争执，但对于优先权，西尔维斯特对布尔一直非常公正和慷慨。凯莱则毋庸置疑，一直十分公平。

上面所提到的那个极其简单的观察，任何一个曾经目睹过解二次方程的人，都可以懂得。不过就是解二次方程而已。方程$ax^2+2bx+c=0$有两个相等的根的充分必要条件是b^2-ac等于零。让我们把变量x用变量$y=(px+q)/(rx+s)$替换。这样一来，x就要用这个变换式的解替换，即用$x=(q-sy)/(ry-p)$替换。这个变换把已知方程变成了另一个关于y的方程，比如说新方程是$Ay^2+2By+C=0$。通过代数运算，我们发现新的系数A，B，C能用旧系数a，b，c表示如下：

$$A=as^2-2bsr+cr^2,$$

$$B=-aqs+b(qr+sp)-cpr,$$

$$C=aq^2-2bpq+cp^2。$$

由此很容易得出（如果必要的话，硬性化简，虽然有一个更简单的方法可以推出结果而不需要实际去计算A，B，C）：

$$B^2-AC=(ps-qr)^2(b^2-ac)。$$

现在b^2-ac称为关于x的二次方程的判别式，因此关于y的二次方程的判别式是B^2-AC，我们已经证明，变换方程的判别式等于原始方程的判别式乘以因子$(ps-qr)^2$，这个因子只依赖于把x用y表示出来的变换式y＝$(px+q)/(rx+s)$中的系数p，q，r，s。

布尔（在1841年）首次观察到，这个不起眼的东西中存在着某些值得关注的地方。每一个代数方程都有一个判别式，也就是说，存在某个表达式（诸如对二次方程的b^2-ac），当方程有两个或更多的根相等时，而且只有在这种条件下，这个表达式等于零。布尔提出的第一个问题是，每一个方程的判别式，当x用相应的y代替（如在二次方程中的做法）时，是否除去一个只依赖于变换系数的因子外，判别式保持不变？继而他发现，此处的答案是肯定的。接着他继续提问，除了判别式以外，是否还存在其他由系数组成的表达式，同样具有在变换下保持不变的性质？他发现，一般四次方程有两个具有这样性质的表达式。在这之后，杰出的青年德国数学家艾森斯坦（1823-1852），在布尔得出的一个结论的基础上进一步研究，并于1844年发现了一些既包含原始方程的系数又包含x的表达式，它们会呈现出同种类型的不变性：原来的系数和原来的x变成了变换后的系数和y（像对二次方程那样）时，由原始量组成的这些表达式，与由变换后的量组成的表达式，只差一个因子，而这个因子仅依赖于变换的系数。

布尔和艾森斯坦都未能发现一个可以找出这样的不变量表达式

的一般方法。而凯莱就是从这一点切入，由此开始研究这一领域。1845年，凯莱发表了一篇极具开拓性的论文《论线性变换理论》。那年他24岁。论文中，他着手研究这样一个问题：是否存在一个能够找到所有上面所描述的那种不变量表达式的统一方法。为了避免大篇幅的解释，论文中的研究问题是用方程来说明的，而实际上，它是用其他方法解决的。但在此处，这并不重要。

鉴于不变量这个问题在现代科学思想中十分重要，我们在此举出另外三个例子来说明它的意义之重大。这三个例子不涉及符号或是代数。让我们想象任意一个画在纸上、由相交的直线与曲线组成的图形。然后，我们不把纸撕破，而是随意把纸弄皱。思考一下，这个图形在弄皱前和弄皱后，最明显保持不变的性质是什么？然后对画在一块橡皮上的图形重复上述步骤，以能想到的任意一个尽可能复杂的方式拉伸橡皮，但不要把它扯裂。显然，在这种情况下，面积和角度的大小、线的长度都不会保持"不变"。通过适当地拉伸橡皮，直线可以被扭曲成你想要的几乎是任何形状的曲线，同时原来的那些曲线——或至少一部分曲线——可以变化成直线。然而从整个图形来看，仍然有某种东西没有改变。这个东西非常简单、明显，因而被我们忽视了。这就是在图形的任意一条线上，标志着其他线段与已知线段相交之处的点的顺序。这样，如果沿着从A到C的给定直线移动一支铅笔，在扭曲前我们必须通过这条线上的点B，那么在扭曲之后，我们从A到C的过程仍然必须经过点B。（以上所描述的）顺序在一些特殊的变换（比如把一张纸揉成一个纸团或者拉伸一块橡皮）下是一个不变量。

这个例子看起来也许没有太大意义，但是任何读过广义相对论中"世界线"相交的非数学描述的人，以及那些想到这样两条线的一个交点标志着一个物理"点事件"的人，都会发现：我们所讨论的这些东西与我们对物理世界的认知是如此相似。黎曼、克里斯托弗尔（Christoffel）、里奇、莱维齐维塔、李（Lie）和爱因斯坦（通俗解释相对论的读者们想必非常熟悉这些名字），都曾致力于创造这个强大到足以处理这些复杂的"变换"，并且实际上足以产生这种不变量的数学方法。而这整个庞大的体系最初是由代数不变量理论的早期研究者们开创的，凯莱和西尔维斯特则正是该理论当之无愧的奠基人。

现在来讲一下第二个例子。想象一下，在一根绳子上套一个结，把绳子的两端系在一起。然后拉动这个结，让结沿着绳子移动。这样一来，它将被随意地扭曲成各种各样的"形状"。在这种情况下，这些扭曲就是我们所说的变换，那么在各种扭曲中，什么在保持"不变"，什么"保留"下来了呢？显而易见的是，结的形状和大小都没有保持不变。但是，结本身的"式样"是不变的，这点毋庸置疑——只要我们不解开绳子的端点，无论我们如何扭曲绳子，结都是同一式样的。或者可以这样理解：在更古老的物理学中，能量是"守恒的"，宇宙中的总能量被假设为一个不变量，所有从一种形式（例如电能）到另外一种形式（例如热和光）的变换，都不会改变宇宙的总能量。

关于不变量的第三个例子，要涉及物理科学之外的一点儿内容。一个观察者根据三个互相垂直的轴和一个标准的时钟，锚定他在空间和时间中的"位置"。另一个观察者则相对于第一个观察者来运动，并与第一个观察者描述同一个物理事件。第二个观察者也有自己的时空参照物，他相对于第一个观察者的运动，可以表示成他自己的坐标（或第一个观察者的坐标）的一个变换。就我们所关注的那种特殊类型的变换而言，这两个观察者所给出的描述在数学形式上可能有所不同，也可能相同。如果他们的描述的确不同，那么显而易见，这个差异并非他们两人观察的物理事件所固有的，而是他们所采用的参照系和变换所固有的。那么就出现了这样一个难题：如何在数学上只把那些独立于任何特定的参照系之外，能够被所有的观察者表示成同一形式的自然现象的数学表示，用公式表示出来。这相当于寻找一个在变换（即最一般的一个参照系的时空相对于另一个参照系时空的转换关系）中保持不变的量。这样一来，问题本来是寻找复杂的自然规律的数学表示，现在则可以将之替代为一个不变量理论的问题。而后者显然更容易解决。我们后文讲到黎曼时，还会进一步说明这个问题。

　　1863年，剑桥大学新设立了一个萨德勒数学教授的席位，并邀请凯莱上任。凯莱很快就答应了。同年，42岁的凯莱与苏珊·莫林（Susan Moline）结婚。尽管数学教授的收入比他做法律工作时要少，但他并不后悔换了工作。过了几年，大学事务重新安排，凯莱的薪水得以提高。他的工作量也由每学期讲一门课增加到两门。这段时期，他的时间几乎完全献给了数学研究和大学行政工作。他办事老到，脾气和缓，决策理智，并有丰富的法律知识，因此在大学行政工作上表现得熟门熟路。他从来都是个话少的人，但是他一旦开口，往往一锤定音。因为他每每都在深思熟虑之后，才会开口说出他的意见。凯莱的婚姻和家庭都十分美满幸福。他有两个孩子：一个儿子和一个女儿。尽管年岁渐长，但他的头脑仍然像年轻时一样敏捷；他的性格，如果非说有所变化，那就是变得更加和气了。再尖刻严厉的观点，在凯莱面前也会被融化成心平气和的抱怨。对于数学领域的后来者和初学者，凯莱总是给予慷慨的帮助、鼓励，或是合情合理的忠告。

凯莱任教授期间，女性是否应当接受高等教育的议题是舆论的焦点，各方争论得如火如荼。凯莱尽他所能地在这个议题上施加他平静的、有说服力的影响力，支持文明所代表的一方。不仅如此，很大程度上，正是由于他的努力，女性终于被允许（当然，是在她们自己的修道院里）进入中世纪的剑桥大学这个如修道院般的僻静之地，并在此治学。

凯莱在剑桥大学安然地从事数学研究的同时，他的朋友西尔维斯特却依旧在与这个世界搏斗。西尔维斯特终生未婚。1854年，四十岁的西尔维斯特申请了伍利奇的皇家军事科学院的数学教授职位，但未能如愿通过。他申请的伦敦格雷沙姆学院也拒绝了他。或许是因为他面试时的试讲太过深刻，以至于主管委员会无法理解。不过第二年，那位拿到伍利奇的职位的教授去世了，西尔维斯特因而得以被录取。他的薪水本就不多，一部分还折算成了使用公共牧场的权利。但是由于西尔维斯特既不养马、养牛，也不养羊，他自己又不能以牧草为食，所以他似乎并没有从这项待遇中获得什么便利。

西尔维斯特在伍利奇任职长达十六年。一直到1870年，56岁的西尔维斯特因为"超龄"而被迫退休。虽然他当时依旧精力充沛，但是对于那些想要针对他的死板的官僚，他束手无策。尽管他之后又完成了许多伟大的工作，但是他当时的上级却想当然地认为这个年纪的人不会再有所建树。

西尔维斯特被迫退休时发生的一个关联事件，完全激发了他的全部斗争天性。简单来说，大学当局想要欺骗西尔维斯特，剥夺他理应享受的部分生活津贴。而西尔维斯特没有默默忍受，而是选择了与其抗争。这些欺骗未遂的骗子大失所望，他们这才意识到他们欺压错了人。西尔维斯特并不是一个温顺的老教授，而是一个勇于反抗还击的人。骗子们最终认输了，付了西尔维斯特全部津贴。

虽然西尔维斯特的物质生活不太令人满意，在科学研究方面他却是一往无前。他常常获得各种荣誉。其中一项是科研人员最为珍视的荣誉，即法兰西科学院的外籍通信院士。施泰纳（Steiner）去世后，几何部有了一个空位。1863年，西尔维斯特便当选为该部的通信院士。

从伍利奇退休后，西尔维斯特定居在伦敦。他写诗，读古典文学，下棋，总体来说非常快活，但是做的数学研究比较少。1870年，他出版了一本小册子《诗律》，他非常看重这本册子。一直到1876年，62岁的西尔维斯特突然返回到数学世界。这个"老"人是根本无法被熄灭的。

1875年，在吉尔曼（Gilman）校长的领导下，约翰斯·霍普金斯大学在巴尔的摩建校。有人建议吉尔曼在建校之初聘请一位优秀的古典文学学者和一位一流数学家，组成教师的核心力量。建议者告诉吉尔曼，这样一来，一切都会随之顺利起步。事实也的确如此。终于，西尔维斯特找到了一个可以做自己喜欢的事，并且可以充分发挥才能的工作。于是，1876年，他再次远渡大西洋，在约翰斯·霍普金斯大学担任了教授。他的薪水是每年5000美元。在当时，这个数额非常可观。接受这个职位的时候，西尔维斯特提出了一个奇怪的要求：他的薪水"要用黄金支付"。或许他是想到了伍利奇，伍利奇当时给他的是折算过后的2750美元（算上牧场）的薪水，这次他想确定自己能真正得到自己应该得到的，无论是否有退休金。

1876年到1883年，西尔维斯特一直在约翰斯·霍普金斯大学。这也许是他有生以来所度过的最幸福、最恬静的时光。虽然他不必再去"与世界搏斗"，但他也没有躺在功劳簿上睡大觉。他好像一下子年轻了四十岁，又变成了那个精力旺盛的小伙子。西尔维斯特热情洋溢，灵感迸发。他非常感激约翰斯·霍普金斯大学为他提供了这个机会，让他在63岁时仍能开始第二次数学生命。在1877年校庆典礼上的讲话中，西尔维斯特毫无保留地公开表示了他的感激之情。

在这次讲话中，他概述了他在教学和科研方面的计划（后来他确实也都做到了）。

"有一些东西称为代数的形式。凯莱教授称它们为Quantics（代数形式）。[例如：$ax^2+2bxy+cy^2$，$ax^3+3bx^2y+3cxy^2+dy^3$；第一式中的数字系数1，2，1，第二式中的数字系数1，3，3，1，是二项式系数，与帕斯卡三角形（第五章）中的第三和第四行一样；按次序下一个是$x^4+4x^3y+6x^2y^2+4xy^3+y^4$。]准确地说，它们不是几何形式，虽然在某种意义上，它们可以体现在几何形式中，它们是为了使之存在的实现方案，或形成的运算方案，实际上是代数量。

"每一个这样的代数形式都与无穷多种的其他形式互相联系，这些形式可以被看作是由第一种形式所产生的，或是在它的周围浮动着——仿佛一种气体——但是正如从原始形式中产生的这些存在物那样，这些发散物是无限的。我们发现，这些发散物或许可以由合成或是由混合一些有限数目的基本形式而得到。这些基本形式可以像在它们所属的代数形式的代数谱中那样，被称为标准射线。就好比现在[1877年，甚至今天]物理学家们的主要目标，是确定每一种化学物质光谱中固定的谱线；同样地，数学家的目标，则是找出这些代数形式的基本导出形式，它们称为共变式[已经描述过的那种"不变"表示式，既包含变量，也包含形式或代数形式的系数]以及这些代数形式的不变量。"

常读数学著作的读者们很容易发现，在这里，西尔维斯特为基本体系做了一个很妙的类比，并且赋予了某种给定的形式一个相对的点；不常读数学著作的读者，可以反复阅读这一段，便可以领悟到西尔维斯特所说的代数的含义。这个类比的的确确非常准确，不仅如此，也可以作为"通俗"数学的一个很棒的例子，其贴切程度堪比年度进展里的那些阐述。

接着，西尔维斯特在脚注中提到："我目前带一节课，课上有八九个学生，讲现代高等数学。有个学生是个年轻的工程师。早上八点到晚上六点，他忙他的工作，其中有一个半小时用来吃饭和听课。也正是这个学生，对于我所说的[一个定理]，做出了我所见过的最棒的证明过程，也是我所见过的表达得最清晰的证明过程……"当时，西尔维斯特已经年过六十，但他仍然拥有着预言家般的热情，总是迫不及待地带着其他人去领略他所发现的，或是将要发现的神迹。事实上，这就是最好的教学方式，也是检验教学水平高级与否的唯一标准。

对于这个好心收留了他的国家，他在脚注里也极尽赞美之能事："……我相信，全世界没有一个国家可以做到像美国这样。在这里，创造性的才华能够得到如此高度的重视，而仅仅拥有财富（我们常常听到的那种金钱万能论）根本就无足轻重……"

他也提及了自己那本处于休眠状态的数学本能是如何被重新唤醒的，是如何焕发出无限创造力的。"若非这个大学[约翰斯·霍普金斯大学]的一个学生如此渴望，坚持要跟我学习现代代数，那我永远也不会来从事这样的研究……他非常地尊敬我，同时又极其锲而不舍。他一定要学新代数（天知道他是从哪儿听到的这个东西，因为在美洲大陆上，恐怕没有几个人知道新代数是什么），要么学新代数，要么什么都不学。因此，我不得不向他让步。那么结果如何呢？为了搞清楚我们课本上一处含混模糊的解释，我想破了脑袋。我的热情被重新点燃，纵身一跃，埋头研究这个我已经弃置多年的课题。就此，过去曾长时间唤起我注意力的精神食粮，如今被我重新拾起。而且，在今后的几个月里，它还会继续在我的思维中占据高地。"

在西尔维斯特几乎所有的公开演讲或篇幅较长的论文里，都有许多技术细节以外的东西。这些东西与数学相关，有不少都值得引用。从他的著作集里，完全可以选摘出一本富有新意的选集，可以为初学者甚至是经验丰富的数学家提供参考。可能没有任何一个数学家可以做到像西尔维斯特这样，通过写作如此清晰地展露自己的个性。西尔维斯特喜欢交际，他对数学的热情极富感染力，而他尤为擅长用这种热情去感化别人，因此他曾说（事实也确实如此）："只要一个人还作为一个群居动物、一个社交动物而存在，那他就必然会把自己正在习得的东西传达给别人，必然会向别人传递奔涌在他脑海里的思想和感觉。除非他遏制或压抑自己的天性，耗尽那股本该成为他智力补给站的不竭源泉。"

我们可以将西尔维斯特的描写与凯莱关于现代数学的范围的描写互相对应，将二者作为姊妹篇来进行阅读。"设想一下，如果我将不得不一直孤独地守着现代数学所开辟的如此辽阔的疆域，那么我会非常难过。数学不是一本书，它无法被封皮封印，更无法被铜扣困住或是锁住，它不像一本书那样，只需耐心就可以解读它的内容；它也不是一座矿，只需要对其进行长时间的开采，便可以占有它的宝藏，它不像矿藏那般，只存在于有限的矿脉之中；它也不是土壤，它的肥沃不会因为连年丰收而被耗光；它不是一片陆地或是海洋，它的疆域无法被规划，它的轮廓无法被界定：它如空间一般无限，然而连空间都不足以让它完全施展；它具有无限的可能性，就好比在天文学家的视野里，永远有新的天体被纳入、永远有新的宇宙空间被囊括；它如同意识、生命一样，永远无法被局促在指定的范围内，永远无法被永恒地、正确有效地定义；它蛰伏在每一个单原子中，蛰伏在每一个物质原子中，在每一片树叶、每一个花苞和细胞中，每时每刻都在准备着迸发出新的植物和动物实体。"

1878年，西尔维斯特创办了《美国数学杂志》。经约翰斯·霍普金斯大学委任，他担任了杂志的主编。这本杂志有力地推动了美国数学的发展，将其导入了"研究"这一正轨。直到今天，这本杂志仍然在数学领域颇具影响力，但是因经费不足，难以出版。

两年后，西尔维斯特身上发生了一件古典文学方面的意外事件。我们引用富兰克林（Fabian Franklin）博士的话来向读者们讲述这件事。在西尔维斯特之后，富兰克林担任了几年约翰斯·霍普金斯大学的数学教授。后来，他担任了巴尔的摩《美国人》的编辑。因此，这件事是他亲眼所见、亲耳所闻的。

"他［西尔维斯特］不仅用拉丁文创作了不少诗，还翻译了贺拉斯和一些德国诗人的作品，且翻译得极为精彩。在巴尔的摩时，他写了一本有关韵律的杰作，以阐释作诗的理论，这在他称为《诗律》的小册子里曾对此做过举例说明。他曾在皮博迪学院朗读《罗莎琳德》（Rosalind）这首诗。当时他一度走了神，所以场面变得非常有趣。这首诗有四百多行，全都用罗莎琳德这个名字来押韵（i发长音和短音都可以）。大厅里当时座无虚席，听众们都对这场特别的诗朗诵兴趣盎然。但是西尔维斯特教授为这首诗写了大量解释性的脚注。他在朗读前宣布，为了避免不时地中断朗读，他要先把注释从头到尾读一遍。而对于几乎每一条注释，西尔维斯特都会即兴点评几句。朗诵者对每一条注释都如此钟爱，以至于完全没有注意到时间的飞逝，也没有关注到听众的兴致增减。等他念完最后一条注释，抬头看了看时间，这才吃惊地发现他已经让听众们听了一个半小时的注释，还没开始读诗。而观众们是来听他读诗的。听众看到他脸上惊讶的表情，对之报以一阵善意的大笑。于是，西尔维斯特请求全体听众，如果有事的话可以自由退场，然后开始朗读《罗莎琳德》这首诗。"

富兰克林博士对他老师的评价，可以很好地概括这个人："西尔维斯特脾气急躁、缺少耐心，但是他慷慨、乐善好施、心地善良。他从不会忽视别人所做的工作。他的学生在任何一个方面表现出天赋或者能力，他都会给予最热忱的认可和表扬。他会为了一点儿小小的冒犯就大发脾气，但他从来不会记仇。一有机会，他会立刻忘掉刚才的不愉快。"

在讲述凯莱的生活与西尔维斯特的生活是如何再一次交汇之前，我们先讲一讲《罗莎琳德》的作者是如何创造出他最精彩的成果——即被称为"标准型"的这项成果的。[这只是指把一个已知的"代数形式"化简为一个"标准"形式。例如，$ax^2+2bxy+cy^2$可以表示为两个平方的和，如X^2+Y^2；$ax^5+5bx^4y+10cx^3y^2+10dx^2y^3+5exy^4+fy^5$可以表示为三个五次幂的和，如$X^5+Y^5+Z^5$。]

"我一鼓作气地发现并完善了奇数阶标准二元形式的全部理论。而且，就已经得到的成果来看，我也完善了偶数阶标准二元形式的理论[1]。当时，我在林肯法律协会的一间僻静的办公室里苦思冥想，靠着一瓶葡萄酒来尽量留住自己日渐萎靡的精力。这项工作的确完成了，而且效果很好。但是，剧烈的思考往往会给人带来这样的代价——脑袋好像在燃烧，双脚感觉好像陷在冰桶里，甚至可以说已没有了知觉。那一夜，我们没有再入睡。"专家们认为这些症状是确凿无疑的。但是西尔维斯特从瓶子里喝的必然是波尔图葡萄酒。

凯莱接受了约翰斯·霍普金斯大学1881—1882年度为期半年的授课邀请，就此，他的职业生涯再一次与西尔维斯特产生了交汇。他选择了他当时正在研究的阿贝尔函数作为他的课程题目。67岁的西尔维斯特则忠诚地列席了他这位著名数学家朋友的每一次讲座。西尔维斯特在这之后，仍有几年成果颇丰。而凯莱则没有了。

除了对于代数不变量理论的贡献以外，凯莱对数学还有三项卓著的贡献。在这里，我们简单地讲述一下。前面已经提到过，凯莱发明了矩阵理论、n维空间几何。另外，他关于几何的思路启发了（克莱因）重新诠释非欧几何学。我们从最后一个贡献开始讲述，因为它是最复杂的。

德扎尔格、帕斯卡、彭赛利以及其他一些学者创造了射影几何（见第五章、第十三章），其目的是要研究那些在射影下保持不变的图形的性质。测量——角的大小、线的长度——和基于测量的定理，例如毕达哥拉斯的直角三角形最长边的平方等于其余两边的平方和的命

---

1. 多年以后，韦克福德（E.K.Wakeford，1894-1916）进一步完善了这个理论的这一部分。后来，他在第一次世界大战中去世。"现在，感谢上帝，他在这个时候与我们同在。"［鲁伯特·布鲁克（Rubert Brooke）语］

题，并非射影的，而是度量的，无法用通常的射影几何来处理。凯莱在几何学中的一个最伟大的贡献，就是翻越了这样一个障碍。在凯莱着手研究这个问题之前，图形的射影性质与度量性质已经分离开来了。在居于制高点的凯莱看来，度量几何也成为了射影几何——由于引入了"虚"元素（例如坐标包含 $\sqrt{-1}$ 的点），射影方法的能力之大以及它的灵活性被证明可以应用于度量性质。学过解析几何的人很容易回想起，两个圆相交于四个点，其中两个点总是"虚的"（有一些明显例外的情况，比如说同心圆，但是这并不影响我们的结论）。两点之间的距离和两条线之间的角度是度量几何中的基本概念。凯莱采用另一个同样包含"虚"元素的概念来代替距离，把欧几里得几何和通常的非欧几何统一，形成了一个更为综合的理论。如果不引入代数，很难让人理解他是怎样做到的。但是我们只需注意，是凯莱统一了射影几何和度量几何；另外，还需关注与上述其他几何之同种统一的主要进展，这就足够了。

当凯莱首次提出n维几何时，n维几何比今天看起来更为神秘。因为如今的人们已经熟悉了相对论中的四维（时空）这一特殊情况。但是，还是常常有人说，人类无法理解四维几何。很久以前，普吕克尔（Plücker）已经打破了这种迷信，轻而易举就可以把四维图形放在一张平面的纸上。而且，就几何而言，整个四维"空间"也是很容易想象出来的。首先，想象一个相当特别的三维空间：在一个平面上可能画出的所有的圆。这个"全部"指的是一个三维"空间"，原因很简单，要确定这些圆中的任意一个，需要恰好三个数，或者三个坐标：两个参照一对任意给定的轴以固定圆心的位置，一个给出半径的长度。

现在,读者可以想象一个四维空间,想象用直线代替点,将之作为构成我们的一般"固体"空间的元素。用直线代替我们所熟悉的、看上去像无限小的鸟枪子弹凝聚在一起的固体空间,现在,它就像一根根无限薄、无限直的干草所组成的无限大的干草堆。如果我们认为(我们的确可以如此),要在这个干草堆中确定一根特别的干草,必要且充分需要正好四个数,这样一来,我们可以很容易地看出,直线的空间确实是四维的。如果我们挑选一个合适的可以构成空间的元素(点、圆、线等),一个"空间"的"维数"就可以是我们选择的任何东西。当然,如果取点,将其作为构成我们的空间的元素,那么除了精神病院里的疯子以外,没有人能看到多于三维的空间。

当下,现代物理学正迅速地让一些人开始学会放弃这样一种看法:除了数学"空间"——例如欧几里得的空间——以外,还存在一个神秘的"绝对空间"。这些数学空间是几何学家们为了联系他们的物理经验而构造的。如今的几何学关注的主要是分析的问题。但是,"点""线""距离"这些旧术语,可以提醒我们那些有关坐标集合的有趣的东西。但是,不能因为这样就下结论,认为这些特定的东西是分析学所能产生的最有意义的东西。相反,结果可能是总有那么一天,与更重要的东西相比,所有这些东西都变得微不足道了。我们之所以还在因循守旧,认为这些东西至关重要,只不过是因为我们缺乏想象力。

如果说对分析中可能产生的状况的讨论,有什么不为人知的优点,就好像要我们回到过去,与阿基米德一起在灰烬中画图一样——那些优点如今还没有揭示出来呢。毕竟,图形可能只适用于很小的孩子,拉格朗日在构建分析力学时,完全不需要这种孩子式的辅助。我们之所以有这种把我们的分析"几何化"的倾向,可能只是因为我们还没有长大。我们都知道，牛顿本人首先通过分析学得到了震撼性的结论，然后给它们披上了阿波罗尼乌斯式的证明的外衣。牛顿之所以这样做，一方面是因为他明白，大多数人——天赋不如自己的数学家们——只会相信那些伴有精巧绘制的图形和呆板的欧几里得证明的定理。另一方面，是因为他本人仍旧对笛卡尔以前的几何抱有模糊的偏爱。

下面，我们将介绍从凯莱的成就中精挑细选出来的最后一个伟大成果。那就是，凯莱为矩阵及其代数描绘出了大致的轮廓。对于这个问题的研究开始于他在1858年发表的一篇论文，产生于对代数不变量理论的那些（线性）变换的结合方式的简单观察。回顾一下我们对于判别式及其不变量的表述，可以发现 $y \to \dfrac{px+q}{rx+s}$（这里的箭头意为"由……代替"）这一变换。我们来假设有两个这样的变换，

$$y \to \frac{px+q}{rx+s} \ , \quad x \to \frac{Pz+Q}{Rz+S} \ ,$$

把其中的第二个变换应用到第一个变换中的x上，可以得到

$$y \to \frac{(pP+qR)z+(pQ+qS)}{(rP+sR)z+(rQ+sS)} \ 。$$

接下来，我们只关注三个变换中的系数，并把它们写成方阵，即

$$\left\| \begin{matrix} p & q \\ r & s \end{matrix} \right\| , \ \left\| \begin{matrix} P & Q \\ R & S \end{matrix} \right\| , \ \left\| \begin{matrix} pP+qR & pQ+qS \\ rP+sR & rQ+sS \end{matrix} \right\| ,$$

可以从中看出，连续进行前两个变换所得到的结果，可以用下面的"乘法"规律写出来，

$$\begin{Vmatrix} p & q \\ r & s \end{Vmatrix} \times \begin{Vmatrix} P & Q \\ R & S \end{Vmatrix} = \begin{Vmatrix} pP+qR & pQ+qS \\ rP+sR & rQ+sS \end{Vmatrix},$$

很明显,其中右边阵列的行,是由左边第一个阵列的行应用到第二个阵列的列得到的。这样的(任意数目的行和列的)阵列就称作矩阵。它们的代数是由几个简单的假设得到的,我们只需列举下面几个。矩阵

$\begin{Vmatrix} a & b \\ c & d \end{Vmatrix}$ 和 $\begin{Vmatrix} A & B \\ C & D \end{Vmatrix}$(按照定义)是相等的,当且仅当a=A, b=B, c=

C, d=D时,刚才所写的两个矩阵的和是矩阵 $\begin{Vmatrix} a+A & b+B \\ c+C & d+D \end{Vmatrix}$。

$\begin{Vmatrix} a & b \\ c & d \end{Vmatrix}$ 用m(任何数)相乘的结果是矩阵 $\begin{Vmatrix} ma & mb \\ mc & md \end{Vmatrix}$。矩阵相"乘",

×(或是"复合")的规则如上文对于 $\begin{Vmatrix} p & q \\ r & s \end{Vmatrix}$、$\begin{Vmatrix} P & Q \\ R & S \end{Vmatrix}$ 的例子所示。

这些规则有一个显著的特点,即乘法的不可交换性,特殊类型的矩阵除外。例如,我们由规则得出

$$\begin{Vmatrix} P & Q \\ R & S \end{Vmatrix} \times \begin{Vmatrix} p & q \\ r & s \end{Vmatrix} = \begin{Vmatrix} Pp+Qr & Pq+Qs \\ Rp+Sr & Rq+Ss \end{Vmatrix},$$

右边的矩阵不等于相乘所产生的矩阵:

$$\begin{Vmatrix} p & q \\ r & s \end{Vmatrix} \times \begin{Vmatrix} P & Q \\ R & S \end{Vmatrix}。$$

之所以提及所有这些细节，尤其是最后一个细节，是为了说明在数学史上频频出现的一个现象：一般来说，在以数学为其钥匙的这门科学被想象出来前几十年，对于这种科学来说非常必要的数学工具，就已经建立了。矩阵"乘法"的规则非常奇怪。按照这个规则，我们做乘法的次序不同，就会得到不同的结果（与普通代数不一样，在普通代数里，x×y恒等于y×x）。这个规则似乎与任何有关科学的或实际应用的东西都无关。然而，就在凯莱发现这个规则的67年后，1925年海森伯发现，矩阵代数恰好是他对于量子力学的革命性研究所需要的工具。

凯莱继续从事着他那些富于创造性的研究，直到去世的那个星期。他以坚韧不拔的勇气忍受了长期的病痛折磨，最终于1895年1月26日去世。在此，我们引用福赛思（Forsyth）为他所写的传记的结束语："但是他远非仅仅是一个数学家。他怀着唯一的目标，好比华兹华斯为他的'快乐的战士'选择的唯一的目标。一直到他生命的最后时分，他依旧坚持着为之奋斗了一生的崇高理想。他的一生对于周围的人[福赛思是凯莱的学生，也是他在剑桥大学的继任]产生了重大影响：人们既赞颂他的品格，也敬重他的才华。他的去世让人们感到，一个伟人从此消失了。"

凯莱所做的很多贡献，如今已经成为数学领域的中流砥柱。他的鸿篇巨作《数学论文集》（由966篇论文构成的四开本13大卷，每卷约600页），以及其他著作，将给未来几代富有冒险精神的数学家们提供有益的研究材料。凯莱最为关注的领域，如今已不再是主流。西尔维斯特也是如此。但是数学研究有这样一个规律：它常常会回到以前的焦点上，将它们归纳成更具概括性的综合问题。

1883年，杰出的爱尔兰数论专家、牛津大学的萨维利几何教授亨利·约翰·斯蒂芬·史密斯（Henry John Stephen Smith）去世了。当时他正值57岁，正是从事科学研究的黄金时期。牛津大学邀请年迈的西尔维斯特继任空出的教授席位。这时，他已经70岁了。西尔维斯特接受了牛津的职位，尽管他在美国的朋友们对他十分不舍。他想家了，他思念着那个对他并不友善的祖国，也许他是这样宽慰自己的："建筑师们弃置一旁的石头，如今也已经有了补天之用。"

这位非同凡响的老人来到了牛津大学，开始了他的工作。他教给高年级学生一种崭新的数学理论（"Reciprocants"——微分不变量）。只要工作能得到赞扬或是公平的认可，西尔维斯特就会越干越起劲儿。虽然在某种意义上，就他最后的研究领域而言，法国数学家乔治·阿尔方（Georges Halphen）比他更快一步。但是，西尔维斯特依然为这部分研究贡献了自己的独特天分，他不可磨灭的独特思考使之焕发了新的生机。

1885年12月12日，七十一岁的西尔维斯特在牛津大学发表了就职演说。他年轻时那种火一样的热情丝毫未减，他的激情甚至比青年时代还要充沛。因为现在的他充满了安全感，他知道他终于得到了那个他曾经与之抗争的、势利的世界的认可。我们从演讲中选摘了两段文字，从中可以大概领略整个演讲的风采：

"我将要讲述的这个理论，或者说，我将要公布其诞生的这个理论，并非它［伟大的不变量理论］的妹妹，而是它的弟弟。虽然这个理论出现得晚一些，但是按照男性比女性的价值更高，或者说，无论如何，根据撒利法的规定，应当居于它的姐姐之上，并在它们的联合国家中拥有最高支配权。"

当对某一代数式中一项无法解释的缺憾进行点评时，他转而采用了抒情体：

"但是，我们所面对的情况是，有一个家庭成员意外缺席了——我曾经找寻过它的踪迹——我很在意它的缺席，甚至情绪也很受影响。我开始把它想象成失去了昂星团的代数星座。后来，在我对这个问题苦思冥想之时，通过一次诗歌形式的倾诉，我的情绪终于找到了出口，或是得到了慰藉。我知道这样很奇怪，很失礼。但我还是想要冒昧地复述这首诗。在我对这个一般性理论说出最后几句点评之前，这首诗至少可以作为一个插曲，来放松一下你们紧张的注意力。

致一个代数公式诸项的大家庭中
失去的一员

你这孤独的被抛弃的一员！你被命运抛离，

离开你渴望的同伴们——你要飘往何处？

你被剥夺了所有，你在何处徘徊，

如同那迷途的星，好似那深埋的陨石？

你让我想起那个孤傲的存在，

它不甘居于伟大之列，除非居于伟大之巅，

从浩瀚的天空中它摔了下来，

凄凉孤寂地独自生活着：

或是它，又一位赫拉克勒斯，忍受着苦难放逐，

时而被希望鼓舞，时而被恐惧拉扯，

直到登基的阿斯特里亚将模糊的悲兆，

借助大西洋的怒吼，随风送入他的耳畔，

命令他'敬畏缪斯的圣殿

用火焰撒下伊西斯国土上的尘埃'。

现在，我们的精神想必已经恢复了，我们的手指得到了缪斯女神泉水的洗礼。让我们暂且回到理性的小宴上，将我演讲的最后一部分作为餐后小食，听听之前我对所说的问题自然生发出来的一些总体反思。"

如果说，缪斯女神的泉水是这个老家伙在这次令人震撼的理性盛宴上洗手指的钵，那么我们可以确定，他忠实的好伙伴——葡萄酒瓶——一定也在他的手边。

西尔维斯特对于数学和诗歌的密切关系有深刻的认识，并且经常在写作中展现出这种意识。在一篇关于牛顿发现代数方程虚根的规则的论文中，他在脚注中问道："为何不能将音乐描述为感性的数学，将数学描述为理性的音乐呢？这样一来，音乐家感觉着数学，数学家思索着音乐——音乐是梦想，数学是工作生活——彼时，人类智慧将得以提升到完美的境地，并在一个未来的莫扎特—狄利克雷或贝多芬—高斯身上得到光彩夺目的展现。这种结合已经在一位亥姆霍兹的天赋和奋斗中隐隐约约地有了预兆！"

西尔维斯特非常热爱生活，即便他曾被迫与生活抗争。如果说曾有人从生活中获得过最好的东西，那就是西尔维斯特。让他倍感自豪的是，伟大的数学家，除了那些能被归于可以避免或是意外死亡的情况外，都非常长寿，而且在他们临终的日子里一直都思维敏捷、精力充沛。在1869年向英国协会发表的主席讲话中，西尔维斯特列举了过去一些最伟大的数学家的光辉名字，并列举了他们去世时的年龄，来证实他的论点："……世界上没有哪个学科能比［数学］更能将心智的所有功能引入更和谐的行动之中……或者，像这样，似乎通过一步一步的指引，将他们提升到越来越高的、自觉的智慧境界……数学家长寿，而且活得很年轻；他们灵魂的翅膀不会早早脱落，他们的毛孔也不会被从庸俗生活那尘土飞扬的道路上吹来的尘土堵塞。"

西尔维斯特就是他这个观点的一个活生生的例子。但在最后的时光里，就连他也终于开始向岁月低头了。1893年——当时他79岁——他的视力开始衰退，他变得悲伤、沮丧，因为他不能再像昔日那样热情澎湃地讲课了。次年，他请求不再承担教授职位中繁重的任务。他退休了，冷清孤独地生活在伦敦或坦布里奇韦尔斯。彼时，他的兄弟姐妹都早已去世，他比他大多数的朋友都活得久。

但即使在这个时期，他也没有自暴自弃。他仍然活力四射、思维敏捷，尽管他本人觉得自己的创造力的锋芒已经永久钝化了。1896年末，八十二岁高龄的西尔维斯特在一个从过去就让他着迷万分的领域中寻找到了新的激情。复合分类理论和哥德巴赫（Goldbach）的每个偶数都是两个素数之和这一猜想，让他的激情再次燃烧了起来。

西尔维斯特的时间不多了。1897年3月上旬，他在伦敦的房间里研究数学时，突然中风瘫痪，语言能力就此丧失。他于1897年3月15日去世，享年八十三岁。他的一生可以用他自己的一句话来概括："我真的热爱我的领域。"

第二十二章 大师和学生

魏尔斯特拉斯和柯瓦列夫斯卡娅

现代分析学之父。魏尔斯特拉斯与同代人的关系。才华带来的苦果。被迫学习法律，设法逃出法律行业。啤酒与砍刀。全新的起点。古德曼的恩惠。泥潭中的十五年。奇迹般的解脱。魏尔斯特拉斯一生的问题。太多的成就。索尼娅突袭大师。他最爱的弟子。他们的友情。一个女人的回馈。悔悟的索尼娅终获巴黎大奖。魏尔斯特拉斯荣誉加身。幂级数。分析的算术化。怀疑。

"近代得到最大发展的理论毫无疑问是函数论。"

——维托·沃尔泰拉

年轻的数学博士们常常会急切地寻找可以让他们的训练和才能发挥作用的职位，他们往往会问，一个人是否有可能长期从事基础教学并在数学上保持活力。答案是肯定的。关于这个问题，布尔的一生可以为其提供部分的答案；分析学大师、"现代分析学之父"魏尔斯特拉斯的一生则对此给出了有力的回答。

在详细介绍魏尔斯特拉斯之前，我们先按照时间顺序将他与他的那些德国同代人放在一起。这些人中的每一个都像他一样，在19世纪下半叶和20世纪的最初三十年，在数学领域至少一个广阔的方面提出了新的见解。1855年可以作为一个合适的参考点。这一年，高斯逝世，这标志着与上个世纪杰出数学家的最后联系被打破。1855年，魏尔斯特拉斯（1815–1897）四十岁；克罗内克（1823–1891）三十二岁；黎曼（1826–1866）二十九岁；戴德金（1831–1916）二十四岁；而康托尔

魏尔斯特拉斯

（1845–1918）还是一个十岁的小男孩儿。因此，德国数学不乏继承高斯伟大传统的新人。这时魏尔斯特拉斯刚刚得到认可，克罗内克起了个好头，黎曼已经完成了一些最伟大的工作，而戴德金正在进入他将大放异彩的领域（数论）。当然，康托尔当时还默默无闻。

我们把这些名字和日期并列在一起，因为在我们所提到的四个人中，尽管他们最出色的成就那样各自不同并且完全不相关，但都在数学的一个核心问题上走到了一起，这个问题就是无理数问题。魏尔斯特拉斯和戴德金进一步发展了欧多克斯在公元前四世纪留下的非理性和连续性的讨论；克罗内克是芝诺在现代的知己，他对魏尔斯特拉斯对欧多克斯的修正持有怀疑态度，并进行了批判，使魏尔斯特拉斯的晚年变得悲惨。而康托尔则闯出了一片新天地，试图领悟隐含在连续这个概念——根据某些人的看法——中的实无穷本身。魏尔斯特拉斯和戴德金则开创了分析学的现代纪元，也就是分析学（微积分学、单复变函数理论和实变函数理论）的严格的逻辑精确性，与一些较早的作者

那种较为松散的直观方法不同，这种直观方法作为发现的启发式的指导来说非常宝贵，但从毕达哥拉斯理想的数学证明的角度来看却毫无价值。如前所述，高斯、阿贝尔和柯西开创了严格化的第一个阶段，魏尔斯特拉斯和戴德金发起的运动则处于一个更高的层面，适用于上个世纪下半叶分析学更严格的要求，而从前的那种谨慎程度是远远不够的。

魏尔斯特拉斯的一个发现尤其使直觉派的分析学家大跌眼镜，让他们恰如其分地注意到应当时刻保持慎重：他作出了一条在任何一点上都没有切线的连续曲线。高斯曾将数学称为"眼睛的科学"，要让鼓吹感觉上直观的人"看到"魏尔斯特拉斯的曲线，需要的不仅仅是一双好眼睛。

既然每一个作用都会对应一个与之大小相等、方向相反的反作用，那么很自然，所有这些经过改进的严谨性都会激起对它自身的反对。克罗内克对它进行了猛烈的、甚至是恶毒的、相当恼怒的攻击。他否认它的意义。尽管他成功地伤害了可敬而善良的魏尔斯特拉斯，但他对与他同时代的保守派几乎没有留下什么印象，在数学分析领域也几乎没有留下任何影响。克罗内克比他的时代领先了一个世纪。直到二十世纪的第二个十年，人们才开始认真思索他对当前公认的连续性和无理数学说的责难。的确，并不是现如今所有的数学家都认为，克罗内克的攻击仅仅是出于对魏尔斯特拉斯被压抑的忌妒，因为后者在同时代人中更为赫赫有名。现在的数学家们承认，在他令人不安的反对意见中虽然不是完全正确，但可能还是有一些道理。不管有没有道理，克罗内克的攻击部分推动了现代数学推理严格化的第三个阶段，而我们自己也正在试图享受这个阶段。魏尔斯特拉斯并不是唯一一个受克罗内克折磨的同代数学家，康托尔也深受他觉得颇具影响力的同事的恶意迫害。所有这些人都会在适当的地方为自己辩护。在这里，我们只是试图指出，至少在这个华丽领域的一个角落，他们的生活和工作是密切地交织在一起的。

为了完成这幅图景，我们必须指出，魏尔斯特拉斯、克罗内克和黎曼这一方与克罗内克和戴德金这一方之间的另外一些联系。我们还记得，阿贝尔于1829年去世，伽罗瓦于1832年去世，而雅可比于1851年去世。在我们所讨论的时代，数学分析中的一个突出问题是延续阿贝尔和雅可比关于多周期函数——椭圆函数、阿贝尔函数（见第十七章、十八章）——的工作。魏尔斯特拉斯和黎曼从完全不同的角度都完成了应该做的事情——魏尔斯特拉斯确实认为自己在某种程度上是阿贝尔的后人。克罗内克开辟了椭圆函数的新视野，但他并没有在阿贝尔函数领域与其他两个人竞争。克罗内克最主要的身份是算术学家和代数学家。他最杰出的贡献，在于阐述和扩展了伽罗瓦在方程理论方面所做的工作。因此，伽罗瓦在他去世后不久就找到了一位合格的继任者。

戴德金除了在连续性和无理数领域有所建树之外，最具原创性的贡献在于高等算术。他彻底改革和刷新了这个领域。在这方面，克罗内克是他能干而睿智的对手，但他们的整个方法完全不同，分别表现出两人各自的特点：戴德金躲进了无限里（在他的"理想"理论中，本书会在适当的地方进一步说明），来解决在代数理论中碰到的困难；克罗内克则试图在有限中解决问题。

卡尔·威廉·特奥多尔·魏尔斯特拉斯（Karl Wilhelm Theodor Weierstrass）是威廉·魏尔斯特拉斯（1790–1869）和他的妻子特奥多

拉·福斯特(Theodora Forst)的长子,于1815年10月31日出生在德国明斯特区的奥斯滕费尔德。他的父亲当时是一名海关官员,领着法国人的薪水。1815年是滑铁卢战役的那一年,法国人仍然统治着欧洲,俾斯麦也在那一年出生。有趣的是,虽然这位更为著名的政治家的毕生事业在世界大战中被打得支离破碎,但俾斯麦这位相对来说默默无闻的同代人对科学和文明进步的贡献,总的来说,在今天比他生前更受世人尊敬。

魏尔斯特拉斯一家毕生都是虔诚的罗马天主教徒。他的父亲可能是结婚时从新教皈依的。卡尔有一个兄弟,名叫彼得(逝于1904年),他还有两个姐妹,克拉拉(1823–1896)和伊丽泽(1826–1898),他们一生都在照顾卡尔。1826年,伊丽泽出生不久,卡尔的母亲就去世了。父亲于次年再婚。世人对卡尔的母亲知之甚少,只知道她似乎对丈夫有一种克制的厌恶,并对她的婚姻持一定厌恶态度。卡尔的继母是典型的德国家庭主妇,她对继子女智力发展的影响可能为零。另一方面,卡尔的父亲是一位注重实际的理想主义者,也是一位文化人,曾当过老师。他生命的最后十年在柏林他著名的儿子家中安详地度过,两个女儿也住在那里。他的孩子们都没有结婚。尽管可怜的彼得曾经表现出结婚的倾向,但很快就被他的父亲和姐妹们压制了。

在天生善于交际的孩子们中,唯一可能的不和谐的地方就是父亲毫不妥协的正义、专横的权威和普鲁士式的顽固。他的无休止的教训几乎毁了彼得的人生,而卡尔也险些陷入同样的境地。他不曾了解他才华横溢的小儿子的天赋在哪方面,就试图强迫卡尔从事不相宜的职业。老魏尔斯特拉斯蛮横地训斥他的小儿子,干涉他,直到"孩子"快四十岁时才收手。幸运的是,卡尔是由更具反抗精神的材料制成的。正如我们将要说到的那样,卡尔与父亲的斗争——尽管他自己可能完全不知道他正在与暴君作战——采取了一种很常见的形式。他把父亲为他选择的生活弄得一团糟。这或许是他所能想到的最简单的反抗方式。这种反抗的好处在于,他和父亲都没有想到会有什么结果。尽管卡尔在六十岁时的一封信表明,他终于意识到了他早期所经历的困难的原因。最后,卡尔终于如愿以偿,但这是一条漫长而迂回的道路,充满了磨练和试错。只有像他这样身体和精神都强壮质朴的人,才能走到最后。

卡尔出生后不久,全家搬到了威斯特伐利亚的韦斯特科滕,父亲在那里担任盐厂的海关官员。就像魏尔斯特拉斯度过他一生中最美好的岁月的其他令人沮丧的地方一样,韦斯特科滕今天在德国之所以为人所知,只是因为魏尔斯特拉斯曾经被流放在那里——只是他并没有在那里生锈。他的第一部出版作品写于1841年(当时他26岁),正是在韦斯特科滕写就的。村里没有学校,因此卡尔被送到邻近的明斯特镇。十四岁时,卡尔进入帕德博恩的天主教高级中学。就像笛卡尔在类似的条件下一样,魏尔斯特拉斯非常喜欢他的学校,并结交了很多有经验、有教养的教师。他在比标准时间短得多的时间内完成了设定的课程,所有功课都取得了同样优秀的成绩。他于1834年离开这所学校,时年19岁。奖学金不断地落到他的面前,有一年他抱回家七项奖。他通常是德语第一名,拉丁文、希腊文和数学三门中的两门也都是第一名。非常具有讽刺意味的是,他从未获得过书法奖,但他却注定要给那些刚从他们母亲的围裙带子中跑出来的小孩儿教书法。

数学家通常喜欢音乐。因此,像魏尔斯特拉斯这样豁达大度的人,却不能容忍任何形式的音乐,这种情形是很有趣的。音乐对他来说毫无意义,他也从不会掩饰他对音乐的反感。他取得成功后,关心他的姐妹们试着让他上音乐课，以便让他更加适应社交场合，但在一两节课后，他就放弃了这个令人反感的科目。当她们设法拉他去音乐厅或歌剧院时，音乐让他感到无聊，而盛大的歌剧则催他入睡。

就像他的父亲一样，卡尔不仅仅是一个理想主义者，在某些方面有时也非常实际。除了在纯属不切实际的科学研究中获得了大部分奖金外，他在15岁时获得了一份有薪工作，给一位卖火腿和黄油的富有女商人做会计。

所有这些方面的成就都对卡尔的未来产生了灾难性的影响。老魏尔斯特拉斯和许多父母一样，从儿子的胜利中得出了错误的结论。他的"推理"如下：因为这小伙子得了一大堆奖学金，所以他肯定有一个好脑子——这点倒是没错；又因为他成功地为这位尊贵的黄油火腿女商人记好了账，为自己赚到了零花钱，所以他将成为一名出色的簿记员。那么，现在所有簿记的顶点是什么呢？显然，是在普鲁士的行政机关中做一个公务员——当然是在较为高层的部门。但要为这个崇高的职位做准备，为了有效地挤上去，且避免被拉下来，法律知识是必备的。

作为所有这些逻辑的最终结论，就是魏尔斯特拉斯家的一家之主，在他天赋出众的儿子19岁时，就让他的天才儿子一头扎进了波恩大学，去研究商业的诡计和法律的诡辩。

卡尔很明智，这两件事他都不会去干。他将自己强大的体力、闪电般的灵巧和敏锐的头脑几乎完全投入到了击剑，或是夜间沉醉于醇香的德国啤酒，以及啤酒所带来的社交活动上。这对于那些不愿去中小学教书，唯恐自己本就不高的智力永远暗淡下去的博士生来说，是一个多么令人震惊的榜样！但要做到魏尔斯特拉斯所做的事情并逍遥法外，一个人必须至少有他十分之一的体质和不少于其千分之一的大脑。

波恩发现魏尔斯特拉斯是无与伦比的。他眼光敏捷,手伸得长,像魔鬼般精准,还有闪电般的击剑速度,这都使得他成为了一个让人钦佩却不敢触碰的对手。事实上,他从未被人击中过:他的脸颊上没有任何粗犷的伤疤,在所有比赛中,他从未流下一滴血。在随后的无数胜利庆祝活动中,他是否曾被灌醉过,我们不得而知。他谨慎的传记作者在这个重要的问题上有些沉默,但任何曾经阅读过魏尔斯特拉斯的数学杰作的人,都不会相信,一个头脑如此强健有力的人,竟然会被半加仑的啤酒灌醉。他在大学里的四年,终归是度过了美好的时光。

魏尔斯特拉斯在波恩的经历,为他解决了最重要的三件事:治愈了他对父亲的执念,但丝毫没有损害他对被蒙在鼓中的父母的感情;使他提前了解了那些天赋不如他的人——他的学生——的可怜的希望和抱负,从而直接使他成为了有史以来最伟大的数学老师;最后,他少年时代的幽默风趣成为了一种固定的生活习惯。因此,他的"学生时代"并非像他那位大失所望的父亲和他那些焦虑的姐妹——更不用说惊慌失措的彼得——认为的那样,在波恩度过了四年"空虚"的时光,没有拿到学位,回到了他哭泣的家人的怀抱之中。

当时发生了一场可怕的争吵。他们教训他——说他"身心俱空",这可能是法律学得不够、数学学得不够、啤酒喝得太多的结果。他们围坐在一起,怒视着他。最糟糕的是,他们开始讨论他,好像他已经死了,他们在讨论该如何处理这具尸体一样。谈到法律,魏尔斯特拉斯在波恩只与它有过一次短暂的接触,但这已经足够了:他对法学博士学位候选人的强烈"反对"让院长和他的朋友们感到惊讶。至于数学,在波恩——那是微不足道的。唯一有天分的尤利乌斯·普拉克(Julius Plücker)本可以对魏尔斯特拉斯有所帮助,但他忙于各种事务,以至于没有时间照顾个别学生，因此魏尔斯特拉斯一无所获。

但像阿贝尔和许多其他一流的数学家一样，魏尔斯特拉斯在击剑和饮酒之间的间歇中拜访大师：他曾着迷于拉普拉斯的天体力学，从而为他终生感兴趣的力学和联立微分方程组奠定了基础。当然，他无法让他那个有文化的小官僚父亲的脑袋理解这些东西，而他听话的哥哥和沮丧的姐妹们根本不懂他在说些什么。光是这个事实就足够了：卡尔，这个胆怯的小家庭出身的天才，曾被寄予了体面的资产阶级那样的崇高希望，父亲四年来节俭用度供他读书，而如今他没有拿到学位，就灰溜溜地回家了。

后来——几周后——这个家族的一位明智的朋友（他在卡尔的童年时代就很同情卡尔，而且他是一个聪明的业余数学爱好者）提出了一条出路：让卡尔在邻近的明斯特学院准备国家教师考试。年轻的魏尔斯特拉斯不会因此获得博士学位，但他一旦成为一名教师，晚上就会有充裕的时间来开发他数学上的能力，如果他确实具备这方面的素质的话。魏尔斯特拉斯向当局坦白了自己的"罪过"，恳求得到重新开始的机会。他的请求得到了批准。魏尔斯特拉斯于1839年5月22日在明斯特被录取，为自己的中等学校教师的生涯做准备。这是他后来在数学上的杰出成就的最重要的垫脚石。尽管在当时看来，这一步像是一次彻底的失败。

克里斯托夫·古德曼（1798–1852）在明斯特担任数学教授，他对魏尔斯特拉斯的影响很深。当时（1839年）的古德曼是椭圆函数的狂热爱好者。我们还记得雅可比在1829年发表了《椭圆函数理论的新基础》。尽管现在很少有人熟悉古德曼的细致研究（在克列尔的怂恿下，这个研究发表在他的期刊上的一系列文章中），但我们不能仅因为他过时了，就像有时流行的做法那样，把他轻蔑地丢在一边。在他那个时代，古德曼似乎有一种创新的想法。椭圆函数的理论可以用许多不同的方式发展——多得甚至让人有些不舒服。有时，某种特定的方式似乎是最好的；在另一个时期，另外一种稍微不同的方法又会被人们大力宣扬，被认为是更时髦的。

古德曼的想法是将一切都基于函数的幂级数展开（这句话暂时这样表述，我们在后文描述魏尔斯特拉斯工作的主要动机之一时，会更透彻地说明它的含义）。这确实是一个很好的新想法，古德曼以德意志式的彻底精神埋头苦干了许多年。他也许没有意识到他灵感的背后究竟是什么，而他自己也从未将其实践到底。这里要注意的是，魏尔斯特拉斯将幂级数理论——古德曼的灵感——作为他所有分析学工作的核心。他听过古德曼的课，由此从古德曼那里得到了这个灵感。晚年的魏尔斯特拉斯，曾认真思索他在分析学中所发现的方法的范围，并不禁惊叹道："除了幂级数之外别无他物！"

在古德曼的椭圆函数课程的第一堂课上（他用的是另一个称呼，但这并不重要），只有十三名学生。这位教授深爱着他的学科，很快就离开了地球表面，事实上几乎独自在纯粹思想的虚空中翱翔。在第二堂课上，只剩了一名学生。古德曼却很高兴。这个学生就是魏尔斯特拉斯。此后，没有任何一个莽撞的第三者来冒险亵渎这位教授和他唯一弟子之间的神交。古德曼和魏尔斯特拉斯都是天主教徒。他们相处得非常融洽。

魏尔斯特拉斯非常感激古德曼给予他的慷慨关心。在他成名后，他抓住每一个机会——越公开越好——表达他对古德曼为他所做的一切的感激之情。他所受的恩惠并不是微不足道的。并不是每个教授都能给学生这样的启发——以函数的幂级数表示作为一个起始点。除了关于椭圆函数的课之外,古德曼还给魏尔斯特拉斯单独上过关于"解析球面"的课程——不管那可能是什么。

1841年,26岁的魏尔斯特拉斯参加了教师资格考试。考试分为笔试和口试两部分。笔试部分中,他被要求在六个月的时间内就考官给出的三个主题撰写论文。基于第三个主题,魏尔斯特拉斯写出了一篇中等学校教学中使用苏格拉底问答法的精彩论文。正是在这个方法的帮助下,魏尔斯特拉斯成为了世界上培养高材生的第一流的数学教师,取得了巨大的成功。

老师的好坏——至少在高等数学方面——是由他的学生来评判的。如果他的学生对他的"极其清晰的讲授"充满热情,他们会记大量的笔记。但如果学生在获得高级学位后从未自己做任何原创性数学研究,那么这位老师作为一名大学教师是完全失败的。他的合适的位置——如果有的话——应当在中学或一所小小的学院里,其目的是培养温顺的绅士,而不是独立的思想家。魏尔斯特拉斯的授课堪称完美的典范。但是,如果它们仅仅是完美的讲解,那么它们在教学上将毫无价值。魏尔斯特拉斯在完美的形式之外添加了一种无形的东西,称为灵感。他并不宣扬数学的崇高,也从不夸夸其谈。但不知何故,他的学生中,出现了多到不成比例的富有创造力的数学家。

经过一年的中学教师试用期后,魏尔斯特拉斯进入中学工作的那次考试,是有记录以来同类考试中最不寻常的一次。他提交的那篇论文一定是教师考试中所批阅过的最深奥的作品。应候选人的要求,古德曼为魏尔斯特拉斯出了一个真正的数学问题:找出椭圆函数的幂级数展开。还有更多题目,但我们在此提到的这一部分可能是最有趣的。

古德曼对于这项工作的报告可能会改变魏尔斯特拉斯的人生轨迹，但它并没有给人留下实际印象，尽管它本可以大有用处。在官方报告的附言中，古德曼指出："通常来说，这个问题对年轻的分析学家来说太难了，但应候选人的明确要求并征得委员会的同意，才出了这道题。"在他的笔试论文被接受并顺利结束口试后，魏尔斯特拉斯得到了一张关于他对数学的原创贡献的特别证书。古德曼陈述了这位候选人所做的工作，并指出了他着手解决的问题的独创性和所得出的某些结论的新颖性之后，古德曼宣称这些成果证明了一种优秀的数学天赋，"如果这个才能没有被浪费，它将必然为科学的进步做出贡献。为了这位候选人，也为了科学，不应让他成为中学教师。如果条件允许，希望能让他在高等学府发挥作用……该报考者以此凭着与生俱来的才能，进入了那些著名的发明家的行列。"

这些评价，部分由古德曼在下面划线，加以强调，但在官方报告中却被完全删除了。魏尔斯特拉斯拿到了证书，仅此而已。26岁时，他开始从事中学教学，这将耗费他近15年的生命，这其中包括通常被认为是科学家职业生涯中最高产的30岁到40岁。

他的工作过分繁重了。只有意志坚定、体格健壮的人才能完成魏尔斯特拉斯所做的工作。夜晚是他自己的，他过着双重生活。他远没有成为一个乏味迟钝的苦力。他也没有装出一副乡村书生的架势，沉浸在普通人无法理解的神秘冥想中。在晚年，他喜欢心满意足地平静讲述，他是如何愚弄了所有人。放荡的政府官员和年轻军官们一致认为，这位和蔼可亲的中学老师是一个非常好的人，也是一个活泼的酒友。

但除了这些偶尔晚上出去玩的酒友之外，魏尔斯特拉斯还有另一个不为他那些无忧无虑的伙伴所知的另一个朋友——阿贝尔。他们二人常常一同熬夜。他自己说，他永远把阿贝尔的著作放在手边。当他成为世界一流的分析学家和欧洲最伟大的数学老师时，他对他的众多学生的第一个也是最后一个忠告就是"多读一读阿贝尔"！对于这位伟大的挪威人，他怀有无限的钦佩之情，丝毫没有忌妒的阴影。"阿贝尔，幸运的家伙！"他会惊呼，"他完成了一项可以永恒不朽的工作！他的思想将永远对我们的科学发展产生有益的影响。"

对于魏尔斯特拉斯来说也是如此，他丰富的数学上的创造性思想大部分是在他还是一个不起眼的乡村教师时想出来的，那里没有先进的书籍。而且当时生活拮据，寄一封信的邮资就要花掉这位老师每周微薄的工资中的一大部分。由于付不起邮资，魏尔斯特拉斯无法了解外界的科学发展。或许这对他来说倒是一件好事。他的独创性因此不受当时流行观念的影响。由此获得的独立观点，成为他后期工作的主要部分。在他所讲授的课程中，他总是以自己的方式从头开始讲述一切，几乎不参考其他人的工作。这有时会让他的听众很困惑，不知道哪些是他独创的，哪些是其他人的。

我们下面来讲一讲魏尔斯特拉斯科学生涯中的一两个阶段，这或许会引起学数学的读者的兴趣。在明斯特高级中学任教一年后，魏尔斯特拉斯写了一本关于分析函数的论文。在这篇论文中，除了其他东西以外，他还独立得出了柯西的积分理论，即所谓的分析学基本定理。1842年，他听说了柯西的工作，但并未争取优先权（事实上，高斯早在1811年就领先了他们二人，但高斯像往常一样，并未发表他的成果，而是将其搁置一旁，等待成熟）。1842年，27岁的魏尔斯特拉斯将他研究得到的方法应用于微分方程组——就像牛顿三体问题中的情形那样；

论述是十分成熟且严谨的。他没有想过发表这些成果，之所以研究这些，仅仅是为了自己毕生的事业（对阿贝尔函数的研究）奠定基础。

1842年，魏尔斯特拉斯在西普鲁士德意志克罗内的高级中学担任数学和物理助理教师。不久，他升任为受尊敬的正规教师。除了已经提到的科目之外，这位欧洲一流的分析学家还给他负责的学生们教德语、地理和写作，1845年还增加了体操课。

1848年，33岁的魏尔斯特拉斯被调到布劳恩斯贝格的高级中学担任普通教师。这算是提拔，但提拔得不多。这所学校的校长非常出色，他尽其所能使魏尔斯特拉斯得到好的待遇，尽管他对这位同事的卓越才干只有一点儿模糊的意识。学校里有一个很小的图书馆，里面收藏了精心挑选的数学和科学书籍。

正是在这一年，魏尔斯特拉斯从他那令人着迷的数学中抽离了几个星期，沉迷于一场小小的趣味恶作剧。当时，政治上有些混乱。自由的病毒已经感染了患病的德国人民，至少有一些勇敢的人已经走上了争取民主的道路：执政的保皇党对所有没有充分赞美自己政权的言论或印刷品进行了严格的审查。报纸上开始出现即兴的自由赞美诗。当局当然不能容忍这种破坏法律和秩序之举。当布劳恩斯贝格突然出现一大批民主诗人，在还未被审查的地方报纸上歌颂自由时，慌乱的政府匆忙任命了一位当地公务员担任监察官，然后就高枕无忧，相信从此就太平无事了。

不幸的是，新任命的审查员对所有形式的文学都有强烈的反感，尤其是诗歌。他根本无法阅读这些东西。他将自己的监督限制在用蓝色铅笔修改枯燥的政治性文章，将所有的文学作品都交给了中学教师魏尔斯特拉斯来审查。魏尔斯特拉斯非常高兴，他知道这位官方审查员一首诗都不会看。于是,他在审查员的眼皮底下印刷最具煽动性的诗。这让民众欣喜若狂,直到一位高级官员介入,才结束了这场闹剧。由于官方审查是这次事件的正式负责人,因此魏尔斯特拉斯逃过一劫。

德意志克罗内这个不起眼的小村庄有幸成为了魏尔斯特拉斯在1842年至1843年首次发表著作的地方。德国的中学偶尔会发布包含教职员工论文的"项目"。魏尔斯特拉斯贡献了一篇《论分析阶乘》。没有必要解释这是些什么,此处值得注意的一点是,阶乘曾一度让资深的分析学家们头疼不已。在魏尔斯特拉斯开始着手研究阶乘相关的问题之前,学界一直都没有抓住问题的核心。

我们还记得,克列尔写了大量关于阶乘的文章。当阿贝尔有点儿轻率地告诉他说,他的工作存在着巨大的疏漏时,克列尔对此是多么感兴趣。克列尔现在再次出现了,依然抱着他对阿贝尔所展示的那种闻过则改的精神。

魏尔斯特拉斯的成果,直到1856年,写成14年之后才发表。克列尔将他发表在他的《杂志》上。魏尔斯特拉斯当时已然非常出名。克列尔承认,魏尔斯特拉斯所做的有力论述清楚地揭示了自己论文中的错误。克列尔继续说道:"在研究中,我从未带入自己的个人观点,我也从未追求名声或利益。我所做的一切,只是为了尽己所能地推动真理的发展,对我来说,无论是谁更接近真理——无论是我还是其他人,只要可以更接近真理,对我来说都是一样值得高兴的。"克列尔并没有为此神经过敏。魏尔斯特拉斯也没有。

无论德意志克罗内这个小村庄在政治和商业地图上是否显眼,它在数学史上都如同一个帝国的首都一样至关重要。因为正是在这里,魏尔斯特拉斯奠定了他毕生工作——完成了阿贝尔和雅可比的未竟研究，基于阿贝尔定理和雅可比对多变量的多周期函数的发现——的毕生事业的基础。而他在这里所做的这些工作，甚至是在连一个勉强可用的图书馆也没有，也没有任何与外界的科学联络的条件下完成的。

魏尔斯特拉斯注意到，阿贝尔还没领略自己巨大发现的重要意义，就在年轻力壮之时早逝了。但雅可比没能清楚地看到，自己工作的真正意义在于阿贝尔定理。"这些成果的巩固和拓展——真正地展示函数并计算它们性质的任务——是数学的主要问题之一。"魏尔斯特拉斯因此宣布，一旦他深入理解这个问题并开发出必要的工具，他就打算将全部精力投入到这件事上。后来，他曾谈到自己的进展有多么缓慢："方法的制造和其他难题占据了我的时间。几年过去了，我依然没能解决主要问题，因为艰苦的环境一直在妨碍我。"

魏尔斯特拉斯在分析学方面所做的所有工作，都可以看作是对他所说的主要问题的一次重大突破。孤立的结果、特殊的发展，甚至广泛的理论——例如他提出的无理数理论——都来自于针对这个主要问题所展开的研究的某个阶段。他很早就相信，要想搞清楚他想要做的是什么，就必须对数学分析的基本概念进行彻底的修改；而且，基于这个信念，他又进一步树立了另一个信念。在今天看来，后者可能比如前所述的这个主要问题更为重要：分析必须建立在普通整数1，2，3……上。无理数让我们明白了极限和连续的概念，我们据此进行分析，对无理数必须通过不可违反的推理回溯到整数去；必须将那些似是而非的证明丢弃或返工，必须填补空白；必须将那些模糊的"自明之理"拿到台面上，将其置于批判性探究的光芒中，直到所有的东西都能够被理解，直到一切都按照可理解的语言用整数来陈述清楚。从某种意义上说，这是毕达哥拉斯的梦想：将全部数学都建立在整数的基础上，但魏尔斯特拉斯建设性地赋予了这个目标以明确的定义，使其可以发挥作用。

由此就产生了19世纪被称为分析的算术化的运动——这与克罗内克的算术方法完全不同，我们将在后面的章节中对此做出简单解释。事实上，这两种方法是相互对立的。

顺便说一句，魏尔斯特拉斯对他的毕生工作的计划，以及他成功地完成了年轻时就为自己制订好的一生的工作，都很好地呼应了克莱因曾经对一个困惑的学生给出的建议。当时，一个学生问克莱因什么是数学发现的秘密。"你首先必须有一个问题，"克莱恩回答道，"然后选择一个明确的目标并朝着它前进。你可能永远无法抵达你的目标，但你会在努力的过程中发现一些有趣的东西。"

魏尔斯特拉斯从德意志克罗内搬到布劳恩斯贝格。自1848年开始，他在那里的皇家天主教高级中学任教了六年。该校1848–1849年的"教学计划"中包含魏尔斯特拉斯的一篇论文，这篇论文一定让当地人大吃一惊：《献给阿贝尔积分的理论》。如果这篇著作碰巧出现在德国任何一位专业数学家的眼皮底下，魏尔斯特拉斯必将一鸣惊人。但是，正如他的瑞典籍传记作者米塔·列夫勒（Mittag-Leffler）冷冰冰地评论的那样，人们不会在中学课程中寻找关于纯数学的划时代论文。魏尔斯特拉斯还不如用他的论文来点烟斗。

他所做的下一项工作要顺利得多。1853年的暑假（当时魏尔斯特拉斯38岁）是在他父亲位于韦斯特科滕的家中度过的。魏尔斯特拉斯在这个假期里写了一篇关于阿贝尔函数的论文。论文完成后，他把它寄给了克列尔那本杰出的《杂志》。论文被采用了，刊登在第47卷（1854

年)里。

可能就是这篇论文引发了魏尔斯特拉斯在布劳恩斯贝格担任教师的职业生涯中的趣事。一天早晨,魏尔斯特拉斯本应该在上课的那间教室里传出了巨大骚动,学校校长被吓了一跳。他去看了看,发现魏尔斯特拉斯不在教室。他急忙跑到魏尔斯特拉斯的住所,敲门,然后应声走了进去。魏尔斯特拉斯正坐在一盏光线微弱的灯下沉思,房间的窗帘还拉着。他整晚都在工作,没有注意到黎明的到来。校长提醒他,天已经亮了,并告诉他教室中已经大乱。魏尔斯特拉斯回答说,他正在钻研一个重大的发现,这将在科学界引起巨大反响,他无论如何都不能中断思考。

1854年,关于阿贝尔函数的这篇论文发表在克列尔的《杂志》上,引起了巨大轰动。这居然是柏林一个不起眼的村庄里一位不知名的中学老师的杰作。这本身就足以令人震惊。但更令那些能够理解这项工作之重要性的人感到惊讶的是,这位孤独的作者并没有时不时地发布任何预兆式的公告,宣布他的进展,而是以令人钦佩的克制将一切都暂时保留,直到工作完全结束。这样的做法几乎是前所未有的。

大约十年后,魏尔斯特拉斯在给朋友的信中含蓄地讲述了自己这种在科研上的缄默:"……如果没有使我成为隐士的这些艰苦的工作,我将无法忍受那些年[作为一名中学教师]的无限空虚和无聊——虽然我有一个朋友圈子,其中的小地主、律师和年轻人都对我评价很好……现在没有什么值得一提的,我也没有谈论未来的习惯。"

他的成果立刻就得到了认可。在柯尼斯堡大学,雅可比曾在该领域取得了巨大的成就,而魏尔斯特拉斯如今以杰出的成果,昂首迈进了同一个领域;该校数学教授里什洛(Richelot)本人是雅可比在多周期函数理论方面的当之无愧的继承者,他那双专业的眼睛立刻看到了魏尔斯特拉斯所完成的工作的巨大意义。他立即说服柯尼斯堡大学,请求授予魏尔斯特拉斯名誉博士学位,并亲自前往布劳恩斯贝格颁发学位证书。

在高级中学校长为魏尔斯特拉斯举行的晚宴上,里什洛宣布道:"魏尔斯特拉斯先生堪称我们每个人的老师。"教育部立即提拔了他,并给了他一年的假期,让他有时间从事科学研究。当时克列尔的《杂志》的编辑博尔夏特(Borchardt)赶到布劳恩斯贝格,祝贺这位世界上最伟大的分析学家。二人从此开始了一段温暖的友谊。这段友谊一直持续了四分之一个世纪。一直到博尔夏特去世,二人都是非常好的朋友。

对魏尔斯特拉斯来说,这一切都不那么重要。尽管对于如此迅速、如此热情的认可,他怀有深深的感动和无比的感激,但他还是忍不住回望自己过去的职业生涯。多年以后,想起那一刻的欢乐时光,想起自己四十岁那一年的那个重大时刻,以及那一刻为他打开的美好前景的大门,他悲哀地说道:"我生命中的一切都来得太晚了。"

魏尔斯特拉斯没有返回布劳恩斯贝格。当时没有真正合适的职位空缺,德国一流的数学家尽了他们所能做的一切,紧急为魏尔斯特拉斯安排了柏林皇家理工学院的数学教授职位。任命开始的日期为1856年7月1日;同年秋天,他被任命为柏林大学的助理教授(除了另一个职位外),并被选入柏林科学院。

新的工作环境激励了他,过多的讲课任务给他带来很大压力,不久就导致了神经衰弱。科研方面,魏尔斯特拉斯也一直过度劳累。1859年夏天,他被迫放弃授课,并接受休息治疗。秋天时,他回到工作中,身体明显恢复了很多。但在第二年三月份，他突然一阵眩晕，在课堂上昏倒了。

后来，他一直被同样的疾病困扰，并且在重新开始工作——担任了工作量大大减轻的正教授——之后，从不自己在黑板上写出公式。他的习惯是坐在能看到整个班级和黑板的地方，指示班上的某个学生在黑板上写字。在大师的这些"代言人"里，有时会有人想要改一改老师让他写的内容。这时，魏尔斯特拉斯就会走上前去，抹掉这位业余数学家的努力，让他按照老师的吩咐写。偶尔，教授和固执的学生之间会进行几轮争执，但最终都是魏尔斯特拉斯获胜。他对付不听话的小男孩儿是很有经验的。

随着他的名声传遍欧洲（后来传到了美国），魏尔斯特拉斯的班级开始越来越庞大，他有时会很难过，因为他学生的质量远远落后于他们迅速增加的数量。尽管如此，他周围还是聚集了一群非常能干的年轻数学家。他们绝对忠诚于他，并努力地宣传他的思想，做了很多工作，因为魏尔斯特拉斯在发表论文上一向不积极。要不是他的弟子主动传播他的观点，19世纪的数学思想将会因为未曾被他的观点影响，而大大落后。

魏尔斯特拉斯很受学生欢迎，也真诚地关心他们，不论是数学方面的还是人性方面的问题，他都很关心。他身上丝毫没有"大人物"的矜持，他很高兴同愿意和他在一起的学生一起步行回家（这样的学生很多），就像与他最著名的同事在一起一样，也许当这位同事碰巧是克罗内克时，他就更加高兴。他最开心的时候，就是和几个忠实的弟子坐在桌旁，端着一杯酒。这时的他又变成了一个快乐的学生，总是坚持要为大家买单。

有一件（关于米塔-列夫勒的）轶事可能会让我们意识到，某种意义上，二十世纪的欧洲已经失去了它在19世纪70年代所拥有的东西。虽然普法战争（1870-1871）使法国对德国怀有敌意，但并没有遮蔽数学家们的心灵。他们依旧欣赏彼此的成就，而不以国籍论高低。拿破仑战争，以及英法两国数学家之间的相互尊重也是如此。1873年，米塔-列夫勒从斯德哥尔摩来到巴黎，满怀热情地准备在埃尔米特门下学习分析学。"你大错特错了，先生，"埃尔米特对他说，"你应该在柏林，跟着魏尔斯特拉斯学习。他是我们所有人的老师。"

米塔-列夫勒采纳了这位宽宏大量的法国人的合理建议，不久之后，他就有了属于他自己的重大发现。这项发现在今天所有关于函数论的书籍中都可以找到。"埃尔米特是一个法国人和一位爱国者，"米塔-列夫勒评论道，"同时，他也向我展现出来，他更是一名杰出的数学家。"

魏尔斯特拉斯在柏林担任数学教授的那些年（1864-1897），这位被公认为世界领先的分析学家身上发生了很多科研和生活上的趣事。这些趣事的其中一件，即便是要写魏尔斯特拉斯的纯科学的传记，也不能一笔带过。那便是他与他最喜欢的学生索尼娅（或索菲）·柯瓦列夫斯卡娅的友谊。

柯瓦列夫斯卡娅夫人婚前的名字是索尼娅·科尔温-克鲁科夫斯基（Sonja Corvin-Kroukowsky）；索尼娅于1850年1月15日出生在俄国莫斯科；在魏尔斯特拉斯去世前六年，她于1891年2月10日逝于瑞典斯德哥尔摩。

索尼娅十五岁时开始学习数学。到十八岁时，她的进步如此之快，

已经可以从事高级别的研究，并且沉
醉于数学之中。由于她出身于富裕的
贵族家庭，她得以如愿出国留学，并
被海德堡大学录取。

柯瓦列夫斯卡娅

这位才华横溢的姑娘不仅成为
了现代女数学家的领军人物，而且在
妇女解放运动中享有盛誉，特别是在
打破长期以来认为女性没有能力进
入高等教育领域的偏见方面贡献很
大。

除此之外，她还是一位十分出色的作家。当她还是个年轻姑娘的
时候，她曾对自己的职业选择犹豫不决，在数学与文学之间来回徘徊。
在写就她最重要的数学著作（后来以获奖论文著名）之后，她转而开始
将文学作为一种消遣，以小说的形式写下了她在俄罗斯度过的童年的
回忆（最初以瑞典语和丹麦语出版）。据报道，对于这部作品，"俄罗斯
和斯堪的纳维亚的文学评论家一致宣布，索尼娅·柯瓦列夫斯卡娅在
风格和思想上与俄罗斯文学的最佳作家不相上下"。不幸的是，这个充
满希望的文学开端因她的早逝而没有继续下去。她的其他文学作品，只
有一些碎片得以幸存。她唯一的一部小说被翻译成了多种文字。

尽管魏尔斯特拉斯终身未婚，但他并不是一个看到漂亮女人会
惊慌失措的单身汉。据了解索尼娅的知情人称，索尼娅长得非常漂亮。
我们必须首先告诉读者，她和魏尔斯特拉斯是如何相遇的。

魏尔斯特拉斯往往以富有人情味的方式享受暑假。1870年普
法战争，他不得不放弃了夏季旅行，留在柏林讲授椭圆函数。由于战

争，他的班级规模从两年前的五十人减少到只有二十人。1869年秋天开始，正值十九岁的索尼娅在海德堡大学师从莱奥·柯尼希斯贝格尔（Leo Königsberger，生于1837年）学习椭圆函数。彼时，她是一个美丽动人的年轻女子。在海德堡大学，她还听过基尔霍夫（Kirchhoff）和亥姆霍兹的物理学讲座，并在相当有趣的情况下结识了著名化学家本生（Bunsen）——这个之后再讲。柯尼希斯贝格尔（Königsberger）是魏尔斯特拉斯最早的一批学生之一，是他师父最热忱的宣传者。索尼娅被老师的热情打动，决定亲自去找这位大师，寻求灵感和启发。

在19世纪70年代，未婚的女大学生所面临的压力很大。为了防止流言蜚语，索尼娅在十八岁时缔结了名义上的婚姻关系，将丈夫留在了俄罗斯，只身前往德国。在她与魏尔斯特拉斯的交往中，她没有在一开始就告诉魏尔斯特拉斯自己的已婚身份，在这一点上，她略显草率了。

下定决心向大师学习后，索尼娅鼓起勇气，去柏林拜访了魏尔斯特拉斯。她当时二十岁，非常认真，非常热忱，非常坚定；而他五十五岁，对于古德曼肯收自己为学生，并帮助自己成为一名数学家，一直心怀感激，并且能够感同身受地理解年轻学子的雄心壮志。为了掩饰她的胆怯，索尼娅戴了一顶松软的大帽子，"这样一来，魏尔斯特拉斯便没有看到她那双奇妙的眼睛，而只要索尼娅愿意，她那富于表现力的眼神是没有人可以抗拒的"。

大约两三年后，魏尔斯特拉斯访问海德堡时，本生（一个性格刻薄的单身汉）告诉他说，索尼娅是"一个危险的女人"。魏尔斯特拉斯觉得他朋友的恐惧很好笑，因为当时的本生还不知道，魏尔斯特拉斯两年多来经常单独给索尼娅上课。

可怜的本生是根据自己痛苦的经历，才对索尼娅做出了这样的评价。多年来，他一直宣称，任何女性，尤其是俄罗斯女性，都不允许亵渎他实验室的男性尊严。索尼娅的一位俄罗斯女性朋友，非常渴望在本生的实验室学习化学，但是被赶出来了。于是，她怂恿索尼娅对这位顽固的化学家施展自己那无人可以抗拒的说服力。索尼娅把帽子留在家里，去跟本生见面。本生确实被索尼娅迷住了，答应让索尼娅的朋友在他的实验室里做学生。索尼娅离开后，本生才恢复了理智，意识到索尼娅对他所做的一切。"现在那个女人让我食言了。"他对魏尔斯特拉斯哀叹道。

索尼娅第一次来访时所表现出的认真态度给魏尔斯特拉斯留下了深刻印象，他写信给柯尼斯堡，打听她的数学天赋，他还问到"是否能为这位女士的品性提供必要的担保"。在得到热情的答复后，魏尔斯特拉斯试着让大学评议会同意索尼娅进入他的数学课堂，但他的请求被粗暴地拒绝了，他只好利用业余时间亲自给她上课。每个星期天的下午，索尼娅都会在他家上课。魏尔斯特拉斯每周会回访索尼娅一次。上过最初的几次课之后，索尼娅脱下了帽子。他们的课程从1870年秋天开始，一直持续到1874年秋天，只有假期或生病时才会略有中断。当两人由于各种原因无法见面时，他们就互通信件。1891年索尼娅去世后，魏尔斯特拉斯烧掉了她写给他的所有信件，一起烧毁的还有他的许多其他信件，而且还有可能不止一篇数学论文。

魏尔斯特拉斯和他可爱的年轻朋友之间的通信非常具有人情味。即使大部分信件都是在讨论数学。毫无疑问，大部分信件都具有相当大的科学价值。但不幸的是，索尼娅在保存文件方面毫无条理可言，她留下的大部分东西都是零散的，或是支离破碎的。

在这方面，魏尔斯特拉斯本人做得也不太好。他经常在没有保留记录的情况下，把未发表的手稿借给那些经常不还东西的学生。有些人甚至公然改写老师的部分论文，对其进行破坏，并把论文作为自己的成果发表。尽管魏尔斯特拉斯在给索尼娅的信中抱怨这种令人发指的做法，但他的懊恼并不是自己的成果被卑劣地剽窃，而是因为他的思想被无能的人搞得面目全非，因此对数学研究造成了损害。索尼娅当然从来没有干过这样的事，但另一方面，她也不是完全无可指责的。魏尔斯特拉斯曾寄给她一本他未发表的作品，他非常看重这本书，但那是他最后一次看到它。显然她给弄丢了，因为每当他提起这个话题时，她都会谨慎地避开这个话题——从他的信中判断。

为了弥补这一失误，索尼娅尽了最大努力，帮助魏尔斯特拉斯保存好他未发表的其余作品。他习惯在出差时随身携带一个白色的大木箱，里面存放着他所有的工作笔记和尚未完善的各种各样的论文。他习惯于把一个理论修改完善很多次，直到他找到最好的、应该发展它的"自然"方式为止。因此，他的著作发表进度很慢，只有在他根据一个连贯的观点彻底研究透了一个题目之后，才会以自己的名义发表。据说他有几个只粗略写出框架的计划，都放在这个神秘的大箱子里。1880年，魏尔斯特拉斯在度假时，箱子丢失了。从那以后就再也没有听说过这个箱子。

1874年索尼娅缺席获得格丁根大学授予的学位以后，因兴奋和过度劳累返回俄罗斯休息。她当时的名声太大，因此人还未到俄罗斯，消息已经传了出去。于是，她的"休息"变成了在圣彼得堡拥挤的社交季参与狂热的无用活动，而魏尔斯特拉斯则回到了柏林，在欧洲各地牵线搭桥，希望为他最喜欢的学生找到一个配得上她才华的职位。他最终无功而返，并因此事对正统学术思想的狭隘感到了厌恶。

1875年10月，魏尔斯特拉斯从索尼娅那里得到了她父亲去世的消息。她显然没有回应他温柔的吊慰。近三年来，她从他的生活中彻底消失了。1878年8月，他写信询问她是否收到过一封他很久以前写给她的信，他已经忘记了具体的日期。"你没有收到我的信吗？或者是什么阻止了你像以前那样，给我——你经常称呼我的最好的朋友——坦诚的信任？这是一个只有你能给我答案的谜语……"

在同一封信中，魏尔斯特拉斯相当卑微地恳求她，让她反驳一下那些谣传她已经放弃数学的人。俄罗斯数学家切比雪夫（Tchebycheff）曾去拜访过魏尔斯特拉斯，但当时他恰好外出了。不过这位数学家告诉博尔夏特，索尼娅已经"开始交际"，事实上她也确实是这样做的。"把你的信按旧地址寄到柏林，"魏尔斯特拉斯在信的结尾写道，"这样我肯定可以收到。"

我们往往很熟悉人与人之间的忘恩负义。如今，索尼娅告诉了世人，一个女人在下定决心时可以做得更加决绝。她整整两年都没有回应老朋友的信，尽管她知道她的老朋友一直心情郁闷，身体状况也不容乐观。

后来，她终于写了回信，但内容却相当令人失望。索尼娅的性欲战胜了她在事业上的抱负，她和丈夫过上了幸福的生活。当时她陷入了这样一种不幸的境地：她成为了一群表面上才华横溢的艺术家、记者和浅薄的文学们喋喋不休吹捧的对象，他们围着她聒噪，奉承她的才华。这种肤浅的赞美让她感到激动和兴奋。如果她可以与她同代的知识分子多多交往，她可能仍然可以过着正常的生活并保持她的赤诚。而且她也不会那样对待这个塑造了她思想的人。

1878年10月，索尼娅的女儿"福菲"（Foufie）出生了。生了女儿后，索尼娅不得不安静下来。她沉睡许久的数学兴趣被再次唤醒,她写信给魏尔斯特拉斯寻求建议。他回答说,在提出意见之前,他必须先查阅相关文献。尽管她曾经完全忽视了他,但他仍然随时准备着给予她热情的鼓励。他唯一的遗憾(在1880年10月的一封信中)是,她长久的沉默和隔绝剥夺了他帮助她的机会。"但我不喜欢过多地沉迷于过去——所以让我们展望未来。"

生活上的磨难让索尼娅认识到了真实的自己。她是一个天生的数学家,不能远离数学,就好像鸭子不能远离水一样。因此,在1880年10月(当时她30岁),她再次写信请求魏尔斯特拉斯给她建议。不等他答复,她就收拾行装离开莫斯科,前往柏林。如果她收到了他的回复,可能就不会动身去柏林了。然而,当心烦意乱的索尼娅出人意料地到达柏林后,魏尔斯特拉斯花了一整天的时间跟她一起解决她的困难。他一定是对她讲了一些非常直截了当的话,因为三个月后,当她再次回到莫斯科时,她对数学的追求是如此之狂热和专注,以至于她那些放纵的朋友和那些愚蠢的跟屁虫再也认不出她了。在魏尔斯特拉斯的建议下,她着手解决光在某种晶体介质中的传播问题。

在1882年,他们之间的通信出现了两个新的转折,其中一个与数学有关。另一个是魏尔斯特拉斯直言不讳地认为索尼娅和她的丈夫彼此不相配,特别是她的丈夫根本无法真正地欣赏她的智力与天赋。数学上的转折指的是庞加莱,当时他的职业生涯刚刚开始。魏尔斯特拉斯凭着识别年轻人才的坚定本能,称赞庞加莱前途无量,并希望他能够改正发表论文过快的毛病,让他的研究更为成熟,不要将它们分散在太宽泛的领域。谈到庞加莱发表的大量论文,他说道:"每周发表一篇真正有价值的文章——这是不可能的。"

1883年3月，索尼娅的丈夫突然去世，她的家庭困难很快得到了解决。当时她在巴黎，丈夫在莫斯科。她震惊得跪倒在地。整整四天，她一个人闭门不出，不吃东西，第五天，她失去了知觉，第六天醒了过来，要纸和笔，开始在纸上写数学公式。到了秋天，她又恢复成了原来的自己，参加了在敖德萨举行的科学大会。

多亏了米塔－列夫勒，柯瓦列夫斯基夫人终于获得了一个可以充分发挥她过人才干的职位。1884年秋天，她在斯德哥尔摩大学讲学，并（在1889年）被任命为终身教授。不久之后，当意大利数学家沃尔泰拉（Vito Volterra）指出她在晶体介质中光折射方面的工作存在严重错误时，她遭受了一次相当难堪的挫折。魏尔斯特拉斯没有提前看出这个错误。当时他忙于公务，以至于在公务之外，他"只有吃饭、喝水和睡觉的时间……简而言之，"他说，"我就是医生所说的脑乏症。"他现在快七十岁了。但尽管身体上疾病不断增加，他的思维仍然一如既往地敏捷。

大师的七十岁诞辰成了一个众人向他公开表示敬意的日子。他的弟子和从前的学生从欧洲各地赶来聚会。此后，他公开演讲的次数越来越少。接下来的十年，他在自己家里接待了一些学生。当他们发现老师疲倦时，就避开数学，谈论其他事情，或者热切地听着这位友善的老人回忆他学生时期的恶作剧和他与所有科学界朋友隔绝的沉闷岁月。他的八十岁大寿比他的七十岁生日更令人印象深刻，某种程度上，他成为了德国人民的民族英雄。

魏尔斯特拉斯在晚年的最大安慰之一，就是他最喜欢的学生终于获得了认可。1888年平安夜，索尼娅因论文《论一个固体绕一个定点旋转》获得了法兰西科学院的博尔丹奖。

根据此类奖项的竞争规则,论文是匿名提交的(作者的名字装在一个密封的信封里,信封的外面和论文上印有相同的格言,只有当参加比赛的作品获奖时,才能打开信封),因此索尼娅那些心怀忌妒的对手没有抓到机会诋毁她的获奖是不正当的。评委们认为,这篇论文具有非凡的价值,他们将奖金从之前宣布的三千法郎提高到五千法郎。然而,金钱上的奖励只是这项大奖最微不足道的部分。

魏尔斯特拉斯喜出望外。"你完全可以想象得到,"他写道,"你的成功让我和我的姐妹以及你在这里的朋友们多么高兴,而我尤其感到了真正的满足。资历丰富的评委现在已经做出裁决:我的'忠实学生',我的'软肋',确实不是一个'轻浮的骗子'。"

让这两位朋友永远地沉醉于这胜利的一刻吧。两年后(1891年2月10日),索尼娅因感染了当时盛行的流感,在斯德哥尔摩去世,享年41岁。魏尔斯特拉斯在那之后又活了六年,于1897年2月19日在柏林的家中安然逝去,享年八十二岁。他最后的愿望是,神父不要在葬礼上赞美他的一生,只在仪式上做平常礼拜即可。

索尼娅被安葬在斯德哥尔摩,而魏尔斯特拉斯和他的两个姐妹葬在柏林的一个天主教墓地。索尼娅也信奉天主教,属于希腊教会。

我们现在讲述一下魏尔斯特拉斯的分析学成就所基于的两个基本概念。在此,我们不做详细或精确的说明,但读者如果感兴趣,可以在任何一本综合性的函数理论书籍的前几章中找到详细解释。

一个幂级数是形式为

$$a_0+a_1z+a_2z^2+\cdots+a_nz^n+\cdots$$

的表达式,其中系数 a_0, a_1, $a_2\cdots a_n$, $\cdots$ 是常数,z是一个变数,所涉及的数可以是实数或复数。

级数的前1, 2, 3, ···项的和, 即a_0, a_0+a_1z, $a_0+a_1z+a_2z^2$, ···称为部分和。如果对于z的某个特殊值, 这些部分和给出了一个收敛到某个确定极限的数列, 那么就说该幂级数对于这一z值收敛到同一极限。

使幂级数收敛到某个极限的一切z值, 构成了该级数的收敛域; 对于在收敛域中的变量z的任何值, 级数收敛; 对z的其他值, 级数发散。

如果级数对某个z值收敛, 那么只要取充分大项数, 就可以对该z值计算级数之值而达到任何所需的近似程度。

现在, 对于大多数对科学有价值的数学问题, 人们认为, 它们的"答案"是一个微分方程(或这样的方程组)的级数解, 而这个解很少能由被制成表的数学函数(例如对数函数、三角函数、椭圆函数, 等等)的有限表达式得到。那么, 要想解决这类问题, 就必须做两件事: 证明级数收敛; 如果它收敛的话, 计算它的数值直到所要求的精度。

如果级数不收敛, 这通常说明, 要么是陈述不正确, 要么是解错了。纯数学中出现的大量函数都用同样的方式处理, 无论它们是否会在科学上有所应用, 某种收敛的一般理论最终已被详细阐明, 以适用于所有这一切的广阔范围, 以至于对某个特定级数的单独检验, 往往只需参考已经完成的更为广泛的研究。

最后, 所有这些(纯理论的和应用的两方面)被扩展到代替上面的单变量z的2, 3, 4, ···个变量的幂级数, 例如, 两个变量的幂级数:

$$a+b_0z+b_1w+c_0z^2+c_1zw+c_2w^2+\cdots$$

可以说, 如果没有幂级数理论, 大多数我们所知的数学物理学(包括大部分天文学和天体物理学)都将不复存在。

与极限、连续和收敛的概念一起产生的那些难题, 推动了魏尔斯特拉斯去创造他的无理数理论。

假定我们像在课堂上所做的那样,求2的平方根,计算到很多位小数,我们可以得到数字序列1, 1.4, 1.41, 1.412, …作为对所求平方根的逐渐逼近。一般来说,按照特定的步骤继续下去,只要足够有耐心,如果必要的话,我们就能够给出构成的这个逼近序列的前一千个,或头一百万个有理数1, 1.4, …。检验这个序列,我们可以发现,这个步骤延续到一定程度,我们就可以完全决定一个有理数,其中包含着想要多少就有多少(比如说1000)位的小数,而且这个有理数与该序列中后续出现的任何有理数都不同,比如相差0.000…000…。而且,对这个有理数而言,在一个数字(1, 2, …, 或9)出现以前,会出现大量的零。

这说明了数的收敛序列的意义:构成序列的有理数1, 1.4…为我们提供了一个近似值,这个近似值越来越逼近被称为2的平方根的那个无理数,我们假设这个无理数是由该收敛的有理数序列定义的,这个定义的意义在于,它指出了以有限步数计算该序列的任何特殊成员的方法(通常的课堂教学中的方法)。

我们无法实际展示整个序列,因为它不会在任何有限项处终止,但是我们可以把构造序列的任何成员的过程,看作是把整个序列作为可以讨论的单个确定对象的足够清晰的、可以推理的理解。这样一来,我们就有了一种可行的方法,可以在数学分析中使用2的平方根,并且与之类似地,用于任何无理数。

前面已经指出,本书不可能通过现在这样的描述把这个问题说得非常精确。但即使是极其精准的陈述,也可能会显露出上述描述中显而易见的逻辑缺陷——正是这些缺陷使得克罗内克和其他人得以攻击魏尔斯特拉斯的无理数的"序列"定义。

尽管如此，无论这个理论是对是错，魏尔斯特拉斯和他所在的学派都让这个理论发挥了作用。至少，考虑到这些成果对数学分析及其应用所产生的巨大效用，任何一个脑筋清楚的有资格的评判者都不会去怀疑他们所完成的最具效力的成果，但这并不意味着他们不接受反对的声音。它只是提醒人们注意这样一个事实：在数学世界里，就像在其他一切事物中一样，人间与天国尚存界限，完美是一种幻想。而且，用克列尔的话来说，我们只能希望越来越接近数学真理——如果可能的话，不管它会是什么——就像魏尔斯特拉斯用收敛的有理数序列定义无理数的理论一样。

毕竟，数学家和我们所有人一样，都是普通的人类，为什么数学家非得如此学究般得精确，如此不合乎人性得完美无缺呢？正如魏尔斯特拉斯所说："的确，一个没有诗人气质的数学家，永远不会是一个完美的数学家。"这就是答案："如果用诗一般的完美去要求，那么一个完美的数学家的存在，将是数学上的不可能事件。"

第二十三章 完全独立

布　尔

英国数学。降生即被势利诅咒。布尔为了受教育而奋斗。错误的判断。上帝的干预。发现不变量。什么是代数？一个哲学家攻击一个数学家。可怕的厮杀。布尔的机会。《思维规律》。符号逻辑。它的数学含义。布尔代数。逝于全盛时期。

纯数学是由布尔在一部他称之为《思维规律》的著作中发现的。

——伯特兰·罗素

"哦，我们从来不读英国数学家所写的任何东西。"这句经典的大陆话，是这位欧洲著名数学家被问及是否读过英国一位著名数学家最近的成果时所做出的回答。他坦率地、充满优越感地说出的"我们"，笼统地涵盖了大陆的数学家。

这并不是数学家们喜欢自述的那种故事，但由于它精炼地表明了英国数学家的特征——岛国的独创性——这是英国学派的自我标榜的主要主张，它也是对英国有史以来最具岛国独创性的数学家之一乔治·布尔（George Boole）的生平和成就的完美概括。事实上，英国的数学家们常常都是安静地走自己的路，做他们个人感兴趣的事情，就好像在自娱自乐地打板球一样。他们相当自满，漠视其他人向全世界担保的、声称对科学发展至关重要的那些发现。有时，就像长期以来对牛顿的盲目崇拜一样，对当下主流科学的漠不关心使英国学界付出了沉重的代价。但从长远来看，这个学派那种要么接受、要么放弃的果断态

布　尔

度，的确为数学增加了更多新领域，这是欧洲大陆那些耽于模仿、缺乏独特性的大师永远无法比拟的。不变量理论就是一个很好的例子。麦克斯韦的电磁场理论是另一个例子。

　　尽管英国学派在其他领域颇具建树，并因此得以确立其在科学界的地位，但它对数学进步的更大贡献一直在独创性方面，布尔的发现就是一个鲜明的例证。它刚出现时，人们否认这是数学，只有少数几个人例外。这些人主要是布尔自己的不那么正统的同胞，他们看出来了，这个发现是对于整个数学领域具有至高无上意义的某种东西的萌芽。今天，基于布尔的发现所自然萌生出来的研究，正迅速成为纯数学的主要分支之一。众多遍布全世界的数学研究者正在将其扩展到数学的所有领域，并试图为这一成果搭建更为坚实的基础。正如伯特兰·罗素几年前所说的那样，纯数学是由乔治·布尔（George Boole）在1854年出版的著作《思维规律》中发现的。这可能有些夸大其词，但它表明了数理逻辑及其分支在当今的重要性。在布尔之前的其他数学家，尤其是

莱布尼茨和德·摩尔根,曾梦想将逻辑本身添加到代数领域。而布尔将梦想变成了现实。

乔治·布尔并不像其他那些数学家一样,出生在社会中经济地位最低的阶层。他的命运比他们还要艰难得多。他1815年11月2日出生于英国林肯,是一个小店主的儿子。如果我们可以相信英国作家们对那些繁盛日子的描写——1815年是滑铁卢战争的那一年——那么我们就会明白,在那个时候,作为一个小商人的儿子,注定会有多么悲惨的命运。

布尔父亲所属的整个阶级都受到轻视,比被奴役的洗碗女仆和被鄙视的二等仆人还要更受鄙视。布尔出生的"下等阶级"在"上等阶级"——比如更富有的酒商和放债人的眼中——根本不存在。人们理所当然地认为,一个处于布尔所处地位的孩子,理所当然应该充满感激之情地熟读简编教义问答手册。而且,人类的自负和阶级的势利意识所逼迫他服从的那种严格限制,他必然永远不能将其逾越。

早期的布尔竭尽全力,想要将自己教育成为一个高于"上帝所乐意召唤他"的那种地位。如果说他早期的拼搏就好比在炼狱中赎罪,那也丝毫没有夸张。出于天意,布尔的伟大才能被流放到了最低下的阶层。那就让它待在那里,由着它怀才不遇去吧。美国人也许会记起来,在同一时期,仅比布尔大六岁的亚伯拉罕·林肯(Abraham Lincoln)也经历了一番磨难。林肯没有受到嘲笑,而是得到了鼓励。

年轻的绅士们在学校里接受争分夺秒、出人头地的训练,以便将来胜任当时正开始流行的血汗工厂和矿山的工头。这种学校不是为布尔这样的人开设的。不,绝对不是。他所读的"国民学校",其设立的主要目的是为了让穷人继续留在与他们相宜的卑贱岗位上。

在烟尘滚滚的工业革命那段难以理解的日子里，懂一点点的拉丁语，或者一点儿希腊语，是上等人的神秘标记。尽管很少有孩子可以掌握拉丁语，也很少有孩子可以在不作弊的情况下独立阅读拉丁文，但掌握拉丁文的语法知识仍然标志着一个人出身的高贵。说来也奇怪，通过死记硬背的方式记住拉丁文语法，居然可以被视为一种有利于继承和保护财产所有权的脑力训练。

　　不用说，布尔被允许进入的学校不教拉丁语。对于是什么赋予了有产阶级在财产支配权上统治下层人民的能力，布尔做出了可悲的错误判断。他认为，如果他想摆脱困境，就必须学习拉丁语和希腊语。这就是布尔的错误。事实上，拉丁语和希腊语与他的穷困毫无关系。在他挣扎于生计的父亲的同情鼓励下，布尔确实自学了拉丁语。这位潦倒的商人虽然知道自己永远也摆脱不了贫穷，但他还是竭尽全力为儿子打开了逃跑的大门。父亲不懂拉丁语，于是这个苦读的男孩儿就向另一个商人——一个小书商，也是他父亲的朋友——求助。这个好心人只能在初级语法方面给这孩子开个头，此后布尔就得靠自己学下去了。任何人只要看到过一个称职的拉丁文教师要花费多少努力，让一个正常水平的8岁孩子读懂恺撒，就会知道没有老师指导的布尔所面临的是多大的困难了。到12岁时，布尔已经掌握了足够的拉丁语，可以将贺拉斯的诗翻译成英文了。他的父亲满怀希望地感到自豪，但对翻译的技巧和优点一无所知，他在地方报纸上发表了这首诗。这引发了一场学术争论，部分是对布尔的奉承，部分是羞辱。

　　一位古典文学大师不相信一个十二岁的男孩儿可以做出这样的翻译。某些事情给一个十二岁的小男孩儿留下的印象，往往比他们健忘的长辈所以为的要深刻。自己的译文出现了专业上的错误，布尔对此感到羞辱，并决心弥补他自学的不足之处。他还自学了希腊语。他现在下定决心，要么就做到最好，要么干脆不做。接下来，他又花了两年时间，在没有帮助的情况下拼命学习拉丁语和希腊语。这些苦学结成了硕果，体现在布尔许多篇庄严的散文和明显的拉丁文体上。

布尔从他父亲那里得到了他早期的数学指导。他的父亲通过自学，水平远远超过了在学校时接受的初级教育。父亲还试图让儿子对另一个爱好感兴趣，那就是制造光学仪器。但布尔坚持自己的抱负，坚持认为古典文学是主导生活的关键。完成普通教育后，他又修读了商业课程。这次他的判断力好了一点儿，但对他的助益依旧不大。到16岁时，他意识到自己必须立即赡养自己可怜的父母了。在学校教学，可以直接为他提供获得稳定工资的机会——在布尔所处的时代，助教被称为"助理教员"，学校付给他们工资而不是薪金。两者之间存在的不仅仅是金钱上的差异。大约在这个时候，狄更斯的《尼古拉斯·尼可尔贝》中那个不朽的斯奎尔斯（Squeers），正在多西博伊斯小学，以他对"投射"法的光辉预言，对现代教育学做出了他伟大但不受认可的贡献。年轻的布尔甚至可能是斯奎尔斯的一个助理教员。他在两所学校任教。

在这两所小学里，布尔度过了四年或多或少快乐的教学时光。至少，在学生们安然入睡之后，那些寒冷的夜晚是属于他自己的。他还是走在错误的路上。对于自己在社会上的无价值所做出的第三个判断，与他的第二个判断类似，但比他的第一次和第二次都有相当大的进步。由于缺乏任何资本——这个年轻人赚到的几乎每一分钱都花在了赡养父母和维持自己的清贫生活上——布尔现在将目光转到了上等人的体面职业。当时的他没有办法投身军队，因为他买不起委任状。律师职业则对财产和教育背景都有要求，他根本不够格。当老师，以他当时所教的年级来看，根本得不到尊重，更算不上是一种职业了。还有什么可以做？只有教会了。布尔决心成为一名神职人员。

尽管布尔说了很多支持和反对上帝的话，但即使是对他批评得最严厉的人也必须承认，布尔非常具有幽默感。上帝看出来乔治·布尔一旦成为神职人员，情况将会多么可笑，于是上帝巧妙地将年轻人的雄心壮志引向了一条不那么荒谬的道路。那时，他们经历了一次突如其来的贫困，比他们所经历过的一切苦难都严重，这迫使布尔的父母敦促他们的儿子放弃所有担任教士职位的想法。但他私下里为自己计划的职业所做的四年（严格保密的）准备并没有完全浪费。他精通了法语、德语和意大利语，这一切都注定在真正属于他的道路上为他提供不可或缺的帮助。

最后，他终于找到了自己的路。他父亲对他早期的教导，如今终于结出了硕果。布尔在二十岁的时候，开办了自己的私人学校。为了使他的学生做好适当的准备，他必须教他们一些应该教的数学。就此，他的兴趣被激发了。很快，当时那些平庸的、令人厌恶的教科书先是让他感到惊讶，然后被他蔑视。这东西算是数学吗？真是难以置信。真正的数学大师们到底是怎么说的？像阿贝尔和伽罗瓦一样，布尔直接前往伟大的数学大本营寻找前行的指引。我们必须记住，布尔只接受过初步的数学训练。为了让大家对他的智力有一点儿概念，大家可以参考这样一个事例。这位二十岁的孤独的年轻学生曾通过努力自学，掌握了拉普拉斯的《天体力学》。这是拉普拉斯为了让认真的学生去加深理解而写的最艰涩的作品，因为其中的数学推理充满了"随处可见"的遗漏和莫名其妙的声明。不仅如此，布尔还彻底地研究了拉格朗日那本非常抽象的《分析力学》，并且理解得极为透彻。这部书从头到尾都没有一张对文字加以阐释的图表。然而自学成才的布尔找到了属于自己的路,他知道自己在做什么。他甚至凭借自己的努力,在没有任何人指导的情况下,做出了对数学的第一个贡献——一篇关于变分法的论文。

从所有这些孤独的研究中,布尔还有另外一个收获,值得我们单独写一段。他发现了不变量。凯莱和西尔维斯特要以宏大的方式对其加以扩展的,正是这一重大发现。其意义在前文已得到充分解释,在这里我们重复一下,如果没有数学的不变量理论(源于早期的代数研究),将不可能产生相对论。因此,布尔的科学生涯刚开始的时候,他就注意到了这个躺在他脚下的东西。这个拉格朗日原本很容易就能看到却忽略了的东西,布尔把它捡了起来,并发现他捡到的是一颗头等水色的宝石。布尔之所以能看到其他人忽略的东西,无疑是由于他对代数关系的对称性和美感具有强烈的直觉——当然,这是在它们恰好是对称和美的时候;而它们并非总是如此。其他人可能认为他的发现只能说是还可以,但布尔却看出它拥有更高层面的价值。

在布尔所处的那个时代,数学著作发表的机会并不多,除非作者碰巧是某个拥有自己的期刊或会报的学术团体的成员。对布尔来说,很幸运的是,1837年,《剑桥数学杂志》在出色的编辑、苏格兰数学家格雷戈里(D. F. Gregory)的努力下创刊了。布尔寄去了一篇论文。他文章的独创性和风格给格雷戈里留下了深刻的印象。他们之间开始了热切真诚的数学通信,并从此开始了一段延续布尔一生的友谊。

如果在这里讨论英国学派对于将代数理解为代数——理解为一组无须任何解释,或无须应用于"数"或其他任何东西的公设推论的抽象发展——所做的巨大贡献,那我们将离题太远,但可以简短地提一下,代数的现代概念始于英国的"改革者"们:皮科克(Peacock)、赫歇尔、德·摩尔根、巴贝奇、格雷戈里和布尔。皮科克在1830年发表了《代数论文》，这在当时还被看作是有点儿异端的新奇事物，而如今，任何一本合格的教科书里都能轻易看到。皮科克彻底摒弃了我们在初等代数中所看到的在诸如x+y＝y+x, xy＝yx, x(y+z)＝xy+xz等关系中x, y, z, …必然"代表数"这种迷信；x, y, z并不必然代表数，这与代数及推动其应用的力量源泉有重要相关。x, y, z, …仅仅是按照一些运算结合在一起的任意符号，一个运算用+表示，另一个用x表示(或者简单地记作xy, 以代替x×y), 与我们开始时写下的假设，如上面的例子x+y＝y+x等相一致。

如果没有认识到代数本身只不过是一个抽象系统，代数可能仍然被牢牢地困在18世纪的算术泥潭中，无法在哈密顿的指引下发展成为极具价值的现代变体。在这里，我们只需要注意，代数的这个革新为布尔提供了一个宝贵的机会，让他第一次可以做出为同时代人所认可的成绩。他独创地想到，要将数学运算的符号与它们所运算的东西分开，开始了这些运算而研究这些运算。它们是如何结合的？它们是否也受制于某种符号代数？他发现答案是肯定的。他在这个方向的努力具有重大意义，但他自己的独特贡献——创造一个简单可行的符号或数理逻辑体系——过于耀眼，掩盖了前者的光芒。

要恰当地介绍布尔的精彩发现，我们必须稍微偏离一下主题，回顾一下19世纪上半叶的一次著名的论战，这场论战在当时引起了一片讨厌的喧嚣，但是现在除了病态哲学的史学家外，几乎没有人记得它了。我们刚才提到了哈密顿。当时有两位有名的哈密顿，一位是爱尔兰数学家威廉·罗恩·哈密顿爵士(Sir William Rowan Hamilton, 1805–1865), 另一位是苏格兰哲学家威廉·哈密顿爵士(Sir William

Hamilton, 1788–1856）。数学家通常将后面这位哲学家称为第二个哈密顿。这位雄辩的哲学家在苏格兰律师和官方大学职位候选人的职业道路上都不太顺利，最终成为了爱丁堡大学的逻辑学和形而上学教授。而正如我们所见，数学家哈密顿是19世纪杰出的富有创新精神的数学家之一。这对第二个哈密顿来说可能是不幸的，因为后者对数学没有实际贡献，粗心的读者有时会把两位著名的威廉爵士弄混。这将使第二个哈密顿在九泉之下备受打扰。

现在，如果有什么人能比一个笨拙的苏格兰形而上学家在数学上更迟钝的话，那个人可能是一个数学头脑更笨的德国形而上学家。苏格兰的哈密顿对于数学所发表的言论，其荒谬可笑程度堪比黑格尔关于天文学或洛策对于非欧几何的评价。任何一个想要把自己搞糊涂的读者都可以从中找到他需要的一切。形而上学家哈密顿的不幸在于，他太愚蠢或是太懒，在学校时连基础数学知识的皮毛都不曾了解，但是"他的弱点正在于自认为无所不知"。当他开始讲授和撰写哲学作品时，他感到自己负有一种迫切的使命，他必须准确地告诉世界数学是多么毫无价值。

哈密顿对数学的攻击，可能是数学经历的众多猛烈攻击中，没有引起人们注意但却是程度最厉害的一次攻击了。大约十年前，当一位教育学爱好者在我们自己的国家教育协会的一次参加人数众多的会议上，宣读了从哈密顿的谩骂中摘录出的冗长段落，收获了热烈的掌声。如果听众们没有鼓掌，而是停下来将哈密顿的这些看法，当作一种正当享受数学鲱鱼时必要的调料，加以品味，那他们可能会从演讲中受益更多。为了公平起见，我们在下文摘录一些他最猛烈的攻讦之语，让读者自行判断。

"数学[哈密顿总是将数学（mathematics）用作复数，而不是像今天习惯的那样使用单数]使头脑僵硬、思想干枯"；"过度研究数学，绝对会让头脑完全丧失哲学和生活所需要的那些智力"；"数学根本不能培养逻辑习惯"；"因此，在数学中，迟钝被拔高为才能，而天才则被贬低为无能"；"数学可能会扭曲思想，但永远无法纠正思想"。

这只是第二个哈密顿所发表言论的一小部分。我们没有那么多的篇幅来给他大放厥词。这次对于数学的大规模攻击令人印象非常深刻——对于一个数学知识比一个聪明的十岁孩子还少得多的人来说。特别值得注意的是最后一次攻击，因为它为我们引出了这段冗长的论战中一位极具数学重要性的人物——德·摩尔根（1806–1871），他是有史以来最为专业的辩论家，也是一位精力充沛的数学家，还是一位为布尔的研究奠定了基础的伟大的逻辑学家。他是一切怪人、江湖骗子和吹牛拍马之人的敌人，他有足够的好脾气和耐心与他们斗争。最后，他还是著名小说家（《简称爱丽丝》等的作者）的父亲。哈密顿评论说，"这[一个十分荒谬、不值得我们在此重复的理由]就是德·摩尔根先生在数学家之间的争论中经常获胜的原因。不过，如果德·摩尔根先生身上数学家的比例更低一点儿，他可能就更是一个哲学家了。我们应当记住，从长远来看，数学和酗酒尤其能说明问题。"尽管标点符号晦涩难懂，但意思却很清楚。但是酗酒的并非德·摩尔根。

德·摩尔根因在逻辑方面的开创性研究而声名鹊起，他让自己在一个心不在焉的时刻陷入了与哈密顿关于其"谓项的量化"的著名原理的争论。没有必要解释这个神秘的东西是什么（或曾经是什么）。它已经盖棺定论了。德·摩尔根对演绎法做出了真正的贡献。哈密顿认为他在自己阴森的泥淖中发现了德·摩尔根的钻石。这个愤怒的苏格兰律师兼哲学家，公开指责德·摩尔根剽窃——这么做是非常愚蠢的——战争由此爆发了。至少在德·摩尔根这边，争吵不过是热闹的游戏。德·摩尔根从不发脾气。哈密顿则永远学不会不发脾气。

如果这次争吵只是抹黑科学史形象的无数次关于优先权的争吵之一，那它就不值一提了。它真正的历史意义在于，布尔那时（1848年）是德·摩尔根坚定的伙伴和热情的崇拜者。布尔还在小学教书，但他已经与许多一流的英国数学家有私下交往或是书信往来。他现在来帮助他的朋友了——不是因为机智的德·摩尔根需要什么帮助，而是因为布尔知道德·摩尔根是对的，而哈密顿是错的。因此，在1848年，布尔出版了一本薄薄的《逻辑学的数学分析》，这是他对这一庞大学科的首次公开发表，他的研究开创了这一包罗万象的学科。而且，他因自己大胆的想象力和敏锐的远见而赢得了不朽的声誉。这本小册子——仅仅是一本小册子——激发了德·摩尔根的热烈赞赏。德·摩尔根大师只消一眼便认出，布尔是绝对的大师级人物。这本小册子只是对六年后将会出现的更伟大的事物的预告片，但布尔肯定已经开辟了一片新的、尚布满荆棘的领域。

与此同时，布尔违心地拒绝了他数学界朋友的建议。他们建议布尔去剑桥，在那里接受正统的数学训练。但是他继续毫无怨言地从事小学教学的苦差事，因为他的父母现在完全靠他赡养。终于，他有机会发挥他作为科学家和讲师的杰出才华了——他被任命为刚刚在爱尔兰科克市成立的女王学院的数学教授。当时正值1849年。

不用说，布尔就此摆脱了经济上的负担和没有意义的劳作，这位一生只知道贫穷和辛勤工作的才华横溢之人充分利用了这次来之不易的自由。他的职责现在看起来相当繁重，但是布尔却觉得，新工作与他习惯的沉闷的基础教学比起来要轻松得多。他发表了各种各样著名的数学研究，但他的主要工作还是继续完善他的杰作。1854年，布尔发表了《对于奠定逻辑和概率的数学理论基础的思维规律的研究》。此时，布尔已经三十九岁了。一位年纪如此大的数学家，仍做出如此深刻、如此具有独创性的工作，这多少有点儿不同寻常。但是当我们想到布尔在有机会完成自己的梦想之前，被迫忍受的那条漫长而曲折的道路时，就不足为奇了（对比布尔和魏尔斯特拉斯的人生经历）。

下面的一些摘录可以帮助我们了解布尔的风格及其研究领域：

"下面这篇论文的目的，在于研究那些据以进行推理的心算的基本规律，用微积分学的语言表达它们，并在此基础上建立逻辑科学，构建其方法，使该方法本身成为应用于概率的数学原理之一般方法的基础，最后，从这些探究过程中发现的各种各样的真理成分中，收集一些关于人类思维的本质和构成的提示……"

"那么，我们是否会错误地认为，这是一门真正的逻辑科学，它制定了某些基本法则，并由头脑的见证所证实，从而使我们能够通过统一的过程推断出其附属结论的整个链条，并为它的实际应用提供完全通用的方法？"

"确实，存在着一些建立在语言本质中的一般原则，通过这些原则，符号的使用决定了这些符号只是科学语言的要素。在某种程度上，这些要素是任意的。它们的解释纯粹是常规的：我们可以在我们愿意的任何意义上使用它们。但是，这种许可受到两个必不可少的条件的限制：第一，一旦这个意义约定俗成地建立起来了，我们在推理的同一过程中，绝不能背离它；其次，指导这一过程的法则应当完全建立在上述固定的意义或所使用符号的意义之上。根据这些原则，在逻辑的符号法则和代数的符号法则之间建立起来的任何一致，都只能得出过程一致的结果。解释的这两个领域依旧保持分开和独立，每个领域都受制于自己的法则和条件。"

"以下几页的实际研究表明，在实践方面，逻辑是一个过程系统，借助有确定解释的符号，并且仅仅受制于建立在该解释基础上的法则。但同时，它们表现出那些在形式上与代数的一般符号相同，只补充了一点，即逻辑符号还需进一步服从于一项特殊法则 [在逻辑代数中 $x^2=x$，除了其他解释以外，它能被解释为'一个类x及其本身所共有的那些东西的全体的类，只能是类x'] ，就此而言，量的符号本身不受这条法则约束（也就是说，在通常的代数中，每个x都等于它的平方并不成立，而布尔逻辑代数中，这是成立的）。"

书中详细介绍了这一系列过程。布尔将逻辑简化为一种极其简单的代数。在这种代数中，对适当材料的"推理"变成了对公式的初等运算，这些公式比中学代数第二年课程中所运用的大多数公式都要简单得多。因此，逻辑本身就受到了数学的影响。

自从布尔做出了这个开创性的贡献，他的伟大发现已经被修订、改进、推广和扩展到多个方向。如今，对于理解数学的本质、奠定整个巨大上层建筑所依赖的基础所做出的所有严肃尝试，符号或数学的逻辑都是必不可少的。可以肯定地说，如果我们只能使用布尔之前的语言逻辑论证的老方法，那么，人类的理性将无法对付符号推理所能深入到的那些错综复杂的微妙困难。无须路标来界定布尔的整个大胆、富有创意的设计，它本身就是一个意义非凡的里程碑。

自从1899年希尔伯特发表了他关于几何基础的经典著作以来，人们已经对几个数学分支的公设的系统给以极大的关注。这一运动可以追溯到欧几里得，但出于某种奇怪的原因——可能是因为笛卡尔、牛顿、莱布尼茨、欧拉、高斯和其他人发明的那些方法，让数学家们自由地、不受批判地发展他们的学科方面有大量工作要做——长期以来，欧几里得的方法在除了几何之外的一切学科中都被忽视了。我们已经看到，英国学派在19世纪上半叶将该方法应用于代数。他们的成功似乎并没有给他们的同时代人和直接继任者的工作留下多少影响。只有在希尔伯特的努力下，公设法才被认为是所有数学分支中最清晰、最严谨的方法。

今天，这种趋于抽象的趋势风靡一时。在这种趋势的引导下，某一特定主题中的运算的符号和规则完全失去了意义，而是从纯形式观点予以讨论，但这种趋势忽略了（实际或数学的）应用环节。而正如有些人所说的，应用是人类对于一切科学活动的最终追求。不过，抽象的方法确实提供了比较宽松的方法所无法提供的启发，尤其是可以让我们很容易看出布尔逻辑代数的真正简单性。

因此，我们将叙述布尔代数（逻辑代数）的公设，这样一来，就可以看出它们确实可以被赋予一种与古典逻辑一致的解释。以下一组假设取自亨丁顿（E. V. Huntington）发表在《美国数学学会会报》（1933年，第35卷，274–304页）上的一篇文章。任何一个人，哪怕只学过一星期的代数，都可以轻松理解整篇论文。这篇文章可以在大多数大型公共图书馆找到。正如亨丁顿所指出的，（我们抄录的）他的这第一组公设，要逊于他另外的那些公设。但是，它像在形式逻辑中那样用类的包含关系来解释，这比用其他解释更为直接，所以在这里我们依然首选它。

这一组公设用K, +, ×表示, 其中K是一类不确定的（完全任意的, 没有任何预先指定的意义或超出公设所给出的性质）元素a, b, c, …, 而a+b和a×b（也简单地写作ab）是两个不确定的二元运算+, ×的结果（"二元", 因为+, ×的每一个都作用于K的两个元素上）。一共有10个公设, Ia–VI：

"Ia. 如果a和b在类K中, 那么a+b在类K中。

"Ib. 如果a和b在类K中, 那么ab在类K中。

"IIa. 有一个元素Z, 使得对于每一个元素a有a+Z=a。

"IIb. 有一个元素U, 使得对于每一个元素a有aU=a。

"IIIa. a+b=b+a。

"IIb. ab=ba。

"IVa. a+bc=(a+b)(a+c)。

"IVb. a(b+c)=ab+ac。

"V. 对于每一个元素a, 有一个元素a', 使得a+a'=U, aa'=Z。

"VI. 在类K中至少有两个不同的元素。"

很容易看出, 以下解释满足了这些假设：a, b, c, …是类；a+b是所有那些至少在a, b类之一中的东西构成的类；ab是那些既在类a中又在类b中的东西构成的类；Z是"空类"——没有元素的类；U是"全类"——包含所讨论的所有类中的所有东西的类。那么公设V说明, 已知的任何类a, 有一个包含所有那些不在a中的东西构成的类a'。注意, VI意味着U, Z不是同一类。

从这样一组简单清楚、显而易见的陈述来看, 整个古典逻辑都可以通过由公设产生的简单的代数用符号象征性地建立起来, 这似乎是相当了不起的。从这些公设中发展出一种可以称为"逻辑方程"的理论:逻辑问题被转化为这样的方程,然后这些方程用代数的方法"求解",然后再按照逻辑数据重新解释这个解,给出原始问题的解决方案。我们将用"包含"——当K的元素是命题而不是类时,也可以解释为"蕴涵"——的符号表示来结束这段描述。

"关系a<b[读作a包含在b中]是由以下方程中的任意一个定义的: a+b=b, ab=a, a'+b=U, ab'=Z。"

要看这些是否合理,作为例子,我们可以考虑第二个方程ab=a。这个方程说,如果a包含在b中,那么既在a中又在b中的一切是a的全体。

从所述公设中,可以证明以下关于包含的定理(如果需要,还有数千个更复杂的定理)。所选择的例子都符合我们对"包容"的意义的直观概念。

(1)a<a。

(2)如果a<b, b<c, 那么a<c。

(3)如果a<b, b<a, 那么a=b。

(4)Z<a(其中Z是IIa中的元素——可以证明是满足IIa的唯一元素)。

(5)a<U(其中U是IIb中的元素——同样是唯一的)。

(6)a<a+b; 并且如果a<y, b<y, 那么a+b<y。

(7)ab<a; 并且如果x<a, x<b那么x<ab。

(8)如果x<a, x<a', 那么x=Z; 并且如果a<y, a'<y, 那么y=U。

(9)如果a<b不成立,那么至少有一个与Z不同的元素x, 使得x<a, x<b。

观察到在算术和分析中,"<"是"小于"的符号,可能会很有趣。

请注意，如果a，b，c，…是实数，Z表示零，则（2）对于"<"的这个解释是满足的，若a是正数，（4）也是如此，但是（1）是不满足的，（6）的第二部分也不满足——正如5<10，7<10，但是5+7<10不成立。

知道了这个方法在有关符号逻辑的工作中的作用，就可以很容易地理解该方法的强大功能和简单易用。但是，正如已经强调的那样，这种"符号推理"的重要性在于它适用于所有数学的与基础有关的微妙问题。若非这个精确的方法一劳永逸地确定了"语词"或其他"符号"的意义，那么以上所述问题恐怕是凡人智慧无法解决的。

就像几乎所有的新奇事物一样，符号逻辑在其发明后的许多年里都被人们忽视了。我们可以发现，直到1910年，著名的数学家们还嘲笑它是一种没有数学价值的怪异的"哲学"之物。怀特海和罗素在《数学原理》（1910–1913）中的工作，第一次使大量专业数学家相信，符号逻辑可能是值得他们认真关注的东西。这里我们可以提一下符号逻辑的一个坚定反对者——康托尔，我们将在最后一章论述他关于无穷大的工作。数学史上有很多小小的讽刺，对于思想开明的人来说，这些讽刺可谓相当有趣，符号逻辑在对康托尔著作的激烈批评中发挥了重要作用，导致其作者对自己及其理论丧失了信心。

杰作出版后几年，布尔就与世长辞了。在它出版后的第二年，布尔仍在下意识地努力争取他曾经认为希腊文的知识可以带来的那种社会地位。他娶了女王学院一位希腊文教授的侄女，玛丽·埃弗雷斯特（Mary Everest）。他的妻子成了他忠实的弟子。在丈夫去世后，玛丽·布尔将她从丈夫那里获得的一些想法付诸实践，致力于使幼儿教育合理化和人性化。在她发表的小册子《布尔的心理学》中，玛丽·布尔记录了布尔曾有过的一个有趣想法，读过《思维规律》的读者会发现，这种想法与布尔在某些章节中未表达但一直隐含其中的个人哲学是一致的。布尔曾告诉他的妻子，1832年，当他大约17岁时，他走过一片田野，他"突然想到"：除了从直接观察中获得的知识外，人类还可以从某种无法定义和看不见的来源——玛丽·布尔称之为"无意识"——中获得知识。庞加莱（在后面一章中）所说的数学"灵感"起源于"潜意识"，表达了类似的观点。二人的想法颇有异曲同工之妙。无论如何，如果说曾有人产生过灵感这种东西，那么布尔在写《思维规律》时，一定也产生过某种灵感。

布尔于1864年12月8日去世，享年50岁。去世时，他享有盛誉、广受尊敬。他在被大雨淋透的情况下，依然坚持完成了预定的演讲，因此罹患急性肺炎，继而早逝。他清楚地知道，自己的一生成就斐然。

第二十四章 人，而不是方法

埃尔米特

老问题和新方法。埃尔米特的强大母亲。他对于应试的厌恶。自学。高等数学或比基础数学更简单。教育的灾难。写给雅可比的信。二十一岁的大师。对考官的复仇。阿贝尔函数。被柯西缠住。埃尔米特的神秘主义。一般五次方程的解。超越数。给化圆为方者的一个提示。埃尔米特的国际主义精神。

与埃尔米特先生交谈：他从不唤起具体的形象；然而你很快就会发现，对他来说最抽象的存在也如同生物一般生动清晰。

——昂利·庞加莱

突出的未解决问题需要新的方法去解决，而强大的新方法又会产生需要解决的新问题。但是，正如庞加莱所说的那样，解决问题的是人，而不是方法。

我们可以回想起，在数学中引起新方法的那些旧问题中，微积分和目前试图将关于无限的推理建立在坚实的基础上的所有努力，主要是被运动及其对地球、天体和力学所蕴含的一切所推动的。强大的新方法提出的新问题的一个例子是，张量微积分学在几何学中引起的大量问题。这些问题由于张量微积分学在相对论中的成功应用，而广为几何学家所知。最后，作为对庞加莱所说的话的例证，解决了给引力作用以有条理的数学说明这一问题的，是爱因斯坦而不是张量的方法。这三个论点全部被19世纪下半叶的法国著名数学家夏尔·埃尔米特的一生中所证实——如果我们把埃尔米特的学生庞加莱（他部分属于我们自己的世纪）除外的话。

埃尔米特

埃尔米特于1822年12月24日出生于法国洛林的迪约兹，没有比19世纪第三个十年更适合他出生的时代了。创造性的才能与掌握其他人工作成果之精髓的能力，在他身上少见地结合在一起。而19世纪中叶正需要这种人才，来协调高斯的算术创造与阿贝尔和雅可比在椭圆函数中的发现、雅可比在阿贝尔函数方面的惊人进展，以及英国数学家布尔、凯莱和西尔维斯特迅速发展的代数不变量的广阔理论。

埃尔米特差点儿在法国大革命中丧生——尽管在革命中的最后一个头颅被砍掉时，距他出生还有近四分之一个世纪。公社使他的祖父倾家荡产，死在狱中；他祖父的兄弟被送上了断头台。埃尔米特的父亲则因年幼而逃过一劫。

如果说埃尔米特的数学能力是遗传下来的，那估计是从学过工程学的父亲那里来的。老埃尔米特觉得工程不适合自己，于是放弃了；在制盐业经营惨淡一段时间后，他终于安顿下来做布商。他无疑是出于一个居无定所的人的考量，而选择了这个安定的职业，因为他娶了雇主的女儿马德莱娜·拉勒芒（Madeleine Lallemand），她是一个霸道的女人，在家里说了算，无论是生意还是丈夫都要管。她成功地把生意和丈夫都管理得很好，维持在稳固的资产阶级繁荣状态。夏尔是七个孩子中的第六个——家里有五个儿子和两个女儿。他出生时右腿残疾，使他终生跛脚——这可能也是好事，因为这有效地阻止了他从事任何与军队有联系的职业——他不得不拄着拐杖四处走动。他的残疾从未影响他一贯的温和气质。

埃尔米特的启蒙教育是从他的父母那里接受的。随着生意越做越好，埃尔米特六岁时，全家从迪约兹迁居到南锡。不久，生意上的需求不断增长，占据了父母全部的时间。因此，埃尔米特被送到南锡的一所公立中学去寄宿。后来证明，这所学校很不令人满意。条件宽裕的父母决定让夏尔接受最好的教育，于是把他送到了巴黎。在巴黎，他先是在亨利四世公立中学学习了一小段时间，18岁时（1840年）转学到更著名（或声名狼藉）的路易大帝学院——可怜的伽罗瓦的"母校"——为了进综合理工学校而做准备。

有一段时间，埃尔米特似乎要重演他在路易大帝学院的那个桀骜不驯的前辈的苦难经历了。他同样厌恶修辞学，同样对课堂上的初等数学漠不关心。但精彩的物理课堂让他着迷，物理老师终于赢得了埃尔米特在教学中的积极配合。后来，埃尔米特也没有被那些卖弄学问的老师为难住，他成为了一位优秀的古典主义者，并成为了一位能写出优美而清晰散文的大师。

那些讨厌考试的人会很喜欢埃尔米特。在路易大帝学院这两位最著名的校友伽罗瓦和埃尔米特的职业生涯中，有些事情很可能会让那些将考试作为衡量人智力高低的可靠标准的人扪心自问，他们所依据的结论，究竟是用头脑还是脚趾想出来的。只是由于上帝的恩典和忠诚聪明的里夏尔教授那种颇具外交家手段的坚定（十五年前他曾竭尽全力劝说伽罗瓦从事科学工作，但未能奏效），埃尔米特才没有被愚蠢的考官扔在垃圾堆上失败地腐烂。当埃尔米特还是中学生时，他就开始跟随伽罗瓦的脚步，自己在圣–热纳维埃夫图书馆阅读自学，来补充他的初等课程，但与此同时也忽略了其他的初等课程。在图书馆里，他找到并掌握了拉格朗日关于数字方程解的论文。他省下钱，买了法文译本的高斯的《算术研究》，更重要的是，他完全领会了这本书。而这本书，在埃尔米特之前和之后，都很少有人能够掌握。埃尔米特掌握了高斯的成果后，就已经为继续进行自己的研究做好了准备。"正是从这两本书中，"他晚年喜欢说，"我学会了代数。"欧拉和拉普拉斯的作品也指导了他。然而，埃尔米特在考试中的表现，即使说是中等也是勉强。那些在数学上毫无建树的人都可以轻易超过他。

考虑到伽罗瓦的悲惨结局，里夏尔竭尽全力劝说埃尔米特，从创造性研究转向不那么令人兴奋的、进入综合理工学校的竞争性入学考试中。正是在这个肮脏沟渠中，伽罗瓦曾溺水身亡。尽管如此，善良的里夏尔还是忍不住告诉埃尔米特的父亲，夏尔是"年轻的拉格朗日"。

《新数学年报》是一本致力于关注高等学校学生兴趣的期刊，创刊于1842年。第一卷中收录了两篇由埃尔米特撰写的论文，当时他还是路易大帝学院的学生。第一篇文章是关于圆锥曲线的解析几何的一个简单练习，没有什么独创性。第二篇文章，在埃尔米特的选集中只占了六页半，跟第一篇完全是两回事。它取了个不起眼的标题《对五次方程代数解的讨论》。

"众所周知，"这位20岁的谦虚数学家开篇就说，"拉格朗日使一般五次方程的代数解取决于确定一个特定的六次方程的根，他称之为简化方程［今天称为‘预解方程’］……因此，如果这个预解方程可以分解成二次或三次的有理因子，我们就可以得到五次方程的解。我将努力证明这种分解是不可能的。"埃尔米特不仅通过一个非常简单的论证成功地完成了他的尝试，而且同时表明他是一个代数学家。只需稍作改动，这篇简短的论文就可以做到所要求的一切。

一个年轻人能够像埃尔米特在他关于一般五次方程的论文中所展示的那样进行真正的数学推理，却发现初等数学很困难，这看起来似乎很奇怪。但是，要想追随数学这门1800年以来发展起来的、至今仍然引起数学家兴趣的学科，没有必要去了解——甚至听说——许多在数学漫长历史中出现的经典数学内容。例如，一个想要研究现代几何学的人，不需要掌握希腊人的圆锥曲线的几何处理（综合处理）；一个爱好代数或算术的人，也根本不需要学习任何几何。在一定程度上，分析学也是如此。分析学中使用的这种几何语言是最简单的，如果研究目的是现代证明的话，学习几何语言则既没有必要，也不可取。让我们来列举最后一个例子，画法几何对设计工程师来说很有用处，但对从事研究的数学家来说几乎没有任何用处。一些在数学上仍然存在的相当困难的学科，只需要学校的代数教育和能够理解它们的那种清晰的头脑。这些学科包括有限群理论，无穷的数学理论，以及概率理论的一部分和高等算术。因此，报考技术或科学学校的考生，甚至这些学校的毕业生需要知道的大部分知识，对于数学职业来说并不是必要的，这也就不令人惊讶了。这解释了埃尔米特作为一名初出茅庐的数学家取得了惊人的成功，以及他作为一名考生却得以从灾难中逃脱。

1842年末，20岁的埃尔米特参加了综合理工学校的入学考试。他通过了考试，但在成绩单上只排在第68位。尽管如此，当时的他已经是一个比考官还要好得多的数学家，甚至比将要成为数学家的人还要强。这次考试的屈辱结果给这位年轻的大师留下了深刻的印象，他日后全部的成就都未能消除这种印象。

埃尔米特在综合理工学校只待了一年。使他无法继续学习的并非是他的头脑，而是他的跛脚。根据官方的一项裁决，跛脚的他不适合担任学校向成功学生开放的任何职位。也或许埃尔米特是被赶出去了。他是一个热心的爱国者，很容易卷入到政治或军事斗争中，这对活泼的法国人来说是非常宝贵的。然而，这一年的时间并没有白费。埃尔米特没有在他讨厌的画法几何上苦苦挣扎，而是把时间花在了阿贝尔函数上，这在当时（1842年）也许是欧洲伟大数学家非常感兴趣和重要的话题。他还结识了约瑟夫·刘维尔（Joseph Liouville, 1809–1882），一位一流的数学家，也是《数学杂志》的编辑。

刘维尔一眼识出了这位天才。顺便提一下，刘维尔曾经启发了著名的苏格兰物理学家威廉·汤姆森（William Thomson）（也就是开尔文勋爵），给数学家下了一个最令人满意的定义。提起这件事很有趣。"你们知道什么是数学家吗？"开尔文曾经在课上这样问学生。他走到黑板上写下了：

$$\int_{-\infty}^{+\infty} e^{-x^2} dx = \sqrt{\pi}。$$

然后，他用手指着这个式子，转身对全班说："数学家是这样一种人：对数学家来说，这个式子就像二加二等于四一样显而易见。刘维尔便是一位数学家。"年轻的埃尔米特在阿贝尔函数方面的开创性工作早在他21岁之前就开始了，在困难程度上，就像开尔文所列举的式子那样，远远超出了"二二等于四"的程度。刘维尔想起，上了年纪的勒让德曾对年轻而默默无闻的雅可比的革命性工作给予了热烈欢迎，他猜测雅可比对于刚刚起步的埃尔米特会表现出相似的慷慨。他没有看错。

埃尔米特写给雅可比的第一封令人惊讶的信是1843年1月在巴黎写的。"研究您[雅可比]关于阿贝尔函数理论中产生的四重周期函数的论文，让我得出了一个定理，是关于这些函数的自变数[变量]的分离的，类似于您给出的……得到了阿贝尔探讨的方程根的最简单表达式的定理。刘维尔先生介绍我写信给您，把这份成果交给您。先生，我能希望您以它所需的一切宽容来欢迎它吗？"就这样，他立即投入到数学中。

简单回忆一下这个问题的本质：三角函数是一个变量、一个周期的函数，因此 $\sin(x+2\pi)=\sin x$，其中 x 是变量，2π 是周期；阿贝尔和雅可比通过"逆转"椭圆积分，发现了一个变量、两个周期的函数，比如 $f(x+p+q)=f(x)$，其中 p，q 是周期（参见第12章和第18章）；雅可比发现了两个变量、四个周期的函数，比如说，

$$F(x+a+b, y+c+d)=F(x, y)，$$

其中 a，b，c，d 是周期。三角学早期遇到的一个问题是用 $\sin x$（可能还有 x 的其他三角函数）来表示 $\sin(x/2)$，或 $\sin(x/3)$，或一般的 $\sin(x/n)$，其中 n 是任意整数。两个变量、四个周期的函数对应的问题就是埃尔米特所攻的问题。在三角学的问题中，我们最终得到了相当简单的方程；在埃尔米特无比困难的问题中，结果又是一个（n^4 次的）方程，而关于这个方程，出人意料的一点是，它可以用代数求解，也就是用根式求解。

由于埃尔米特的跛足，他与综合工科学校无缘。埃尔米特现在将教学作为他可以推进他心爱的数学、同时谋生的避风港。不管有没有学位，这个职业都应该对他敞开大门，但无情的规章制度不允许任何例外。繁文缛节总是绑住不该绑住的人，它几乎扼杀了埃尔米特。

埃尔米特无法摆脱自己那种"有害的独创性"，他继续着他的研究，一直到24岁。24岁的埃尔米特放弃了他正在从事的重要研究，转而去学习他的第一个学位（大学文、理学士）所需的琐碎知识。通常来说，这位年轻的数学天才要想得到教书的资格，在第一次严格考试后，还要通过两次更难的考试。但幸运的是，他的朋友们颇有影响力，让他得到了一个足以挫败考官的职位，埃尔米特因此幸运地逃脱了最后的也是最困难的考试。埃尔米特勉强通过了考试（1847-1848）。要不是斯图谟（Sturm）和贝特朗（Bertrand）两位考官——他们都是优秀的数学家，可以一眼识别出未来的大师——的友善，埃尔米特可能根本不会通过。[埃尔米特于1848年与贝特朗的妹妹路易丝（Louise）结婚。]

具有讽刺意味的是，埃尔米特第一次学术上的成功，是他在1848年被任命为差一点儿没有录取他的那所综合理工学校的入学招生考官。几个月后，他被任命为同一学校的主考人（répétiteur）。他这时被安全地安置在没有一个考官可以困住他的适当位置上。但为了获得这个"糟糕的显要职位"以平息官方制度的愚蠢，他牺牲了近五年的时间，这几乎肯定是他最有创造力的时期。

最后，埃尔米特终于满足了，或者说是避开了贪得无厌的考官，他安定下来，成为了一名伟大的数学家。他的生活风平浪静。1848年至1850年，埃尔米特受聘于法兰西学院。六年后，年仅三十四岁的他被选入学院（作为科学院院士）。尽管他作为一名富有创造性的数学家享誉全球，但四十七岁时才获得合适的职位：直到1869年，他才被任命为巴黎高等师范学院的教授，最后在1870年成为索邦大学的教授。他一直在这个职位坚持了二十七年后才退休。在担任这一有影响力的职位期间，他培养了整整一代杰出的法国数学家，其中不乏埃米尔·皮卡尔（Émile Picard）、加斯东·达布（Gaston Darboux）、保罗·阿佩尔（Paul Appell）、埃米尔·博雷尔（Émile Borel）、保罗·潘勒韦（Paul Painlevé），以及庞加莱等人。但他的影响力远远超出了法国，他的经典作品帮助教育了所有国家的同时代人。

埃尔米特所做的出色工作的一个显著特征，就是他从不利用自己的权威地位，以自己的形象重新塑造他的学生。这也是他总是向他的数学家同行们所展示的那种无拘无束的慷慨。可能没有哪一个现代数学家像埃尔米特那样，与欧洲各地的研究者进行如此大量的科学通信，他写信的语气总是亲切的、鼓励的和赞赏的。19世纪下半叶的许多数学家都将他们所获得的公众认可归功于埃尔米特，是他努力的宣传，使他们得以首次为世人所知。在这方面，正如在其他方面一样，在整个数学史上没有比埃尔米特更优秀的人物了。雅各比同样也是慷慨的——除了他早期对艾森斯坦的处理方式——但他有一种喜欢讽刺的倾向（通常非常有趣，可能对不快的受害者除外）。而埃尔米特的和蔼可亲的诙谐中则完全没有这种刺痛。这样的人理应得到雅可比的慷慨答复，因为这位名不见经传的年轻数学家大胆地向他提出了他关于阿贝尔函数的第一篇伟大作品。"不要沮丧，先生，"雅可比写道，"如果您的一些发现与我自己旧时的工作不谋而合，不要因此止步不前。因为您必须从我结束的地方开始，那就必然会有一小部分相互重叠。将来，如果您可以给我继续与您通信的荣幸，我将只需向您学习了。"

在雅可比的鼓励下，埃尔米特不仅与他分享了阿贝尔函数相关的发现，还给他寄去了四封关于数论的惊人的长信。第一封信是在1847年初。这些信件的第一封是埃尔米特年仅二十四岁时写的，它们开辟了新的天地（我们不久就会指出是在什么方面），并且仅凭这些信，就足以确立埃尔米特一流的创造性数学家的地位。他所解决的问题非常具有普遍性，而且他为解决这些问题所设计的方法极具大胆的独创性，这使得埃尔米特成为了一座历史上天生的数学家丰碑。

第一封信以道歉开头："将近两年过去了，我都没有回复您惠赐我的充满善意的信。今天，请允许我请求您原谅我长期的沉默，并向您表达看到自己在您的作品中占有一席之地时的全部喜悦。[雅可比在他自己的一些著作中发表了埃尔米特信件中的一部分，并得到了应有的致谢。]我已经不工作很长时间了，我对你的这种善意的表示非常感动。先生，请允许我相信，您的仁慈将永远与我相伴。"埃尔米特之后说，雅可比的另一项研究，给他目前的工作带来了灵感。

如果读者看一下关于高斯的那一章，里面关于单变量单值函数的说法（单值函数对变量的每一个值，只取一个值），那么雅可比证明的以下陈述应该是可以理解的了：不可能存在有三个不同周期的单变量单值函数。展示三角函数和椭圆函数证明了有一个周期或两个周期的单变量单值函数可以存在。埃尔米特宣称，雅可比的这个定理让他对他引入高等算术的新方法有了自己的想法。虽然这些方法技术性太强，在这里无法描述，但可以简要说明其中一种的精神。

高斯意义上的算术，讨论有理整数1, 2, 3, …的性质，不包括无理数（如2的平方根）。高斯尤其研究了具有两个或三个未知数的很多类型的不定方程的整数解，例如在$ax^2+2bxy+cy^2=m$中，其中a, b, c, m是任意整数,需要讨论方程的全部整数解x, y。这里要注意的一点是,问题是确定的,而且这个问题需要完全在有理整数域求解,即离散数的领域中求解。将适用于研究连续数的分析拟合到这样一个离散问题上似乎是不可能的,但这就是埃尔米特所做的。他从离散的系统表述开始,把分析应用于这个问题,最后在他开始的离散的领域中得出结果。由于分析学比为代数和算术发明的任何离散方法都要发达得多,因此埃尔米特取得的进步可以与将现代机器引入中世纪手工业相媲美。

埃尔米特拥有比高斯在撰写《算术研究》时所拥有的任何方法都强大得多的代数和分析方法。凭借埃尔米特自己的伟大发明,这些更现代的方法使他能够解决可能在1800年困扰高斯的问题。埃尔米特很快就赶上了高斯和艾森斯坦讨论过的那种类型的一般问题,他至少开始了任意多个未知数的二次型的算术研究。从一个特殊问题的陈述中可以看出算术"型理论"的一般性质。代替两个未知数(x, y)中的二次高斯方程$ax^2+2bxy+cy^2=m$,需要讨论s个未知量n次的类似方程的整数解,其中n, s是任意整数,方程左边的每一项都是n次的(不像高斯方程中是2次)。埃尔米特陈述了他经过深思熟虑之后是如何看出雅可比对单值函数的周期性研究是依赖于二次型理论中一些更深层次的问题,这之后,埃尔米特概述了他的研究计划。

"但是,一旦得出了这个观点,我想向自己提出的——足够广泛——问题,与型的一般理论那些重大问题相比,似乎显得微不足道。在高斯先生(埃尔米特写这篇文章时高斯还在世,因此他礼貌地用'先生'这个称呼)向我们打开的这片无边无际的研究领域中,代数和数论似乎必然融入同一阶的分析概念,我们目前的知识还不能让我们形成一个准确的想法。"

然后他发表了几句评论，虽然不是很清楚，但可以解释为：代数、高等算术和函数论的某些部分之间微妙联系的关键，在于彻底理解什么类型的"数"对于所有类型代数方程的显解既是充分的又是必要的。因此，对于$x^3-1=0$，理解$\sqrt[3]{1}$是既充分又必要的；对于$x^5+ax+b=0$，其中a, b是任意已知数，必须发明什么样的"数"x才能使x可以用a, b明显地表现出来？高斯当然给出了一种答案：任何的根x是一个复数。但这只是一个开始。阿贝尔证明，如果只允许有限次的有理运算和开方，那么就不存在把x按a, b表示出来的显式。我们稍后会回到这个问题，即使在这么早的时候（1848年，他当时26岁），埃尔米特心里的某处，似乎已经产生了他最伟大的发现之一。

在对待数的态度上，埃尔米特颇有几分毕达哥拉斯和笛卡尔那种传统的神秘主义气质——笛卡尔的数学信条，正如我们稍后将讲述的那样，大体上是毕达哥拉斯的。在其他方面，温和的埃尔米特也表现出明显的神秘主义倾向。直到四十三岁，他都是一个宽容的不可知论者，就像他那个时代的许多法国科学家一样。然后，在1856年，他突然病倒，境况危险。在这种虚弱的情况下，即使是最不敬业的传道者，也能让他皈依。而热心的柯西，本就一直为这位才华横溢的年轻朋友在宗教问题上的开放态度感到遗憾，于是抓住这个机会，扑向了虚弱的埃尔米特，让他皈依了罗马天主教。从那时起，埃尔米特就成为了虔诚的天主教徒，天主教的宗教仪式让他大为满意。

埃尔米特的数字神秘主义是无害的，它隶属于个人私事，其他人再怎么争论也是徒劳。简而言之，埃尔米特认为数字有一个超出人类所有控制的它们自己的存在。他认为，数学家们不时被允许瞥见调节这个数的存在的灵异领域上的超人的和谐，就像伦理学和道德学的伟大天才有时声称已经看到了天国的神圣完美。

可以说，在今天，一位著名的数学家如果关注过过去50年（尤其是最近25年）数学界在试图了解数学的本质和数学推理过程中所做的事情，就不可能同意神秘的埃尔米特的想法。这种对数学的来世说的现代怀疑，对埃尔米特的信念来说是好还是坏，必须留给读者自己去品味。现在，有资格的评判者普遍认为，"数学的存在"是错误的观点，但笛卡尔却在他的永恒的三角形理论中如此溢于言表地表达了对这个观点的赞赏，以至于在这里，我们可以引用它作为埃尔米特神秘信仰的一个缩影。

"我想象一个三角形，尽管这样的图形可能在我的思想之外的世界上的任何地方都不曾存在过。然而，这个图形具有某种性质、形式或确定的本质，它是不变的或永恒的，它不是我发明的，也决不取决于我的思想。因为我可以证明这个三角形的各种性质，例如，它的三个内角之和等于两个直角，最大的角与最大的边相对，等等。无论我是否愿意，我都非常清楚和令人信服地认识到，这些属性存在于三角形之中，尽管我以前从未想过它们，即使这是我第一次想象三角形。然而，没有人能说，它们是我发明或想象出来的。"换算成1+2=3, 2+2=4这样简单的"永恒真理"，笛卡尔的永恒几何学就变成了埃尔米特的超人的算术了。

埃尔米特的一项算术研究，虽然颇为专业，但在这里可以作为纯数学的预言方面的一个例子加以提及。我们还记得，高斯在高等算数中引入了复整数（形式为a+bi的数，a, b是有理整数，i表示$\sqrt{-1}$），以便为双二次互反性提供最简单的表达。在这之后，狄利克雷和高斯的其他追随者们讨论了二次型,其中作为变量和系数出现的有理整数,被高斯的复整数取代。埃尔米特讨论了这种情形的一般情况,并研究了今天称为埃尔米特形式中的整数表示。这种形式的一个例子(以两个复变量x_1, x_2和它们的"共轭"$\overline{x}_1$, $\overline{x}_2$代替n个变量的特殊情况)是

$$a_{11}x_1\overline{x}_1 + a_{12}x_1\overline{x}_2 + a_{21}x_2\overline{x}_1 + a_{22}x_2\overline{x}_2$$

其中表示复数的字母上方的横线表示该数的共轭,即,如果x+iy是复数,则它的"共轭"是x-iy;系数a_{11}, a_{12}, a_{21}, a_{22}是这样的,使得对于(i, j)=(1,1),(1,2),(2,1),(2,2),$a_{ij}=\overline{a}_{ji}$,因此a_{12}和a_{21}是共轭的,且a_{11}, a_{22}是它们各自的共轭(因此a_{11}, a_{22}是实数)。如果将所有乘积相乘,很容易看出,整个形式是实的(没有i),但在给定的形式中讨论是最"自然"的。

当埃尔米特发明这种形式时,他对找出这些形式所代表的数字很感兴趣。七十多年后,人们发现埃尔米特形式的代数在数学物理学中,特别是在现代量子理论中,是不可或缺的。埃尔米特不知道他的纯数学在他去世后很长一段时间内,都在科学中被证明是价值非凡的——事实上,就像阿基米德一样,他似乎从不关心数学对科学的应用。但是,埃尔米特的工作为物理学提供了一个有用的工具,这一事实也许支持了那些认为"数学家是最能证明他们自身的抽象存在是合理的一方"的论点。

埃尔米特在代数不变量理论中的辉煌成就,因为技术性太强而无法在此讨论。撇开这个不提,我们稍后将介绍他在其他领域中最引人注目的两项成就。然而,埃尔米特在不变量方面的工作受到同时代

人的高度重视，这可以从西尔维斯特的代表性评论中得到体现，即：
"凯莱、埃尔米特和我构成了一个不变量的三位一体。"西尔维斯特没有说明，在这个惊人的三位一体中，每个人分别处于哪一个位置。但也许这种疏忽是无关紧要的，因为这种结构中的每个成员都能够将自己转变为他自己或是另一个成员。

埃尔米特在他所有的杰出工作中发现了可能是最引人注目的个人成果，这些成果分布在两个领域中：一般五次方程和超越数。他在第一个领域中发现的性质，在他的短文《论[一般]五次方程的解》的引言中清楚地表明了，该文发表在1858年科学院院刊上，当时埃尔米特36岁。

众所周知，一般五次方程可以通过系数除平方根和立方根之外不用任何无理性确定的[关于未知量x的]替换化简为下面的形式

$$x^5 - x - a = 0.$$

[也就是说，如果我们能对于x解这个方程，那么我们就能解出一般五次方程。]

多亏了英国数学家杰拉德，这一非凡的结果是自阿贝尔证明用根式求解是不可能的以来，在五次方程的代数理论中迈出的最重要的一步。这种不可能性实际上表明，在寻求解决方案时需要引入一些新的分析元素[某种新的函数]，因此，将我们刚才提到的那个非常简单的方程的根作为辅助量，似乎很自然。然而，为了证明将它严格地作为一般方程解中的一个基本要素，这样做是合理的，还有待观察形式上的这种简单性是否真的能让我们对其根的性质达成某种想法，掌握这些量的存在方式上特殊的和基本的东西，对于这些量，除了知道它

们不能用根式表达这一事实之外，我们一无所知。

现在非常值得注意的是，杰拉德方程最适合这项研究，而且，在我们将要解释的意义上，可能存在一个真正的分析解。因为我们确实可以从与长期以来由前四次方程的解所表明的、我们特别专注的解不同的观点，来设想方程的代数解的问题。

与其用一个涉及多值根式[1]的公式来表达系数的函数的、紧密相连的根系，我们可以试图寻找用多个互不相同的辅助变量的单值函数来分别表示的根，这些变量的个数有三次方程所用到的那么多。在这种情况下，所讨论的方程是

$$x^3 - 3x + 2a = 0,$$

像我们知道的那样，只要用一个角（比如A）的正弦表示系数a，便可以将方程的根分别表示为以下确定的函数

$$2\sin\frac{A}{3}, \quad 2\sin\frac{a+2\pi}{3}, \quad 2\sin\frac{A+4\pi}{3}。$$

---

1. 例如，在简单二次方程 $x^2 - a = 0$ 中，根是 $x = +\sqrt{a}$，和 $x = -\sqrt{a}$；

当我们简单地说两个根是 $\sqrt{a}$ 时，所涉及的根式在这里是平方根或二次无理根的"多值性"，以两个符号"+""–"的形式出现。提供三次方程的三

个根的公式包含了三值无理根 $\sqrt[3]{1}$，它有三个值：1，$\frac{1}{2}(-1+\sqrt{-3})$，

$\frac{1}{2}(-1-\sqrt{-3})$。

[埃尔米特在这里回顾了在学校代数的高级课程中通常讨论的、熟悉的三次方程的"三角解"。"辅助变量"是A，"单值函数"在这里是正弦函数。]

现在我们必须展示这样一个完全类似的事实，所相关的方程是

$$x^5-x-a=0。$$

只是，有必要引入椭圆函数，而不是正弦或余弦函数……

在短时间内，埃尔米特继续求解一般五次方程，并为此使用了椭圆函数（严格来说是椭圆模函数，但这里的区别并不重要）。几乎不可能让非数学家人士理解这种壮举的惊人光辉。举一个非常不恰当的比喻，埃尔米特发现了著名的"失去的和弦"，而当时没有人曾猜疑过，这种难以捉摸的东西会存在于时空的任何地方。不用说，他完全出乎意料的成功在数学界引起了轰动。更了不起的是，它开创了一个新的代数和分析的分支，其主要研究问题是发现和研究那些可以以有限形式明确地解出一般n次方程的函数。迄今为止获得的最佳结果是埃尔米特的学生庞加莱（在19世纪80年代）所得到的结果，他创建了提供所需要的解的函数。这些函数被证明是椭圆函数的"自然"推广。这些被推广的函数的特征是周期性。再说一些进一步的细节，会让我们过于偏离正题，但如果篇幅允许，我们讲到庞加莱时，会继续回到这一点上。

埃尔米特的另一个轰动数学界的孤立结果，是建立了在数学分析中用字母e表示的数字的超越性（稍后解释），即

$$1+\frac{1}{1!}+\frac{1}{2!}+\frac{1}{3!}+\frac{1}{4!}+\cdots$$

其中1! 表示1, 2! =1×2, 3! =1×2×3, 4! =1×2×3×4, 以此类推。这个数字是所谓的"自然"对数的"底"，大约是2.718281828…。有人说，无法

想象出一个缺少e和π（圆的周长与其半径的比值）的宇宙。不管事实是否如此（事实上它是错误的），e实际上在现时的数学中无处不在，无论是纯数学还是应用数学。为什么会这样呢？至少就应用数学而言，可以从以下事实推断：e^x看作x的一个函数，是相对于x的变化率等于函数本身的唯一的函数——也就是说，e^x是唯一等于它的导数的函数。[1]

"超越"这个概念极其简单，也极其重要。一个系数为有理整数$(0, \pm1, \pm2, \cdots)$的代数方程的任何根，称为代数数。因此$\sqrt{-1}$，2.78是代数数，因为它们分别是代数方程$x^2+1=0$和$50x-139=0$的根，这些方程的系数（第一个方程的系数为1,1，第二个方程的为50,-139）是有理整数。非代数数的"数"称为超越数。换句话说，超越数是不满足任何有理整系数代数方程的数。

现在，给定任何一个根据某种确定定律构造的"数"，问它是代数的还是超越的，是一个有意义的问题。例如，考虑以下简单定义的数字，

$$\frac{1}{10} + \frac{1}{10^2} + \frac{1}{10^6} + \frac{1}{10^{24}} + \frac{1}{10^{120}} + \cdots,$$

其中指数2, 6, 24, 120, $\cdots$是连续的"阶乘"，即$2=1\times2$，$6=1\times2\times3$，$24=1\times2\times3\times4$，$120=1\times2\times3\times4\times5$，$\cdots$，所示级数按照与已知项相同的定律继续到"无穷大"。下一项是$\dfrac{1}{10^{720}}$，前三项之和为0.1+0.01+0.000001，或0.110001，可以证明，该级数确实决定了一些小于

1.严格来说，ae^x，其中 a 不依赖 x，是最一般的，但是在这里"所乘的常数"a并不重要。

0.12的确定的数。这个数是任何有理整系数代数方程的根吗? 答案是否定的, 尽管在不知道该如何去做的情况下, 要想证明这一点, 是对高超数学能力的严峻考验。另一方面, 由无穷级数

$$\frac{1}{10^5}+\frac{1}{10^8}+\frac{1}{10^{11}}+\frac{1}{10^{14}}+\cdots$$

确定的数是代数数, 它是99900x-1=0的根 (这可以由记得如何求无穷收敛几何级数之和的读者来验证)。

第一个证明某些数字是超越数的是刘维尔 (鼓励埃尔米特写信给雅可比的同一个人), 他在1844年发现了一类非常广泛的超越数, 其中所有形为

$$\frac{1}{n}+\frac{1}{n^2}+\frac{1}{n^6}+\frac{1}{n^{24}}+\frac{1}{n^{120}}+\cdots$$

的那些数, 皆属最简单的超越数之列, 其中n是大于1的实数 (上面给出的示例相当于n=10)。但要证明一个特定的可疑的数, 如e或π, 是或不是超越数, 可能比发明一个完整大类超越数要困难得多: 有创造性的数学家在一定程度上决定了实施条件, 而可疑的数是完全掌控局面的。在这种情况下, 是数学家, 而不是可疑的数, 在接受那些模模糊糊、似懂非懂的命令。因此, 当埃尔米特在1873年证明e (不久前刚刚定义的) 是超越数时, 数学界不仅对证明的独创性和精巧性感到高兴, 而且大为惊讶。

自从埃尔米特所在的时代以来, 许多数 (和许多类的数) 都已被证明是超越数。顺便提一下, 那个在一段时间内仍然会是这片漆黑的大海的海岸上的高水位标记。1934年, 年轻的俄罗斯数学家亚历克

西斯·盖尔方德（Alexis Gelfond）证明了所有类型为a^b的数都是超越数，其中a既不是0也不是1，b是任何无理代数数。这解决了希尔伯特在1900年的巴黎国际大会上提请数学家们注意的23个突出的数学问题列表中的第七个问题。请注意，"无理"在盖尔方德定理的陈述中是必要的（如果b=n/m，其中n、m为有理整数，则a^b是$x^m-a^n=0$的根，其中a是任何代数数，而且可以证明，这个方程等价于一个所有系数都是有理整数的方程）。

埃尔米特出人意料地战胜了顽固的e，这使数学家们开始盼望，或许π现在会以类似的方式被战胜。然而，不过就埃尔米特本人而言，他有了一个好东西就够了。"我不会冒险，"他写信给博查特说，"试图证明数字π的超越性，如果其他人去做这件事，没有人会比我更为他们的成功而高兴了，但相信我，我亲爱的朋友，它会让他们花上一番大力气。"九年后（1882年），慕尼黑大学的林德曼（Ferdinand Lindemann）使用与埃尔米特处理e的方法非常相似的方法，证明了π是超越数，从而永远解决了"化圆为方"的问题。根据林德曼的证明，单用尺规是不可能构建出一个面积等于任何给定的圆的正方形的——这个问题在欧几里得时代之前就已经开始折磨一代又一代的数学家。

由于很多爱好者仍然被这个问题折磨着，或许有必要在此简明扼要地说明一下林德曼的证明是如何解决这个问题的。他证明了π不是代数数。但是，任何仅借助尺规即可解决的几何问题，当用等价的代数形式重新表述时，会导致一个或多个能够用逐次开平方根解出的有理整系数代数方程。由于π不满足这样的方程，因此不能用所提到的工具把圆"变成方的"。如果允许使用其他工具，则很容易化圆为方。对于除了狂热者之外的所有人来说，这个问题已经在半个多世纪前就解决了。目前将π计算到小数点后也没有任何意义了——在这方面所能达到的精确度已经比对人类所需要的更高了，即便人类生存10亿的10亿次幂年也是够用的。与其尝试做不可能的事，神秘主义者可能更愿意仔细考虑e、π、-1和$\sqrt{-1}$之间的下述这种有用的关系，直到这种关系对他们来说变得像佛陀的肚脐对印度一位盲眼的斯瓦米一样清楚为止。这个关系是

$$e^{\pi\sqrt{-1}} = -1 。$$

任何一个能够直观地感知到这个神秘式子的人，都不需要化圆为方了。

自从林德曼解决了π的问题以来，吸引业余爱好者的一个突出的未解决问题是费马的"大定理"。在此处，拥有真正天才的业余数学爱好者无疑有巨大的成功机会。为了避免这个问题被当作是对所有人的邀请，因而用杂乱无章的证明去淹没数学期刊的编辑，我们回想一下林德曼在夸口要去解决这个著名定理时发生的事情。如果这还不能提醒人们，解决费马的问题需要非凡的人才，那么没有什么东西可以阻止他们了。1901年，林德曼发表了一篇17页的论文，声称这就是大家长期寻找的证明。有人指出了其中的错误，无所畏惧的林德曼在接下来的七年中花费了大把时间，试图修补这个无法修补的缺陷，并在1907年发表了63页所谓的证明，可是因为推理在一开始时就出现了一个错误，这些证明变得毫无意义。

尽管埃尔米特对数学科学研究的贡献很大，但从长远来看，他对于科学超越国界、不被宗教势力支配或玩弄的坚定理想，也许是对文明的更重要的贡献。这些正是当下困扰着人类的议题。我们只能怀

着痛心的遗憾，回顾他那种在当今科学界已无处可寻的宁静的精神之美。即便在普法战争中傲慢的普鲁士人羞辱巴黎时，心怀爱国精神的埃尔米特也仍然保持着冷静的头脑，他清醒地明白，"敌人"的数学也是数学，而不是别的什么东西。今天，即使当一个科学家确实采取了这种文明的观点时，他所谓的宽广心胸也并非是客观的，而是咄咄逼人的，就像处于守势的人所做的那样。对于埃尔米特来说，知识和智慧显然不是任何教派、任何信条或任何国家的特权。这对于他来说是如此不证自明，以至于他从不费心将他本能的理智用语言表达出来。埃尔米特本能中就意识到的东西，我们这一代人在他逝去两个世纪之后才意识到。他于1901年1月14日去世，始终热爱着这个世界。

第二十五章 怀疑者
克罗内克

关于一位美国圣人的传说。幸运的克罗内克。学校获胜了。伟大的天赋。代数数。与魏尔斯特拉斯的论战。克罗内克的从商经历。衣锦还乡，重耕数学。伽罗瓦理论。克罗内克的演说。他的怀疑主义是他最具创造性的贡献。

最深刻的数学研究的所有结果最终都必须以整数属性的简单形式表达。

——利奥波德·克罗内克

能被称为一位成功的商人的专业数学家是极为罕见的。最接近这一理想状态的是克罗内克（Leopold Kronecker, 1823–1891），他在30岁的时候就已经很成功了，此后，他能够在比大多数数学家能负担得起的更大的舒适度下，将自己高超的才能奉献给数学。

人们可以在摩尔根银行创始人约翰·皮尔庞特·摩尔根（John Pierpont Morgan）的辉煌经历中，找到美国数学家所熟悉的一个传说。这个传说与克罗内克的经历相对应。如果说这一传说有什么的话，那就是摩尔根在德国读大学时，表现出了非凡的数学能力，以至于他的教授试图说服他把数学作为毕生事业，甚至给他提供了一个德国的大学职位，这会让他有一个良好的开端。但是摩尔根拒绝了，并将自己的天赋奉献给了金融业，其结果大家都很了解。投机者（在学术研究领域，而不是华尔街）可能会根据摩尔根坚持数学的假设来重建世界历史，以此自娱自乐。

克罗内克

如果克罗内克没有放弃金融学而转向数学，德国可能会发生什么呢？投机者可能很愿意就此进行推测。他的经营能力很强；他是一位热情的爱国者，对欧洲外交有着不可思议的洞察力，对大国之间未表达出来的那种感情抱有敏锐的犬儒主义态度——他的崇拜者称之为现实主义。

起初，克罗内克和许多有知识的年轻犹太人一样，是一个自由主义者，但是当他看出自己的利益所在时——也就是在金融上获得成功后，他很快就变成了一个铁杆保守主义者，并宣称自己是冷酷无情的真理博士俾斯麦的忠实支持者。关于埃姆斯电报的著名插曲，按照一些人的说法，是触发1870年普法战争的电火花，这个说法得到了克罗内克的热烈赞同。他对形势的把握非常坚定，以至于在魏森堡战役之前，就连德国的军事天才都对他们大胆挑战法国的结果表示怀疑，而克罗内克却自信地预言了整个战役的胜利，而且每一个细节都预测得十分正确。当时，实际上是在他的一生中，他都与法国顶尖数学家保持着友好的关系，而且他头脑清醒，不会让自己的政治观点影响自己，他对科学上的对手所具有的优点持有公正看法。像克罗内克这样的现实主义者，若是与数学共命运，也许也会很好。

利奥波德·克罗内克从出生那天起生活就很轻松。他父母都是富裕的犹太人，他于1823年12月7日出生于普鲁士的利格尼茨。由于一种不知为何的疏忽，克罗内克的官方传记作者[海因里希·韦伯（Heinrich Weber）和阿道夫·克内泽尔（Adolf Kneser）]完全没有提到过利奥波德的母亲（尽管他可能有一个母亲），而把注意力集中在父亲身上。他的父亲开着一个生意兴隆的商铺，是一个受过良好教育的人，对哲学有着无法抑制的渴望，他把这种渴望传给了利奥波德，他还有一个儿子胡戈（Hugo），比利奥波德小17岁，后来成了波恩一位著名的生理学家和教授。利奥波德是在私人家教的指导下接受的早期教育，由父亲监督；胡戈的教育后来则成了利奥波德的责任。

在大学预科的预备学校接受教育，是利奥波德受教育的第二阶段。在这里，利奥波德受到了副校长维尔纳（Werner）的强烈影响。维尔纳有哲学和神学倾向，后来，克罗内克进入大学预科时，维尔纳也教过他。克罗内克从维尔纳那里汲取的其他东西之一，是基督教神学的自由主义倾向，他终生对此充满热情。带着他一贯的谨慎，直到临终时，他看到基督教对他的六个孩子没有明显的危害，于是在六十八岁时才允许自己从犹太教改为皈依福音派基督教。

克罗内克在大学预科的另一位老师也深刻地影响了他，并成为了他的终身朋友。他就是库默尔（1810–1893），他后来在柏林大学担任教授，也是德国历史上最具独创性的数学家之一。我们在讲述戴德金时还要进一步讲到他。老克罗内克、维尔纳和库默尔这三个人巧妙地利用了利奥波德巨大的天赋，塑造了他的思想，规划了他未来的人生道路, 即便他想要与之背道而驰, 也是无法办到的。

在克罗内克的早期受教育阶段, 我们已经可以发现他和蔼可亲的性格、与人相处的能力以及与那些已经在社会上有所建树或即将有所建树的人建立持久友谊的本能, 这些人在商业或数学方面都对他大有帮助。这是一位成功商人的显著特点之一, 也是克罗内克最宝贵的财富之一, 他从未滥用过这种友谊。他并不会有意识地唯利是图, 也不是一个势利小人; 他只是那些幸运的凡人中的一员, 他们跟成功的人相处比跟不成功的人相处更自在。

克罗内克在学校的表现同样出色, 而且这种优秀表现在多方面。除了他轻松掌握并终身喜爱的希腊和拉丁古典文学之外, 他在希伯来语、哲学和数学方面表现也十分出色。在库默尔的专业指导下, 他的数学天赋很早就崭露头角了, 他从库默尔那里获得了特别的指点。然而, 年轻的克罗内克并没有在很大程度上专注于数学。尽管很明显, 他的天赋在这一领域最为出色。他致力于获得与其多种能力相称的广泛的自由教育。除了正规的学习, 他还上音乐课, 并且成为了一名有造诣的钢琴家和声乐家。他在老年时曾宣称, 音乐是所有艺术中最优秀的艺术, 也许除了数学以外, 他把数学比作诗歌。他一生都保留着许多兴趣。在任何一个方面, 他都不仅仅满足于一知半解: 他对古典文学的热爱, 在他与一个致力于翻译和传播希腊古典文学的协会 "希腊文化" 的密切接触中, 产生了切实的成果; 他对艺术的敏锐鉴赏力使他成为绘画和雕塑的出色批评家; 他在柏林的漂亮住所成了音乐家们的聚集地, 这些音乐家中包括费利克斯·门德尔松 (Felix Mendelssohn)。

克罗内克于1841年春进入柏林大学, 继续接受范围广泛的教育, 但开始慢慢地专心于数学。当时的柏林大学以其数学系而自豪: 狄利克雷（1805–1859）、雅可比（1804–1851）和施泰纳（1796–1863）；与克罗内克同龄的艾森斯坦（1823–1852）也在附近，两人成了朋友。

狄利克雷对克罗内克的数学趣味的影响（尤其是在分析学对数论的应用方面）在他所有成熟的著作中都是显而易见的。施泰纳似乎没有给他留下任何印象——克罗内克对几何没有感觉。雅可比让他对椭圆函数产生了兴趣，他将以惊人的独创性和辉煌的成功耕耘椭圆函数这一领域，主要是颇具独创性地将其神奇的魅力运用到数论中。

很大程度上，克罗内克的大学生涯是他中学时代的再现：他参加了关于古典文学和科学的讲座。这时，他比过去更深入地研究了哲学，特别是黑格尔体系，他沉溺于对哲学的爱好中。之所以强调黑格尔的哲学，是因为一些好奇而有能力的读者可能会被打动，在黑格尔深奥的辩证法中寻找克罗内克的数学异端邪说的起源——这一探索完全超出了本书作者的能力。然而，最近关于数学自我一致性的一些奇怪的非正统的怀疑，克罗内克的"革命"对其负有一定责任。这与微妙的黑格尔体系之间有一种奇怪的相似性。理想的候选人应该是一位受过良好波兰的多值逻辑训练的马克思的共产主义者，尽管只有上帝才知道在哪棵香树上才能找到这种稀有的鸟。

按照德国学生的习惯，克罗内克并没有把所有的时间都花在柏林，而是四处走动。他的部分课程是在波恩大学上的，他过去的老师和朋友库默尔在该校担任数学教授。克罗内克在波恩大学期间，大学当局正处于一场镇压学生社团的徒劳战争中，这个社团的主要目标是鼓励酗酒、决斗和打架斗殴。凭借一贯的精明，克罗内克秘密地与学生结盟，从而结交了许多朋友，后来证明这些朋友很有用。

克罗内克的论文于1845年获得柏林大学博士学位,其博士论文灵感来源于库默尔在数论方面的工作,论述某些代数数域中的单位元素。尽管实际表示出这些单位元素时,这是一个极其困难的问题,但它的性质可以从下面对单位元素的一般问题(对于任意的代数数域,不仅只对于使库默尔和克罗内克感兴趣的那些特殊域)的粗略描述中看出。这个概述也可能有助于读者理解本章和后续章节中对库默尔、克罗内克、戴德金在高等算术中的工作的介绍。这个问题很简单,但需要几个初步的定义。

普通整数1, 2, 3, …被称为(正)有理整数。如果m是任意有理整数,则它是一个一次代数方程的根,其系数为有理整数,即x−m=0。这一点以及有理整数的其他性质,提示我们要将整数的概念推广到定义为代数方程的根的那些“数”。因此,如果r是方程

$$x^n+a_1x^{n-1}+\cdots+a_{n-1}x+a_n=0$$

的一个根,其中各个a_i是有理整数(正或负),r不满足低于n次的方程,所有的系数皆为有理整数,且首项系数为1(就像在上面的方程中那样,即方程中x的最高次幂x^n的系数是1),那么r就称为一个n次的代数整数。例如, $1+\sqrt{-5}$ 是一个2次代数整数,因为它是$x^2-2x+6=0$的根,并且不是任何有指定类型系数的、低于2次的方程的根;事实上, $1+\sqrt{-5}$ 是 $x-(1+\sqrt{-5})=0$ 的根,这个方程的后一个系数 $-(1+\sqrt{-5})$ 不是有理整数。

如果在n次代数整数的上述定义中,删去首项系数是1的要求,并认为它可以是任何有理整数(零除外,它被认为是整数),则方程的根

称为n次代数数。这样，$\frac{1}{2}(1+\sqrt{-5})$ 是一个2次的代数数，但不是一个代数整数，它是 $2x^2-2x+3=0$ 的根。

现在引入另一个概念，即n次代数数域的概念：如果r是一个n次代数数，那么一切可以由r通过反复的加法、减法、乘法和除法（用零除是没有定义的，因此不能、也不允许这样做）构造出来的所有表达式，称为由r生成的代数数域，可以用F[r]表示。例如，从r我们得到r+r，或2r；从它和r，我们得到2r/r或2，2r−r或r，2r×r或 $2r^2$，等等。这个F[r]的次数是n。

可以证明F[r]的每一个数都是 $c_0r^{n-1}+c_1r^{n-2}+\cdots+c_{n-1}$ 的形式，其中 c_i 是有理数，而且F[r]的每个成员都是次数不大于n（实际上，次数是n的某个因子）的代数数。F[r]中的一些（但不是全部）代数数将是代数整数。

代数数理论的核心问题是研究在n次代数数域中代数整数的算术可除性规律。为了确定这个问题，有必要确切地说明"算术可除性"的含义，为此，我们必须理解有理整数的算术可除性。

我们说一个有理整数m可以被另一个有理整数d整除，如果我们能找到一个有理整数q，使得m=q×d，d（以及q）被称为m的一个因子。例如，6是12的因子，因为 $12=2\times6$；5不是12的因子，因为不存在 $12=q\times5$ 的有理整数q。

一个（正）有理素数是一个大于1的有理整数，其唯一的正因子是1和这个整数本身。当我们试图把这个定义推广到代数整数时，我们很快就会发现，我们还没有找到问题的根源，我们必须寻找有理素数的一些性质，这些性质可以被推广到代数整数上。这个性质如下：如果有理素数p整除两个有理整数的乘积a×b, 那么(可以证明)p至少整除该乘积的因子a, b中的一个。

考虑到有理算术的单位元素1, 我们注意到1具有将每个有理整数整除的特殊性质, –1也具有相同的性质。1和–1是唯一具有此性质的有理整数。

这些线索和其他线索表明, 一些简单的方法是可行的, 我们将以下定义作为代数整数算术可除性理论的基础。我们将假设所考虑的一切整数都在一个n次代数数域中。

如果r, s, t是代数整数, 使得r=s×t, 则s, t中的每一个都称为r的因子。

如果j是一个代数整数, 它整除这个数域中的每个代数整数, 则j称为(在该域中的)一个单位元素。一个已知的域可能包含无穷多个单位元素, 这与有理数域中只有一对单位元素的1, –1不同, 这就是产生困难的因素之一。

接下来, 我们要介绍有理整数和次数大于1的代数整数之间一个基本的而讨厌的区别。

一个不同于单位元素的代数整数, 如果其唯一的因子是单位元素和该整数本身, 就称之为不可约的。一个不可约的代数整数具有以下性质: 如果它整除两个代数整数的乘积, 那么它至少整除两个因子之一, 则称之为素代数整数。所有素数都是不可约的, 但在某些代数数域中, 不是所有不可约的数都是素数, 例如, 在 $F[\sqrt{-5}]$ 中稍后将看到的那样。在通常的1, 2, 3, …的算术中, 不可约数和素数是相同的。

在费马一章中, 我们提到了(有理)算术的基本定理: 一个有理整数是(有理)素数以唯一的方式相乘的乘积。从这个定理衍生出所有关于有理整数可除性的复杂理论。不幸的是，这个基本定理并不适用于所有次数大于1的代数数域，结果是杂乱的。

举一个例子（这是经常出现在关于这个问题的教科书中的例子），在域 $F[\sqrt{-5}]$ 中，我们有

$$6 = 2 \times 3 = (1 + \sqrt{-5}) \times (1 - \sqrt{-5})。$$

2, 3, $1 + \sqrt{-5}$, $1 - \sqrt{-5}$ 在这个域中都是素数（可以用一些技巧来证明），因此在这个域中，6不是唯一地分解成素数的乘积。

这里可以说，克罗内克用一个很好的方法克服了这个困难，但是这个方法太困难，无法通俗地来解释，戴德金也用了一个完全不同的方法，且更容易理解，当我们讲到他的生平时，会提到这个方法。戴德金的方法是今天使用得最广泛方法，但这并不意味着克罗内克的方法就不那么有效，也不意味着当更多的数学家熟悉它时，不会受到青睐。

在1845年的论文中，克罗内克着手解决了某些特殊的域中的单位元素理论，这些域由高斯问题的代数表示产生的方程所定义，高斯问题是将一个圆周分成n等分，或者同样地，构造一个n边的正多边形。

我们现在可以暂时结束费马这一部分的讲述了。在试图证明费马的"大定理"——如果n是大于2的整数，那么$x^n + y^n = z^n$对（不为零的）有理整数x, y, z不可能成立——的努力中，数学家们采取了看起来很自然的方法，将左边的$x^n + y^n$分解为n个一次的因子（就像学校代数高级课程中通常做的那样）。在犯了严重但容易理解的错误后，这导致了对上述

代数数域与高斯问题有关的详尽研究。

这个问题起初充满了陷阱，许多能干的数学家和至少一位伟大的数学家——柯西——都跌入了这个陷阱。柯西理所当然地认为，在有关代数数的领域中，算术基本定理一定成立。在与法兰西科学院进行了几次激动人心但为时过早的沟通后，他承认了自己的错误。由于柯西当时正没完没了地对大量其他问题感兴趣，于是他放弃了这个伟大的发现，把这个完全在他多产的天才的能力范围内的伟大发现留给了库默尔。核心的困难非常之大：这里有一种"整数"——有关域中的整数，它们违背了算术基本定理，如何让它们遵循规律和秩序呢？

这个问题的解决是通过发明了一种全新的、适合于这种情况的"数"，从而（就这些"数"而言）自动重建了算术基本定理，这与创造非欧几何并列为19世纪的杰出科学成就之一，而且它在有史以来的高等数学成就中都占有极高地位。1845年，库默发明了新"数"——即所谓的"理想数"。这些新"数"不是为所有代数数域构造的，而是只为从圆的分割中产生的那些域构造的。

库默尔也曾掉进柯西陷进去的那张网，有一段时间他认为自己已经证明了费马的"大定理"。然而审阅这个所谓证明的狄利克雷用一个例子指出，与库默尔想象的假定相反，算术基本定理在所提到的域中并不成立。库默尔的这次失败是数学史上发生过的最幸运的事情之一。就像阿贝尔在一般五次方程问题上最初的错误一样，库默尔的错误把他带入了正确的轨道，因此他发明了他的"理想数"。

库默尔、克罗内克和戴德金在他们发明现代代数数理论时，通过无限扩大算术的范围，并将代数方程纳入数的范畴，为高等算术和代数方程理论做出了贡献，相当于高斯、罗巴切夫斯基、鲍耶和黎曼把几何从欧几里得过于狭隘的束缚中解放出来。正如非欧几何的发明者向几何学和物理科学揭示了迄今为止未曾预料到的广阔视野一样,代数数论的创造者们也发现了一种全新的光,它照亮了整个算术,使方程理论、代数曲线和曲面的系统理论,以及数本身的真正性质,在一些非常简单的公设的坚实背景下得到了鲜明的体现。

"理想"的创造——戴德金从库默尔的"理想数"愿景中获得的灵感——不仅革新了算术,而且革新了从代数方程和代数方程组理论中产生的整个代数,这也被证明是对普吕克尔、凯莱和其他人的"枚举几何学"[1]的内在意义的可靠线索,这种几何吸引了19世纪那些忙于曲线和曲面网络相交的几何学家的一大部分能量。最后,如果克罗内克反对魏尔斯特拉斯分析的异端邪说(后文会提到)有朝一日会变成一个陈旧的正统学说,就像所有并非完全疯狂的异端邪说迟早都会发生的那样,那么我们熟悉的全部分析学据以奠定基础的整数1, 2, 3, …的这些革新,可能最终会指明分析的扩展,而毕达哥拉斯的推测可能就会面对衍生的"数"的性质,这是毕达哥拉斯在他的整个狂热的哲学中从未梦想到的。

1845年,二十二岁的克罗内克凭借其著名的论文《论复单位元素》一炮打响,从此迈入了代数数这一极其困难的领域。他所讨论的那些特殊的单位元素,是高斯n等分圆周的问题所产生的代数数域中

---

1. 在这个学科中有这样一个问题:一条代数曲线上可能有圈,或者有该曲线与其切线交叉的地方,如果给定曲线的次数,这样的点会有多少呢?或者说,如果我们无法回答这个问题,那么必须成立什么样的联系这些点和其他一些例外点的方程呢?对于曲面,问题也是一样。

的单位元素。因为这项工作，他获得了博士学位。

德国大学过去和现在都有——这是一个值得称赞的与攻读博士学位有关的习俗：成功的博士生有义务为主考人举办一场派对，这种派对一般来说是一场长时间的啤酒狂欢盛宴。在这样的庆典上，有时会进行一场涵盖各种荒谬的问题和更多的讽刺糟糕的回答的模拟考试，以此供大家娱乐。克罗内克几乎邀请了包括院长在内的全体教职员工，他在晚年宣称，那场不庄重的学位庆典是他一生中最幸福的回忆。

至少在一个方面，克罗内克和他的科学上的对头魏尔斯特拉斯是非常相似的：他们都是非常高贵的绅士，就连那些对他们都不特别关心的人也承认了这一点。但在几乎所有其他方面，他们都有着有趣的差别。克罗内克职业生涯的高潮是他与魏尔斯特拉斯的长期数学论战，在这场论战中，双方既没有给予宽恕，也没有要求宽恕。一个是天生的代数学家，另一个一心痴迷于分析。魏尔斯特拉斯身材高大，步履蹒跚，克罗内克身材矮小，身高不超过五英尺，但身材匀称结实。学生时代结束后，魏尔斯特拉斯放弃了击剑；克罗内克则一直是一名专业的体操运动员和游泳运动员，到了晚年，他还是一名优秀的登山运动员。

目睹过这对奇怪而又不相配的人之间的争吵的人告诉我们，大个子常常会被小个子的固执惹恼，他会像一只好脾气的圣伯纳狗一样站着摇晃自己，好像在试图摆脱一只缠着自己的苍蝇，结果却只能刺激迫害他的人发动更巧妙的攻击，直到魏尔斯特拉斯绝望地认输，慢吞吞地走开。克罗内克还依然紧跟着他，仍然在疯狂地讲个不停。要不是他们在科学上存在种种异见，他们两人本可以做好朋友的，两人都是伟大的数学家，没有一点儿"伟人"情结，这种情结往往会让那些自命伟大的人膨胀起来。

克罗内克在银行业有一位富有的叔叔。这位叔叔还掌管着大量的农业、企业。年轻的克罗内克在22岁时取得了学位，不久后，他的叔叔去世，这一切都继承到了克罗内克的手中。从1845年到1853年的八年时间里，克罗内克在管理庄园和经营企业方面取得了巨大的成功。为了有效地管理土地，他甚至掌握了农业原理。

1848年25岁时，这位精力充沛的年轻商人非常谨慎地爱上了他的表妹范尼·普劳斯尼茨尔（Fanny Prausnitzer），她是已故的富有叔叔的女儿。克罗内克娶了这位姑娘，并安顿下来建立了一个家庭。他们有六个孩子，其中四个活了下来。克罗内克的婚姻生活非常幸福，他和他的妻子都很幸福——这位天赋异禀、和蔼可亲的妇女以极大的奉献精神养育了他们的孩子。克罗内克的妻子在他最后一次生病前几个月去世了，这是使他精神崩溃的打击。

在他八年的经商生涯中，克罗内克没有做出任何数学上的工作。但1853年他发表的一篇关于方程代数解的基础性论文表明，他并没有在数学上停滞不前。克罗内克作为一名实业家，在他的整个活动过程中，一直与他从前的老师库默尔保持着密切的科学通信。1853年，他从商业中摆脱出来后，访问了巴黎，在那里结识了埃尔米特和其他一些法国著名的数学家。因此，当环境迫使他不得不转投商业时，他并没有切断与科学界的联系，而是选择让数学而不是惠斯特、皮纳克尔[1]或跳棋成为他的爱好，以此来保持他的灵魂活力。

1.惠斯特是一种4人玩的牌戏，皮纳克尔也是一种纸牌戏，是桥牌的前身。——译者注

1853年，当克罗内克发表关于方程的代数可解性（问题的性质在关于阿贝尔和伽罗瓦的章节中讨论）时，伽罗瓦方程理论还很少有人理解。克罗内克的这项成果，表现出了他许多优秀的工作的特点。克罗内克已经掌握了伽罗瓦理论，事实上，他可能是当时（19世纪40年代末）唯一一位深入了解伽罗瓦思想的数学家；刘维尔对这一理论也曾有过敏锐的洞察力，使他能够理性地编辑一些伽罗瓦的遗稿。

克罗内克的研究的一个显著特点是全面且彻底。在这项研究中，与其他代数和数论研究一样，克罗内克取走了前辈的纯金，像一个灵感迸发的珠宝商一样辛勤工作，添加他自己的宝石，并用珍贵的原材料制作了一件完美无瑕的艺术作品，上面清晰无误地表明了他鲜明的艺术个性。他喜欢完美的事物；他的文章经常会展示一个孤立结果的完整发展，以及它的所有内在含义，但没用明确的细节去使得这篇独一无二的论文过分累赘。因此，即使是他最短的论文，也向他的后继数学家提示了重要的发展，而他的长篇作品则是生产美丽事物的无穷无尽的宝藏。

克罗内克在他的大部分作品中被称为"算术学家"。他的目标是让简洁、富有表现力的公式来说明缘由始末，并自动揭示从这一步到下一步的行动，以便在达到顶点时，纵观整个事态发展。因而，我们可以从中看到，基于前提得出的结论是自然而然的。细节和附带的有用东西都被无情地删去了，直到只有论点的主干以赤裸裸的力量和简洁表现出来。简言之，克罗内克是一位以数学公式为工具的艺术家。

在克罗内克关于伽罗瓦理论的著作出版后，这个学科从少数人的私有转变为所有代数家的共同财产，克罗内克的工作如此艺术化，以至于方程理论的下一阶段——现在流行的用公设阐述这一理论及其外延——可以追溯到他。他在代数方面的目标与魏尔斯特拉斯在分析方面的目标一样,是找到可以到达问题中心的"自然"方法——这是一个直觉和品味的问题,而不是对问题核心的科学定义问题。

同样的艺术和统一倾向也出现在他最著名的另一篇论文中,这篇论文在他的文集中只占了几页,即1858年首次发表的《关于一般五次方程的解》。我们记得,埃尔米特在同年通过椭圆(模)函数给出了第一个解。克罗内克通过将伽罗瓦的思想应用到问题中,获得了埃尔米特的解决方案或几乎相同的解决方案,从而使奇迹看起来更"自然"。在另一篇他花了五年时间研究的论文(也是一篇篇幅很短的文章)中,他于1861年又回到了这一主题,并寻求一般五次方程为什么可以用所用的方法求解,这样就迈出了超过阿贝尔的一步,阿贝尔解决了"用根式"的可解性问题。

克罗内克的大部分工作都带有鲜明的算术色彩,无论是有理算术,还是更广泛的代数数算术。事实上,如果他的数学活动有任何指导性线索的话,那可以说是他的愿望——也许是潜意识——将从代数到分析的所有数学算术化。"上帝创造了整数,"他说,"其余的数都是人的创造。"克罗内克要求用有限算术代替分析,这是他与魏尔斯特拉斯分歧的根源。普遍算术化对于现代数学的繁盛来说可能是一个过于狭窄的理想,但至少它有这样一个优点:比其他数学更为清晰。

几何学从来没有真正吸引过克罗内克。克罗内克完成大部分工作时,专业化已经大大发展了,也许任何人都不可能完成克罗内克作为一个代数学家在他自己独特类型的分析中所做的那种极其完美的工作,同时在其他领域完成任何有意义的工作。专业化经常被攻击,但它也有它的优点。

克罗内克的许多学术发现的一个显著特点，是他将他最感兴趣的三条主线——数论、方程论、椭圆函数——编织成了一个美丽的图案，在这个图案中，随着设计的发展，不可预见的对称性被揭示出来，许多细节出乎意料地出现在一些不相干的地方。他所使用的每一种工具，似乎都是命运为其他工具更有效地发挥作用而设计的。克罗内克并不满足于将这种神秘的统一性仅仅视为一个谜，而是在高斯的双二次型理论中找到了它的基本结构，高斯理论中的主要问题是研究两个未知量的二次不定方程的整数解。

克罗内克在代数数理论方面的伟大工作并不属于这一模式。在另一方面，他有时也会偏离自己的主要兴趣，按照他的时代潮流，去专注于数学物理学的某些问题（在像牛顿的万有引力那样的引力理论中）的纯数学方面的研究。他在这一领域的贡献与其说对于物理有巨大影响，不如说对数学至关重要。

直到生命的最后十年，克罗内克还是一个对任何雇主都没有义务的自由人。尽管如此，当他利用自己作为柏林学院院士的特权在柏林大学讲学时，他自愿承担了科学职责，却没有得到任何报酬。1861年至1883年，他在大学主讲正规课程，主要是在必要的引言后讲述个人研究成果。1883年，当时在柏林大学的库默尔退休了，克罗内克接替他过去的老师，成为常任教授。在他一生的这段时期，他周游世界，经常参加英国、法国和斯堪的纳维亚半岛的科学会议。

在他的数学讲师生涯中，克罗内克与魏尔斯特拉斯和其他一些比他自己的课程更受欢迎的知名人士竞争。代数和数论从未像几何和分析那样吸引如此广泛的受众，这可能是因为后者与物理科学的联系更加明显。

克罗内克以温和的态度对待他那高贵的孤立，甚至怀着有些满意的心情。他美丽而清晰的引言，让他的听众相信接下来的讲座很容易听懂。随着课程的进行，这一信念很快就消失了。直到三次课程结束后，除了少数忠实而固执的人外，所有人都悄悄地溜走了。他们中的许多人去听魏尔斯特拉斯的演讲。克罗内克欣喜若狂。他开玩笑说，现在可以在前几排椅子的后面拉上窗帘，让演讲者和听课者更加亲密。他所剩无几的几个弟子全神贯注地追随着他，和他一起步行回家，一路继续在课堂里未完的讨论。人们经常可以在拥挤的柏林人行道上看到这样一个有趣的场面：一个兴奋的小个子男人，用他的全身——特别是双手——对着一群堵塞了交通的学生讲话。他的住所总是对学生开放，因为克罗内克真的很喜欢交际，他的慷慨好客是他生活中最大的满足之一。他的几位学生成为了杰出的数学家，但他的"学校"是全世界，他没有做任何刻意的努力想要故意获得一大批追随者。

最后一点是克罗内克自己最惊人的独立工作的特点。在对分析的可靠性充满信心的气氛中，克罗内克扮演了哲学怀疑论者这样一个不受欢迎的角色。没有多少伟大的数学家认真对待哲学；事实上，大多数人似乎对哲学思辨怀恨在心，任何影响他们作品可靠性的认识论上的怀疑，通常都被忽视或不耐烦地置之不理。

对克罗内克来说，情况就不同了。他的作品中最具原创性的部分是他哲学倾向的自然产物，在这方面，他是真正的先驱。他的父亲、维尔纳、库默尔以及他本人对哲学著作的广泛阅读，使他对所有人类知识都持有批判性观点。当他从这个质疑的角度来审视数学时，他并没有因为这恰好是他自己特别感兴趣的领域而放过它，而是给它注入了一种尖锐的、有益的怀疑论。尽管这种怀疑主义很少被印刷出来成为文字，但却让他的一些同时代人非常恼火，并得以流传下来。怀疑者并没有对活着的人讲述他的观点，而是像他所说的那样，"对那些在我之后的人"进行了讲述。今天，这些后继者已经出现了，由于他们的共同努力——尽管他们往往只在相互矛盾上取胜——我们开始对数学的本质和意义有了更清晰的认识。

魏尔斯特拉斯（见第二十二章）本可以将数学分析构造在把无理数定义为有理数的无限序列的概念上。克罗内克不仅反对魏尔斯特拉斯，他还想废弃欧多克斯。对他和毕达哥拉斯来说，只有上帝赋予的整数1, 2, 3, …才"存在"，其余的一切都是人类改善造物主所造之物的徒劳尝试。另一方面，魏尔斯特拉斯相信他终于让2的平方根和2本身一样容易理解并且安全运用；克罗内克否认2的平方根是"存在的"，并且他断言，不可能前后一致地推论魏尔斯特拉斯对这个根或任何其他无理数的构造。无论是他的年长同事，还是克罗内克所称呼的年轻人，都没有对他的革命思想表示热烈的欢迎。

魏尔斯特拉斯本人似乎感到不安，他当然受伤了。他强烈的情感主要通过一句像一首赋格曲似的冗长的德文句子[1]中发泄出来，几乎不可能用英文来保持句子的原样。"但最糟糕的是，"他抱怨道，"克罗内克利用他的权威宣称，所有迄今为止努力建立函数理论的人都是上帝面前的罪人。当一个像克里斯托弗尔〔他去世多年后，当我们今天在相对论数学中耕耘微分几何时，他被忽略的工作才成为微分几何的一个重要工具〕那样异想天开的怪人说，在二三十年后，现在的函数理论

---

1. 在1885年写给索尼娅·柯瓦列夫斯卡娅的信中。

将被埋葬,整个分析学将被称为形式理论,我们将只会耸耸肩作为回答。但当克罗内克发表自己的以下结论时,我会逐字逐句地重复:如果给我时间和力量,我自己就会向数学世界表明,不仅是几何,还有算术都可以为分析指明方向,而且肯定是更为严谨的方向。如果我自己做不到,那些在我之后的人会做到⋯⋯他们将认识到目前所谓的分析工作所依据的所有结论都是不正确的——这一结论出自一位杰出的天才和杰出的数学研究成果。我和他所有的同事一样,真诚地、愉快地敬佩这位天才,这不仅是对那些他要求承认错误并放弃其思想和不懈努力目标的人的羞辱,也是对年轻一代的直接呼吁,让他们抛弃目前的领袖,团结在他周围,成为必须建立的新制度的信徒。看到一个荣耀无瑕的人,竟会让自己被自身价值的正当感情所驱使说出这些话,而似乎看不到这些话对他人会产生有害影响,这让我确实感到悲哀,也感到痛苦。

"但这些事情已经说得够多了,我只是为了向你们解释为什么我不能再像以前那样享受教学的乐趣了,即使我的健康状况允许我再多享受几年,但你们千万不要谈论它。我不希望其他人,那些不像你这样了解我的人,从我所说的话中看到表达一种事实上与我本来意思无关的感情。"

魏尔斯特拉斯写这篇文章的时候已经七十岁了,身体也很差。如果他能活到今天,他就会看到他自己的伟大体系像众所周知的长青的月桂树一样依然繁荣昌盛。克罗内克的怀疑极大地激发了对所有数学基础的批判性的重新审视,但它们还没有毁掉分析。它们进行得更为深入,如果有什么意义深远的东西要被更坚定但还不为人所知的东西所取代,那么克罗内克自己的工作很有可能也会被取代,因为他所预见到的批判性攻击暴露了在他毫无怀疑的地方所出现的弱点。时间会愚弄我们所有人。我们唯一的安慰是，更伟大的人会在我们之后出现。

克罗内克的"革命"，正如他的同时代人所说的他对分析的颠覆性攻击，将把数学中除了正整数以外的一切都排除在外。自笛卡尔以来，几何学在很大程度上是把分析应用于实数（与给定直线上从直线上的固定点测量的距离相对应的"数"）的序偶、三元组……因此，它也将受到克罗内克方案的影响。像负整数这样熟悉的概念，例如-2，也不会出现在克罗内克预言的数学中，通常的分数也不会出现。

正如魏尔斯特拉斯所指出的，无理数引起了克罗内克的特别不满。说$x^2-2=0$有一个根是没有意义的。当然，所有这些不喜欢和反对本身也都毫无意义，除非能够有一个明确的方案作为后盾，来取代被反对的东西。

克罗内克实际上做到了这一点，至少在大纲中如此。他指出了如何根据他的要求重建整个代数和数论，包括代数数。比如说，为了去掉$\sqrt{-1}$，我们只需要暂时用一个字母，比如i，代替它，然后考虑包含i和其他字母（比如x，y，z……）的多项式。然后我们像在初等代数中那样处理这些多项式，像对待其他字母一样对待i，直到最后一步，包含i的每个多项式都用i^2+1去除时，把余项以外的一切都扔掉。任何记得一点儿初等代数的人都可能轻易地说服自己，这导致了教科书中神秘地命错了名的"虚"数的所有熟悉性质。以类似的方式，负数、分数和所有代数数（正有理整数除外）都可以从数学中删除——如果需要的话——只保留幸运的正整数。抛弃$\sqrt{-1}$的灵感可以追溯到1847年柯西的想法。这是克罗内克方案的源头。

那些不喜欢克罗内克的"革命"的人称之为盲动，这更像是一场酒后喧闹，而不是有序的革命。尽管如此，近年来它在整个数学界中导致了两个建设性的批评运动：对于任何被指明其"存在"的"数"或其他数学"实体"，要求提供有限步的构造方法，或证明其是可能的；以及从数学中排除所有无法用有限数目明确表述的定义。对这些要求的坚持，已经为澄清我们对数学本质的概念起了很大作用，但仍有大量工作要做。因为这项工作仍在进行中，我们将暂时不详细讲述它，等我们讲到康托尔（Cantor），届时将可能举一些例子来对此加以说明。

克罗内克与魏尔斯特拉斯的分歧不应该给人留下不愉快的印象。而如果我们忽视克罗内克慷慨一生的其余部分，就会给人留下不愉快的印象。克罗内克无意伤害他这位和蔼可亲的老前辈，他只是在一场激烈的纯粹数学辩论中滔滔不绝地讲话，而魏尔斯特拉斯在心情好的时候，会对整个攻击一笑置之，他是会这样做的，因为他清楚地知道，正如他做出了比欧多克斯更好的东西一样，他的继任者也可能改进了他的成果。也许，如果克罗内克比实际身高高出六七英寸，他就不会觉得一定要大声强调自己对分析学的反对意见了。整个辩论的大部分内容，听起来就好像是对无理的自卑情结的矫枉过正一样。

庞加莱总结了许多数学家对克罗内克所谓"革命"的反应，他说克罗内克之所以能够做出这么多优秀的数学研究，是因为他经常忘记自己的数学哲学。像许多警句一样，这句警句不足以成为一句诙谐的俏皮话。

克罗内克于1891年12月29日在柏林去世，死于支气管炎，享年69岁。

第二十六章 真诚的心灵
黎 曼

贫困但幸福。黎曼长期性的羞怯。注定进教会。得救了。一个著名的猜想。在格丁根的生活。"一种新数学"。物理研究。拓扑学在分析中的应用。关于几何基础的划时代论文。高斯的热情。贫困的祝福。张量分析的根。追求健康。无花果树下。黎曼在几何学中的重大发现。空间曲率。为相对论开路。

像黎曼这样的几何学家几乎可以预见到现实世界更重要的特征。

——A·S·爱丁顿（A.S.Eddington）

有人说柯尔律治只写了很少的最优秀的诗歌，但即便很少，这仅有的一点儿也应该用黄金来包装。对黎曼也有同样的说法，他太过短促的壮年时期的全部数学成果只能写满8开本的1卷。关于黎曼，我们也可以说他对于所接触过的东西都做出了一定程度的革新。作为现代最有独创性的数学家之一，不幸的黎曼从小就体质虚弱。他高产的头脑还没有产出其十分之一的黄金收成，就去世了。如果他出生得再晚一个世纪，医学可能会让他多活二三十年，而数学也不会至今还在等待他的继任者了。

1826年9月17日，路德派牧师之子、六个孩子（两男四女）中的老二格奥尔格·弗里德里希·伯恩哈德·黎曼（Georg Friedrich Bernhard）出生在德国汉诺威一个名叫布列斯伦茨的小村庄。他的父亲曾参加过拿破仑战争，在安顿下来过上不那么野蛮的生活后，娶了法院评议员的女儿夏洛特·埃贝尔（Charlotte Ebell）。1826年的汉诺威

黎曼

并不十分繁荣，一个要供养妻子和六个孩子吃穿的默默无闻的乡村牧师的境况也远不富裕。一些传记作者不失公正地断言，黎曼家的孩子之所以体质虚弱和早逝，是他们幼年时营养不良的结果，而不是因为缺乏耐力。孩子们的母亲也在孩子成人之前就去世了。

尽管家境贫困，但家庭生活还是很幸福的。离开所有可爱的家人后，黎曼总是保持着最热烈的思念和乡愁。从早年起，他就是一个胆小、缺乏自信心的人，害怕当众讲话或引起别人的注意。在后来的生活中，这种长期的羞怯被证明是一个非常严重的缺陷，给他带来了极大的痛苦，一直到他克服了这一困难，为他可能发表的每一次公开讲话努力做好准备。黎曼童年和成年初期那种可爱的羞涩，让所有见过他的人都十分喜欢他，这与他成熟的科学思想的无情大胆形成了奇异而鲜明的对照。他在他自己创造的世界中拥有至高无上的地位，他明白自己拥有超凡的力量，他不害怕任何人，无论是真实的还是想象的人，都不会使他退缩。

在黎曼还是一个婴儿的时候，他的父亲就被调到了奎克博恩担任牧师。也正是在奎克博恩，年幼的黎曼接受了来自他父亲的启蒙教育，他的父亲看起来很可能是一位优秀的教师。从第一次上课开始，伯恩哈德就表现出不可抑制的求知欲。他最早感兴趣的学科是历史，特别是波兰那段富有浪漫色彩的悲惨历史。五岁时的伯恩哈德总是缠着父亲，要他讲述不幸的波兰，而且要求父亲一遍又一遍地讲述这个英雄的国家为自由和"民族自决"——用已故的伍德罗·威尔逊（Woodrow Wilson）有趣的、意味深长的话来说——而进行英勇（有时甚至有点儿愚蠢）的斗争的传说。

六岁左右，黎曼开始学习算术，算术对这个敏感的小男孩儿来说没有那么痛苦。他与生俱来的数学天才就此得到了体现。伯恩哈德不仅可以计算出所有问题，还发明了一些更难的题目来激怒他的兄弟姐妹。在数学上的创造性冲动已经支配了这个男孩儿的思想。十岁时，他从一位专业教师——一位相当优秀的教师——舒尔茨（Schulz）那里学习高等算术和几何。舒尔茨很快发现自己得追随他的学生的思想，而他的学生往往能想出比他更好的解题方法。

十四岁时，黎曼去汉诺威与祖母同住，在那里他上了三年级，第一次进入了中等学校。在这里，他第一次体验到了压倒性的孤独。他的腼腆使他成了同学们的笑柄，迫使他只能靠自己。他的学习经历了一次短暂的挫折后，便一直保持得很出色，但这却没有给他带来任何安慰。唯一的安慰是在零用钱允许的情况下，可以买一些微不足道的礼物，在父母和兄弟姐妹生日时送回家。他给自己的父母发明并动手制作了一份礼物——一本独具特色的万年历——令那些不相信他的同学大吃一惊。两年后，祖母去世了，黎曼被转到吕讷堡中学学习，一直到十九岁，他准备进入格丁根大学。在吕讷堡，黎曼可以步行回家。他充分利用了这个地理优势，逃回了温暖的家庭氛围里。他接受中等教育的这几年，健康状况还不错，这也是他一生中最幸福的时光。在学校与奎克博恩之间来回往返步行，耗费了他的体力。尽管他的母亲担心他会过于劳累，黎曼还是继续奔波，以便尽可能多地和家人在一起。

在中学时，黎曼一直追求尽善尽美，使得他的健康受到了影响。后来，这种习惯使得他的科学论著的发表进展十分缓慢。这一缺陷——如果这算缺陷的话——给他的写作练习带来了很大的困难，一开始让人怀疑他是否会"通过"考试。但这一特点后来也造就了他的两部精彩的杰作，其中一部甚至连高斯都宣称是完美的。当希伯来语教师赛费尔（Seyffer）把年轻的黎曼作为寄宿生带到自己家里，帮助他解决问题时，情况有所好转了。

他们两个人一起学习希伯来语，黎曼经常举一反三，因为这个未来的数学家一心要满足他父亲的愿望，成为一名伟大的传教士，就好像黎曼的那种拘谨羞涩的口吻，还可以在布道坛上敲打讲台，诅咒地狱或者大讲特讲救赎和天堂一样。黎曼本人也对这一虔诚的职业着迷，尽管他从未做过见习布道，但他确实运用了自己的数学才能，试图以斯宾诺莎的方式证明《创世记》的真实性。年轻的黎曼对自己的失败毫不气馁，他坚持自己的信仰，一生都是一个虔诚的基督徒。正如他的传记作者（戴德金）所说的那样，"他虔诚地避免干扰他人的信仰，对他来说，宗教的主要内容就是每天的自我反省。"到了他的中学课程结束时，连黎曼也清楚地认识到，上帝可能不需要他做一个魔鬼驱除者，但也许需要他去征服自然，他可以在其中大展身手。因此，就像布尔和库默尔一样，感谢上天，又多了一个在濒临灭亡时被引归上帝从而得救的人。

中学校长施马尔富斯(Schmalfuss)观察到了黎曼的数学天赋,让他管理私人图书馆,并允许他不上数学课。通过这种方式,黎曼发现了他天生的数学天赋,但他未能立即认识到自己的能力大小,这也体现出了他那种已经到了荒唐程度的近乎病态的谦虚的特点。

施马尔富斯建议黎曼借一些数学书回去自己学习。黎曼说,如果这本书不太容易的话,那就太好了。在施马尔富斯的建议下,他借走了勒让德的《数论》。这是一本859页的、大四开本的没有太大价值的书,其中大篇幅的推理都详细得以至于无趣。六天后,黎曼归还了这本书。"你读了多少?"施马尔富斯问道。黎曼没有直接回答,而是对勒让德的这部经典作品表示赞赏。"这确实是一本好书,我已经掌握了。"事实上他的确掌握了。过了一段时间,当他被提问时,尽管他已经好几个月没看这本书了,但他的回答还是非常全面。

毫无疑问,这就是黎曼对素数之谜感兴趣的开端。勒让德有一个用来估计小于任意给定数的素数的近似数目的经验公式;黎曼最深刻、最具启发性的论文之一(只有八页)就是在同一个一般领域的。事实上,他对勒让德成果的改进的"黎曼猜想",今天如果不是对纯数学最著名的挑战的话,也是最著名的挑战之一。

我们可以提前一点,在这里说明这个假设是什么。它出现在著名的论文《关于小于某个给定量的素数的数目》(*Ueber die Anzahl der Primzahlen unter einer gegebenen Grösse*)中,该论文刊登在1859年11月的柏林科学院月报上,当时黎曼33岁。所讨论的问题是给出一个公式,表明小于已知数n的素数有多少个。在解决这个问题的尝试中,黎曼不得不研究无穷级数

$$1+\frac{1}{2^s}+\frac{1}{3^s}+\frac{1}{4^s}+\frac{1}{5^s}+\cdots,$$

其中s是复数，比如说 $s=u+iv(i=\sqrt{-1})$，u和v是实数，并且应选择使得级数收敛。在这个限制条件下，这个无穷级数是s的一个确定的函数，比如记为ζ(s)（总是用希腊语第6个字母ζ表示这个函数，叫作"黎曼ζ函数"）；随着s改变，ζ(s)连续地取不同的值。对于s的哪些值ζ(s)是零呢？黎曼猜测，对于u在0和1之间的所有这样的s值都具有形式1/2+iv，即所有这些值的实部都等于1/2。

这就是著名的黎曼猜想。无论谁去证明或反驳它，都会给自己带上一层光环，并且可以顺便解决素数理论、高等算术的其他部分以及分析学的某些领域中的许多极其困难的问题。专家们认为这个猜想是成立的。1914年，英国数学家G·H·哈代（G.H.Hardy）证明了s的无穷多个值满足这一猜想，但无穷未必是全部。对数学家来说，以这样或那样的方式解决黎曼猜想，可能比证明或推翻费马大定理更有意义。黎曼猜想不是那种可以用初等方法解决的问题。它已经引出了一个范围广泛而棘手的文献领域。

黎曼在中学以惊人的速度自学，并非只有勒让德这一位伟大数学家的著作。他通过对欧拉的研究，而熟悉了微积分学及其分支。令人十分惊讶的是，黎曼从分析学这样一个古老的起点（由于高斯、阿贝尔和柯西的工作，欧拉的方法在19世纪40年代中期已经过时）开始学习，后来竟然也能成为一位敏锐的分析学家。但从欧拉身上，他或许学到了一些在创造性数学工作中也占有一席之地的东西，也就是对于对称的公式的鉴赏力和操作技巧的重视。尽管黎曼主要依靠所谓的深刻的哲学思想——这些思想是他伟大灵感的理论核心,但他的作品并不完全缺乏"纯技巧",而欧拉是这方面无与伦比的大师,如今这种纯技巧正是人们所鄙视的。毫无疑问,追求漂亮的公式和简洁的定理很快就会沦为一种愚蠢的恶习,但追求简朴的普遍性也会如此,因为这些普遍性实在太普遍了,以至于它们无法被应用到任何特定的领域上去。黎曼那种本能的数学机敏,使他避免了这两种极端的恶劣习惯。

1846年,十九岁的黎曼被格丁根大学录取为语言学和神学专业的学生。他希望让父亲高兴,尽快获得一个有报酬的工作,以便在经济上帮助家人,这种期望促使他选择了神学,但他依然无法制止自己不去听斯特恩(Stern)关于方程论和定积分,高斯关于最小二乘法,以及戈尔德斯米特(Goldschmidt)关于地磁学的数学讲座。黎曼向宠爱他的父亲坦白了这一切,并恳求父亲允许他改变课程。他的父亲毫不犹豫地同意了伯恩哈德以数学为职业,这让年轻人非常高兴,也深深地感激父亲。

在格丁根大学学习一年后,黎曼发现这里的教育方法很陈旧。因此,他转到柏林大学,接受雅可比、狄利克雷、施泰纳和艾森斯坦的教育,开始了他新的、富有活力的数学启蒙。他从所有这些大师那里学到了很多东西,从雅可比那里学到了高等力学和高等代数,从狄利克雷那里学到了数论和分析,从施泰纳那里学到了现代几何,而从比他年长三岁的艾森斯坦那里,他不仅学到了椭圆函数,还学到了自信,因为他和这位年轻的大师在理论应该如何发展的问题上存在着根本的、最令人激动的分歧。艾森斯坦坚持美丽的公式,有点儿像现代化的欧拉风格;黎曼想引入复变量,从几个简单的一般原理出发,用最少的计算推导出整个理论。因此,毫无疑问,这至少是黎曼对纯数学的最大贡献的萌芽。黎曼开创的单复变函数理论，在他自己的历史和现代数学史上都具有相当重要的意义，因此我们将简要介绍一下它的相关内容。

简单地说，没有什么是明确的。单复变解析函数的定义，在谈到高斯对柯西基本定理的预测时讨论过，这个定义基本是黎曼的。当用解析而不是用几何方法把这个定义表示出来时，它导致一对偏微分方程[1]的出现，黎曼把它们作为单复变函数论的出发点。根据戴德金的说法，"黎曼在这些偏微分方程中认识到单复变［解析］函数的基本定义。这些对他未来的职业生涯来说最重要的思想可能是他在1847年秋季休假时［黎曼当时21岁］首次提出的。"

黎曼灵感来源的另一种说法来自西尔维斯特，他讲述了下面的故事，这很有趣，即使可能不真实。1896年，也就是他去世的前一年，西尔维斯特回忆起"在纽伦堡一家河边旅馆里，我和一位柏林书商在外面交谈，他像我一样要去布拉格……他告诉我，他以前是黎曼的大学同学。有一天，黎曼从巴黎收到了几份《院刊》后，把自己关在屋子里几个星期，等他回到朋友们中间之后，他说：'这（指柯西最新发表的论文）是一种崭新的数学。'"

黎曼在柏林大学学习了两年。在1848年的政治剧变中，他曾和保皇派的学生军一起，参加令人厌倦的长达16小时的轮班守卫，负责保护王宫里紧张不安、看似神圣的国王。1849年，他回到格丁根大学完成

1.如果 z=x+iy，且 w=u+iv 是 z 的解析函数，那么黎曼方程是

$$\frac{\partial u}{\partial x} = \frac{\partial v}{\partial y}, \quad \frac{\partial u}{\partial y} = -\frac{\partial v}{\partial x}。$$

这些方程早就由柯西提出来了，但是甚至柯西也不是第一个，因为达朗贝尔在18世纪就陈述过这些方程。

了数学课程,以获得博士学位。对于一般认为他是纯粹数学家的人来说,他的兴趣异常广泛,事实上,他在物理科学上花的时间和在数学上的时间一样多。

从这一段时间来看,黎曼的真正兴趣似乎是数学物理学,如果再给他二三十年的生命,他很有可能成为十九世纪的牛顿或爱因斯坦。他的物理思想在他那个时代是极为大胆的。直到爱因斯坦实现了黎曼按照几何方法研究的(宏观)物理学的梦想,物理学家们才模糊地意识到黎曼所预言的物理学。在这一方面,直到本世纪,唯一能理解黎曼的追随者是英国数学家威廉·金顿·克利福德(1845–1879),他也去世很早。

在格丁根大学的最后三个学期里,黎曼参加了哲学讲座,并饶有兴趣地学习了威廉·韦伯的实验物理学课程。黎曼去世时留下的哲学和心理学的未完稿表明,作为一名哲学思想家,他和他在数学和科学领域一样独树一帜。韦伯认识到了黎曼的科学天赋,并成为了他热情的朋友和乐于助人的顾问。对于物理学中什么是重要的或可能是重要的,黎曼有着比大多数有过物理科学著作的伟大数学家都要高得多的感知力,而这种感知力无疑是源于他在实验室的工作以及他与主要是物理学家而不是数学家的人的接触。就科学家所观察到的宇宙而言,即使是伟大的纯数学家,对物理科学的贡献通常也具有一种奇怪的无关性。而黎曼则是一位物理数学家,他的直觉与牛顿、高斯和爱因斯坦是同一类的,因为他对数学可能具有的科学上的应用价值与他们有着相同的认识。

跟从约翰·弗里德里希·赫巴特(Johann Friedrich Herbart, 1776–1841)学习哲学之后,黎曼在1850年(当时他二十四岁)得出结论:"可以建立一个完整、全面的数学理论，这个理论可以从单个点的基本定律，推论出在充满物质的现实空间（'连续充满的空间'）中所见到的过程，不分引力、电、磁或静热力学。"这可能可以解释为黎曼抛弃了物理科学中所有的有利于场论的"超距作用"理论。在场论中，比如说，"带电粒子"周围"空间"的物理性质是数学研究的对象。黎曼在其职业生涯的这个阶段，似乎相信一个充满空间的"以太"，这个概念现在已经被抛弃。但正如黎曼关于几何学基础的划时代成果所显示的那样，他后来探索了人类在体验这个"空间"的几何学中物理现象的描述和关联。这是当前的潮流，它否认存在一种不可观测的以太，认为那是一种讨厌的多余之物。

黎曼对自己的物理学工作着了迷，这让他的纯数学失宠了一段时间。1850年秋，他参加了韦伯、乌尔里希（Ulrich）、斯特恩和利斯廷（Listing）刚刚成立的数学物理学研讨会。在本次研讨会上，要做的物理实验耗费了原本该用来写数学博士论文的时间，因此黎曼直到25岁才交出博士论文。

我们可以顺便提一下研讨会的领导者之一，约翰·本尼迪克特·利斯廷（Johann Benedict Listing, 1808–1882），因为他可能影响了黎曼在1857年将拓扑方法引入单复变函数理论这一创举，这也是他最大的成就之一。

读者应该还记得，高斯曾预言过，拓扑学将成为数学最重要的领域之一，而黎曼通过其在函数论方面的发明，部分实现了这一预言。尽管最初发展起来的拓扑学与今天这个吸引了一个人数众多的学派所有能量的复杂理论几乎没有相似之处，但是介绍一下这个明显开启了整个浩瀚而复杂的理论的普通谜题，可能是很有趣的。在欧拉的时代，柯尼斯堡的普雷格尔河上有7座桥,就像图中所示的,带有阴影的长条表示桥。欧拉提出,经过所有7座桥,但任意一座桥不能两次通过的问题。这个问题是不可能有解的。

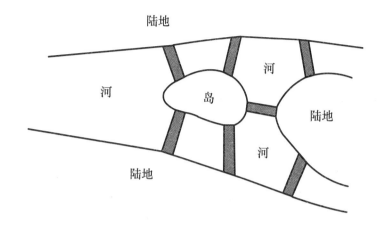

我们可以在这里讨论一下黎曼在函数论中所使用的拓扑方法的性质,尽管用非专业的语言无法进行非常充分的描述。对于单复变函数的"单值性"的含义,我们必须提及高斯那一章中所讲的东西。现在,在阿贝尔函数理论中,多值函数是不可避免的。z的n值函数是这样一个函数,即除了z的某些值外,它对z的每一个指定的值都恰好取n个不同的值。为了说明实变函数的多值性(或称多形性),我们注意到由方程$y^2=x$定义的、作为x的函数y是二值的。这样,如果x=4,我们得到$y^2=4$,因此y=2或−2;如果x是除零或"无穷"以外的任何实数,y有两个不同的值$\sqrt{x}$和$\sqrt{-x}$。并且在这个可能是最简单的示例中,y和x通过一个代数方程,即$y^2-x=0$联系在一起。这是一个非常特殊的例子,我们可以立即推广到它的一般情形,讨论由方程

$$P_0(x)y^n+P_1(x)y^{n-1}+\cdots+P_{n-1}(x)y+P_n(x)=0$$

定义的、作为x的函数的n值函数y，这里P_i是x的多项式。这个方程把y定义为x的n值函数。在$y^2-x=0$的情况下，将存在某些x的值，其中y的这个n个值中有两个或多个是相等的。x的这些值是由该方程定义的这个n值函数的所谓分枝点。

所有这些现在都扩展到了复变函数和由

$$P_0(z)w^n+P_1(z)w^{n-1}+\cdots+P_{n-1}(z)w+P_n(z)=0$$

定义的函数w（以及它的积分），其中z表示复变量s+it，s，t是实变量，

$i=\sqrt{-1}$。w的n个值称为函数w的分枝。这里我们必须参考（高斯那一章中）已经提到的关于z的单值函数的表示。设变量z(=s+it)在其平面上画出任意的路径，并把单值函数f(z)表示成U+iV的形式，其中U，V是s，t的函数。那么，对每一个z的值都有且仅有一个U，V值与之相应，且当z在s，t平面上描绘出它的轨迹时，f(z)在U，V平面上描出相应的轨迹：f(z)的轨迹是由z的轨迹唯一决定的。但是如果w是z的多值函数，使得z的值恰好决定出w的n个不同的值（除去在分枝点上，那里w的n个值可能是相等的），那么显然，（如果n大于1）一个w平面就不足以表示函数w的轨迹——函数w的"行进"了。在二值函数w的情形，如由$w^2=z$决定的函数那样，就需要两个w平面，一般说来，对于一个n值函数（n有限或无限），恰好要求n个这样的w平面。

单值（一个值）函数而不是n值函数（n大于1）的优势，即使对非数学家来说也是显而易见的。黎曼所做的是这样的：他引入了一个n叶平面，来代替n个不同的w平面，多值函数在这个曲面上是单值的，也就是说，在这个曲面上，对该曲面的每一个"位置"对应着所表示的函数的一个且仅一个值。

黎曼将所有n个平面结合成了单独一个平面,他通过乍一看像是n值函数在n个不同平面上的n个分枝的表示通过某种反演做到了这一点,但稍加考虑就会发现,他实际上恢复了单值性,因为他把n个z平面叠加了在一起,这些平面或叶的每一个都与函数的一个特定的分枝相关联,因此只要z在特定的叶上移动,(所讨论的z的n值函数)w就会越过相应的函数分枝,并且当z从一个叶传递到另一个叶时,分枝就会改变,从一个分枝变到另一个分枝,一直到当变量z越过所有的叶,回到它的初始位置时,恢复最初的分枝为止。变量z从一个叶到另一个叶的通路,受连接分枝点的那些截线(可以把它想象成直线桥)影响,沿着一条已知截线提供的从一叶到另一叶的道路,想象上面一叶的一"唇"被贴在或连接到下面一叶相反的唇上,对上面一叶的另一唇也与之相似。用图来表示,在截面上,这些叶不是沿着截线(对于给定的分枝点,可以通过很多种方式画出它)随意连在一起的,而是这样连接的,这样一来,当z越过它的n叶曲面,碰到桥或截线就从一叶转移到另一叶时,z的函数的解析行为可以被连续描画出来。特别是如果表示在一个平面上,完整地绕某个分枝点一圈时,由变量z造成的分枝交替。在单个z平面上绕着某个分枝点的这种环行,相当于在该n叶黎曼曲面上从一叶通向另一叶以及从而造成函数分枝的交替。

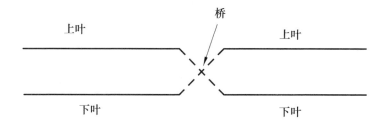

变量可能以多种方式在n叶黎曼曲面上移动，从一叶传递到另一叶。每一种这样的方式都相当于函数分枝的一个特别的交替，可以通过一个接一个地写出标记几个交替分枝的字母来表示。这样我们就得到了对n个字母的某些置换符号（如第十五章中那样）；所有这些置换都产生了一个群，这个群在某些方面描绘了所考虑的函数的性质。

黎曼曲面是不容易用图形表示出来的，那些使用黎曼曲面的人满足于用图表表示叶之间的连接，就像一位有机化学家为一个复杂的碳化合物写一个"图解"公式一样，这个公式以图解的方式记录了一些化合物的化学行为，但它并没有也不能意味着描述的是化合物中原子的实际空间排列。黎曼在阿贝尔函数理论方面取得了惊人的进步，他借助曲面及其拓扑结构，提出了如何作出截线以使n叶曲面等同于一个平面的问题。但在数学家之间，和普通人一样，使复杂空间关系形象化的能力，也就是说，高度的空间"直觉"是极为罕见的。

1851年11月初，黎曼提交了他的博士论文《单复变函数一般理论的基础》，供高斯审查。这位二十五岁的年轻大师的这部著作是为数不多的激发了高斯热情的现代数学贡献之一。那时距离高斯去世还有四年的时间，高斯当时几乎已经是一个传奇人物了。黎曼在高斯读完论文后，上门拜访高斯，高斯告诉黎曼，自己已经计划多年，想要写一篇同一主题的论文。高斯向格丁根大学哲学系提交的正式报告是值得注意的，因为它是高斯情不自禁地发表正式看法的极少数的报告之一。

"黎曼先生所提交的论文提供了令人信服的证据，证明了作者对论文所涉及的主题进行了彻底而深入的研究，证明了作者具有创造性的、活跃的、真正的数学头脑，以及极为丰富的独创性。这篇论文的表述清晰明了、简洁易懂，其语言和表达在某些地方甚至很优美。大多数读者都希望安排更加清晰。这篇论文所展现的是一项实质性的、非常富有价值的工作。论文不仅达到了博士学位论文的要求，而且远远超过了博上学位论文的要求。"

一个月后，黎曼通过了期末考试，其中包括对他的论文的公开"答辩"。一切进展顺利，黎曼开始期待找到一个与其才能相符的职位。"我相信我的论文改善了我的前景，"他写信给他的父亲，"我也希望能及时学会更快、更流利地写作，特别是如果我能融入社会，得到一个讲课的机会的话，我就会更具有勇气。"他还向父亲道歉，因为他没有更积极地争取格丁根天文台的一个空缺助理职位，但由于他希望"取得资格"成为私人助理，因此前景并没有那么黯淡。

黎曼计划提交一本关于三角级数（傅里叶级数）的论文，作为他的就职论文。但两年半过去了，他才做了一名没有报酬的大学教师，从选修他的课程的学生那里尽可能地收取学费。1852年秋季，黎曼趁狄利克雷在格丁根度假的机会，就这本初具雏形的论文征求了他的意见。黎曼的朋友们设法让这个年轻人认识了这位著名程度仅次于高斯的来自柏林的著名数学家。

狄利克雷被黎曼的谦逊和天才迷住了。"第二天早上（在一次晚宴后），狄利克雷跟我一起度过了两个小时，"黎曼在给他父亲的信中写道，"他给了我就职论文所需的意见，否则我就得在图书馆里花上好几个小时进行艰苦的研究。他还和我一起读了我的论文，态度非常友好。我们之间地位如此悬殊，因此，他的友好态度让我非常吃惊。我希望他以后还会记得我。"在狄利克雷的这次访问期间，黎曼与韦伯等人进行了一次短途郊游。黎曼向他的父亲说，这些与人交往、避开数学的活动在科学研究上给他带来了大大的益处，比他整天坐着读书更有用处。

从1853年（当时黎曼二十七岁）开始，他就对数学物理学进行了深入的思考。由于对物理科学的热情日益高涨而多次拖延，一直到当年年底，他才完成就职论文。

在他被任命担任这个他期待已久的但没有报酬的讲师职位之前，还有一场试讲。在这场考验中，他提交了三个题目供教师们从中选择，他希望他准备得比较好的前两个题目中的一个能被选中，但是他轻率地提出的第三个题目，恰好是一个高斯思考了六十多年的几何基础的话题，而这个题目黎曼还没有准备好。毫无疑问，高斯很想知道黎曼的"极其丰富的原创性"能将如此深刻的主题变成什么。令黎曼大吃一惊的是，高斯指定第三个题目，让黎曼在挑剔的教师面前证明他作为讲师的勇气的话题。"所以我又陷入了绝境，"鲁莽的年轻人对父亲说，"既然我必须解决这个问题，我已经重新开始研究电、磁、光和引力之间的关系，并且已经取得了很大的进展，我可以毫不犹豫地发表这篇文章。我越来越相信高斯已经在这个问题上工作了多年，并与一些朋友就它进行了交谈（韦伯和其他人）。我私下告诉你，免得别人认为我傲慢——我希望我现在还不算太晚，希望我能作为一个独立的研究者得到认可。"

黎曼一边在数学物理研讨会上担任韦伯的助手，同时还在着手进行两项极其困难的研究。由此所带来的压力，再加上一向的贫困处境，导致黎曼陷入了暂时的崩溃。"我是如此全神贯注于将所有物理定律结合在一起的研究，以至于当我知道试讲的题目时，我依然无法抽身离开我的研究。然后，我病倒了。我的病一部分是因为对问题的思考，一部分是因为在这种恶劣的天气里待在家里太久。我的老毛病复发了，而且态势顽固，以至于我无法继续我的工作。仅仅几周后，当天气好转，我得到了更多的社交刺激，我开始感觉好多了。今年夏天，我在花园里租了一所房子，从那以后，我的健康状态就不再使我烦恼了。复活节后两个星期，我完成了一件我无法摆脱的工作，我立即开始准备我的试讲，并在圣灵降临节前后（也就是说，大约七个星期后）完成了它。我很难马上确定试讲的日期，几乎不得不在没有完成任务的情况下返回奎克博恩。因为高斯病得很重，医生们担心他很快就会离世。他身体太弱，无法考核我，他让我一直等到八月，希望他那时能有所康复，特别是因为我要到秋天才讲课。然后他在圣灵降临节后的星期五决定，要把试讲安排在第二天的十一点半。星期六，我幸运地通过了一切。"

这是黎曼自己对自己这次具有历史性意义的试讲的描述，这次试讲旨在革新微分几何，并为我们这一代的几何物理学铺平道路。在同一封信中，他讲述了他在复活节前后所做的工作的结果。韦伯和他的一些合作者"对一种现象进行了非常精确的测量，而到那时为止，这一现象还从未被研究过，这个现象就是莱顿瓶中的残余电荷［放电后，人们发现莱顿瓶中没有完全不带电］……我把我根据这个现象建立的理论给了他［韦伯的合作者之一科尔劳施］。我对这一现象的理论，是专门为他而提出的。我通过对电、光和磁之间关系的全面研究，找到了这一现象的解释。这件事对我来说很重要，因为这是我第一次将我的成果应用到一个尚不为人所知的现象上，我希望这个成果的发表将有助于我更大的成果被顺利地接受。"

黎曼的见习讲座（1854年6月10日）得到了热烈的回应，即使是在他谦逊的内心最深处，他也不由得感到害怕。那次讲座让他汗流浃背地准备了很久，因为他下定决心，要让那些对数学知之甚少的教员也能听懂。黎曼的论文《论作为几何学基础的假设》不仅是数学界一篇伟大的杰作，也是一部经典的名著。高斯很热情。"他突破传统，在候选人提交的三个题目中选择了第三个，希望看看这个如此年轻的人如何处理如此困难的主题。他出乎意料地感到惊讶，从教职员工会议返回后，他向威廉·韦伯表达了对黎曼所提出的思想的最高赞赏，这种热情洋溢的样子对高斯来说是罕见的。"关于这篇杰作，本书将在本章结尾处再提及一些。

黎曼在奎克博恩的家中与家人团聚，并在家中稍作休息后，于九月返回了格丁根。在格丁根，他在一个科学家大会上发表了一篇准备得比较仓促的演讲（为了在短时间内做好准备，他熬到深夜）。他的主题是电在非导体中的传播。在这一年中，他继续从事对电的数学理论的研究，并撰写了一篇关于诺比利（Nobili）彩色环的论文，因为正如他在写给其妹妹伊达（Ida）的信中所说的那样："这一课题很重要，因为可以对它进行非常精确的测量，并且可以根据它来测试电的运动规律。"

在同一封信（1854年10月9日）中，他对第一次学术演讲的成功表示了无限的喜悦，并对出乎他意料的大量听众表示了极大的满意。竟然有八个学生来听他演讲！他原来估计只会有两三个。这种出乎意料的欢迎强烈鼓舞了黎曼，他告诉他的父亲，"我已经能够正式上课了。我最初的那种羞怯和约束感已经逐渐消失，我开始习惯于更多地考虑听众的感受，而不是考虑我自己。从他们的表情中，我可以看出我是否应该继续或进一步解释某个问题。"

1855年狄利克雷接替高斯后，黎曼的朋友们敦促当局任命黎曼担任助理教授,但大学的财政状况到目前为止还无法维持下去。尽管如此,他还是获得了相当于每年200美元的收入,比起从前那种课上半打学生自愿付给他的学费来说,这笔收入的确相当可观。他的未来令他忧心忡忡。不久他失去了父亲和妹妹克拉拉(Clara),这使他不可能再躲到奎克博恩去度假了。此时的黎曼确实感到了贫穷和痛苦。他剩下的三个姐妹和另一个兄弟住在一起,这个兄弟是不来梅的一名邮政职员,他的薪水比这位"在经济上毫无价值"的数学家要高得多。

第二年(1856年,黎曼当时三十岁),前景变得明朗了一些。像黎曼这样富有创造性天赋的天才,只要他有必要的资金让自己的身体和灵魂保持在一起,只要还能工作,就不可能被沮丧击倒。他关于阿贝尔函数的独具特色的部分著作,关于超几何级数(见高斯那一章)以及对这个级数提出的——在数学物理学中极为重要的——微分方程的经典著作,都是这一时期产出的。在这两方面的著作中,黎曼都开辟了自己的新方向。他的方法具有普遍性和直观性,这都是他作品特有的独特性质。他的工作吸引了他所有的精力,使他忘记了物质上的烦恼,依然保持着快乐。也许,肺结核病人那种必不可少的乐观主义已经在他身上发挥作用了。

黎曼对阿贝尔函数理论的发展与魏尔斯特拉斯的发展不一样,就好比月光与阳光是不一样的。魏尔斯特拉斯的解决方式有条不紊,细节一丝不苟,就像一支纪律严明的军队在预见一切、对一切突发事件都有所准备的将军统率下前进一样。就黎曼而言,他放眼望去,看到了一切,却忽略了细节,而细节是他不予考虑的,他满足于在自己的想象中抓住总体地形的关键位置。魏尔斯特拉斯的方法是算术的,黎曼的方法是几何的和直观的。说一个比另一个更好是毫无意义的——两者不能从一个共同的角度来看待。

　　过度工作和缺乏合理的休息，让黎曼在三十一岁就早早地神经衰弱了，黎曼被迫和一位朋友在哈尔茨的山区度过了几个星期，戴德金也加入了他的行列。这三个人一起长途远足登山，黎曼很快就康复了。摆脱了必须保持严肃的学术面孔的压力，黎曼彻底放松了，展现出了他的幽默感，并用他与生俱来的机智逗乐了他的同伴。他们还一起讨论工作——大多数数学家在一起时都会这样做，就像律师、医生或商人那样，只要他们不必为了维持社会惯例而胡说八道。一天晚上，在一次艰难的徒步旅行后，黎曼阅读布鲁斯特的牛顿传记，发现了牛顿致本特利（Bently）的信，在这封信中，牛顿本人断言了无居间介质的超距作用的不可能性。这使黎曼非常高兴，受此激励，他还做了一次即兴演讲。如今，黎曼所推崇的"介质"不是发光的以太，而是他自己的"弯曲空间"，或其在相对论时空中的反映。

　　最后，1857年，31岁的黎曼获得了助理教授的职位。他的年薪大约相当于三百美元，但由于他一辈子没有多少钱，因此他也并不在乎金钱。然而，一场真正的灾难立刻降临在他身上：他的兄弟死了，照顾三个姐妹的担子落在了他的肩上。他们每人每年的收入正好是75美元。一无所有地在茅屋里待上一年也许是天堂，但在一个大学社区里，一无所有的生活简直就是地狱。在黎曼的时代，情况也没什么不同。难怪他患肺结核。然而，慷慨施舍的上帝很快就让黎曼最小的妹妹玛丽得以解脱，因此家里每个人的预算飙升到每年100美元。如果说口粮是拮据的，但爱却是慷慨大度的，黎曼的姐妹给他的忠诚的爱与鼓励，在他身上所激发的自信，回报了黎曼为她们做出的牺牲。上帝也许知道，如果一个挣扎的凡人需要鼓励的话，那就是可怜的黎曼，尽管如此，以这样的方式向他提供需要,似乎是一种相当奇怪的方式。

1858年,黎曼发表了关于电动力学的论文,他告诉妹妹伊达,"关于电和光之间紧密联系的发现,我献给了(格丁根)英国皇家学会。据我所知,高斯设计了另一个与我不同的关于这种密切关系的理论,并将其讲给了他的密友。但是,我完全相信我的理论是正确的,它几年后就会得到承认。众所周知,高斯很快收回了他的论文,并没有出版,也许他自己并不满意。"在这里,黎曼似乎过于乐观,克拉克·麦克斯韦的电磁场理论是今天掌握宏观现象领域的理论。光和电磁场理论的现状过于复杂,无法在此描述。我们可以注意到黎曼理论并没有幸存下来,这就足够了。

狄利克雷于1859年5月5日逝世。他一直很欣赏黎曼,也尽了最大的努力帮助这个苦苦挣扎的年轻人。狄利克雷的关心和黎曼迅速增长的名声,使得政府开始提拔黎曼接替狄利克雷。因此,在三十三岁时,黎曼成了高斯的第二个继任者。为了缓解他的家庭困难,当局让他像高斯那样住在天文台。那些虽然比他年长,但在某种意义上是他的竞争者的数学家的赞扬如今蜂拥而至,这想必是最真诚的认可。在访问柏林期间,他受到了博查特、库默尔、克罗内克和魏尔斯特拉斯的款待。包括伦敦皇家学会(Royal Society of London)和法兰西科学院(French Academy of Sciences)在内的各种学会授予了他会员资格。简而言之,他获得了一个科学界人士所能获得的最高荣誉。1860年的巴黎之行让他结识了法国数学家,特别是埃尔米特,他对黎曼的赞美是无穷无尽的。1860年是数学物理学史上值得纪念的一年,因为在这一年里,黎曼开始写作他的论文《关于热传导的一个问题》。在这篇文章中,他开发了二次微分形式(这一点在讲到黎曼在几何基础的工作时会提到)的全部方法, 这是今天相对论的基础。

被任命为正式教授后, 黎曼的物质生活有了很大改善, 三十六岁时就有能力结婚了。他的妻子伊丽泽·科赫 (Elise Koch) 是他的姐妹们的朋友。结婚后不到一个月, 黎曼就在1862年7月患上了胸膜炎。他还没有完全康复, 就又得了肺病。有影响力的朋友们怂恿政府为黎曼提供资金, 让他在意大利温和的气候中度过冬天。第二年春天, 他回访德国时, 非常愉快地欣赏了他所访问的许多意大利城市中的艺术珍品。这是他生命中短暂的夏天。

他满怀希望地离开了他深爱的意大利, 却在到达格丁根时病得更重了。在施普吕根山口步行通过深深积雪的回程途中, 他不小心得了严重的感冒。第二年8月 (1863年), 他回到意大利, 首先在比萨停留, 他的女儿伊达 (用他姐姐的名字命名) 在比萨出生。这一年的冬天异常严酷, 阿尔诺河也结冰了。5月, 他搬到比萨郊区的一座小别墅。他的妹妹海伦妮 (Helene) 在那里去世了。他自己的病, 再加上黄疸, 病情越来越严重。令他深感遗憾的是, 他被迫拒绝了比萨大学提供给他的教授职位。格丁根大学慷慨地延长了他的假期, 让他能够在意大利数学朋友的簇拥下, 在比萨度过接下来的冬天。但进一步的并发症让他渴望回家, 在里窝那和热那亚渴望恢复健康却未能奏效后, 他于10月回到格丁根, 在那里度过了一个还算健康的冬天。

这段时间, 他有力气的时候就会工作。在格丁根, 他常常表示希望与戴德金谈谈他尚未完成的作品, 但是一直没有感到身体足够强壮, 可以经得住拜访。他的最后一项工作是关于听觉的力学的研究, 但没有完成。他本来希望完成这件事, 也希望完成其他一些他认为非常重要的事情。他最后一次做出了恢复健康的努力, 回到了意大利。他生命的最后日子是在马焦雷湖畔塞拉斯卡的一栋别墅中度过的。

戴德金讲述了他的朋友是如何去世的。"但他的力量迅速衰退，他觉得自己的末日就要到了，临去世前一天，他在无花果树下干活，欣赏着周围的壮丽景色，他的内心充满了喜悦……他的生命力慢慢地退去，没有挣扎，也没有死亡的痛苦；他似乎饶有兴趣地观察着自己的灵魂与肉体的分离；他的妻子不得不给他领圣餐……他对她说：'吻我们的孩子。'她与他一起背诵主祷文；他再也不能说话了；听到'原谅我们的过失'这句话时，他虔诚地抬起头来；她感觉到他的手在她的手里越来越冷，随着最后几声叹息，他纯洁高尚的心脏停止了跳动。在他父亲的家庭里所养成的那种温柔的性格，终生伴随着他，他像父亲一样忠实地侍奉他的上帝，只是方式略有不同。"

就此，黎曼于1866年7月20日逝世，享年39岁，在世时，他充分展现了他成熟的天才。他的意大利朋友在他的墓碑上刻下了 *Denen die Gott lieben müssen alle Dinge zum Besten dienen* 的字样，即"爱上帝者必诸事顺遂"。

黎曼作为数学家的伟大之处在于他向纯数学和应用数学揭示的方法，以及新观点的强大的普遍性和无限的范围。细节从未使他屈服，他把整个庞大的问题看作是一个连贯的整体。即使是关于未完成项目的零碎笔记也常常表露出一些令人难以忘怀的新奇之处，并加深了我们对黎曼过早逝世的遗憾。这里只能描述他的一部杰作，1854年关于几何学基础的论文。尽管我们这里提到克利福德只是为了介绍另一个人，这对他可能不大公平，但我们将引用他1870年《论物质的空间理论》这篇大胆的论文，作为对黎曼几何学的实体和精神的奇异的预言式介绍。克利福德不是一个缺乏独创性的抄袭者，而是一个有着自己独到见解的人，正如牛顿在谈到科茨（Cotes）时所说的那样，"如果他还活着，我们也许会知道一些事情。"熟悉相对论物理学和电子波动理论的读者可以在克利福德的简短预言中辨认出当前理论的几个奇怪轮廓。

"黎曼指出，因为有不同种类的线和面，所以也有不同种类的三维空间，我们只能凭经验找出我们所居住的空间属于哪一种空间。特别是，平面几何的公理在一张纸的表面上试验的限度内是成立的，但是我们知道纸上实际上布满许多小的脊和沟，而在这些脊和沟上（总曲率不是零），这些公理是不正确的。类似地，他说，尽管立体几何的公理在试验的限度内对于我们空间的有限部分是正确的，但我们没有理由断定它们在非常小的部分是正确的，如果能从中得到任何解释物理现象的帮助，我们就有理由得出结论，在很小的空间范围内，它们是不正确的。

"我想在这里指出一种方法，用以研究物理现象。我认为实际上

"（1）空间的一小部分的性质类似于平均而言平坦面上的小山，也就是说，普通的几何定律在其中是不成立的。

"（2）这种弯曲或扭曲的特性以波的方式连续地从空间的一部分传递到另一部分。

"（3）空间曲率的这种变化真实地发生在我们称为（不管是可思考的还是空灵的）物质运动的现象中。

"（4）在物质世界中，根据（也许是）连续性定律，除了这种变化以外没有其他事情发生。

"我试图用一般方式解释这个假设的双重屈折的规律，但还没

有得到任何足以公布的结果。"

黎曼还认为他的新几何学将被证明具有科学上的重要价值,他的论文(克利福德译本)的结尾处表明了这一点:

"因此,构成空间基础的现实必须形成一个离散的流形,或者我们必须在作用于它的约束力中,寻找在它之外的度量关系的基础。

"这些问题的答案只能从迄今为止被经验证明是正确的现象概念(牛顿将其作为基础)开始,并在这一概念中做出它无法解释的事实所要求的连续变化。"他接着说,像他自己的研究一样,从一般概念出发,"有助于防止这项工作受到过于狭隘的观点的阻碍,也有助于防止事物相互依存的知识进展受到传统偏见的制约。"

"这引导我们进入了另一门科学领域,也就是物理学,这项工作的对象今天不允许我们进入这一领域。"

黎曼1854年的工作给几何学带来了新的曙光。他所看到的几何是非欧几何,既不是罗巴切夫斯基和约翰·鲍耶意义上的非欧几何,也不是黎曼自己对钝角假设的阐述(如第十六章中所解释的那样),而是在一种依赖于度量概念的更广泛意义上的非欧几何。把度量关系孤立地作为黎曼理论的中枢,是不公平的;该理论包含的不仅仅是某种可操作的度量原理,但这是其主要特征之一。任何对黎曼简明扼要的论文的解读,都无法揭示其中的全部内容,尽管如此,我们将尝试说明他的一些基本思想,我们将选择三点:流形的概念、距离的定义和流形的曲率的概念。

一个流形是一类物体(至少在通常数学中是这样的),它的任何一个成员都可以通过给它指定的一些数来完全确定,这些数按确定的顺序排列,相应于这些元素的"可数"性质;以给定顺序的这种指定,相应于"可数"性质的某种预先指定的排序。尽管这可能比黎曼的定义更难理解，但它仍然是一个工作起点，在普通数学中它所代表的是：一个流形是一个有序的"n元"数组$(x_1, x_2, \cdots, x_n)$集合，括号（）表示数$x_1, x_2, \cdots, x_n$按已知的顺序书写。两个这样的n元数组$(x_1, x_2, \cdots, x_n)$和$(y_1, y_2, \cdots, y_n)$，当且仅当它们中的对应数分别相等，即当$x_1=y_1$，$x_2=y_2, \cdots, x_n=y_n$时，这两个n元数组相等。

如果流形中的每一个有序n元数组中都恰好出现了n个数，则称该流形为n维。因此，我们又回到了笛卡尔的坐标论。如果$(x_1, x_2, \cdots, x_n)$中的每个数都是正整数，零或负整数，或者如果它是任何一个可数集（其元素可以从1，2，3，…中计数的集合）的元素，并且如果这对于集合中的每个n元数组都成立，则称流形为离散流形。如果数字x_1，$x_2, \cdots, x_n$可以连续地取值（如一个点沿着一条直线运动那样），那么该流形是连续的。

这一工作定义故意忽略了这样一个问题：有序n元数组是否是"流形"，或者由这些n元数组"表示"的某个东西是否就是"流形"。因此，当我们说(x, y)是平面中一个点的坐标时，我们并不询问"平面中的一个点"是什么，而是继续研究这些有序的数对(x, y)，其中x，y独立地取遍所有实数。另一方面，有时将注意力集中在(x, y)这样的符号所代表的东西上可能是有利的。因此，如果x是一个人的年龄（以秒为单位），y是他的身高（以厘米为单位），那么我们可能会对这个人（或所有人这个大类）感兴趣，而不是对他的坐标感兴趣，而我们所探究的数学仅关心坐标。按同样的思路，几何不再关注"空间"是什么——即不管"是"是否意味着与"空间"相关的任何东西。对于现代数学家来说，空间仅仅是上述类型的数的流形，而空间这个概念便是起源于黎曼的

"流形"。

在谈到度量时，黎曼指出"度量由需要比较的量叠加组成。如果缺乏这一点，则只有当一个量是另一个量的一部分时才能比较了，那就只能决定量的多和少，而不能决定究竟是多少了。"可以顺便说一下，某种前后一致而有用的度量理论目前是理论物理学的迫切需要，特别是在量子力学和相对论在其中非常重要的所有问题上。

黎曼又一次从哲学的一般原则下降到不那么神秘的数学，接着从他的度量概念中提炼出距离的定义，这一概念在物理学和数学领域都取得了巨大的成果。

毕达哥拉斯命题 $a^2 = b^2 + c^2$ 或 $a = \sqrt{b^2 + c^2}$，其中 a 是直角三角形最长边的长度，b, c 是其他两条边的长度，这是在平面上测量距离的基本公式。如何将其推广到曲面上呢？平面上的直线相当于曲面上的测地线（见第十四章）；但在球面上，例如，毕达哥拉斯命题对于由测地线构成的直角三角形是不成立的。黎曼将毕达哥拉斯公式推广到任意流形，如下所示：

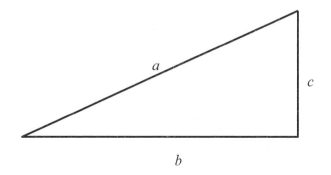

设 $(x_1, x_2, \cdots, x_n)$，$(x_1 + x_1', x_2 + x_2', \cdots, x_n + x_n')$ 是流形中两个彼此

"无限接近" 的 "点" 的坐标。就我们现在的目的而言，"无限接近" 的意义是，比度量流形上这两个点 "分离程度" 的 x_1', x_2', …, x_n' 的二次幂更高的幂次可以忽略不计。为简单起见，我们说明n=4时的意义——给出在四维空间中两个邻近点的距离：这个距离是

$$g_{11}x_1'^{\,2} + g_{22}x_2'^{\,2} + g_{33}x_3'^{\,2} + g_{44}x_4'^{\,2}$$

$$+ g_{12}x_1'x_2' + g_{13}x_1'x_3' + g_{14}x_1'x_4'$$

$$+ g_{23}x_2'x_3' + g_{24}x_2'x_4'$$

$$+ g_{34}x_3'x_4'$$

的平方根，其中十个系数 g_{11}, …, g_{34} 是 x_1, x_2, x_3, x_4 的函数。对于g的特定选择，定义了一个 "空间"。因此我们可能有 $g_{11}=1$, $g_{22}=1$, $g_{33}=1$, $g_{44}=-1$，所有其他的 g_{ij} 是零；或者我们可以考虑一个空间，其中除 g_{44} 和 g_{34} 之外的所有 g_{ij} 都为零，依此类推。相对论中所考虑的空间是这样一种广义空间，其中除 g_{11}, g_{22}, g_{33}, g_{44} 之外的所有 g_{ij} 都是零，这些g是涉及 x_1, x_2, x_3, x_4 的一些确定的简单表达式。

在n维空间的情况下，相邻点之间的距离以类似的方式定义，一般表达式包含 $\dfrac{1}{2}n(n+1)$ 项。给出了两个相邻点距离的推广的毕达哥拉斯公式，求空间任意两点间的距离是积分学中的一个可解问题。其度量（度量体系）由所述类型的公式定义的空间称为黎曼空间。

黎曼（在他之前高斯曾表达过，见关于高斯那一章）所设想的曲率是来自普通经验的另一个推广。一条直线的曲率为零；一条曲线偏离直线的 "度量"，对于曲线的每一点都是相同的（就像对于圆一样），或者当通过应用无穷小表示 "曲率的量" 再次成为必要时，它也可以在曲

线上逐点逐点变化。对于曲面, 曲率同样地由偏离平面的量来度量, 平面的曲率为零。这可以加以推广, 并像下面这样使之更为精确。为了简单起见, 我们首先说明二维空间的情形, 即我们通常想象的曲面那样的情形。由表示(当函数g_{11}, g_{12}, g_{13}给定时确定了的)给定曲面上邻近点距离平方的公式

$$g_{11}x'^{\,2}_{\,1} + g_{12}x'_1 x'_2 + g_{22}x'^{\,2}_{\,2}$$

可知, 完全根据给定函数g_{11}, g_{12}, g_{22}来计算曲面上任意点的曲率大小是可能的。现在, 用普通语言来说, 谈论一个二维以上空间的"曲率"是毫无意义的。尽管如此, 黎曼推广了高斯的曲率, 用同样的数学方法建立了一个在n维空间的一般情形中包含一切g_{ij}在内的表达式, 它在数学上与曲面的曲率的高斯表达式属于相同类型, 这个推广的表达式就是他所谓的空间曲率的测度。可以展示二维以上弯曲空间的形象化表示, 但这类直觉的辅助手段, 就好比给一个没有脚的人一对破拐杖一样无用, 因为它们对理解毫无帮助, 在数学上也毫无用处。

黎曼为什么要这么做, 这样做的最终结果如何? 我们并不打算回答第一个问题, 只想指出黎曼之所以这样做是因为他的精力过人。我们可以简单地列举一些黎曼几何思想革命的成果。首先, 它将数量无限多的"空间"和"几何"创造用于动力学、纯几何物理科学的特定用途, 使之进入专业几何学家能力范围之内。它将大量重要的几何定理打包成紧凑的一束, 可以作为一个整体轻松处理。其次, 它澄清了我们对空间的概念, 至少在数学家处理"空间"时是如此, 他剥去了那个神秘的非实体空间的最后一丝神秘。黎曼的成就教会了数学家, 不要去相信作为人类直觉的必要模式的任何几何学或任何空间。这是绝对空间

棺材上的最后一颗钉子,也为十九世纪物理学的那些"绝对"钉上了棺材上的第一颗钉子。

　　最后,黎曼定义的曲率,他为研究二次微分形式而设计的过程(这些过程给出了任意维数空间中相邻点之间距离平方的公式),他对曲率是一个(在前几章解释的专业意义上)不变量这一事实的认识,都在相对论中找到了物理解释。相对论是否达到了最终形式无关紧要;由于相对论的存在,我们对物理科学的看法和以前不同了。如果没有黎曼的工作,这场科学思想革命就不可能得以成功,除非后来有人创造了黎曼所创造的概念和数学方法。

第二十七章 算术二世

库默尔和戴德金

老派德国人。拿破仑助力了库默尔的成长。抽象和具体方面同具天赋。费马大定理产生了什么。理想数理论。库默尔的发明可与罗巴切夫斯基相提并论。四维空间中的波曲面。庞大的身躯、思想和心灵。戴德金，高斯的闭门弟子。伽罗瓦的第一个解释者。早年对科学的兴趣。转向数学。戴德金关于连续的研究。他创造了理想理论。

因此，我们看到理想素因子揭示了复数的本质，使它们变得明白清晰，并揭示了它们的内部的透明结构。

——库默尔

我的大多数读者会非常失望地得知，通过这一平庸的观察，连续的秘密就要被揭示了。

——戴德金

令人奇怪的是，尽管算术——数论——是比任何其他数学学科都要深刻的问题，也是强大的方法的孕育之母，但它通常被视为站在主要进展的一边，就像一个或多或少有些冷血的旁观者一样看待几何学和分析学的浮华成就，特别是其对物理科学的贡献。而在过去的两千年中，很少有伟大的数学家在"纯数"的科学发展上付出了更大的努力。

这个说到底是与数学同等优秀的学科的奇怪忽视，是由各种因素共同决定的。其中，我们只需要注意以下几点：目前的算术比数学其他各大领域难度更高；尽管一些最伟大的数学家认为自然的真正数学最终将在普

库默尔

通整数的性态中找到，但数论在科学中的直接应用很少，也不容易被大多数的创造性数学家所察觉；最后，对数学家来说——至少对某些数学家来说，甚至对伟大的数学家来说——通过在分析、几何学或应用数学领域取得巨大成功而获得更辉煌的成果，来赢得自己在同代人中的尊敬和声望，这也是人之常情。就连高斯也屈服了，这让他在中年时非常悔恨。

高斯之后的现代算术始于库默尔。库默尔的理论起源于他试图证明费马大定理。这在前面已经提过了（第二十五章）。在我们讨论戴德金之前，也许可以谈一谈这个人长寿的一生中的一些事情。库默尔是一个典型的旧式德国人，他有着直率的简单、善良的天性和活泼的幽默，这正是正在迅速消亡的那类人的最佳特征。这些森林中陈年的博物馆标本可以在上一代人的任何一家旧金山德国啤酒园的柜台后面找到。

尽管恩斯特·爱德华·库默尔（Ernst Eduard Kummer, 1810年1月

29日–1893年5月14日)出生在拿破仑失势的五年前，但这位光荣的法国皇帝依然在库默尔的一生中扮演了一个重要的角色，即使可能是无意的。库默尔是德国索劳（当时属勃兰登堡公国）的一名医生的儿子，他三岁时失去了父亲。当时，拿破仑大军的残部从德国回到法国，带着俄罗斯特有的斑疹伤寒，并与爱清洁的德国人一起分享了这个"礼物"。库默尔的父亲，这位过度劳累的医生染上了这种病，不幸去世，把恩斯特和他的一个哥哥留给了他的遗孀照顾。幼年的库默尔在极度贫困中长大，但他苦苦挣扎的母亲想方设法让她的儿子们上完了当地的中学。拿破仑时代法国人的傲慢和苛税，以及他母亲努力保留的关于他父亲的记忆，让年轻的库默尔成为了一个极端的爱国者。正是出于真正的热情，他在晚年将其卓越的科学才能大部分奉献给了柏林的军事学院，给德国军官讲授弹道学。他的许多学生在普法战争中表现出色。

库默尔十八岁时（1828年）被母亲送到哈雷大学学习神学，以便在教会供职。由于贫困，库默尔没有住进大学宿舍，而是背着装满食物和书本的背包，每天在索劳和哈雷之间来回奔波。关于他的神学研究，库默尔做了一个有趣的观察。他发现一个具有抽象思辨天赋的头脑，究竟是会选择从事哲学还是数学，或多或少是一个偶然或环境决定的问题。在他自己的例子中，这个偶然因素是海因里希·费迪南德·舍克（Heinrich Ferdinand Scherk, 1798–1885）在哈雷担任数学教授。舍克相当守旧，但他热衷于代数和数论，并把这种热情传授给了年轻的库默尔。在舍克的指导下，库默尔很快放弃了他的伦理和神学研究，转而学习数学。库默尔回应笛卡尔的观点说，他更喜欢数学而不是哲学，因为"纯粹错误和谬误的观点无法进入数学。"如果库默尔活到了今天，他也许会修改他这种说法，因为他是一个心胸开阔的人，而目前数学的那些哲学倾向, 有时令人好奇地联想到中世纪的神学。在大学三年级时, 库默尔解决了一道数学难题, 并在二十一岁时(1831年9月10日)获得了博士学位。当时没有合适的大学职位空缺。因此, 库默尔的职业生涯是在他过去就读的中等学校开始的。

1832年他搬到利格尼茨, 他在那里的中学里教了十年书。正是在那里, 他帮助克罗内克开始了他那革命性的事业。幸运的是, 在类似的情况下, 库默尔没有魏尔斯特拉斯那么困难, 他还有能力支付科学信件的邮费。与库默尔分享其数学发现的著名数学家(包括雅可比), 确保这位年轻而富有天才的教师尽早被提升到更合适的位置。1842年, 库默尔被任命为布雷斯劳大学的数学教授。他在那里教书, 一直到1855年。当时高斯的去世导致了欧洲数学局面的大范围变动。

人们认为狄利克雷对柏林很满意, 柏林是当时的世界数学之都。但当高斯去世时, 狄利克雷无法抵挡接替数学家王子和他本人的老师的诱惑, 去格丁根大学担任了教授。即使在今天, 作为"高斯的继任者"的荣耀对数学家也有着几乎不可抗拒的吸引力, 哪怕他们很容易在其他岗位上挣到更多的钱。直到最近, 格丁根大学还是有大批的应试者, 渴望得到一份格丁根大学的教职。库默尔的数学家同行们对他做出了高度的评价, 这可以从他被一致推选为狄利克雷在柏林的继任者这一事实来判断。从29岁起, 他就一直是柏林皇家学院的通信院士。他现在(1855年)在大学和学院都接替了狄利克雷, 还被任命为柏林军事学院的教授。

库默尔是所有科学天才中最为罕见的一位, 他在最抽象的数学、数学在实际中的应用(包括战争这一人类所有愚蠢行为中最为无耻的实际应用)方面堪称一流, 并且有卓越的能力研究实验物理学。他最杰出的成果是在数论领域。在数论中，他深刻的独创性使他做出了最重要的一些发明，但在其他领域，如分析、几何学和应用物理学，他也做了杰出的工作。尽管库默尔在高等算术方面的进步具有开创性，可以将他与非欧几何的创造者相比较，但回顾他八十三年的人生，我们不知何故得到了这样的印象：尽管他取得了辉煌的成就，但他并没有完成他必须完成的一切。也许他缺乏个人抱负（下面给出了一个例子），随和可亲以及宽和的幽默感，阻止了他去试图打破纪录。

库默尔在数论中所做的工作的本质已经在克罗内克一章中进行了叙述：他将算术的基本定理恢复到了那些试图证明费马大定理和高斯割圆理论的代数数域中，他通过创造一类全新的数——他所谓的"理想数"——实现了这一重建。他还继承了高斯关于双二次互反律的工作，并寻求高于四次的互反律。

如前几章所述，库默尔的"理想数"现在在很大程度上被戴德金的"理想"所取代，而我们将在谈到它们时加以描述。因此，没有必要在这里尝试用非专业性语言解释库默尔的"数"是什么，这是不可能的。但是他利用这些数所完成的工作，可以这样足够精确地解释：库默尔证明了：$x^p+y^p=z^p$，p是素数，对于很广泛的整整一类素数p，对所有非0的整数x，y，z都是不可能的。他没有成功地对所有素数证明费马定理；某些狡猾的"特殊的素数"躲过了库默尔的网，现在仍然如此。尽管如此，他所迈出的这一步远远超过了他的所有前辈所做的一切，库默尔几乎不由自主地成名了。他获得了一项他甚至都没有报名的奖金。

法兰西科学院关于1857年"大奖"竞赛的报告全文如下："关于数学科学大奖赛的报告。该竞赛设立于1853年，结束于1856年。委员会在竞赛提交者中，发现没有一项成果值得被授予奖金，因此建议科学院将其授予库默尔先生，以奖励他对单位根[1]和整数构成之复数的出色研究。科学院采纳了这一建议。"

库默尔对费马大定理的研究最早始于1835年10月，随后在1844年至1847年，他发表了更多的论文，最后一篇题为《关于$x^p+y^p=z^p$对于无穷[2]多个素数p的不可能性之费马定理的证明》。他继续改进他的理论，包括将其应用于高次互反律，直到1874年他六十四岁才停止。

尽管这些高度抽象的研究是他最感兴趣的领域，"为了更准确地描述我个人的科学态度，我可以很方便地将其称为理论性的……我特别努力学习数学知识，它们在数学中找到了合适的领域而不涉及应用。"库默尔并不是狭隘的专家。他有点儿像高斯，似乎对纯数学和应用科学都同样感兴趣。事实上，高斯通过他的作品，确实成了库默尔的真正老师，而这位聪明的学生通过扩展其老师在超几何级数方面的工作，也证明了自己的勇气。他为高斯所做的工作增添了实质性的进展，这些进展在今天数学物理学中最常出现的微分方程理论中有着巨大的用途。

此外，哈密顿在光线系统（光学）方面的杰出工作再一次激发了库默尔的灵感，他创造了自己最美妙的发明之———以他的名字命名的四次曲面。它在欧几里得空间的几何中起着基础作用，而欧几里得

---

1. 如果 $x^p+y^p=z^p$，那么 $x^p=z^p-y^p$，把 z^p-y^p 分解成一阶的 p 个因子，我们得到

$$xp=（z-y）（z-ry）（z-r^2y）\cdots（z-r^{p-1}y），$$

其中 r 是"单位的 p 次根"（除 1 以外），即 $r^p-1=0$，r 不等于 1。由 r 生成的 p 次域中的代数整数，是库默尔引入费马方程研究中的那些数，它们使他发明了在这个域中重建唯一因子分解的他的"理想数"——这样一个域中的一个整数，对于所有的素数 p，并不是该域中唯一的素数乘积。

2. 库默尔标题中的"无穷"仍然是不合理的（1936年），应该用"很多"代替"无穷"。

空间是四维的(而不是我们通常想象的三维空间)。当直线而不是点被视为构成空间的不可约元素时，就会发生这种情况。这个曲面(及其在高维空间的推广)占据了整个十九世纪几何学系的舞台中心位置，凯莱发现，它可以用四重周期函数来表示(参数表示——见高斯一章)，雅可比和埃尔米特对此付出了最大的努力。

最近(自1934年以来)，阿瑟·爱丁顿爵士(Sir Arthur Eddington)发现库默尔的曲面类似于量子力学中的狄拉克波动方程(两者都有相同的有限群，库默尔的曲面是四维空间中的波面)。

为了完成这一循环，库默尔将射线组的研究带回了物理学，并对大气折射理论做出了重要贡献。在军事学院的工作中，他向科学界证明了自己在弹道学方面是一流的实验者。库默尔以其特有的幽默为自己在数学上的失宠辩解。"当我用实验的方式解决一个问题时，"他对一位年轻朋友说，"这就证明了这个问题在数学上是难以解决的。"

库默尔回忆起自己为接受教育所做的努力和母亲所做的牺牲，他不仅是学生的父亲，也是他们父母的兄弟。成千上万心存感激的年轻人在柏林大学或军事学院得到过库默尔的帮助，他们终生铭记库默尔，把他当作一位伟大的老师和朋友。有一次，一位贫穷的年轻数学家即将参加博士学位考试，但是他患了天花，不得不回到位于俄罗斯边境附近的波森的家中。他离开学校后，没有再来过任何消息，但大家都知道他非常贫穷。当库默尔听说这个年轻人可能负担不起足够的治疗费用时，他找到了这个学生的一个朋友，给了他必要的钱，并把他送到波森去看看该做的事是否完成了。库默尔在教学中以朴素的比喻和富于哲理的旁白而闻名。因此，为了从某种表述中说明某一特殊因子的重要性，他说："如果忽视了这一因素，就会像吃李子时吞下果核却吐出来果肉的人。"

库默尔生命的最后九年是完全退隐的。"在我的遗作里找不到任何东西。"他在想到高斯死后留给编辑的大量遗稿时这样说。在家人的簇拥下（他生了九个孩子），库默尔退休后永远放弃了数学，除了偶尔去看看儿时生活的地方外，他过着最严格的隐居生活。1893年5月14日，他在短暂的流感发作后去世，享年83岁。

库默尔在算术方面的继任者是尤利乌斯·威廉·里夏德·戴德金（Julius Wilhelm Richard Dedekind，他长大后去掉了前两个名字），他是最伟大的数学家之一，也是德国或其他任何国家最富有创新性的数学家之一。和库默尔一样，戴德金也很长寿（1831年10月6日–1916年2月12日），他去世前不久在数学上仍然十分活跃。当他在1916年去世时，已经堪称是一代人的数学大师。正如埃德蒙·朗道（Edmund Landau，他本人也是戴德金的朋友和一些成果的追随者）在1917年对格丁根皇家学会（Royal Society of Göttingen）的纪念演说中所说："里夏德·戴德金不仅是一位伟大的数学家，而且是数学史上现在和过去最伟大的数学家之一，是一个伟大时代的最后一位英雄，高斯的最后一位学生，四十年来他本人都是一位经典大师，不仅我们，而且我们的老师，我们老师的老师，都从他的工作中汲取了灵感。"

里夏德·戴德金是尤利乌斯·莱温·乌尔里希·戴德金（Julius Levin Ulrich Dedekind）四个孩子中最小的一个，他出生在不伦瑞克，那也是高斯的出生地。[1]从七岁到十六岁，里夏德在家乡的中学读书。他没有展示出任何明确的数学天才的早期证据；事实上，他早期最爱的是物理和化学，他把数学看作是科学界的女仆或洗碗女工。但他并没有在黑暗中徘徊太久，到17岁时，他在所谓的物理学推理中嗅出了许多可疑之处，并转向逻辑争议较少的数学。1848年，他进入了卡罗莱纳学

戴德金

院——也就是当年给年轻的高斯提供了数学自学机会的那个学院。在这所学院里，戴德金掌握了解析几何、高等代数、微积分和高等力学的基本原理。因此，1850年19岁进入格丁根大学时，他已经做好了开始认真工作的准备。他的主要指导老师是莫里茨·亚伯拉罕·斯特恩（Moritz Abraham Stern, 1807–1894，他写了大量关于数论的文章）、高斯和物理学家威廉·韦伯（Wilhelm Weber）。从这三个人身上，戴德金打好了微积分、高等算术、最小二乘法、高等测地学和实验物理学的全面基础。

在晚年，令戴德金感到遗憾的是，他在格丁根度过的学生时代，所接受的数学教学虽然足以满足对国家教师证书的较低要求，但对于

1.至今还没有一本合适的戴德金传记出现。一本传记本应被收录在其作品集第三卷（1932年）中，但由于主编罗伯特·弗里克（Robert Fricke）的去世，并未被收录。这里的记述是根据朗道的纪念演讲而写的。请注意，按照一些德国传记作家的古老的日耳曼习惯，朗道完全没有提及戴德金的母亲。这无疑符合已故德国皇帝提出并得到阿道夫·希特勒衷心支持的"三K"理论："女人的全部责任在于三个大K——Kissing（接吻）、Kooking（烹饪，烹饪在德语中用K来拼写）和Kids（孩子）。"尽管如此，人们还是想知道一位伟人的母亲的闺名。

以数学为职业来说，却显得微不足道。生活中感兴趣的学科没有被触及，戴德金在拿到学位后不得不花两年的艰苦时光，自学椭圆函数、现代几何学、高等代数和数学物理学。雅可比、斯泰纳和狄利克雷当时在柏林对这些学科进行了精彩的阐述。1852年，二十一岁的戴德金因为一篇关于欧拉积分的短篇论文，从高斯手里获得了博士学位。没有必要解释这篇论文是什么：这篇论文虽然是一篇有用的、独立的著作，但它没有表现出戴德金后期许多著作中字里行间都能看到的天赋。高斯对这篇论文的评论可能会引起人们的兴趣："戴德金先生写的这篇论文是关于积分学的研究，这很不寻常。作者不仅对相关领域有很深入的了解，还表现出一种独立性，这很好地体现出他未来将有所成就。作为入学考试的考卷，我认为这篇论文非常令人满意。"显然，高斯在论文中所看到的比一些后来的批评家所发现的还要多；也许他与这位年轻作家的密切接触使他能够读懂字里行间的意思。然而，即便如此，这份报告或多或少是接受一篇尚可的论文时惯用的敷衍礼貌，我们也不知道高斯是否真的预见到了戴德金精辟的独创性。

1854年，戴德金被任命为格丁根不领薪金的讲师，任职期为四年。1855年高斯去世后，狄利克雷从柏林搬到了格丁根。待在格丁根的后三年里，戴德金参加了狄利克雷最重要的演讲。后来，他编辑了狄利克雷的关于数论的著名论著，并在其中增加了划时代的"第十一附录"，其中包括了他自己的代数数理论。他也成为了当时刚刚崭露头角的伟大的黎曼的朋友。戴德金在大学讲的课大部分是基础课，但在1857-1858年，他［为两个学生，泽林（Selling）和奥维尔斯（Auwers）］开设了一门关于伽罗瓦方程理论的课程。这可能是伽罗瓦理论第一次正式出现在大学课程中。戴德金是最早认识到群的概念在代数和算术中的根本重要性的人之一。在这个早期作品中，戴德金已经展现了他后期思想的两个主要特征：抽象性和普遍性。戴德金不是从有限群的置换表示（见伽罗瓦和柯西两章）的角度来看待有限群，而是通过公设（基本上如第十五章所述）来定义群，并试图从其本质的提炼中得到它们的性质。这是现代的方式：因为抽象性，所以一般性。第二个特征，也就是一般性，正如刚才所暗示的那样，是第一个特征的结果。

二十六岁时，戴德金（1857年）被任命为苏黎士理工学院（Zurich polytechnic）的常任教授，在那里待了五年，并于1862年返回不伦瑞克，担任工学院的教授。他在那里工作了半个世纪。对戴德金的官方传记作者来说，最重要的任务是解释（而不是排除）一个奇怪的事实，即戴德金在一个相对来说很默默无闻的位置上工作了五十年，而那些还不配给他系鞋带的人却占据了重要而有影响力的大学席位。戴德金或许喜欢默默无闻，这是一种可能的解释。那些相信这一点的人应该严格避开证券交易所，因为正如上帝创造了小羊羔一样，它们肯定会被敲竹杠。

直到戴德金八十五岁逝世时（1916年），他仍然精神饱满，身体强健。他从未结过婚，但一直与小说家妹妹尤丽叶（Julie）生活在一起，直到她1914年去世。他的另一个妹妹玛蒂尔德（Mathilde）于1860年去世；他的哥哥是一位著名的律师。

这是戴德金物质生活中仅有的最重要的事实。他活得如此之久，以至于尽管他的一些著作（他的无理数理论，目前正在描述）为整整一代分析学生所熟知，但他本人却几乎成为了一个传奇人物，许多人将他归类为虚幻的死者。在他死前12年，托伊布纳（Teubner）的《数学家年表》将戴德金列为1899年9月4日去世，这让戴德金感到非常好笑。他写信给编辑，说9月4日这一天可能会被证明是正确的，但这个年份肯定是错误的。"根据我自己的备忘录，这一天我过得非常健康，并且与我共进午餐的客人、来自哈雷的尊敬的朋友格奥尔格·康托尔，就'系统与理论'进行了非常激动人心的谈话。"

戴德金的数学活动几乎完全影响到了最广义的数的领域。我们只能看到他的两大成就，我们将首先描述他对无理数理论以及分析基础的基本贡献，即"戴德金分割"。由于这是最重要的，我们可以简单地回顾一下这个问题的性质。如果a, b是普通整数，则分数a/b就称为有理数；如果不存在整数m, n，使得某个确定的"数"N可以表示为m/n，那么N就称为无理数。因此 $\sqrt{2}$，$\sqrt{3}$，$\sqrt{6}$ 是无理数。如果一个无理数用十进制记数法表示出来，那么小数点后面的数字不会呈现出规律性——没有重复的"周期"，而在有理数的十进制表示，比如说13/11=1.181818…中，"18"无限次重复。那么，如果这种表述是完全没有规律可循的，我们要如何决定（更不用说进行计算了）与无理数等同的十进小数呢？我们对什么是无理数有明确的概念吗？欧多克斯认为有，戴德金对数、有理数或无理数之间相等的定义，与欧多克斯的定义相同（见第二章）。

如果两个有理数相等，那么它们的平方根无疑相等。因此2×3和6相等。那么 $\sqrt{2\times3}$ 和 $\sqrt{6}$ 也相等。但是 $\sqrt{2}\times\sqrt{3}=\sqrt{2\times3}$ 并不是显然的，因此 $\sqrt{2}\times\sqrt{3}=\sqrt{6}$ 也不是显然的。因此，如果我们想象一下这个等式意味着什么的话，那么这个简单的假设等式的不显然性——在学校算术中被认为是理所当然的——是显而易见的：得出2, 3, 6的"无规律"

的平方根,前两个相乘,结果等于第三个平方根。由于无论计算进行到十进小数后多少位,这三个根中都没有一个可以精确地开出来,因此很显然,刚才描述的乘法验证永远也办不到。整个人类在其存在过程中不停地劳作,也永远无法以这种方式证明 $\sqrt{2} \times \sqrt{3} = \sqrt{6}$。随着时间的推移将越来越接近平等,但最终结局将继续向远方退却。为了使这些"逼近"和"相等"的概念变得精确,或者用更清晰的描述来取代我们最初对无理数的粗糙概念,从而消除所指出的困难,戴德金在19世纪70年代初就开始了这项任务——他关于连续性和无理数的著作发表于1872年。

戴德金无理数理论的核心是他的"分割"或"截断"的概念:一个分割把全部有理数分为两类,使得第一类中的每个数小于第二类中的每个数;每一个这样的不"相应"于一个有理数的分割"定义"了一个无理数。这一空洞的说法需要详细阐述,特别是因为即使是准确的阐述也隐藏了某些根植于数学无穷理论的微妙困难,而当我们思考戴德金的朋友康托尔的生活时,这些困难还会再次出现。

假设已经规定了将所有有理数分成两类的规则,比如说"上类"和"下类",这样下类的每一个数都小于上类的每一个数(这一假设在今天并非没有受到所有数学哲学流派的质疑,但在目前看来,暂时可以将其认为是无可非议的)。根据这一假设,可能有三种相互排斥的情形。

(A)下类中可能有一个数字大于该类中的其他所有数字。

(B)上类中可能有一个数字小于该类中的其他所有数字。

(C)(A)、(B)中所述的数字[(A)中最大的,(B)中最小的]均不存在。

导致无理数可能性的是(C)。因此,如果(C)成立,假设的规则就在所有有理数集合中"定义"了一个明确的断开或"分割"。可以说，上类和下类都在努力要合在一起。但为了让这两类合在一起，必须用某个"数"来填上分割点，而根据(C)，这样的填充是不可能的。

这里我们诉诸直觉。沿一条给定直线，从任何固定点测量的所有距离"对应"于"测量"这些距离的"数"。如果要让分割点不被填满，那么我们原先想象由一个点的连续运动描绘出来的一条直线，现在就必须画成其上有一个不可逾越的间隙。这违反了我们的直觉观念，因此我们说，根据定义，每个分割都定义了一个数。这样定义的数不是有理数，也就是说，是无理数。为了提供一个易于操作的方案来运用由（类[C]中的）分割定义的无理数，我们现在认为(C)中的有理数的下类等价于分割定义的无理数。

举一个例子就足够了。2的无理平方根是由这样的分割定义的，它的上类包含所有其平方大于2的正有理数，下类包含所有其他的有理数。

如果分割这个有点儿难以捉摸的概念令人反感，那么可以提出两种补救办法：设计一个不像戴德金的定义这样神秘、更加实用的无理数定义；按照克罗内克，否认无理数的存在，在没有无理数的情况下重建数学。在目前的数学状态下，一些无理数理论是很适宜的。但是，从无理数的本质来看，似乎有必要在适当的无理数理论成为可能之前，先彻底理解数学上的无穷。很明显，在戴德金的分割定义中需要无穷类，而这样的类导致了严重的逻辑困难。

一个数学家认为这些困难与数学的持续发展相关，还是认为二者没有任何关系，这取决于这个数学家玩弄诡辩的程度。勇敢的分析家们大胆地向前迈进，把一个巴别塔叠在另一个巴别塔上，相信没有哪一个愤怒的理性之神会扰乱他和他的所有工作,而挑剔的逻辑学家们则愤世嫉俗地盯着他兄弟雄伟的摩天大楼的地基,快速地做出心算,预测其倒塌的日期。与此同时,所有人都很忙,而且似乎都很享受。但有一个结论似乎是不可回避的:没有一个前后一致的数学无穷理论,就没有无理数理论;没有无理数理论,就没有与我们现在所有的即便稍许相似的任何形式的数学分析;最后,如果不进行分析,那么数学的主要部分,包括现在存在的几何学和大部分应用数学将不复存在。

因此,数学家面临的最重要的任务似乎是构建令人满意的无穷理论。康托尔尝试了这一点,其成果将在稍后讲述。至于戴德金的无理数理论,其作者似乎有些疑虑,因为他犹豫了两年才冒险发表。如果读者们回头看看欧多克斯对"同比"的定义(第二章),他们会发现"无穷的困难"也会出现在那里,特别是在"不管什么样的等倍数"这一习惯短语中出现。尽管如此,自欧多克斯写下这句话以来,还是取得了一些进展,我们至少正在开始了解我们所面对的困难的性质。

戴德金对"数"的概念的另一个突出贡献是在代数数方面。有关所讨论的基本问题的性质,我们必须参考克罗内克那一章中提到过的关于代数数域和将代数整数分解为素因子的内容。问题的关键在于,在某些这样的领域中,分解成的素因子并不像普通算术那样是唯一的;戴德金通过他所谓的理想的发明恢复了这一令人向往的独特性。理想不是一个数,而是一个数的无穷类,因此戴德金再一次投靠了无穷,以求克服困难。

理想这个概念并不难理解,尽管存在一个扭曲常识的理解——包容性更强的类整除包容性更低的类,下面将会对此进行解释。然而,常识总是要被冲击的,如果我们没有什么比防震的常识更脆弱的东西的话，我们就是一个天生的愚蠢物种。一个理想必须满足两个条件：它必须让普通的（有理）算术基本保持原样；它必须迫使顽固的代数整数遵守它们所蔑视的算术的基本定律——唯一地分解为素数。

包容性更强的类整除包容性较弱的类，这一观点指的是以下现象（以及它的推广，下文将进行解释）。考虑2在算术上除以4的事实，也就是说，没有余数。这一显而易见的事实如果被引入代数数域则毫无意义，相反，我们将2替换为其所有整数倍数，…，-8，-6，-4，-2，0，2，4，6，8，…，的类。为了方便起见，我们用(2)来表示这个类。以同样的方式，用(4)表示4的所有整数倍数的类。(4)中的一些数字是：…，-16，-12，-8，-4，0，8，12，16，…。现在很明显，(2)是更具包容性的类；事实上(2)包含(4)中的所有数，以及(仅提及两个)-6和6。(2)包含(4)这一事实，用(2)|(4)来表示。很容易看出，如果m，n是任意普通整数，那么当且仅当m整除n时，(m)|(n)。

这可能意味着普通算术可除性的概念应该被刚才描述的类包含的概念所取代，但如果不能保留算术可除性的特有属性，这种替换将是徒劳的。可以详细地说明它的确保持了这些性质，这里只要举一个实例就足够了。如果m整除n，n整除l，那么m整除l——例如，12整除24，24整除72，12事实上确实整除72。像上面那样转换到类，这就成为：如果(m)|(n)，(n)|(l)，那么(m)|(l)，或者用文字叙述，如果类(m)包含类(n)，且如果类(n)包含类(l)，那么类(m)包含类(l)这显然是成立的。结果是，用相应的类替换数字，可以满足我们添加"乘法"的定义时所需的要求：(m)×(n)定义为类(mn)；(2)×(6)=(12)。请注意，上述乘法是定义，这并不意味着可以从(m)和(n)的含义中得到。

戴德金的代数数的理想是前面所述理论的推广。戴德金按照他的习惯给出了一个抽象的定义，也就是说，一个基于本质属性的定义，而不是依赖于某种特定的表示或描绘所定义事物的模式而下的定义。

考虑一个给定代数数域中的所有代数整数的集合（或类），在这个包含一切的集中有一些子集，如果一个子集具有以下两个属性，则被称为理想子集。

A.子集中任意两个整数的和与差也在该子集中。

B.如果子集中的任何整数与全包含集中的任何整数相乘，得到的整数仍在该子集中。

因此，一个理想是整数的一个无穷类。很容易看出，根据A，B，前面所定义的(m)，(n)，$\cdots$，都是理想。和以前一样，如果一个理想包含另一个理想，则可以说第一个理想整除第二个理想。

可以证明每一个理想都是所有整数的一个类，它们的形式都是

$$x_1a_1+x_2a_2+\cdots+x_na_n,$$

其中a_1，a_2，$\cdots$，a_n是相关n次域的固定整数，且x_1，x_2，$\cdots$，x_n可以是该域中的任意整数。因此，通过仅显示固定整数a_1，a_2，$\cdots$，a_n来表示理想，这样是很方便的。也就是说，以$(a_1, a_2, \cdots, a_n)$作为理想的符号。符号中a_1，a_2，$\cdots$，a_n的顺序是无关紧要的。

现在必须给理想的"乘法"下个定义：两个理想$(a_1, \cdots, a_n)$，$(b_1, \cdots, b_n)$的乘积是符号为$(a_1b_1, \cdots, a_1b_n, \cdots, a_nb_n)$的理想，其中所有可能的乘积$a_1b_1$等，都是通过将第一个符号中的整数乘以第二个符号中的整数得到的。例如，(a_1, a_2)和(b_1, b_2)的乘积是$(a_1b_1, a_1b_2, a_2b_1, a_2b_2)$。总是可以将任何这样的乘积符号（对于一个$n$次域）简化为

最多包含n个整数的符号。

最后，让我们用一句简短的评论来完成这个叙述的概要。一个其符号只包含一个整数的理想，如(a_1)，称为一个主理想。像以前那样用$(a_1)|(b_1)$表示(a_1)包含(b_1)，我们可以毫无困难地看到，当且仅当整数a_1整除整数b_1时，$(a_1)|(b_1)$。和以前一样，算术可除性的概念在这里适用于完全等价于类的包含的代数整数。一个素理想，是不能被除了组成给定域中的所有代数整数的全包含理想外的任何理想"整除"——不能被包含在任何理想内——的理想。代数整数现在被其相应的主理想所取代，人们证明了一个给定的理想只以一种方式成为素理想的乘积，正如在"算术基本定理"中，一个有理整数仅以一种方式表示为素数的乘积一样。通过上述代数整数的算术整除性与类包含的等价性，将算术基本定理还原为代数数域中的整数。

任何人只要稍微思考一下前面所提到的戴德金创作的基本轮廓，就会发现他所做的一切都需要敏锐的洞察力和一个在抽象能力方面远远高于普通优秀的数学头脑。戴德金是一位符合高斯心意的数学家："但在我们看来，这些［算术的］真理应该来自概念而不是符号。"戴德金总是依靠他的头脑来推动自己前进，而不是依靠巧妙的符号表示和对公式的熟练操作。如果说有人曾经把概念应用到数学中去的话，戴德金就是这样做的。他偏爱创造性的思想而不是枯燥无用的符号，现在看来，这种偏爱具有显而易见的高明，尽管在他有生之年，可能还不是这样。数学的寿命越长，就会变得越抽象，也许正因为如此，可能也就越实用。

第二十八章 最后的通才

庞加莱

庞加莱的全才和方法。童年时期的挫折。被数学迷住。普法战争中保持清醒。以矿业工程师为起点。第一个伟大的成就。自守函数。"代数和谐的关键"。n体问题。芬兰是文明国家吗？庞加莱的天体力学新方法。宇宙论。数学发现是如何产生的。庞加莱的说法。预兆与早逝。

一个名副其实的科学家，尤其是数学家，在他的作品中可以感受到与艺术家相同的印象；他的快乐同样伟大，性质也相同。

——昂利·庞加莱

占星家威廉·利利（William Lilly, 1602–1681）在《他的生活和时代的历史》中记录了一个有趣但令人难以置信的故事：对于数的发明者、默契斯登堡的约翰·纳皮尔（John Napier, 1550–1617）和伦敦格雷沙姆学院的、计算了第一个常用对数表的亨利·布里格斯（Henry Briggs, 1561–1631）的会见，一个叫作约翰·马尔（John Marr）的"杰出的数学家和几何学家"，"在布里格斯先生之前到达苏格兰，故意在这两个如此博学的人见面的时候在场。布里格斯先生指定某一天在爱丁堡见面，但未能如期而至，纳皮尔勋爵怀疑他不会去了。有一天，约翰·马尔和纳皮尔勋爵正在谈论布里格斯先生：'啊，约翰，布里格斯先生现在不会来了。'（默契斯登堡的约翰说）。就在这时，有人敲门，约翰·马尔急忙下楼，很满意地证实了来客正是布里格斯先生。他把布里格斯先生带到勋爵的房间里，两个人相互赞赏地凝望着，几乎过了一刻钟的时间，才说出一句话来。"

庞加莱

回顾这一传说，西尔维斯特讲述了他自己是怎样追随布里格斯那令人目瞪口呆的表示赞赏的世界纪录的。1885年，他拜访了一位写了数量多到令人惊讶且十分成熟并具有原创性的论文的作者，这些论文都是关于一个自19世纪80年代初以来就一直淹没着数学期刊的编辑们的分析学的新分支。

"我在布里格斯对纳皮尔的采访中完全体会到了他的感受，"西尔维斯特谈到，"当我最近在庞加莱[1854-1912]位于盖-吕萨街（Rue Gay-Lussac）的一个通风的住所拜访他的时候……在那种强大的被压抑的智慧的力量面前，我的舌头起初甚至失去了它的作用，直到我花了一些时间（可能是两到三分钟）仔细阅读和吸收他思想的外部形式——颇为年轻的外貌时，我才发现自己终于具备了说话的能力。"

在其他地方，西尔维斯特还记录了他的困惑，当他费力地爬上通向庞加莱"通风的住所"的三层狭窄楼梯后，他停了下来，擦着他那硕大的秃头，惊讶地发现，那不过是一个小男孩儿，这个"如此英俊，如此年轻"的孩子,竟然是那些汹涌澎湃的文章的作者。这个孩子的出现,预示着柯西继任者的到来。

第二件轶事也许能让我们了解到那些有能力欣赏庞加莱作品的人对其作品的尊重程度。当所有学术界的爱国者都将抬高他们高雅的盟国、贬低他们粗俗的敌人当作一种义务时,一位爱国的英国高级官员问伯特兰·罗素,法国在现代所造就的最伟大的人物是谁。伯特兰·罗素立即回答:"庞加莱。""什么!那个人?"这位不知情的交谈者惊呼道,他以为罗素指的是法兰西共和国总统雷蒙·庞加莱。"哦,"罗素明白了对方惊讶的原因后,解释说,"我想说的是雷蒙的堂兄,昂利·庞加莱。"

庞加莱是最后一个将几乎所有数学(无论是纯数学还是应用数学)都视为自己的研究领域的人。人们普遍认为,在今天开始起步的任何人都不可能全面地理解数学,更不用说在算术、代数、几何、分析四大分支中的两个以上做出高质量的创造性工作,天文学和数学物理也更不用说了。然而,即使是在19世纪80年代,当庞加莱的伟大事业开始时,人们普遍认为高斯是最后一位数学通才,因此未来的庞加莱也许不可能再次包罗整个领域。

随着数学的发展,它既扩张又收缩,有点儿像勒梅特(Lemaître)的宇宙模型。目前,这一阶段是爆炸性扩张阶段,任何人都不可能完全熟悉1900年以来被抛在世界面前的全部刚刚开始的数学新知。但在某些重要部分,一种最受欢迎的收缩趋势已经显而易见。比如,在代数中,公设法的全面引入让这门学科变得更抽象、更一般、更连贯。在某些情况下,现代开始着手的某些工作揭开了一些意想不到的类似情形。可以想象,下一代的代数学家将不需要知道许多现在被认为是有价值的东西，因为其中许多特殊的、困难的东西将被纳入范围更广的、更简单的一般原理。当相对论把研究以太的复杂的数学束之高阁时，在经典数学物理学中就发生了类似的事情。

另一个在扩张过程中收缩的例子是，相较于向量分析多种多样的用途，张量分析的应用正快速增长。这样的推广和浓缩一开始往往让老年人难以理解，而且往往要经历艰难的挣扎才能得以存活，但最终人们通常会意识到，一般方法基本上比为特殊问题设计的各种巧妙的技巧在本质上来说更为简单、更容易操作。当数学家们断言像张量分析这样的东西至少与之前的一些算法相比是容易的时候，他们并不是在试图表现出优越感或神秘感，而是在陈述一个任何学生都可以自己验证的有价值的真理。这种范围广泛的普遍性的特点，是庞加莱大量著作的一个显著特征。

如果抽象性和普遍性具有所指出的那种明显的优势，那么对于那些必须对细节感兴趣的人来说，它们有时也确实存在着严重的缺点。对于一个正在做研究的物理学家来说，知道在其工作中出现的一个特殊微分方程是可解的，因为某个纯粹数学家已经证明了它是可解的，而他和数学家都无法完成一个能够应用于具体问题的数值解所要求的艰巨的工作时，这对他又有什么直接用处呢？

让我们以庞加莱的一些最有独创性的工作为例。想象一个均匀的、不可压缩的流体，它由它的粒子的引力作用聚集在一起，并围绕一个轴旋转。在什么条件下，运动是稳定的？这种稳定旋转的流体的可能形状是什么？麦克劳林（Maclaurin）、雅可比等人证明了某些椭球是稳定的；庞加莱使用了比他的前辈们更为直观、更"不那么数学"的方法, 他曾一度认为他已经确定了一个梨形体[1]的稳定性的标准。但他犯了一个错误, 他的方法并不适用于数值计算。后来的研究者, 包括著名的查理·达尔文的儿子G·H·达尔文(G.H.Darwin), 在得出明确结论之前, 没有被道路上必须清除的可怕的代数和算术丛林阻拦住, 他们得到了一个肯定的解。

如果把数学家的发现以一种可使用计算机器的形式呈现给一个对双星演化感兴趣的人, 那么他就会感到很自在。自从克罗内克提出"没有构造, 就没有存在"的观点以来, 一些纯数学家本人就不像在庞加莱时代那样热衷于非构造性的存在定理了。庞加莱对数学使用者们所要求的在开始工作前必须具备的那些细节, 持有蔑视的态度, 这是推动其研究走向普遍性的最重要的原因之一。另一个原因是他对单复变函数理论的所有方法都有极其全面的掌握, 在这方面他是无与伦比的。可以指出的是, 庞加莱将他多方面的才干发挥出来, 用于一个伟大的用途——他揭示了迄今为止人们从未曾料到的数学的遥远分支之间的联系, 例如(连续)群和线性代数之间的联系。

在我们继续讲述庞加莱的一生之前, 我们必须回顾一下庞加莱观点的另一个特点: 很少有数学家拥有庞加莱那样广博的哲学视野, 也没有哪位数学家比他更擅长清晰的阐述。也许他一直对科学和数学的哲学含义非常感兴趣, 但直到1902年, 他作为一名专业数学家的伟大地

---

1. 这个著名的"梨形体"问题, 在天体演化论中非常重要, 并在1905年由李雅普诺夫(Liapounoff)彻底地解决了, 他的结论在1915年由金斯爵士(Sir James Jeans)进一步证实: 他们发现运动是不稳定的。很少有人有勇气去检查那些计算。1915年以后, 李雅普诺夫的一位同胞莱昂·李希滕施泰因(Leon Lichtenstein)对旋转流体质量问题做了全面检验。这个问题似乎会招致不幸: 两个李都死于非命。

位得以毫无疑问地确立起来时，他才把普及数学从一种附带的兴趣，转化成一种热忱的呼吁，并以真诚的热情与非专业人士分享数学学科的意义和它对人类的重要性。在这一点上，他对普遍胜于对特殊的偏好，有助于他深入浅出地向科学的门外汉们解释数学中比技术更重要的东西。二三十年前，人们可以在巴黎的公园和咖啡馆里看到工人和女店员正在贪婪地阅读庞加莱的这一部或那一部著作，这些著作都是通俗本，印刷粗糙，纸张低劣。这些著作更精美的版本也可以在专业人士的桌子上找到，而且可以看出常常被翻阅。这些书被翻译成英语、德语、西班牙语、匈牙利语、瑞典语和日语。庞加莱用各国人们认可的语言向全世界讲着数学和科学的通用语言。他的风格，特别是他自己特有的风格，在翻译过程中损失惨重。

庞加莱因其通俗著作的文学成就而获得了法国作家所能获得的最高荣誉——法兰西学院文学部院士。一些心怀忌妒的小说家有点儿恶毒地说，庞加莱取得了这个对一个科学家来说独一无二的殊荣，是因为（文）学院的职能之一是不断编纂一部权威的法语词典，而通才庞加莱显然是帮助了诗人和语言学家告诉世界什么是自守函数。通过对庞加莱著作的研究，公正来说，这位数学家得到的荣誉名副其实。

与庞加莱对数学的哲学思想感兴趣密切相关的是，他对数学创造心理学的关注。数学家们是如何得出他们的新发现的？庞加莱稍后将在有史以来最有趣的有关个人发现的故事中，告诉我们他自己对这个谜团的观察。其结果似乎是，数学发现或多或少都是在数学家长期艰苦劳动后取得的。正如丹特·加布里埃尔·罗赛蒂（Dante Gabriel Rossetti）所说的文学——"一定数量的基础脑力劳动"是诗歌成熟所必需的，因此在数学中，没有初步的辛苦工作，就没有发现，但仅仅辛苦工作绝对不够。如果所有关于创造力的"解释"都无法提供一个秘诀，让天才可以据此进行创造，那么就是值得怀疑的。庞加莱对实用心理学的探索，和其他人的探索一样，没有带回金羊毛。但它至少表明，这样的事情并不完全是神秘难测的，也许有一天，人类变得足够聪明，能够理解自己的身体时，就会找到金羊毛。

庞加莱很好地遗传了父母双方的智力。我们只追溯到他的祖父。在1814年拿破仑战役期间，他的祖父只有20岁，在圣康坦的陆军医院工作。1817年，他在鲁昂定居后，结了婚并生了两个儿子：莱昂·庞加莱（Leon Poincaré），1828年出生，成为了一名一流的医生和医学院的院士；以及安托万（Antoine），后来被提拔为道路和桥梁部的总检察官。莱昂的儿子昂利1854年4月29日出生于洛林的南锡，成为了二十世纪初最杰出的数学家；安托万的一个儿子雷蒙（Raymond）在第二次世界大战期间担任法兰西共和国总统；安托万的另一个儿子成为中等教育局局长。庞加莱祖父的一个兄弟在跟随拿破仑入侵俄国时失踪了，在莫斯科惨败后，失去了音讯。

从这本灿烂辉煌的家谱上，可以看出昂利本可以表现出一定的管理才能，但是他并没有表现出来，只是在他幼年的时候，他自由地为他的妹妹和年轻朋友发明了一些政治小游戏。在这些游戏中，他总是公平而一丝不苟，注意保证他的每一个玩伴都在当官游戏中有职位可做。这也许是"三岁看老"的确凿证据，也证明庞加莱并不具有理解最简单的管理原则的才能，而他的堂兄雷蒙则仅仅凭直觉就发挥出了这一才能。

庞加莱的传记是由他的同胞加斯东·达布（Gaston Darboux, 1842–

1917) 在1913年（庞加莱死后的一年）仔细撰写的，加斯东是现代著名的几何学家之一。本书作者也许有所遗漏，但达布似乎说过庞加莱的母亲"来自默兹区的一个家庭，其父母住在阿兰西，她是一个非常好的人，非常活跃，非常聪明"。这之后，达布温和地省略了她的婚前姓。难道在1870年和1914年德国文化入侵法国后，法国人已经从新老师那里继承了"三大K"的教义——在戴德金那一章中提过——吗？然而，从达布后来讲述的一则轶事可以推断，庞加莱母亲的姓可能是朗努瓦（Lannois）。我们知道，这位母亲全身心地教育她的两个孩子昂利和他的妹妹（姓名未提及）。她的妹妹后来成为埃米尔·布特鲁（Emile Boutroux）的妻子，也是一位（早逝的）数学家的母亲。

庞加莱的智力在孩童时期发展极为迅速，这部分归功于母亲的细心照顾。他很早就学会了说话，但一开始说得很糟糕，因为他思考的速度比说出话来的速度快得多。从婴儿时起，他的运动协调能力就很差。当他学会写字时，人们发现他双手都可以用，而且左手写字或画画的能力和右手一样差劲。庞加莱永远无法摆脱这种身体上的不灵活。关于这一点，我们可以回顾一下，当庞加莱被公认为他那个时代最杰出的数学家和最杰出的科学普及者时，他接受了比奈（Binet）测验，并表现得很丢脸，如果他是个孩子，而不是著名的数学家，他会被评为低能儿。

昂利五岁时患了一次严重的白喉，使他的喉咙麻痹了九个月。这一不幸使他长时间变得脆弱和胆小，但是也让他得以回到自己的消遣中，因为他不得不避开同龄儿童的更为粗野的游戏。

他主要的消遣是阅读，在阅读中，他不同寻常的才能第一次显现出来。一本书一旦以令人难以置信的速度被他阅读完，就成为了他永久的财产,他总能说出某件事发生的地方。他一生都保留着这种强大的记忆力。庞加莱和欧拉都拥有这种罕见的能力,不过程度差一点儿。这种本领可以被称为视觉或空间记忆。在时间记忆方面,他能够以不可思议的精确度回忆一系列早已过去的事件,这一能力也异常强大。但他还毫不脸红地说自己的记忆力"糟糕"。他的视力差也许是他记忆力的第三个奇特之处。大多数数学家似乎主要靠眼睛记住定理和公式;对于庞加莱来说,他几乎完全靠耳朵。当他在学校学习高等数学时,他无法清楚地看到黑板,他就坐下来倾听,不记笔记也能精准地跟上进度并记进脑子。这对他来说很简单,但对大多数数学家来说是不可理解的。然而他肯定也有一种"内眼"的生动记忆力,因为他的许多成果,就像黎曼的许多成果一样,都伴随着一种敏锐的空间直觉和形象的视觉效果。他无法熟练地使用手指,这当然妨碍了他进行实验,这似乎是一个遗憾,因为如果他掌握了实验技术,他自己在数学物理方面的一些工作可能会更接近于现实。如果庞加莱在实验科学方面和理论方面一样强大的话,他可能会与阿基米德、牛顿和高斯这三个无可比拟的人物相提并论了。

没有多少伟大的数学家是大众想象中会把他们描绘成的那种心不在焉的梦想家。庞加莱是例外之一,不过只是在比较琐碎的事情上,比如他会在行李里带走酒店的亚麻布制品,比如台布和床单等。但许多绝非心不在焉的人也会这样做,众所周知,一些最机灵的人甚至会将餐厅的银餐具偷偷塞进口袋,然后逍遥法外。

庞加莱心不在焉的一个方面,与此完全不同(达布没有讲述这个故事,但应该讲出来,因为它表明了庞加莱晚年的某种粗鲁无礼)。一位杰出的数学家从芬兰远道而来,到巴黎与庞加莱商讨科学问题。当女仆通知他时，庞加莱并没有离开书房迎接来访者，而是仍然像往常一样来回踱步——这是他思考数学问题时的习惯——足足踱了三个小时。在这段时间里，那位胆怯的来访者静静地坐在隔壁房间里，与这位大师之间只隔着一个薄薄的门帘。最后，门帘拉开了，庞加莱水牛般的大脑袋伸进了房间。"你打扰到我了。"那个脑袋出现了一瞬间，然后消失了。来访者未被接见就走了，这正是这位"心不在焉"的教授所希望的。

庞加莱小学时的成绩是十分优秀的，尽管他起初对数学没有表现出任何明显的兴趣。他最早表现出来的是对自然历史的热爱，他一生都酷爱动物。他第一次试射步枪时，不小心射中了一只他没有瞄准的鸟，这一不幸的事件对他影响如此之深，以至于此后没有任何东西（除了强制军事演习）能诱使他接触枪支。九岁时，他第一次展现出了他未来将要取得的重大成就之一的苗头。他的法文作文老师宣称，年轻的庞加莱交上来的一篇形式和内容都新颖的短篇练习是一篇"小小的杰作"，并将其作为自己的珍宝之一，但他也建议他的学生如果想给学校的主考官留下好印象的话，就要表现得更平常一些。

庞加莱无法参加同学们更为喧闹的游戏，于是他发明了属于自己的游戏。他也成为了一名不知疲倦的舞蹈家。所有的功课对他来说就像呼吸一样轻松，他把大部分时间都花在了娱乐和帮助母亲做家务上。在人生的早期阶段，庞加莱就已经表现出他"心不在焉"的一些更加可疑的特征：他经常忘记吃饭，几乎从不记得是否吃过早饭。也许他不像大多数孩子那样喜欢吃得很饱。

他对数学的热情在青春期或不久前（大约十五岁时）就开始了。从一开始，他就表现出一种延续了终生的怪癖：他的数学思考往往是在他不安地踱来踱去时在脑子里完成的，只有当一切都想清楚了之后，他才开始写论文。他工作时，谈话声或其他噪音都无法干扰他。在晚年，他写数学论文时往往一挥而就，从不回头看自己写了些什么，并且在写作时限制他自己只做极少几处删改。凯莱也是这样写作的，也许欧拉也是如此。庞加莱的一些作品显示出仓促写作的痕迹，他自己说，他从来不会在完成一篇论文后，为它的形式或内容感到后悔。很多写作很好的人也有同样的感受。庞加莱在古典文学研究方面的天赋，让他认识到形式和实质的重要性，而庞加莱在学校时古典文学就学得很好。

1870年普法战争爆发，当时庞加莱十六岁。尽管庞加莱年纪太小，身体太虚弱，无法服现役，但他还是感受到了实实在在的恐怖，因为他所居住的南锡被入侵的大潮淹没了。这个小男孩儿陪着他的医生父亲开着救护车，四处奔波劳碌。后来，他带着母亲和妹妹，在极度困难的情况下，到阿兰西去看看他的外祖父母发生了什么事。他童年最快乐的日子都是在漫长的学校假期中，在外祖父宽敞的乡村花园里度过的。阿兰西靠近圣普里瓦的战场，为了到达这个小镇，这三人必须"在冰天雪地中"穿过烧毁后的一片荒芜的村庄。最后他们到达了目的地，却发现祖父母的房子遭到了洗劫，"抢走的不仅是有价值的东西，连毫无价值的东西都被洗劫一空"。对于这种行径，法国人在1870年和后来的1914年都很熟悉。外祖父母一无所有了。他们目睹大洗劫的那天，所吃的晚饭是由一位拒绝离开农舍废墟的贫穷妇女提供的，她坚持要和他们分享她那微薄的晚饭。

庞加莱从未忘记这些事情，也从未忘记敌人曾长期占领南锡。他是在战争期间学会德语的。由于无法获得任何法国的消息，又急于了解德国人对于法国和自己说了什么，庞加莱自学了这门语言。他所看到的一切以及从侵略者的官方报道中所学到的东西，使他成为了一个终生的爱国主义者，但他和埃尔米特一样，从不把他国家的敌人的数学和他们更实际的活动混为一谈。另一方面，他的堂兄雷蒙在谈到德国人时，总是伴随着仇恨的尖叫。在平衡一个爱国者对另一个爱国者的仇恨的簿记中，庞加莱可以与库默尔、埃尔米特和高斯相抵，从而达到了圣经契约中"以眼还眼，以牙还牙"所隐含的完美的零。

按照通常的法国习俗，庞加莱在从事本专业之前参加了他的第一个学位（文学学士和理科学士）的考试。1871年，17岁的他在数学差点儿不及格的情况下通过了这些考试！他迟到了，考试时心慌意乱，没有做出收敛几何级数求和公式极其简单的证明。但他的名声早已走在他之前，首席考官宣布："除了庞加莱以外，其他学生本来就该得不及格的。"

接着，他又为林学院的入学考试做准备。在那里，他在数学方面获得了一等奖，却没有记任何笔记，这让他的同伴们大吃一惊。他的同班同学此前曾对他进行过测试，认为他只是一个小人物，他们委派一名四年级学生就一个看似特别难的数学难题对他进行测验。庞加莱没有经过深思熟虑，立即给出了解决方案，然后走开了，留下那些想要让他上当的人垂头丧气地问道："他是怎么做到的？"很多人在庞加莱的一生中都会问同样的问题。当他的同事向他提交一道数学难题时，他似乎从不思考。"答案像箭一样飞来。"

这一年年底，他考入综合工科学校，名列第一。关于他独特的考试的几个传说流传至今。其中一个讲述了一位考官预先得到了年轻的庞加莱是一位数学天才的警告，为了设计一道"好"的问题——一道精心设计的难题——而暂停了四十五分钟的考试。但庞加莱战胜了他，这位考官"热情地祝贺考生,告诉他他得了最高分"。庞加莱与折磨他的人打交道的经历似乎表明,法国的数学考官在毁掉伽罗瓦,又差一点儿毁了埃尔米特之后,终于学到了一些东西。

在综合工科学校,庞加莱因其数学才华出众,但在包括体操和军事演习在内的所有体育锻炼中都无能,以及完全无法画出与天地万物相似的图画而闻名。最后一个绝不是一个笑话:他在入学绘画考试中得了零分,几乎为此被赶出了学校。这让他的考官们感到非常尴尬:"……零分是不能录取的。在其他一切(除了绘画)中,他都是绝对无与伦比的。如果他被录取,那将是第一名,但他能被录取吗?"当庞加莱被录取时,好心的考官们可能会在零前加一个小数点,在零后加了个一。

尽管庞加莱不擅长体育锻炼,但他还是深受同学们的欢迎。有一年年底,他们举办了一次庞加莱艺术杰作的公开展览,用希腊文小心地给作品贴上"这是一匹马"的标签,等等,但标签并不总是准确无误。但是庞加莱对绘画的无能,在他学习几何时表现出了严重的影响,他失去了第一名的宝座,在学校名列第二了。

1875年,21岁的庞加莱离开理工学院,进入高等矿业学校,按照计划成为一名工程师。虽然他抱着认真的态度学习他的专业,却还是为自己留下了一些空闲时间去研究数学,他通过攻克微分方程中的一个一般问题来展示自己的能力。三年后,他向巴黎的科学院提交了一篇论文,题目相同,但涉及一个更难、更一般的问题,要求获得数学博士学位。"乍一看,"达布说,他被要求检查这篇论文,"在我看来,这篇论文显然与众不同,非常值得接受。当然,它所包含的结果足以为几篇好论文提供素材。但是,我必须毫不犹豫地说,如果想要对庞加莱的工作方式有一个准确的了解,许多观点需要纠正或解释。庞加莱是一位直觉主义者,他一到山顶就再也不会回头看他的步骤。他满足于冲破重重困难,把勘测这条更容易通向目的地的坦途[1]留给了其他人去操心。他心甘情愿地进行了我认为必要的纠正和整理。但当我要求他做这件事时,他向我解释说,他脑子里还有许多其他想法——他已经忙于解决一些重大问题,而这些问题正是他要给我们的解决办法。"

因此,像高斯一样,年轻的庞加莱被包围在他脑海中的各种思想所淹没,但与高斯不同的是,他的座右铭并不是"少些,但是要成熟"。让我们想象一下,一个有创造力的科学家,把自己的劳动成果囤积得太久,以致其中一些已经腐烂;一个更为鲁莽的人把收集到的一切东西,无论是青涩的还是成熟的,都散布到可能随着风和天气的变化而成熟或腐烂的地方。那么,究竟是前者对科学的进展所做的工作更多,还是后者更多呢? 这是一个悬而未决的问题。有些人认为前者更多,有些人认为后者更多。由于问题的答案超出了客观标准的范围,每个人都有权提出自己纯粹的主观意见。

庞加莱并非注定要成为一名采矿工程师,但在他的学徒生涯中,他显示出他至少具备一个真正工程师的勇气。煤矿爆炸和火灾造成16人丧生后,他和救援人员一起立即下井了,但这一职业并不适合他,他很希望有机会成为一名职业数学家,他的论文和其他早期工作为他打开了大门。1879年12月1日,他在卡昂被任命为数学分析教授。两年后,他(27岁时)被提拔到巴黎大学(University of Paris),并于1886年再次

1.据说当亚历山大大帝想要很快地征服几何时,米内克穆斯(Menaechmus)对他说:"几何无坦途。"

升职, 在巴黎大学负责力学和实验物理学课程(鉴于庞加莱在实验室的出色表现, 后一项似乎有些奇怪)。除了参加欧洲的科学大会和1904年作为圣路易斯博览会特邀讲师访问美国外, 庞加莱的余生都是在巴黎度过的, 期间他一直堪称是法国数学界的统治者。

庞加莱的创作期始于1878年的学位论文, 结束于1912年逝世之时, 当时他正处于数学实力的顶峰。在这段相对短暂的三十四年里, 他完成了大量的工作, 考虑到其中大部分工作的难度, 这些工作的数量之大简直令人难以置信。他创造了近500篇关于新数学的论文的纪录, 其中许多是范围广泛的研究报告, 还有30多本几乎涵盖了他那个时代存在的数学物理学、理论物理学和理论天文学的所有分支的著作。这还没有算上他的科学哲学著作和通俗文章。只有成为第二个庞加莱, 才能充分了解这一巨大的工作量。因此我们现在将从他最著名的作品中挑选两到三部做简要描述, 在此对无法避免的不足之处表示歉意。

庞加莱的第一个成果是在微分方程理论方面, 他把分析学的全部方法应用于微分方程, 他绝对是分析学方面的大师。选择这个作为早期的主要研究方向, 已经表明庞加莱倾向于数学应用, 因为自牛顿时代以来, 微分方程吸引了大批工作者, 主要是因为它们在探索物理宇宙方面具有重要意义。"纯"数学家有时喜欢想象他们所有的活动都由自己的品味决定, 而科学的应用对他们来说毫无意义。尽管如此, 一些最纯粹的数学家仍在微分方程上呕心沥血。微分方程最早出现在将物理情境转化为数学符号的过程中, 实际上恰恰是这些人提出了这一理论的核心微分方程。一个由科学提出的特定方程可以被数学家推广, 然后再返回给科学家(通常没有他们可以使用的任何形式的解答), 以便应用于新的物理问题, 但总的来看, 动机是科学的。傅里叶在一篇著名的文章中总结了这一论点，这篇文章激怒了一类数学家，但庞加莱在他的大部分工作中支持并遵循了这一观点。

"对自然的深入研究，"傅里叶宣称，"是数学发现最丰富的源泉。这项研究通过提供一个明确的研究目标，不仅具有排除模糊问题和无用计算的优势，而且还是塑造分析本身、发现其中必须知道和应该始终掌握的科学原理的可靠手段。这些原理基本是所有自然现象中反复出现的原理。"有些人也许会反驳：这很可能，但高斯意义上的算术怎么办呢？无论如何，庞加莱听从了傅立叶的建议——不管他是否相信它——甚至他在数论中的研究也或多或少受到了其他更接近物理科学的数学研究的间接启发。

对微分方程的研究始于1880年，当时庞加莱26岁，他最杰出的发现之一是对椭圆函数（以及其他一些函数）的推广。单变量（单值）周期函数的性质在前几章中经常提及，但为了说明庞加莱所做的工作，我们可以重复这些要点。三角函数$\sin z$的周期为2π，即$\sin(z+2\pi)=\sin z$；也就是说，当变量z增加2π时，z的正弦函数回到其初始值。对于椭圆函数，比如$E(z)$，有两个不同的周期，比如p_1和p_2，这样$E(z+p_1)=E(z)$，$E(z+p_2)=E(z)$。庞加莱发现周期性仅仅是一个更一般性质的特例：当变量被其自身的可数无穷多个线性分式变换中的任何一个替换时，某些特定函数的值就会还原，所有这些变换形成一个群。几个符号就能阐明这一说法。

设z被$(az+b)/(cz+d)$代替。那么对于a, b, c, d之值的某个可数无限集，有z的一些单值函数，比如说其中之一为$F(z)$，使得

$$F\left(\frac{az+b}{cz+d}\right) = F(z)。$$

进而, 如果a_1, b_1, c_1, d_1和a_2, b_2, c_2, d_2是a, b, c, d的值集中的任意两个,

又如果z先被$\dfrac{a_1 z + b_1}{c_1 z + d_1}$ 代替, 然后在这个式子中, z被$\dfrac{a_2 z + b_2}{c_2 z + d_2}$ 代替, 得

到比如说$\dfrac{Az + B}{Cz + D}$, 那么我们不仅有

$$F\left(\frac{a_1 z + b_1}{c_1 z + d_1}\right) = F(z), \quad F\left(\frac{a_2 z + b_2}{c_2 z + d_2}\right) = F(z),$$

而且有 $F\left(\dfrac{Az + B}{Cz + D}\right) = F(z)。$

更进一步, 如刚才解释的那样保持F(z)的值不变的所有置换

$$z \rightarrow \frac{az+b}{cz+d}$$

(箭头读作"用……代替")的集合形成一个群: 集合中两个置换相继

实施的结果,

$$z \rightarrow \frac{a_1 z + b_1}{c_1 z + d_1}, \quad z \rightarrow \frac{a_2 z + b_2}{c_2 z + d_2}$$

仍然在集合中; 集合中有一个"恒等置换", 即z→z(此处a=1, b=0,

c=0, d=l); 最后, 每个置换都有一个唯一的"逆"——也就是说, 对于

集合中的每个置换, 都有一个单独的另一个置换, 如果将其应用于第

一个置换,就会产生恒等置换。总之,使用前几章的术语,我们可以看到F(z)是一个函数,线性分式变换的无限群下是不变的。注意,置换的无限是一个可数的无限,如前所述:置换可以用1, 2, 3, …, 数出来,并且没有直线上的点那么多。庞加莱在19世纪80年代的一系列论文中构造了这类函数并阐明了它们最重要的性质,这类函数被称为自守函数。

这里只需要说两点,就可以说明庞加莱通过这一奇妙的创造取得了什么成就。首先,他的理论把椭圆函数理论作为一个特例涵盖了进去。其次,正如著名法国数学家乔治·洪堡(Georges Humbert)所说,庞加莱发现了两个引人注意的命题,它们"给了他代数和谐的钥匙":

同一个群下不变的两个自守函数[1]通过一个代数方程联系起来;

相反,在任何代数曲线上的某个点的坐标都可以用自守函数表示,因此也可以用一个参数(变量)的单值函数表示。

代数曲线的方程类型为$P(x, y)=0$,其中$P(x, y)$是x和y的多项式。举一个简单的示例,中心位于原点$(0, 0)$且半径为a的圆的方程为$x^2+y^2=a^2$。根据庞加莱的第二把"钥匙",x, y一定可以表示为一个单参数的,比如t的自守函数;如果x=acost, y=asint,那么通过开平方和相加,我们消去了t(因为$\cos^2 t+\sin^2 t=1$),得到$x^2+y^2=a^2$。但三角函数cost, sint是椭圆函数的特例,而椭圆函数又是自守函数的特例。

这一庞大的自守函数理论的创立,只是庞加莱三十岁之前在分

1.庞加莱以现代微分方程理论的创始者之———德国数学家拉扎勒斯·富克斯(Lazarus Fuchs, 1833-1902)的名字,来命名他的一些函数为富克斯函数,其原因不需在此处说明。他以费利克斯·克莱因的名字称其他一些函数为克莱因函数——讽刺性地承认了一种有争议的优先权。

析领域所做的许多令人震惊的事情之一。他也没有把所有的时间都花在分析学上；数论、部分代数和数学天文学也得到了他的关注。在数论中，他以一种几何形式重新构建了双二次形式的高斯理论（见高斯一章），这特别吸引了像庞加莱这样喜欢直观方法的人。当然，这并不是他在高等算术中所做的全部贡献，但篇幅限制，无法进一步详细解释。

这些工作得到了与之匹配的认可。在32岁这个年轻得出奇的年纪（1887年），庞加莱被选入科学院。他的提名人说了一些言过其实的话，但大多数数学家都会认同："［庞加莱的］这部作品不能以一般的赞美去称颂，它不可避免地让我们想起雅可比写的关于阿贝尔的文章，他解决了在他之前无法想象的问题。我们确实必须认识到，我们正在目睹一场数学革命，这场革命在各方面都可以与半个世纪前椭圆函数的出现相媲美。"

此时停止讲述庞加莱的纯数学成就，就像刚坐在餐桌旁就站起来一样，但我们必须转向他的多方面才能的另一面了。

自牛顿及其直接继任者的时代以来，天文学提供了很多数学家无法解决的问题。直到十九世纪末，数学家用来解决天文学问题的方法实际上都是牛顿本人、欧拉、拉格朗日和拉普拉斯发明的方法的直接改进。但在整个十九世纪，特别是自从柯西对单复变量函数理论的发展，以及他本人和其他人对无穷级数收敛性的研究以来，纯数学家的工作中已经积聚了大量未经试验的方法。对庞加莱来说，分析和思考一样自然，这一大堆未经试验的方法似乎是世界上最自然的东西，可以用来攻克天体力学和行星演化的突出问题。他从这一堆方法里挑选他喜欢的东西, 改进它, 发明自己的新方法, 并以一个世纪以来从未出现过的宏大方式向理论天文学发起进攻。他的进攻有些现代化了, 事实上, 对大多数天体力学专家来说, 他的进攻是如此的现代, 以至于即使在庞加莱发动攻势后四十年或更长时间后的今天, 也很少有人掌握他的方法。一些无法运用他的方法的人, 常常暗示他的方法在实际解决问题时是毫无价值的。尽管如此, 庞加莱还是有一大批强有力的拥护者, 他们最终取得了胜利。这对于庞加莱时代以前的人来说是不可能的。

庞加莱第一次 (1889年) 在数学天文学上的巨大成功源于对 "n体问题" 的失败思考。对于n=2, 问题已经完全由牛顿解决了; 著名的 "三体问题" (n=3) 将在稍后谈到; 当n超过3时, 一些可以适用于n=3的情形的化简可以继续下去。

根据牛顿万有引力定律, 两个质量为m, M, 间隔距离为D的质点, 以与$(m \times M)/D^2$成正比的力相互吸引。想象空间中随意分布的n个质点, 假设所有质点的质量、初始运动和相互距离在某一给定的瞬间是已知的, 如果它们根据牛顿定律互相吸引, 那么它们的位置和运动 (速度) 在经过一段时间后会是什么? 在数理天文学中, 星团、星系或星系团中的恒星可以被认为是根据牛顿定律互相吸引的质点。因此, "n体问题" 的一个应用, 相当于在询问一年后或十亿年后天空的面貌, 假设我们有足够的观测数据来描述现在的总体位形。当然, 这个问题由于辐射而变得极其复杂——恒星的质量在数百万年内并不是恒定不变的, 但在牛顿形式下n体问题的完整、可计算的解决方案可能会给出足以满足所有人类目的的精确结果——人类很可能在辐射能够造成可以观测到的误差之前就灭绝了。

这就是1887年瑞典国王奥斯卡二世（King Oscar II）提出的问题。庞加莱并没有解决这个问题，但在1889年，他因为对动力学微分方程的一般讨论和对三体问题的研究而获得了由魏尔斯特拉斯、埃尔米特和米塔–列夫勒组成的评奖团颁发的奖项。三体问题通常被认为是n体问题的最重要的例子，因为地球、月球和太阳提供了n=3情形的例子。魏尔斯特拉斯在给米塔–列夫勒的报告中写道："您可以告诉您的国王，这部论文确实不能被视为提供了所提出问题的完整解决方案，但它的发表将开创天体力学史上的一个新纪元，因此，陛下在设立这一项竞赛时所考虑的目的已经达到。"法国政府也不甘示弱于瑞典国王，随后又将庞加莱封为荣誉军团骑士——这是一种对这位年轻数学家天才的表彰，比国王的2500克朗和金质奖章便宜得多的奖励。

我们已经提到的三体问题，现在可以报告它最近的一项进展。自从欧拉那时以来，三体问题一直被认为是整个数学领域中最困难的问题之一。从数学上讲，这个问题归结为求解九个联立微分方程组（都是二阶线性的）。拉格朗日成功地将这个方程组简化为一个更简单的形式。在大多数物理问题中，无法期待有限形式的解；如果有一个解存在，它将由无穷级数给出。如果这些级数满足方程（形式上）并且对于变量的某些值收敛，则解将"存在"。核心难点是证明收敛。直到1905年，人们才发现了各种特殊解，但任何可以称为一般解的东西的存在性都没有得到证明。

1906年和1909年，在相当出人意料的一个地区——芬兰——取得了一项重要进展。即使在今天，老练的欧洲人也认为这个国家几乎是不文明的，特别是因为它有着奇怪的还债习惯。在帕沃·努尔米（Paavo Nurmi）在径赛中跑过美国之前，很少有美国人认为这个国家已经走出了石器时代。赫尔辛福斯的卡尔·弗里肖夫·宗德曼(Karl Frithiof Sundman)利用意大利莱维·齐维塔(Levi Civita)和法国潘勒韦(Painlevé)的分析方法,巧妙地进行了改造,证明了上述意义的解的存在,但这只是三个天体同时碰撞到一起的罕见例子。宗德曼的解决方案不适用于数值计算,也没有提供关于实际运动的许多信息,但这并不是本文关注的重点:一个不知道是否可解的问题被证明是可解的了。许多人曾经拼命地想要证明这一点,当证明出现的时候,一些数学家像常人会做的那样,急忙指出宗德曼没有做出什么重要的事,因为他没有解决他所遇到的问题之外的其他问题。这种批评在数学上就像在文学和艺术上一样常见,这也再次表明数学家和所有人一样都是凡人。

庞加莱在数学天文学方面最具独创性的著作可以在他的巨著《天体力学新方法》(三卷,1892、1893、1899)中得到总结。紧接着,1905至1910年,他又出版了一部三卷本的更具现实意义的著作《天体力学教程》,并在不久后出版他的课程讲义《流体质量平衡的图形》,以及一本历史性评论著作《关于宇宙论假设》。

就他的第一部作品,达布(Darboux)宣称它确实开创了天体力学的新纪元,它可以与拉普拉斯的《天体力学》和达朗贝尔早期关于岁差的著作相媲美。"沿着拉格朗日开辟的分析力学之路,"达布说,"……雅可比建立了一个似乎是动力学中最完整的理论之一。五十年来,我们一直以这位著名的德国数学家的定理为基础,从各个角度应用和研究这些定理,但没有添加任何本质上的东西。正是庞加莱第一次打破了这些僵硬的框架,为它设计出客观世界的前景和新的窗口。在这些框架中,该理论被包裹起来。他在动力学问题的研究中,引入或使用了不同的概念:第一个概念是变分方程,即决定某一问题的无限接近一个已知解的解答的线性微分方程，这个概念以前已经给出，而且不仅仅适用于力学；第二个是积分不变式，这完全属于他，并且在这些研究中起着重要作用。此外还增加了其他一些基本概念，特别是关于所谓'周期'解的概念，即被研究其运动的物体在一段时间后回到它们的初始位置和初始相对速度。"

周期解的概念建立了一个完整的数学系，也就是对周期轨道的研究：比如说，给定一个行星或恒星系统，完整地说明该系统所有成员在某一特定时期的初始位置和相对速度，它需要确定在什么条件下系统会在以后的某个时期恢复到初始状态，从而无限期地重复其循环运动。比如，太阳系具有这种周期类型吗？如果答案是否定的话，那么要是它是孤立的、而且不受外界天体的摄动，它会具有吗？不用说，这个一般的问题还没有完全解决。

庞加莱在天文学研究中的大部分工作都是定性的，而不是定量的，这符合直觉主义者的要求，这一特点促使他像黎曼那样被引向了拓扑学。在此基础上，他出版了六篇关于拓扑学的著名论文，彻底革新了当时的这个学科。反过来，拓扑学的研究成果被大量地应用于天文学的数学。

我们已经提到了庞加莱关于旋转流动物体问题的工作——在天体演化学中具有明显的重要性，其中一个方面假设行星一度足够像这样的物体，可以被视为好像它们实际上不是那么荒谬可笑的样子。它们是否这样，对于这种情形下的数学来说并不重要，而形势本身就是一个有趣的问题。从庞加莱自己的总结中摘录的几句话，比任何解释都更清楚地表明了他在这一困难的问题中将其数学化的东西的本质。

"让我们想象一个 [旋转] 流动物体通过冷却而收缩，但收缩的速度足够慢,可以保持均匀,并且旋转在所有部分都相同。

"首先,这个物体非常近似于一个球体,它的形状会变成一个旋转的椭球体,旋转的椭球体会变得越来越扁平,然后在某一确定的时刻,它会变成一个有三个不同轴的椭球体。再后来,这个物体就不再是椭球体了,而是变成了梨形,直到最后这个物体在它的'腰'部越来越凹进去,分成了两个隔开的、不同的物体为止。

"上述假设当然不适用于太阳系。一些天文学家认为它可能对某些双星是成立的,而天琴座β型双星可能会呈现出类似于我们所说的那些过渡形式。"

他接着提出了该研究对土星光环的应用,并声称已经证明,只有当光环的密度超过土星密度的1/16时,光环就是稳定的。可以说,这些问题直到1935年才被认为是完全解决了。特别是对可怜的老土星的更严格的数学处理,似乎表明他并没有被伟大的数学家们彻底征服,这些数学家中包括克拉克·麦克斯韦。在过去70年中,这些数学家一直在断断续续地研究它。

我们必须再一次在宴会上几乎没有品尝过任何东西的时候离开,继续讲述庞加莱在数学物理学方面的大量著作。在这个方面,他的运气不太好。要想充分利用他非凡的才能,他应该出生晚三十年,或者多活二十年。不幸的是,他正处于黄金时期时,物理学正处于一个周期性的衰老期,而当物理学在1900年普朗克和1905年爱因斯坦之后开始复苏时,他已经如此彻底地沉浸在19世纪的理论中,以至于一直到1912年去世前,他都没有时间去领会刚刚发生的这些奇迹。庞加莱整个成年时期似乎都是通过思考吸收知识,而不需要有意识的努力。和凯莱一样，他不仅是一位多产的创造者，也是一位学识渊博的学者。他的研究范围可能比凯莱更广，因为凯莱从未声称能够理解应用数学的一切。这种独特的博学在涉及与经典科学相对的、现实的科学问题时，可能是一个劣势。

所有在物理学大熔炉中沸腾的东西都在庞加莱出现时立即被抓住，并将它们构成几个纯数学研究的主题。无线电报发明后，他抓住了这一新事物并创立出了它的数学。当其他人要么还在忽视爱因斯坦早期在（狭义）相对论方面的工作，要么仅仅将其作为一个奇怪之物而忽略了它时，庞加莱已经忙于研究它的数学了。他是第一位告诉全世界什么已经到来的有着崇高地位的科学家，并敦促全世界将爱因斯坦的理论视为新时代最重要的成就，而连爱因斯坦自己都没有预见到这一点。普朗克早期的量子理论也是如此。当然，有各种不同的意见，但时间过了这么久，现在看来，数学物理学对于庞加莱来说就好像谷神星对于高斯的意义一样。尽管庞加莱在数学物理学方面取得了足够的成就，足以为他赢得半打声誉，但这并不是他所从事的行业，如果他坚持从事纯数学的话，科学会从他身上得到更多成果——他的天文学工作也就是纯数学，而不是别的了。但即便这样，科学所得到的也已经足够了，像庞加莱这样天才的人有权拥有自己的爱好。

现在我们来谈谈庞加莱通才的最后一个方面：他对数学创造的基本原理的兴趣。1902年和1904年，瑞士数学期刊《数学教学》[1]对数

1.《数学教学》关于数学家工作方法的调查。可从该杂志及巴黎的戈蒂埃－维拉尔出版社的单行本中见到。

学家们的工作习惯进行了调查。调查问卷发给了许多数学家，其中有一百多人做出了答复。对这些问题的回答和对总体趋势的分析最终于1912年发表。任何想要研究数学家的"心理"的人都会对这一独特的工作产生很大的兴趣，并对庞加莱在看到调查问卷结果之前就已经独立得出的观点的证据中，找到很多有趣的地方。在我们引用庞加莱的话之前，可以注意到一些普遍感兴趣的问题。

那些即将成为伟大数学家的人对数学的早期兴趣在前几章中得到了充分体现。关于"在什么时期……在什么情况下数学吸引了你？"这个问题，庞加莱收到了93个人的答复：其中35个人说十岁以前；43个人说在十一岁到十五岁；11个人说十六岁到十八岁；3个人说十九岁到二十岁；只有一个人比较晚，说是二十六岁。

同样，任何有数学家朋友的人都会注意到，他们中的一些人喜欢在清晨工作（我认识一位非常杰出的数学家，他在凌晨五点开始一天的工作），而其他人则在天黑之前什么也不做。关于这一点的回答表明了一个奇怪的趋势——可能意义重大，尽管有许多例外：北方民族的数学家喜欢在晚上工作，而拉丁系民族的数学家喜欢在早上工作。在夜里工作的数学家中，随着年龄的增长，长时间的注意力集中常常会导致失眠，于是他们很不情愿地将工作时间换到早晨。年轻时日以继夜工作的费利克斯·克莱因曾经指出了一条可能的出路。他的一个美国学生抱怨自己因为思考数学问题而睡不着觉。"睡不着，嗯？"克莱恩"哼"了一声，"水合氯醛是干什么用的？"但是，不能不加区别地推荐这一补救办法，克莱因自身悲剧性的衰竭可能也与它有关。

最有意义的回答可能是那些关于灵感与苦干哪个才是数学发现之源泉的问题的回答。结论是"数学发现，无论大小……都不是自发产生的,它们总是以一片土壤为前提,土壤中播种着初步的知识,并经过有意识和潜意识的劳动得以耕耘并准备充分,从而结出果实。"

那些像托马斯·阿尔瓦·爱迪生(Thomas Alva Edison)那样宣称天才是百分之九十九的汗水,只有百分之一的灵感的人,并没有与那些将数字颠倒过来的人相矛盾。两者都是对的。一个人还记得劳作的辛苦,而另一个人则在突然发现的兴奋中忘记了这一切,但两人在分析自己的印象时都承认,没有辛苦劳作和一闪而过的"灵感",就不会有发现。如果光靠辛苦劳作就够了,那么为什么许多沉迷于努力工作的人似乎对某个科学分支了如指掌,同时又是优秀的批评家和评论员的人,却连一个小小的发现都没有得到呢?另一方面,那些相信"灵感"是科学或文学上发现或发明的唯一因素的人,可以去看看雪莱那些"完全自发"的诗歌的早期草稿(只要这些草稿被保存下来并且复制了),或者巴尔扎克给他疯狂的印刷商送去的任何一部伟大小说的无数次的修改稿,就可能有不同的想法了。

庞加莱在1908年首次发表的一篇论文中阐述了他对数学发现的看法,并在他的《科学方法》中再次提及。他说,数学发现的起源是一个应该引起心理学家强烈兴趣的问题,因为在这个问题上,人类大脑似乎从外部世界借用最少,而且通过理解数学思维的过程,我们有希望得知人类大脑中最本质的东西。

庞加莱问道:"为什么会有人不懂数学?这应该让我们感到惊讶,或者说,如果我们对此不是那么习以为常的话,那么它一定会让我们感到惊讶。"如果数学只是建立在逻辑规则的基础上,就像所有正常人所接受的那样,而(根据庞加莱的说法)只有疯子才会否认这一点,那么为什么这么多人不懂数学呢?对此,我们可以这样回答,还没有哪一组证实数学上的低能是正常人类模式的详尽试验曾经公布过。此外，他问："在数学中，为什么会出现错误？"亚历山大·蒲柏（Alexander Pope）说："犯错是人的本性。"这和其他回答一样无法令人满意。消化系统的化学可能与此有关，但庞加莱想要的是一个更加微妙的解释——一个无法通过给"无价值的身体"喂食麻醉剂和酒精来做试验的解释。

"在我看来，答案是显而易见的。"他宣称。逻辑与发现或发明关系不大，而记忆力起着关键作用。然而，记忆力并不像它可能的那样重要。他毫不脸红地说，他自己的记忆力很差："那么，为什么它没有在一段困难的数学推理的难题中抛弃我呢？就像大多数棋手（他认为他们的'记忆力'很好）会遇到的那样？显然是因为它受一般推理过程的指导。数学证明不仅仅是演绎推理的并列，它是按一定顺序排列的演绎推理，而顺序比组成部分本身更为重要。"如果他有这个顺序的"直觉"，记忆力就不算什么了，因为每一个演绎推理都会自动地在序列中占据一席之地。

然而，数学创造不仅仅在于对已知事物进行新的组合，"任何人都能做到这一点，但这样做，得到的组合的数量是无限的，其中大部分完全没有意义。创造恰恰在于避免无用的组合，创造有用的组合，而有用的组合只占少数。发明就是辨别、选择。"但这些东西以前不是已经说过几千次吗？哪位艺术家不知道选择——一些不可捉摸的东西——是成功的秘诀之一？我们现在正处在研究开始前的状态。

在总结庞加莱这一部分的观察报告时，可以指出，他所说的大部分是基于一个假设，而这个假设可能确实是真实的，但却没有一点儿科学证据。坦率地说，他认为大多数人都是数学白痴。如果我们在这点上同意他，那么我们甚至不需要接受他纯粹的浪漫主义理论。它们属于灵感的文学，而不是科学。让我们来谈谈争议性较小的一点，我们现在将引用著名的一段话，在这段话中，庞加莱描述了他自己最伟大的"灵感"是如何降临到他的身上的。这是为了充实他的数学创造理论，它是否起到了这个作用，由读者自己判断。

他首先指出，不需要掌握专业术语，就可以理解他的叙述："心理学家们感兴趣的不是定理，而是环境。

"十五天来，我一直在努力证明没有类似于我后来所说的富克斯函数的函数存在，那时我非常无知。每天我坐在工作台前，花一两个小时，我尝试了大量的组合，但都没有得到任何结果。一天晚上，与我的习惯相反，我喝了一些黑咖啡；我无法入睡；思想云集；我感觉到想法彼此之间的碰撞，直到一对想法相互勾在了一起，形成了一个稳定的组合。到了早上，我已经证实了一类富克斯函数的存在，即从超几何级数中得出的那类函数的存在。这样一来，我只需写下结果，这花了我几个小时。

"接下来我想用两个级数的比来表示这些函数；这个想法是非常有意识和深思熟虑的；与椭圆函数的类比指导着我，我问自己如果这些级数存在，它们的性质应该是什么，我毫不困难地构造了这些级数，我称之为富克斯级数。

"然后，我离开了当时居住的卡昂，参加了由矿业学院主办的地质调查旅行。旅行的急迫让我忘记了数学上的辛苦，到达库唐斯时，我们坐公共汽车去远足。一踏上台阶，我就想到了这个主意，显然我的脑子里没有任何以前的想法让我为此做好了准备，我用来定义富克斯函数的那些变换与非欧几何的变换是相同的。我没有核实，我当时还没有时间，因为一上车，我就又开始了一段中断了的谈话，但我立刻感到这是完全确凿无疑的。回到卡昂后，我在闲暇时核实了结果，为了让自己安心。

"接着，我开始研究一些算术题，但显然没有什么成果，也没有怀疑这些问题与我以前的研究有丝毫联系。研究总是失败，我开始感到厌烦了。于是，我去海边待了几天，来思考另外一个问题。一天，当我沿着海边的峭壁散步时，那个想法又出现了，又带有那种简洁、突然、瞬间确定的特征，这就是三元二次不定型的那些变换，与非欧几何的那些变换是一致的。

"回到卡昂后，我思考了这个结果并推导了它的结论。二次型的例子告诉我，除了超几何级数对应的那些之外，还有其他的富克斯群。我发现我可以把应用于 θ 函数的理论应用到它们身上，因此也存在着其他的 θ 函数，这是从超几何级数中推导出来的，也是到那时为止我所知道的唯一不同的 θ 函数。当然，我给自己安排了构建所有这些函数的任务。我进行了一次有计划的进攻，一次又一次地解决了所有的外围问题，但是，有一个问题仍然无法解决，而解决了它，就可以取得完全的胜利。但我所有的努力只是让我更加明白问题的困难性，而这本身就极具意义。所有这些工作都是完全有意识地去做的。

"此时，我动身前往瓦勒里昂山，在那里服兵役，因此我有了一些完全不同的要事。有一天，当我穿过大街时，我突然想到了让我停滞不前的困难的解决办法，我没有立即去着手研究它，而是在服役结束后才重新开始思考这个问题。我已经拥有了答案的所有组成部分，现在只需要组装和排列它们。因此，我一挥而就地写出了我的论文，没有遇到任何阻碍。"

他说，这类事情的许多其他例子可以从他自己的工作以及《数学杂志》中所报道的其他数学家的工作中找到。从他的经验中，他认为这一"突然出现的光照（是）以前长期潜意识工作的明显标志"，并继续阐述他的潜意识思维理论及其在数学创造中的作用。有意识的工作是必要的，因为它可以触发潜意识所长期积累的炸药——他并没有这样说，但他所说的就是这个意思。但是，如果我们仿效庞加莱，把我们要理解的对象强加在"潜意识"或"潜意识自我"上，那么我们又能从理性解释中获得什么呢？不是赋予这个神秘的作用者一种假设的辨别力，使其能够区分为供其检查而提出（庞加莱没有说如何提出）的"极其众多"的可能组合，而是冷静地说"潜意识"拒绝所有"有用"的组合以外的组合，因为它对于对称和美丽有一种直觉，这听起来像是用一个令人印象深刻的名字来解决那个最初的问题。也许这正是庞加莱的本意，因为他曾经将数学定义为赋予不同事物相同名称的艺术。因此，在这里，他可能通过给同一事物赋予不同的名称来完成其观点的对称性。奇怪的是，一个可以满足于数学发明的"心理学"的人竟然像庞加莱那样对宗教问题持完全怀疑态度。在庞加莱出色地进入心理学领域后，怀疑论者们很可能会绝望地永远不再相信任何事情了。

在二十世纪的头十年，庞加莱的名望迅速增加，尤其是在法国，他被视为所有数学相关事情的预言家。他对从政治到伦理的所有问题的声明通常都是直接而简短的，并被大多数人接受为最终结论。正如伟人去世后几乎无一例外地发生的那样，庞加莱有生之年令人眼花缭乱的声誉在他死后的十年中经历了一段不公平的沉寂。但他对于后代可能感兴趣的东西极具直觉，这挽回了他的地位，仅仅举其中一个例子：庞加莱强烈地反对所有数学都可以用经典逻辑的基本符号重写的理论，他认为，数学之所以成为数学，是因为它不仅仅是逻辑。尽管他并没有走到现在的直觉主义学派那样的地步，但他似乎认为，至少有一些数学概念先于逻辑，如果一个概念要从另一个概念派生出来，那么逻辑必须来自数学，而不能反过来。这是否是最终的结论，还有待观察。但目前看来，庞加莱所用的所有讽刺去抨击的理论似乎不是最终的理论，不管它具备什么优点。

除了在庞加莱生命最后四年中经历的那一次痛苦的疾病，他繁忙的生活是平静而快乐的。世界各大学术团体纷纷授予他荣誉，1906年，52岁的他获得了法国科学家所能获得的最高荣誉——法兰西科学院院长。所有这些都没有使庞加莱妄自尊大，因为庞加莱真的很谦逊，也很单纯。他当然知道，在他的壮年时期没有一个势均力敌的对手，但他依然可以毫不矫揉造作地说，与所要知道的东西相比，他一无所知。他婚姻幸福，有一个儿子和三个女儿，他非常喜欢他们，特别是当他们还是幼儿的时候。他的妻子是艾蒂安·若弗鲁瓦·圣伊莱尔的曾孙女，圣伊莱尔因为是好斗的比较解剖学家居维叶的对手而为人们熟知。庞加莱的爱好之一是交响乐。

在1908年于罗马举行的国际数学大会上，庞加莱因病无法进行他关于《数理物理学的未来》的振奋人心（即使为时过早）的演讲。他的病是前列腺增大，意大利外科医生给他做了手术，缓解了他的症状，人们认为他已经永久康复。回到巴黎后，他一如既往地精力充沛地继续工作。但在1911年，他开始感到自己可能活不了多久了，12月9日，他写信问一家数学杂志的编辑，他是否可以接受——与惯例相反——一篇未完成的论文，这篇论文讨论了庞加莱认为的最重要的一个问题："……在我这个年纪，我可能无法解决这个问题了，但我目前所获得的结果可以引领研究人员走上一条新的、出乎意料的道路。在我看来，这些结果充满了希望，尽管它们给我造成了种种欺骗，但我认为它们非常具有意义，我甘愿献出它们……"他花了两年中的大部分时间试图克服困难，但徒劳无获。

他所猜想的那个定理的证明，会使他在三体问题上取得惊人的进展，特别是，这将使他在比以前所考虑的更一般的情况下证明无限多个周期解的存在。庞加莱的"未完成交响曲"发表后不久，年轻的美国数学家乔治·戴维·伯克霍夫（George David Birkhoff, 1884–）[1]对这个饱受世人期待的问题给出了证明。

1912年春天，庞加莱再次病倒，并于7月9日接受了第二次手术。手术很成功，但7月17日，他在穿衣服时突然死于栓塞。他当时59岁，正处于能力的巅峰——用潘勒韦的话说，他是"理性科学活着的大脑"。

---

1. 伯克霍夫于 1944 年逝世。（译者注）

第二十九章 失乐园?

康托尔

老对手，新面孔。朽烂的信念。康托尔的艺术基因与父亲的执拗。逃出生天，但为时已晚。他的革命性成就使他无处可去。学术地位低下。"安全第一"的灾难性后果。一个划时代的结果。悖论还是真理？超越数的无穷存在。攻击性显露，胆怯已消失。进一步的惊人主张。两种类型的数学家。疯了？反革命。斗争愈演愈烈。诅咒敌人。普遍的怒火。当今的数学是何处境？明天的数学往何处去？

数学和所有其他学科一样，现在轮到它在显微镜下，向全世界揭示它根基上可能存在的任何弱点。

——F·W·韦斯塔韦（F.W.Westaway）

格奥尔格·康托尔（Georg Cantor, 1845–1918）于1874–1895年创立了Mengenlehre（集合论，或类论，特别是无穷集论）。按照时间顺序，这一有争议的话题很适合作为本书的结尾。对于数学来说，这一论题象征了那些原则的普遍崩溃。19世纪具有先见之明的预言家们认为这些原则在从物理科学到民主政府的所有事物中都是基本正确的。预言家们

几乎预见到了一切，只是没有预见到
这场大崩溃。

康托尔

如果说用"崩溃"来描述世界正
在尽情享受的这次转型，可能有些言
过其实。那么，可以说，科学思想的
进化现在正在迅速地进行，以至于几
乎无法将这一进化与革命区分开来。

如果没有过去的错误来作为动
荡的根深蒂固的焦点，现在的物理科学
上的剧变也许就不会发生，但把我们这一代人所做的一切灵感都归功
于我们的前辈，对他们来说是过誉了。这一点值得考虑一下，因为有些人
可能会说，数学思维中相应的"革命"（其开端现在已经显而易见）只
是芝诺和其他古希腊怀疑论者工作的回声。

毕达哥拉斯在2的平方根问题上的困难，以及芝诺关于连续（或
"无限可分性"）问题的悖论是我们目前所知道的数学派系的起源。今
天，那些关注其学科的哲学（或基础）的数学家们，在数学分析中所用
推理的有效性问题上，至少被分成了两个派别，现在显然没有什么和
解的希望。这种分歧可以追溯到几个世纪前的中世纪，再追溯到古希
腊。在数学思想的各个时代，各方面都有自己的代表，不管是像芝诺那
样的挑衅性悖论，还是像中世纪一些最令人恼火的逻辑学家那样的精
妙的逻辑。这些差异的根源被数学家普遍认为是气质的问题：任何试
图将魏尔斯特拉斯这样的分析家转变为克罗内克这样的怀疑者的怀
疑论的尝试，都注定是徒劳的，就像试图将基督教原教旨主义者转变
为狂热的无神论者一样徒劳无功。

在这场争论中，为了引起我们对格奥尔格·康托尔独特的学术生涯的热情，引用几位领袖人物的几段注明日期的话，可能会起到刺激或镇静的作用。康托尔的"实的无穷理论"在我们这一代人中起到了推动作用，加速了历史上关于传统数学推理有效性的最激烈的蛙鼠大战（爱因斯坦曾经这样称呼它）。

1831年，高斯将他对"实无穷的恐惧"表述如下："我反对把无穷量作为一个完的东西来使用，用x表示一个实数，这在数学上是不允许的。无穷大只是一种说法，真正的意义是某些比率无限接近的极限，而其他比率则可以不受限制地增加。"

因此，如果x表示一个实数，那么分数1/x随着x的增加而减小，我们可以找到一个x值，使得1/x与零的差值可以是我们所希望的最小的任何预分配量（零除外），并且随着x的继续增加，该差值仍然小于该预分配量；当x趋于无穷大时，1/x的极限为零。无穷大的符号是∞；断言1/∞=0是荒谬的，有两个原因："用无穷去除"是一个未定义的运算，因此没有意义；第二个原因是高斯提出的。类似地，1/0=∞也毫无意义。

康托尔既同意，又不同意高斯的观点。1886年，他写了一篇关于实（高斯称之为完全）无穷的文章，说："尽管在潜无穷和实无穷之间有本质的差别，但前者意味着一个增加到超出所有有限限制（就如上述1/x中的x）的可变的有限量，后者是一个固定不变的常量，超出了所有有限量。但它们常常被混淆。"

康托尔接着指出，在数学中对无穷的滥用，理所当然地激发了他所在的那个时代中谨慎的数学家对无穷的恐惧，正如高斯所做的那样。尽管如此，他坚持认为，由此产生的"对合理的实无穷的不加批判的拒绝，丝毫不亚于对事物本质的侵犯（不管那可能是什么，它似乎还没有向全人类揭示出来），必须照它们本来的样子来对待"——无论其可能是什么。因此，康托尔无疑与中世纪伟大的神学家站在了一起，他是这些神学家的忠实信徒和狂热崇拜者。

对古老问题的绝对确定和完整的解决方案，如果在吞咽之前加以充分的腌制，效果会更好。下面是伯特兰·罗素在1901年关于康托尔对无穷所做的普罗米修斯式的进攻所说的话。

"芝诺关注三个问题……它们是无穷小、无穷和连续的问题……从他那个时代到我们自己的时代，每一代最优秀的智者都尝试过解决这些问题，但从广义上讲，什么成果也没有取得……魏尔斯特拉斯、戴德金和康托尔……已经完全解决了这些问题。他们的解决方案是如此清晰，以至于不再有丝毫怀疑。这一成就也许是这个时代所能夸耀的最伟大的成就……无穷小的问题是由魏尔斯特拉斯解决的，其他两个问题的解决由戴德金开始，最后由康托尔完成。"[1]

尽管我们知道罗素在其和A.N.怀特海（A.N.Whitehead）的《数学原理》（*Principia Mathematica*）的第二版（1924年）中承认，作为分析学之脊髓的戴德金"分割"（见第二十七章）在今天也并非是十全十美的，但这篇文章的热情至今仍让我们感到温暖。到今天，在十年中，支持或反对某一科学或数学信念的人比在古代、中世纪或文艺复兴晚期的一个世纪中所做的还要多。今天，比以往任何时候都有更多优秀的头脑去解决一个突出的科学或数学问题，而最终结论已经成为原教旨主义者的私有财产。罗素在1901年的评论中的那些最终定论，没有一个幸存下来。四分之一世纪前，那些看不见先知向他们保证的、像午夜天

1.引自莫里茨（R.E.Moritz）的《数学大事记》，1914年。我没有找到原始的出处。

空中正午的太阳一样在头顶上闪耀着伟大光芒的人，被称为愚蠢之人。今天，每一个站在先知一方的能干的专家，都有一个同样能干和对立的专家来反对他们。如果说任何地方都存在愚蠢的言行，那么它的分布是如此均匀，以至于不再是区分的标志。我们正在进入一个充满怀疑和适度谦逊的新时代。

大约在同一时间（1905年），站在怀疑一边的也有庞加莱。"我说过……我们需要不断地回归到科学的第一原理，我也讲到过，这一原理对人类思维研究的好处。这一需要已经激发了两个大胆的计划，它们在最新的数学发展中占据了非常突出的位置。第一个是康托尔体系……康托尔为科学引入了一种思考数学无穷的新方法……但事实上，我们遇到了某些悖论、某些显而易见的矛盾。这些矛盾本可以让爱利亚学派的芝诺和麦加拉学派高兴。因此，每个人都必须寻求补救的方法。就我个人而言——我并不是唯一一个这样认为的人——重要的是永远不要引入一些有限字数无法完全定义的东西。无论采用何种治疗方法，我们都可以像被召来治疗一个完美的病理学病例的医生那样感到快乐。"

几年之后，庞加莱因自身的原因，对病理学的兴趣有所减弱。在1908年罗马召开的国际数学大会上，这位饱受煎熬的内科医生发表了自己的预测："后代人将把集合论视为一种人们已经从中康复的疾病。"

康托尔最大的功绩是不顾自己和自己的意愿，在这个问题上发现"数学的肌体"病得很重，芝诺所传染给数学的疾病尚未得到治愈。他令人不安的发现是他自己聪明的一生的奇特对照。我们将首先看一看他的物质生活的一些事实，也许这些事实本身并没有多大的意义，但后来却对他的理论具有独特的启发性。

格奥尔格·费迪南德·路德维希·菲利普·康托尔（Georg Ferdinand Ludwig Philipp Cantor）是富商格奥尔格·沃尔德马·康托尔（Georg Waldemar Cantor）和他的妻子、艺术家玛丽亚·博姆（Maria Bohm）的第一个孩子，父母都是纯粹的犹太人。他的父亲出生在丹麦的哥本哈根，但年轻时移居到了俄罗斯圣彼得堡。数学家格奥尔格·康托尔于1845年3月3日出生在圣彼得堡。1856年，他的父亲因肺部疾病移居到德国法兰克福，在那里过着舒适的退休生活，直到1863年去世。由于这种奇怪的多国籍的混杂，这几个国家都有可能声称康托尔是它们的儿子。康托尔本人很喜欢德国，但不能说德国非常热情地喜欢他。

格奥尔格有一个弟弟康斯坦丁（Constantin），后来成为了德国军官（犹太人很少这样做），还有一个妹妹索菲·诺比林（Sophie Nobiling）。这位弟弟是一位优秀的钢琴家；妹妹是一位多才多艺的设计师。格奥尔格被压抑的艺术天性在数学和哲学（古典和学术）中找到了汹涌的发泄渠道。孩子们鲜明的艺术气质是从他们的母亲那里继承下来的，母亲的祖父是一位音乐指挥家，她的一个兄弟住在维也纳，教出了著名小提琴家约阿希姆（Joachim）。玛丽亚·康托尔的一个弟弟是音乐家，她的一个侄女是画家。如果真像单调平庸的心理学支持者所宣称的那样，常态和冷漠的稳定性是等价的，那么康托尔家族中所有这些艺术方面的才华，可能就是康托不稳定性格的根源了。

这家人都是基督徒，父亲皈依了新教；这位母亲生来就是罗马天主教徒。和他的主要对手克罗内克一样，康托尔也偏爱新教，并对中世纪神学无休无止、无益而琐碎的分裂产生了独特的兴趣。如果他没有成为一名数学家，他很有可能在哲学或神学上留下成就。在这方面，值得注意的一点是，康托尔的无穷理论受到了耶稣会教徒的热切追捧，他们敏锐的逻辑思维在数学意象中被发现，超出了他们对神学的理解，这是上帝存在的确凿证据，也是上帝存在和圣三一及其三位一体、一体三位、相互平等、永远并存的毋庸置疑的证据。在过去的两千五百年里，数学炫耀着一些非常美丽而奇怪的一致性，这是无与伦比的。公正地说，康托尔在愤怒时有着锋利的舌头，也有敏锐的机智。他嘲笑了这些“证据”的自命不凡的荒谬性，尽管他本人是虔诚的基督教教徒和神学专家。

康托尔的学生生涯与最有天赋的数学家们一样——他在15岁之前就发现了自己最伟大的才能，并对数学研究产生了浓厚的兴趣。他的启蒙教育是在私人教师的指导下进行的，随后，他在圣彼得堡的一所小学学习。康托尔一家搬到德国后，他首先就读于法兰克福的私立中学和达姆斯塔特的非古典式的学校。1860年，康托尔15岁时进入威斯巴登中学。

康托尔决心要成为一名数学家，但他那务实的父亲认识到了这个男孩儿的数学能力，执意要强迫他从事工程这一更有前途的谋生职业。1860年，康托尔的父亲写信给他，表达了他和格奥尔格在德国、丹麦和俄罗斯的众多叔叔、婶婶以及表兄弟姐妹的殷切希望，他们对这名天才男孩儿寄予厚望：“他们希望你成为特奥多尔·舍费尔（Theodor Schaeffer），如果上帝愿意的话，你也许会成为工程界的一颗闪亮的明星。”父母什么时候才能认识到让天生的赛车手去拉马车是多么愚蠢的呢？

对上帝的虔诚祈求，在1860年迫使这个敏感、虔诚的十五岁男孩儿屈服了。而在今天(感谢上帝),这种状况会像一只网球那样,从我们这一代年轻人更硬的头上反弹回去。但在当时,父母的期待让康托尔改变了主意。年轻的康托尔全心全意地爱着他的父亲,同时又是一个虔诚的宗教信徒,他看不出老人只是在为自己对钱的贪婪考虑。就这样,格奥尔格·康托尔极度敏感的头脑开始了第一次扭曲。康托尔不但没有像今天的天才男孩儿那样叛逆,反而对成功抱有一些希望,直到连固执的父亲都明白了他在破坏儿子的天性。但在试图取悦父亲、不顾自己天性的过程中,格奥尔格·康托尔却播下了自我怀疑的种子,这让他很容易成为克罗内克晚年那种恶毒攻击的受害者,并使他怀疑自己作品的价值。如果康托尔是作为一个独立的人被抚养长大的,他就永远不会对那些使他生活悲惨的知名人士产生怯懦的顺从。

当危害已经发生时,父亲屈服了。格奥尔格在17岁时以优异成绩完成了学校课程,他被"亲爱的爸爸"允许在大学里从事数学职业。"我亲爱的爸爸!"格奥尔格用孩子气的感激之情写道,"你可以自己体会到你的信让我多么高兴。这封信决定了我的未来……现在我很高兴,因为如果我按照自己的感觉来选择,你不会感到不快。我希望你能在我身上找到快乐,亲爱的父亲,因为我的灵魂,我的整个生命,都寄存在我的职业中。一个人只要可以去做他渴望做的事情,做他内心的冲动驱使他去做的事情,他就会成功!"毫无疑问,爸爸应该得到一张感谢票,即使格奥尔格的感谢对现代人来说过于卑躬屈膝。

康托尔于1862年开始在苏黎士大学学习,但在第二年父亲去世后移居柏林大学。在柏林,他专攻数学、哲学和物理学。他对前两个学科的兴趣大致相同;在物理学方面,他从来没有任何兴趣。在数学方面,他的导师是库默尔、魏尔斯特拉斯和他未来的敌人克罗内克。按照通常的德国习惯, 康托尔在另一所大学待了很短的时间, 并于1866年在格丁根大学住了一个学期。

在柏林有库默尔和克罗内克, 数学充满了算术氛围。康托尔对高斯的《算术研究》进行了深入的钻研, 写出了一篇博士论文, 并于1867年获得了博士学位。他的论文讨论了关于不定方程

$$ax^2+by^2+cz^2=0$$

的x, y, z的整数解, 这是高斯所忽略的一个难点。其中a, b, c是任意给定的整数。这是一篇优秀的论文, 但可以很肯定地说, 读过这篇论文的数学家都没有预料到这个二十二岁的保守派作者会成为数学史上最激进的创始人之一。毫无疑问, 在这第一次尝试中, 才能得到了展现, 但天才并没有显现。在这篇严谨的经典论文中, 没有显露出一点儿伟大发明家的迹象。

康托尔在29岁之前发表的所有早期作品都是如此。这是极好的, 但任何一个像康托尔那样完全吸收了高斯和魏尔斯特拉斯的严格证明理论的聪明人都有可能做到这一点。康托尔最早喜欢的是高斯的数论, 他被其证明的严格、尖锐、清晰和完美所吸引。在此基础上, 在魏尔斯特拉斯的影响下, 他现在开始做严格的分析, 特别是三角级数(傅立叶级数)理论。

这一理论的微妙困难(其中无穷级数的收敛性问题比在幂级数理论中更难解决)似乎激发了康托尔对分析基础的深入研究, 这一点他同时代的人都不愿意看到, 他也因此对无穷本身的数学和哲学进行了全面的研究, 而无穷本身是所有关于连续、极限和收敛等问题的核心。就在康托尔三十岁之前, 他发表了他的第一篇关于无穷级数理论的革命性论文(发表在克列尔的杂志上), 下文将进行讲述。康托尔在本文

中所建立的关于所有代数数集合的出乎意料的和自相矛盾的结果以及所采用的方法的标新立异,立即使这位年轻的作者成为一位具有非凡独创性的数学家,是否所有人都承认新方法是正确的并不重要。人们普遍认为,一个人在数学上有了一些根本的新东西,他应该立刻得到一个有影响力的职位。

康托尔的物质生活与任何一位不那么出名的德国数学教授一样。他从未实现过在柏林大学担任教授的抱负,这可能是德国能在康托尔最伟大、最具独创性的高产时期(1874-1884年,29岁-39岁)能给予的最高荣誉了。他所有活跃的职业生涯都是在哈雷大学度过的,这是一所三流大学。1869年,24岁的他被任命为不领薪金的教师(一位靠向学生收费为生的讲师)。1872年,他被任命为助理教授;1879年,在对他的成果的批评还没有开始变成对他的恶意人身攻击之前,他被任命为正教授。他最早的教学经历是在柏林的一所女子学校。为了完成这个奇怪的不合适的工作,他必须先听一位平庸的数学爱好者枯燥乏味的教学法的讲座,然后才有资格取得教育儿童的国家许可证。这对社会是一种资源的浪费。

不管正确与否,康托尔因为没有得到自己渴望的柏林大学的职位而责怪克罗内克。当两位学术大家在纯科学的问题上发生激烈的分歧时,如果他们知道"谨慎就是最大的勇气",那么他们可以选择一笑置之而不会小题大做,或者采取其他人在面对敌对局势时所采取的任何方式。一种方法是以一种高效、卑鄙的方式攻击另一方,这往往会让一方在真诚友谊的幌子下达到他恶意的目的,但在这里所采用的方法并非如此。当康托尔和克罗内克知道了彼此的意图时,他们各执一词,闹翻了天，除了割断对方的喉咙外，他们什么都做了。毕竟，如果人们必须战斗，那么这也许是一种更为体面的战斗方式，这比假虔诚和伪善要体面得多。任何战争的目的都是消灭敌人，而对不愉快的事情感情用事或表现出骑士精神则是无能战士的标志。克罗内克是科学争论史上最有能力的战士之一；康托尔，则是最不称职的人之一。克罗内克最终赢了。但是，正如稍后将出现的那样，克罗内克对康托尔的仇恨并不完全是个人的，至少在一定程度上是科学的、不存偏见的。

1874年，康托尔发表了第一篇关于集合论的革命性论文，也是在同年，他29岁，与瓦利·古特曼（Vally Guttmann）结婚，生了两个儿子和四个女儿。没有一个孩子继承了父亲的数学能力。

在因特拉肯度蜜月时，这对年轻夫妇与戴德金交往很频繁，戴德金也许是当时第一流的数学家，他认真而富有同情心地试图理解康托尔的颠覆性学说。

因为戴德金本人在某种程度上也不受十九世纪最后四分之一时期的德国数学霸主的欢迎，因此具有深刻原创性的戴德金能够同情在科学上声名狼藉的康托尔。有时，局外人会认为，创新总是受到科学界的热烈欢迎。但实际上，数学史与这一美好的幻想相矛盾：在一门牢固建立的科学中，违规者的道路可能和人类任何其他保守领域中的违规者一样艰难，即使人们承认这些违规者跨越了偏执正统的狭窄界限，已经发现了有价值的东西，情况也不会改观。

戴德金和康托尔都可能得到他们所期望的结果，如果他们在开始新的方向之前停下来思考的话。戴德金的整个工作生涯都是在平庸的岗位上度过的，现在，戴德金的工作已经被认为是德国有史以来对数学最重要的贡献之一。有人认为戴德金宁愿待在默默无闻的困境中，而让那些根本无法与他的智力匹敌的人却像马口铁一样闪耀，得到公众和学术界尊重的光辉。这种想法对本人是"雅利安人"但不是德国人的旁观者而言，绝对是一派胡言。

十九世纪德国学术界的理想，是一种彻底协调一致的"安全第一"的崇高理想，也许它正确地表明了对待激进的创新的一种极端高斯式的谨慎——可以想象，新事物可能并不完全正确。毕竟，对于了解云雀的习性来说，一部诚实编纂的百科全书所提供的信息，一般会比一首关于同一主题的诗——比如雪莱的诗——更能可靠地提供信息。

在这样一个令人毛骨悚然的"所谓的事实"的氛围中，康托尔的无穷论——过去两千五百年来对数学最令人不安的原创性贡献之一——感受到了与云雀试图在冰冷的胶质空气中翱翔一样的自由。即使这一理论是完全错误的——甚至像一些人说的那样，它不可能以任何类似康托尔所认为的那样的形式被补救——康托尔也依然认为它应该得到更好的对待，而不能只是因为它过于崭新、不符合正统数学的神圣名义，就向它丢砖头。

1874年这篇开创性的论文致力于建立所有代数数集合的一个完全出乎意料且高度似非而是的性质。尽管这些数在前几章中经常被提及，但我们将再次说明它们是什么，以便清楚地阐明康托尔所证明的令人震惊的事实的性质——说到"证明"，我们故意忽视了目前对康托尔所使用的推理的合理性的所有怀疑。

如果r满足一个有理整数（普通整数）系数的n次代数方程，并且如果r不满足次数小于n的此类方程，那么r是一个n次代数数。

这是可以推广的。因为很容易证明一个类型为

$$c_0x^n+c_1x^{n-1}+\cdots+c_{n-1}x+c_n=0,$$

其中c_i是任意给定的代数数（如上所述）的方程，它的任何一个根本身就是代数数。例如，根据这个定理

$$(1-3\sqrt{-1})x^2-(2+5\sqrt{17})x+\sqrt[3]{90}=0$$

的所有的根都是代数数，因为系数是代数数（第一个系数满足$x^2-2x+10=0$，第二个系数满足$x^2-4x-421=0$，第三个系数满足$x^3-90=0$，方程的次数分别为2，2，3）。

想象一下（如果可以的话）所有代数数的集合。其中有所有的正有理整数1，2，3，…，因为它们中的任何一个，比如n，满足一个代数方程$x-n=0$，方程的系数（1和-n）是有理整数。但除此之外，所有代数数的集合还包括所有有理整系数二次方程的所有的根，所有有理整系数三次方程的所有的根，等等，以至无穷。所有代数数的集合应比其有理整数1，2，3，…的子集所包含的元素数无穷多，这难道不是直观上显而易见的吗？也许确实如此，但这恰好是错误的。

康托尔证明了全体有理整数1，2，3…的集合与"无穷地包含更广泛"的所有代数数的集合，恰恰包含着同样多的元素。

这里无法证明这一矛盾的说法，但这种"一一对应"的方法——证明所基于的方法——很容易理解。这会让有哲学头脑的人懂得基数是什么。在描述这一简单但有点儿难以捉摸的概念之前，先看一看关于康托尔理论的这一定义和其他定义的观点，表述可能是很有帮助的。康托尔理论强调了一些数学家和许多哲学家之间对所有关于"数"或"量"的问题上态度的差异。

"数学家从来不会像哲学家那样用量本身去定义量。数学家定

义了量的相等性、总和以及乘积，而这些定义决定了或更确切地说构成了量的所有数学性质，他甚至以一种更加抽象和正式的方式制定了符号，同时规定了符号必须据以组合的规则，这些规则足以描述这些符号的特性，并给出它们数学意义。简而言之，他通过任意的约定来创造数学的实体，就像几个棋子是由决定它们的移动和它们之间的关系的约定来决定的一样。"[1]并不是所有的数学思想流派都同意这些观点，但它们至少提出了一种"哲学"来解释下面的基数定义。

注意，定义的初始阶段是按照库蒂拉的开场白的精神对"相同基数"的描述；"基数"则像凤凰一样从"同样性"的灰烬中重生了。这完全是一个在没有明确定义的概念之间的关系的问题。

当两个集合中的所有事物都可以一对一配对时，就称它们具有相同的基数。配成对后，每个集合中都不得有未配对的东西。

列举几个例子，可以阐明这一深奥的定义。它是那些不明显的、不结果实的事物之一，其意义如此深远，以至于被忽视了数千年。集合(x, y, z)，(a, b, c)具有相同的基数（我们不会愚蠢地说"当然！每一个都包含三个字母"的错误），因为我们可以将第一个集合中的x, y, z与第二个集合中的a, b, c像下面这样配对，x与a，y与b，z与c配对，并且在这之后，我们发现两个集合中都没有未配对的东西。显然还有其他

---

1. 库蒂拉（L.Couturat），《论数学的无穷》，巴黎，1896，第49页。这部著作的很多部分现在已不可救药地过时了，但我们依然向普通读者推荐它，因为它清楚明确。波兰第一流的专家瓦克罗·西尔平斯基（Waclaw Sierpinski）写了一部说明康托尔体系的原理的著作《超穷数教程》（巴黎，1928），任何具有小学水平和对抽象推理感兴趣的人都可以读懂这本书。波莱尔写的前言提供了必要的提示。上面库蒂拉著作的摘录与希尔伯特的计划有关。它提前三十年预见到了希尔伯特关于他的形式主义的纲领。

方法可以实现配对。同样，在一个根据法律实行一夫一妻制的基督教社会中，如果20对已婚夫妇坐在一起吃饭，那么这组丈夫的基数将与这组妻子的基数相同。

作为这一同样"明显"的另一个例子，我们回顾伽利略的所有正整数平方的集合和所有正整数集合的例子：

$$1^2, 2^2, 3^2, 4^2, \cdots, n^2, \cdots$$

$$1, 2, 3, 4, \cdots, n, \cdots$$

这个例子和前面的例子之间的"矛盾"的区别是显而易见的。如果所有的妻子都离开餐厅，退到客厅里去，让他们的配偶啜饮着波尔图酒互相聊天，那么坐在桌子旁的人将正好是二十个人，只有以前的一半。但如果所有的平方数都离开了自然数，那么剩下的就恰好和原来一样多了。不管我们是否讨厌它（如果我们是理性动物，我们就不会喜欢它），这个赤裸裸的奇迹就在那里。一个集合的一部分可能和整个集合有相同的基数。如果有人不喜欢"相同基数"的"成对"定义，那他可以接受挑战，去下一个更加恰当的定义。

直觉（男性的，女性的，或数学的）被大大高估了。直觉是一切迷信的根源。

请注意，在这一阶段，一个头等重要的困难已经被掩盖了。什么是一个集合或一个类？用哈姆雷特的话说，"这是一个问题。"我们将回到它，但我们不会回答它。无论谁能够成功地让康托尔的批评者们完全满意地回答这个天真的问题，他都很有可能会去解决针对康托尔巧妙的无穷理论的更严重的障碍，同时在无关情感的基础上建立数学分析。要想明白这一困难并非微不足道的，请尝试想象所有正有理整数1, 2, 3, …的集合，然后问问你自己，在康托尔的帮助下，你是否可以把这个整体作为一个"类"——在你的头脑中作为一个明确的思考对象，就像三个字母组成的类x, y, z那样容易理解。为了理解康托尔所创造的超穷数，康托尔要求我们做的正是这件事。

现在继续讨论"基数"的定义，我们引入一个方便的专门术语：两个集合或类的元素可以一对一地配对（如前面给出的例子所示），就称它们是相似的。集合（或类）x, y, z中有多少元素呢？显然是三个。但什么是"三"？答案包含在以下定义中："一个给定类中的事物的数量，是与给定类相似的所有类的那个类。"

从这一定义的尝试性解释中一无所获，必须抓住它的本来面目。它是1879年由戈特洛布·费雷格（Gottlob Frege）提出的，1901年又由罗素（Bertrand Russell）再次独立地提出来。与其他"类的基数"定义相比，它的一个优点是既适用于有限类，也适用于无穷类。那些认为这个定义对于数学来说过于神秘的人，可以通过遵循库蒂拉的建议，不要去试图定义"基数"来避免它。但是，这样做也会带来一些困难。

康托尔惊人的结果是，所有代数数的类（在上面定义的专门意义下）与其所有正有理整数的子类相似，但这只是无穷类的许多完全出乎意料的性质中的第一个。我们必须承认他为了得到这些性质所用的推理是正确的，或者，如果康托尔所留下的形式不是那样无可非议的话，也可以将它变得严格，那么我们必须承认它的力量。

比如，考虑超越数的"存在"。在前面一章中，我们看到埃尔米特付出了巨大的努力，试图证明这类特殊的数的超越性。即使在今天，仍然没有已知的一般方法可以证明我们怀疑是超越数的任何数的超越性。每一种新的类型都需要发明特殊的、巧妙的方法。比如，有人怀疑，当n趋于无穷大时，由

$$1 + \frac{1}{2} + \frac{1}{3} + \cdots + \frac{1}{n} - \log n$$

的极限所决定的数(它是一个常数,尽管从定义上看它好像是一个变量)是超越的,但是我们无法证明它是超越的。所需要的是证明这个常数不是任何有理整数系数代数方程的根。

所有这些都提出了一个问题:"有多少超越数?"它们比整数、有理数或全体代数数要多还是少?因为(根据康托尔的定理)整数、有理数和所有代数数的数量相等,所以问题是这样的:超越数可以用1, 2, 3, …计数吗?所有超越数的类与所有有理整数的类相似吗?答案是否定的,超越数比整数的数量要多得无穷地多。

在这里,我们开始讨论集合论中有争议的那些方面。刚才所说的结论,对于克罗内克那种性格的人,就像是一个挑战。在讨论林德曼关于π是超越数(见第二十四章)的证明时,克罗内克问道:"你关于π的美妙研究有什么用呢?既然不存在无理数(因而也不存在超越数),那么为什么要研究这样的问题呢?"我们可以想象这种怀疑论对于康托尔的超越数比整数1, 2, 3, …多得无穷多的证明的影响。按照克罗内克的看法,整数1, 2, 3, …是上帝最高贵的杰作,也是唯一确实"存在"的数。

即使是对康托尔证明的总结,在这里也是不可能讨论的,但他所使用的某种推理可以从以下简单的解释中看出来。如果一个类(在上述的专门意义下)类似于所有正有理整数的类,则称该类为可数的。一个可数类中的事物可以用1, 2, 3, …数遍;一个不可数类中的事物不能用1, 2, 3, …数遍。不可数类中的事物将比可数类中的事物更多。不可数类是否存在?康托尔证明了它们的确存在。事实上,任何线段上的所有点的类,不管线段有多小(只要它大于单独一个点),都是不可数的。

从这一点我们可以看出为什么超越数是不可数的。在高斯那一章中,我们看到任何代数方程的根都可以用笛卡尔几何的平面上的点来表示。所有这些根构成了所有代数数的集合,康托尔证明了这个集合是可数的。但如果单独一个线段上的点是不可数的,那么可以推测,笛卡尔平面上的所有点同样也是不可数的。代数数像漆黑夜空中的星星一样点缀在平面上,而稠密的黑暗就是超越数的苍穹。

关于康托尔证明最值得注意的一点是,它没有提供任何构造一个超越数的方法。对克罗内克来说,任何这样的证明都是一派胡言。"存在的证明"有许多温和得多的例子,这都激起了他的愤怒。这些例子中有一个特别令人感兴趣,因为它预言了布劳威尔反对有关无穷集的推理中充分应用(亚里士多德的)古典逻辑。

一个多项式$ax^n+bx^{n-1}+\cdots+l$,其中系数a, b, $\cdots$, l是有理数,如果该多项式不能被分解为两个有理系数多项式的乘积,则称之为不可约的。现在,对大多数人来说,像亚里士多德会做的那样,断言一个给定的多项式要么是不可约的,要么是可约的,是一个有意义的论断。

对于克罗内克来说可不是这样了。根据克罗内克的观点,在提供某种确定的、能在明确的有限步内完成的过程,使我们可以据此解决任何给定多项式的可约性,在这之前,在逻辑上我们没有权利在数学证明中使用不可约的概念。按照他的说法,如果那样做了,我们的结论就会陷入自相矛盾。而且,在没有所描述的过程的情况下使用"不可约性",充其量只能给我们一个"未证实"的非最终的决定。按照克罗内克的看法,所有这些非构造性的推理都是不合逻辑的。

由于康托尔在他的无穷类理论中的推理基本上是非构造性的，克罗内克认为这是一种危险的数学疯狂。因为克罗内克看到数学在康托尔的领导下走向精神病院，同时也因为克罗内克热情地致力于他所认为的数学真理，所以，他用手中的每一件武器，猛烈地、恶毒地攻击"实在的无穷理论"及其非常敏感的作者，而这个悲剧的结果不是集合论被送进了精神病院，而是康托尔被送进了精神病院。克罗内克的攻击彻底摧毁了这一理论的创造者。

1884年春，康托尔四十岁时，他经历了第一次精神崩溃，在他漫长的余生中，这种精神崩溃以不同的强度反复发作，把他从正常社会驱赶到了精神病院这个庇护所中。他暴躁的脾气加剧了他的困难。一阵又一阵深深的沮丧使他在自己的眼里都很自卑，他开始怀疑自己的成果是否可靠。在一次清醒的间歇中，他请求哈雷大学当局将他从数学教授职位调换到哲学教授职位。他关于无穷的正确理论的一些最好的工作是在两次发作的间歇期内完成的。从发病中恢复过来后，他注意到自己的头脑变得异常清醒。

克罗内克也许因为康托尔的悲剧而受到了过于严厉的指责，他的攻击只是引起发病的众多原因之一。没有得到认可，这使一个人感到痛苦，他认为自己已经朝着合理的无穷理论迈出了第一步和最后一步，并使自己陷入忧郁之中，丧失了理性。不过，克罗内克似乎对康托尔未能获得他在柏林大学渴望的职位负有主要责任。人们通常认为，一位科学家竟然把自己对一个同代科学家的猛烈抨击讲给自己的学生听，这是不够正当的。如果确实存在不同的见解，可以在科学论文中客观地加以处理。克罗内克于1891年在柏林大学向他的学生们发表了对康托尔作品的批评，很明显，一山不容二虎。既然克罗内克已经占有了一个位置，那么康托尔只好忍无可忍地待在外面受冻。

但是，康托尔也不是没有得到安慰。富有同情心的米塔–列夫勒不仅在他的杂志《数学学报》上发表了康托尔的一些作品，还在康托尔与克罗内克的斗争中对前者加以安慰。仅仅在一年的时间里，米塔–列夫勒就收到了来自受苦受难的康托尔的不下五十二封信。在那些支持康托尔理论的人中，和蔼可亲的埃尔米特是最热情的人之一。他对新学说的热情接受，温暖了康托尔谦逊的心："埃尔米特在这封信中对我倾吐的所有关于集合论的赞美……在我眼里是如此崇高，如此地过誉，以至于我不想公开它们，以免为自己招致眼花缭乱的责备。"

随着新世纪的到来，康托尔的工作逐渐被人们所接受了。它们被认为是对整个数学，特别是对分析学基础的重要贡献。但不幸的是，对理论本身来说，同时出现了影响它的悖论和自相矛盾。这些也许最终是康托尔的理论注定要对数学做出的最大贡献，因为它们在关于无穷的逻辑和数学推理的基础中出人意料地存在，是目前所有演绎推理中批判运动的直接灵感。从中我们希望得到一个更加丰富和"真实"的数学——比康托尔以前时代的数学更摆脱了不一致。

康托尔最引人注目的成果，是在不可数集论中得到的，不可数集最简单的例子是一段线段上所有点的集合，在这里只能说明他最简单的结论之一。与直观所能预测的相反，两条长度不相等的线段包含着相同数量的点。记住两个集合包含着相同数量的事物，当且仅当其中的事物可以一对一地配对时，我们能很容易看到康托尔这个结论的合理性。如图所示，放置不相等的线段AB, CD。线段OPQ在点P处与CD相交，在点Q处与AB相交，这样一来，P和Q得以配对。当OPQ绕O点旋转时，点P在CD上移动，同时点Q在AB上移动，CD上的每一个点都有且只有AB上的一个点与之"配对"。

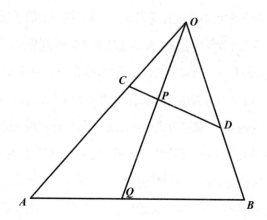

可以证明一个更加意想不到的结果。任何线段，不管有多小，其包含的点都和无限长的直线一样多。此外，线段包含的点，与在整个平面或整个三维空间或整个n维空间（其中n是大于零的任何整数），或者最后，在可数无穷维空间中的点一样多。

在这里，我们还没有试图去定义一个类或一个集合。可能（正如罗素在1912年所认为的那样）没有必要为了对康托尔的理论有一个清晰的概念而这样做，也没有必要为了使该理论与自身相一致——这对任何数学理论来说都是必要的——而这样做。尽管如此，目前的争议似乎要求给出一些明确的、自洽的定义。以下定义常常被认为是令人满意的。

一个集合有三个特征来表示其特点：它包含着具有某种确定性质（比如说红色，或体积，或味道）的一切事物；没有这个性质的事物都不属于这个集合；集合中的每一个元素都可以被识别出是与集合中的其他事物相同还是不同。简而言之，集合中的每一个事物都有一个永久可辨认的个性。集合本身可以作为一个整体来认识。这一定义可能过于激进了。比如，考虑一下，在第三个要求下，康托尔的所有超越数的集合会发生什么。

在这一点上，我们可以回顾一下整个数学史，或者回顾数学大师们在其纯专业著作中所揭示的数学史。我们会注意到，几乎所有数学论述中不断反复出现两种表达方式。读者们可能会对重复使用诸如"我们可以找到一个大于2的整数"或"我们可以选择一个小于n且大于n-2的数"之类的话感到恼火。选择这样的措辞不只是老套的卖弄学问，使用它们是有原因的，谨慎的作者在宣称"我们可以找到，等等"时，所说的话都是在准确地反映他们想要表达的意思。他们的意思也是他们能够做到他们所说的事情。

与此截然不同的是另一个在数学著作中反复出现的习惯用语"存在"。例如，有些人会说："存在一个大于2的整数"，或者"存在一个小于n且大于n-2的数"。使用这样的习惯用语，显然表明了它的使用者相信克罗内克认为的那种站不住脚的信念。当然，除非这种"存在"能够由某种构造所证明。康托尔理论中出现的集合（定义如上）的存在性没有得到证明。

这两种说话方式将数学家分为两类：说"我们能"的人（可能潜意识地）相信数学纯粹是人类的发明；说"存在"的人相信数学本身就有一种超出人类所能控制的范畴的"存在"，而"我们"只是在我们的人生旅途中偶然发现了数学的"永恒真理"，就像一个在城市里散步的人遇到了许多与他毫无关系的街道一样。

神学家是倾向于说"存在"的人；大部分谨慎的怀疑主义者都是说"我们"的人。主张超出人类的"存在"的人说"存在着无穷多的偶数或素数"；克罗内克和"我们"的人则说"我们能把它们制造出来"。

从《新约全书》中一个著名的例子可以看出，这一区别并非微不足道。基督断言父"存在"；腓力要求"让我们看看父，这就足够了"。康托尔的理论几乎完全站在"存在"一边。康托尔对神学的热情是否可能决定了他的忠诚？如果是这样的话，我们就必须解释为什么同样是基督教神学行家的克罗内克却是一个偏执的称"我们"的人。正如在所有这些问题上那样，任何一方的弹药都可以从随便一个口袋里偷走。

策梅罗（Zermelo）公设（1904年提出）提供了一个引人注目的重要例子，说明了"存在"的观点是如何看待集合论的。"对于元素为集合P的每个集合M（也就是说，M是一些集合的一个集合，或是一些类的一个类），这些集合P是非空且不相交的（即没有两个集合包含共同的东西），至少存在一个集合N，其正好包含构成集合M的每一个集合P中的一个元素。"比较这个公设与这个集合（或类）的定义，可以看出，如果集合M由无穷多条不相交的线段组成，那么说"我们"的那些人就不会认为这一公设是不言而喻的。但这一公设看起来是足够合理的，试图证明这一点的努力都失败了，它在所有与连续有关的问题中都相当重要。

让我们来说一说这一公设是如何被引入数学的，同时会显现出康托尔理论的另一个尚未解决的问题。一组互不相同的、可数的元素的集合，就好像某堵墙里的所有砖块，可以很容易地排出顺序，我们只需要用许多种会自动使人想起的不同方法中的一种，按1, 2, 3, …数遍它们。但我们如何在一条直线上对所有点进行排序呢？它们不能按1, 2, 3, …数遍。当我们认为在这条直线的任意两点之间"我们可以找到"

或"存在"该直线上的另一点时，这项工作就显得毫无希望了。如果我们每次数墙上相邻的两块砖头时，都会有另一块砖头从墙中跳出来，出现在它们之间，那么我们的计算就会变得混乱了。尽管如此，直线上的点确实存在某种顺序：我们可以说一个点是在另一个点的右边还是左边，依此类推。尝试对一条直线上的点进行排序，但没有成功。策梅罗提出这一公设，是为了让这一尝试变得更加容易。但是这一假设本身并没有被普遍接受为一个合理的假设，或是一个可以安全使用的公设。

康托尔理论包含了比这里所指出的更多关于实无穷和（无限个）超穷数的"算术"的内容。但是由于这一理论仍然处于有争议的阶段，我们可以暂时放下它，转而谈谈最后一个谜语。是否"存在"，或者我们可否"构造"一个集合，它既不相似于（技术意义上——对应）所有正有理整数的集合，又不相似于直线上所有点的集合？答案不得而知。

康托尔于1918年1月6日在哈雷的一家精神病院去世，享年73岁。他最终得到了应得的荣誉和认可，甚至淡忘了过去与克罗内克争吵的怨恨。克罗内克1891年去世，在他去世前的几年，二人至少在表面上达成了和解。康托尔回忆起这件事，对他来说无疑是一种满足。如果康托尔能活到今天，他也许会为所有数学都朝着更严谨的思维方向发展而感到自豪。因为这种趋势很大程度上归功于他在一个合理的基础上建立分析（和无穷）的努力。

回顾为了使实数、连续、极限和无穷这些概念在数学上精确并能始终可用而进行的长期斗争，我们发现芝诺和欧多克斯与魏尔斯特拉斯、戴德金和康托尔在时间上的距离，并不像将现代德国与古希腊分隔开来的二十四或二十五个世纪所意味的时间那样遥远。毫无疑问，对比前人来说，我们对所涉及的困难的性质有了更清晰的认识，因为我们看到同样未解决的问题正在以古人做梦也想不到的新的领域中出现了，但要说我们已经解决了这些老掉牙的困难，则是对事实的严重错误陈述。尽管如此，我们创造了这一得分记录，取得了比我们的前人所能合理宣称的任何一项都更宏大的成绩。我们的研究比他们曾经认为有必要做出的研究还要更为深入，而且我们发现，他们在推理中所采用的某些定律——比如亚里士多德的逻辑定律——在我们试图与经验关联起来时，被其他定律——纯粹的约定——更好地取代了。如前文所述，康托尔的革命性工作给了我们目前的研究以最初的推动力。但在康托尔去世之前的21年中，人们不久就发现他的革命要么过于革命，要么还不够革命。现在看来，后者是正确的。

1897年，意大利数学家布拉利-福尔蒂（Burali-Forti）打响了反革命的第一枪，他通过康托尔在其无穷集论中所使用的那种推理方式，提出了一个公然的矛盾。这个特殊的悖论只是几个悖论中的第一个。因为需要对其做出冗长的解释，才能让人理解，所以我们将用1908年罗素提出的悖论来代替它。

我们已经提到过弗雷格，他给出了"与给定类相似的所有类的类"这一给定类的基数定义。弗雷格花了数年时间，试图将数的数学建立在合理的逻辑基础上。他的毕生著作是《算术的基本法则》，该书的第一卷出版于1893年，第二卷出版于1903年。在这项成果中，他使用了集合的概念，并且相当多地使用或多或少的讽刺性的抨击，来指责以前的作者们在算术基础上犯下的明显错误和种种愚蠢。第二卷以下面的段落作为结尾。

"科学家遇到的最槽糕的事情莫过于在工作完成时,地基却坍塌了。当这部著作即将出版时,伯特兰·罗素先生给我写了一封信,就让我处于了这样的境地。"

罗素向弗雷格提出了他独创的悖论,即"不是它们自身的元素的所有集合的集合"是自己的元素吗? 稍微想一下就可以知道,任何一个答案都是错的。但弗雷格随意地使用了"所有集合的集合"。

人们提出了许多方法来避免或消除那些像炸弹一般在弗雷格、戴德金和康托尔的实数、连续性和无限理论中全面爆发的矛盾。弗雷格、康托尔和戴德金离开了球场,饱受打击,灰心丧气。罗素提出了他的"循环论证原理"作为一种补救措施:"凡是涉及一个集合的所有元素的任何东西,都不能是该集合的元素。"后来,他还提出了他的"约化公理",而这一公理现在实际上已经被抛弃了,因此本书不必加以描述。有一段时间,这些补救措施非常有效(德国数学家则不这么认为,他们从未接受过它们)。渐渐地,随着对所有数学推理的批判性检验取得进展,这些措施就被抛诸脑后了。人们开始齐心协力地找出使得病人在无理数和实数中举步维艰的真正问题,然后再设计解决方案。

目前为理解我们的困难所做出的努力,起源于1899年格丁根的大卫·希尔伯特(1862–)[1]和1912年阿姆斯特丹的布劳威尔(1881–)[2]的工作。这些人和他们众多的追随者都有一个共同的目标,那就是将数学

---

1. 希尔伯特于 1943 年逝世。(译者注)
2. 布劳威尔于 1966 年逝世。(译者注)

推理建立在合理的基础上，尽管他们的方法和哲学在某些方面遭到了强烈的反对。两人各自认为自己完全正确，但看来并非是这样。

希尔伯特回到希腊寻找他的数学哲学的起源。希尔伯特恢复了毕达哥拉斯的程序，也就是说，给定一组严格而充分确定的公设，一个数学论证必须按照严格的演绎推理从这些公设开始。希尔伯特使数学的公设发展程序比希腊人的程序更加精确。1899年，希尔伯特出版了他关于几何学基础的经典著作的第一版。希尔伯特提出的一个希腊人似乎没有想到的要求是，为几何提出的公设应该被证明是自洽的（没有内在的、隐藏的矛盾）。为了给出这样一个几何证明，他指出，从这些公设发展而来的几何中的任何矛盾，都隐藏着一个算术上的矛盾。因此，问题被推回到证明算术一致性的问题上来，这个问题直到今天仍然存在。

因此，我们再次退回，请求斯芬克斯狮身人面像告诉我们，数是什么。戴德金和弗雷格都逃到了无穷之中——戴德金用他的无穷类定义了无理数，弗雷格以他的相似于一个已知类的所有类的类定义基数——来解释困扰毕达哥拉斯的数。希尔伯特也会在无穷中寻找答案，他认为，无穷是理解有限的必要条件。他非常坚定地相信康托尔体系最终会从它现在所处的炼狱中被救赎。"在我看来，这（康托尔的理论）是数学思想中最令人钦佩的成果，事实上也是人类智力活动的最高成就之一。"但他承认，布拉利-福尔蒂、罗素和其他人的悖论并未得到解决。然而，他的信念却克服了一切疑虑："没有人能把我们赶出康托尔为我们创造的乐园。"

但在这个兴奋激动的时刻，布劳威尔出现了。在他有力的右手中，似乎拿着一把燃烧的剑。驱逐还在继续：扮演亚当的戴德金和在他身边扮成夏娃的康托尔已经在毫不妥协的荷兰人的严厉注视下，焦急万分地盯着大门。布劳威尔说，希尔伯特提出的可以免除矛盾的公设方法将实现其目的，而且没有产生矛盾，但"以这种方式无法得到任何有数学价值的东西；一个错误的理论，即便没有因为矛盾而告终，也同样是错误的，正如一个有罪的策略，即便没有受到法庭的谴责和惩罚，也同样是犯罪的"。

布劳威尔用来反对其对手的"有罪的策略"，从根源上来说是新的——至少在数学上是新的。他反对不受限制地使用亚里士多德的逻辑，特别是在处理无穷集合时。他坚定地认为，这种逻辑在应用于克罗内克的意义上（必须给出一个过程的规则，使集合中的事物可以由它产生）无法明确地构造出来的集合时，必然会产生矛盾。"排中"律（一个事物必须具有某种属性或必须不具有该属性，比如断言一个数要么是素数，要么不是素数）只有在应用于有限集合时才是合理的。亚里士多德将其逻辑设计为有限集合的一套资用规则，把他的方法建立在人类对于有限集合的经验之上，因此没有理由假设一个适用于有限集合的逻辑在应用于无穷时，会继续产生一致（而不是矛盾）的结果。当我们回忆起无穷集的真正定义，是强调一个无穷集的一部分可能包含与整个集合一样多的元素时（正如我们已经多次说明的那样），这似乎就足够合理了；当"部分"意味着一些但不是全部（就像在无穷集定义中那样）时，定义中所强调的这种情况永远不会发生在有限集里。

这里出现了一些人认为是康托尔的实无穷理论的问题根源的东西，因为集合的这个定义（如前文所述），即所有具有某种性质的事物"结合"形成一个"集合"（或"类"），并不适合作为集合论的基础，因为该定义要么不是构造性的（在克罗内克的意义上），要么假设了一个没有人可以做到的构造性。布劳威尔声称，"排中"律在这种情况下的应用充其量只是对一些命题的启发性指导，这些命题可能是真的，但不必然是真的，即使它们是通过严格应用亚里士多德的逻辑推导出来的。他还说，在过去的半个世纪里，许多错误的理论（包括康托尔的理论）都建立在这一腐朽的基础上。

在数学思维基础上的这场革命，并非没有面临挑战。反动右翼的愤怒咆哮，加速了布劳威尔朝向左翼的激进运动。"外尔（Weyl）和布劳威尔（布劳威尔是领袖，外尔是他在革命中的伙伴）正在做的事情，主要是跟随克罗内克的脚步，"现状的维护者希尔伯特说，"他们试图通过抛弃一切不适合他们的东西并下一道封锁令来建立数学。其结果是肢解我们的科学，这种行为其实在冒着失去我们大部分最宝贵财产的风险。外尔和布劳威尔谴责无理数、函数，甚至诸如在数论中的函数，康托尔的超越数等一般概念，他们谴责正整数的无穷集具有最小元素的定理，甚至还谴责'排中律'，比如断言：'要么只有有限个素数，要么有无穷多个素数。'这些都是（他们）所禁止的定理和推理模式的例子。我认为，事实会证明，外尔和布劳威尔尝试在今天同样会失败，正如克罗内克废除了无理数的尝试最终徒劳无获一样（外尔和布劳威尔确实允许我们保留了一点儿残余）。不！布劳威尔的计划不是一场革命，而仅仅是用旧方法重复一种徒劳的政变，虽然他现在在以更大的力度进行，但还是彻底失败的。如今，这个领域（数学）通过弗雷格、戴德金和康托尔的努力得到了彻底的武装和加强。布劳威尔和外尔的努力注定是徒劳无功的。"

对这些言论，另一方只是耸耸肩以作回应，转过头来继续其伟大而至关重要的新任务，在比过去两千五百年从毕达哥拉斯到魏尔斯特拉斯所奠定的任何基础都更坚实的基础上重建数学（特别是分析学基础）。

在这些困难得到解决——我们翘首以待——之后的一代人中，数学将是怎样的？只有先知或先知的第七个儿子才会把头伸进预言的套索。但是，如果说数学的进程中有任何的连续性，大多数冷静的旁观者都相信这种连续性是存在的，那么我们将能够发现，即将到来的那种数学将比我们或我们的前人所知道的更为广泛、更坚实、更丰富。

过去三分之一个世纪的争论已经为数学的辽阔疆域增加了包括全新的逻辑在内的新的领域。新领域正在迅速巩固并与旧领域融为一体、协调共存。如果我们可以鲁莽地做出一点儿预测，那么可以说，未来的数学将比现在正在大力地重塑的数学在各个方面都更加清新、更加年轻、更加接近人类的思想、更加符合人类的需求——更能自由地为其对超出人以外的"存在"的合理性辩护。数学的精神长青。正如康托尔所说，"数学的本质在于它的自由"；目前的"革命"不过是这种自由的另一种主张。

> 无畏困惑和挫败，她继续工作，
>
> 尽管心灵厌倦困顿，她依然努力工作，
>
> 以她不屈不挠的意志为支撑：
>
> 双手将会制作，大脑将能思索，
>
> 她所有的悲伤都将化为劳作，
>
> 直到死亡这个友善的敌人，用他的长剑刺破，
>
> 那颗强大的心，结束这场痛苦的战争。
>
> ——詹姆斯·汤姆森（James Thomson）